广视角·全方位·多品种

GREEN BOOK

权威·前沿·原创

住房绿皮书
GREEN BOOK
OF HOUSING MARKET

中国社科院财贸所重点课题优秀成果

中国住房发展报告
(2009~2010)

ANNUAL REPORT ON DEVELOPMENT OF HOUSING MARKET IN CHINA
(2009-2010)

中国社科院财贸所城市与房地产研究室
顾问／裴长洪　高培勇　荆林波
主编／倪鹏飞

社会科学文献出版社
SOCIAL SCIENCES ACADEMIC PRESS (CHINA)

中国社会科学院财政与贸易经济研究所城市与房地产经济研究室简介

中国社会科学院财政与贸易经济研究所城市与房地产经济研究室（简称城房室）是财贸所的十个财经研究室之一，前身是在原国务委员、中国社会科学院院长李铁映的亲自倡导下于1999年成立的城镇住宅研究室。2003年，在原财贸所领导江小娟、李扬的关心下，更名为城市与房地产经济研究室。在现任所领导裴长洪、高培勇的培育下，研究室快速成长壮大，2009年，入选中国社会科学院重点学科建设工程研究室。研究室现有专职研究人员7名（均具有博士学位）和一批博士后、博士生和硕士生。首任室主任王诚庆，现任室主任倪鹏飞。主要研究城市与房地产两大领域的财经问题。十年间，从无到有，从小到大，从弱到强，研究室在一些领域的研究水平已在国内同类研究中处于领先地位，具有比较显著的影响力。未来研究室将按照财贸所的统一规划和部署，实施“两条主线，三个结合，品牌带动，重点突破”的发展战略，向更高的目标迈进。

主要编撰者简介

倪鹏飞 男，1964年出生于安徽省阜阳市。中国社会科学院财政与贸易经济研究所城市与房地产经济研究室主任，经济学博士，研究员，博士生导师。2000年10月，曾被聘为联合国开发计划署“中小企业改革和发展”项目评估专家。世界银行集团与中国社会科学院合作项目《中国营商环境报告》（*Doing Business in China*）中方负责人。代表著作《中国城市竞争力报告》，2005年获第十一届孙冶方经济学著作奖。主要致力于城市经济、城市竞争力、房地产金融等方面的理论与实证研究。

吕风勇 男，山东省定陶县人，中国社会科学院财贸所城市与房地产经济研究室助理研究员，经济学博士，2006年毕业于中国社会科学院研究生院，主要研究方向为宏观经济与房地产市场形势、城市经济和城市商业地产等。

高广春 经济学博士，现工作于中国社会科学院财贸所。主要研究领域：住房金融，商业银行经营与管理。在《银行家》、《国际经济评论》、《经济学家茶座》等学术刊物发表论文40余篇；合作译著2部，合作著述4部，参与省部级课题、政府委托课题、金融机构委托课题14项。

张清勇 1980年生，福建金门人，中国社会科学院财政与贸易经济研究所城市与房地产经济研究室助理研究员，研究方向为土地经济学和住房市场。

姜雪梅 女，2008年毕业于日本东北大学并获得信息科学博士学位。目前在中国社会科学院财政与贸易经济研究所工作，助理研究员。专业特长是城市经济学和房地产经济学，主要以现代经济学理论模型研究分析中国的房地产市场和房地产政策。

邹琳华 男，江西宜黄人，中国社会科学院财政与贸易经济研究所助理研究员。毕业于南京大学经济学院产业经济学专业，获经济学博士学位。主要研究方向为城市与房地产经济，对房地产周期等领域有较深入的研究。擅长房地产计量与数理分析，在《统计研究》等刊物上发表房地产相关文章多篇。

邹士年 男，安徽省安庆人，现为中国社会科学院研究生院政府政策系在读博士，研究方向为政府政策、国民经济，曾参与《中国市场经济发展报告》、《中国城市竞争力报告》等多项课题研究。

陈英楠 中国人民大学经济学院2008级博士研究生，世界经济专业。

章　武 男，1984年出生于湖南省韶山市。2006年获得南京航空航天大学经济与管理学院管理学学士学位。2007年至今在中国社会科学院财政与贸易经济研究所攻读金融学硕士学位，师从城市与房地产经济研究室主任倪鹏飞博士。

谢海生 男，1987年出生于安徽省无为县。中国社会科学院研究生院2008级金融学硕士研究生，主要研究领域为金融市场、房地产经济和城市经济。

刘彦平 男，1969年生，内蒙古鄂尔多斯市人。2005年毕业于中国人民大学商学院，获管理学博士学位，同年进入中国博士后特华科研工作站，进行金融学博士后课题研究。现就职于中国社会科学院财政与贸易经济研究所，兼任中国人民大学中国营销研究中心副主任、教授，中国市场营销研究中心（MRCC）研究员，城市竞争力国际项目组（GUCP）研究员。

赵　峥 北京师范大学经济与资源管理研究院博士，主要研究领域为中国经济、城市经济、房地产经济。主要论文在《经济日报》、《经济体制改革》等刊物上发表，并被《新华文摘》、人大复印资料、国研网等转载，参编《中国城市竞争力报告》、《中国市场经济发展报告》等多部著作，作为核心成员参加国家自然科学基金、国家社会科学基金及省部级课题数十项。

唐在富　湖南永州人，经济学博士后，高级经济师，副研究员。中国社科院财贸所博士后。从事财经理论与政策、土地财政和企业战略等研究。先后主持或参与省部级课题11项，获财政部优秀论文一等奖4次，专著《中国土地制度创新与土地财税体制重构》获“财政部财政科学研究所青年学术成果”一等奖。先后参加了农村最低生活保障、住房保障、新型农村合作医疗等政策研究。

中文摘要

本报告从宏观背景、市场主体、市场体系、市场潜力、公共政策等5个方面，对中国住房市场作了全面系统的分析、预测与评价，并给出相关了政策建议。报告具体内容包括：在评述2008～2009年住房及相关市场走势的基础上，预测了2009～2010年住房及相关市场的发展变化；从历史角度分析了改革开放以来住房市场及其相关领域的发展历程，探讨了其中的规律与存在的不足；通过构建中国住房指数体系，量化评估了住房市场各关键领域的发展状况；剖析了住房市场及其相关领域协调健康发展所面临的主要问题与挑战，有针对性地提出了相关政策建议。

2008～2009年分析显示：宏观经济从急速下滑到触底回升；城市化质量提升明显，中西部地区城市化加快；全球经济从深度衰退到逐步回稳；开发企业由急剧恶化到迅速好转；消费、投资和投机意愿几经反复；信贷监管由紧变松，又由松变紧；住房资产与物业市场从回落调整到快速上涨；住房土地市场从热度下降到逐步回暖；住房金融市场从收紧和沉闷到宽松和爆发；住房监管力度有所放松；保障性住房建设力度迅速加大，保障覆盖范围有所提高。

2009～2010年预测认为：宏观经济将持续复苏，住房投资作用增强；城市化规模呈现高峰，城市化区域增长相对均衡；全球经济缓慢复苏，各国住房市场表现有别；住房资产与物业市场先扬后抑、价稳量增；住宅用地市场交易量增加，交易价格上升；住房金融市场总体温和上行，区间季节波动。

通过住房市场及其相关领域的历史分析发现：国民经济疑似住房依赖病症；城市化进程长期滞后根源于战略偏差和与制度缺陷；家庭住房观念产生根本性变化；住房金融机构多元路径探索归于“一元路径居优”；当前住房市场处在本轮长周期的下行期，中国目前还不存在完整意义上的住房金融体系；中国住房社会保障体系长期缺位。

住房上市公司指数、住房支付能力指数（1999～2008）、住房真实供求缺口指数（1978～2009）、城市土地市场价值指数、住房市场价值潜力指数、住房贷款风险指数、住房市场监管指数、住房社会保障指数等8大指数显示：上市公司两极分化现象比较严重；全国城镇居民的住房支付能力较弱；住房真实供求由短缺进入过剩；土地价值潜力上海最大，北京第二；沿海和沿江城市住房价值潜力较大；住房贷款的风险隐患较大；全国中心城市的住房市场监管水平领先于其他城市；各城市住房保障水平存在较大差异。

中国住房市健康均衡发展所面临的主要问题与挑战是：宏观经济内生性增长动力不足，通货膨胀压力加大；城市化战略规划存在偏差，管理制度瓶颈凸显；开发企业整体素质差，行为不规范；住房消费心态不成熟，中低收入者支付能力低下；信贷宽松支持了投机，紧缩抑制了消费；政策宽松涨价，政策紧缩量跌；地方政府直接参与炒地，土地使用效率低下、供求关系紧张；风险过度集中于住房信贷市场，信贷流向缺乏有效监管；行政审批效率低，政府监管明显缺失；住房社会保障体系建设未得到地方政府的积极响应，监管措施缺位。

报告建议：（1）完善宏观调控政策措施，加大政府保障性住房投资；（2）提升城镇化的质量，创造住房真实需求；（3）引导企业转型升级，监督企业规范经营；（4）严格金融监管，完善住房金融体系；（5）支持住房消费，抑制住房投机；（6）完善土地市场监管体系，支持保障性住房建设；（7）完善和改进市场监管制度；（8）逐步完善住房社会保障制度，扩大保障房供给。

Abstract

This report provides a comprehensive analysis and forecast on the Chinese housing market, and also proposes some suggestions, from perspectives of the macro economy, market participants, market system, market potentials, and public policies. It covers the following issues: analysis of the housing market from 2008 to 2009; forecast of the possible housing market changes in the 4th quarter of 2009 and 2010; the first index system of Chinese housing market; the problems and challenges facing the Chinese housing market; and our recommendations.

In 2008 to 2009, after a harsh downturn, the Chinese economy is now in recovery; the quality of urbanization is improving, and pace of urbanization in central and western China will quicken up; global economy becomes more stable after a serious recession; housing consumption, housing investment, and housing speculation come one after another; tightening and loosening in credit supervision took turns; housing price came down at first and are now going up rapidly; land sales decreased and are currently pumping up; financial lending shrank at first and jumps high recently; regulations in the housing market was softened; more subsidized housing are under construction, and might benefit more citizens.

From the 4th quarter of 2009 to 2010, we forecast that, the recovery will continue, and housing investment will play a more important role in the process; a peak of the urbanization scale will appear, and also a more balanced regional growth; global economy will recover slowly, and housing market performances in various countries will be quite different; housing price in China will be stable, and transactions will go up; there will be more land sales and higher land prices; housing finance will be warmer but with some seasonal fluctuations.

We also found that, the Chinese economy might rely too much on housing; the lag of urbanization was due to strategic mistake and institutional constraints; households' attitude towards housing changed a lot; various housing financial agencies evolved into only one type; housing market is now in its down sliding period of the long cycle; China still lacks a complete housing finance system; housing policy system in China is more in name than in fact.

We calculated 8 housing related indices, and show that listed housing companies behaved differently; housing affordability of urban residents is low; housing supply in China comes from shortage to excess; Shanghai and Beijing rank at the top of the list of housing market potential rolling among cities; coastal and riverside cities have higher housing market potential value; as a whole housing mortgage is somewhat risky; key cites have better housing regulations; housing subsidies provided in different cities varies.

Challenges facing the Chinese housing market are as follows: the lack of endogenous growth in the economy and the pressure of inflation; pitfalls in the urbanization strategy and bottlenecks in the administrative system; low quality of development enterprises and their misbehaver; immature attitude toward housing consumption and low housing affordability of low and middle income families; loose credit financing encourages speculation and higher price while tighter policy might shrink consumption; local governments' appetite for land leasing revenue and inefficient use of land; accumulation of risk in the mortgage market and inefficient supervision of the credit lending flow; inefficient administrative approving and obvious deficiency of government supervision; local governments' indifferent attitude towards subsidized housing.

Recommendations: (1) to improve macro control and regulation, and put more resource in subsidized housing; (2) to upgrade the quality of urbanization, and create real housing demands; (3) to help enterprise make transitions, and monitor their behavior; (4) to tighten financial supervision, and build a better housing financial system; (5) to support housing consumption, and cut housing speculation; (6) to improve the land market monitoring system, favoring the construction of subsidized housing; (8) to make better housing market monitoring institutions; (8) to build a better housing policy system, and provide more subsidized housing.

目 录

中国住房发展：总体报告

中国住房分析与预测：分析框架

中国住房宏观背景：分析与预测

中国住房市场主体：分析与评估

中国住房市场体系：分析与预测

中国住房价值潜力：分析与评价

中国住房公共政策：评价与建议

CONTENTS

General Introduction

Framework

Macroeconomic Background

Participants of Chinese housing market

Chinese housing market system

Potential value of Chinese housing market

Chinese housing policies

中国住房发展：总体报告

第一章 中国住房发展：总体报告

倪鹏飞　唐在富 等

住房既是社会民生的基本议题，也是宏观经济的关键领域。中国住房过去三十年的日新月异，让人们有理由期待，未来仍将突飞猛进。而近年来的波折发展，也让人忧虑未来的不确定。从全球到中国、从历史到现实、从理论到经验，住房是社会经济之所系且具有二重性。着眼于国家社会经济社会发展目标，中国住房发展必须确立“实现稳健发展，保持持续繁荣，带动经济增长，增进住有所居”的均衡目标。而确保这一目标的实现，必须对住房市场进行系统性的跟踪研究，并及时做出正确的分析判断和提出可操作的政策建议。本报告首先构建系统的分析框架，从宏观到微观、从主体到客体、从长期到短期、从市场到政府、从理论到政策，评述2008～2009年中国住房发展的现状，预测2010年的发展趋势，构建指数进而评估中国住房关键领域里的进展；全面分析中国住房发展的现实问题与长期挑战，进而提出实现中国住房发展目标的2010年和更长期的政策建议。

一　2008～2009 年住房市场分析

（一）宏观经济与住房市场：从急速下滑，到触底回升

经济呈现 V 型增长，就业恶化势头缓解。中国宏观经济在全球金融危机的冲击下经历了剧烈波动，2008 年第 1 季度 GDP 增长 10.6%，但自 6 月起，生产急剧下降，到 2009 年第 1 季度经济增长率降至 6.1 个百分点。由于政府及时出台了有力的经济刺激计划，2009 年第 2 季度经济增长率达到 7.9 个百分点，第三季度达到 8.9%，前三季度达到增长 7.7%，复苏迹象明显，"拐点"悄然显现。城镇失业率 2008 年前三季度均为 4.0%，从第 4 季度开始恶化，2009 年进一步恶化的势头得到了控制，失业率始终保持在 4.3% 的水平。图 1－1 描述了 2008 年以来中国经济增长和失业状况。

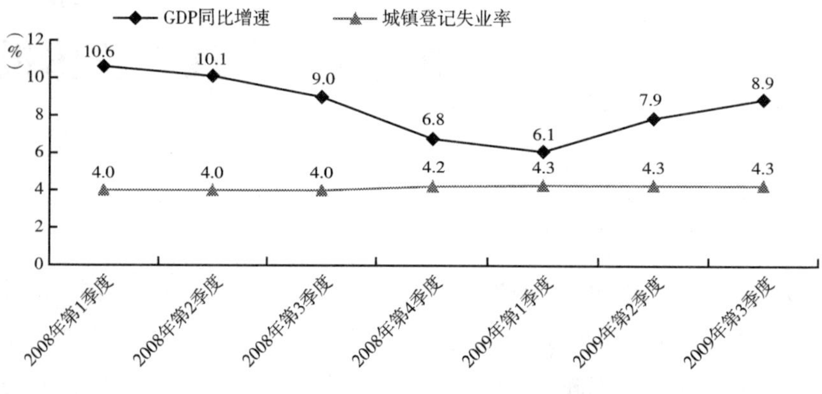

图 1－1　2008 年以来经济增长和失业率状况

资料来源：中华人民共和国国家统计局网站（http：//www. stats. gov. cn），2009 年 6 月 23 日；2009 年第 2 季度 GDP 同比增速来自中华人民共和国国家统计局网站。

投资需求增幅持续扩大，外部需求 L 型波动。社会需求有所回升，物价水平呈恢复性增长趋势。自 2008 年第 4 季度开始，全社会固定资产投资增幅持续扩大，政府万亿投资作用明显；但消费需求在这次金融危机中也受到了较大的冲击，消费需求 2009 年第 1 季度下降明显，随后有所回升，但增速仍处于较低水平；由于对外贸易领域是受世界经济危机冲击最直接和最严重的领域，2008 年

进出口总值增速随着外部需求大幅放缓而明显下滑，贸易顺差有所减少。

物价止跌回升，通货膨胀预期加剧。居民消费价格指数、工业品出厂价格指数，以及原材料、燃料、动力购进价格指数在经过连续多月下滑后，在2009年8月份，也都开始环比回升，9月份依然延续环比上涨的态势。而且，由于世界各国为刺激经济而注入了巨量流动性，一旦经济开始复苏，则很有可能会导致通货膨胀的发生，这也使得目前人们对未来的通货膨胀预期有所增加。图1－2描述了物价和需求的变化情况。

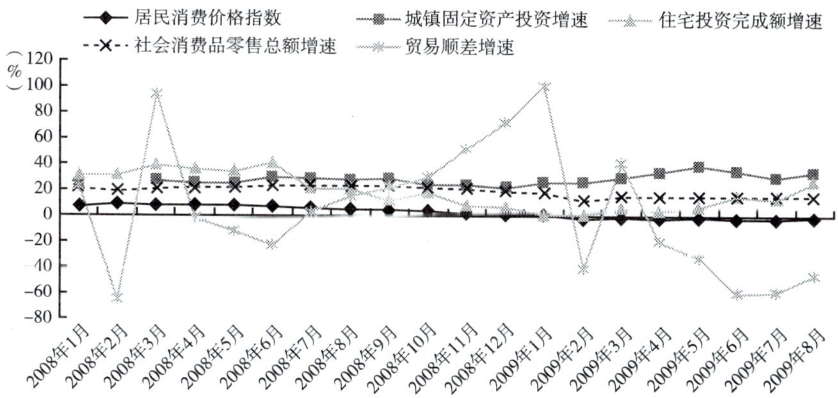

图1－2　2008年以来物价水平和需求变化情况

资料来源：中华人民共和国国家统计局网站（http：//www. stats. gov. cn）和中国海关总署网站（http：//www. customs. gov. cn）。

货币信贷增长迅速，流动性供给充足。2008年7月货币政策开始由“从紧”向“适度宽松”转变，伴随着这种宽松的货币信贷政策，货币供应量增速也逐渐扭转了2008年6月以来的下滑趋势，并迅速增长。2009年9月底，广义货币供应量M_2余额为58.54万亿元，同比增长29.31%；狭义货币供应量M_1余额为20.17万亿元，同比增长29.51%；金融机构人民币各项贷款余额为39.04万亿元，同比增长34.16%。同时，存贷款利率略有下降，人民币汇率基本保持稳定，为扩大需求创造了有利的国际和国内金融环境。

房地产开发投资从迅速下滑，到逐月回升。受宏观调控和金融危机的冲击，自2008年7月份以来房地产开发投资直线下滑，2009年1～2月全国房地产开发投资同比增长骤降到1%，增速将上年同期减少31.9个百分点；1～8月份同比增长 14.7%，与同期固定资产投资增速比较，2009 年以来逐步缩小，1～8 月份房地产开发投资低于同期固定资产投资增速 18.3 个百分点，与年初的 25.5 个百分点的相比，差距缩小了 7.3 个百分点。

（二）中国城市化与住房市场：质量提升明显，中西部地区加快

2008～2009 年，中国城市化进程仍然加速推进。虽然金融危机客观上抑制了中国城市化发展，但应对危机的政策又在主观上鼓励了城市化的发展，主要表现在：一是城市化规模扩张明显加速，城市质量提升步伐加快。2008 年，我国城镇化率已达到 45.7%，拥有城镇人口 6.07 亿人。农村转向城市的投资移民、教育移民逐渐增多，城市化质量也在不断提升，中西部地区城市化发展尤为明显。二是大都市化和集群化趋势进一步增强。由于交通通讯网络的密集建设，中国城市体系继续朝大都市化、城市群化、城市群网络化的方向发展；受金融危机的影响，东部城市发展速度有所下降，中西部地区城市增长极的作用更加明显。三是城市化政策变革加快。2008～2009 年区域规划陆续出台，综合配套改革进入新阶段，行政体制改革出现新迹象，基本制度创新也有所推进，进而促进了城市化发展。

2008～2009 年，中国城市化发展对住房产生了巨大的影响，城市化规模扩大、质量提升创造了巨大的住房真实需求，并使之得以释放。与此同时，全国总体用地规模大幅增加，供地结构进一步优化，也为住房供给创造了条件。从区域来看，经济欠发达地区城市的建设力度仍然在不断加大，相对于东部发达地区，中西部地区城市的住房需求和供给整体上呈现“双加速”态势。

（三）全球经济与住房市场：从急剧衰退，到缓慢好转

全球经济从急剧下降，到缓慢回稳。受全球金融危机的冲击，全球 GDP 增长 2008 年尤其是第 4 季度急剧下降，2008 年第 4 季度和 2009 年第 1 季度分别为 -6.451%，-6.387%。但是由于各国纷纷出台强有力的干预措施和扩张性政策，2009 年第 2 季度开始出现 1.408% 的正增长。经过近一年全球主要经济体的协调与协作，全球经济出现回稳迹象。

全球通货膨胀压力消减，未来通胀预期加重。全球金融危机爆发后，由于流动性收紧及实体经济需求层面的大幅下降，全球通胀现实压力持续消减。但是，宽松的货币政策引起的流动性过剩的担忧，加重了全球通货膨胀的预期。

全球金融系统尚未恢复有效运作。金融危机对全球金融系统的冲击还远未结束，恢复金融系统的有效运作仍然是受危机影响经济体中央银行与政府的主要政策重点。各国金融条件好转主要由于公共部门步调一致地下调基准利率、持续提供充足流动性、放松信贷约束条件以及向银行注资所致。随着全球金融危机的深化和反危机干预措施的实施，较低的利率和房价下降使得美国等一些国家的住房市场出现回暖的迹象。

对中国住房市场的影响明显。自 2008 年下半年开始，由于全球经济危机导致国际资金外流，加速 2008 年下半年的住房市场下行调整。但为应对外部需求大幅下降，为了保证稳定的经济增长，政府迅速出台了积极的财政政策与适度宽松的货币政策。在充裕的流动性和宽松的房贷政策条件下，在主要来自国内消费者与投资（投机）者联合需求的推动下，2009 年上半年中国住房市场迅速扭转了之前的下行趋势。

（四）开发企业与住房市场：由急剧恶化，到迅速好转

2008～2009 年，中国住房开发企业的经营绩效由逐渐恶化转向明显好转。以地产上市企业为例，2008 年大部分企业利润缩减，从 2009 年第 1 季度开始利润快速回升，到 2009 年第 3 季度，房地产共有 59 家发布季报，其中 20 家预增，11 家预盈。

2008 年住房企业资金普遍遭遇窘境，一些企业资金链几近断裂，前三季度三成房地产上市公司负债率高达 70%，随着国家应对金融危机措施的出台，进入 2009 年资金获得状况开始好转。土地购置面积在 2008 年下降，并且地方政府土地出让频现流拍，而 2009 年“烫手山芋”变成了“香饽饽”。2008 年企业销售量萎缩导致库存增加，截至 2008 年 12 月末，全国商品房空置面积达 1.64 亿平方米，同比增长 21.8%。随着刺激政策的出台，进入 2009 年房地产企业库存快速消化。2008 年企业重组并购基本停滞，到 2009 年则显著加快。

2008 年以来，住房制度建设上取得一定成就，但仍落后于住房发展速度；新股东文化建设成为企业文化建设一道靓丽风景；2008 年由于环境恶化开始重视内部管理，也因为 2009 年环境好转而放松。2008 年以来，企业社会责任取得了一定的进展，资信建设、缴税意识、社会捐助、环保建设，以及保障房建设都有缓慢进展。

（五）需求主体与住房市场：购买意愿几经反复

2008年，受二套房贷限制、全球金融危机导致的流动性短缺以及价格下调预期的影响，投资者和投机者的融资能力和购买意愿大幅下降，纷纷撤场。2009年，由于宽松的信贷政策、通货膨胀预期，加上国际资本看好中国的经济前景，国内外投资者和投机者的融资能力和购买意愿迅速扩张，但随后的价格猛涨以及信贷政策的从严，使得投机和投资又开始新的调整。一线城市作为投资和投机集中区域，住房销售和价格呈现剧烈波动。

2008年，受房地产景气悲观预期、未来收入下降预期和失业率上升等影响，住户购房意愿降到了历史最低点，进入2009年以后，受政策和降价的影响，前期相持阶段累积的刚性需求逐步释放，消费者购买意愿增强，表现为投机和投资不强烈的二、三线城市量价持续提升。

需求者购买能力、融资能力和购买意愿的快速转换，引致其购买行为的反复多变，从而影响住房市场形势的变化。

（六）金融机构与住房市场：信贷监管由紧变松，由宽变严

2008年以来，中国住房金融机构的基本素质改进不大，市场运行主要呈现如下三个突出特点。

（1）从总体结构上看，商业性住房金融机构主导格局明显，合作性住房金融机构和政策性住房金融机构支持不足。2008年底的数据显示，商业银行住房贷款在住房消费贷款总额中的占比超过80%，而公积金贷款占比约为15%。

（2）从商业性住房金融机构来看，受国家货币政策方向的急速转向影响，商业银行房贷业务先抑后扬，上行意愿明显强于下行意愿，从2007年底到2008年底大约一年时间内走出的下行落幅，在不到半年的时间里就被上行走势吞噬殆尽。这样一种走势推动住房市场在2009年上半年过快反弹。2009年6月，商业银行对住房开发企业的贷款在住房贷款中的比重高达98.5%，非银行金融机构的贷款支持仅占1.5%。进入第3季度，住房信贷有所趋紧。

就住房公积金而言，2008年以来住房公积金在惠及范围、使用的灵活性等方面均有一定改善，但对住房市场的支持偏低，且使用质量和效率不尽如人意，制度设计层面存有机制性的问题。

信贷政策、外部监管、内部监管的松紧，引起金融机构贷款能力、意愿和行为的变化，从而引起开发企业和购买者融资能力的变化，导致住房市场形势发生改变。

（七）住房资产市场与物业市场：从快速回落，到快速上涨

新房市场变化快速，波动剧烈。2008～2009 年销售市场大致经历了以下 4 个阶段转折变化：2008 年 1～7 月，价格惯性上涨，销量开始萎缩；2008 年 8 月～2009 年 12 月，价格连续下跌，销量严重萎缩；2009 年 1～2 月，销量开始回升，价格跌速放缓；2009 年 3～6 月，销量大幅度增长，价格快速上涨；2009 年 7～9 月，销量回落调整，价格继续上涨。2009 年 1～9 月，全国住房销售面积为 5.4 亿平方米，住房销售金额 2.4 万亿元，同比分别增长 46.4% 和 78.2%。

投资开发回落迅速，复苏缓慢。根据开发投资、开工面积、竣工面积的相对变化，2008～2009 年住房投资开发活动可以分为以下 3 个阶段：2008 年 1～6 月，惯性扩张阶段；2008 年 7～12 月，开发收缩、库存增长阶段；2009 年 1～9 月，去库存化阶段，该阶段后期投资开发速度开始有所加快，全国完成房地产开发投资 25050 亿元，同比增长 17.7%。

二手房市场"V"形走势，波动明显。2008～2009 年二手住房市场可大致分为 4 个阶段：2008 年 1～9 月，相持阶段；2008 年 10 月～2009 年 2 月，持续下跌阶段；2009 年 3～6 月，快速上涨阶段；2009 年 7～9 月，涨速回落阶段。

租赁市场需求减少，租金下降。收入增速下降、就业难度加大、人口回流等因素造成租金下跌。2008 年租金虽有一定上涨，但涨幅呈下降趋势，租金指数同比涨幅由第 1 季度的 2.9% 降至第 4 季度的 0.8%，涨幅下降 2.1 个百分点。2009 年 1～3 季度，租赁价格指数还同比出现下跌。

2008 年下半年，中国住房租赁市场的供给有所增加，在需求变化不大甚至下调的情况下，住房租金水平一转多年来持续上升的态势，租金水平下挫，其中高档房的下降幅度更大。到 2009 年上半年，随着经济景气的好转、房地产市场转热，住房租赁市场也趋向升温，租金水平有所提高。

东部波动性大于中西部地区。2008 年金融危机对东部地区的影响要远大于中西部地区，表现为东部地区商品住房投资增速要低于中西部地区，销售面积与销售额的下降速度要远高于中西部地区。2009 年东部地区销售市场量价急升，

中西部地区投资开发快速增长。东部地区销售面积、销售均价及销售额增幅都要远大于中西部地区，但开发投资额的增幅要远低于中西部地区。

一线城市波动性大于二、三线城市。销售市场一线城市领先，投资开发二、三线城市占优。价格平均增速一线城市要高于二、三线城市；销售量一线城市呈爆发性增长，二、三线城市存在严重分化；开发投资一线城市冷，二、三线城市热。

（八）住房土地市场与住房市场：从迅速降温，到逐步回暖

土地市场。从 2008 年第 1 季度开始土地市场迅速降温，一些城市土地市场出现土地流拍、底价成交和开发商退地的现象。从 2009 年开始，中国土地市场开始回暖，北京、上海、广州、深圳等重点城市的土地市场交易活跃，各地“地王”频现，甚至出现了“抢地”现象。图 1 – 3、图 1 – 4 分别显示土地开发面积和价格降温和回暖的事实。与此同时，土地市场首先在一线城市复苏，逐渐延伸到二、三线城市。

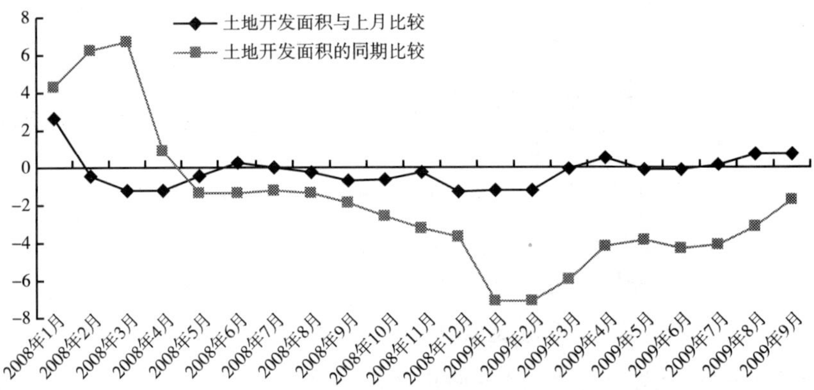

图 1 – 3　2008 ~ 2009 年土地开发与购置面积增长

住房用地价格。国房指数显示：2008 年第 1 季度住房用地价格增幅达近年来最高，随后开始持续 4 个季度的大幅下降，只到 2009 年第 2 季度开始回升，个别城市的居住用地成交总价和楼面地价的“地王”纪录不断被刷新。中国指数研究院监测显示：1 ~ 9 月全国住房用地平均楼面价格稳步上涨。5 月以后住房用地平均楼面价格突破每平方米 1500 元，8 月接近 2000 元，9 月高达 2691 元。

住房用地供给。中国指数研究院监测显示：住房用地累计供应量首次超过上

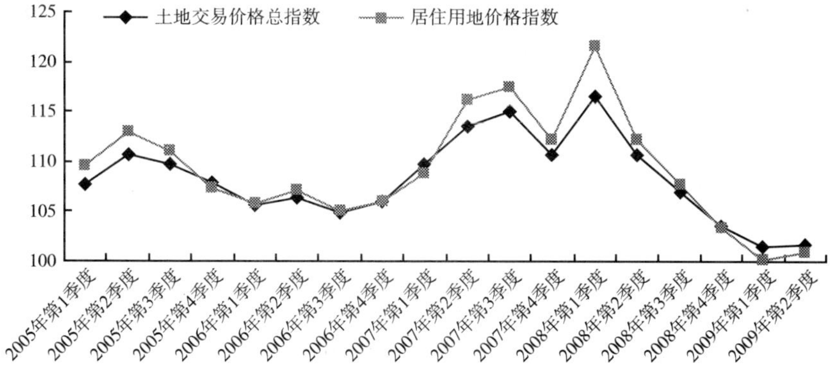

图1-4 全国土地交易价格

年同期水平。1~9月，全国60个城市累计推出土地6642宗，同比增加8%。

住房用地需求。戴德梁行报告显示，2009年第1季度居住类用地成交出现显著萎缩，同比降幅达67%。中国指数研究院监测显示：2009年开始，住房用地需求强劲，成交量连续8个月呈增长态势。1~9月，全国60个城市累计成交土地4873宗，同比增加55%。

（九）住房金融市场与住房市场：从收紧和沉闷，到宽松和爆发

2008年以来，由于全球金融危机爆发及其应对政策实施，作为金融市场的一部分，中国住房金融市场形势变化明显。

信贷市场的主导地位明显，资本市场的作用有所弱化。住房开发企业所需资金中有50%以上来自间接金融市场，其中绝大部分来自信贷市场。来自直接金融市场的资金维持在20%左右，其中2009年比2008年有所下降。

住房贷款利率先扬后抑。2008年中期达到顶部，2008年8月以后，基本维持了一路下行的态势。这样一种走势表明，货币政策取向由紧缩流动性转向释放流动性。

信贷市场走势明显先行于房价走势，先紧后松。特别是2009年上半年信贷市场甚至表现出歇斯底里式的增长，反映信贷市场有失控之虞；但到了第3季度，随着从严执行二套房贷款规定，住房信贷开始有所收紧。

股票市场房地产板块的股票指数呈现巨幅震荡。先是在2008年一路下行，然后从2009年初开始快速上行，走出了一种类似过山车的路径，而且与上证指

数相比，波动幅度高出 20 个点，这反映出房地产板块的极不稳定性。住房开发企业在股票市场上的融资由 2008 年的沉闷走向 2009 年上半年的爆发。至 2009 年 6 月底，已有近 30 家房地产企业计划在 A 股和 H 股上市，募集资金规模将超过 1000 亿元。其中仅在 A 股“排队”等待 IPO 审批的房地产企业就有 14 家之多。

正是由于住房金融市场的变化，即信贷紧—松—紧的剧烈调整，以及利率先扬后抑的调整，带动住房市场产生震荡。2009 年上半年房价的狂涨与信贷市场流动性的过快过多释放密切相关。

（十）住房监管与住房市场：监管措施相继出台，监管力度有所放松

2008 年前 3 个季度，为配合调控过热的宏观经济和房地产市场，住房市场监管力度有所加强；从第 4 季度开始，为应对全球金融危机，实现“扩内需、保增长”的目标，住房市场监管政策在执行力度上开始有所消减。但是，完善住房市场监管的措施 2008 ~2009 年在持续推进。

在行政审批方面，2008 年以来，监管部门在规范住房市场方面仍在进行努力。自 2002 年以来，国家相关部委一直在出台政策措施，以简化房地产企业开办的程序，提高企业开办的审批效率。在规范住房用地市场方面，国土资源部先后颁布施行了一系列办法。在住房开发环节，住房与城乡建设部于 2009 年 4 月颁布有关办法，加强住房开发质量监督管理。在房屋登记方面，住房与城乡建设部颁布有关办法规范房屋登记，保障房屋交易安全。在住房租赁环节，最高人民法院颁布有关司法解释规范住房租赁市场。与此同时，地方政府也针对市场上存在的问题采取不少配套的监管措施。例如，针对“捂盘惜售”① 现象，北京市住建委对 15 家开发商进行约谈告诫，并要求在七日内完成整改。

（十一）住房保障与住房市场：建设力度明显加大，覆盖范围明显扩大

保障性住房建设力度明显加大。2009 年上半年全国保障性住房用地供应 5.6

① 通俗地说，就是开发商捂住楼盘不卖，或者分批卖、少量卖，延长销售时间，制造热销景象，目的是短期内频繁涨价。

万亩，同比增加 36.3%。截至 2009 年 6 月底，中央已下达补助资金 548 亿元，地方已到位资金 415 亿元，中央投资补助项目已经开工 5434 个、占计划的 80%，开工面积 6360 万平方米、占计划的 60%，完成投资 388 亿元、占计划的 30%。

住房公积金覆盖率继续提高，成为居民购房的重要融资渠道。2008 年末，全国应缴职工人数 11184.05 万人，实际缴存职工人数 7745.09 万人，同比增加 557.18 万人，增幅为 7.75%。2008 年，全国住房公积金提取额为 1958.34 亿元，占同期缴存额的 43.82%，同比增加 149.56 亿元，增幅为 8.27%，全国共发放住房公积金个人贷款 131.13 万笔、2035.93 亿元，占当年缴存额的 45.55%。截至 2008 年末，累计为 961.17 万户职工家庭发放个人住房公积金贷款 10601.83 亿元，同比增长 23.77%。

经济适用房建设规模增加。全国大部分城市保障性住房面积占新建住房面积的比例都在 10% 以上。其中 14 个主要城市 2008 年计划新建住房面积共 17765.6 万平方米，其中保障性住房面积 4920.31 万平方米，占新建住房面积的比例为 27.7%。2009 年上半年，各地新开工经济适用房 3388 万平方米、48 万套，完成投资 468 亿元。

廉租住房建设规模迅速放大。按照新出台的《2009～2011 年廉租住房保障规划》，我国今后 3 年将新增廉租房 518 万套，发放货币补贴 191 万户。2008 年廉租房建设共投入 354 亿元，是 2007 年投入资金的 3.7 倍。其中，中央财政共安排廉租房补助资金 68 亿元，在第 4 季度时为扩大内需、促进经济增长，追加了中央廉租房建设补助资金 75 亿元。截至 2009 年上半年，全国已开工建设廉租房 105 万套，全国新增租赁住房补贴 150 万户，林区棚户区改造项目已开工 15 万套，垦区危旧房改造已开工 12 万户。

二　2009～2010 年住房市场预测

（一）宏观经济与住房市场：经济将持续复苏，住房投资作用增强

经济增长持续较快复苏：工业增加值增速有所加快，建筑业和第三产业活跃度增加，国内生产总值快速增长，预计 2009 年 GDP 增长率将达到 8.4%。2010 年则有望达到 9%。

社会需求投资主导难变：投资维持快速增长，政府投资增速略有回落，但社会民间投资将逐渐增加；消费稳中有升，将缓慢步入上升通道；净出口缓慢恢复，进出口降幅减缓，对外贸易缓慢恢复，但顺差快速增长短时难期。

物价上涨压力增长：居民消费价格增长加快，助推通货膨胀预期；大宗商品和资产价格震荡上行。工业品出厂价格止跌回升，未来将小幅上行；原材料、燃料和动力购进价格，回升趋势基本确立，未来震荡上行。

住房投资作用增强：信贷政策和市场形势宽松，住房投资快速增加。这主要是因为信贷政策总体上会依然维持宽松的局面，加之住房价格基本在高位维持稳定，吸引政府供给土地和开发企业投资住房开发。由于外需 2010 年依然不容乐观，消费需求也不会迅速增长，政府投资能力受到的限制越来越多，政府支持住房投资以带动内需，从而刺激经济增长的动力加大。根据前面的有关分析，如果需要住房投资带动 0.8 个百分点的经济增长，那么需要维持 24% 左右的住房投资增长率，而根据市场形势和开发企业意愿，这样的住房投资增长率也是可能的。

2009 年和 2010 年主要宏观经济指标的预测情况见表 1－1。

表 1－1　2009～2010 年宏观经济指标预测

指　　标		2009 年	2010 年
经济总量	GDP 增长率(%)	8.4	9.0
社会需求	全社会固定资产投资增长率(%)	30.0	28.0
	其中:住房投资完成额	17.0	24.0
	社会消费品零售总额增长率(%)	15.6	16.2
	对外贸易顺差增长率(%)	-28.0	33.3
物价水平	居民消费价格指数上涨率(%)	-0.8	3.5
对外贸易	进口额总额(亿美元)	10400	13400
	出口总额(亿美元)	12500	16200
	对外贸易顺差(亿美元)	2100	2800
货币金融	年末 M_1 增长率(%)	29.0	22.0
	年末 M_2 增长率(%)	28.5	20.0

（二）城市化与住房市场：城市化规模呈现高峰，城市化区域增长相对均衡

2009～2010 年中国城市化进程会继续加速推进。城市化地域规模继续扩大，

人口规模呈现高峰。根据预测，2009 年中国城镇化率将达到 62934 万人，城镇人口比重将达到 46.7%，比 2008 年提高一个百分点（见表 1－2）；2010 年我国城镇人口将达到 64729 万人，城镇人口比重将达到 47.7%，比 2009 年提高一个百分点；中国城市人口的内部迁移以及城镇之间的人口迁移也将迅速增加。用地规模继续增长，产业用地恢复增长，基础设施用地增加，住房用地扩大，二线城市和落后地区用地量扩大。

表 1－2　中国城市人口增长预测

单位：万人，%

指　标	2009 年末数	2009 年城市人口比重	2010 年末数	2010 年城市人口比重
城　镇	62934	46.7	64729	47.7
农　村	71829	53.3	70791	52.3
全　国	134763	100	135700	100

城市化质量明显提升，城市化区域增长格局相对均衡。战略规划密集制定，行政体制试点扩大，基本制度创新继续探索，综合改革试验进一步深化和扩大。城市化体系的大都市化趋势将继续延续，城市空间形态越来越呈现集群化的发展态势，中西部地区城市化明显加快。

城市化推动住房真实需求明显增长。2009～2010 年中国城市化发展将对住房产生进一步影响，将创造更多一些真实需求，进一步改善住房供给的条件，刺激大中城市住房需求。同时，伴随着中国整体经济形势的不断好转，中西部地区的住房需求仍将保持较为旺盛的态势，而东部地区住房需求将得以恢复。

（二）全球经济与住房市场：全球经济缓慢复苏，各国住房市场表现不一

全球经济缓慢复苏。由于各国中央银行与政府对金融系统进行了有效干预，金融市场状况的改善程度要明显好于预期。国际货币基金组织 10 月初调高了 2010 年世界经济增长的预测值至 3.1%。总体预测，2009 年世界经济将是徘徊寻底的一年，2010 年将是恢复性增长的一年，2011 年将有望开始真正意义上的复苏，2012 年将步入正常发展轨道。

全球通货膨胀充满不确定性。进入 2009 年后，大宗商品价格开始恢复上涨。

全球总需求发生大幅变化的可能性较低，总需求将不会明显推动全球通胀。而全球流动性是否将再次推动全球通胀上涨，存在很大不确定性。

全球金融系统缓慢恢复。主要发达经济体将继续维持政策利率在零附近，有下调空间的经济体甚至可能进一步下调利率。但是，不能排除面临通胀上涨压力的经济体，央行可能会采取加息手段以控制通胀。如果发达经济体中央银行与政府政策措施得当，可以预见全球金融市场形势将持续得到改善。但是，可能出现的全球流动性问题过剩应得到各国监管部门重视。

各国住房市场表现不一。未来一年全球住房市场走势除受各国住房市场自身的周期性调整影响之外，住房市场回稳乃至复苏将与全球金融市场状况的变化相联系。全球主要经济体住房市场可能不会得到金融系统（特别是证券化市场）的有力支持，使全球房价普遍处于增长放缓或衰退的局面很难得到明显改善。某些发达经济体住房价格可能还需经历一定幅度的下行调整，并将持续一段时间。

2010年，全球经济恢复的差异性，通货膨胀预期，加上人民币升值的压力，使得中国住房市场面临一定的国际热钱冲击的挑战。

（四）住房增量市场与住房存量市场：春暖秋凉、价稳量增

2009年第4季度~2010年第4季度预测：春暖秋凉、价稳量增。在没有出现新的重大外部冲击的条件下，受前三季度销售量与价格增长过快及开发企业资金压力较小的综合作用，2009年第4季度住房市场可能有一个销售量回落和价格小幅调整的过程，投资开发则将继续保持上升。2010年从整体看可能呈现先扬后抑、价稳量增的态势。具体而言，2010年第1季度销售量可能出现缓降，而价格基本保持平稳；第2季度受通货膨胀预期或政府可能出台新政策的影响，销售量回升、价格上涨及开发投资上升的概率较大；第3、4季度价格与销售量可能稳定或出现下降，开发投资上升或保持稳定（见表1-3）。

2009年第4季度~2010年第4季度预测的依据是：投机引发市场波动，政策影响市场走势。

从供给方面看，开发企业资金面决定短期供给变动。由于信贷政策宽松及2009年商品住房销售业绩良好，开发企业普遍资金较充裕，短期内大幅度扩大供给或降价促销的概率较小。

表 1-3　2009 年第 1 季度～2010 年第 4 季度住房市场预测（参考）

单位：%

	2009 年第 4 季度	2010 年第 1 季度	2010 年第 2 季度	2010 年第 3 季度	2010 年第 4 季度	2010 年总体形势
住房投资	↑	↑	↑	↑	↑	↑↑
开工面积	↑	→	↑	↑	→	↑
竣工面积	↓=	↓=	↑	↓	↓	↑
销售面积	↓	↘	↑	↓=	↓=	↑
销售价格	↘	→	↑	↓=	↓	→
租金价格	↓	↓	→	↑	↓	→

注："↑↑" =较快增长，"↓↓" =较快下降，"↑" =增长，"↓" =下降，"↗" =缓慢增长，"↘" =缓慢下降，"→" =稳定，"↑=" =增长/不变，"↓=" =下降/不变。

从消费需求方面看，近期经济下滑可能对真实住房需求有一些影响，但政府采取的一些鼓励住房消费、降低城市化门槛的措施如买房送户口等又可以在一定程度上抵消其作用，总体上真实住房需求不会出现太大的波动。

从投机需求方面看，住房投机行为是造成现阶段住房市场波动的需求方面的主要原因，它受通货膨胀率、融资成本与融资杠杆比率、交易成本等因素的影响。其中通胀预期是否会转化为现实通胀压力还有待于进一步观察，融资成本、融资杠杆比率及交易成本大小则主要取决于政府住房信贷与税收政策。

从投资方面看，由于经济复苏尚不稳固、经济增长对住房市场的依赖仍较大，因而政府短期内并没有大力抑制住房投机的政策空间，甚至在经济增长低于预期时，政府还可能进一步加大住房需求刺激力度。

（五）住房用地市场与住房市场：交易量增加，交易价格上升

土地需求是一种引致需求，伴随着宏观经济环境的改善，国家信贷政策的持续宽松，住房市场预期的改变，土地需求会进一步放大。当前，正是地方政府届中考察和班子调整补充的关键时期，随着班子调整到位和新一轮土地利用规划的完成，土地管理改革的深入推进，在积极财政政策的收官阶段，地方政府会继续出台大量优惠条件积极推地，促进土地供给条件的改善。因此，在房地产市场总体回暖的背景下，伴随着房地产开发商的乐观市场预期及资金压力的缓解、购地能力和购地意愿的提升，2009～2010 年土地市场需求回升的态势应会得到延续。

在上述土地市场供给与需求两方面都趋升的力量作用下，土地市场的交易面积会有所增加，土地价格可能会出现一定程度的上升。

（六）住房金融市场与住房市场：总体温和上行，区间季节波动

总体而言，2009 年第 4 季度到 2010 年住房金融市场将展现一种温和上行的走势，住房间接金融市场的结构占比仍占主导地位，但可能会有所下降，相应的，直接住房金融市场的地位或有一定提升。住房金融市场的快速回暖，将给政策调整带来空间，适度放行股票市场以扩大直接住房金融，改善住房金融市场过度依赖住房信贷市场的局面，将会是一种明智的政策选择。主要指标走势预测见表 1 -4。

表 1 -4　2009 ~ 2010 年与商业银行房贷有关指标预测

指　　标	2009 年	2010 年
各项贷款余额(亿元)	420128.5	489449.7
各项贷款增额(亿元)	100000.00	69321.20
各项贷款增长率(%)	31.24	16.50
各项贷款平均增长率(%)	16.50	16.50
调整房贷(亿元)	24283.427	28290.19
调整房贷增长率(%)	39.01	16.50
调整房贷平均增长率(%)	22.38	22.38
调整房贷/信贷增额(%)	24.28	40.81
国内贷款(亿元)	7982.21	8780.43
国内贷款增长率(%)	10.37	10.37
国内贷款平均增长率(%)	10.37	10.37
国内贷款/各项贷款增额(%)	7.98	12.67

住房贷款：在 2008 年底以来形成的迅猛增长势头将趋于减弱，同比增长率将呈现一种温和上升的走势，增长幅度大体上接近于近几年的平均增长率。考虑银行的实际，2010 年第 1 季度，将有大量信贷投放住房市场（见表 1 -5）。

住房信贷市场利率：总体将继续保持低位运行，同时，针对住房开发和消费中的投机性资金需求和真实性资金需求将进行结构性上浮或结构性下调。

住房公积金：将在覆盖率、使用范围、使用效率等技术层面做些微调，但决策层不太可能考虑对公积金的制度架构进行重构。

表1－5　2010年房贷投放各季度规模分布结构预测

单位：亿元

	国内贷款季度分布	调整后国内贷款季度分布
第1季度	7850.7	5344.31
第2季度	6537.57	6159.39
第3季度	6396.67	7556.99
第4季度	7505.25	9229.51

住房金融市场创新：鉴于次贷危机的经验教训，短期内住房抵押贷款证券化等市场创新可能会继续被封冻。

三　中国住房指数体系

（一）住房上市公司指数

住房上市公司指数参考福布斯全球领先企业排行榜所用四项指标，销售收入、总资产、利润、总市值。对四项指标采用EXCEl2003软件中的PERCENTRANK函数，用来返回企业某项指标的数值在所有企业中的百分比排位值，由此，可得到各企业指标的数值。合成房地产上市企业综合指数时采用等权处理。

通过对四项指标的综合分析，可以看出综合实力，一线上市企业占据绝对优势，前20名中四个一线城市（北京、上海、深圳、广州）占16位，同时，国有控股企业综合指数强于民营，综合指数前20强中，国有控股企业占到14位（见图1－5）。

在销售收入的比较中可以看出，两极差距较大，前20位的占据68%的份额，后20位只占据1%，国有控股企业实力较强，前20名国有控股企业占13位。利润总额上优秀企业占利润份额较大。排名前20位的上市企业占据“住房100”企业份额的71%，其中国有企业有13位。

地域和行业集中度高。四个一线城市正好占据50%，中西部地区上市住房企业数量较少。综合指数排名前10位的住房企业总资产占比为49.4%，主营收入占比为47%，利润额占比为51.7%，总市值占比为50.6%，这几项数据突出

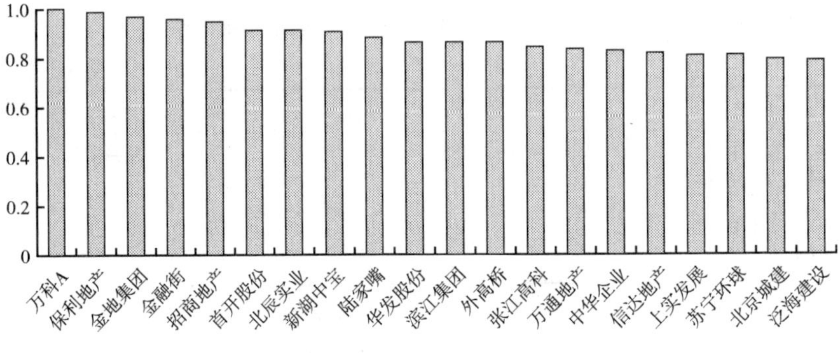

图 1－5 "住房100"综合排名前20位的企业

显示综合指数排名前10位的住房企业各项指标占据整个"住房100"的半壁江山。

行业两极分化现象比较严重，综合排名第一的万科在整个"住房100"中各项指标占比分别是收入占20%，利润占17%，资产占15%，市值占21%。而排名最后一位的企业，各项指标所占比例都不到万分之一。

（二）住房支付能力指数：1999～2008

住房支付能力指数（HAI）是测度住房支付能力的一种指标，它衡量一个有代表性的家庭能否符合申请有代表性的住房的按揭贷款条件，规定在首付房款后，在按揭期限下，每月房贷支出不超过家庭收入的25%，用中位数家庭收入比上中位数住房抵押贷款申请资格收入线，得出支付指数。指数等于1，表明中位数收入水平的家庭恰好能够贷款购买中位数价格的住房；指数大于1，表示支付能力较强；指数小于1，表示支付能力较弱。

测算发现，1999～2008年全国城镇居民的住房支付能力不足，指数值都在0.90以下（见图1－6），支付能力较弱；其中有3年的HAI值在0.70以下，支付能力很弱；2003年的HAI值最高，为0.85；HAI值从2003年起大幅下降，到2007年达到了一个低谷，2008年由于住房价格涨幅较小且抵押贷款利率下调，HAI值有所回升。35个大中城市的情况与全国大体一致。1999～2008年35个大中城市中支付能力很弱的城市数，呈现先略有下降后迅速增加的态势。除了2001年，住房支付能力较弱的城市数长期维持在十来个的水平上，所占比例在25%到50%之间。从东中西部大中城市的情况看，东中西部城市住房支付能力

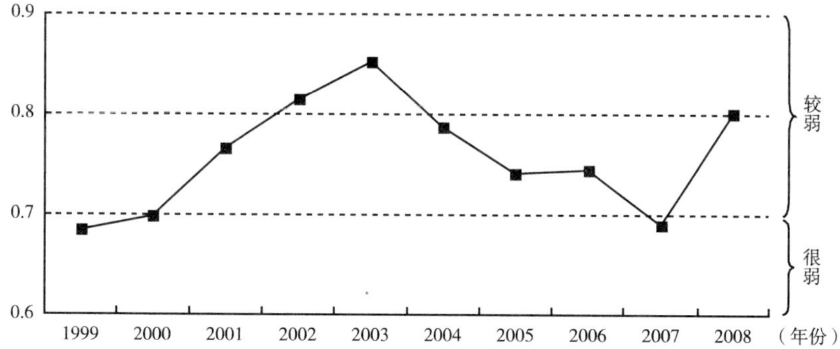

图 1－6　1999～2008 年全国平均住房支付能力指数的变动

状况的总体走向大体一致——在 2003 年之前呈逐年提高的态势，从 2004 年起以比较快的速度下降，在 2007 年达到历史最低点，在 2008 年有所上升。

（三）住房真实供求缺口指数：1978～2009

住房真实供求缺口指数在测度住房真实供求的潜在均衡值的基础上，以实际供给减去潜在均衡值，之后再转换为相对数，用以反映住房市场真实供求的松紧状况：[①] 当缺口指数大于零时，表明真实供给大于真实需求，市场存在过剩缺口；当缺口指数小于零时，表明真实供给小于真实需求，市场存在短缺缺口；当缺口指数等于零时，表明市场真实供给等于真实需求。指数绝对值的大小反映短缺或过剩的百分比。图 1－7 为所估计的中国 1978～2009 年住房真实供求缺口指数情况。

从图 1－7 中可知，短缺缺口主要集中于 1989～1992 年及 2003～2008 年，而过剩缺口主要集中于 1998～2002 年。1985～1992 年为缺口指数变动最剧烈的时期，各年缺口指数绝对值均在 10% 以上，其中 1986 年（23.66%）、1990 年（－27.39%）、1991 年（－25.55%）缺口指数绝对值在 20% 以上。1988～1989 年缺口指数由 15.93% 发展到－11.11%，正负落差也达 27.04%。1993 年以后由于宏观调控作用缺口指数相对较小，1999 年以后缺口指数有所增大，其中缺口指数较大的年份为 1999 年（15.22%）、2003 年（－8.35%）、2004 年（－9.94%）、

① 缺口面积＝实际供给面积－真实供求潜在均衡面积，缺口指数＝缺口面积/真实供求潜在均衡面积×100%。

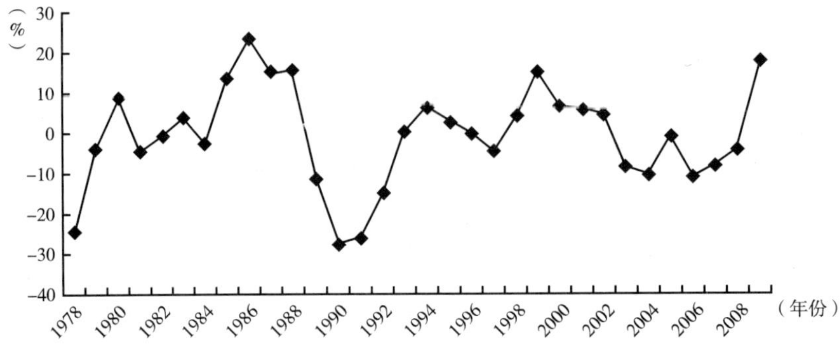

图 1-7　1978～2009 年中国住房真实供求缺口指数

2006 年（-10.6%）、2007 年（-7.77%）和 2009 年（18.28%）。值得注意的是，2009 年改变了 2003 年以来持续的短缺缺口态势，第一次出现了真实供求的过剩缺口。

（四）土地价值潜力指数

土地价值指数主要用来预测一个城市土地市场价值未来上涨的空间大小。指数利用居住用地市场价值潜力及其影响因素建立回归模型，预测了 2012 年土地价值潜力。根据土地价值潜力指数图，对 35 个大中城市 2012 年土地价值潜力及其影响因素前 3、前 10 名进行分析如下。

土地价值潜力上海最大，北京第二。未来 5 年土地价值潜力前 10 名城市中东南城市占据优势，共有 6 个城市，环渤海城市占了 3 个，另外 1 个是东北的大连。

经济发展上海独占鳌头。前 10 名城市有 6 个城市来自东南地区，其中上海经济发展高居第一，也是 2007 年唯一一个市辖区 GDP 规模突破万亿元大关的城市。

中部城市人口密度大。市辖区人口密度最大的 10 个城市中有 5 个是中部的城市，且前 3 名都来自中部。其中人口密度最大的城市为石家庄，市辖区人口密度为 5213.38 人/平方公里，另外两个分别是长沙和南昌。

东南地区综合区位最好，上海最佳。东南城市综合区位最好，前 10 名城市中有 8 个来自东南地区。东北城市区位优势也很明显，4 个城市中有 3 个进入了前 10 名。

东南、环渤海国际化程度领先，上海第一。国际化程度前 10 名东南城市占据了半壁江山，另有3个是环渤海城市、2个西南城市。前10名中的亮点是西南的成都和昆明，以及环渤海的青岛。

深圳居住环境最好，此外旅游城市厦门和大连也进入了前3名。居住环境前10名依然是东南城市占据优势，有5个东南城市。其他区域也有城市表现不俗，如东北的大连，环渤海的青岛和北京，西南的昆明和南宁也在前10行列。

2012年土地价值潜力前20名城市如图1－8所示。

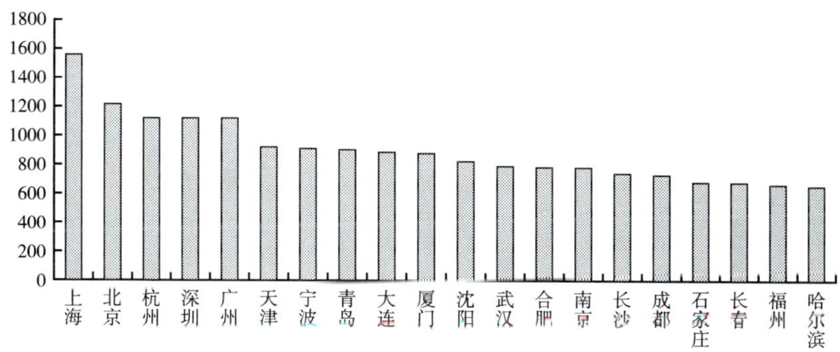

图1－8　2012年土地价值潜力前20名

（五）住房价值潜力指数

住房价值潜力指标体系共包含5项一级指标和7项二级指标，一级指标分别是住房现实需求、住房潜在需求、住房潜在供给、住房生活环境和城市经济发展，二级指标分别是人均可支配收入、人均储蓄额、城市就业人口数量、城市人口密度、城市生活环境、城市经济规模和城市经济增长率。

住房价值潜力的综合排名结果依次是深圳、上海、北京、广州、天津、南京、杭州、武汉、厦门、成都、大连、青岛、重庆、沈阳、宁波、济南、西安、郑州、长沙、哈尔滨、福州、太原、南昌、合肥、石家庄、昆明、长春、兰州、西宁、乌鲁木齐、银川、呼和浩特、贵阳、海口和南宁。图1－9列示了住房价值潜力前15名城市的指数值。

住房价值潜力指数显示了以下特点：一是沿海和沿江城市住房价值潜力较大；二是城市住房价值潜力差距较大，一线城市深圳、上海、北京和广州城市潜力优势明显；三是住房潜在需求对城市住房价值潜力影响较大，住房生活环境

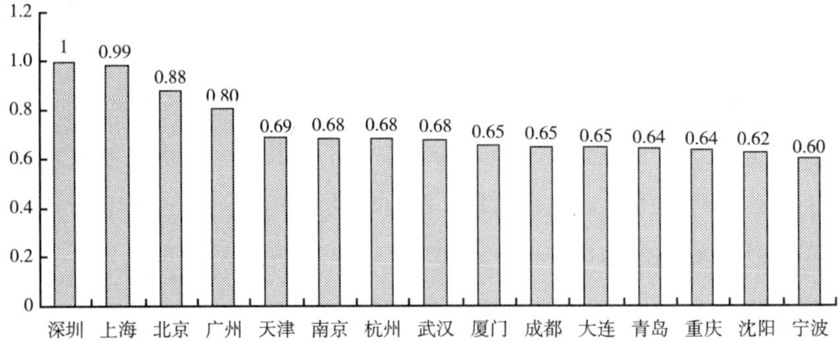

图 1-9　住房价值潜力前 15 名城市指数值

影响相对较小；四是就单项指标而言，城市经济规模与城市住房价值潜力相关性最强，而城市经济增长与城市住房价值潜力相关性最弱。

（六）住房贷款风险指数

住房贷款风险指数选取“房地产企业资金中的银行贷款占比”和“房贷在银行全部贷款中的占比”两个指标，用以反映住房贷款风险状况。

房地产企业资金中的银行贷款占比，主要用来衡量房地产企业资金来源中银行房贷的集中程度，以此测度银行房贷风险程度。其中，房地产资金来源总额数据取自国家统计局网站，计算方法是：调整房贷 = 国内贷款 + 50% × 住房销售额。由此得到的结果就有两种，其一是：国内贷款占比 + 个人按揭贷款占比。其二是：调整房贷/房地产资金来源总额。数据结果如图 1-10 所示。

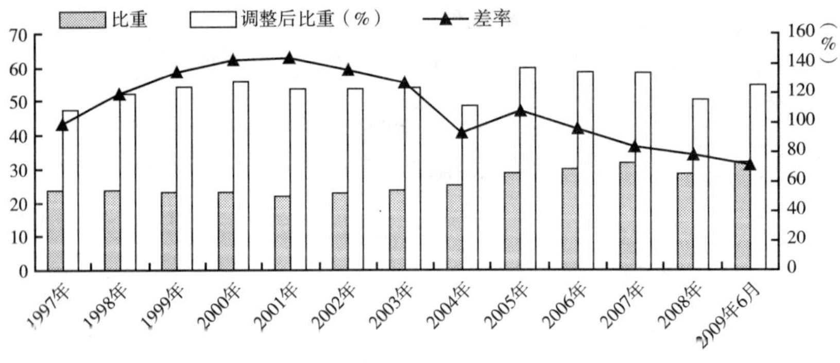

图 1-10　两种方法所得的房贷资金在房地产企业资金来源中的比重比较

房贷在银行全部贷款中的占比，旨在衡量银行在住房相关贷款方面的集中度风险。银行房贷数据取自经调整的房贷数据（见图1－11），每年各项贷款则是：该年各项贷款余额－上年各项贷款余额，称为每年各项贷款新增额。

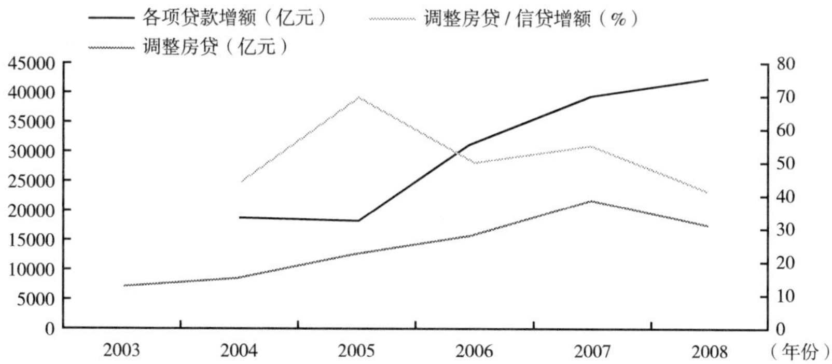

图1－11　银行房贷占比（2003～2008年）

综合分析，“房地产企业资金中的银行贷款占比”和“房贷在银行全部贷款中的占比”两个指标的集中度均很高，尽管近期内各行的房贷不良率均保持较低水平，集中度风险没有显现，但从长期来看，住房贷款的风险隐患较大。

（七）住房市场监管指数

城市住房市场监管指数，用于测度不同城市在住房市场监管中的优劣势，为中国城市确定住房市场监管的努力方向。指标体系将住房市场抽象为6个标准的环节，并以6个环节为6个一级指标；每个一级指标下设3个二级指标，分别为审批、监督与服务；三级指标则分属这3类二级指标。总计一级指标6个，二级指标18个，三级指标29个。中国内地除乌鲁木齐外的34个大中城市的住房市场监管指数分析的前20名情况如图1－12所示。

根据分析，城市住房市场监管指数前20名的城市依次是北京、天津、成都、广州、上海、沈阳、南京、深圳、郑州、福州、青岛、石家庄、南昌、长沙、合肥、重庆、厦门、杭州、济南和长春。其中环渤海地区城市有5位，且前2名均为来自环渤海地区的城市；东南地区有7个城市入围，且其中有5个是在前10名；中部地区虽有4个城市入围，但仅郑州排在前10；东北地区和西南地区各有2个城市入围前20。

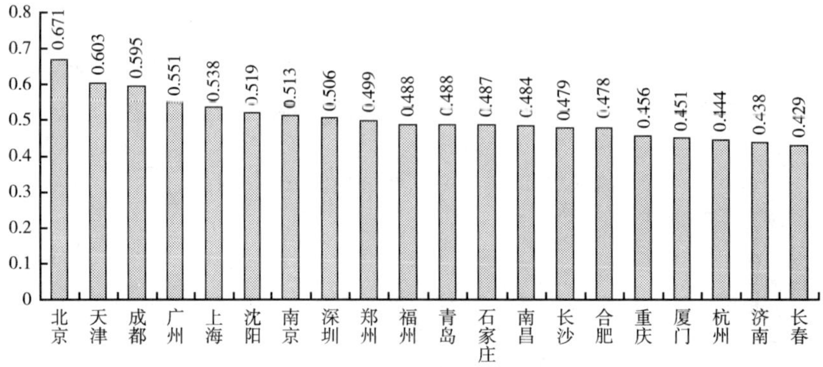

图 1－12　城市住房市场监管指数前 20 名

排名第一的北京住房市场监管指数为 0. 671，排名最末的呼和浩特为 0. 293，监管指数相差悬殊，排名靠后的城市的住房市场监管水平亟待提升。经过比较发现，全国中心城市的住房市场监管水平领先于其他城市，4 个直辖市中除重庆排在第 16 以外，其余均进入了前 10 名。环渤海中心的北京和天津，西南中心之一的成都，长三角中心的上海、南京，珠三角中心的深圳、广州，也均排在了前 10 名。再考察非全国中心城市，中部地区仅郑州表现较好，其余城市表现平平；西南地区和西北地区的城市均表现较差。

（八）住房社会保障指数

住房社会保障指数由住房货币保障指数、经济适用房覆盖率指数、中低收入家庭的保障性住房负担指数和廉租房货币补贴保障指数构成。根据我国目前住房保障制度体系的现状，一般收入居民住房保障程度利用住房货币保障指数进行说明，以经济适用房覆盖率指数和中低收入家庭的保障性住房负担指数描述中低收入居民住房保障程度，以廉租房货币补贴保障指数来说明低收入居民住房保障程度。结果如下。

住房货币保障指数最高的前 5 位城市的公积金缴存比例、公积金缴存最高上限额或公积金缴存最高基数都比较高，住房的货币保障领先于其他城市。青岛、天津、宁波、杭州、广州、乌鲁木齐、济南、北京、大连、哈尔滨、银川、厦门、武汉等 13 个城市的住房货币保障指数超出了全国平均水平。

经济适用房覆盖率指数在 10% ～15% 合理范围内的城市有昆明、济南、成都、郑州、沈阳、石家庄、武汉、长沙、青岛、大连、兰州等11个城市（见图1－13）。经济适用房覆盖率指数过小的城市有广州、上海、宁波、北京等4个城市。这些城市（包括深圳）的房价高企，城市居民住房可支付能力低，这反面地反映了经济适用房的供给具有抑制房价和缓解住房供求矛盾的效果。

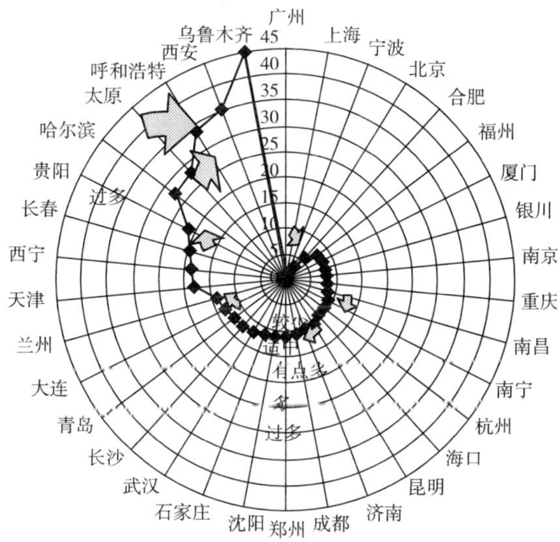

图1－13　经济适用房覆盖率指数

全国各城市的中低收入家庭的保障性住房负担指数都在合理的范围内。中低收入家庭的保障性住房负担指数超过6的城市只有海口和济南，但均在7以下，中低收入阶层对经济适用房的可支付能力较强。尤其，重庆、南昌、南京、石家庄、成都、合肥、郑州、北京、银川等9个城市的中低收入家庭的保障性住房负担指数均低于4。换句话说，建筑面积控制在60平方米以下（以三口之家为准，即人均20平方米以下）的经济适用房政策是改善中低收入家庭居住环境的有效途径。

各城市廉租房货币补贴保障指数相差较大，最大的城市为重庆，达到23.4，最小的城市为深圳，仅为0.5。廉租房货币补贴保障指数与廉租房保障范围密切相关，长沙、哈尔滨、长春、杭州、大连、济南等城市的廉租房保障范围广，收入门槛低，指数值较大。部分城市，可以通过提高租金货币补贴标准或住房保障面积标准，提升低收入居民的住房可承受能力。

四　近期的问题与挑战

（一）宏观经济：内生性增长动力不足，通货膨胀压力加大

2010 年内生性增长动力不足。一是政府投资在 2008～2009 年大规模放量之后，2010 年虽仍具相当规模，但保持此前的增幅有一定困难；二是在产能过剩没有消化等背景下，2010 年民间投资增长幅存在不确定性；三是在目前社会保障水平和收入分配格局没有太大改变的情况下，2010 年至多恢复到危机前的水平。

2010 年外部需求将恢复缓慢。一是 2010 年世界经济复苏缓慢，就业难以明显好转，消费难以根本恢复；二是贸易保护倾向加剧，世界贸易保护主义抬头；人民币升值压力加大。

2010 年存在一定通货膨胀压力。一是国内大规模的信贷形成的充足的流动性；二是由于翘尾因素，2010 年第 2 季度将显示较高的物价增幅；三是石油等能源或资源价格持续上涨，形成输入性通货膨胀。

2010 年国际热钱可能再度冲击中国。一是中国经济的良好前景；二是人民币升值的预期；三是中国政府政策的预期。由于各国经济表现不一、政策差异、国际金融市场的波动，国际热钱到处流窜套利，加剧风险；四是各国向经济注入太多的流动性，可能会加剧 2010 年世界通货膨胀预期。

2010 年的宏观政策面临一些挑战。一是信贷投放量巨大，面临着刺激经济需要保持充足流动性和抑制通货膨胀又要紧缩流动性的两难抉择；二是在内外需增加有限的情况下，既要实施积极的金融政策，确保住房市场的需求规模，以刺激住房投资大幅增长，同时又要应对国际和国内投机者利用积极的金融政策进行投机，造成住房市场的巨大波动。

（二）城市发展：新增城市化人口加存量城市化人口，公共支出压力大

城市化人口转移潜在规模大，现实规模有限。在 2009 年实现 8% 经济增长的前提下，新增就业将达到 1100 万人。2010 年即便经济增长达到 9% 的增长率，

只能达到2010年的水平。受外需增长恢复缓慢的影响，沿海城市的就业机会的恢复和增长有限。现实的增量城市化人口转移有限。

但是，中国存在巨大的潜在城市化人口或城市化人口的需求，存在着巨大的潜在教育移民、投资移民、养老移民和就业移民，许多家庭因为目前的制度原因，移民成本过高。

如果不改变目前的户籍、教育、卫生、土地、社保等制度，不大规模地进行城市基础设施建设和供给的话，这些潜在的人口无法转移或者进行投资和消费。但是，经济下滑，政府收入下降，因制度变革有可能产生大规模的政府支出和补贴，政府财政面临的压力增加；影响了城市化的速度，制约了城市化加快增长的步伐。

（三）开发企业：风险增加，素质下降；资金充裕助长地价、房价上涨压力

2010年住房开发企业资金宽裕，但金融风险增加。一是企业自有资金限定比例下降，使得更多低素质企业有机会生存和运营，二是在产能过剩和市场前景不太乐观的背景下，宽松货币政策和大规模的信贷，将继续大规模流向住房开发企业，也将流向一些低素质企业。

2010年住房开发企业资金宽裕，使房价上涨压力增加。开发企业有了资金，也有了和需求者博弈的砝码，因此，价稳量增的政策目标很难形成。

2010年住房开发企业资金宽裕，使地价上涨压力增加。一方面，土地需求方开发企业资金宽裕，另一方面，土地供给方政府既缺资金，又处于垄断地位，因此，住房用地价格存在很大的上涨压力。尤其是一些贷款有优势、资金雄厚、风险约束弱的大型国有企业，仍然会上演拍购大宗土地大戏，影响市场预期和住房市场稳健发展。

2010年宽松的政策、扩张的形势和巨大的利润预期，将使大批的企业通过新建、专业、兼营等形式进入房地产行业，住房企业的素质将进一步下降，而一批国有企业的进入将改变格局，使得住房市场的垄断性进一步增强。

（四）需求主体：投资者蠢蠢欲动，消费者缺乏理性，市场面临需求者冲击

2010年国内投机客将冲击国内楼市。一是巨量信贷不仅产生通胀预期，而

且产生通胀现实。2010 年第 2 季度由于翘尾因素影响，物价指数大幅上升，这可能会引起市场恐慌，导致国内炒家大量入市，引起住房市场剧烈波动。二是信贷的波动，按照现行商业银行制度，第 1 季度是贷款的高峰期，尽管银监会一再强调加强监管，估计这些信贷资金仍有大量进入炒家手中。当然，炒作可能更多地集中在一线和二线城市。

2010 年国际投机客将冲击中国楼市。人民币升值预期，中国经济的良好增长，中国关于住房发展的政策，有可能导致国际热钱的流入。这些投机活动主要在一线城市。

2010 年，消费者心理和行为也将波动。尽管消费者真实需求比较稳定，但消费者缺乏理性，一方面，2010 年第 2 季度由于翘尾因素影响，物价指数大幅上升，可能会引起市场恐慌，另一方面，受炒房客和舆情影响，消费者可能非理性消费，进而提前和推迟消费，这些“蝙蝠效应”对市场波动产生巨大影响。

（五）金融机构：宽松支持了投机，紧缩抑制了消费，风险防控手段有限

金融机构消费信贷还不够具体，工作不细致，不能很好地区分出投资、投机和消费，使得流入住房领域的贷款更多地支持了投机性的住房开发和消费，而不是真实性的住房开发和消费。金融机构内部监管不严，惩罚不力，助长消费贷款和开发贷款流向楼市投机，或者流向劣质开发企业；金融机构风险防控手段十分有限；政策性住房金融没有发挥有效的支持作用。

挑战则表现在：一是如何在收紧对投机性住房开发和消费的流动性的同时，有效释放对真实性住房开发和消费之贷款需求的流动性；二是如何在享受住房贷款高收益的同时有效防控住房贷款的风险隐患。

（六）住房市场：价稳量增难以实现，市场波动频繁剧烈

2010 年住房市场将面临三大压力与风险，一是市场剧烈波动，二是房价快速上涨，三是投机需求旺盛造成市场供不应求和房价上涨过快，真实需求受到挤压，销售增长和投资增长难以实现预期目标，进而对宏观经济产生不利影响。政策宽松价涨，政策紧缩量跌。这是因为目前呈现“一松就价涨，一紧就量跌”政策周期循环。政策不仅始终难以实现价稳量增的目标组合，而且政策的制定与

实施反而产生了房价波动的政策周期。为了刺激需求和投资，政策宽松，随即导致涨价，而接下来，为了抑制价格过快上涨，政策紧缩，很快又导致销售量进而导致投资的锐减，如此反复。

估计从2010年第2季度开始，由于信贷高峰和通货膨胀预期，可能会产生恐慌心理，导致住房市场波动。

（七）土地市场：土地供给严重不足，土地价格过快上涨

2010年土地供应面临严重不足的挑战。一方面刚性约束，受“十八亿亩”耕地红线约束，土地供给越来越少，另一方面，为确保增长和扩内需，对土地要素的需求2010年还将扩大。

2010年土地价格面临过快上涨的风险。由于宽松的信贷政策、住房市场的带动和地方政府财政支出的巨大压力，未来住房市场将延续2009年开发企业拿地热情，尤其是一些一线、二线城市将继续出现土地竞拍火暴、土地溢价过大、“地王”频现的情况。与此同时，通过成本和预期两个渠道影响住房价格集聚上涨风险。

（八）金融市场：大量流动性流向楼市，市场单一导致风险过于集中

信贷市场的资金仍可能没有流向该去的地方，而是流入投机盛行的住房开发和消费领域。间接住房金融即信贷市场占比过大，风险过于集中于信贷市场，2010年及其以后一段时间，信贷市场风险将进一步加大。

2010年，既要支持购房消费，又要防止房贷风险；与这些问题相关，政策层面主要面临四大挑战。一是维稳+通货膨胀预期下的信贷市场之利率政策的两难选择。二是信贷投向结构如何甄别。三是扩大直融规模的同时如何抑制板块泡沫。四是创新与风控如何协调。

（九）市场监管：监管任务更加繁重，监管意愿有所放松

2010年，一方面，市场主体活跃给监管带来更多的任务；另一方面，保持宏观经济和住房投资快速增长，使得一些政府部门尤其是地方政府部门主观上容易放松监管。

2010年，将有大批企业进入住房市场领域，与此同时，土地市场、住房市场、住房金融市场的活跃和交易量增加，开发企业、消费者、投资者、投机者、金融机构的大量业务和市场行为也增加监管的工作量和难度；同样，政府为市场主体提供的交易信息也应同比例增长，而且应更及时准确。

但是，为实现保增长、扩内需和保证住房投资快速增加的目标，需要保持较好的市场形势和氛围，政府尤其是地方政府主观上由于担心影响企业的积极性，有可能放松对市场主体的监管。

（十）社会保障：保障性住房建设计划难实现，保障房供求受影响

2008年国家下达的保障性住房建设计划，全国共需投入1676亿元，其中，中央投入493亿元，占29.4%；地方配套1183亿元，占70.6%，落实困难。截至8月底，保障性住房建设完成投资394.9亿元，完成率为23.6%。一些地方由于配套资金不到位和征地、拆迁等前期工作准备不足，可能难以完成2009年的建设计划，进而会影响2010年及其以后住房保障计划的实现。

按照计划，2010年及其以后，保障性面会进一步扩大。由于经济危机的影响，实体经济2010年难以根本恢复，地方政府财政支出困难，无论是政策性用地供应，还是政策性住房的资金提供都有很大的挑战。

保障性住房的供给直接影响商品房的供应体系，因为如果保障性住房扩大，一方面可以扩大住房总供给，另一方面，可以使得更多的低收入阶层接受保障房，从而减少商品房的需求，进而可以平抑商品房房价。

五　中国住房的长期问题和挑战

改革开放以来，伴随着住房制度改革的深化，我国基本建立了与经济体制改革进程相适应的住房新体制，并逐步建立了多项配套制度。城镇住房以及居住环境都发生了翻天覆地的变化。但是，由于住房制度体系仍处在逐步完善的过程中，长期看，中国住房在许多方面存在着不少问题，而这些问题的解决也有不少挑战。这使得城镇居民的住房问题逐步演化成为中国经济、社会生活的焦点问题：不仅中低收入和贫困家庭的住房十分困难，而且大多数居民难以承受不断上涨的高房价。

（一）宏观经济：面临波动风险，潜藏泡沫风险，遭遇停滞风险

面临波动风险。未来中长期内，中国仍处在城市化的加速期，大规模的城市化人口持续增长，同时住房真实需求持续快速增长，住房投资无疑将成为经济增长的一项长期持续的动力。但由于消费需求长期增长缓慢，中国经济增长不得不依靠投资拉动，而在投资中住房又成为不多的优质选项，中国经济严重依赖住房投资，使国民经济面临巨大的波动风险。因为住房投资具有周期性波动的属性，当经济波动影响到住房市场时，后者也将发生波动，而且会反过来加剧经济波动幅度。如果考虑到地方政府大量财政收入来源于土地出让金时，住房市场还会通过土地出让金影响地方政府财政收入，进而影响到地方政府对各项公共事业的投资，并进一步影响整体经济发展。

潜藏泡沫风险。一方面，由于国内储蓄率长期高企，资本充裕，而国内资本市场发展滞后，房产成为不多的投资选项之一，大量资金涌向楼市，形成虚假需求，推高房价，形成严重的住房泡沫，另一方面，贸易顺差增长过快，顺差规模过大导致的外部失衡，导致外汇储备快速增加，形成人民币升值的长期预期，致使国际热钱冲击中国楼市，形成虚假需求，助长房地产泡沫。

遭遇停滞风险。近年来，制造业、商业等传统行业竞争愈演愈烈，利润越来越薄，高新技术产业门槛高，投资风险大，所以许多人不敢冒风险或不愿意去做。由于房地产业技术含量与进入门槛低，利润高，近年来，投资者和大量资金纷纷涌入房地产市场，形成全企造房的局面。这不仅使得产业结构调整出现停滞，而且使得中国经济似有逐渐空心化之虞。

总之，住房产业在带动经济增长的同时，也带来宏观经济剧烈波动、泡沫和停滞等潜在风险和威胁，化解这些风险和威胁面临着许多长期的挑战。导致这些问题产生的社会保障和收入分配制度，城镇和农村土地的使用、转让、交易和储备制度，房地产市场的行政和市场垄断制度的改革和调整，既牵涉利益调整，又需要政府有充裕的财力做后盾。

（二）城市发展：城市化加速度减缓，城市化潜力无法完全释放

从2003年开始，中国城市化进入加速期的中期，未来城市化虽仍将加速，但是加速度将逐步放缓，因此，在不改变现行的制度和政策的情况下，增量城市

化或者说城市人口增加数量将减少，但是，一方面，一大批潜在城市化人口，因为制度和政策约束，城市化迁徙的成本太高；另一方面，一大批目前居住在城市里的外地人口，仅仅是半城市化人口，因为制度和政策约束，没实现完全的城市化。改变这些户籍制度、就业制度、社保制度、教育制度，同样不仅涉及城乡之间、地区之间、各级政府之间、社会各阶层之间的利益调整，同时需要相适应的公共财力。

（三）开发体系：市场垄断产生高利润，行政管制导致高成本

住房开发模式过于单一。高档商品房、一般商品房主要由各城市的少数开发商垄断提供，经济适用房主要由政府行政控制。

开发市场存在严重垄断。尽管开发企业近 8 万家，由于获得开发资金、土地要素以及获准开发许可，需要相当实力或行政力量，住房开发市场存在严重市场垄断和行政垄断。

开发企业整体素质差。由于住房市场垄断导致高利润，行政管制扭曲了市场规则。开发企业在大量增加的同时，普遍不重视素质的提升，使得住房开发长期以来资质较差，管理混乱，经营粗放，生产专业化程度低，产品质量差，标准化程度低。

国有企业没有及时退出。住房应属于竞争性行业，但是国有企业不仅没有改制和退出，而且近年来大举进入，由于国有企业规模大，风险意识弱，导致土地和住房市场严重的垄断和不正当竞争。

开发成本长期偏高。由于政府对住房开发环节管制过多，农地用途转换的限制、容积率管制以及工业用地成本转嫁等都间接推高了住房成本。

（四）需求主体：消费心理不成熟，消费观念有障碍，消费者保护和投机者监管体系不健全

消费者缺乏相关房地产知识和信息，缺乏自我保护意识，加上消费心理不成熟，因而容易产生非理性行为，也容易上当受骗。消费者片面追求住房的面积、环境、档次，却忽视了住房消费与家庭持久收入之间的关系，一些家庭住房支出占总支出的比例超过 50%。消费者对住房消费的租买选择存在观念性障碍，住房自由率偏高；消费者对住房消费的短期风险认识不足，许多投资者和投机者进

入住房市场。

与此同时，政府既没有比较完善的消费者保护和服务制度体系，也没有对消费者进行有效的消费者保护和优质服务；既没有形成比较完善的投机者监管制度体系，也没有对投机者从资金、交易等方面形成有效的监管。

（五）市场体系：住房体系不健全，市场交易不规范

完整的住房市场包括销售市场和租赁市场，其中销售市场又包括新房市场和旧房市场。目前租赁市场和旧房市场发展相对滞后。

住房一级市场不规范：信息不对称，交易不规范，存在大量房地产违规交易、欺诈交易；二级市场不发达：二手房包括公房或私房交易数量少、比例低，影响新房市场需求和住房投资。住房租赁市场比较混乱，主要通过黑市进行交易，也在一定程度上影响住房投资。

（六）土地市场：土地市场垄断，政府经营与监管合一

在土地制度方面，城镇国有土地和农村集体土地同地不同权，农地不等价、不平等、强制性征用，城镇国有的土地经营和储备由政府完全垄断，土地所有权和使用权的出租市场还没有建立，土地市场存在严重的行政垄断。

在土地监管方面，一方面，地方政府既是土地经营者，又是土地监管者，土地监管部门是当地党委、政府的下级；另一方面，对开发企业的土地利用的监管制度和措施不够具体、不健全，致使土地监管无法到位。

在财税体制方面，一方面，地方政府承担更多的事权；另一方面，分税体制使地方政府具有较少的税收分成，因而，土地收益成为地方政府的摇钱树，成为政府的第二财政。地方政府一方面积极炒卖商业性用地，致使地价不断高涨；另一方面，消极提供政策性用地，影响住房社会保障的完善。

（七）金融体系：一元化住房的金融体系过度集中金融风险

中国住房金融体系起源于国家不堪重负的政府财政压力下的住房商品化改革。在住房改革过程中，有关住房金融体系的构建，也曾经历多方面的路径探索，但所结出的果实却是“一元路径居优”即商业性住房金融占据绝对优势地位。由此产生的主要问题是：（1）机构结构过于单一，风险过度集中于银行体

系，给金融体系的稳定埋下隐患。（2）政策性住房金融机构不足，难以有效支撑中低收入群体的住房消费。（3）合作性金融步履维艰，暴露制度设计硬伤。（4）日前商业性住房金融的良好业绩表现难掩长期风险隐忧。（4）金融企业公司内部治理结构、内部控制、风险管理有待提高，政府出资人职能分散弱化，金融企业内部人控制现象较为严重。（5）公积金份额有限，政策效果不明显，政策性住房金融体系没有形成。

（八）住房体系：商品房和保障房体系都不健全，两者结合不完满

住房体系是商品房体系和保障房体系的组合。目前，商品房体系不够完善，保障房体系健全，两者结合不完满。

高档商品房，开发过量。高档公寓、别墅开发过量，发展过快；市场进行监管不严格；货币政策对其调控不得力；没有实施物业税和对高档物业的累进税制；政府规劝没有起到引导生产和消费的作用。

普通商品房，房价过高。近年来房价上涨过快，远远超过普通居民承受能力；与此同时，普通商品住房中，大户型比例偏高，中小户型住房比重较小。购买普通商品房的财政、税收和金融援助和优惠体系没有建立，一些措施不够稳定。

保障性住房，缺口严重。住房保障目前主要采取公积金、经济适用房和廉租房三种形式，对低收入的保障面很低，对中等收入的援助和优惠有限，保障方式重购买轻租赁，保障手段主要是单一的建设。保障性住房没有纳入政府的公共财政体系，缺乏稳定的资金渠道。廉租房制度尚未建立稳定的资金渠道，财政资金支持不足，来源渠道不规范，资金不稳定。

（九）住房监管：监督管理制度较粗糙，监督制衡机制不健全

住房的复杂特性要求住房市场应建立完善的监管制度体系，但是，由于中国住房市场监管仍处于探索阶段，目前存在着诸多问题。

法制体系不健全，司法执行不牢靠。目前，土地征用、出让、转让、储备房屋拆迁等制度不太合理，更不健全；住房的开发、销售、出租、中介、物业等市场制度都不太健全，同时，住房法律也不太完善，司法效率比较低。

监管体系不恰当，监管执行不得力。横向上，政出多门，互相交叉，互相扯

皮；纵向上，头轻脚重，下级管理上级，制度不合理、体系残缺、实施不力。

公共服务不到位，住房信息不对称。住房交易的供求价格信息不健全，行为主体的信用档案不健全，住房档案不健全，家庭收入信息系统不健全。不仅影响住房交易效率，也影响住房保障制度的实施。

税费结构不合理，税费种类不简明。我国住房税费种类繁多，目前住房直接有关的税种多达12种；收费项目一般几十种，多的地方甚至超过百种；税费体系中租、税、费混杂现象严重；结构不合理，取得税低，保有税低，流转税高。

（十）住房调控：调控手段不经济，调控步调不协调

目前中国的住房宏观调控主要是通过行政手段或者行政审批进行，包括土地审批、项目审批、资金信贷审批。同时由于偏颇的政绩考核机制和各级政府部门出于自身利益考虑，加之各级政府及部门之间没有形成信息共享、对话平等、协调配合、行动一致的决策体系和机制，关于经济运行状况难以达成共识，政策时常相互矛盾，宏观调控常常难以奏效。

六 近期政策建议

面对以上现实问题和长期挑战，着眼于“确保稳健发展，力争持续繁荣，促进经济增长，实现住有所居”的住房发展总体目标。建议2010年住房市场调控应采取以下方案。

主要任务

2010年住房市场调控的主要任务就是促进宏观经济和住房市场的平稳、健康和快速增长。具体就是既要保证宏观经济的快速增长，又要防止通货膨胀；既要保证住房投资的快速增长，又要防止住房市场大起大落。

政策目标

为实现以上任务，2010年的政策目标为“价稳量增”，具体概括为：“活跃存量，扩大增量，调整结构，稳定价格，扩大投资”。价格增幅控制在2%以内，价格波幅3%以内，住房投资增幅达到25%，二手房销售增长20%，住房销售25%。

调控对象

针对以上估计的2010年可能出现的问题，为实现年度调控目标，需要将这些目标进一步细化，通过瞄准调控对象，进行供给、需求、区域、时间和产品的细化管理，即将调控目标落实到调控对象。为此，应针对以下对象采取具体措施。

供给管理：根据市场变化和目标要求，针对不同的市场上的供给者，采取不同的政策措施，对高档物业提供者，实施重税政策，对保障房开发商实施奖励和补贴政策。

需求管理：实施“抑制投机、引导投资、鼓励消费和扩大保障”差别化的需求管理政策。

空间管理：重点监控一线城市的国际游资的冲击和炒作，重点监控一线、二线城市的国内投机者的炒作。根据经济发展和收入水平及其变化，采取区别对待措施，指导不同区域和城市的供求政策。

时间管理：针对2010年4个季度可能出现的不同的市场表现，金融、土地、财政等尤其是金融部门提前做出预案，把握节奏，采取适度的松紧政策，“抑制投机、引导投资、鼓励消费和扩大保障”。

细分市场：制定信贷、税收、财政和土地政策，区别对待高中低商品房以及保障性住房的供给和消费，对高档商品房实施重税制；对低档商品房供给和消费实施政策优惠，对企业参与保障房建设实施奖励和补贴。

预期管理：根据宏观经济和住房市场预期，政府采取适当的并且不断变化的应对措施，通过预期管理，打击市场投机行为，引导供需回归理性。

政策原则

针对以上估计的未来可能出现的问题，为实现以上目标，需要坚持“定量宽松，精确投放；抑扬有别，重拳出击；多策组合，时空匹配；长短结合，标本兼治”的政策原则。

“定量宽松，精确投放”。主要指住房信贷（也包括土地等）要坚持数量明确的宽松政策，并进一步将投放对象加以细化，准确投放到供需对象中。

“抑扬有别，重拳出击”。就是对待保障、消费、投资和投机采取不同的政策，并且进一步强化，即采取进一步的政策措施，更有效地抑制投机、引导投资，更进一步地鼓励消费和扩大保障。

“多策组合，时空匹配”。就是要综合利用土地、金融、财税和监管手段，协同作战并根据空间和时间不同，不断调整。

“长短结合，标本兼治”。就是将完成2010年的目标和长期目标结合起来，将解决眼前的问题和长远的根本性问题结合起来，结合具体措施的推出，不失时机地改革体制和机制。

政策手段

针对以上估计的未来可能出现的问题，为实现以上目标，需要综合使用土地、金融、财税、监管等手段，调控住房市场，与此同时，坚持具体措施推出和制度改革相结合。

政策措施

针对以上估计的未来可能出现的问题，为实现以上目标，按照政策框架，建议采取以下九项措施，应对未来挑战，实现政策目标。

（一）宏观经济：微调宏观政策，刺激内生性增长，防控通货膨胀

为应对国内外的复杂形势和挑战，实现“十一五”规划目标，并为2011年“十二五”良好开局奠定基础，2010年国民经济必须迅速走上快速复苏的轨道，保持9%左右的增长率。为此，必须继续推行经济刺激政策，加强结构性调整的宏观政策。主要包括：

继续执行经济刺激政策，重点由总量扩张转向结构调整，包括投资结构、产业结构、信贷结构和财政支出结构的调整。

继续执行积极财政政策，合理调整支出和收入结构，适度控制赤字规模，保持积极财政政策的可持续性，减少财政负担。实施住房消费财政补贴，加大住房保障的财政支持力度。

继续执行“适度宽松”的货币政策，同时根据经济变化适时做出政策微调，特别是密切关注物价，包括大宗商品价格、资产价格及农产品价格走势，在可能的情况下进行缓慢收缩，逐渐过渡到稳健的货币政策。

继续保持政府投资的快速增长；通过放松审批权限、放宽行业准入、银行信贷支持、财政补贴或税收优惠等，鼓励社会民间投资较快增长。加大医疗、教育、养老和住房等社会保障的投资，同时，继续深化社会事业和社会保障改革，既增加投资又带动消费，既促进增长又调整结构。进一步鼓励住房消费、住房开

发和住房投资。

继续延续业已出台的刺激消费的措施，提高消费需求对经济的拉动作用，推动经济在合理化调整的同时较快增长。

加快外贸进出口的恢复步伐。加强国际贸易政策协调，深化调整外贸结构，扩大出口渠道和范围，提升产品质量。

完善对外资金进出监管，提高流入和流出的成本。加强与全球其他经济体的协调，慎重选择刺激经济政策退出时机，各经济体监管部门则应充分关注流动性变动情况。

（二）城市发展：挖掘城市化的潜力，提高城市化的质量

综合判断2010年宏观经济走势，考虑经济恢复和刺激政策，2010年城市化的目标是实现1%的增长。为此，应采取以下措施推进城市化。

2010年应继续改善城乡教育、医疗、文化、体育、市政等基础设施；出台和落实金融和财税政策，促进城镇服务业和中小企业政策，促进创业和就业的政策和措施，让更多农村居民回到城市就业，同时提高其劳动收入。

2010年应继续深化户籍、就业、社会保障和农村土地制度改革。继续开展省管县的试点，构建区域协调机制，推进综合配套改革试点。

2010年应结合“十二五”规划制定面向2030年的城市体系发展规划，制定全国城市发展综合性总体规划，制定全国重点区域规划，制定城市经济社会发展的各类专项规划。与此同时，落实已经出台的区域发展规划，加快城市区域发展和全国空间结构的调整。

（三）开发企业：公布住房参考价格，提高城镇化的质量

开发企业调控的近期目标，主要是防止开发企业漫天提价，保证住房尤其是普通商品房的充足供给。为此，需要采取以下一系列措施。

土地措施。加大土地的供应力度并向普通商品房和保障房倾斜，确保中小套型、中低价位普通住房的投资规模，改善住房供应结构，确保“90/70”政策目标的实现。

金融措施。严格贷款的监管，确保金融机构贷款的定量宽松和精准投放，选择有实力、风险意识强的企业作为贷款对象，同时对已贷款项进行定期检查，确

保贷款安全。

财政措施。采取奖励、补贴或减税的办法，鼓励开发企业建设小户型、中低价位的普通住房。

（四）需求主体：鼓励住房消费，引导住房投资，抑制住房投机

需求主体调控的长期目标：住房消费心理相对成熟，消费能力增强，融资能力适度；消费观念的正确；投资稳健；投机有度。

短期内，为实现宏观经济目标和住房市场“量增价稳”的调控目标，针对需求主体2010年可能发生的问题，对需求主体的需求管理，应采取以下措施：抑制投机，引导投资，鼓励消费，扩大保障。

进一步抑制住房投机。要从严执行第二套住房贷款的规定，包括严格执行二套房抵押贷款政策，提高住房投机的融资成本，降低住房投机金融杠杆；加强对期房转让的监管，通过征税方式提高期房转让成本；加大对住房建设用地二级市场转让的征税力度，对于以合作开发、转让公司股权等名义变相转让土地所有权应同样课以重税，以堵塞土地投机漏洞；适当延长二手房出售免征营业税年限。

进一步鼓励住房消费。加大对住房真实需求的政策支持力度，对即将结束的鼓励住房消费的政策，要继续延长实施的时间。继续实施对自住型与改善型住房的税收减免优惠政策，对初次购房及中低收入者可试行住房抵押贷款利息抵扣个人所得税政策。此外，各地方政府还可因地制宜地对自住型与改善型购房者实施户籍、教育、医疗等方面的鼓励政策。

进一步引导投资。对投资通过制定政策采取适当限制和引导。首先，通过确定合理的首付比例，降低其自有资金的杠杆效应；其次，通过规定适当长的住房的转让时间，抑制其投机。

加强一线城市的监管：重点监控一线城市的国际游资的冲击和炒作，重点监控一线、二线城市的国内投机者的炒作。根据经济发展和收入水平及其变化，采取区别对待措施，指导不同区域和城市的供求政策。

同时通过预期管理，引导消费者、投资者、投机者回归理性。消费者应量力而行，建立梯度升级的消费观念，从先租房子到买小房子和旧房子，再到买大房子和新房子。

（五）住房市场：完善住房市场体系，鼓励住房消费消费

除了采取需求管理、供给管理、上地市场管理和金融市场管理施外，住房市场体系本身的调控也十分重要。为实现2010年住房市场“活跃存量，扩大增量，调整结构，稳定价格，扩大投资”的调控目标，住房市场体系内应采取以下措施。

新房市场支持政策。一方面，对自住型和改善型住房需求者购买新房，继续实施税收和利息优惠政策，将2009年底到期的优惠政策继续延长下去；另一方面，进一步严格期房销售规定，在阻止现房炒卖的基础上，进一步将期房炒卖纳入抑制的范围。

旧房市场支持政策。对自住型和改善型住房需求者购买旧房，也应实施和购买新房一样的税收和利息优惠政策。

租房市场支持政策。对于没有自有住房的租房者，应制定相应的个人所得税减免政策。

（六）土地市场：扩大住房用地供应规模，提高用地效率

为实现2010年宏观经济的调控目标和住房市场的“量增价稳”的调控目标，2010年住房用地市场也应是“量增价稳”，并坚持“区别对待”的原则，加大普通商品房和保障房的土地供应。

适度增加住房用地的供给。应保持2009年扩大城市建设用地增幅，继续增加住房用地比例，适当减少基础设施等用地。包括采取更为灵活的住房土地供给政策，放宽重点城市的农地用途转换限制；适当压缩工业用地供给，增加住房用地供给，降低住房用地平均成本。

适当提高住房用地容积率。放松容积率管制，更多地让市场决定住房用地的开发密度或强度，从而通过资本与土地相互替代的方式来提高土地的利用效率。

提高已出让土地利用效率。细化土地利用的监管措施，建立有效惩罚土地闲置的细化的可操作的规则，建立切实有效的土地利用监管制衡机制。加强土地供给的事后监督，督促土地尽快开发，督促用地单位严格按规划用途和建设指标进行开发建设。

完善土地拍卖规则。为防止再度出现“地王”频现的状况，2010年应立采

取措施，提高参与土地竞标的资质门槛；要对参与竞卖的开发企业的资金实力、开发资质、治理结构、风险防控机制、相关的建设经验等进行规定。与此同时，提高拍卖土地预付金比例和土地出让资金缴纳比例。

土地管理部门要履行“土地政策向民生领域倾斜”的承诺，优先安排保障性住房用地。做好土地收入的监督和管理，将其中的更大比例用于保障性住房的建设或以房租补贴等形式资助有住房困难的低收入群体。

（七）金融机构：严控投机性房贷，刺激真实住房需求

为实现宏观经济目标和住房市场“量增价稳”的调控目标，2010 年要继续实行宽松的货币政策，要坚持“定量宽松，区别对待”的住房金融政策，与此同时，同时积极完善住房金融体系。

严控投机性房贷，刺激真实住房需求。首先是严控二套及多套房贷款的越轨行为。其次是由于目前绝大多数城市的所谓改善型住房需求者事实上依然留有首套房以出租牟利，这类住房贷款也应该进行有效控制。更需要加强对住房企业的金融监管，加强房地产信贷风险控制，严格贷款审查程序。

严格金融监管，有效防控房贷风险。从严对金融机构的内部控制，首先是对房贷人进行信用分级，以建构不同层级的信用防控体系。其次是强调重视第一还款来源，以防住房价格下降风险。再次是严格监控假按揭和低首付贷款。积极鼓励和支持首套房贷，支持商业银行通过下浮房贷利率降低购房者的房贷成本，对中低收入购房者实施贷款贴息政策。

当前，可以考虑在信贷市场利率总体保持低位的基础上，进行结构性微调；适时调整货币政策导向，利用住房金融市场过快回暖的机会，对住房金融市场做出一些结构性调整的安排，同时，采取释放明确政策信号、必要时诉诸行政管制等手段有效防止股市投机和房市泡沫；扩大住房抵押贷款证券化创新试点范围。

（八）市场监管：规范市场准入条件，从严市场监管

针对 2010 年大量企业进入住房开发、中介等市场问题，工商等监管部门，细化相关政策，除了规范审批和提高效率外，规范准入条件，限制国有企业过度进入房地产领域。

针对 2010 年市场繁荣，一些开发企业的捂盘惜售，囤积居奇，自买自卖，

虚假合同，虚假宣传，坑蒙拐骗，假冒伪劣，偷税漏税等违法和不规范行为有所加剧。工商、税务、公安、土地、住建等有关部门，应加强对开发商的监督、管理，规范开发商的经营行为。

针对2010年开发企业提价问题，政府或者第三方独立机构，公布各类商品房的成本费用；根据房价收入比的指标标准和成本加利润的指标标准，制定各类住房的市场参考价格区间，并向社会公布，阻止开发商漫天定价。

针对市场垄断问题，2010年可尝试采取的手段包括培育代建、合作建房等多种形式的住房开发模式，打破市场垄断；尝试适度划小地块出让，以降低住房市场空间垄断程度。

针对2010年大量的开发和交易行为，各地政府要加强住房市场信息建设，及时公布相关政策以及土地、住房供应、销售等信息，提高市场信息透明度。

（九）住房保障：落实保障房建设计划，切实扩大保障房供给

加快住房保障建设既是民生目标，又对稳定住房市场，扩大住房投资，促进经济增长具有重要作用。鉴于一些地区2008～2009年没有很好地完成住房保障建设计划，2010年的压力更大，建议中央一方面调整建设计划，中央扩大投入比例，同时允许地方创新供给模式，另一方面，建立住房保障建设的考核机制。各地要正确把握保障性住房建设的目标和要求，坚持从实际出发，实事求是、因地制宜地制定建设规划并予以落实。

无论就住房社会保障本身，还是就其对住房市场和宏观经济影响看，都应坚持制度建设与保障措施同时推进。近期应采取以下措施。

采取多种方式，不断丰富和完善住房保障制度。如采取长期的税收优惠、住房贷款担保等形式，提高居民的住房可支付能力；采取公共经济租赁房、经济适用房先租后售，同时扩大保障性住房的消费范围等形式，加大住房保障的保障范围和保障力度。

改革完善住房公积金制度，提高居民的住房可支付能力。（1）加强公积金制度的推广力度，应扩大其范围，涵盖弱势群体，加大中低、低收入居民的住房货币保障。（2）促进公积金联名卡的推广，简化公积金提取程序，促进公积金的异地互贷，提高公积金的使用效率。（3）加强公积金管理，增加公积金收益及其分配。同时，增加公积金的收益及其分配，对中低、低收入居民另实行公积

金存款补贴利率，以此提高居民的住房可支付能力。

完善经济适用房的经营与管理模式。建立强制性的经济适用房回购制度。政府应控制经济适用房在二级市场上的流动，尤其是建筑面积120平方米以下的房源。加强经济适用房的监管，严格控制经济适用房的面积，严审消费资格，定期进行经济适用房使用情况的监督，以避免经济适用房分配不到位的现象。

进一步完善廉租房制度。确保廉租房建设的资金来源，在扩大廉租房制度建设资金来源的同时，地方政府应严格按照相关规定将公积金增值收益和一定比例的土地出让金收入投入廉租房制度建设，并定期审查考核执行情况。合理进行廉租住房布局，完善廉租住房的配套设施并注重收入阶层、民族的配比，避免发生次级社会问题和社会的不稳定。

七　解决中国住房问题的政策建议

着眼于“确保稳健发展，力争持续繁荣，促进经济增长，实现住有所居”的住房发展总体目标，为了促使中国住房市场健康的发展，长期内就是要有一套完善的制度、监管、服务、调控等公共政策体系；建立商品性与保障性相结合的多层次的住房体系；建立一个住房再生产各环节里市场和保障相结合的住房运营体系。结合以上长期性的问题，报告提出以下建议。

（一）完善社会保障制度体系建设，扩大保障性住房建设规模

为克服宏观经济失衡，应对房地产发展引发的波动、泡沫和停滞三大风险，实现国民经济均衡、稳健、持续、快速的发展，实现住房市场“稳健发展，持续繁荣，促进增长，住有所居”，促进两者良性互动，政府应该长期着眼于以下四点。

完善社会保障制度，减少经济对房地产的依赖。按照国际经验，中国应该进入消费需求迅速增长期。但在社保不健全、收入差距大的情况下，消费需求作为潜在需求难以释放。完善社会保障制度和改革收入分配制度，将根本上刺激消费需求长期增长。

逐步解决外部失衡，防控国际游资炒作国内楼市。深化调整外贸结构，转变出口导向型贸易方式，逐步解决外部失衡。与此同时，加强汇率的管理，削弱人

民币升值的预期；加强国际资本流动对中国住房市场影响的监管，完善对外资金进出监管；建立对国际游资冲击国内楼市和股市的应对机制。

健全资本市场体系，抑制国内资金炒作楼市。健全资本市场体系，丰富投资产品品种，让国内充裕资金有更多的投资选择，化解资金大进大出给楼市带来严重的泡沫风险，同时完善金融监管体系。

扩大住房保障比例，降低行业平均利润。中国经济房地产化的根本原因是住房行业利润高。可以平抑住房价格，降低住房行业利润。国家还应采取财政、货币、税收政策等多种措施，引导社会资金流向技术含量较高的产业和现代服务业，加强技术创新，扶持新的优势产业，进一步提升产业结构。

（二）改善城市发展的制度环境，挖掘城市化的潜力

城市化调整内需的重要手段，也是推动住房投资消费增长的基本条件。随着中国工业化外向型、外延式扩张发展模式走到尽头，利用城市化进程推进国民经济发展是必然的战略选择。为了保持国民经济长期快速持续增长，未来城市化在保持以上规模的同时，更重要的是提升质量，让农村人口向适宜的空间流动，同时实现迁转俱进，并不断提高其收入水平，为此主要采取以下措施。

实施均衡发展的经济社会战略。推动城市化与工业化均衡发展；推动服务业与制造业的均衡发展；推动区域均衡发展；推动城乡均衡发展；推动城市经济、社会、生态的均衡发展。

建设城乡一体的制度环境。建立城乡一体的户籍制度、就业制度、教育制度、社会保障制度。改革和完善区域行政管理体制。根据城市化发展和空间演化的要求，调整中央和地方的财权和事权范围，重新调整行政区划，完善绩效考核体系，完善区域协调机制。

（三）创新房地产制度，建立完善可靠的法制体系

推动土地征用制度改革，保证其公平交易的市场化取向，同时建立失地农民的就业援助和社会保障制度。积极推动土地批租制度的改革，建立物业税制度。进一步推进住房业的市场化改革，制定并完善法律法规。

改革土地市场制度体系。创新农村土地制度，积极探索集体非农建设用地进入市场的途径和办法。创新土地征用制度，抓紧出台新的土地征用办法、补偿标

准和补偿机制，严格区分公益性用地和经营性用地，明确界定政府土地征用权和征用范围，保障农民作为土地产权主体的权利；建立公益性用地要实行征地价格听证会制度，建立健全失地农民就业安置和基本生活保障制度。经营性用地要退出政府征用范围，按市场规则运作，全面推行土地使用权招标、拍卖、挂牌出让制度。建立土地基金制度。改革和完善土地储备制度，降低行政垄断，促进公平竞争。改革城镇国有土地批租制度，建立物业税制度。改革土地出让转让制度，减少划拨用地，取消协议出让土地，完善土地招标和拍卖制度。改革拆迁制度，保障居民对拥有产权的住房拥有完整的所有、使用、支配、处分和收益的权利。其土地使用权应以立法的形式予以保护，建立并实施拆迁听证制度，完善听证程序，落实听证回避制度，在听证过程中全面审核证据和法律依据。

完善住房开发市场制度。推进企业制度改革，引导和促使住房企业进行股份制改造，建立现代企业制度。制定并执行住房开发、经营、交易等制度和条例。可采取的手段包括培育代建、合作建房等多种形式的住房开发模式；适度划小地块出让以降低住房市场空间垄断程度；限制大型国有企业进入住房开发市场。

完善金融市场制度体系。加快推进利率、汇率金融体系市场化改革；加快国有金融机构的股份制改造，完善金融企业的经营管理制度；完善金融机构商业性住房支持的担保、保险等金融制度；探索建立政策性住房支持的各项金融制度；建立商业性住房金融和政策性住房金融有效结合的制度，完善住房公积金政策法规和各项制度。

完善社会保障制度体系。建立多层次住房社会保障体系。改革社会保障性住房补贴制度，取消经济适用房，转变补贴方式，将住房补贴发到居民手中；完善廉租房供应体系，探讨转变补贴方式，将廉租房补贴“从补砖头转向补人头”。探讨解决外来务工人员的住房保障制度。

加快住房立法，建立和完善包括宪法在内的涉及住房的相关法律条例的基本体系，修订有关住房现行法规；制定《住房法》；确保市场运行完全置于法规约束之下，加强执法的监督，严格追究行政机关及其工作人员的违法违纪责任；严格执法，严惩住房领域的各种侵权、违法和犯罪行为。

（四）建立顺畅得力的监管体系，反对住房市场领域的垄断

建立独立的房地监督管理委员会，理顺监管关系，制定完善的市场准入标

准，对垄断、价格、质量的监管程序、标准、规则和办法实施恰当得力的市场监管。打破行政垄断和市场垄断，维护市场秩序，保护公平竞争。

组建中国住房监督管埋委员会，将土地征用、划拨、出让、转让和住房的开发、销售、出租、中介、物业等分散于各级政府、各部门的监管职能统一划归新组建的住房监督管理委员会，由中国住房监督管理委员会负责监管全国的住房市场，并向全国各城市派出机构或合并各城市原有相关职能机构，成立城市和区域房地、房监会，并实行垂直领导。房监会根据完善的市场监管程序、标准、规则和办法，对住房市场的准入、秩序、垄断、价格、质量等进行全方位监管。

建立征地监管体系；完善土地用途管制制度；建立行业用地监控体系及制度；完善土地规划监管制度。加大土地管理执法力度，维护良好的土地市场秩序。

规范、简化住房开发、销售的管理环节，制定住房规划、设计、开发、销售等内容的标准，改革施工等监理制度，使住房开发、销售、售后等整个过程，在一个科学有序的管理和统一标准的监控之中进行。

完善中介监管体系，提高中介行业准入门槛：一是提高从业人员的资质认证；二是提高从业企业的资质。建立有效可行的客户反馈投诉体系。建立行业的自律协会。建立职业诚信档案，加强对职业道德的监管。依法严肃查处重大的违法和违规行为。

理顺金融当局对金融市场纵横向监管关系，完善银监会对商业性住房金融监管制度体系，制定和完善金融企业的行为准则和业务标准。完善银监会对住房公积金等政策性住房金融机构的监管制度体系，制定和完善政策性金融机构（包括公积金管理机构）的行为准则和业务标准。

完善物业管理的服务标准和收费标准，规范、简化、公开和明确物业管理市场的各种审批、监管和许可制度。加强对物业管理公司和物业管理市场监管执法，保证物业管理公司规范服务和物业管理市场健康运行。

（五）改进政府参与市场的方式，提升政府的服务质量

将不同的参与内容落实到不同的参与部门和单位，同时适应市场化和以市场为基础的要求，将政府的直接消费、所有、生产经营、供给资助、市场服务做到恰到好处。

探索政府参与土地市场的新路径，推动政府角色转换。推行服务承诺制度，

完善政府对土地市场的服务。建立和完善信息披露制度，加强土地信息披露。

积极推进住房国有企业的出售、兼并、重组、合资和合作。完善中低级家庭住房的政府资助体系，保证应补中低收入购房者的住房补贴准时足额到位。

推行服务承诺制度，完善政府对开发、销售、中介、物业市场的服务。推行服务承诺制度，完善对中介租赁市场的服务，建立和完善住房信息统计体系和信息披露制度，加强信息披露。加快推进企业和个人信用体系建设。完善中低收入家庭租房补助体系，加大对贫困人口和外来务工人员的租房者住房补贴。

推行金融服务承诺制度，完善政府对住房市场的服务。建立和完善住房信息披露制度，加强信息披露。加快推进个人信用体系建设。规范政府对社会保障住房金融支持。积极推进住房金融机构的改革，探索建立政策性金融机构的新形式。

（六）建立公平合理的税费体系，实现住房分配的转移支付制度

税收汲取不仅是提供服务的前提，也是宏观调控的手段，当前情势下，完善税费体系，首先应开征物业税，而且征税体系既要公平合理，又要简便可行。

借鉴发达国家经验，一是将土地使用税改为地税，把以面积计征改为以价值计征；二是改变70年出让形式，从出让改为租赁，收取适量地租。同时开征不动产闲置税。

改革流通过程中的税种、税率，减轻税负；减少重复征税；实现国内国外企业公平竞争；开征豪宅、别墅消费税；区别售房类型、持有期间长短，实行差别征税。

清理和减少住房中介领域的各种行政事业性收费，实施 费制，减轻中介机构的税费负担。调减出租房税负，活跃房屋租赁市场。对出租廉租住房和普通住房的出租人实行个人所得税减免等政策，从供需双向鼓励住房租赁市场发展。

在住房保有环节，开征统一的不动产税，扩大征税范围，把调节对象真正落实到个人财产占有关系上，同时对于低住房面积家庭或经济适用房等政策性住房占有者以及城市低保户，实行税收减免。

（七）设立住房政策委员会，建立统一灵活的调控体系

设立住房政策委员会，联合宏观政策和住房的各相关部门，利用多种政策组

合体，调控住房市场，促进宏观经济健康发展。

在国务院领导下，建立一个常设的政策协调委员会，由总理或副总理任主任，各有关部委负责人参加，定期研究和协调住房的综合宏观政策，各相关部门信息共享、协调配合、行动一致、联席决策，可使住房的政策能够根据市场变化灵活调整。

通过政策委员会的联席决策机构，建立一个多种政策变量相互配合的系统性相机抉择政策框架体系。政府可以通过土地等国有资产的所有和经营，参与宏观调控；通过金融手段来控制投资开发供给和消费投资需求；通过制定不同的税收等收费标准来控制房价影响供求；通过建立政府资助和福利政策来影响市场，通过政府市场监管和信息服务等，使土地供应量、投资开发量、市场准入量、销售量相互协调、相互平衡。

（八）建立商品性与政策性差异化结合的分层次的住房体系

高档商品房的汲取政策。别墅商品房主要由最高收入阶层消费；高档商品房主要由高收入阶层消费。住房供给政策主要有：通过法律、条例对市场进行监管；通过货币政策对其调控；通过累进税制汲取收入；通过规劝引导生产和消费。

普通商品房的普惠政策。普通商品房主要由中上、中等收入者消费。住房供给政策主要有：除以上的一些间接调控外，政府要通过制定适当金融支援和税收优惠政策给生产和消费者适当支持。

补贴商品房的优惠政策。限价房和补贴房主要是满足中低收入家庭消费。首先是限定价格，根据住房成本，对建造商给予税收优惠，并给予适当补贴；限定购买对象，对购房者给予税收优惠，并给予一定的补助金和补贴。

社会保障房的援助政策。有限和完全保障房主要提供给最低收入和无收入家庭。政府直接生产，或政府委托生产，或政府收购住房，然后分配给最低收入和无收入家庭居住，收取象征性费用或免费使用。

（九）建立住房再生产各环节商品性和保障性结合的住房体系

建立商品房和保障房相结合的用地市场体系。培育独立自主的土地征用、出让、转让等土地市场主体，包括供给主体和需求主体，探讨建立农村土地所有权和使用权出售和出租的新形式。建立城镇土地使用权租赁市场。推进经营性单位划拨土地和无偿占用土地向有偿占用土地转变。完善保障性住房的行政划拨制度。

建立商品房和保障房相结合的开发及销售市场。完善住房开发市场体系：鼓励通过竞争实现企业集约化、规模化和品牌化，提高开发企业资质和素质；积极推进住房生产的专业化、标准化和规模化，实现住房产业化。开放自主建房、合作建房等市场，建立自建房、合作建房等多渠道、多层次的开发体系。

建立商品房和保障房相结合的金融市场体系。努力重构中国住房金融机构体系。具体措施包括推出远比德国住房储蓄银行优惠的政策支持措施，力推合作性住房金融机构之结构体系的形成和发展；借鉴美国 20 世纪 30 年代以来的经验，研究、设计和建构多元化的政策性住房金融支持体系；推出强有力的关于商业性住房金融风险管理特别是信用风险管理的监管措施，促使商业银行建构多层次的信用防控体系。健全政策性金融体系，扩大公积金的覆盖面。借鉴国际经验，努力建构多元化的住房金融市场体系，加强市场纪律，建构有效的住房金融市场信息披露制度；鼓励金融创新，搭建可持续发展平台。

建立商品房和保障房相结合的租赁市场体系。积极发展和规范经营性房屋租赁市场体系。增加保障型租赁住房供应体系，完善廉租住房制度，建立保障对象档案，多渠道筹措廉租住房资金，逐步扩大廉租住房制度覆盖面。研究并解决外来务工人员住房解决的办法。

完善保障性住房的退出机制，禁止保障性住房进入市场交易，确保保障性住房资源的良性循环和有效利用。

中国住房分析与预测：分析框架

第二章 中国住房市场：分析框架

倪鹏飞

研究分析中国住房市场短期波动和长期发展，确保近期稳定和长期繁荣，需要研究住房的影响因素及其变化趋势，需要研究住房与影响因素之间的关系及其作用机制。由于住房及其影响因素复杂，精确分析预测住房发展，需要建立一个全面、简洁、清晰的分析框架，并在此基础上，不断探索中国住房的理论模型。住房包括商业性的和保障性的，住房发展既要以市场为基础，又要政府来干预。本次报告综合运用微观、宏观、公共经济学等理论，以住房市场为核心，以住房市场主体为支撑，以住房价值潜力为延展，以住房宏观背景为基础，以公共政策为保障，将住房及其关键条件组成一个逻辑整体，建立了一个全面考量、重点突出、结构严谨、简明清晰、浑然一体的中国住房分析框架（如图2－1）。

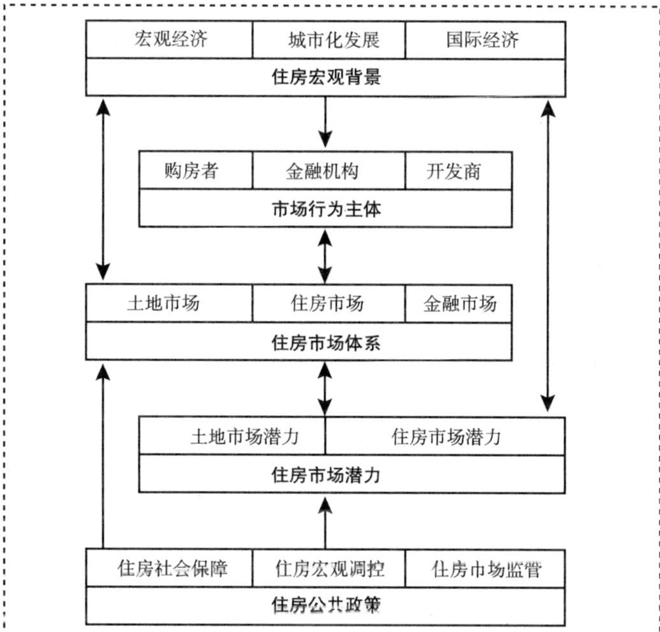

图 2－1　中国住房发展分析：总体框架

一　住房宏观背景

作为人类必需的居所，住房发展决定于人类社会经济发展。在市场开放的背景下，中国宏观经济的增长与波动，中国城市化发展水平和特点，全球经济和国际住房市场发展和变化，作为基本背景决定和影响着中国商业性和保障性住房发展。

1. 宏观经济与住房市场

在宏观经济系统中，住房是十分重要的领域，住房均衡、增长和波动是整个宏观经济均衡、增长和波动的一部分。一方面，宏观经济的均衡、增长和波动影响住房的均衡、增长和波动；另一方面，住房的均衡、增长和波动反过来影响宏观经济的均衡、增长和波动。住房市场与宏观经济通过多种渠道，相互关联，互相影响。经济学一般使用三部门模型分析住房与宏观经济的关系，即分析产出市场、劳动力市场和住房市场的相互作用关系，但事实上，金融市场的变化，往往通过引起资产价格的变化，直接对住房市场产生影响。考虑这些情况，本报告简化描述了住房市场与宏观经济的作用机制（见图2－2）。

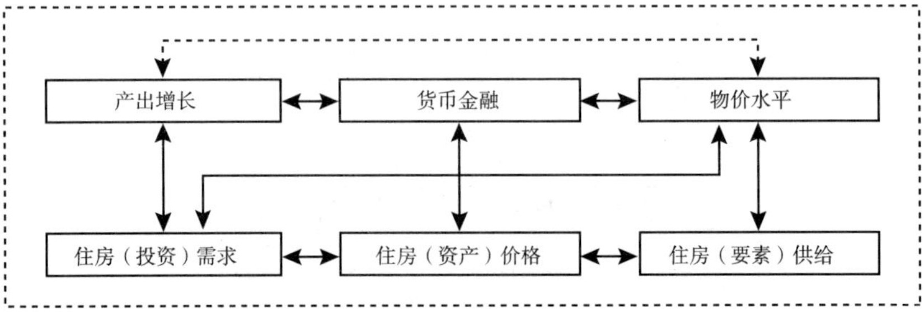

图2－2　宏观经济与住房市场作用机制

具体而言，宏观经济主要通过产出增长的变化、物价水平的变化和金融市场变化三个途径分别影响住房投资、需求、价格和供给。反过来，住房又通过投资、需求、价格和供给的变化影响宏观经济的产出增长、物价水平和货币金融市场，并进一步影响宏观经济的其他变量。其相互影响渠道如表2－1所示。

表2－1　宏观经济与住房经济影响渠道

	住房投资	住房需求	住房价格	住房供给
产出增长				
物价水平				
货币金融				

（1）宏观经济对住房经济的影响。当实际产出 Y 上升，物价水平上涨，失业率将下降，利润和家庭收入会随着 Y 上升，投资者和消费者的信心增强，住房投资需求曲线将向右移动，住房价格将上涨，进而导致住房供给增长；反之则相反。

$Y\uparrow \Rightarrow$ 失业率 $\downarrow \Rightarrow$ 公司利润和居民收入 $\uparrow \Rightarrow$
投资和消费信心 $\uparrow \Rightarrow HD\uparrow \Rightarrow HP\uparrow \Rightarrow HS\uparrow$

物价水平 P 上涨，将导致住房成本 HC 的上涨和住房投资 HI 增加，进而引起住房价格 HP 上涨和住房供给 HS 增长；反之则相反。

$$P\uparrow \Rightarrow HC\uparrow + HI\uparrow \Rightarrow HP\uparrow \Rightarrow HS\uparrow$$

当利率 R 下降时，投资 Z 和消费 C 增加，通过乘数效应，Y 上升，进而导致居民收入增加，住房投资增加；反之则相反。

$$R\downarrow \Rightarrow \text{投资}\uparrow + \text{消费}\uparrow \text{乘数效应} \Rightarrow Y\uparrow \Rightarrow$$
$$\text{公司利润}\uparrow \Rightarrow \text{居民收入}\uparrow \Rightarrow HI\uparrow$$

（2）住房经济对宏观经济的影响。一是住房价格效应。由于某些原因，住房价格 HP 上升，导致住房持有家庭财富的增加，从而导致自主消费支出上升，通过乘数效应，促使均衡 Y 与价格水平上升；反之则相反。

$$HP\uparrow \Rightarrow \text{家庭财富}\uparrow \Rightarrow C\uparrow \Rightarrow \text{乘数效应} \Rightarrow Y\uparrow \Rightarrow P\uparrow$$

二是住房市场预期。住房收益预期的上升，将导致住房价格上升，投资上升，促使实际 Y 上升，也促使住房价格上升，从而引发实际 Y 更大的上升；反之则相反。

$$\text{住房收益预期}\uparrow \Rightarrow HP\uparrow \Rightarrow HI\uparrow \Rightarrow \text{乘数效应} \Rightarrow Y\uparrow \Rightarrow P\uparrow$$

三是住房投资带动。住房投资作为宏观经济中投资的重要组成部分，投资通过其乘数效应将带动引致产出和收入的增加，从而造成 Y 上升，也带动价格上涨。

$$HI\uparrow \Rightarrow \text{乘数效应} \Rightarrow Y\uparrow \Rightarrow P\uparrow$$

2. 城市化进程与住房市场

在一个较长时期内，中国处在城市化、工业化、信息化、市场化的加速期。城市化最基本的内涵是人口从农村向城市的转移，在这个转移的过程中，人口需要最基本的生存、发展和享受的条件，其中，住房是最重要的条件之一。城市化的规模扩张、质量提升和空间演化对住房的短期波动和长期增长将产生重要的影响。这样就可以形成一个简化的影响机制（见图 2－3），即城市化制度、管理、规划和政策，影响城市化的规模、质量、空间和投资，而这些方面影响住房的需求、价格、供给和投资。

可以看出，由于城市化包括规模扩展、质量提升和空间演化等，因而对住房发展的影响是立体式的，其作用渠道也可以表示为一个矩阵（见表 2－2）。

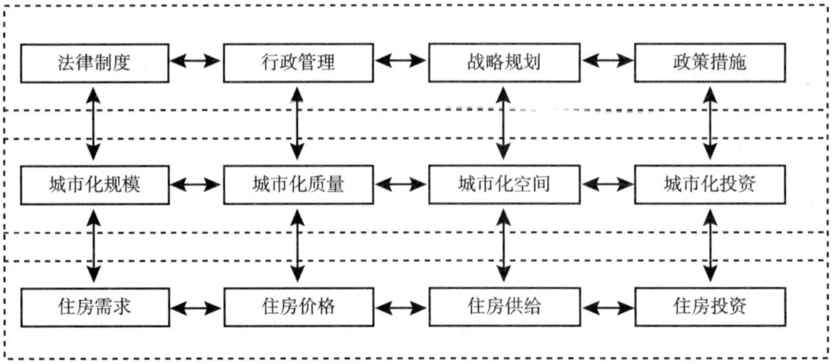

图 2-3　城市化发展对住房发展的影响

表 2-2　城市化发展对住房发展的影响

	住房投资	住房供给	住房需求	住房价格
城市化规模扩展				
城市化质量提升				
城市化空间演化				

首先，随着城市化规模的扩张、城市人口的不断增加，住房需求不断增加，引致投资规模扩大，进而引起住房价格的提升和供给的增长。当然，如果供给超过需求也可能引起短期内住房价格的下跌；但长期内，住房投资、需求、供给和价格将持续增长。

其次，随着城市化质量的提升、城市人口收入的不断增长，住房需求也不断增加，引起住房价格的提升、住房供给的增长，引致住房投资规模扩大。当然，如果供给超过需求也可能引起短期内价格的下跌；但长期内，住房投资、需求、供给和价格将持续增长。

再次，城市化增长在空间上和时间上不是均衡的，土地及住房可利用的资源在空间上也是不均衡的。因此，在不同国家、区域或城市的不同时期，其住房投资、需求、供给和价格及其变化是有差异的。

总之，城市化所引致的需求是真实的需求，由于城市化一般是个稳定持续推进的过程，因此，无论是从长期还是从短期来看，由城市化所引致的住房投资、需求、供给和价格都是相对稳定增长的。

3. 全球经济与住房市场

在开放条件下，中国经济是全球经济的一部分，中国住房市场也是全球住房市场的一部分。全球经济，一方面通过影响中国宏观经济进而影响中国住房市场，另一方面通过影响全球住房市场影响中国住房市场。与此同时，全球金融市场也直接影响中国的住房市场。简要关系如图 2－4 所示。

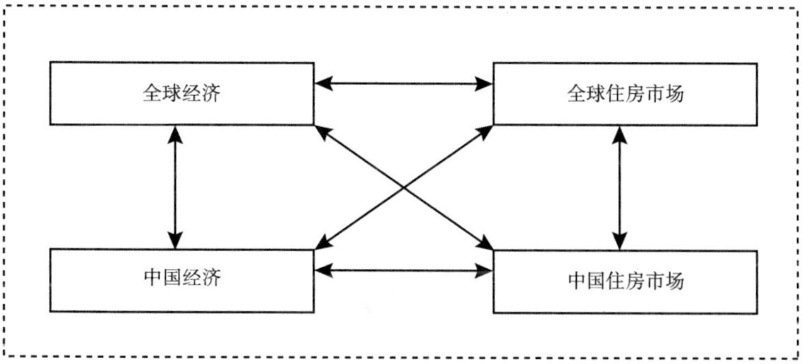

图 2－4　全球经济与住房市场关系

具体而言，全球经济对住房市场的影响，也可以表述成一个矩阵关系（见表 2－3）。

表 2－3　全球经济对住房市场的影响

	住房投资	住房需求	住房价格	住房供给
全球经济增长				
全球物价水平				
全球货币金融				
全球住房市场				

首先，全球经济增长变化（经济增长率，失业率，消费需求等）会影响一国的净出口状况，为确保本国经济发展目标的实现，本国将采取刺激或抑制投资包括房地产投资的政策，从而影响中国住房市场（投资、需求、供给和价格）。

其次，全球物价水平及其变动（包括：CPI，PPI，大宗商品价格），会输入性带动国内物价的变动。

再次，主要国家住房市场（价格、需求和供给的变化）会对中国住房市场产生同步性和传染性影响。

最后，全球金融市场（利率、汇率、资产价格）变化，影响全球金融市场即货币供应和利率变化，直接影响全球资本流动包括中国住房市场资金的流入和流出，进而影响中国住房市场（价格、需求甚至供给）。

二　住房市场主体

市场上从事交易的组织和个人称为市场主体，包括自然人和法人，是具有自我组织，自我调节，自我约束功能的有机体。住房市场的行为主体是十分广泛的。其中，三类主体对住房市场具有决定意义，即住房开发企业、住房金融机构和住房需求者。借鉴产业组织的“市场结构决定市场行为，市场行为决定市场绩效”的理论，可以假定，市场主体外部条件、市场主体的内部素质以及政府的公共政策（其中也包括由此形成的市场结构）决定着市场主体的行为及主体间的博弈，从而影响住房市场的发展和健康状况。

1. 开发企业与住房市场

住房开发企业是指按照城市房地产管理法的规定，以营利为目的，从事住房开发和经营的企业。一国的住房开发企业存在诸多差异，可以从股份类型、业务类型、资质等级和融资形式等不同角度进行区别和分析。开发企业作为住房商品的提供者，其基本素质和市场行为对住房发展具有决定性的影响，其决定机制如下：

外部条件 + 企业素质 + 公共政策 ⇒ 开发行为 ⇒ 市场博弈 ⇒ 市场表现

如果将一国或一城市的住房企业汇总并从不同的角度分类，然后从总体绩效、管理制度、生产要素、产品服务、商业经营和社会责任等六个方面进行分析（见表2－4），可以评估住房开发企业基本素质水平、开发行为的规范程度，进而判断市场的健康程度。

企业总体绩效，主要包括住房企业的销售收入、利润、资产规模、生产率、利润率以及这些方面的增长变动及其稳定性。企业总体绩效是企业发展的综合表现。

表 2－4　开发企业素质与行为分析框架

企业分类	亚　类	总体绩效	管理制度	生产要素	产品服务	商业经营	社会责任
股份类型	国　有 民　营 外　资						
业务类型	专　营 主　营 兼　营 投　资						
资质等级	一　级 二　级 三　级 四　级 项　目						
融资形式	上　市 非上市						

住房产品作为住房开发经营的结果，是住房发展状况和住房健康状况的一个反映。住房产品包括产品的种类、质量、先进性、实用性、节能环保程度、知名度等。

企业生产要素，是企业发展和经营的基本条件，其在企业间分布状况，也影响住房市场的结构。企业生产要素包括企业的人才、资金、土地、技术、设备等规模、质量、先进性以及增长变动及其稳定性。

企业商业经营，是企业行为的主要部分，直接决定住房发展和住房市场的健康状况。住房开发经营过程包括投资决策、前期准备、施工建设、广告销售以及物业管理，也包括企业资产重组、品牌建设等诸多方面。

住房企业的制度、组织和管理既关乎企业对员工的激励和约束的有效性，从而也决定企业的绩效，又决定企业经营的规范程度，从而决定住房市场秩序和住房发展水平。企业制度主要包括治理结构、组织体系、管理制度、企业文化和经营战略等。

企业是社会的一员，企业有义务承担相应的社会责任。住房企业社会责任发展状况，是企业发展成熟行为规范的一个重要标志。企业社会责任包括资信状况、税收贡献、公益慈善、保障性住房建设、环境保护等。

2. 金融机构与住房市场

住房金融中介一般由银行金融中介及非银行金融中介构成，具体包括商业银行、证券公司、保险公司以及信息咨询服务机构等中介机构。金融机构可以从不同的角度去分类。总体上，我们可以将一国或地区的住房金融机构分成商业性、互助性和政策性的，其中每部分又可再分为银行、金融公司和其他形式。

住房金融活动与住房经济运行血脉相连。因此，金融机构素质及其金融行为对住房发展具有重要的影响。金融机构的外部条件、机构素质和金融制度决定金融机构的行为和市场博弈，从而影响住房发展和住房市场的健康。

$$\text{外部条件} + \text{金融机构素质} + \text{金融制度} \Rightarrow$$
$$\text{金融行为} \Rightarrow \text{市场博弈} \Rightarrow \text{市场表现}$$

同样，评估和分析住房金融中介的结构及其协调性，住房金融机构的业务活动、要素条件、内部管理制度、产品和服务的质量及社会责任等（见表2－5），可以判断住房金融机构的基本素质水平、金融行为的规范程度，以及对住房市场健康发展产生的影响。

表2－5　住房金融机构素质与行为分析框架

机构类型	金融机构亚类	总体绩效	要素条件	产品服务	管理制度	业务活动	社会责任
商业性	商业银行 金融公司 其　他						
互助性	互助银行 互助公司 其　他						
政策性	政策银行 政策公司 其　他						

经营绩效主要表现金融机构的营利性、风险性、流动性。要素条件包括金融机构的资产状况、人才状况、技术状况等。产品服务包括金融产品、金融服务状况以及客户状况。管理制度主要指金融机构的制度建设、文化建设、公司管理、公司战略。商业经营主要指金融机构的信贷和金融服务状况；社会责任

主要指金融机构的资信、税收和支持公益慈善、住房保障和环境保护的基本状况。

3. 需求主体与住房市场

住房的生产、交换、分配最终都是为了满足需求。因此，需求者的能力和素质、需求者的市场行为对住房市场发展也十分关键。住房需求者也可以从不同的角度去划分，最基本的可以分成消费者、投资者和投机者。和前面的开发企业及金融机构一样，需求主体的外部条件、内在素质和基本制度决定需求主体的行为和市场博弈，从而影响住房发展和住房市场的健康。

外部条件 + 购买者素质 + 公共政策 ⇒ 购买行为 ⇒ 市场博弈 ⇒ 市场表现

分析和评估一国或一区域的住房消费者、投资者和投机者的经济条件、文化条件、社会条件、心理条件等因素，可以判断住房需求主体的购买能力、基本素质、需求行为，进而理解其对住房市场健康发展产生的影响（见表2－6）。

表2－6 住房金融机构素质与行为分析框架

	经济因素	文化因素	心理因素	个体因素	购买行为
消费者 投资者 投机者					

经济因素：主要是购买者购买能力，包括收入水平和融资能力即获取金融机构或其他外部资金的能力。住房一般价值巨大，购买住房一般需要一定的资金积累和抵押贷款。但是对消费者而言，抵押贷款相对于个人收入是有一定的安全警戒线的，超过限度，将面临金融风险的威胁。对于投资者和投机者而言，利用金融杠杆的比例越大，其所带来的风险也就越大。

文化因素：主要包括消费文化、商业文化等。首先消费观念对住房发展和住房市场具有一定影响，拥有自己的住房，拥有更大的住房，在中国传统观念中根深蒂固。其次中国一些地区投资房地产的商业文化也十分盛行。这些在一定程度上影响住房发展和住房健康。

心理因素：主要包括“追涨心理”、“从众心理”和“投机心理”等。这些因素对住房市场的健康发展也有十分重要的影响。

个人因素：购买者的决策也会受到个人外在特征的影响，特别是受其年龄所处的生命周期阶段、经济环境、生活方式、个性以及自我概念的影响。这些具有个体因素的购买者形成特定的群体和结构，也将对市场产生影响。

购买行为：在需求确认、信息搜寻、选择方案评估、购买决策、购后决策等行为中，因为信息不对称而出现错误决策，因为监管不严而出现违规决策，都可能对住房市场产生负面影响。

三　住房市场体系

住房市场体系可以从不同角度进行分类。从交易的内容来区分，广义的住房市场体系包括住房市场、住房土地市场、住房金融市场、住房中介市场等。从运行模式区分，狭义的住房市场体系分为住房资产市场和物业市场等。住房市场与外部条件和环境相互作用，住房体系内部各市场之间也相互影响，共同决定住房市场的均衡和发展。

1. 住房资产市场与物业市场

住房市场是依靠供给、需求和价格之间的相互作用来运行的。如果其他条件不变，住房需求增加将导致住房价格上升，而过度的住房供给也将导致住房价格下降。住房的供求机制和价格决定机制是住房市场运行机制的核心。

住房需求是指一定的需求主体在一定的地区、一定的时间、一定的环境下愿意而且能够购买住房的数量。住房需求包括消费需求、投资需求和投机需求。需求表现指标为房屋销售面积及其增长率。

影响住房需求的因素很多，但是否能成为有效需求，则决定于购房能力和购房意愿。主要具体因素包括：人口规模及其增长、国民财富规模及其增长、住房价格、利率、市场预期。利率下降、财富增加、市场未来预期乐观，将刺激住房需求增加；反之，则导致住房需求下降。

住房市场供给是指开发商及住房持有者在一定的地区、一定的时间内，在每一价格水平上愿意并且能够提供的住房数量。供给量表现指标主要为住房竣工面积及其增长率，住房竣工面积反映开发市场当期供给量。开发投资额及其增长，住房开发投资是住房供给对需求预期最直接的反映。住房开工面积及其增长，施工面积是未来的房屋供给量，施工面积增长要求未来必须有与之匹配的需求增长。

住房供给的影响因素：除了住房价格、竣工面积、空置率外，开发贷款利率及获得难易、未来预期、土地价格及获得难易、劳动力价格及获得难易、建材资源价格及供给能力都是重要的影响因素。房价上涨、空置率减少、利率下降、未来前景乐观、要素供应宽松，将使住房供给增加；反之则相反。

总体而言，由于住房是一种耐用商品，其生产和价格也是在资产市场和资本中决定的，影响住房及其他资产供求或价格的因素，最终将影响到住房价格。包括收入、利率、预期、空置率、地价等，同时，由于这些因素又受国民收入、货币政策、物价及其预期影响。

在住房市场体系中，住房资产市场（新房销售市场）和物业市场（包括租赁市场和旧房销售市场）是相互作用的。因为住房作为资产具有收益能力，住房租金可以贴现成住房价格，住房资产市场和住房物业市场的供求相互作用，进而导致市场的动态变化，并最终实现共同均衡状态（如图2－5）。

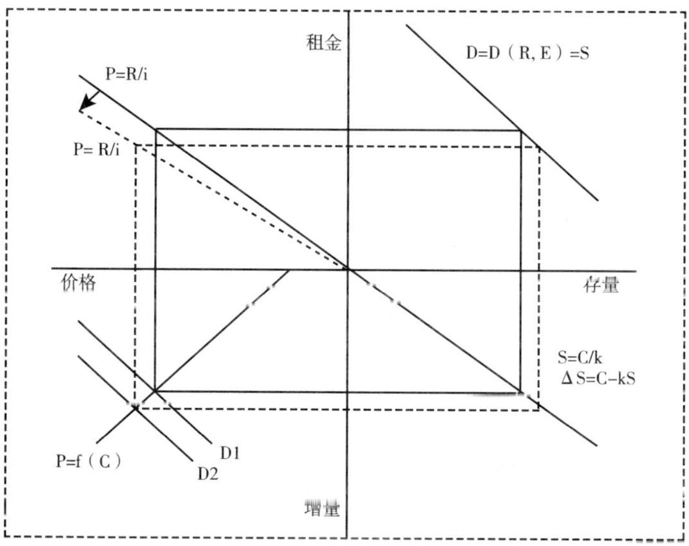

图2－5　住房资产市场与存量物业市场相互联系

假定两市场原来处在均衡状态。当资产市场上外生因素变化（如预期因素）导致住房销售价格会上升，进而导致开发市场供给量增加时，存量住房市场供给量增加，从而导致住房租金下降和需求增加。市场重新回到均衡状态。

2. 住房用地市场与住房市场

土地市场也是个体系，从用途上分，可分为住房用地、工业用地、商业用地和其他用地市场等；从运行模式上分，中国的土地市场又分为一级、二级和三级。土地是人类经济社会活动的载体，住房用地是居住所必需的。在住房市场中，由于人口的增加，导致住房价格上升，住房供给增加，在容积率不变的假设下，必然增加土地的需求，导致土地价格的上涨和住房用地规模的扩大。另一方面，住房用地市场的变化，也会影响住房市场的变化。以下四象限模型反映了住房市场与住房用地市场的互动关系（见图 2 -6）。

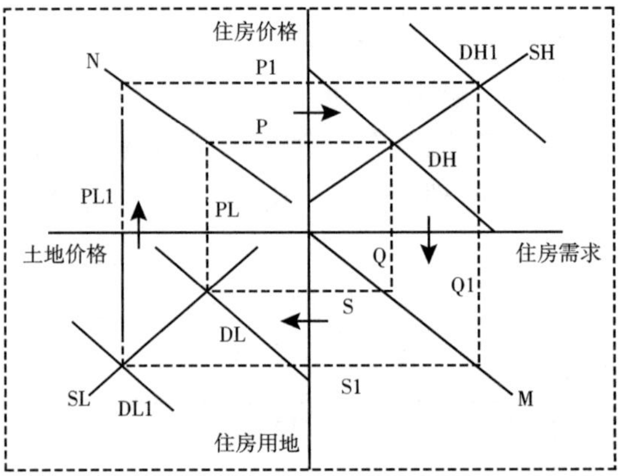

图 2 -6　住房用地市场与住房市场的关系

住房用地市场是依靠以价格形成机制为核心的市场机制的作用来运行的。土地价格的形成是由土地的供给与需求来决定的。土地的供求机制和价格决定机制是土地市场运行机制的核心。

土地供给分为自然供给、经济供给。由于土地作为不可再生资源，其自然供给不可改变；但由于土地用途可以改变，对于具体用途的土地，经济供给可以变化。在市场价格不变的情况下，由于决定土地供给量的其他因素发生变化，供给也会发生变化。但由于土地开发投入的资金量较大，开发期较长，且土地用途在短期内很难改变，因此，土地的经济供给一般跟不上需求的变化，表现为滞后性。

决定土地经济供给量的因素主要有：土地价格、政府政策、土地利用计划和规划、土地开发成本及机会成本、建筑技术水平等。一般情况下，某种用途的土地市场价格越高，其供给量越大；市场价格越低，其供给量越小。

住房用地需求是在某一特定时间内，在某一区域，住房用地在某一价格下被购买或租出的数量。住房用地需求是住房的引致需求。

住房用地需求量的决定因素主要有：土地价格、消费者或投资者的货币收入、融资能力、人口因素和家庭因素、消费者或投资者偏好及对未来的预期等。一般而言，土地价格越高，对土地的需求越小，土地价格越低，对土地的需求越大。当消费者的货币收入增加，购买住房的能力增强时，对住房用地的需求就增加。土地市场的投机程度及政府对投机的限制程度，城市人口的增加或减少，家庭单元的细化或融合，对不动产投资的偏好或是否把土地投资当做抵御通货膨胀的手段等，都会引起土地需求量的变化。

住房用地价格和地租是由其供给与需求二者共同决定的。根据上述土地的供给和需求原理，在某一土地市场，当土地的价格持续上升时，土地的供给量增加，但土地的需求量减少，最后该市场的土地供给量就会超过需求量，出现过剩，从而会使部分土地卖不出去，土地价格就会下降；相反，当土地价格持续下降时，土地需求量就会增加，但土地供给量会减少，最后该市场的土地需求量就会超过供给量，出现短缺，从而会使土地价格上涨。需求与供给二者相互作用，最终会使土地的供给和需求在某一价格上相等。这时，既没有过剩也没有短缺，出现了市场均衡，这时的价格就称为均衡价格。

3. 住房金融市场与住房市场

住房金融市场是指住房资金供应者和资金需求者双方通过信用工具进行交易而融通资金的市场，是为实现住房交易而进行货币借贷和资金融通、办理各种票据和有价证券交易活动的市场。

住房投资是一项投资额巨大、回收期很长的投资活动。无论是住房购买消费还是开发投资，住房发展离不开货币的流通和资金的运动，住房市场也离不开金融市场。随着住房金融业务的发展，住房金融市场成为整个金融市场的重要组成部分。

住房金融市场属于要素市场，与住房市场共生共荣，相互联系，相互依存。住房金融市场发展是住房市场体系发展的保障，住房市场体系的发展则为住房金融市场的发展提供了条件和可能。

住房金融市场也是依靠以价格形成机制为核心的市场机制的作用来运行的。

如果其他条件不变，住房资金需求增加将导致利率上升，资金大量供给将导致利率下降。信用工具是借贷资本在金融市场上交易的对象，如各种债券、股票、票据、可转让存单、借款合同、抵押契约等。

资金供应来源主要有货币当局、政府、金融机构、企业事业单位、居民、外商的货币供应、各类存款、信用扩张和外资流入等。住房市场资金供给直接影响因素有：信贷政策，住房价格预期，其他行业收益，住房市场收益，住房市场风险。间接影响因素有：货币供应量，存款准备金率，通货膨胀预期，收入，储蓄率，净出口，汇率。

住房资金需求主要有住房与土地开发资金需求和住房消费、投资和投机的资金需求。影响住房资金需求的因素就是影响住房开发投资、住房消费、投资和投机的因素。以上影响住房需求、供给和价格的因素都是影响住房资金需求的因素。

住房资金的价格是指规定的住房货币资金及其所代表的利率或收益率的总和。影响住房资金供求的因素都会影响资金的价格。

住房金融市场体系按融资方式分，可以分为住房直接金融市场和住房间接金融市场，前者是指不需要借助金融中介而进行的融资市场，后者是指需要借助金融中介进行的融资市场。间接融资市场主要包括银行、信托、保险等；直接融资市场主要包括股市和债券等。

四　住房价值潜力

长期内，住房市场将总体趋于均衡状态，当一国或一区域经济社会持续发展时，其住房需求也将是持续增长的，因而其住房价值及其住房用地价值也是在不断变化或增长的。

1. 住房增长与住房投资潜力

不同国家、不同区域由于经济、政治、社会、环境等因素及其未来变化有别，住房发展的状况及其变化趋势也有差异。所以，不同国家、区域、区位的单位住房的价值不同，未来投资在不同国家或区域的住房的价值也十分不同。住房未来的投资价值决定于两个方面：一个是当前其价格显现价值的程度，另一个是未来其价值增长的幅度。如果当前的住房价格远远高于其价值，且未来增长幅度不大，则其投资潜力不大；相反，当前的住房价格远远低于其价值，其未来增长的空间很大，则其投资潜力较大。

住房投资潜力 = 未来价值 - 当前价格
= (当前价格 - 当前价值) + 未来价值增长额

简单地说，国家和区域的住房水平及增长，最终决定于产出水平及增长、居住环境和产业结构升级。假定其他条件不变，当产出增长时，劳动力就会增长，因而住房需求提高，在技术不变、供给受限的情况下，住房价值就会提升。假定其他条件不变，当产业结构提升时，劳动者收入也会提高，住房需求提升，住房投资价值提升。由于生活环境的区域差异，随着收入的提高，越来越多的人会居住在生活环境优越的地区，导致这些区域的住房需求增加和住房价值提升。

产出增长 ↑ + 产业结构 + 生活环境比较 ⇒ 移民规模 ↑ + 劳动力规模 ↑ +
劳动力收入 ↑ ⇒ 住房需求 ↑ + 住房价格 ↑ ⇒ 住房供给 ↑

根据以上分析，将影响国家或区域住房未来投资价值的直接和间接因素进行梳理，形成分析住房未来投资价值的五力分析模型，即宏观环境，生活环境，住房需求，住房供给，住房价格。

宏观环境：经济产出规模及其增长，产业层次及其转化速度，城市化人口规模、结构及其增长等。

生活环境：包括城市和区域的风景气候等自然环境，衣食住行、安居乐业、教育卫生等。

住房需求：居民负担能力（人均可支配收入及其增长），居民潜在需求（人均储蓄额及其增长），居民现实需求（城市就业人口及其增长）。

住房供给：住房土地供给（城市人口密度及其变化，人均住房面积及其变化），增量住房供给（商品住房吸纳率及其变化）。

住房价格：住房相对价格（住房价格收入比及其变化），住房相对价值（住房售价租金比及其变化），住房价格变化（商品住房价格浮动）。

2. 住房增长与土地投资潜力

一国或一区域的经济社会发展水平，决定着其单位土地上创造财富的水平，同时也决定其土地价值水平，同样一国或一地区产出增长等增长变化，会引致住房用地和非住房用地的增长，从而决定土地未来的潜在价值水平。

土地投资潜力 = 未来价值 - 当前价格
= (当前价格 - 当前价值) + 未来价值增长额

简单地说，土地投资潜力的决定及其传导机制，与住房的投资潜力决定和影响因素基本相一致，只是由于住房土地市场状况不仅决定于住房供求本身，还决定非住房土地需求状况，因此，住房用地的市场价值更决定于总体经济状况。

产出增长 ↑ + 产业结构 + 生活环境比较
⇒ 其他土地需求 ↑ + 移民规模 ↑ + 劳动力规模 ↑ + 劳动力收入 ↑
⇒ 其他土地需求 ↑ + 住房需求 ↑ + 住房价格 ↑
⇒ 土地需求 ↑ + 土地价格 ↑
⇒ 土地需求 ↑ + 土地价格 ↑ ⇒ 土地需求 ↑

综合以上分析，将影响国家或区域住房用地未来投资价值的直接和间接因素进行梳理，形成分析住房未来投资价值的五力分析模型，即宏观环境、生活环境、住房用地需求、住房用地供给、住房用地价格。只是每类中的具体影响因素有差异，作用程度有所不同。

五　住房公共政策

由于住房的特殊性，导致住房在生产、交换、分配和消费中产生的公共性、垄断、外部性和信息不对称等问题，比起其他商品市场，更容易出现市场失灵。为确保公平和高效地解决住房问题，政府有必要对住房问题实施恰到好处的干预，包括提供合适的住房社会保障、适度的市场监管和相机的宏观调控等。

1. 住房保障与住房市场

住房是人类生存的必需品，也是居民的生存权利，但在现实生活中，总有相当一部分家庭无法解决或无法完全通过市场解决居所问题，因此，政府保障责无旁贷。为兼顾效率和公平，既保证住房市场健康发展，又确保所有家庭住有所居，在解决住房问题上，政府与市场间现实而合理的关系应是：在保证市场对资源配置起基础性作用的前提下，以政府的干预之长弥补市场调节之短；以市场调节之长来克服政府对住房市场干预之短，从而实现市场调节和政府干预二元机制最优组合，即“凸性组合”。

具体而言，住房市场与住房保障之间应该形成多层次、差异化的有机融合体系。以收入水平为划分标准，高收入者完全通过市场解决住房问题，一般收入者也通过市场解决住房问题，但是政府应依据收入状况给予适当的财政和金融补贴，中低收入者通过政府、市场和互助等多种渠道组合解决，低收入以下家庭的住房主要通过政府采购供给或建造供给解决。

虽然公平有效地解决住房问题，需要住房市场与住房保障有机结合。但是，在不同的发展水平和条件下，它们组合的形式，包括收入标准、组合比例以及保障程度是动态变化的。总体趋势应该是：随着经济社会的发展，依靠市场解决的家庭越来越多，与此同时，享受住房保障家庭的保障水平不断提高。

住房保障分析框架可以表述为一个矩阵，针对高收入、一般收入、中低收入和低收入以下不同的家庭，政府可以采取税收、财政、土地、金融和监管政策的不同组合（见表2－7）。

表2－7　住房保障分析框架

	总体保障	高收入	一般收入	中低收入	低收入以下
税收政策			+	+ +	
财政政策	+		+	+ +	+ + +
监管政策	+	+	+	+	+
土地政策	+			+ +	+ + +
金融政策			+	+ +	+ + +

对于高收入群体，住房完全通过市场解决，同时根据住房的档次、面积和价格，按照资源有偿占用的原则，采用累进税制，开征有关的房地产税，作为住房保障资金的重要来源。同时加强市场监管。

对于一般收入家庭，住房通过市场解决，同时根据家庭收入状况，住房的档次、面积、价格，以及购买次数等，给予程度不同的税收优惠、财政补贴和金融支持。

对于中低收入家庭，住房要部分依靠政府支持，但要借助市场解决，同时根据家庭收入状况，确定支持额度，分别采取租和住两种形式，通过政府货币补贴和直接售卖两种途径，解决住房，同时，给予间接的财政和金融支持。政府同时对住房保障进行市场和行政监督。

对于低收入以下的家庭，住房要部分或完全由政府支持，同时根据家庭收入状况，分别采取租和住两种形式，通过政府货币补贴和直接售卖两种途径，解决居住问题。政府同时对住房保障实施行政监督。

2. 住房监管与住房市场

政府监管是政府行政机构依据法律授权，通过制定规章、行政许可、监督检查、行政处罚和行政裁决等行政处理行为对市场参与主体的行为实施的直接或间接监督和管理。由于住房建造复杂、建造期长、位置固定、价格昂贵、使用寿命长等原因，住房的生产、交易、分配和消费过程中，容易产生信息不对称、外部负效应、市场垄断、公共资源的过度使用等市场失灵问题。但政府监管本身也有可能产生缺乏效率、寻租腐败、官僚主义、决策错误等政府失灵问题。

恰到好处的住房监管主要针对微观经济层面上的外部性、自然垄断、信息不对称、不公平等，是政府对企业、产业或单个市场的合适的监管，从而确保住房市场公平公开竞争、市场秩序井然，进而增进社会福利，促进住房市场健康发展。

政府对住房市场主体的监管应该是全方位的，包括消费者、开发者、金融中介等，这里分析和研究的主要是政府对开发企业的监管，借鉴世界银行《全球商业环境报告》的理论框架，结合中国住房市场的实际情况，本报告提出以下住房开发环节与住房监管程序相对应的矩阵分析框架（见表2－8）。

表2－8 住房市场分析框架

	准入行为监管			经营行为监管			信息披露服务		
	程序	时间	成本	力度	时效	意识	力度	时效	意识
企业开办环节									
住房土地环节									
住房开发环节									
住房销售环节									
住房租赁环节									
物业管理环节									

分别考察住房企业开办、土地取得、开发建设、广告销售、租赁经营和物业管理六个环节的准入、经营和服务的政府监管。包括审批的时间、程序、费用，经营监管的力度、时效，信息披露的力度和时效等，一方面给出各部分最优的标准，另一方面通过这些方面的分析和比较，可以较全面地了解政府在住房市场上的监管的绩效。

中国住房宏观背景：
分析与预测

第三章
宏观经济形势分析与预测

吕凤勇　唐在富

一　2008～2009年宏观经济形势分析

（一）宏观经济运行：紧缩程度逐步减轻，回稳中渐呈复苏迹象

1. 经济增长：急剧下滑趋势已止，“拐点”悄然显现

（1）国内生产总值增速开始止跌回升。全球性金融危机爆发后，虽然中国金融体系受到的直接影响有限，但实体经济却因开放度较高而受到很大冲击。自2008年第1季度始，GDP增长呈现逐季下滑趋势，直到2009年第2季度GDP增长下滑趋势才得到初步遏制，但仍处于较低的水平，不过总体呈现出逐季加快的趋势（见图3－1）。2009年上半年GDP增速为7.1%，2009年前3季度GDP增速达到7.7%。

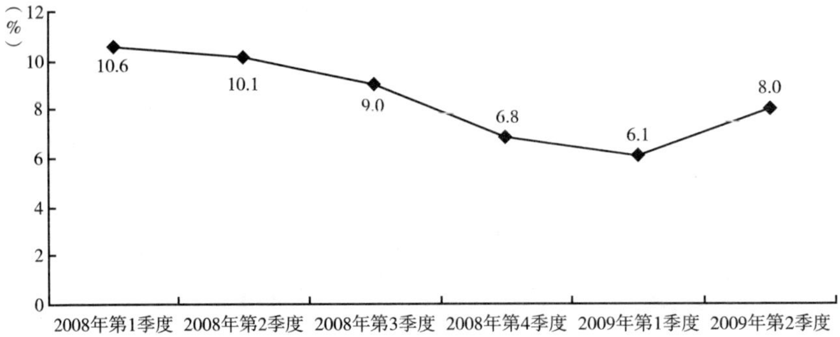

图 3－1　2008 年以来国内生产总值季度增速

资料来源：中华人民共和国国家统计局网站（http：//www. stats. gov. cn）。

（2）工业增加值呈现波动回升趋势。2008 年以来，中国工业生产受到了金融危机的巨大冲击，特别是从 2008 年 6 月份始，工业生产增速呈现明显的逐月下滑趋势，直到 2009 年 3 月份这种局面才有所转变，此后开始回升，2009 年 8 月份达到 12. 3%（见图 3－2）。

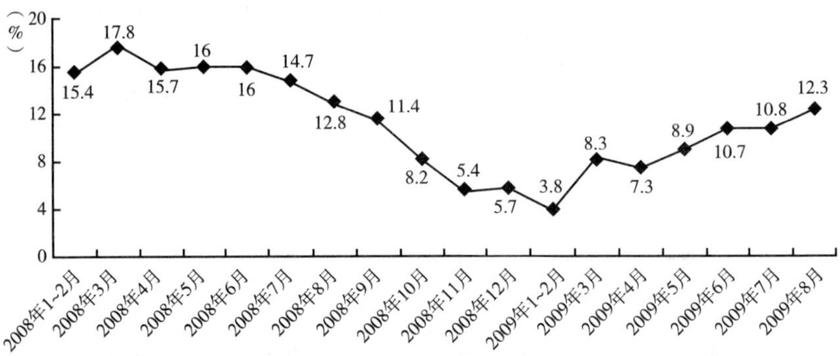

图 3－2　2008 年以来工业增加值月度同比增速

资料来源：中华人民共和国国家统计局网站（http：//www. stats. gov. cn）。

（3）经济运行“拐点”已至，复苏在望。从中国国内生产总值增长变化趋势和工业生产走势情况来看，2008 年第 4 季度 GDP 和工业增加值环比增幅下降最为剧烈，而 2009 年第 1 季度基本延续了这种下滑趋势，同比增幅下降达到最大值，不过在上季度下滑较深的基础上，环比增幅比 2008 年第 4 季度总体略有提高，而至 2009 年第 2 季度，无论是从同比增长还是环比增长情况来看，都呈现出企稳回升的态势，表明中国经济“拐点”已经出现。不过，目前的经济增长很大程度上受益于扩大内需政策特别是投资政策，自发性国内需求增长还未真正恢复，较大的净出口顺差也主要是由进口降幅大于出口降幅这一非正常因素导致的，经济增长的内生性仍较差，经济复苏之路仍然充满坎坷。

2. 社会就业：城镇登记失业率有所上升，就业形势依然严峻

2008 年下半年随着中国经济衰退的加剧，城镇失业率也开始上升，城镇新增就业人员逐月持续减少，直到 2009 年第 1 季度，由于各项刺激需求政策效应的初步显现，就业的严峻形势才有所缓和。但是，由于经济形势的不确定性和就业周期波动略滞后于经济周期波动，中国目前就业形势依然不容乐观。图 3 –3 和图 3 –4 分别描述了 2008 年以来中国季度末城镇失业率和 2008 年 7 月以来中国月度城镇新增就业人员数量。

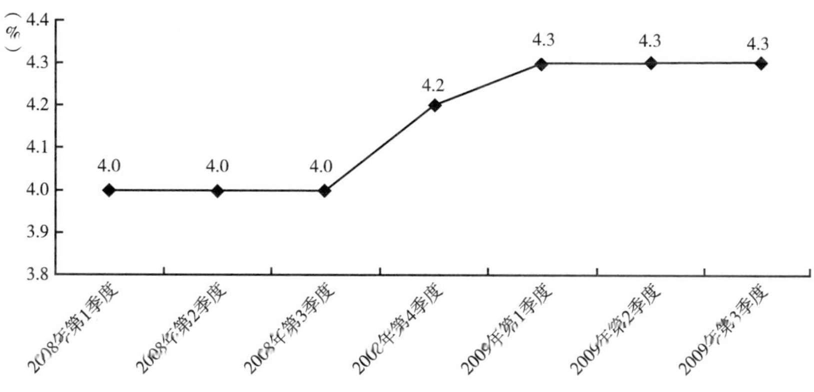

图 3 –3　2008 年以来中国季度末城镇失业率

资料来源：中华人民共和国人力资源和社会保障部新闻发布数据。

事实上，在这次经济衰退中，中国就业形势甚至比经济形势显得更为严峻。由于和世界经济联系日益密切，中国出口受国际经济危机冲击也最为明显，出口企业特别是中小企业和劳动密集型企业生产经营面临困难，从而对就业造成非常不利的影响。同时，大量吸纳就业的第三产业增加值的增速也呈回落态势，而 2009 年大学生毕业人数又高达 610 万人，这都使得就业形势显得愈益严峻，也是今后依然要采取有效措施扩大就业的原因所在。

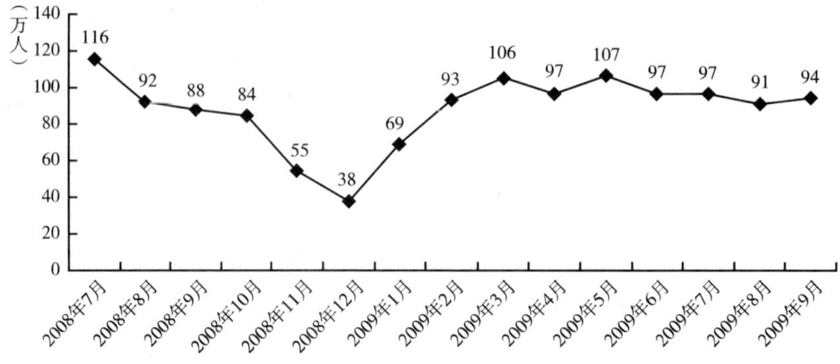

图 3－4　2008 年 7 月以来中国月度城镇新增就业人员

资料来源：中华人民共和国人力资源和社会保障部新闻发布数据。

3. 物价水平：物价下行压力减小，大宗商品和资产价格止跌回升，通货膨胀预期隐现

自 2008 年以来，中国物价水平波动程度加剧，整体呈现持续下滑趋势，特别是工业品出厂价格指数（PPI）的表现更是如此。至 2009 年 8 月份，居民消费价格指数、工业品出厂价格指数，以及原材料、燃料、动力购进价格指数同比降幅虽然仍然较大，但环比已经开始上升。图 3－5 描述了三种价格指数的基本走势情况。总体而言，目前，物价下行压力有所减小，特别是大宗商品和资产价格的止跌回稳，也使工业品出厂价格和原材料、燃料、动力购进价格指数下滑空间变得有限。而且，由于世界各国为刺激经济而注入了巨量流动性，一旦经济开始复苏，则很有可能会导致通货膨胀的发生，这也使得目前人们对未来的通货膨胀预期有所增加。

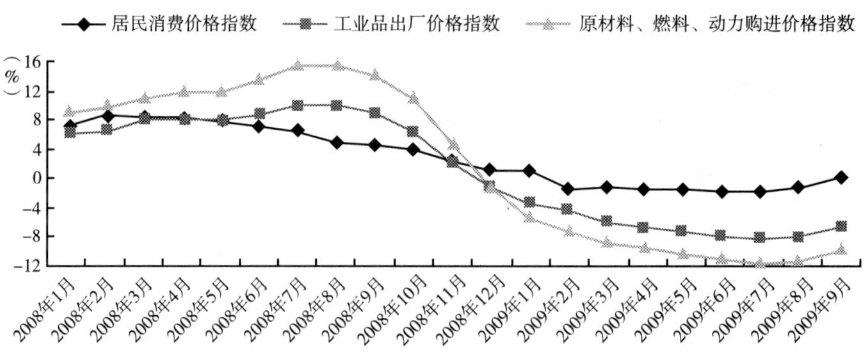

图 3－5　2008 年以来中国物价水平变化

资料来源：中华人民共和国国家统计局网站（http：//www. stats. gov. cn）。

4. 宏观经济运行与住房市场：住房市场调整中断，宏观经济企稳诱使快速反弹

宏观经济运行对住房市场有着显著的影响。在经济衰退期，经济增长率下滑，物价也通常具有下行压力，导致整个经济体的投资和消费需求不足，住房投资和住房需求也会受到严重影响，导致住房成交量减少，住房价格趋于下降。

图3-6是1998~2008年中国宏观经济运行与住房市场表现的对比图。中国于1997年开始实行货币化住房制度改革，所以尽管1998年还处于经济低谷期，住房投资完成额和住房销售面积增加仍十分迅速，这更多的是制度性变革带来的结果。1999~2002年，中国经济基本处于由衰退到复苏的阶段，经济增长率基本维持在9个百分点以下，居民消费价格指数波幅较小，住房投资完成额增速维持在23%~27%之间，住房销售价格小幅攀升，不过已呈现加速态势。从2003年起，中国经济开始逐渐进入高速增长时期，物价开始呈现快速上涨趋势，住房投资完成额由于国家的土地调控政策波动加剧，但总体呈现高速增长趋势，住房销售价格则一路大幅攀升，住房销售面积则由于住房投资的波动、开发商的捂盘惜售和购房者待购或抢购行为等原因出现较大的波动，2005年住房销售面积比上年增长了46.62%，2006年则只比上年增长了11.77%。2008年严厉的住房调控政策促使住房市场开始调整，但随着世界金融危机的来临，中国宏观经济也受到冲击，开始实行扩大内需的刺激政策，住房开发商获得了大量贷款，住房企业的重组和住房市场的调整中断。尽管如此，这期间住房市场受到的冲击也较为严重，住房投资完成额增速从上年的32.02%急剧降至22.62%，住房销售面积则比上年下降了20.3%，住房价格也比上午下降了0.90%。

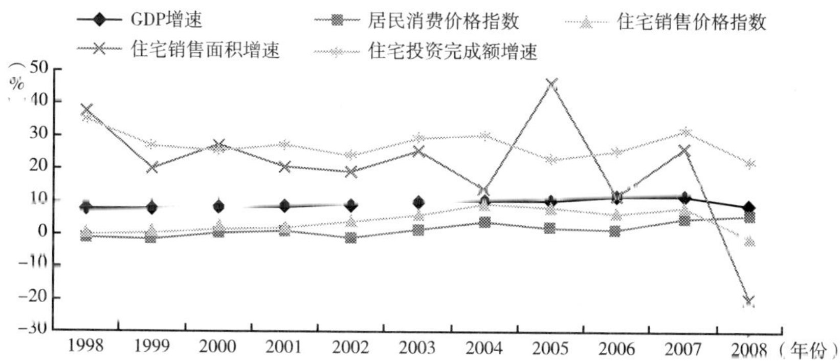

图3-6 1998~2008年宏观经济运行与住房市场走势

资料来源：中华人民共和国国家统计局网站（http://www.stats.gov.cn）。

2008年以来，宏观经济运行趋势与住房市场走势表现出更强的相关性，但住房市场的波动更剧烈（如图3－7所示）。2008年住房市场走势与宏观经济运行趋势之所以比过去表现出更强的相关性，并且波动剧烈，主要是由这次世界性金融危机的形成原因导致的。在过去几年，由于世界流动性过剩和国际收支的失衡，大宗商品和资产价格持续上涨带来了世界经济的繁荣，而住房作为一种重要的资产，其价格上升幅度更大，刺激了住房投资和住房销售，在一定程度上直接带动了经济增长，而当金融危机来袭时，住房市场也受到了冲击，住房价格急剧下降，住房投资和住房需求严重下滑，在很大程度上拖累了经济发展，从而与经济增长趋势表现出较强的相关性，并且在波动程度上也更为剧烈。

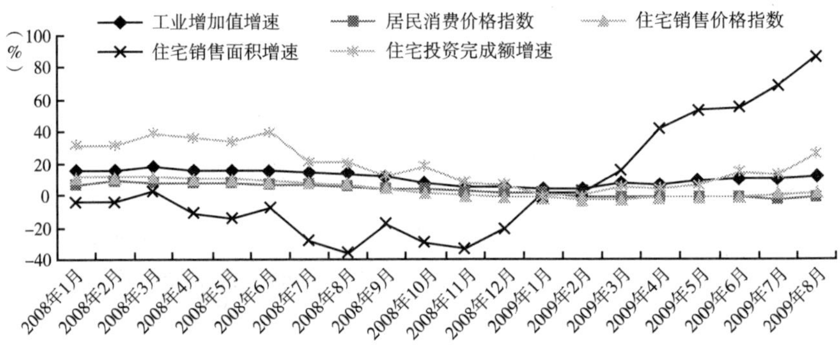

图3－7　2008年以来宏观经济运行与住房市场月度走势

注：1. 图中住房销售价格为新建住房销售价格。

2. 工业增加值、住房销售面积和住房投资完成额只有每年1~2月份的综合统计，为了作图方便，图中相关变量1月份和2月份增速按相同处理。

资料来源：中华人民共和国国家统计局网站（http：//www. stats. gov. cn）。

（二）社会需求变化：投资需求强劲增长，消费需求低位缓慢回升，净出口波动趋减

1. 投资需求：社会固定资产投资增幅持续扩大，政府万亿投资作用明显

中国经济增长很大程度上是属于投资驱动型的，在这次金融危机中，随着商品价格的持续走低和出口需求的萎缩，产业投资受到了很大冲击，从而对经济增长造成了非常不利的影响。不过，由于2009年中国开始实施大规模的投资刺激

计划，在市场自发性投资萎缩的情况下，政府主导型投资却大幅增长，使得投资总需求增幅迅速扩大，扭转了经济持续下滑的局面（见图 3-8）。

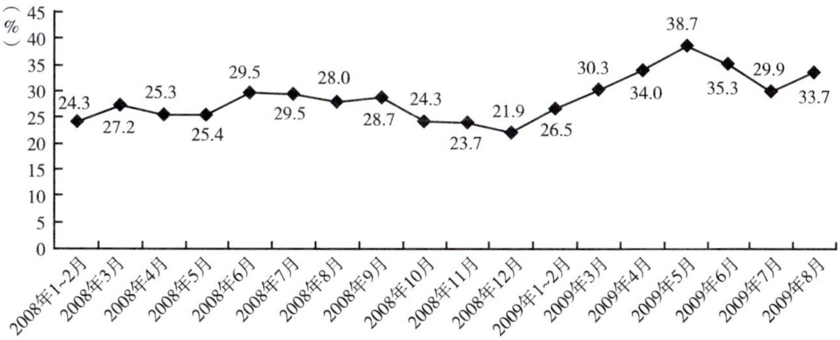

图 3-8　2008 年以来中国城镇固定资产投资同比增长情况

资料来源：中华人民共和国国家统计局网站（http：//www. stats. gov. cn）。

就投资结构而言，从图 3-9 和图 3-10 可以看出，中国制造业和房地产业方面的城镇固定资产投资增幅下降较多，特别是原材料等初级产品加工、出口量较大的行业更是如此，而交通运输、水利环境、教育和文化体育娱乐等公共设施和公共服务方面的投资增幅巨大，反映了政府主导型投资在扩大投资总需求中起到了关键作用。事实上，中央安排的 4 万亿元投资，铁路、公路、机场、水利等

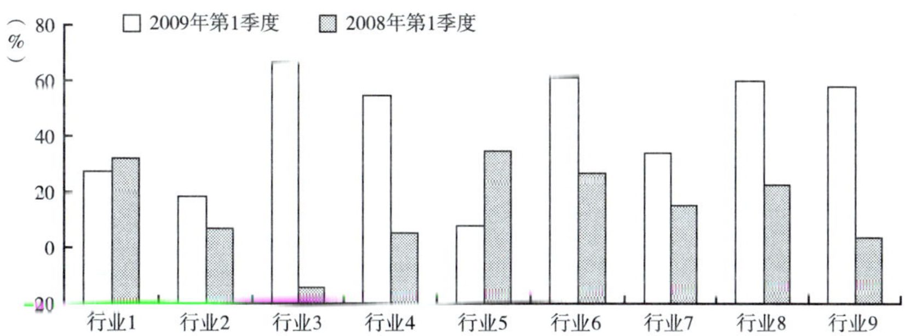

图 3-9　2008 年第 1 季度和 2009 年第 1 季度中国分行业城镇固定资产投资增长对比图

注：图中行业 1，行业 2，行业 3……分别是制造业，电力、燃气及水的生产和供应业，建筑业，交通运输、仓储和邮政业，房地产业，水利、环境和公共设施管理业，教育，文化、体育和娱乐业，公共管理和社会组织业。

资料来源：中华人民共和国国家统计局网站（http：//www. stats. gov. cn）。

重大基础设施建设和城市电网改造就占了1.5万亿元，医疗卫生、教育文化等社会事业发展占了1500亿元。不仅如此，4万亿投资中自主创新和产业结构调整方面的投资也有3700亿元，主要集中于高技术产业化项目、产业技术进步项目和电子信息产业等方面，对提振制造业投资需求也起到了很好的示范作用。随着这些投资项目的陆续开工建设，中国城镇固定资产投资增长幅度也迅速增加。

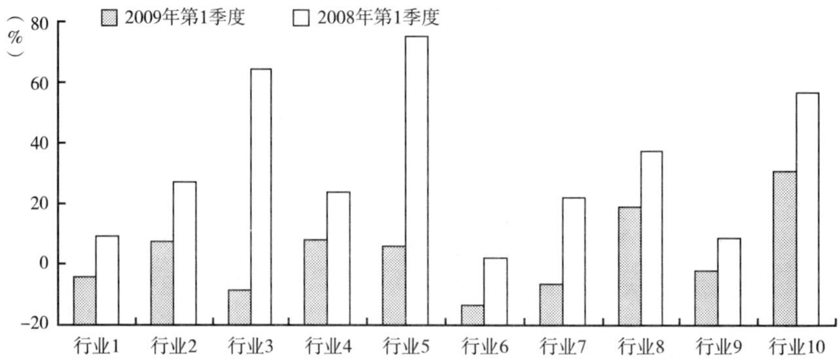

图3-10　2008年第1季度和2009年第1季度中国制造业分行业城镇固定资产投资增长对比图

注：图中行业1，行业2，行业3……分别是纺织业，纺织服装、鞋、帽制造业，家具制造业，造纸及纸制品业，石油加工、炼焦及核燃料加工业，化学纤维制造业，黑色金属冶炼及压延加工业，有色金属冶炼及压延加工业，通信设备、计算机及其他电子设备制造业，仪器仪表及文化、办公机械制造业。

资料来源：中华人民共和国国家统计局网站（http://www.stats.gov.cn）。

2. 消费需求：消费需求有所回升，但仍处于较低水平

消费需求的增加是促进经济长期增长的重要因素，但在收入水平和制度安排既定或较少变动的情况下，具有一定的稳定性，其易波动性远远低于投资的易波动性，在中国尤其如此。尽管这样，中国消费需求在这次金融危机中也受到了较大的冲击，至2009年在一系列刺激需求的政策作用下，才又有所回升，但仍然处于低位水平，2009年8月社会消费品零售总额增速为15.4%（见图3-11）。

消费需求之所以增幅下滑，有几方面的原因：一是由于失业率的上升和城镇新增就业人口的减少，部分消费者失去了或者不能获得稳定的收入来源；二是由于企业盈利水平下降，导致在职员工的工资水平和奖金分配有所减少；三是房产和股票等资产价格下降导致存量财富缩水，而且低利率也使人们利息收入减少；

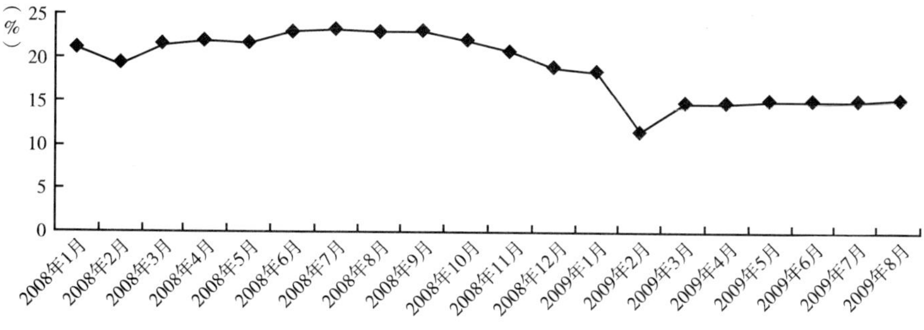

图 3－11　2008 年以来中国社会消费品零售额同比增长情况

资料来源：中华人民共和国国家统计局网站（http：//www. stats. gov. cn）。

四是人们对金融危机存在着恐慌情绪，未来预期收入不明朗，从而导致人们倾向于暂时减少消费；五是中国各项社会保障措施还很不完善，加剧了消费萎缩的程度。采取刺激消费的政策是必需的，但是由于消费结构和消费习惯具有一定的稳定性，在关键时刻并不能过多依赖消费的增长在短期内带动经济走出谷底。

3. 贸易收支：进出口降幅较大，贸易顺差有所减少

对外贸易领域是受世界经济危机冲击最直接和最严重的领域，2008 年进出口总值增速随着外部需求大幅放缓而明显下滑，仅比 2007 年增长 17. 8%，告别了 2002 年以来连续 6 年 20% 以上的高速增长局面。特别是 2008 年 11 月份以来，进口和出口都出现了同比负增长的现象，贸易顺差也出现了减少，2009 年 1 ~ 8 月份顺差减少了 45. 59%（见图 3－12）。

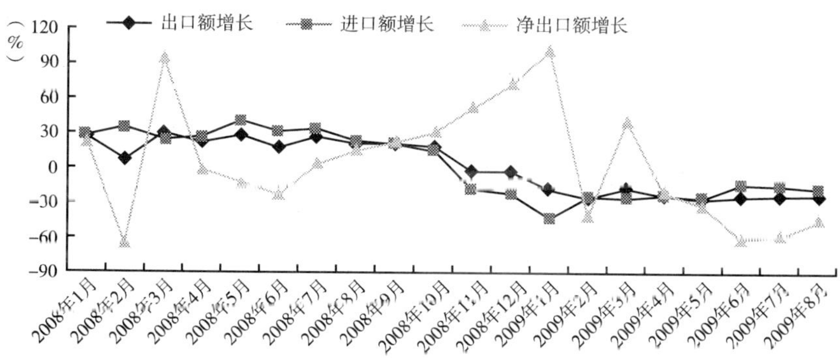

图 3－12　2008 年以来中国对外贸易增长情况

资料来源：中国海关总署（http：//www. customs. gov. cn）。

中国进口额降幅在起初远远大于出口降幅，但其后出口降幅又逐渐加大，缩小了与进口降幅的差距。这样一种现象的出现主要是两种原因造成的。一是加工贸易在中国对外贸易中占据较大比重，在世界经济危机发生后，加工贸易出口受事先签订的订单的约束，同时库存商品也有待消化，所以出口开始降幅较小，而加工贸易进口则因新订单的减少和商品库存的增加而大幅减少，导致进口降幅开始时会比出口的降幅大，也直接导致整个进口降幅大于出口降幅。二是中国出口的商品主要是劳动密集型的需求弹性较小的消费品，而进口商品中原材料和生产资料等需求弹性较大的商品所占比重较大，也在一定程度上导致进口降幅与出口降幅相比较大，不过，出口企业也面临着劳动力成本上升和人民币升值等压力，在一定程度上也加剧了出口的下滑趋势。

4. 社会需求变化与住房市场：住房市场与社会需求具有较强相关性，但波动幅度更为剧烈

社会需求状况与住房市场走势具有一定的相关性。投资需求高涨时期通常是经济处于景气时期，投资边际报酬率较高，住房投资也会相应增加；而当消费需求高涨时物价水平通常也会上升，住房价格也将相应攀升，住房的自主性需求和投资性需求会被集中激发出来。不过，尽管如此，由于在经济高涨和经济衰退时期，政府会采取一系列宏观政策措施来调控投资、消费需求的总量和结构，从而社会需求状况与住房市场走势的相关性会受到一定的影响。

图 3 – 13 是 1998 ~ 2008 年中国社会需求状况与住房市场走势对比图。图3 – 13 显示，1998 年城镇固定资产投资和住房投资完成额增速都处于较高位，1999 年增

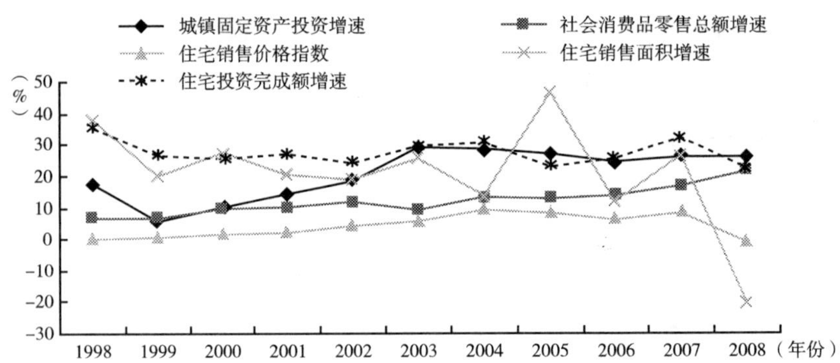

图 3 – 13　1998 ~ 2008 年中国社会需求状况与住房市场走势

资料来源：中华人民共和国国家统计局网站（http：//www. stats. gov. cn）。

速都有所减缓，但从 2000 年后，随着积极财政政策效应的显现，城镇固定资产投资增速加快，而住房投资完成额增速虽总体也有所提高，但提升幅度却相对较小。从图 3－13 还可以看出，住房销售价格变化和社会消费品零售总额呈现出很强的相关性，只有 2008 年由于奥运因素出现一定程度的背离。与此相对应，住房销售面积增速总体上也与社会消费品零售总额增速呈现出较强的相关性，不过波动幅度则更为剧烈，而且在 2008 年也与社会消费品零售总额走势出现较大的背离。

图 3－14 显示了 2008 年初至 2009 年 8 月份社会需求与住房市场走势的对比。从中可以看出，住房投资完成额增速在 2008 年 6 月份达到峰值后开始回落，一直到 2009 年 3 月份才开始有所回升，而城镇固定投资增速也从 2008 年 6 月份开始回落，但是在政府贯彻落实大规模投资计划后，于 2009 年 1 月份又开始快速回升。社会消费品零售总额增速在 2008 年 10 月份开始走低，从 2009 年 3 月份开始略有回升，住房销售价格指数变化率总体呈现下行趋势，而住房销售面积在 2008 年初就开始出现负增长，而且降幅持续扩大，直到 2009 年 1 月份增速才转为正向，此后快速增加。

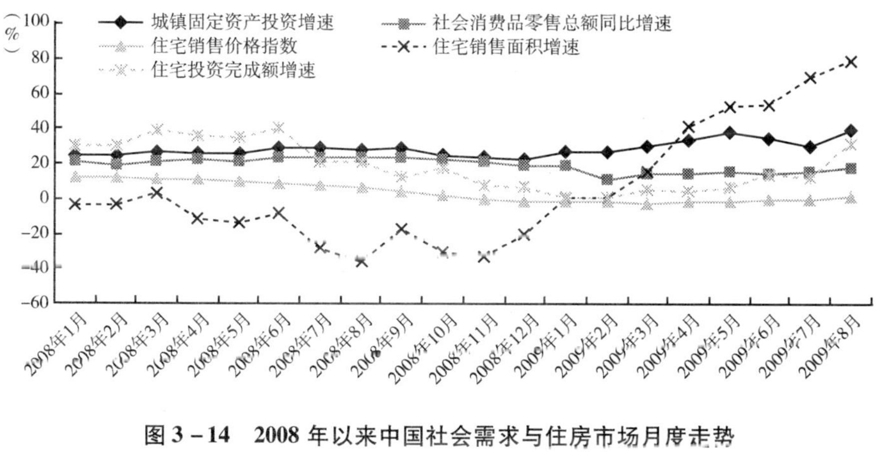

图 3－14　2008 年以来中国社会需求与住房市场月度走势

资料来源：中华人民共和国国家统计局网站（http：//www. stats. gov. cn）。

（二）金融市场运行：货币信贷增长迅速，资本市场明显回暖，流动性供给充足

1. 货币供应量：快速增长

2008 年 7 月份货币政策开始由“从紧”向“适度宽松”转变，特别是从 9

月份开始，中国人民银行取消了对金融机构信贷规模的硬约束，积极配合国家扩大内需等一系列刺激经济的政策措施，加大金融支持力度。伴随着这种宽松的货币信贷政策，货币供应量增速也逐渐扭转了 2008 年 6 月以来的下滑趋势，并迅速增长，银行体系流动性也相应变得较为充裕。如图 3－15，广义货币供应量 M_2 和狭义货币供应量 M_1 同比增速都在 2008 年 6 月份开始下降，2008 年 11 月份广义货币供应量 M_2 和狭义货币供应量 M_1 同比增速分别下降至 14.7% 和 6.6%，此后广义货币供应量 M_2 增速一路回升，狭义货币供应量 M_1 增速则有所反复。2009 年 9 月底，广义货币供应量 M_2 余额为 58.54 万亿元，同比增长 29.31%，比 2008 年底增加 11.49%，比上月增加 0.78%；狭义货币供应量 M_1 余额为 20.17 万亿元，同比增长 29.51%，比 2008 年底增加 20.45%，比上月增加 1.79%。

两种口径的货币供应量的变化主要有以下两个特点。

一是这种货币供应量的增长主要是货币信贷政策导致货币乘数的增大带来的，而中央银行的基础货币投放增速并没有增加，甚至还有所减少。这从图 3－15和图 1－16 中的基础货币和两种货币乘数的变化情况也可以看出来。这种现象的出现主要是因为近几年中央银行基础货币投放的力度过大，金融体系中基础货币并不缺乏，扩大货币供应量的关键在于采取刺激措施使货币乘数增加。事实上，2008 年底基础货币余额达 129222.33 亿元，是 2005 年底 64343.13 亿元的两倍多，表明增加基础货币并不是必需的。当然，外汇储备增速的减缓也客观上减轻了基础货币投放的压力。还有，2009 年 3 月末金融机构超额准备金率为

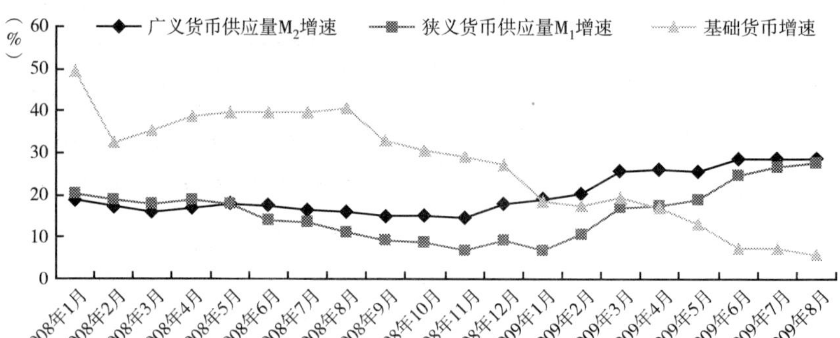

图 3－15　2008 年以来中国货币供应量增长情况

资料来源：中国人民银行网站（http：//www.pbc.gov.cn）。

2.28%，比上年同期高0.27个百分点，表明银行体系流动性充裕，基础货币并不紧缺。不过，随着货币乘数的增加，金融机构超额准备金也呈现下降趋势，基础货币投放也逐渐变得必要。

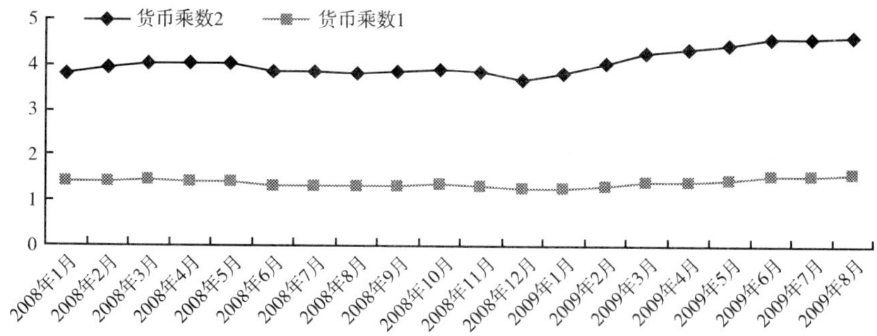

图3－16　2008年以来中国货币乘数变化情况

资料来源：根据中国人民银行网站（http：//www.pbc.gov.cn）相关数据计算而得。

二是广义货币供应量 M_2 和狭义货币供应量 M_1 并不是同等程度变化的。2008年上半年，狭义货币供应量 M_1 与广义货币供应量 M_2 的同比增速相当，从2008年6月份起，狭义货币供应量 M_1 的增速相比广义货币供应量 M_2 更为快速地回落，后来在宽松货币信贷政策刺激下，广义货币供应量 M_2 同比增速在2008年12月份就开始迅速回升，而狭义货币供应量 M_1 增速直到2009年2月份才止跌回升。由于狭义货币供应量 M_1 主要包含流通中的现金和活期存款，而广义货币供应量 M_2 则又包含了储蓄和企业定期存款，因此狭义货币供应量 M_1 在变化程度上更容易受经济衰退的冲击而增速下滑，而货币信贷的增加在经济没有回稳的情况下也会有相当部分转为企业定期存款或储蓄，只有在经济出现回暖迹象或真正复苏时才会以更快的速度发生逆向变化。图3－16也显示，货币乘数2在2008年3月份达到高点，为4.06，此后有所下降，但下降幅度并不大，在2008年12月份达到低点时为3.68，比3月份下降了9.4%，然后就迅速增加。货币乘数1在2008年3月份也达到高点1.45，此后开始下降，直到2009年1月份才达到低点，为1.27，比3月份下降了12.4%，然后开始回升。另外，货币乘数2对货币乘数1的比值在2009年也有所扩大，该比值在2008年时最高为2.9，在2009年除了6月份、7月份和8月份外，其他月份则都超过3.0，这也表明货币乘数2在货币信贷刺激政策下与货币乘数1相比增加幅度较大，但2009年6月份、7 月份和 8 月份该比值有所下降，表明企业和储蓄者经济行为发生了积极变化。

2. 金融机构存贷款：增长迅速

金融机构本外币存款同比增速自 2008 年始基本保持了上行态势，特别是进入 2009 年以后更是如此。而金融机构人民币贷款同比增速在 2008 年初较高，然后略有下降，但进入 2009 年以后则迅速增加，甚至出现了超预期增长势头。

如图 3－17 所示，在 2008 年 1 月份，金融机构本外币存款同比增速为 14.0%，在 12 月份上升到 19.3%，至 2009 年 9 月底，金融机构本外币存款余额为 59.78 万亿元，同比增长 27.79%。在 2008 年 1 月份，金融机构人民币贷款同比增速为 16.7%，2008 年 11 月份下降至 13.2%，至 2009 年 9 月底，金融机构人民币各项贷款余额为 39.04 万亿元，同比增长 34.16%。

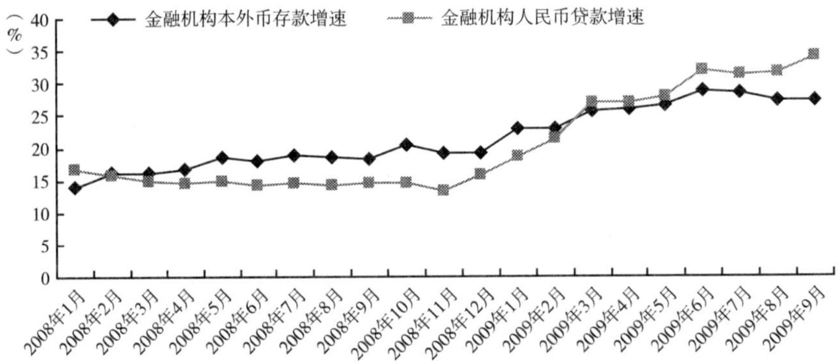

图 3－17　2008 年以来中国金融机构存贷款变化情况

资料来源：中国人民银行网站（http：//www.pbc.gov.cn）。

在金融机构存款中，2009 年前 3 季度居民户存款增加 3.80 万亿元，企业存款增加 5.60 万亿元。居民户人民币存款大幅增加，在很大速度上是由于经济危机时期股票和房产等资产价格大幅下挫造成投资渠道减少，而被迫采取储蓄的形式进行投资。企业人民币存款的增加则表明企业获得信贷的能力增强，也在一定程度上预示着企业未来的扩张能力增强。不过，近期股市和房地产市场的活跃，2009 年 6 月份至 9 月份居民户人民币存款环比有所下降，企业人民币存款环比增幅缩小。

金融机构人民币贷款的大幅增加受多方面因素的影响。随着积极财政政策和适度宽松货币政策的实施，银行体系流动性充裕，利率水平降低，对信贷供需双方都起到刺激作用。而且，中国商业银行资本充足率较高，不良贷款率较低，盈利状况较好，具备较强的信贷扩张能力。商业银行积极主动落实国家扩大内需保增长的宏观调控政策，提高信贷审批效率，加大对扩大内需项目的支持力度，也是使得贷款规模大幅增加的重要因素。从人民币贷款投向看，居民户贷款增长稳步回升，特别是居民消费性贷款同比增加较快，反映了近期住房、汽车销量有所回升。非金融性公司及其他部门贷款增长也较快，主要是票据融资和中长期贷款增长较快，其中人民币中长期贷款主要投向了基础设施行业、租赁和商务服务业、房地产业和制造业。

3. 存贷款利率：继续下降

2009 年以来，金融机构人民币贷款利率继续回落。2009 年 6 月份，非金融性公司及其他部门人民币贷款加权平均利率为 4.98%，比年初下降 0.58 个百分点。其中，一般贷款加权平均利率为 5.70%，票据融资加权平均利率为 1.95%，比年初分别下降 0.53 个和 0.94 个百分点。个人住房贷款利率持续下行，6 月份加权平均利率为 4.34%，比年初下降 0.6 个百分点。

境内外币存贷款利率继续下行。受国际金融市场利率持续走低影响，外币贷款利率逐月下降。2009 年 6 月份，3 个月以内和 3（含 3 个月）至 6 个月美元贷款利率分别为 1.49% 和 1.48%，较年初分别下降 2.17 个和 2.54 个百分点。境内美元存款利率小幅下降。6 月份，活期、3 个月以内大额美元存款利率分别为 0.11% 和 0.32%，较年初分别下降 0.74 个和 0.90 个百分点。

4. 人民币汇率：对美元稳中趋升，对欧元和日元有所贬值

2009 年以来，人民币对美元呈现稳定趋升态势，对欧元和日元则有所贬值。2009 年 6 月底，人民币对美元汇率中间价为 6.8319 元，比上年末升值 27 个基点，升值幅度为 0.04%；人民币对欧元、日元汇率中间价分别为 1 欧元兑 9.6408 元人民币、100 日元兑 7.1117 元人民币，分别比上年末升值 0.19% 和 6.37%。人民币汇率形成机制改革以来至 2009 年 6 月底，人民币对美元、欧元、日元汇率分别累计升值 21.14%、3.87% 和 2.73%。进入 2009 年下半年，人民币对美元升值较多，对欧元和日元则贬值幅度较大。2009 年 10 月 15 日，人民币对美元汇率中间价为 6.8267 元，比 6 月底升值 52 个基点，升值幅度为 0.076%；人民币对欧元、日元汇率中间价分别为 1 欧元兑 10.1998 元人民币、100 日元兑 7.6182 元人民币，分别比 6 月底贬值 5.80% 和 7.12%。

5. 金融市场运行与住房市场：宽松的货币信贷政策助力，住房市场价量急速反弹

金融市场特别是货币信贷市场对推动住房投资和住房需求方面都有重要的作用，这也使得货币信贷市场状况与住房市场走势具有较强的相关性。图 3－18 是 1998～2008 年中国货币信贷市场与住房市场的走势对比图。图 3－18 显示，金融机构人民币贷款与住房投资完成额走势相关性较强，除了 2002 年和 2004 年外，在其余年份，当金融机构人民币贷款增速高于上一年时，住房投资完成额也高于上一年，反之则相反。住房开发投资贷款是金融机构贷款的一个重要组成部分，而开发投资贷款又是住房投资的重要资金来源，住房投资完成额与金融机构贷款的相关性也相应比住房投资完成额与货币供应量的相关性更强。货币供应量的增减变化为住房投资贷款和需求贷款提供了一个或松或紧的环境，但与二者的关系却并不是那么直接。住房销售价格和住房销售面积与金融机构贷款和货币供应量的关系从图 3－18 中看并不是非常明显，但事实上这几者之间也具有较强的相关性。例如在 2008 年，当货币供应量 M_1 增速由 21.05% 急剧降至 8.98% 时，住房销售价格指数和住房销售面积增速急剧降为负向，金融机构人民币贷款增速也降至 15.93%。

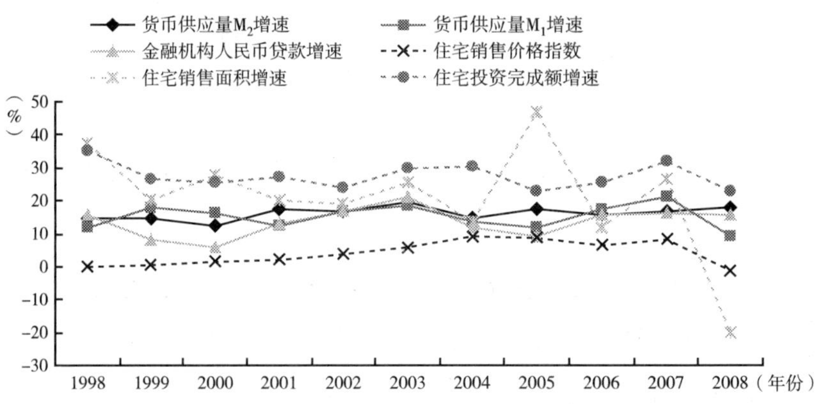

图 3－18　1998～2008 年金融市场与住房市场走势

资料来源：中华人民共和国国家统计局网站（http：//www. stats. gov. cn）和中国人民银行网站（http：//www. pbc. gov. cn）。

图 3－19 描述了 2008 年以来金融市场与住房市场的月度走势。从图3－19可以看出，金融机构贷款、货币供应量 M_2 和 M_1 的走势与住房投资完成额走势具

有较强的相关性，只不过金融机构贷款增速、货币供应量 M_2 和 M_1 增速是在 2008 年 11 月达到最低点的，而住房投资完成额是在 2009 年 1～2 月份达到最低的，滞后了 2～3 个月的时间。但就波动幅度而言，货币供应量 M_1 与住房投资完成额的走势则更为一致。住房销售面积的增速也在 2008 年 11 月达到了最低点，住房销售价格指数则在 2009 年 3 月达到最低点，但二者总体上也与货币供应量和金融机构贷款走势保持了较强的相关性。

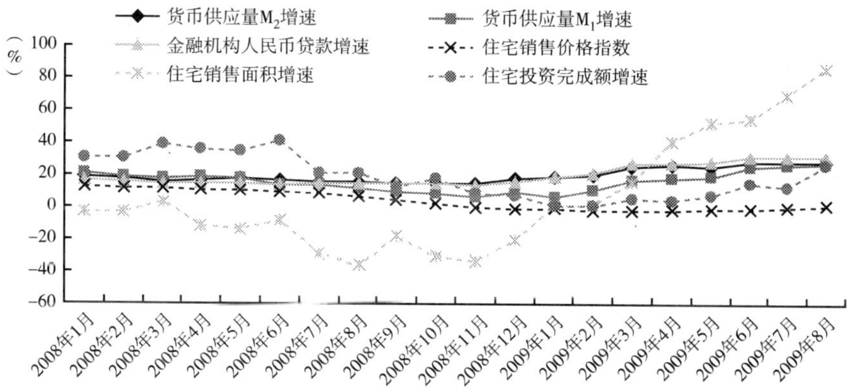

图 3－19　2008 年以来金融市场与住房市场月度走势

资料来源：中华人民共和国国家统计局网站（http：//www. stats. gov. cn）和中国人民银行网站（http：//www. pbc. gov. cn）。

（四）住房相关产业发展：住房上游企业销量走出低迷，住房下游企业回暖明显

1. 2008～2009 年住房相关产业发展情况：建筑建材业初现复苏，家具业调整明显，家电业平稳发展，家装业企稳回升

（1）建筑业：复苏超出预期。2008 年，全国建筑业企业（指具有资质等级的总承包和专业承包建筑业企业，不含劳务分包建筑业企业，下同）完成建筑业总产值 61144 亿元，同比增长 19.8%。全国建筑业企业房屋建筑施工面积 53.76 亿平方米，同比增长 9.5%。2009 年 1～6 月，全国建筑业企业完成建筑业总产值 27502 亿元，同比增长 21.3%。全国建筑业企业房屋建筑施工面积 38.36 亿平方米，同比增长 3.8%。经过 2008 年的低迷状态后，2009 年上半年的运行

情况总体良好，市场复苏比预期要快。

（2）建材业：初现复苏迹象。全国建材市场运行趋势报告显示，2008 年规模以上建材企业累计完成业总产值（现价）为 22888 亿元，同比增长 30.9%。2009 年 1～6 月，全国建材工业总产值完成 12332.19 亿元，同比增长 19.1%。其中，5 月和 6 月当月建材工业增加值同比增长速度均超过了 19%，已接近 2008 年全年平均增长 20.7% 的水平。

（3）家具业：调整态势明显。2008 年受全球金融危机的影响，很多依靠出口市场的家具企业纷纷遭受重创。一部分企业直接以倒闭而告终，另一部分企业则转向国内市场。这一转变使得国内家具市场在 2009 年上半年争夺更加激烈。

2009 年上半年，家具行业涨落互现、扩张与萎缩并存。行业走势表现出几个特点：一是生产保持平稳增长，国内市场进一步扩大。由于住房市场特别是二手房市场的回暖，2009 年上半年家具行业走势一直不错，甚至出现了“淡季并不淡”的现象，传统的 6 月份和 7 月份淡季，家具销售不但并没有走弱，还大大超出了市场的预期。二是进出口规模同步萎缩，但出口环比开始回升，说明家具行业的出口有止跌企稳的趋势。在国内市场保持良好走势的同时，出口市场仍然前景暗淡。美国、欧盟等发达国家和地区高筑“绿色壁垒”，提高进口家具的准入门槛，进一步影响了中国家具产品的出口。三是产品结构有所优化，行业利润有较大提升。这说明家具行业已结束长达近 20 年的高速增长期，进入结构调整阶段。

（4）家电业：平稳发展。2008 年的家电业经历了出口受阻、库存增大、盈利下滑等一系列经营危机。2009 年在国家政策扶持下，上半年国内家电、消费电子市场实现了平稳较快发展，数字电视产业发展平稳，液晶电视、热水器、上网本、3G 手机等产品的销量都出现了大幅增长。淡季之前的 1～5 月，国内液晶电视的销售量接近 500 万台，同比增长 72.2%；等离子电视实现了近 38 万台的销量，比上年同期增长 40% 以上。洗衣机累计零售量为 387.40 万台，较上年同期的 409.88 万台稍有下降。GSM 手机销售总量为 5357.1 万部，CDMA 手机销售总量为 947.3 万部。冰箱保持了持续快速增长的态势，5 月份增长速度略有放缓。

（5）家装业：企稳回升。装饰装修是住房产业链条的一个重要环节，主要包括装饰装修材料（含建筑陶瓷、卫生陶瓷）、家居饰品、装饰施工等（家具行业在前面已经单独作了分析）。2008 年是家装行业的多事之年，整个行业从 10 余年的高速增长，首度步入下行的调整阶段，家装公司也经历了经营模式和业务模式的转型变革之痛。2009 年这种局面有所转变，1 ~6 月家装业的销售呈现出看涨的态势。特别二手房交易量的放大，大大推动了家庭装修需求，上半年市场回暖超出预期，直到进入 7 月份以后，才整体步入传统的市场淡季。

综合分析，经过 2008 年的整体下滑后，2009 年 1 ~6 月，中国住房相关产业普遍出现企稳回升的趋势，市场气氛回暖比较明显。分析其中的原因主要是以下几个方面：一是住房产业回暖带动相关产业发展；二是 2008 年以来积极财政政策和适度宽松的货币政策的正向拉动；三是动力、燃料和上游产品的价格下降，企业生产成本降低，获得了一定的降价销售空间；四是国内销售者普遍存在的通货膨胀预测，也加速了消费需求能量的释放。这些因素在都一定程度上推动了市场的回暖。

2. 住房相关产业发展与住房市场：住房相关产业受益于住房市场发展

住房市场的快速反弹直接带动了建筑业、建材业和家装业的发展，对家具和家电等行业的影响也日益显现。在这些产业中，住房发展对几种行业的影响在时间和路径上不尽相同。

如果是现房成交方式，则对家装业、家电业和家具行业影响较为直接和明显，如果是期房成交方式，则对家装业、家电业和家具业的影响在时间上就会被推迟。可无论是现房成交还是期房成交方式，成交量的放大和价格的上升都会使房地产开发商产生对未来的住房市场快速发展的强烈预期，从而会大幅增加住房投资，带动建筑业和建材业的发展。还有，建筑业和建材业属于投资性行业，也比家具业和家电业等消费性行业对外在冲击的敏感度更大，在经济向好时也会更剧烈地反弹。再者，因新购住房而消费的家具业和家电业在整体家具和家电消费的比例也相对较小，也使得整体的家具业和家电业受住房市场发展的影响相对不明显。由于这些原因，加之中国住房成交方式以期房为主，住房市场的发展对建筑业和建材业的影响也就更为明显和直接，而对家电业和家具业则相对较弱和间接。

住房相关产业的发展也对住房市场产生影响。这主要表现在上游企业的发展，特别是建材产品价格和建筑成本的上涨，会在一定程度上增加住房建设成本的压力。不过，由于中国目前住房价格主要受住房需求的影响较大，总体来说住房相关产业的发展和产品价格上涨对住房市场发展的影响并不显著。

（五）住房投资与宏观经济运行：住房投资波动加剧宏观经济运行风险

中国国民经济快速发展在很大程度上是由投资拉动的，特别是进入21世纪以来，资本形成率呈现上升趋势，2003年国内生产总值组成中，资本形成率超过了41%，此后一直保持在42%～43%之间。资本形成率上升的主要原因是中国房地产投资特别是住房投资的高速增长，这也直接带动了国民经济的高速增长。但是，由于住房投资具有较大的波动性，从而也加剧了经济增长的波动性，对宏观经济稳定运行有较大的影响。图3－20描述了中国1998年以来住房投资对经济增长的影响情况。

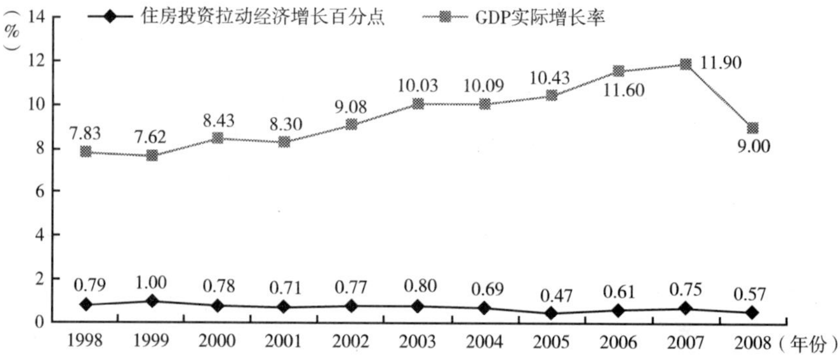

图3－20　1998年以来住房投资与经济增长的拉动情况

资料来源：根据《中国统计年鉴》（2008年）及国家统计局网站数据整理计算。

从图3－20不难看出，住房投资对经济增长的拉动作用非常明显，1998～2008年，住房投资对经济增长每年的平均拉动点数相比达到0.72个百分点，在最高年份1999年达到1个百分点，在最低年份2005年也达到0.47个百分点。但是，住房投资对经济增长的拉动作用在1999年和2005年相差较大，达到0.53个百分点，这加剧了宏观经济的波动程度。事实上，在2009年1～6月份，由于世界金融危机的影响，住房投资对经济增长的拉动点数只有0.24个百分点，与最高年份1999年相差0.76个百分点，与1998～2008年平均拉动点数相比也低了0.48个百分点。不仅如此，由于住房投资还具有乘数效应，如果考虑到这种乘数效应，则住房投资导致的宏观经济波动会更为剧烈。根据有关文献研究，中国近几年的投资乘数在1.3～1.5之间，假设都为1.4，那么2007年住房投资对经济增长的拉动点数为1.05个百分点，2008年对经济增长的拉动点数为0.80个百分点，2009年上半年对经济增长的拉动点数则约为0.34个百分点，住房投资的下滑在一定程度上导致了2009年上半年经济增长率的回落。

二　2009～2010年宏观经济形势预测

随着2007年美国次贷危机的发生及至2008年世界性金融危机的爆发，世界经济陷入了急剧衰退，许多国家和地区2008年第4季度开始甚至出现了负增长，整个世界经济增长率也逐季下滑，2008年第4季度世界经济同比增长率只有0.2%（国际货币基金组织估计值），2008年全年为3.1%，远低于2007年的5.1%。国际货币基金组织2009年7月初预测2009年世界经济增长将为负增长1.4%，2010年将出现恢复性增长，也仅为2.5%。但是，当前世界经济也呈现出某些企稳迹象，例如美国8月份房地产成交量放大，为两年来最大量，国际货币基金组织9月初也调高了2010年世界经济增长的预测值，至3.0%，10月初再次调高到3.1%。总体来说，2009年世界经济将是徘徊寻底的一年，2010年将是恢复性增长的一年，2011年将有望开始真正意义上的复苏，2012年将步入正常发展轨道。由于中国经济和世界经济联系紧密，中国经济总体上也将和世界经济同步发展，只是经济周期在程度上和时间上会同世界经济有所差别。我们将根据世界经济形势和中国经济发展特点来分析与预测2009～2010年中国宏观经济的可能发展路径。

（一）社会需求：投资维持快速增长，消费继续回升，净出口缓慢恢复

1. 投资需求：政府投资增速略有回落，但社会民间投资将逐渐增加

2009年城镇固定资产投资同比增长29.9%，增速有所回落，一定程度上表明政府主导型的投资在前几个月已经充分发挥了应有的作用，在未来的作用则将逐步减少。但是，未来非政府主导的投资将逐渐增加，从而能够维持投资需求相当程度的增长。原因主要有：一是物价水平将企稳回升，提升企业利润空间，从而刺激企业进行投资；二是世界经济衰退有所减缓，进出口贸易降幅趋

缓，进出口贸易的好转将刺激外向型企业追加投资；三是政府投资项目直接带动作用虽然有所减弱，但对其他行业间接带动效应会逐渐显现。这些因素可保证中国2009年第4季度依然能够保持较旺盛的投资需求。而从2010、2011年来看，随着世界经济的恢复和中国经济的恢复，投资将逐渐步入正常发展轨道。

2. 消费需求：消费稳中有升，将缓慢步入上升通道

虽然目前消费增速还没有恢复到正常的水平，但是在2009年第4季度有望继续缓慢增长，2010年能够接近历史正常水平。支持消费逐步回升的因素主要有：一是股票和房地产等资产价格回升的财富效应将逐步显现；二是投资的内生性增加和对外贸易的好转将增加就业人口，特别是失业担忧的消失以及工资水平的恢复甚至上升的预期将带动最终消费；三是消费结构向住房、汽车及娱乐等方面的升级将会提高人们的长期边际消费倾向，从而促进消费长期向好；四是随着新的住房和医疗保障措施的出台，人们不确定性储蓄减少，将进一步提高边际消费倾向，从而有助于消费的回升。这些因素不仅将促进消费在短期内回升，也有助于消费的长期增长，增加最终消费在经济中的比重。

图3－21是消费者信心指数2008年以来的走势图。图3－21显示，自2008年8月份以来，消费者信心指数开始一路下滑，在2009年4月份达到最低点85.6，然后缓慢回升，8月份回升至88，尽管仍然处在低位，但已经止跌回升，

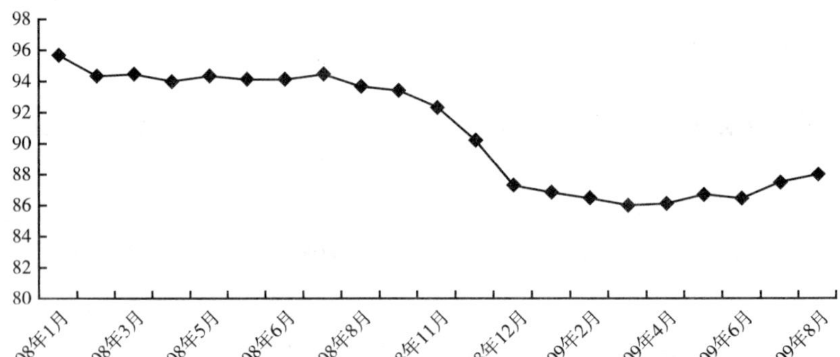

图3－21　2008年以来消费者信心指数走势

资料来源：中华人民共和国国家统计局网站（http：//www.stats.gov.cn）。

并且随着世界经济衰退程度的减缓和复苏的预期，消费者信心指数有望进一步回升，将对消费需求起到较有力的支撑。

3. 净出口：进出口降幅减缓，对外贸易缓慢恢复，但顺差快速增长短时难期

随着世界经济衰退程度的减缓，进出口贸易降幅也减少，甚至环比出现了增长。但是，中国经济恢复相对较快，导致进口需求增长较快，而出口需求由于加工贸易出口占有相当比重，加之劳动密集型产品出口弹性相对较小，出口需求回升幅度相对小于进口，短期内贸易顺差有缩小的趋势。尽管如此，随着世界经济的恢复，贸易顺差在2010年有望出现明显的增长。

（二）物价水平：物价水平止跌回升，大宗商品和资产价格震荡不改上行趋势，通货膨胀概率增加

1. 居民消费价格：居民消费价格增长加快，助推通货膨胀预期

居民消费价格2009年9月份同比增速依然为负，但环比已经开始回升。居民消费价格呈现上升趋势的主要原因有：一是粮食和肉禽蛋类价格明显上升，同时将传递物价上涨预期；二是房地产价格上涨幅度较大，从而将使家居类商品上升，而且房地产价格上涨也将提高租金，从而传导到零售商品价格上；三是原材料、燃料和动力购进价格上涨幅度较大，将通过成本渠道最终提高消费品价格；四是货币流动性充足，诱导通货膨胀预期并产生物价上涨压力。

2. 工业品出厂价格：工业品出厂价格止跌回升，未来将小幅上行

工业品出厂价格2009年9月份虽然同比下降7%，但已经连续6个月环比上升。随着原材料、燃料和动力购进价格的上升，土地和房地产价格上涨，居民消费的回升，工业品出厂价格有望进一步稳步上升。

3. 原材料、燃料和动力购进价格：回升趋势基本确立，未来震荡上行

原材料、燃料和动力购进价格是所有的商品价格中波动幅度最大的，在2009年第4季度由高位急剧下跌，随后出现较快的反弹，2009年9月份同比下降9.9%。由于世界经济依然处于衰退状态，不确定性因素较多，大宗商品价格震荡加剧，但随着世界经济形势的逐渐恢复甚至复苏，原材料、燃料和动力购进价格仍然有望在震荡中上行。

（三）经济增长：工业增加值增速有所加快，建筑业和第三产业活跃度增加，国内生产总值快速增长

1. 工业生产：稳步增加

工业生产受这次金融危机冲击最大，增加值增速在2009年1～2月份同比下降到3.8%，此后开始有所回升，2009年8月份同比增长12.3%，但距正常水平还相差甚远。随着工业出厂价格的上升，以及国内需求增加及出口贸易的反弹，工业增加值将继续延续缓慢上升的趋势。图3－22是全国制造业采购经理指数（PMI）走势图。自2009年3月份达到52.4%后，已经连续8个月运行在临界点以上，2009年9月份进一步上升到54.3%。其中，原材料购进价格指数在8月份时攀升至62.6%，为2008年8月份以来的最高点，表明制造业上游原材料价格上涨明显，企业采购成本增加；受资金短缺以及运力紧张等因素影响，部分企业生产经营难度有所加大，不过该指数9月份降为57.5%，比上月回落5.1个百分点，企业成本压力有所下降。

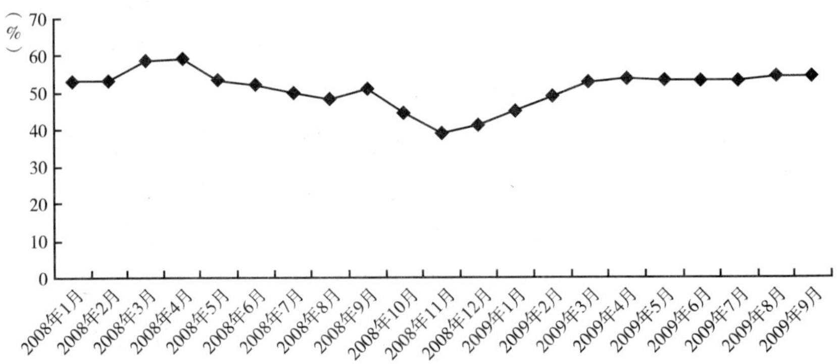

图3－22　全国制造业采购经理指数走势图

注：50%表示与上月无变化。

资料来源：中国物流与采购网（http：//www.chinawuliu.com.cn/）。

2. 第三产业和建筑业：稳步增长

2009年第2季度第三产业同比增长了8.3百分点，高于第1季度0.9个百分点，表明第三产业也已经回到上升通道，而建筑业随着房地产投资增速的提高也有较大增加。

2009年8月份，中国物流与采购联合会发布的中国非制造业采购经理指数

(PMI) 商务活动状况指数为59.9%，环比回升1个百分点，商务活动指数与新订单指数均连续6个月保持在50%以上，并且两个指数的环比均连续三个月出现回升，说明非制造业市场供求活动保持活跃；本月新出口订单指数较上月回升1.8个百分点，并连续两个月保持在50%以上，说明非制造业出口形势较前几个月有所好转；从业人员指数连续6个月保持在50%以上，并连续3个月保持环比回升态势，说明非制造企业就业活动有所好转；业务活动预期指数连续6个月保持在60%以上，并且连续4个月保持环比回升，说明企业对未来市场发展一直保持着良好的预期。

3. 国内生产总值：增长加快

中国国内生产总值2009年上半年同比增加了7.1%，比上年同期减少了3.3个百分点，其中，第一产业增加了3.8个百分点，比上年同期增加了0.3个百分点，第二产业增加了6.6个百分点，比上年同期减少了4.7个百分点，第三产业增加了8.3个百分点，比上年同期减少了2.4个百分点。尽管国内生产总值比上年同期减少较多，但是与2009年第1季度相比却增加了1个百分点，其中第二产业比第1季度提高1.3个百分点，第三产业提高0.9个百分点，经济呈现出企稳回升态势。未来国内生产总值增长率有望进一步增加，并且由于2008年下半年，特别是第4季度增长基数较低，2009年全年实现8%的增长率已经确定无疑。2010年则有望达到9%。

4. 住房投资：宽松的信贷政策和市场形势，住房投资快速增加

2009年1~8月份，全国城镇住房投资比上年同期增加了13.3%，并且呈现逐月加快的趋势，这种趋势在2009年剩余月份和2010年有望得到延续。这主要是因为信贷政策总体上会依然维持宽松的局面，加之住房价格基本在高位维持稳定，吸引政府供给土地和开发企业投资住房开发。由于外需2010年依然不容乐观，消费需求也不会迅速增长，政府投资能力受到的限制越来越多，政府支持住房投资以带动内需，从而刺激经济增长的动力加大。根据前面的有关分析，如果需要住房投资带动0.8个百分点的经济增长，那么需要维持24%左右的住房投资增长率，而根据市场形势和开发企业意愿，这样的住房投资增长率也是可能的。

（四）宏观经济指标预测：2009年GDP增长率将达到8.4%，居民消费价格指数下半年同比涨幅将由负转正，全年略现正值

我们的总体判断是，世界经济底部已现，2009年下半年逐渐将由震荡转向

企稳，2010 年则会出现经济恢复性增长，2011 年开始真正意义的复苏，而中国经济在2009 年下半年的内生性增长动力将增强，伴随着物价水平的回升，进出口需求的降幅趋缓甚至缓慢增加，将最终实现 8% 的增长目标，到 2010 年企业自主投资会逐步取代政府投资成为经济恢复的主要动力，消费需求将缓慢恢复到正常水平，进出口贸易以及贸易顺差将出现正增长，并将出现一定程度的通货膨胀，2011 年经济将恢复到正常水平，治理通货膨胀将成为政府宏观调控的重要目标。表 3 -1 描述了我们对 2009 年和 2010 年主要宏观经济指标的预测情况。

表 3 -1　2009 ~2010 年宏观经济指标预测

指　　标		2009 年	2010 年
经济总量	GDP 增长率(%)	8.4	9.0
	第一产业增加值增长率(%)	4.8	4.5
	第二产业增加值增长率(%)	8.7	9.2
	第三产业增加值增长率(%)	8.8	9.3
社会需求	全社会固定资产投资增长率(%)	30.0	28.0
	其中:住房投资完成额	17.0	24.0
	社会商品零售总额增长率(%)	15.6	16.2
	对外贸易顺差增长率(%)	-28.0	33.3
物价水平	居民消费价格指数上涨率(%)	-0.8	3.5
	工业品价格指数上涨率(%)	-5.8	5.0
	原材料、动力和燃料购进价格指数上涨率(%)	-8.3	6.8
	GDP 平减指数(%)	-2.1	2.3
对外贸易	进口总额(亿美元)	10400	13400
	进口额增长率(%)	-8.21	23.1
	出口总额(亿美元)	12500	16200
	出口增长率(%)	-12.50	24.8
	对外贸易顺差(亿美元)	2100	2800
货币金融	基础货币增长率(%)	-3.5	1.5
	年末 M_1 增长率(%)	29.0	22.0
	年末 M_2 增长率(%)	28.5	20.0
	本外币存款增长率(%)	28.0	19.0
	人民币贷款增长率(%)	31.0	22.0

三 宏观政策调控建议

（一）宏观调控政策现状和评价：扩大内需政策成效显著，具体操作效果有待提高

2007年12月3日中央经济会议决定2008年实行稳健的财政政策和从紧的货币政策，这是2004年开始中国实行“双稳健”的财政、货币政策后，中央宏观调控政策首次改弦易辙，政府的调控目标从2007年的“单防”（防止经济过快增长），转变为“双防”（防止经济增长由偏快转向过热，防止价格由结构性上涨演变为明显通货膨胀）。但是，随着2008年下半年美国次贷危机的爆发和向全世界的蔓延，国际经济形势风云突变，2008年11月5日，温家宝总理主持召开国务院常务会议，决定财政政策从“稳健”转为“积极”，货币政策从“从紧”转为“适度宽松”，以提振内需，弥补外需不足，防止经济增速大幅下滑。在这种“积极”的财政政策和“适度宽松”的货币政策支持下，政府又相继制订了投资促进计划、产业振兴规划和刺激消费的社会保障措施等。

1. 经济政策：扩大内需作用明显，效果首推投资

自2008年下半年以来，国家推行的经济政策所要实现的目标主要是在完善社会经济制度建设和进行经济结构调整的前提下迅速扩大内需、促进经济稳定增长和提高社会就业，而实现这些目标的具体政策包括投资促进政策、产业促进政策、刺激消费的社会保障政策等。

（1）投资促进政策：巨量投资刺激计划是宏观调控应对危机的主要手段。增加投资是中国政府扩大内需、促进经济平稳增长的首要策略，这是因为由于外需严重萎缩，刺激出口的任何措施都不可能是十分显著的，消费又是不容易被政府部门控制的，刺激消费的政策也不可能在短时期内发挥突出的作用，而这次金融危机来势迅猛，经济呈现急速下滑趋势，在这种情况下也只有通过增加政府投资、并以此带动大规模的社会投资才能承担刺激内需、避免经济急剧下滑的重任。中国政府在2008年11月份以来出台的最主要的投资政策是出台了4万亿中央投资项目计划，除此之外，还在酝酿出台促进民间投资和鼓励创业投资的政策。这里我们主要介绍中央4万亿中央投资项目。

2008年11月5日，温家宝总理主持召开国务院常务会议，研究部署进一步

扩大内需、促进经济平稳较快增长的措施，会议最终确定了当前进一步扩大内需、促进经济增长的十项措施。初步匡算，实施上述工程建设，从2008年第4季度到2010年底约需投资4万亿元。投资方案后来又经过调整，确定了4万亿元资金的具体投资方向（见图3－23）。

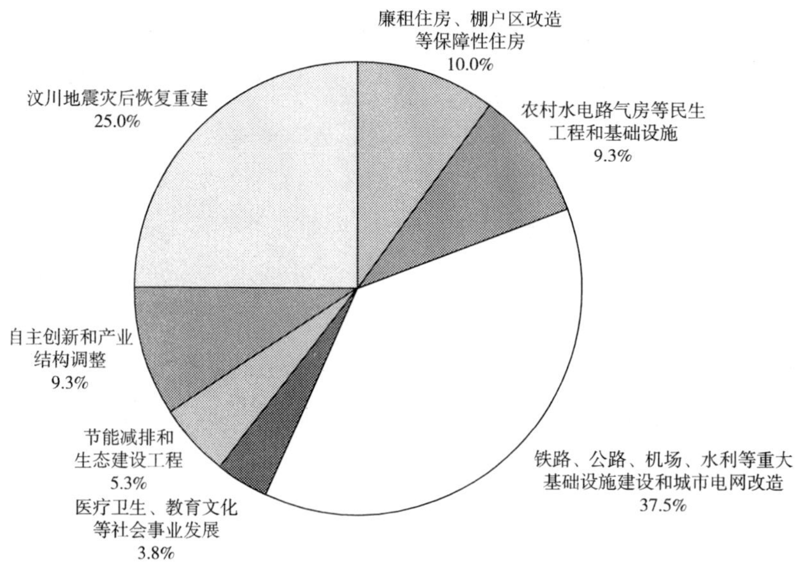

图3－23　中国扩大内需4万亿元投资投向构成

资料来源：中华人民共和国发展与改革委员会网站（http：//www. sdpc. gov. cn/）。

——民生工程，主要是保障性住房，包括廉租房、林区、垦区、煤矿棚户区改造。总规模4000亿元左右，占10.0%。

——农村的民生工程。包括水、电、路、气、房，即农村安全饮水、农村电网改造、农村道路建设、农村沼气建设、农村危房改造和游牧民定居。大体上是3700亿元，占9.3%。

——基础设施的建设，铁路、公路、机场、水利等。大体上是1.5万亿元左右，占37.5%。

——教育、卫生、文化、计划生育等社会事业方面。大体上是1500亿元，占3.8%。

——节能减排和生态工程。大体上是2100亿元，占5.3%。

——调整结构和技术改造。大体上是 3700 亿元左右，占 9.3%。

——汶川大地震重点灾区的灾后恢复重建，资金总规模是 1 万亿元，占 25.0%。

4 万亿元投资资金来源包括中央新增资金 11800 亿元和其他投资 28200 亿元。中央新增资金具体由中央预算内资金、中央政府性基金、中央财政其他公共投资和中央财政灾后恢复重建基金等构成，其他投资由地方财政预算、中央财政代发地方政府债券、政策性贷款、企业（公司）债券和中期票据、银行贷款和吸引民间投资等构成（如图 3－24 所示）。

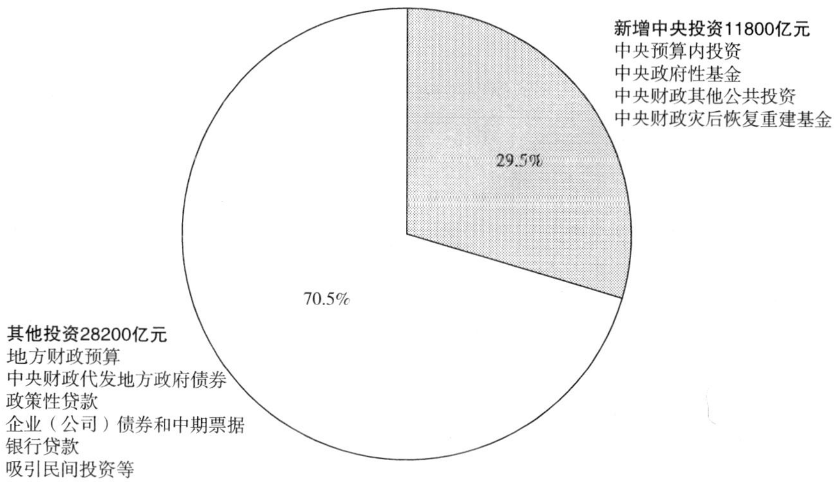

图 3－24　中国扩大内需 4 万亿元投资资金来源

资料来源：中华人民共和国发展与改革委员会网站（http：//www. sdpc. gov. cn/）。

4 万亿元投资项目中中央新增资金拨付的进度如下：2008 年第 4 季度安排新增资金 1040 亿元，2009 年初安排 1300 亿元，2009 年 4 月份安排 700 亿元，截至 2009 年 6 月底，共安排中央新增资金 4875 亿元，至此 2009 年新增中央投资已经全部安排完毕。从分项目来看，已安排 5915 亿元的新增中央政府公共投资中农村基础设施和民生工程、医疗教育文化卫生、自主创新和灾后重建的进度较快，分别占已经安排新增中央政府投资的 21.2%、11.9%、9.9% 和 33.8%。在 4 万亿元中，上述四项占 4 万亿元总投资的比重分别为 9.25%、3.25%、9.25% 和 25%。值得注意的是，在已经安排的 5915 亿元新增中央政府投资中，投向铁路、公路、机场等重大基础设施的仅 460 亿元，占全部已安排资金的 7.8%。在全部 4 万亿元投资中，投向铁路、公路和机场等重大基础设施的资金为 1.5 万亿元，占总投资的比例为 37.5%，但是发改委和财政部并未公布 1.18 万亿元新增中央政府投资的结构以及有多少用于铁路、公路和机场等重大基础设施。这可能是由于 1.18 万亿元新增中央政府投资主要用于非“铁公机”（“铁公机”指铁路、公路、机场）的保障性住房、民生工程、自主创新和灾后重建等方面，而“铁公机”的 15000 亿元投资大部分资金来自于地方和社会配套。审计署日前发布的审计报告显示，截至 2009 年 3 月底，审计抽查的 18 个省（自治区、直辖市）335 个新增投资项目，中央投资资金平均到位率为 94%，其中有的项目按工程进度地方配套资金到位率仅为 48%。

不过需要指出的是，2009 年中央政府公共投资预算为 9080 亿元，其中包括此次 4875 亿元新增中央投资。财政部网站公布的数据显示，截至 5 月 31 日，中央财政已累计下达 2009 年中央政府公共投资预算 5620 亿元，占全年预算数 9080 亿元的 61.9%。

（2）产业促进政策：力促结构调整，助力产业振兴。为防止中国经济加速下滑，实现 2009 年“保八”目标，国务院陆续出台了十大重要产业调整振兴规划。振兴规划既不是“十二五”规划，也不是中长期意义上的规划，而是为了解决当下的困境，突出重点制定的振兴规划，目的在于对工业领域的深层次问题，通过有针对性的政策，达到重点行业振兴的目的。

国务院总理温家宝 2 月 25 日主持召开国务院常务会议，审议并原则通过有色金属产业和物流业调整振兴规划，至此，国家确定的钢铁、汽车、船舶、石化、纺织、轻工、有色金属、装备制造、电子信息、物流这十大产业振兴规划全部出齐。

产业振兴规划的突破口将定为经过优选的科技攻关项目和投资项目，主要通过六大领域的一系列“覆盖面广、力度大、针对性强”的具体政策，有针对性地落实行业振兴规划，以期在短时间内取得突破，形成新的经济增长点，拉动行业走出困境。这六大政策包括：第一，全面执行增值税转型，调整进出口税率，包括出口退税。第二，建立专项资金，支持企业技术改造，增大对有关行业支持力度。第三，扩大信贷规模，尤其是解决中小企业资金困难问题。第四，通过家电下乡，农机下乡等措施。促进工业品市场营销，开拓市场，扩大市场营销，扩大政府采购范围。第五，针对原材料价格不稳的情况，增加重要原材料战略物资储备。第六，继成品油价格改革之后，进一步实施油气、化肥等工业产品定价机制改革，放开化肥价格。除此之外，国家还将重点修订产业结构调整指导目录，完善汽车、钢铁等产业政策；加快3G（第三代移动通信）网络建设，明后两年预计完成3G投资2800亿元左右，通信业2010年业务总量争取增长15%，业务收入争取增长6%；将推进盐业管理体制、核工业体制、烟草行业改革，推进卷烟工业跨省重组，促进烟草行业平稳增长。

（3）社会保障政策：着重社会公平，稳定消费预期。完善的社会保障制度有利于稳定居民支出预期，增强消费信心，促进居民当期和长期消费。目前，社会保障不健全是制约中国消费需求的一个重要原因。

政策选择之一：实现基本养老保险的跨区接续和全国统筹。2008年12月22日，全国人大常委会二审的《社会保险法（草案）》对基本养老保险政策进行了两项重大调整：一是规定个人跨地区就业时其基本养老保险关系随本人转移，并按各缴费地分段计算、退休地统一支付的办法支付跨区就业者的退休金；二是明确提出了在2012年实现全国统筹的目标。

政策选择之二：提高低收入群体等社保对象的待遇水平。2008年11月5日国务院常务会议所提出的扩大内需十大政策中，明确提出以提高居民收入的方式来促进消费，其中重要的方式就是提高低收入群体等社保对象待遇水平。这里主要的渠道有三个方面：其一，增加了城市和农村低保补助。其二，继续提高企业退休人员基本养老金水平。2008～2010年将继续上调三年，且上调幅度高于前三年。同时，出于保值的考虑，个人账户的养老金每年参考同期银行存款利率和物价指数确定记账利率，并免征利息税。其三，提高了优抚对象生活补助标准，加大对受灾群众的补贴力度。

政策选择之三：加强居民住房保障。住房和城乡建设部计划在三年内要新增200万套廉租房和400万套经济适用房，并完成100多万户林业、农垦和矿区的棚户区改造工程，总投资将达到9000亿元，平均每年3000亿元。其中，2009年拟通过廉租住房计划以实物方式为主，结合发放租赁补贴，解决260万户城市低收入住房困难家庭的住房问题，并新建经济适用住房130万套，同时完成80万户煤矿、林区、垦区棚户区（危旧房）居民的住房改造。

政策选择之四：推进医疗制度改革。2009年3月17日中共中央、国务院发布了《关于深化医药卫生体制改革的意见》，提出了深化医药卫生体制改革的总体目标，即到2011年，基本医疗保障制度全面覆盖城乡居民，基本药物制度初步建立，城乡基层医疗卫生服务体系进一步健全，基本公共卫生服务得到普及，公立医院改革试点取得突破，明显提高基本医疗卫生服务可及性，有效减轻居民就医费用负担，切实缓解"看病难、看病贵"问题，到2020年，覆盖城乡居民的基本医疗卫生制度基本建立。2009年3月18日国务院又下发《医药卫生体制改革近期重点实施方案》，要求2009～2011年重点抓好五项改革：一是加快推进基本医疗保障制度建设，二是初步建立国家基本药物制度，三是健全基层医疗卫生服务体系，四是促进基本公共卫生服务逐步均等化，五是推进公立医院改革试点。2009年4月6日中国"新医改路线图"正式出台，从2009年起，中国逐步向城乡居民统一提供疾病预防控制、妇幼保健、健康教育等基本公共卫生服务，人均经费标准今年不低于15元，2011年不低于20元，政府为此将在今后3年内投入8500亿元人民币（约合1244亿美元），在3年内使城镇职工和居民基本医疗保险及新型农村合作医疗参保率提高到90%以上。

（4）经济政策评价：整体效果明显，具体项目论证欠充足，社会保障政策短期和长期效果协调仍有必要。中国为应对金融危机而采取的扩大投资政策、产业振兴政策和完善社会保障体系的政策对于减少危机对经济的冲击具有重要的意义，特别是扩大投资的政策，在对外贸易大幅下降、企业投资增速明显下滑、居民消费不足的情况下对于维持经济持续增长起到了至关重要的作用。但尽管如此，由于缺少危机预警体系和危机预防措施，在金融危机突然而来的时候，火速审批通过各类投资项目，就略显仓促，在没有充分的论证基础上立项的项目微观效益难以得到有效保证。而且，政府主导的投资带动社会投资的程度也难以预料，且不具有可持续性，如果4万亿元投资项目开始建设一段时间后，社会投资不能逐渐成为投资的主体的话，那么经济的持续增长的难度就会增加。不过，从实际效果来看，投资计划执行还是比较成功的。至于社会保障政策，对于提升居民消费非常重要，不过由于短期难以见效，应该着眼于长期改革，使消费增长逐渐成为继投资后拉动经济发展的又一重要动力。

2. 财政政策：积极财政政策执行效果显著，财政收支不平衡加剧

2008年下半年开始实行的"积极的"财政政策的最主要的目标是扩大内需和促进经济增长，但也要注重结构调整和地区协调发展，以及保障和改善民生。

（1）积极财政政策和赤字预算：赤字预算规模巨大，以国债发行为主筹资。实施积极的财政政策，主要体现在以下五个方面：一是扩大政府公共投资，着力加强重点建设。二是推进税费改革，实行结构性减税。三是提高低收入群体收入，大力促进消费需求。四是进一步优化财政支出结构，保障和改善民生。五是大力支持科技创新和节能减排，推动经济结构调整和发展方式转变。为此，2009年预算安排了9500亿元的赤字，其中中央预算赤字7500亿元，地方预算赤字2000亿元，这些赤字将通过发展来弥补，并确定中央国债余额限额为62708.35亿元，财政部代发地方债券2000亿元。

（2）积极财政政策与预算执行：收不抵支明显，预算执行难度加大。2009年上半年，全国财政收入33976.14亿元，比上年同期减少832.05亿元，下降2.4%，其中，中央本级收入17704亿元，同比下降9.4%；地方本级收入16272.14亿元，同比增长6.6%。财政收入中的税收收入29530.07亿元，同比下降6%；非税收入4446.07亿元，同比增长31.4%。主要收入项目：国内增值税同比下降3%，国内消费税同比增长63.1%（剔除成品油税费改革后转移性收入因素实际增长7.4%），营业税同比增长6.4%，企业所得税同比下降13.8%，个人所得税同比增长0.7%，进口货物增值税、消费税同比下降14.9%，关税同比下降29.9%，证券交易印花税同比下降74.5%，车辆购置税同比下降6.2%，外贸出口退税同比增长21.9%（相应减少财政收入）。

2009年上半年全国财政支出28902.56亿元，比上年同期增加6020.54亿元，增长26.3%。

全国财政支出增长较快的项目主要是：农林水事务支出同比增加1065亿元，增长75.5%；交通运输支出同比增加587亿元，增长67.8%（主要是成品油税费改革后替代公路养路费等收费的转移性支出增加较多）；环境保护支出同比增加205亿元，增长63.4%；科学技术支出同比增加331亿元，增长57.1%；医疗卫生支出同比增加370亿元，增长40.3%；社会保障和就业支出同比增加815亿元，增长29.2%；城乡社区事务支出同比增加372亿元，增长24.1%；教育支出同比增加593亿元，增长17%。上述重点支出增加额约占同期财政支出增加额的3/4。

（3）积极财政政策评价：积极的财政政策保证了扩大内需的财力需要，但可持续性难度加大。积极财政政策通过安排巨额预算赤字支持扩大内需政策，保障了经济刺激计划成功的财力需要，但财政支出也因此面临较大的压力，2009年上半年财政支出增加很快，财政收入却降幅过大，全年预算赤字有进一步扩大的可能，这为将来财政平衡增加了难度。同时，究竟积极财政政策要持续到何时，今后积极财政政策对扩大内需的支持力度需要有多大，这种积极财政政策是否具有持续性，都是贯彻积极财政政策时要注意的问题。

3. 货币政策："适度宽松"的政策保证了充足的市场流动性，刺激内需作用明显

2008年下半年开始实行的"适度宽松"的货币政策目标是保证扩大货币信贷总量，优化信贷结构，保持银行体系流动充足，稳定市场预期，以最终实现刺激内需、稳定经济增长和经济结构优化调整。

（1）"适度宽松"的货币政策的实际表现。一是四次下调金融机构人民币存款准备金率。中国人民银行分别于2008年9月25日、10月15日、12月5日和12月25日四次下调金融机构人民币存款准备金率，其中，大型存款类金融机构累计下调2个百分点，中小型存款类金融机构累计下调4个百分点。截至2008年年末，动态测算共释放流动性约8000亿元。

二是五次下调金融机构存贷款利率和央行对金融机构存贷款利率。2008年9月以来，中国人民银行先后五次下调金融机构存贷款基准利率。其中，1年期存款基准利率由4.14%下调至2.25%，累计下调1.89个百分点；1年期贷款基准利率由7.47%下调至5.31%，累计下调2.16个百分点。两次下调中国人民银行对金融机构的存贷款利率，其中法定准备金和超额准备金存款利率由1.89%和0.99%分别下调至1.62%和0.72%；1年期流动性再贷款利率由4.68%下调至3.33%；1年期农村信用社再贷款利率由3.96%下调至2.88%；再贴现利率由4.32%下调至1.80%。

三是灵活运用公开市场操作。中国人民银行从2008年7月份起逐步调减中央银行票据发行规模和频率。2008年全年累计发行中央银行票据4.3万亿元，其中各季发行量分别为1.78万亿元、1.17万亿元、9810亿元和3710亿元。2008年末中央银行票据余额为4.65万亿元。2008年全年累计开展短期正回购操作3.3万亿元，年末正回购余额为3622亿元。2009年第1季度累计开展正回购操作1.1万亿元，发行央行票据4800亿元。2009年3月末，央行票据余额为4.2万亿元，比2008年末减少0.45万亿元。

四是取消了金融机构信贷规模限制，鼓励金融机构在优化结构的基础上扩大信贷规模。2008 年 11 月中国人民银行决定取消金融机构信贷规模限制，鼓励和引导金融机构在保持信贷总量合理均衡增长的基础上，坚持“区别对待、有保有压”，进一步优化信贷资金结构。在宽松的货币政策下，中国金融机构贷款 2009 年上半年信贷规模达到了 5 万亿元。

（2）“适度宽松”的货币政策的评价：“适度宽松”的货币政策增加了市场流动性，但择时微调已经必要。“适度宽松”的货币政策为落实贯彻扩大投资政策营造了宽松的货币信贷环境，特别是各类金融机构信贷增速迅速，缓解了部分企业资金紧张的局面，为其度过金融危机起到了重要作用。但是，2009 年上半年信贷资金投放规模过于集中和巨大，导致部分流动性游离出实体经济，对资产价格造成了一定程度的冲击，也强化了未来通货膨胀预期，从而增加通货膨胀压力。而进入 2009 年 7 月份和 8 月份，信贷资金规模迅速下降又略显过快，对企业经营和资本市场也产生了一定的冲击。扩大银行信贷规模是这次“适度宽松”的货币政策的主要内容，利率则维持在较低水平基本没有调整。如何准确分析和预测未来的经济形势，进行利率水平的调整，是下一阶段货币政策操作需要考虑的又一重要问题。

4. 宏观政策调控与住房市场：宽松的宏观政策环境促进住房市场复苏，住房市场调控政策有待转变

房地产业是国民经济的重要行业，也涉及千家万户的切实利益，对房地产市场发展进行有效调控是政府部门的重要职责之一。在 2008 年美国次贷危机爆发后，原本紧缩性的房地产政策也开始逐渐放松，以鼓励居民住房消费，避免房地产大幅下滑损害金融体系和经济发展，这在经济政策、财政政策和货币政策方面都有充分的体现。

2008 年 9 月 16 日至 12 月 23 日，中国人民银行连续 5 次降息，房地产业成为这一轮政策调整的最大受益者。

2008 年 10 月 22 日，财政部发文《继续加大保障民生投入力度，切实解决低收入群众基本生活》指出：从 2008 年 11 月 1 日起，对个人首次购买 90 平方米及以下普通住房的，契税税率暂统一下调到 1%；对个人销售或购买住房暂免征收印花税；对个人销售住房暂免征收土地增值税。地方政府可指定鼓励住房消费的收费减免政策。中国人民银行决定自 2008 年 10 月 27 日起，金融机构对居民首次购买普通自住房和改善型普通自住房提供贷款，将商业性个人住房贷款利率的下限扩大为贷款基准利率的0.7倍；最低首付款比例调整为20%。同时下调个人住房公积金贷款利率，各档次利率分别下调0.27个百分点。

2009年11月5日，国务院常务会议明确提出促进经济增长的10条具体措施，第一条是加快建设保障性安居工程。住房与城乡建设部随后表示，计划2009~2011年，增加200多万套的廉租住房、400多万套的经济适用房，另外还有220多万户林业、农垦、矿区的棚户改造，总投资可能达到9000亿元，平均下来每年有3000多亿元的投入。

2009年5月27日国务院发布《国务院关于调整固定资产投资项目资本金比例的通知》，通知决定保障性住房和普通商品住房项目的最低资本金比例为20%，其他房地产开发项目的最低资本金比例为30%。

这些宏观调控政策降低了房地产企业的财务成本，减轻了购房者负担，提高了居民住房购买力，而信贷政策放松，使银行和购房者贷款更加容易，从而对于房地产市场避免大幅下滑并促其早日走出低谷起到了重要的作用。但是，随着住房市场的复苏和住房价格的强烈上涨预期，与住房市场直接有关的宏观政策亟待转变，适度紧缩的住房市场调控政策在所难免。

（二）未来宏观经济调控目标及其实现面临的问题和挑战

1. 宏观调控目标：扩大就业，促进增长，调整结构，稳定物价

2010年总的宏观调控目标是扩大就业，促进增长，调整结构，稳定物价，具体是要争取2010年经济增长9个百分点以上，城镇失业率降低到4.1个百分点以下，居民消费价格指数涨幅控制在2.5个百分点以下，同时加强投资结构和技术结构的调整。

2009年中国的经济增长率保持在8%之上基本无虞，2010年则需加快经济增长速度，早日摆脱世界金融危机的不利影响。根据目前中国和世界的经济发展形势，可将2010年经济增长率的目标值设为9个百分点以上，城镇失业率降低到4.1个百分点以下，居民消费价格指数涨幅控制在2.5个百分点以下。设定9%的经济增长目标的原因主要有以下几点：一是中国经济刺激政策的效应在2010年仍将显现，庞大的投资规模和信贷资金投放是2010年经济增长的有利支撑点；二是世界经济形势逐步好转，许多国际机构纷纷调高2010年世界经济增

长率，这将促进中国外贸进出口的快速复苏；三是社会民间投资特别是房地产投资持续回升，经济内生增长性进一步增强；四是居民消费信心恢复，日益上升的消费需求将拉动经济快速增长。这些积极因素决定了中国2010年经济将会步入复苏之路，但是由于不确定因素仍在，需要中国政府进行积极宏观调控，以争取2010年中国经济增长率保持在9个百分点以上。较高的失业率对经济复苏和社会稳定都有不利影响，尽管伴随着中国经济的快速复苏和发展，城镇失业人数将会进一步下降，不过仍然需要政府采取各种措施努力将城镇失业率降低到4.1个百分点以下。经济的快速增长、大宗商品价格和工业品价格的上涨，以及信贷的扩张，将使通货膨胀压力陡增，力争将2010年居民消费价格指数涨幅控制在2.5个百分点以下，这将有利于经济快速健康发展和社会秩序的稳定。

2. 实现2010年经济目标所面临的问题：内生性增长动力仍显不足，通货膨胀压力将至

实现2010年的宏观经济目标也面临着诸多问题：一是政府大规模投资有相当部分集中于住房保障、民生工程和灾后重建，这些投资可以增加当期有效需求，但由于没有形成先进生产能力，对经济缺乏长期带动作用；二是社会民间投资虽然会有较大增长，但增长幅度如何存在不确定性，而只有社会民间投资占据主导性地位，经济持续快速增长才有保障；三是为了配合经济刺激计划，信贷投放量巨大，如果2010年收缩银根，则难免会对部分急需资金的企业造成影响，延缓经济复苏进程，而如果不收缩银根，则势必导致严重的通货膨胀压力；四是住房保障和医疗保障等社会保障措施仍然难以真正发挥基本保障的作用，人们消费需求也不能得到彻底释放，内需持续增长存在一定难度。这些问题的存在加剧了2010年实现经济目标的困难。

3. 实现2010年经济目标所面临的挑战：世界经济复苏缓慢，贸易保护主义抬头

实现2010年的宏观经济目标也面临着诸多挑战：一是2010年世界经济增长仍将维持在较低位，对中国外贸进出口和外商来华投资具有不利的影响；二是世界贸易保护主义抬头，进一步增加了对外进出口增长的不确定性；三是石油等能源或资源价格持续上涨，将使世界经济复苏面临更大的挑战，从而也会对中国经济增长造成影响；四是世界各国为了贯彻经济刺激计划向经济注入太多的流动性，有可能会加剧2010年世界通货膨胀压力；五是美国和欧盟等发达国家经济真正复苏的道路相对漫长而艰难，将进一步增加世界经济复苏的不确定性。中国经济面临的挑战需要中国政府及早谋划，以从容应对各种可能的不利因素的影响。

（三）未来宏观调控政策建议：继续经济刺激政策，加强结构性调整和调控，推动经济走上快速复苏之路

1. 继续执行经济刺激政策，但重点由总量扩张转向结构调整

尽管目前中国经济比2008年第4季度和2009年第1季度有所回暖，但是由于政府主导型投资贡献较大，加之世界经济远未回暖和复苏，因此经济基础并不牢固，这就决定了2009年下半年甚至2010年经济刺激政策仍然是十分必要的。不过，由于2008年下半年金融危机的突然来袭，很多经济刺激措施出台都非常迅速而显得有些仓促，更多地重视了投资总量和信贷总量的扩张，但在结构调整方面还有所欠缺，未来经济刺激计划应该在保证一定投资总规模的同时注重结构调整，包括投资结构、产业结构、信贷结构和财政支出结构的调整，并加强制定刺激消费的措施，提高消费需求对经济的拉动作用，推动经济在合理化调整的同时较快增长。

2. 逐渐弱化政府主导型投资，大力加强社会民间投资政策引导

政府主导型的投资在这次应对金融危机中起到了至关重要的作用。政府主导型投资虽然增加了投资总需求和基础性行业的供给能力，但对国民经济其他产业的推动力还相对有限，而且政府主导型投资也具有效率较低、增加预算赤字、加重财政负担等缺点，从而不具有可持续性，因此在未来应该适当弱化政府主导型投资的作用，而加强对社会民间投资的政策引导，使国民经济各行业协调发展的同时增强投资刺激计划的可持续性。鼓励社会民间投资可以采取多种措施，例如放松审批权限、放宽行业准入、银行信贷支持、财政补贴或税收优惠等，使社会民间投资成为经济彻底摆脱危机从而走出复苏之路的主要带动力量。

3. 继续深化社会保障改革，从根本上刺激消费需求长期增长

完善的社会保障体系可以消除人们的后顾之忧，稳定未来预期，从而可以在根本上提高消费需求。在未来应该逐渐减少发放消费券和补贴在短期刺激消费的做法，更多地着眼于从长期提高消费需求。目前，医疗制度改革和住房保障改革是社会保障改革的重点，在进行这些改革的时候，除了考虑公平因素外，也要考

虑如何通过这些改革稳定人们预期，减少人们负担，提高其可支付能力和支付意愿，逐渐转变中国消费率长期偏低的状况。

4. 继续执行积极财政政策，合理调整支出和收入结构，适度控制赤字规模

积极财政政策仍然是未来推动经济尽快复苏的重要力量，但是可以适当减少其刺激经济的力度，并且着重支出结构和收入结构的调整。在支出结构方面，加大对社会保障改革支持力度，增加对科技和教育的投入，同时通过财政补贴等手段鼓励高新技术发展；在收入结构方面，在继续落实贯彻增值税改革的同时，加大资源税、房地产相关税收的改革，加强个人所得税和企业所得税优惠项目的细化调整等。由于2009年预算赤字规模较大，在2010年应当适度减少赤字规模，以保持积极财政政策的可持续性，减少财政负担。

5. 总体上执行“适度宽松”的货币政策，但须密切关注经济变化适时政策微调

在继续坚定不移地贯彻积极财政政策的同时，也应该继续执行“适度宽松”的货币政策。但是，由于今后的任务重点是加强结构调整，积极财政政策的作用将依然非常重要，“适度宽松”的货币政策由于重在总量调节，所以应该根据经济形势发展需要更为灵活地进行调整。未来经济复苏过程可能遇到的一个问题是通货膨胀隐患，货币政策需要未雨绸缪，一方面继续维持“适度宽松”的货币政策，一方面适时进行政策微调，特别是密切关注大宗商品价格、资产价格及农产品价格走势，在可能的情况下进行缓慢收缩，逐渐过渡到稳健的货币政策。

6. 加强国际贸易政策协调，深化调整外贸结构，转变出口导向型贸易方式

全球金融危机导致外需急剧下降，对中国经济造成了较大冲击，不过随着世界经济的缓慢复苏，外部环境也逐渐趋好。但是，由于世界贸易不平衡状况严重，各国贸易保护倾向有所加剧，在这种情况下，为了营造良好的贸易环境，应加强与世界各国贸易政策的协调，甚至必要时对某些行业或产品主动实行适度限制性出口政策。不过，根本举措还需要通过信贷税收政策或产业政策继续调整外贸结构，并且转变出口导向型的贸易方式，转变贸易顺差越多越好从而对经济增长带动较大的观点，树立进出口贸易是为了促进全球合理分工从而提高效率的观念，特别是要避免出口产品价格恶性竞争和出口产品过度不合理耗费资源的状况。

7. 实施积极的就业政策，加强宏观调控政策的就业导向

尽管经济从衰退中恢复较快，但就业形势依然不容乐观，应继续实施积极的就业政策，同时加强宏观调控政策的就业导向。这要求进一步完善中国城镇失业登记制度，细化城镇失业类别，对不同类别的失业情况进行及时准确的监测，为实施积极的就业政策提供翔实的统计数据支持。应该避免简单地以经济增长率粗略地套算就业情况的做法，改变解决就业问题时过于严重的经济增长导向。通过财税和金融政策加强对失业情况较严重的行业和企业的支持力度，同时采取措施促进服务业的发展，提高经济发展的就业吸纳能力，减少周期性失业人员数量。提高劳动力市场的有效性，尽量减少摩擦性失业人员数量。树立就业导向的教育观，改变劳动力供给结构不合理的状况，减少结构性失业人员数量。

8. 加强住房市场调控，注重制度性调节，预防价格泡沫形成

住房市场近几年变化最为剧烈，在一定程度上也使宏观经济波动加剧，同时住房价格的上涨也使一般居民购房负担越来越重，严重影响社会公平和社会稳定。未来应该在两个方面调控住房市场，一是通过经济适用房特别是廉租房建设加强住房保障，二是采取措施稳定住房价格。稳定住房价格的主要手段之一是货币信贷政策，包括首付比例和利率政策等，但今后更要通过税收政策对其调节，特别是研究制定物业税，增加人们持有住房待价而沽的成本，减少投机性甚至投资性住房比例，抑制住房价格上涨过快的势头，预防价格泡沫形成对社会经济的危害。

第四章
中国城市化的进程与趋势

倪鹏飞　赵　峥

引　言

城市化是一个历久弥新的话题。伴随城市化的发展，科技日新月异，经济突飞猛进，文化丰富多彩，政治民主加快。人类的智慧、健康、自由和福利获得极大的提高。毋庸置疑，城市化水平的高低已经是综合国力和国际竞争力的集中体现，成为衡量国家经济社会进步状况的重要标志。城市化最基本的内涵是人口从农村向城市的转移，在这个过程中，人口需要最基本的生存、发展条件，其中，住房是最基本的条件之一。

本章主要对中国城市化的进程与趋势进行了研究，共分为五个部分。首先对2008～2009年中国城市化的进程进行分析，并在此基础上，预测了2009～2010年中国城市化的进程的发展态势，同时结合历史资料，对中国城市化进程开展长期分析，进一步梳理和总结了中国城市化发展的基本趋势，最后提出了一系列推动中国城市化进程的政策建议。

一　2008～2009年中国城市化的进程分析

改革开放三十年来，中国城市化步伐不断加快，取得了令世人瞩目的成绩，有力地支撑了中国经济增长的奇迹。目前中国已经走过了城市化进程的初级阶段，正在进入城市化的中期阶段。资料显示，截至2008年末，中国城市化率达到45.7%，拥有6.07亿城镇人口，设市城市655个，已初步形成以大城市为中心、中小城市为骨干、小城镇为基础的多层次的城镇体系。城市作为我国国民经济活动的主要载体，已经成为推动经济和社会发展的核心力量，成为决定政治稳定、民生进步和环境可持续的关键因素。目前，中国正处于城市化加速发展时期，不断推动中国城市化进程是中国经济在走向现代化过程中的内生性要求。

（一）城市化的规模与质量：城市化规模明显扩张，城市化质量逐步提高，中西部地区发展明显

2008 年，我国城镇化率已达到 45.7%，拥有城镇人口 6.07 亿；2009 年，由于受到金融危机的影响，我国经济发展主要以扩内需、保增长为目标。随着扩张性经济政策的实施与政策效果的不断显现，我国城市化水平将会有更大比例的提高。据测算，2009 年我国的城镇人口将达到 62934 万人，城市化率也将上升一个百分点，达到 46.7%。

表 4－1　2008～2010 年全国城乡人口数及其构成

单位：万人，%

指　　标	2008 年末数	2008 年比重	2009 年末数	2009 年比重	2010 年末数	2010 年比重
全国人口	132129	100.0	134763	100	135700	100
城镇人口	60700	45.7	62934	46.7	64729	47.7
农村人口	71429	54.3	71829	53.3	70791	52.3

注：2009、2010 年数据为预测数据。

资料来源：第五次人口普查预测结果。

受全球金融危机对中国出口和外商投资的影响，中国的劳动力市场和就业不可避免地受到冲击。为了应对全球性金融危机，我国实施的“保增长、扩内需”、户籍制度改革等措施使得我国城市人口出现了长期增长的趋势。大量在城市与乡村之间流动的“民工潮”中，那些素质较好并能获得稳定工作的农民工纷纷选择留在其工作的城市，随着部分地区户籍制度的改革，城市的永久性居民人口不断增长。除了农民工就业移民之外，东南沿海地区的企业家纷纷在我国内陆地区投资或创办企业，随着投资产业的稳定和成熟，这些投资商举家定居产业所在城市，投资移民也在不断增加。同时，许多来自农村地区的学生通过多种途径在城市接受教育，更多地选择了城市作为自己职业发展的场所，这在一定程度

上增加了我国的城市人口数，最终导致城市化率的升高。受全球金融危机影响，东部地区城市化发展放缓，而中西部地区城市化发展相对较快。

（二）城市化地域结构：用地规模大幅增加，住房和交通设施用地增幅最大，二线城市增长较快

伴随着城市化人口的不断增加和城市经济快速的增长，城市用地总体水平大幅增加。资料显示，2008 年，国务院共批准 84 个城市建设用地 28816.97 公顷，其中，新增建设用地 21642.85 公顷，农用地转用 20215.28 公顷，占用耕地 14539.72 公顷。截至 2009 年 6 月，国务院批准 81 个城市用地总面积为 34422.37 公顷，其中新增建设用地 25265.69 公顷，较上年增加 16.7%。

2008 年，国家批准用地的近八成用于城市公共基础设施和居住项目建设，其中廉租住房、经济适用住房和中低价位、中小套型普通商品住房用地面积占居住用地的 79.64%，而产业用地比例有所下降。2009 年，国家用于城市交通和公共基础设施及居住项目建设的批准用地保持稳定，占七成以上，经济适用住房、廉租住房和中低价位、中小套型普通商品住房占居住用地的 81.1%。2009 年城市交通运输用地增加 68.2%，有明显增长趋势。

2008 年，国家批准用地涉及 84 个城市，其中，一些经济欠发达城市以前用地量相对较少，用地基数低，在 2008 年加快了城市基础设施和居住项目建设，城市用地量明显增加；同时，新批准设立的各类城市改革试验区与新区等，用地量也呈上升态势。2009 年，国家批准用地涉及 81 个城市，有 41 个城市新增建设用地比上年有所增加，29 个城市比上年减少，11 个城市与上年基本持平，除部分省会城市和计划单列市用地量依然较大外，经济欠发达城市的建设力度仍然在不断加大，城市用地量仍然不断增加。

（三）城市体系变化：大都市化和集群化趋势进一步加强

大都市人口和产业聚集度高，交通便利，信息灵通，服务功能齐全，基础设施完善，协作配套能力强，劳动生产率和经济效益都比较高，能在国际经济活动中直接地参与国际交往、合作和竞争，扩大资金、技术、人才、设备和管理经验的引进吸收，加快国内外资源开发、利用，加快经济成长步伐，使国内外两种市场协调运行，是国家竞争力的重要体现。2008 年，我国内地建制城市 655 座，

其中百万人口以上特大城市 118 座，超大城市 39 座，大都市化趋势继续增强。2009 年，受市场规律影响和国家政策推动，我国城市体系继续向着大都市化、城市群化、城市群网络化的方向发展。值得注意的是，大都市化是中国城市体系变化的基本趋势，但由于受金融危机短期影响，一些中小城市发展相对更为迅速。

2008 ~ 2009 年国家先后出台一系列区域经济发展规划，涉及地区包括珠三角、海峡西岸、江苏沿海地区、长三角、上海浦东新区、半岛蓝色经济区、天津滨海新区等东部沿海区域，在规划指导下的城市集群化趋势更加明显。同时，皖江产业转移带、武汉城市圈、长株潭城市群位居“沿长江经济带”的中部区域，重庆市、成都市位居“沿长江经济带”的西部区域，从南到北的沿海“一纵”布局和沿长江挺进内陆的“一横”布局相结合，我国“T”字形改革引擎格局也已经初步构成。此外，受金融危机的影响，东部城市发展速度有所下降，中西部的中心城市和交通枢纽城市将进一步增长，中西部地区城市增长极的作用将更加明显。

（四）城市化政策：区域规划陆续出台，综合配套改革进入新阶段，行政体制改革出现新迹象，基本制度创新有所推进

为了适应和驾驭我国区域经济发展大调整的形势，我国政府着力加快了研究制定和实施区域规划和政策，一方面继续针对特定地区制定和实施特定振兴规划和政策；另一方面着手编制“全国区域协调发展规划”，系统营造高效、公平、安全、宜居、永续的国土空间格局。2008 年 1 月 1 日《城乡规划法》正式施行，以往就城市论城市、就乡村论乡村的城乡二元规划管理体制被进一步打破，城乡统筹规划建设步伐进一步加快。在区域规划方面，2008 年，国家正式批准实施《广西北部湾经济区发展规划》。2009 年，国家发展改革委公布《珠三角区域改革发展规划纲要》（2008 ~ 2020 年）明确赋予珠三角更大的发展自主权。国务院审议并原则通过关于推进上海加快发展现代服务业和先进制造业、建设国际金融中心和国际航运中心的意见。国务院公布通过《关于支持福建省加快建设海峡西岸经济区的若干意见》、《江苏沿海地区发展规划》、《关中—天水经济区发展规划》、《辽宁沿海经济带发展规划》。

综合配套改革试点也进入了新阶段。2008 年，国务院研究部署推进重庆市

统筹城乡改革和发展，出台了《国务院关于推进重庆市统筹城乡改革和发展的若干意见》，明确赋予重庆市在多个领域“先行先试”。2009 年，国务院批准《长株潭城市群“两型社会”建设改革试验总体方案》、《成都市统筹城乡综合配套改革试验总体方案》、《深圳市综合配套改革总体方案》等全国综合配套改革试点方案。

推进我国城市化的行政体制改革在不断深化，例如，针对造成我国城市化成本高的多层次政府管理体制问题，2009 年温家宝总理在全国农村税费改革工作座谈会上提出，“具备条件的地方，可以推进‘省直管县’的试点”，这一“减少层级”行政体制的改革将有助于解决制约我国城市化成本高的关键问题。同时，推动我国城市化发展的区域治理也在不断优化，相应区域协调机制也在进一步完善，例如，2009 年，《关于建立京津冀两市一省城乡规划协调机制框架协议》、《广佛肇经济圈建设合作框架协议》等协议的签署，都将有助于区域城市化水平的提升。

我国城市化的基础制度改革步伐在不断推进。户籍制度方面，为应对金融危机，各地进一步放开户籍限制。在土地制度方面，2008 年 10 月召开的十七届三中全会所做的决定要求，在城镇建设的规划区以外，如果是非公益性的项目用地，得到批准之后这部分土地可以不向农民征用，让农民可以以多种方式参与这个项目的开发和经营。

（五）城市化发展对住房的影响：刺激了真实需求的释放，为住房供给创造条件

总的看来，在城市化规模明显扩张、城市质量提升步伐加快的背景下，伴随着一系列城市化政策的出台与实施，城市化进程中住房的真实需求得到释放，同时，全国总体用地规模大幅增加，也为住房供给创造了条件。从区域来看，经济欠发达地区城市的建设力度仍然在不断加大，相对于东部发达地区而言，中西部地区城市的住房需求和供给整体上呈现“双加速”态势。

二　2009～2010 年中国城市化的进程预测

2009～2010 年中国城市化发展的宏观背景仍然向好，中国经济高增长的基

本态势仍然存在。2008 年，我国人均 GDP 为 22698 元，按简单汇率计算相当于 3268 美元，正处在工业化、城市化加快发展的阶段，劳动力和资金供给比较充裕，国内市场巨大、政治社会稳定，可以说，中国发展的重要战略机遇期仍然存在，不会因为金融危机而发生逆转，同时，现阶段支撑经济发展的基本要素与改革开放前、改革开放初期相比已经发生了深刻的变化，这些因素的变化其实都较以往任何时期更有利于促使经济发展模式实现由向外到向内的转变，都有利于中国经济长期可持续发展。国家应对金融危机的宏观政策效果正在逐步显现。为应对国际金融危机冲击、保持经济平稳较快发展，中国果断实施积极的财政政策和适度宽松的货币政策，形成了进一步扩大内需、促进经济平稳较快发展的一揽子计划。在连续两个季度的大力度投资拉动和信贷支持之后，我国经济下滑得到一定的控制，无论是经济的先行指数、同步指数，还是滞后指数都出现了明显的好转。在这种情况下，中国城市化进程会继续推进，城市化率会不断提升。

（一）城市化规模质量：城市化规模呈现高峰，城市化质量明显提升，城市化区域增长格局相对均衡

由于我国政府出台的全面经济刺激计划的实施，我国就业水平和国民收入将在 2010 年出现较为明显的恢复，城市化水平将在 2010 年出现增长加快的局面。根据预测，2010 年我国城镇人口将达到 64729 万人，城镇人口比重将达 47.7%。

2009～2010 年，伴随着整体经济水平的企稳回升，我国城市化区域增长格局将相对均衡。东部地区城市经济将得到恢复，实现新的升级，呈现新的世界级城市化发展态势，2010 年末东部城市化水平有望超过 60%。同时，由于国家中部崛起和西部开发战略的实施，以及中西部地区城市自身资源禀赋的发挥，中西部地区城市化也将加快发展，预计 2010 年末中部地区和西部地区城市化水平将分别达到 50% 和 40%。此外，随着国家推行老工业基地振兴计划，曾经盛极一时的东北老工业城市将重展雄风，引领新的城市增长，成为全国城市发展的新的重要一极。

（二）城市化地域结构：用地规模继续增长，产业用地恢复增长，基础设施用地增加，住房用地扩大，二线城市和落后地区用地量扩大

我国城市化进程中的城市用地总体水平仍将大幅增加，据国土资源部的测

算，如果要保障中央新增投资项目的落地，2009、2010 年两年内至少需要额外增加 120 万亩的建设用地指标。

得益于 2008 ~2009 年中央出台一系列扩大国内需求的措施，我国宏观经济形势已经开始企稳回升，主要产业也开始复苏，这将导致相应产业用地恢复增长。同时，重大基础设施建设投资大幅增加仍然会增加土地需求，基础设施用地仍将是重中之重。同时，随着城市化人口的不断扩大，居住需求仍然旺盛，住房用地规模仍将扩大。

过去一段时间的城市用地差异仍然会进一步延续，二线城市经济的快速发展引发城市土地需求的不断扩张，同时，一些经济欠发达地区的城市以前用地量相对较少，用地基数低，未来仍将会进一步加快城市基础设施和居住项目建设，城市用地量也会不断扩大。

（二）城市化体系演化：大都市化、集群化趋势延续

总的来看，大都市化仍然是我国城市体系演化的基本趋势。北京、上海、广州、深圳、天津等大城市将进一步发挥集聚功能，发展具有优势的技术密集型和资本密集型产业，大力发展生产性服务业，不断强化技术创新和制度创新，增强对区域的辐射能力，成为国家对外开放平台和参与国际竞争的基石。中等城市将进一步发展，在接受大城市的产业转移，为城市发展提供强有力的支撑和充足的动力的同时，中等城市也是区域性的消费中心、服务中心，是我国城市化进程中农村剩余劳动力转移的重要载体，承担为转移劳动力提供充分的住房、就业和社会保障服务的功能。小城镇的交通便利、资源优势不断显现，农产品深加工等相关非农产业不断聚集，城市旅游、居住、生态、文化等功能日益突出。此外，同城化趋势进一步明显，城市间的产业规划、道路交通网络、通信设施一体化程度将不断提高，资源、人口和信息流动更加顺畅，联系更加密切。

在城市空间形态方面，越来越呈现集群化的发展趋势，城市不断呈集中集聚，形成集群性的发展规模。具体说来，东部地区发达城市呈群状发展，中部地区城市呈带状发展，西部地区出现有重点的点状发展。首先，东部沿海地区将继续走大中小城市协调发展的城市群状发展的集中聚集的道路，以面为主，由群带面，以群连带。其次，中部地区城市化呈现以带为主、以群连带、以带带面的发

展趋势。再次，西部地区将集中发展重点城市和城市群，城市化发展呈现以点为主、以点连线的发展特征。

（四）城市化政策变化：战略规划密集制定，行政体制试点扩大，基本制度创新继续探索，综合改革试验进一步深化和扩大

2009年作为重要的特殊年份，我国政府加快研究制定和实施了区域规划和政策，以应对新时期的城市发展和城市化的推进。到2010年，国家“十一五”计划已基本完成，国家中央政府和各区域、各部门都在抓紧研究制定相应的“十二五”规划，城市化发展的新思路、方针和内容也都被列入总体发展规划和专项规划，以指导未来城市的新发展。此外，2009～2010年期间，由国家制定的重点城市区域规划也将陆续出台，如皖江城市带承接产业转移示范区、山东半岛蓝色经济区、河南郑汴区域协调发展和配套改革试验区、鄱阳湖生态经济区、吉林图们江经济区等都将会有相应的区域规划指引，以推进相关重点区域的城市化发展。

城市行政管理体制的改革一直是城市发展的重要内容和重要领域，2009～2010年在已有改革基础上，将会局部深入推进，实行新的试点改革。在局部地区将推行新的行政区划体制，实行“省管县”改革，进一步改革原先的“市管县”体制，扩大地方基层政府的事权和财权，促进省—县（市）—乡（镇）行政体制的形成，以此推进基层地方城市的新发展。与此同时，新的城市设立制度也必将发生局部变革。目前城市化政策具有双重目标：一是利用城市辐射力量拉动周边农村经济社会发展；二是发挥城市吸纳农业剩余劳力功能。虽然后一个目标更为紧迫，但是以往重点推进的“县改市”、“乡改镇”侧重前一个目标，未来城市设立将更加注重两个目标的相互协调。

为应对全球经济危机，扩大国内需求，保持经济增长，未来2010年国务院和各级政府部门将继续试点或者出台相关促进城市化的政策和措施，推进社会保障、户籍、农村土地、住房和教育等相关制度的改革，为城市发展提供完善的保障体系和制度支撑。社会保障制度方面，按照国家2020年实现城市社会保障全覆盖的目标，2009～2010年政府将继续加大覆盖力度，提高保障比例和保障程度。各城市将根据有关情况，还要建立健全政策保障体系，创新政企合作的激励机制，完善扶持政策，落实就业补贴，为企业解决失地农民就业问题提供动力，

从客观上为失地农民创造更多的就业机会。户籍制度方面，2009~2010年国家将在一些城市试点进一步放开户籍制度，实行城乡统一，以此消除要素在城乡之间自由流动的各种体制性政策性障碍，剔除黏附在户籍关系上的种种制度差别，建立城乡居民平等的劳动力就业制度和社会保障制度，让农村劳动力平等地参与就业竞争，使农民能自由地选择在城市或在农村进行自己的生产和生活。土地制度改革方面，2009~2010年国家将局部地区农村土地制度改革试点推开，抓紧推进征地制度的改革，通过立法，明确农民对于土地的产权内容。积极探索集体资产股份合作制改造和承包地、宅基地有序流转的办法，使农民一些不完整的产权转化成可流转的财产，促进资源优化配置，增强农民的经济实力。

住房保障制度方面，政府将加强对廉租房、经济适用房和补偿给失地农民的住房的监督和管理，确保住房保障制度的受益人真正是低收入和无房可住的家庭和个人。教育制度方面，国家将着力建立公平的教育保障制度，尤其是保障失地农民和农民工子女受教育的权利，消除教育歧视，使教育不再与户籍和身份挂钩。坚决制止教育乱收费行为，从而消除失地农民和农民工的子女享受同城市原居民相同的教育的“硬门槛”和“软门槛”。

（五）城市化对住房的影响：创造更多真实需求，进一步改善住房供给的条件，进一步刺激大城市住房需求

总的看来，2009~2010年，随着中国城市化步伐的加快，更多的住房真实需求将得到释放，特别是大都市化和集群化趋势明显，大城市住房需求将进一步得到刺激，同时，土地规模的持续增长，也将使得住房的供给条件得到进一步改善。就区域而言，伴随着中国整体经济形势的不断好转，中西部地区的住房需求仍然将保持较为旺盛的态势，而东部地区住房需求将得以恢复。

三 中国城市化进程的长期分析

（一）重农偏好和封建制度导致历史上中国城市化的长期徘徊

作为举世公认的城市发源地之一，在相当长的一段历史时期内，中国城市的发展水平居世界领先地位，其城市的发达程度令人叹为观止，使世界其他国家难

以望其项背：从商代的殷墟、郑州商城，到春秋战国时代的临淄、邯郸、栎阳；从汉代的洛阳到唐代的长安；从宋代的汴梁、杭州到元明清的北京；等等，中国人创造出了一座又一座世界级的大都市，并通过这些城市向世界展示着其辉煌灿烂的文明。

然而，在封建制度下，重农抑商的国策抑制了技术的进步，长期落后的农业生产力无法提供更多的农业剩余，分散性的农业文明与封建制度限制了资源的合理流动，中国的城市化进程长期逡巡不前，城市化率一直在5%左右徘徊。

（二）重化战略和计划体制导致新中国成立后的城市化严重滞后

1949～1978年30年间，中国城市化进程经历了起步（1949～1957年）、波动（1958～1965年）及停滞（1966～1978年）三个阶段。1949～1953年国民经济的恢复时期，中国城市数量没有变化，为132个；1953～1957年，随着以156项工程为重点的建设的开展，城市增加到176个，比1949年增加33.3%，平均年增长率达10%；“大跃进”期间城市数量由1957年的176个增加到1961年的208个，增长18.2%；1962年开始国家撤销了一大批城市，到1965年，全国城市数量为168个，与1961年相比，减少了40个；1966～1978年13年间，全国仅增加城市26个，平均每年仅增加2个。总的来看，自1949年新中国成立至1978年“三中全会”之前，中国内地的城市化进程相当缓慢：1978年中国内地城市化率为17.92%，仅比1949年上升了7.22个百分点。

这一阶段城市化严重滞后的原因主要是重化战略和计划体制。新中国成立伊始，面对复杂的国际、国内形势，国家实施了优先发展重工业、迅速推进工业化的“赶超战略”。由于资源禀赋的限制，国家通过计划体制和城乡分割，一方面，降低资本、外汇、能源、原材料、农产品和劳动力等资源的价格，降低重工业资本形成的门槛，为重工业优先发展创造适宜的经济环境；另一方面，政府对城市和市民实行“统包”，而对农村和农民则实行“统制”。这种由具体制度造成的巨大的城乡差异，构成了城乡之间的壁垒，阻止了农村人口向城市的自由流动。与此同时，中国经济发展的重点放在了城市以及技术和资金密集型的重工业，从而忽略了以服务业为主的第三产业的发展，弱化了城市吸纳农村剩余劳动力的能力。因此，这种在计划经济体制下，由政府发动和包办的城市化增长十分缓慢。

（三）开放战略和制度约束导致改革开放以来的城市化相对滞后

改革开放30年以来，中国的城市化进程大致经历了以下三个阶段：1978～1991年提速期；1992～2001年加速期；2001～2008年提升期。1978年中国城市化率为17.92%，2007年底，中国城市人口达5.94亿人，30年间，中国城市人口增长了3.2亿，平均每年增长0.86个百分点。1978～1991年，小城镇和农村集镇发展迅速，中小城市全面发展；1984～1986年建制镇数量增加7750个，1991年新增加城市286个，城市总数已达到479个，比1983年增加190个，增长了65.7%，平均年递增23.7个城市；1992～2001年，小城镇继续发展，大中城市协调发展，1992～1994年建制镇又增加7750个，2000年全国建制镇达1.97万个，比上一年增加2.6%，乡2.4万个，比上一年减少6.3%；2008年末我国的城市数量达655个，比1978年增加462个，其中地级及以上城市由1978年的111个增加到287个，大中城市协调发展，长三角、珠三角、京津冀三大城市群开始形成，九大城市群开始发育，以特大城市为依托的城市群已经是我国重要的经济增长极。目前，京津冀、长三角、珠三角三大城市群，及辽中南、中原、武汉、长株潭、成渝、闽东南、山东半岛、关中天水、北部湾等城市群，以不到全国1/10的土地面积，承载了全国1/3以上的人口，创造了全国一半以上的GDP。

四　中国城市化发展的基本趋势

未来中国城市化的发展受多种因素的影响。本部分对经济发展、资源环境、交通、通讯技术、产业结构、人口增长、经济全球化、制度等影响中国城市化发展的关键因素加以分析，并对中国城市化发展的基本趋势进行判断，预测中国城市化发展趋势对住房的影响。

（一）未来城市化的影响因素

1. 经济发展及其布局：内需比重扩大，服务业比重增加

经过30多年的改革开放和高速发展，中国已经基本实现小康。按照国际一般规律，当人均收入超过3000美元，进入中下发展水平阶段，国民消费需求将迅速增长，中国正处在工业化的中期和城市化的加速期，以消费为主体的内需增长正在释放，正像外部需求为沿海地区发展提供巨大市场一样，国内巨大的需求为全国发展提供了巨大的市场。同时，随着中国工业化外向型、外延式扩张发展模式走到尽头，中国正在面临外需和工业“双难依赖”的新形势，加快城市化进程必将成为推进国民经济发展的战略选择，不仅可以有力地释放被结构扭曲压抑的潜在生产力，有效地提高国民经济的整体效益，更是新阶段国民经济发展的带动力量。

2. 资源环境状况及布局：资源稀缺，空间分布不均

中国水资源时空分布不均匀，南北自然环境差异大。就土地资源而言，从世界范围来看，中国是土地人均占有量较小的国家，人均土地面积从东南向西北逐步增加。2008 年中国耕地为 18.26 亿亩，到 2020 年将减少到 18.05 亿亩。这也就是说，在未来 11 年里能够农转非的耕地是 2074 万亩，平均每年不足 190 万亩。

3. 经济全球化：市场和资源全球共享

经济全球化给世界经济格局造成了巨大冲击：一方面，发达国家依靠其在高端技术和高端产业上的垄断地位，攫取更大的垄断利润，以其优越的条件和良好待遇，吸引国内高端人才，吸引高端要素的流入，依靠他们丰富的营销经验占领国内的市场。另一方面，相对落后的国家和地区利用当地区位优越和资源丰富、成本低廉的优势，吸引国内外低端产业和投资，向这些欠发达国家或区域转移。这为中国城市发展提供了千载难逢的机会，使得中国城市可以更好地利用全球的资源和市场，促进自身的发展。

4. 交通、通讯技术及其空间布局：网络化和集中化

未来交通、通讯技术将广泛地应用到基础设施建设中，必将对中国城市体系和城市化模式产生重大影响。城市轨道交通规划和建设，致使城市市区规模越来越大；城际高速铁路建设首先在经济特别发达的一些地区，促使城市群产生并逐步大型化；高速公路、高速铁路和航空网络体系，进一步推动资源和要素向大都市集中，促进城市大型化、带状化和网络化发展。信息基础设施建设，旨在改善内陆地区城市外部联系，促进内陆城市的跨越发展。

5. 人口增长及其空间分布：劳动力素质提升，分布不均

中国有非常丰富的劳动力资源，不会因劳动力成本的过快上升导致生产成本的大幅度上涨，这种趋势将成为今后一段时间中国城市化保持持续快速增长的重要因素。同时，随着我国教育事业的蓬勃发展，劳动力素质也将不断提高。当然，中国人口结构也在发生变化，老龄化社会相继来临，由此产生的城市的生存保障问题，解决劳动力的就业机会问题，全国社会保障体系的完善问题都是城市化进程面临的巨大挑战。此外，中国人口分布东多西少，分布很不平衡的现象也将持续存在。

6. 产业结构及其空间布局：产业结构升级，空间转移加快

随着全球竞争的加剧和分工的深化，发达国家将低端制造业、制造环节以及服务业转移和外包到愿意开放市场、生产成本更低的发展中国家和地区。就国内而言，中国城市也将加入新一轮全球产业调整和布局中。东部城市和区域中心城市将逐步进行产业升级。这首先体现在中国的一些中心城市中，比如说上海、北京、广州、深圳这样的城市，其次再向东部沿海较为发达的城市发展。这个升级是由制造向服务的升级，大城市将更多地发展服务业，放弃加工制造业。

7. 社会变化及其空间演化：消费结构升级，中产阶层壮大

目前我国城乡居民储蓄存款每年新增 1 万多亿元人民币，2008 年底储蓄存款余额已突破 20 万亿元，达到 21.8 万亿元，其中活期存款约占 1/3，定期存款约占 2/3。现在虽然降息，但是储蓄仍然增加。未来城乡居民收入将进一步增长，消费结构进一步升级，中国将在 2020 年全面实现小康。随着中产阶层逐步壮大，城市内部及城市之间的收入差距将进一步扩大，城市贫困将不可避免。城市低收入家庭、外来人口，以及失地、失业、无保障的新城市化居民将构成贫困大军，未来社会矛盾的重心将由三农问题转变为城市贫困问题。

8. 制度变化：市场制度完善，公共政策调整

社会保障制度是城市发展和农村土地改革的基础，按照国家规划，社会保障正在积极推进，预计 2020 年可以完成。一旦完成城乡一体的社会保障，农村土地制度改革将可以大力推进；与此同时，正在推进的城乡基础设施、就业、社保、教育等一体化，将大大推进城市化进程。户籍制度改革将逐步打破“二元结构、城乡分治”的体制，实现人员自由流动，缩小城乡差别，实现城乡一体化。而农村土地制度改革势在必行，未来基本方向是自由流动和转让，这将使城市的土地价格与房地产价格下降。此外，我国将逐步推行省直管县的制度，这将对城市体系和空间演化产生重大影响。

（二）未来城市化的基本趋势

1. 城市化内涵发展：未来城市发展趋向高级化

按照上述分析，中国城市化质量并不高，因为常住人口的城市化居民并没有成为真正的市民，未来，伴随着城市化领域的制度创新步伐的加快，这些居民逐步成为城市居民，并通过教育、就业、营商等方式增强自身在城市的生产生活能力和发展素质，从而不断推动城市的高级化发展。

2. 城市化地域结构：未来城市发展趋向集约化

中国未来不可能再进行粗放式的发展。从1978年到2008年，中国城市人口翻了一番，但是城区的面积增加了7倍，那么在未来的20多年里，或者说25年里，中国的城市人口还要增加将近1倍，但建成区的面积不可能再增加这么多了。同时，在其他的能源方面也不可能像过去那样消耗了，中国城市未来的发展将是集约式的发展。

3. 城市化体系演化：未来城市体系将是城市大型化、城市集群化、城市网络化

从规模体系看，中国将形成由城市带、城市群、巨型城市、超大城市、特大城市、大城市、中等城市、小城市、小城镇、居民点协调发展的空间格局。中国城市体系将形成由多个增长极牵引，由众多城市群扛鼎，由多条城市带联动的，全球一体、一超多强、归核化、网络化的城市群体系。

4. 城市化空间演化：未来城市发展将是梯度推进和动态演化

未来中国城市化与工业化及产业发展将更加匹配，城市化和城市发展将不断梯度推进和动态演化。首先是东部超大城市完成工业化，然后是大城市、中小城市、小城镇完成工业化，发展高端服务业，然后转移到内陆交通优势突出的城市实现工业化，最后再转移到中小城市、小城镇。同时，国家继续实施西部大开发、东北振兴、中部崛起和东部率先的战略，中国经济的区域增长点正在由南向北，由东向西转变，区域经济格局正在重构。

5. 城市化功能定位：未来城市发展将呈个性化和多样化

未来中国城市的发展趋势是向个性化方向发展的，除了少数几个大城市和中心城市以外，很多的城市都将向专业化城市发展，尤其是中小城市。一个城市可能就只有一个，或者几个大的产业。当然，这个过程中有些城市的宜居特色突出，有些城市高科技产业发达，有些城市服务业优势明显，同时，不同城市的建筑和城市的文化、城市的景观也会有所不同，也会逐渐多样化和个性化。

6. 城市化外部关系：未来城市发展将更加开放和全球化

未来中国城市体系将形成与全球城市体系相融合的，从全球城市体系核心到边缘的开放的城市体系：1 个世界级的城市带，2 个国际级的城市带，6 个国家级的城市带，若干区域性的中小城市带。中国城市体系中将会有世界顶级城市 1 个，世界城市 3～5 个，国际化城市 15 个左右，国家级城市 30～50 个，一大批区域和地区性城市。

7. 城市化发展水平：未来城市发展是多层次化和非均衡发展

中国城市未来的发展无论是城市内部还是外部两极分化将继续进行。就是说现在发展着的城市在未来可能会更好，无论是城市的人均收入，还是它的产业发展速度都会更高。落后的一些城市可能会更落后，这是一个趋势。城市内部人均收入水平也会出现两极分化，这不仅仅是中国的趋势，也是世界的趋势。值得注意的是，由于中国处在工业化、城市化、市场化、全球化和信息化的加速期，中国有一些城市在未来可以实现跨越式发展，像深圳、东莞这样的城市曾经出现过，将来还会有可能出现。

8. 城市化中的城乡关系：未来城市发展将体现城乡一体发展

未来城乡关系将进一步密切，城乡一体化步伐将进一步加快。城乡人口、技术、资本、资源等要素将进一步相互融合，互为资源、互为市场、互相服务，城乡在规划建设、产业发展、市场信息、政策措施、生态环境保护、社会事业发展方面的一体化进程将不断推进，长期形成的城乡二元经济结构将不断得到改变，城乡在政策上的平等、产业发展上的互补、国民待遇上的一致将逐步实现。

（三）未来城市化的发展对住房的影响

中国城市化步伐的不断加速将不断创造住房需求，未来城市发展趋向高级化将需要更高质量的住房条件。城市化地域结构的集约化发展使得现有城市基础上的住房开发变得更加重要。城市大型化、城市集群化、城市网络化的城市化体系演化将进一步刺激大都市房地产的需求，同时促使在交通沿线房产的价值不断提升。未来城市的发展将不断梯度推进和动态演化，一、二、三线城市，东部、中部、西部城市的住房需求和价格也将呈现相同的变化趋势。未来城市发展将呈个性化和多样化，那些基础条件好的宜居城市的住房需求将进一步提升。未来城市发展将更加开放和全球化，这将使得中国城市房地产价格尤其是顶级城市核心区的住房价格，与其他世界城市相一致，由全球市场定价，无论是中国房地产的需求、供给还是价格都要和全球接轨。同时，中国城市住房的供给、需求、价格、周期波动受国际市场影响的程度越来越高。未来城市多层次化和非均衡发展将进一步凸显住房分布和住房价格的差异性，一般来看，现在发展着的城市在未来可能会更好，这些地方高端房地产的投资潜力可能会更大。同时，由于城市发展具有层次性，满足中低收入者住房需要的中低端房地产的潜力也很大。城乡一体化发展将不断深化城乡二元体制制度创新，进一步推动城乡住房市场的统一，农地和城市土地同地同价将成为一种趋势，并将对住房市场产生巨大影响，也会有助于舒缓大部分城市土地供给瓶颈，影响住房价格水平。

五　推动中国城市化进程的政策建议

城市是经济增长和人类文明发展的助推器。目前，中国正在经历人类历史上最大规模的城市化加速过程。城市化已经成为推动中国经济持续发展的重要动力，不断推动中国城市化进程是中国经济在走向现代化过程中的内生性要求。在分析中国城市化面临的问题与挑战及其政策原因的基础上，本部分为中央和地方政府提出一些对策建议。

（一）中国城市化进程面临的问题与挑战

1. 城市化水平偏低

相关研究表明，人均 GDP 为 3000 美元左右的国家，城市化率一般约为 55%。2008 年，官方公布的中国城市化水平只有 45.7%，比人均 GDP 同样在 2000～4000 美元之间的其他国家的平均值低 10 个百分点。如果将中国城镇常住人口加上流动人口，中国的城市化率将达到 55%。这表明，中国城市化发展严重滞后于工业化发展和经济发展水平 10%。

2. 城市化质量不高

中国的城市人口统计数字中包括大量已被计算为城镇人口，但并非真正意义上的城市人口：一是大量的外来农民工不能享受政府为当地城镇居民所提供的就业、教育、社会保障、医疗卫生等公共服务，2005 年，中国农村外出务工劳动力达到 12578 万人。二是由于推行“地改市”、“县改市”、“乡改镇”体制和通过行政区划调整扩大城镇辖区面积而已被计算为城镇居民的人口，仍从事农业生产，也无法享受市政基础设施服务。

3. 城市容积率较低

城市容积率较低，土地浪费闲置严重。城市容积率即城市建筑面积与城市建成区的比率，与东亚地区相似，中国也是人多地少，但是日本的城市容积率为 2，中国台湾为 1.2，香港为 1.6，中国内地平均只有 0.78（2006 年），因此土地严重浪费就是中国城市土地利用的现状。同时，中国城市地域面积增长快于城市化人口增长，土地征用规模大，速度快，耕地锐减。在中国城市化进程中，土地征用规模非常之大，特别是“十五”时期，耕地面积一直在减少。而且，中国城市土地扩张的速度高于城市人口的增长速度。2000 年全国城市土地面积为 2.24 万平方公里，2003 年达到 2.83 万平方公里，年均增长 8.08%，而同期城市人口增长率则仅为 4% 左右。这充分说明，中国土地城镇化速度太快，城镇土地边际效益大大下降，而且耕地资源的大量占用，直接威胁着中国粮食安全。

4. 城市体系不够合理

中国大城市数量相对不多，人口超过 100 万的城市集中度，比世界平均水平低 5 个百分点，比中等收入国家低 11 个百分点，比高收入国家低 21 个百分点，比美国低 28 个百分点，比日本低 26 个百分点，比德国低 30 个百分点。可见，中国大城市的规模明显低于世界水平，尤其低于发达国家的水平。东京的 GDP 占日本全国的 18.6%，伦敦的 GDP 占英国全国的 17%，首尔的 GDP 占韩国全国的 26%，而北京、上海的 GDP 占全国的比重分别只有 2.5% 和 4.6%。同时，中国的大城市很多是因行政区划调整而形成的，表现为大城市数量虚假上升，自身竞争力不强，很难起到大城市的辐射带动作用。中小城市功能不完善，中等城市的作用在下滑。小城镇多且分散，难以发挥应有的辐射带动作用。

（二）城市化问题的政策原因

1. 城乡制度分割

在制度设计上，中国长期以来通过户籍制度、就业制度、养老保险制度、教育制度等限制农村剩余劳动力向城市流动，从而造成城市化落后于工业化。例如，近年来，虽然上述几项制度有所松动，但并未动及根本。农村土地属集体所有，一方面确保了土地的分配公平，解决了温饱问题，避免了两极分化，减轻了城市的聚集压力。另一方面，集体所有制产权模糊，主体缺位，无法从土地增值中获益，也影响了土地的经营和配置效率。虽然城市偏向战略的许多方面都已经或正在改革，但只要户籍制度存在，其他改革就只能是隔靴搔痒。由此看来，现行的二元制户籍管理制度人为地造成城乡之间的对立，已不适应经济和社会发展的需要，成为延缓城市化进程的重要制度约束。由于户籍制度和附加在户籍制度上的一些人为限制，地方性就业政策仍然给予城市人口以高度的优先地位，制定各种政策排斥外地劳动力。随着城镇户籍制度和劳动用工制度的松动，更促进了农村劳动力向城镇的转移，这对传统的农村家庭养老模式提出了严峻的挑战。而且，由于农用土地收益已变得微不足道，依靠土地养老的保障功能也逐渐弱化。

2. 规划不健全

城市规划涉及政治、经济、文化和社会生活等方面，是一项全局性、综合性、战略性很强的工作。但从目前来看，我国还没有从国家层面制定与城市化的发展目标和阶段特征相适应的、长期的国土综合整治和城市化发展规划，同时，现有规划仍然存在不系统、不专业、变化快等问题，地方规划之间、各类规划之间往往衔接不够，规划决策经常限于一个相对封闭的机制，规划管理、操作程序、监督检查、法律责任等方面还很不健全，经常造成如不顾区域的自然资源和生态环境条件，不顾自身的经济能力和客观需求，随意制定或更改规划，片面追求增长速度、盲目扩大城市规模、人为提高建设标准等现象，严重影响中国城市化的健康持续发展。

3. 行政体制不合理

深化行政管理体制改革是提升中国城市化水平，促进中国城市化持续健康发展的必然要求。目前地方发展自主权还相对较小，中央和地方政府事权和财权还有待进一步界定，各级政府的公共职责与公共权限还需进一步厘清。行政区划还需要调整，自上而下按行政级别设市、管市的行政管理体制还没有根本改变。区域协调机制还需完善，有助于区域协同发展的公共治理模式还有待进一步创新。

4. 道路选择偏差

在战略导向上，中国在一段时间内曾主要强调“限制大城市发展，积极发展中等城市，鼓励小城镇发展”方针，造成了大城市不大，中城市不强，小城镇分散，城市自身带动力不足，城市化水平难以提高的局面。近年来，这种情况已经逐渐得以好转，但单纯城镇化导向往往容易忽视全球化、信息化、大都市化和都市连绵区的发展趋势，不能将中小城市纳入大都市区发展中，孤立发展中小城市，难以形成区域集群效应，不利于中国城市化的健康发展。

（三）推动中国城市化进程的政策建议

1. 实施均衡发展的经济社会战略

根据中国所处的发展阶段，推动经济社会发展战略的实质性调整，调整非均衡发展导向，实施更加注重公平的均衡发展战略。

（1）推动城市化与工业化均衡发展。要将城市化作为推进中国经济增长的主要动力，把城市化作为未来发展的战略重点，积极改变城市化滞后于工业化的现状，在不断推进新型工业化进程的同时，注重城市化与工业化均衡发展。

（2）推动服务业与制造业的均衡发展。以国际国内市场需求为引导带动产业选择，加快调整优化三次产业结构，加快发展服务业，发展先进制造业，注重服务业与制造业的均衡发展。

（3）推动区域均衡发展。不断缩小区域之间发展差异，优化中国区域城市空间布局，积极支持中西部城市崛起，推动东部城市结构升级，实现中西部地区和东部地区城市的均衡发展，努力促进中国城市整体起飞。

（4）推动城乡均衡发展。要处理好城乡一体发展中的聚集与承载、迁移与转换、城市与乡村、产业与城市建设、政府与市场五大关系，推动城乡统筹规划、管理体制一体、公共服务一体、城乡基础设施一体，注重城乡均衡发展，使城乡人民都能享受到城市发展的成果。

（5）推动城市经济、社会、生态的均衡发展。要在经济社会发展的同时，强调城市的全面协调可持续发展，更加关注城市质量的提高、城市品质的改善，更加关注、更加重视社会的发展和民生的改善，积极促进城市经济、社会、生态的均衡发展。

2. 提升城市竞争力，全面协调推进城市化

城市是国家资源的集结点和经济发展的龙头，更是国家创新和创富的中心，提升城市竞争力应该成为国家区域政策的核心。

（1）支持东部地区走向世界，形成强大的国际竞争力。东部地区是我国经

济最发达的地区，发挥着区域增长极和发动机的功能，也是我国参与国际竞争的前沿阵地。中央政府应制定优惠措施，鼓励和支持东部地区进一步开放，积极参与国际分工和国际竞争，提高经济发展质量、经济运行效率和就业水平，挖掘和培育核心竞争力，从而形成强大的国际竞争力。

（2）援助中西部地区城市发展和竞争能力建设。我国是一个发展中的大国，发展的不平衡必然会影响我国的经济发展，阻碍国家竞争力的提升。我国东西部竞争力差距巨大，然而，要实行西部大开发，不仅仅需要富裕的东部的支持，更需要国家援助其城市发展，通过制定激励政策，鼓励人才、产业等向中西部地区转移，加强竞争能力建设。最终中西部城市需要在竞争中而不是在补贴中提高其经济发展水平。

（3）支持中等城市竞争力和带动力提升。中等城市往往处于一个经济高速增长的时期，具有巨大的发展潜力。而中东部的中等城市往往起着重要的经济桥梁作用，西部的中等城市则往往是区域经济的中心，因此，国家应加强对中等城市的支持，提升其竞争力，发挥其对区域整体经济社会发展的连接、带动和聚集的作用。

3. 制定面向2030年的城市体系发展规划

中央政府应依据中国城市化的发展目标和阶段特征，制定面向2030年的城市体系发展规划，促进中国多层次、开放性城市体系的形成。

（1）制定全国城市发展综合性总体规划。国家应制定面向2030年的全国城市发展综合性总体规划，在科学发展观的指导下，对中国城市发展目标、规模、级别、空间结构、功能定位进行高水平设计和统筹安排。

（2）制定城市经济社会发展的各类专项规划。国家应在制定全国城市发展综合性总体规划的基础上，制定与城市体系发展相关的专项规划，如土地利用规划、产业发展与布局规划、各类经济社会专项规划等，形成以城市发展总体规划为指导，空间功能总体规划为龙头，土地利用总体规划为基础，产业规划为支撑，各类经济社会专业规划相协调的规划体系。

4. 改善城市发展的制度环境

中国城市化水平的提升需要消除产生市场分割、影响要素自由流动和相互开放的制度障碍，进一步改善城市发展的制度环境。

（1）深化户籍制度改革。不断深化户籍制度改革，消除身份歧视，形成城乡统一的人事服务体系，实行与迁移自由理念相适应的、开放性的、城乡统一的户籍管理模式，打破人口流动的制度障碍，保障公民的迁移和择业自由，推动农村人口向城市合理的有序流动，变城乡分割的二元户籍制度为城乡统一的一元户籍制度，使户籍制度只承担社会管理和人口信息统计的职能。

（2）深化就业制度改革。进一步开放劳动力市场，对劳动者普遍开放所有的劳动行业。只要是社会需要、国家允许开办的行业，都要向公众开放。同时，用法律保障农村劳动力平等就业的权利，清理限制农村劳动力进入城市的地方性政策法规，不断消除城市就业市场的形形色色的歧视制度，建立城乡统一的培训就业制度，保证公民平等的就业权利。

（3）深化社会保障制度改革。积极推进社会保障制度改革，突破城市社会保障不覆盖进城农民的误区，建立覆盖城市所有居民的统一的社会保障体系，改变社会保障城乡分割的二元格局，同时，进一步扩大社会保障的深度和广度，建立全国统筹的养老保险、失业保险、医疗保险、工伤保险和生育保险等社会保险制度。

（4）深化土地制度改革。完善土地管理制度，将耕地占用税、城镇土地使用税并入资源税，促进土地合理有序流转。建立土地使用权有偿转让制度。在保持农村土地集体所有的基础上，在农民享有长期承包土地使用权的前提下，通过赋予农民交易使用的权利，完善农村的土地产权，允许农民在承包期内，根据国家有关政策有偿转让其土地所有权，实现土地资源的优化配置，提高土地经营效率。

5. 完善行政管理体制

完善行政管理体制，继续深化行政管理体制改革，是提升中国城市化水平，促进中国城市化持续健康发展的必然要求。

（1）扩大地方自主权。重新界定中央和地方政府事权和财权，进一步厘清各级政府的公共职责与公共权限，明晰各级政府事权和公共支出责任，做到事权与财权相一致，以使地方政府更好地履行职责，促进城市良好发展。同时，中央各部委可通过国家项目对落后地区城市发展进行直接投资，或通过财政转移支付手段，对落后城市开发项目进行补助，确保财政资金投入力度，为城市发展提供资金保障。此外，应鼓励地方推动金融服务产品创新，促进城市资本市场发育。

（2）推进行政区划调整。我国目前实行的仍是自上而下的按行政级别设市、管市的行政管理体制。这一制度忽视了市场对社会资源的配置作用，严重阻碍了一些新兴的、经济发展水平较高的城市进一步扩大发展规模。例如，西部地区许多城市人口少但行政编制多，而东部地区的情况却相反。未来应依据中国城市发展实际情况，根据人口聚集程度设置城市和确定城市的等级，合并收缩部分西部地区城市，推动东部地区镇改区、市步伐。

（3）完善绩效考核体系。建立科学的绩效考核制度，制定以科学发展观为指导，以绿色 GDP 为核心，体现“五个统筹”要求，由结构调整、资源节约、民生改善等多种经济社会发展指标构成的指标体系，评价标准看是否能够就城市经济建设、社会发展、文化繁荣和环境保护等方面促进城市竞争力提升，考核的结果将体现城市政府的发展绩效并作为城市主要负责人职务变动的重要依据。

（4）完善区域协调机制。要进一步完善区域特别是城市群区域的协调机制，成立统筹区域内城市发展的组织机构，创新公共治理模式，推进区域协同，通过共同市场建设与基础设施的统一规划和共建，协调整个区域内的产业规划、道路交通网络建设、信息基础设施建设，促进城市群区域交通同网、信息同享、市场同体、产业同布、环境同治，避免产业恶性竞争和基础设施重复，形成产业布局与分工合理、经济联系紧密、内部聚集效应与对外扩散效应明显的城市群。

第五章
全球经济与全球住房市场

陈英楠

从20世纪90年代中期至2006年，全球主要经济体住房价格（以下简称房价）经历了历史上罕见的同步快速膨胀时期。[①] 随着美国房价在2006年出现“拐点”，直接引爆了接踵发生的美国次贷危机、全球金融危机及全球经济危机。紧跟着美国房价下行，全球众多经济体房价走势出现上涨放缓或衰退迹象。

那么，从2008年到2009年上半年，全球经济与全球住房市场呈现怎样的具体表现形态？而从2009年下半年至2010年底的短期内，全球经济与全球住房市场形势又将是何种趋势？与此同时，应如何理解与判断置于全球视野下的中国住房市场形势？

虽然住房是非贸易品，但全球主要经济体本轮房价波动表现出高度同步性。本轮全球房价波动的一个主要背景是各国货币政策与金融自由化（特别是住房金融市场深化）的同步性，使得跨国金融联系更为紧密。正是由于驱动房价变动的因素（例如利率）倾向于全球同步变动，使得各国房价变动表现出周期同步性。近年的一些经验研究表明，本轮全球房价膨胀与低利率及全球流动性过剩有关。[②] 国际货币基金组织（以下简称IMF）（2004）发现利率可能是影响全球房价同向变动的重要因素。Otrok and Terrones（2005）使用与IMF（2004）类似的样本与模型，发现全球房价同向变动的很大一部分与跨国的利率的共同动态组

---

① 关于近十年全球主要经济体房价波动的基本特征与驱动因素的更详细分析可参见陈建和陈英楠（2009）。

② 关于全球流动性的文献可参见Baks and Kramer（1999）、Sousa and Zaghini（2004）与IMF（2007）。

成部分相关。虽然他们确认宏观总体变量（如真实产出、消费与住房投资）很大程度上共同变动，[①] 但是这些总体变量不是房价同向波动的重要因素。还有证据表明，美国房价影响全球房价，美国利率影响全球利率，进而驱动全球房价，也就是说，美国房价与利率变动对全球房价波动起到核心作用（IMF，2004）。在全球流动性过剩与房价关系方面，Belke et al.（2008）的经验结论支持经济合作与发展组织（以下简称OECD）主要经济体房价膨胀与流动性增长呈正向关系的论述。Giese and Tuxen（2007）考察了全球流动性与资产价格的长期关系及短期动态调整。他们的分析也表明，全球流动性促进法国、德国、意大利、日本、英国与美国等6国房价上涨。

全球住房市场回暖离不开实体经济走出衰退与金融系统恢复活力。此外，依据历史经验，全球房价下行的幅度与持续时间很有可能会与各国通货膨胀（以下简称通胀）水平相联系。

中国作为日益融入全球经济的第三大经济体，在开放条件下中国住房市场将受到全球经济形势的直接与间接影响。直接影响主要体现在全球资本流动对中国住房市场的影响。间接影响渠道则可能包括全球经济危机导致拉动中国经济增长“三驾马车”之一的外需大幅下滑，在保增长目标约束下，中国监管部门出台的宏观调控政策将影响住房市场发展以及输入型通胀影响住房市场投资（投机）者预期等。

本章第一部分对2008～2009年全球经济与全球住房市场形势进行回顾，考察全球经济的主要变量是经济增长、通胀、流动性与利率，考察全球住房市场的主要变量是房价；第二部分预测2009～2010年全球经济与全球住房市场形势；第三部分是本章结论与政策建议。

一 2008～2009年全球经济与全球住房市场形势分析

（一）2008～2009年全球经济形势分析

1. 全球经济增长分析：经历深度衰退，但已现回稳

2007年爆发的美国次贷危机在2008年演变成全球金融危机，并快速传导至

① 有经验证据支持存在全球经济周期，如Kose et al.（2003）与Canova et al.（2007）。

实体经济，导致发达经济体出现衰退与新兴和发展中经济体增长放缓。[①] 2008 年下半年以来，受危机影响发达经济体步调一致地出台了强有力的金融救助方案与扩张性的货币政策、财政政策，[②] 而新兴和发展中经济体在外需减少情况下也采取扩张性财政政策与货币政策，以期扭转经济增长放缓趋势。经过全球主要经济体近一年的协调与协作，全球经济出现回稳迹象（见图 5 - 1）。

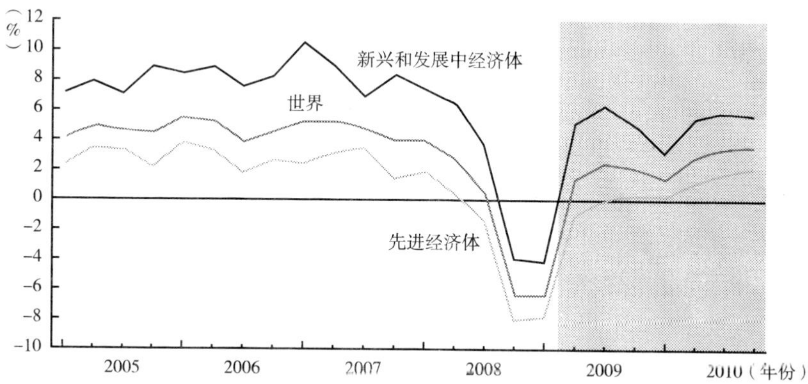

图 5 - 1　全球 GDP 季度同比增长率

资料来源：IMF（2009a）图 1。

根据 IMF 2009 年 7 月发布的《世界经济展望》(*World Economic Outlook*) 更新报告相关统计数据显示，[③] 全球 GDP 增长在 2008 年第四季度与 2009 年第一季度出现衰退（分别为 - 6.451%、 - 6.387%），而在 2009 年第二季度出现了 1.408% 的正增长；发达经济体从 2008 年第三季度至 2009 年第二季度连续 4 个季度负增长（衰退幅度分别为 - 1.382%、 - 7.974%、 - 7.807% 与 - 1.010%）；新兴和发展中经济体也是在 2008 年第四季度与 2009 年第一季度出现负增长（分别为 - 3.865%、 - 4.160%）。

发达经济体中，美国、日本、欧元区（以下简称 G3）实体经济在 2008 年基本处于负增长时期，特别是 G3 从 2008 年第三季度至 2009 年第二季度同时经历

① 根据 IMF 的划分标准，发达经济体包括美国、欧元区、日本、英国、加拿大与其他发达经济体（如亚洲新兴工业化经济体）等，而新兴和发展中经济体包括非洲、中欧和东欧、独联体、亚洲发展中经济体（中国、印度与东盟五国）、中东与西半球经济体（如巴西、墨西哥）等。

② 关于主要发达经济体应对金融危机的措施可参见何帆（2009）。

③ GDP 增长率为季度环比年度化增长率。

了衰退，但是在2009年第二季度实体经济衰退已大幅减小，其中，日本甚至出现了3.7%的季度同比正增长（见表5－1）。

表5－1　2008～2009年G3GDP季度同比增长率

单位：%

	2008Q1	2008Q2	2008Q3	2008Q4	2009Q1	2009Q2	预期值 2009Q3	预期值 2009Q4
美　国	-0.7	1.5	-2.7	-5.4	-6.4	-1.0	1.6(+/-1.9)	2.4(+/-2.4)
欧元区	3.1	-1.5	-1.5	-7.1	-9.2	-0.5	0.3(+/-1.3)	2(+/-1.6)
日　本	3.9	-4.3	-3.9	-13.1	-11.7	3.7	1.1(+/-2.9)	-0.9(+/-2.8)

注：2009Q3与2009Q4为预测值。经季节调整与某些情形下的工作日调整。括号内为标准差。
资料来源：OECD（2009a），经作者整理。

2. 全球通胀分析：通胀压力消减

2008年全球金融危机爆发之前，全球通胀经历了一个显著上升时期。全球通胀这一轮的上升，主要是受全球能源及初级产品价格上涨、全球流动性过剩所推动（张明，2008）。全球金融危机爆发后，由于流动性收紧及实体经济需求层面大幅下降，全球通胀压力持续消减（见图5－2）。

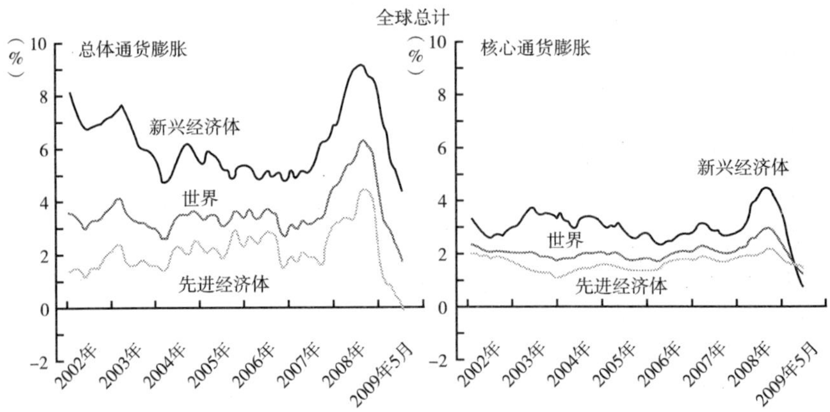

图5－2　全球通胀

注：12个月消费者价格指数变化。
资料来源：IMF（2009a）图5。

2008年后全球通胀的下降，主要反映食品与石油价格的下降。G3经济体剔除食品与石油价格后的通胀下降幅度要明显小于总体通胀（见图5－3）。

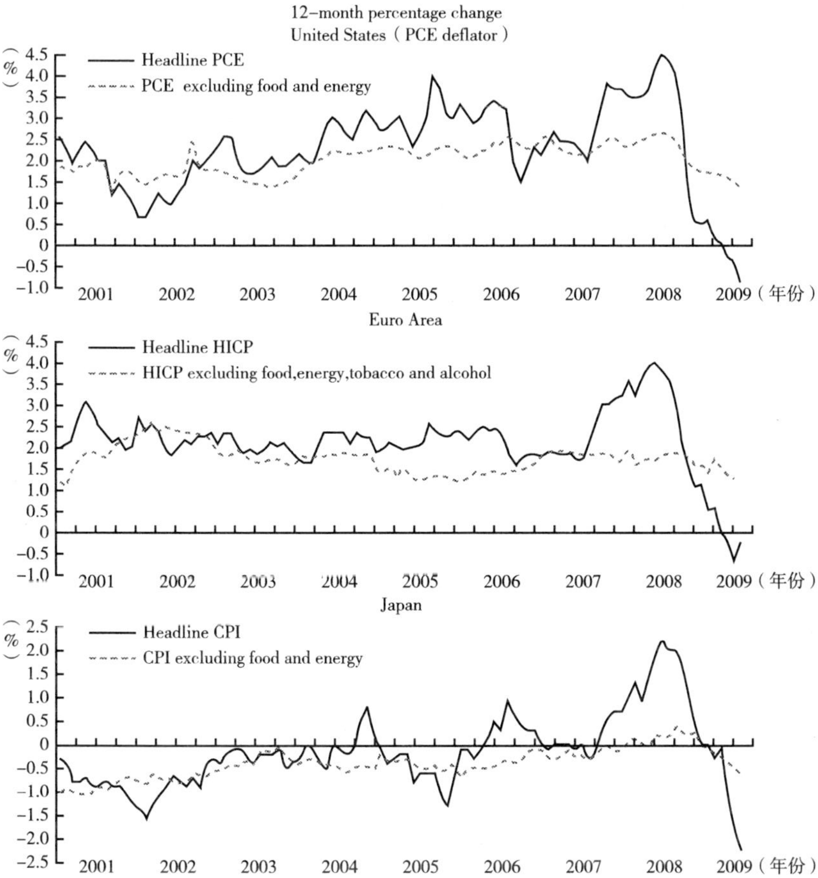

图 5－3　G3 通胀（12 个月百分比变化）

注：美国为个人消费支出平减指数（PCE deflator），实线为总体 PCE，虚线为剔除食品与能源后的 PCE。欧元区为消费价格协调指数（HICP），实线为总体 HICP，虚线为剔除食品、能源、烟草与酒精后的 HICP。日本为消费价格指数（CPI），实线为总体 CPI，虚线为剔除食品与能源后的 CPI。

资料来源：OECD（2009a）。

3. 全球金融形势分析：金融系统尚未恢复有效运作

本轮全球金融危机对金融系统冲击还远未结束，恢复金融系统有效运作仍然是受危机影响经济体中央银行与政府的主要政策重点。从图 5－4 可看出，G3 经济体金融条件指数近期已走出底部，这与各国公共部门步调一致地下调基准利率、持续提供充足流动性、放松信贷约束条件以及向银行注资是分不开的。

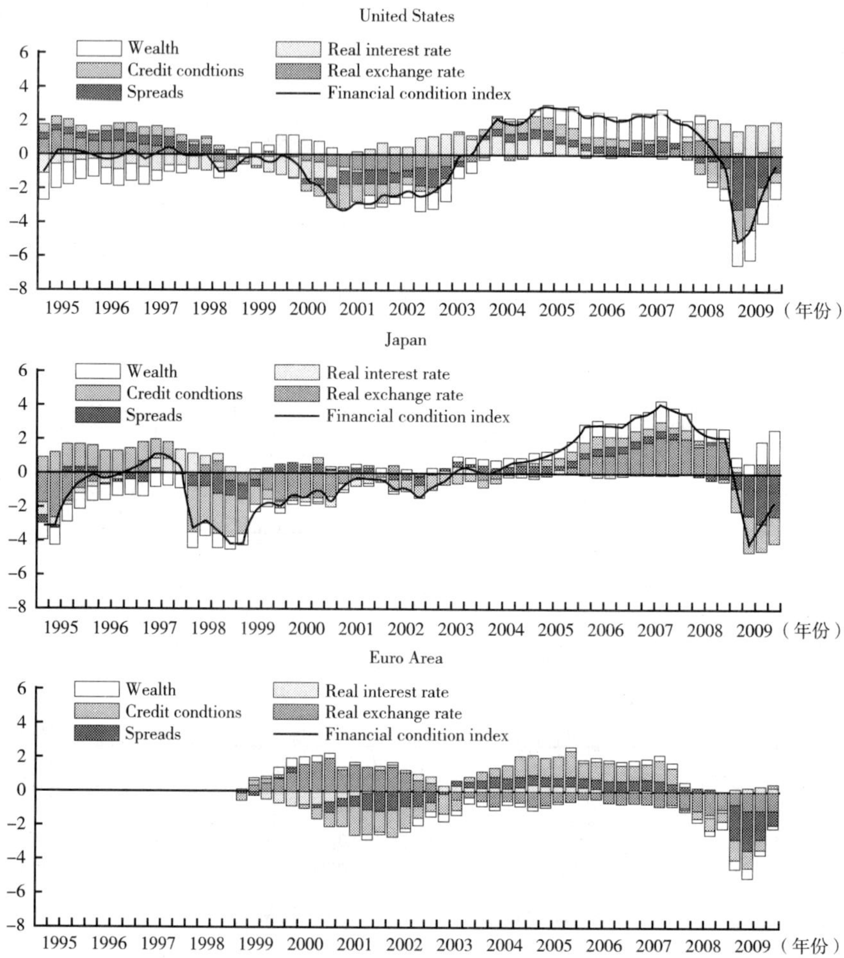

图 5－4　G3 金融条件

注：实线代表金融条件指数；一单位金融条件指数下降表示金融条件的收紧会导致4～6个季度后 GDP 平均下降 1%。

资料来源：OECD（2009a）。

虽然全球金融体系再次发生系统性崩溃的风险已经下降（如 2008 年 9 月投资银行雷曼兄弟的破产倒闭），但是发达经济体银行惜贷现象依然严重。在发达经济体，由于银行去杠杆化进程还在继续，银行对私人部门信贷增长持续下降（见图 5－5）。与住房市场相关的，未直接得到政府或中央银行融资支持的证券化市场尚未恢复有效运作。而对于新兴经济体，主要面对的是资本流入减缓甚至是停止。发达经济体母银行采取的跨境去杠杆化使过去十年发生的迅速的全球金融化出现倒退，而且这一趋势可能持续下去（IMF，2009b）。

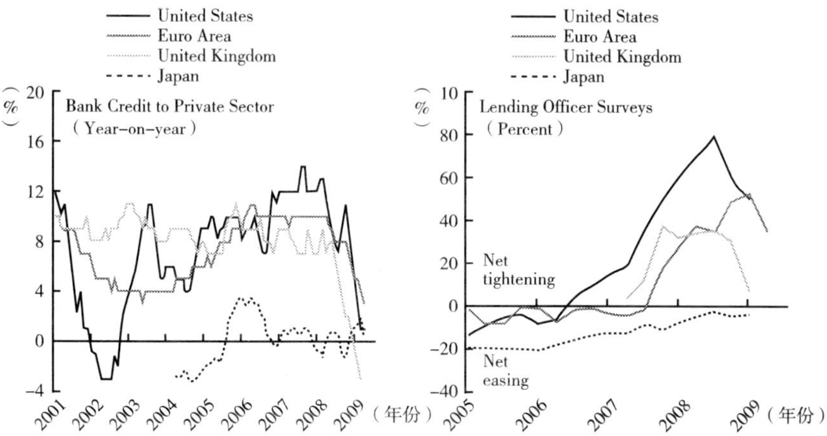

图 5－5　G3 与英国的信贷与贷款条件

注：左图为银行向私人部门贷款的年同比变化百分比，右图为信贷经理调查（百分比），横轴上方代表净收紧、下方代表净放松。

资料来源：IMF（2009b）。

与此同时，为应对金融危机与经济衰退，主要经济体都将政策利率降至近年低位。G3 经济体中（见图 5－6），除欧元区还有 1% 左右的降息空间外，美国与日本都将政策利率降至零利率附近。

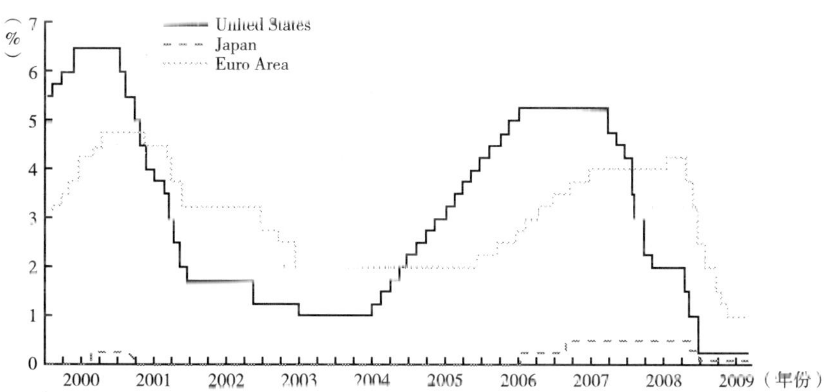

图 5－6　G3 政策利率

资料来源：IMF（2009b）。

（二）2008～2009 年全球住房市场形势分析

由于主要经济体房价在全球金融危机爆发前的上涨是一个全球性现象，房价随之而来的下滑也可能是同步的。① 考察 18 个 OECD 经济体 1991～2007 年名义与真实房价年度同比增长率（见图 5－7），我们可以发现，除日本和德国房价近十年主要处于衰退期外，其他经济体主要从 2006 年前后开始同向进入增长放缓期（事实上，在 2006 年之前，爱尔兰、澳大利亚和荷兰等经济体房价增长已经放缓）。

截至 2008 年上半年，加拿大、丹麦、西班牙、新西兰和英国经过季节调整的真实房价下跌幅度年率为 5% 至 12%（IMF，2008a）。而截至 2008 年下半年，按照 Case-Shiller 指数衡量的美国真实房价水平下跌了将近 28%，已经是大萧条时期下行记录的两倍以上（Reinhart and Rogoff，2009）。根据 OECD（2009b）的统计，截至 2009 年第一季度，17 个 OECD 经济体中，除瑞士外的 16 个经济体真实房价同比都出现衰退（见表 5－2）。

但是，如果从季度环比进行考察，根据 OECD 2009 年 9 月发布的经济展望中期评估，美国与英国住房市场无论是交易价格还是成交量方面，都出现回稳迹象（OECD，2009a）。② 截至 2009 年第二季度，美国 FHFA 和 Case-Shiller 两种房价指数都显示房价环比出现反弹（见图 5－8）。根据 Case-Shiller 房价指数，美国房价从 2006 年第一季度的波峰至当前房价环比上行前底部所在的 2009 年第一季度，已持续下跌约三年而且跌幅超过 30%。

（三）2008～2009 年全球视野下的中国住房市场

与全球主要经济体相类似，2008 年下半年至 2009 年初，中国住房市场无论是销售价格还是销售量，都经历了一个下行调整阶段。与房价走势相关的一系列问题（如“下行幅度将会有多大”、“什么时候见底”以及“住房市场是否已经回暖”等）更是成为 2008 年末、2009 年初公众、媒体、学界与政策制定者关注与讨论的焦点问题。但是，令人吃惊的是，2009 年上半年中国住房市场先是快速经

① 通过比较 1970 年第一季度至 2002 年第三季度 14 个工业化经济体房价衰退的时点，发现它们经常是同步的（IMF，2003）。

② 由于当前英国房价收入比与房价租金比仍高于长期水平，同时失业率持续上升，信贷条件依然偏紧，因此英国房价回升的势头可能难以为继（余芳东，2009）。

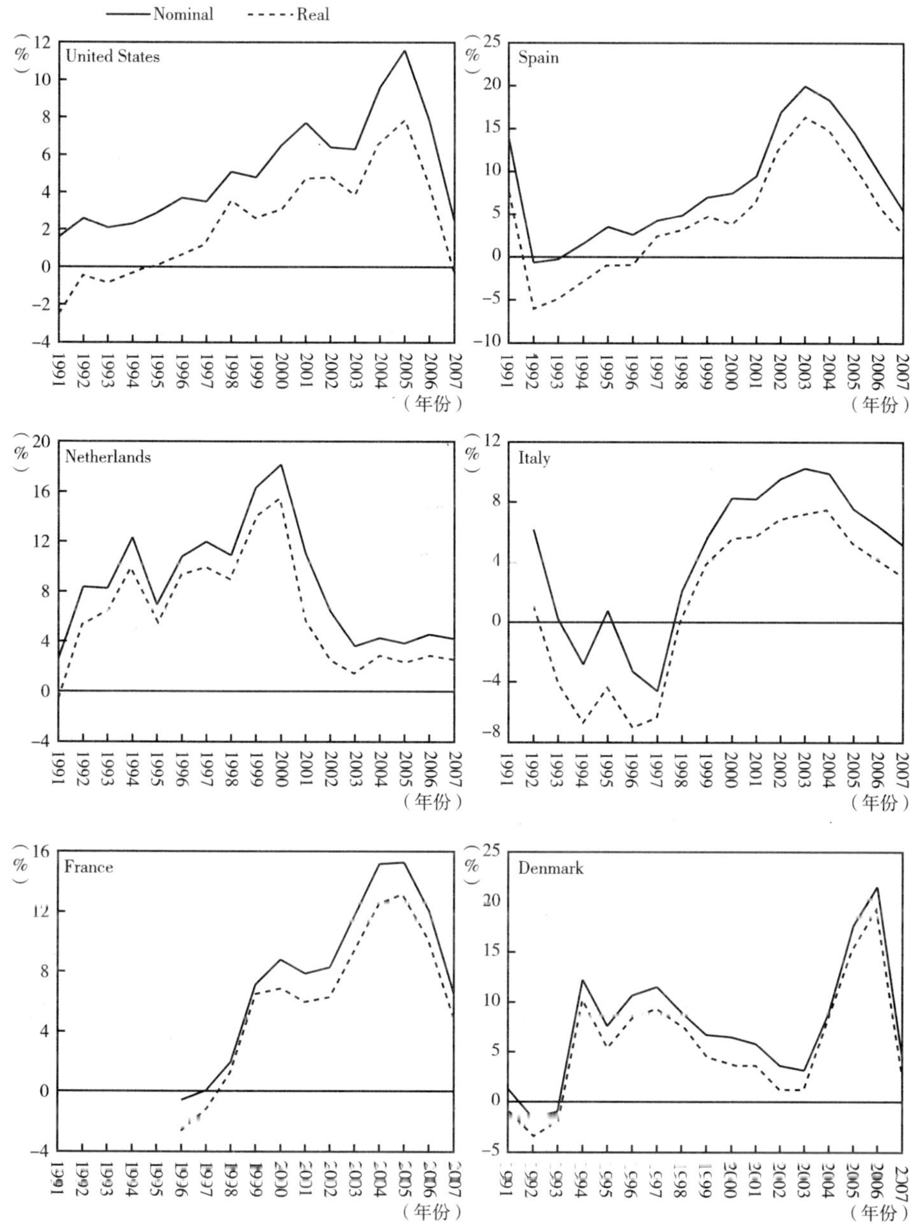

图 5－7a　18 个 OECD 经济体 1991～2007 年名义与真实房价年度同比增长率
（美国、西班牙、荷兰、意大利、法国、丹麦）

注：2007 年为各国可得季度数平均。

资料来源：原始数据来自 OECD（2008），经作者制图。

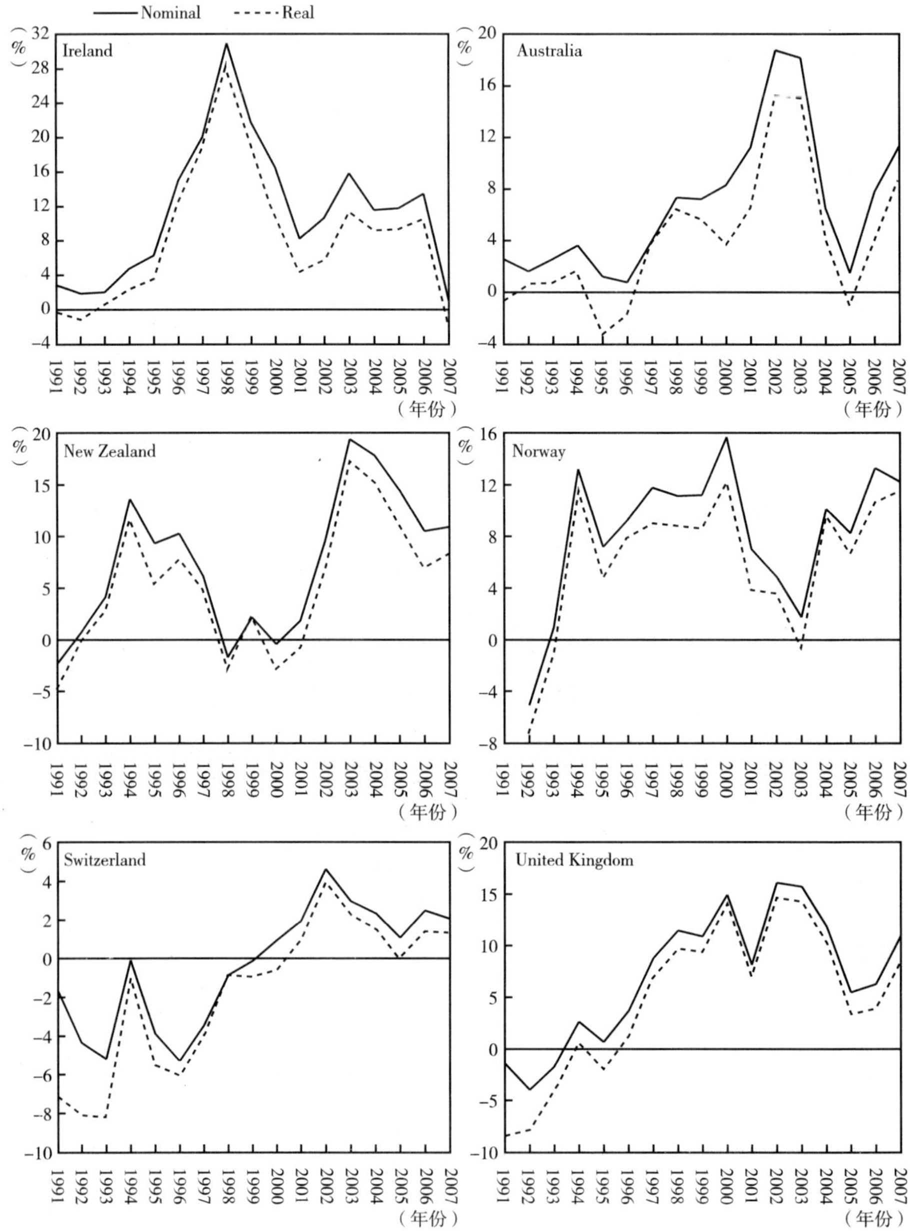

图 5－7b　18 个 OECD 经济体 1991～2007 年名义与真实房价年度同比增长率
（爱尔兰、澳大利亚、新西兰、挪威、瑞士、英国）

注：2007 年为各国可得季度数平均。

资料来源：原始数据来自 OECD（2008），经作者制图。

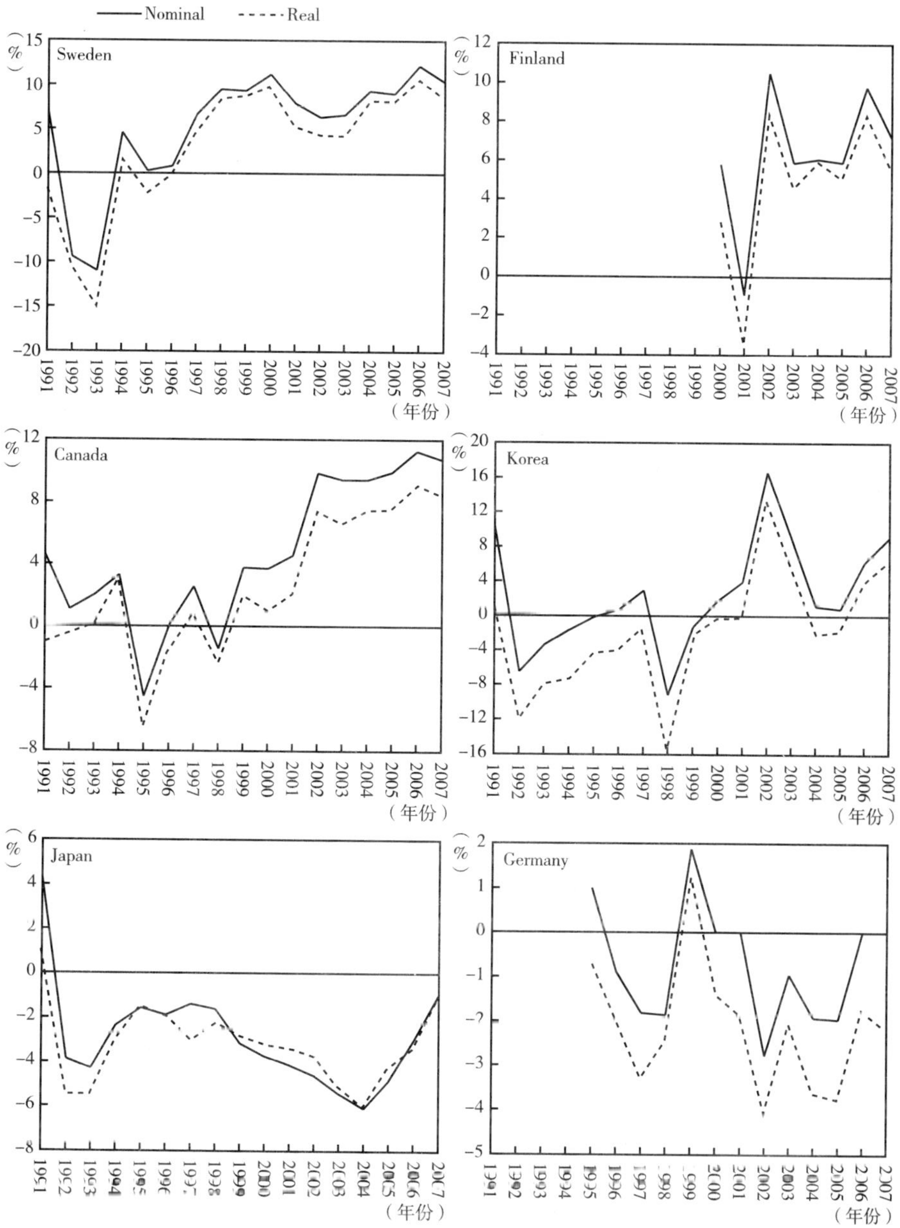

图 5 -7c　18 个 OECD 经济体 1991 ~2007 年名义与真实房价年度同比增长率
（瑞典、芬兰、加拿大、韩国、日本、德国）

注：2007 年为各国可得季度数平均。

资料来源：原始数据来自 OECD（2008），经作者制图。

表 5-2 17 个 OECD 经济体真实房价年变动率

单位：%

	2000～2006 年	2007 年	2008 年①	截至季度②	截至可得季度
美国	5.3	-0.6	-6.1	-3.2	2009Q1
日本	-4.3	-1.1	-2.9	-3.3	2009Q1
德国	-2.9	-1.2	-2.7	-1.8	2008Q4
法国	9.5	4.9	-1.8	-7.3	2009Q1
意大利	6.1	3.1	-1.1	-2.9	2008Q3
英国	8.8	8.4	-4.3	-15.0	2009Q1
加拿大	6.7	8.5	-3.4	-11.0	2009Q1
澳大利亚	7.1	8.8	0.2	-9.0	2009Q1
丹麦	7.9	2.9	-7.9	-13.1	2008Q4
芬兰	4.7	5.6	-2.4	-8.8	2009Q1
爱尔兰	8.3	-1.8	-11.6	-13.5	2008Q4
荷兰	2.9	2.6	0.7	-2.1	2009Q1
挪威	5.5	11.4	-5.2	-10.7	2008Q4
新西兰	9.2	8.3	-8.0	-11.9	2008Q4
西班牙	11.2	2.6	-3.7	-7.3	2009Q1
瑞典	6.7	8.6	0.0	-4.4	2008Q4
瑞士	1.7	1.3	0.2	5.3	2009Q1
欧元区③④	4.6	2.0	-2.3	-4.5	
合　计④	4.2	1.5	-4.1	-4.9	

注：①如果当年数据不全，以可得季度数平均；②季度同比变动率；③包括德国、法国、意大利、西班牙、芬兰、爱尔兰和荷兰；④权重使用各国 2005 年的 GDP。

资料来源：OECD（2009b）表 1.2，经作者整理。

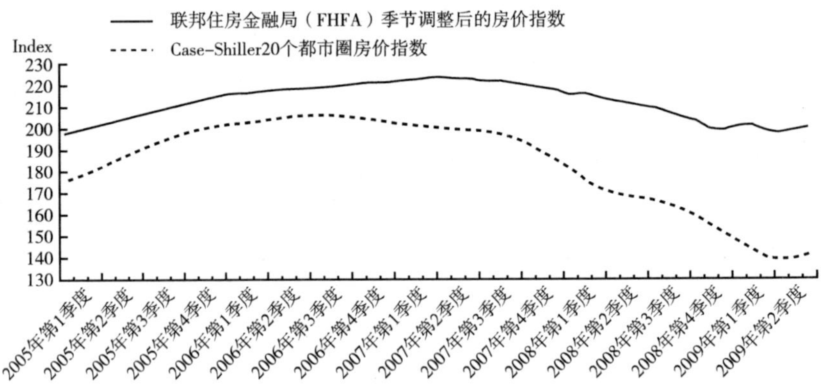

图 5-8 2005Q1～2009Q2 美国房价指数

注：数据为年率。

资料来源：OECD（2009a）。

历了“回暖”，然后是交易量上涨与房价膨胀，并发展至当前各界再次争论住房市场是否存在泡沫。显然，2009 年初中国住房市场开始出现的上行趋势，使其成为全球主要经济体中房价率先脱离衰退的经济体之一。

2009 年初之前中国住房销售价格与销售量经历的短期调整主要源于监管部门政策调控的压制。为了缓和中国城市“高房价”问题，政策面收紧商业银行信贷条件，导致购房者调整房价上行预期，[①] 各地普遍出现购房者“持币待购”现象，使得购房需求下降导致房价下跌。2008 年下半年开始，由于全球经济危机导致中国经济增长依赖的外部需求大幅下降，为了保证稳定的经济增长，中国监管部门迅速出台了积极的财政政策与适度宽松的货币政策。在宽松的房贷政策与充裕的流动性条件下，2009 年上半年中国住房市场在主要来自国内消费者与投资（投机）者联合需求的推动下迅速扭转了下行趋势。

二　2009～2010 年全球经济与全球住房市场形势预测

（一）2009～2010 年全球经济形势预测

1. 全球经济增长预测：缓慢复苏

当前，全球经济正开始走出二战以来最严重的衰退。同时，由于各国中央银行与政府对金融系统进行了有效干预，金融市场状况的改善程度要明显好于预期。但是，美国次贷危机及其演化成的全球金融危机对各国金融系统造成的破坏还远未恢复，而各国中央银行与政府对金融机构提供的援助将逐步减少，因此，预计未来一年全球经济复苏将是缓慢而且疲软的。

根据 IMF（2009c）的预测（见表 5－3），全球实际 GDP 在 2009 年将下降 1.1%，而在 2010 年可望增长 3.1%；发达经济体作为一个整体在 2010 年下半年之前仍不会出现经济活动的持久回升，发达经济体 GDP 在 2009 年将下降 3.4%，

① 中国众多学者的经验研究表明，过去近十年全国或地区房价的快速上涨受到购房者（投资者）适应性预期［如周京奎（2005）、屠佳华和张洁（2005）、梁云芳和高铁梅（2007）、洪涛等（2007）、史永东和陈日清（2008）、况伟大（2008）］，基于过去房价变动的未来房价增长预期［如梁云芳和高铁梅（2006）、陈建等（2009）］，近视预期［如任荣荣等（2008）］与货币幻觉［如刘仁和等（2009）、陈建等（2009）］等非理性预期因素的驱动，这些非理性预期因素是房价膨胀的重要甚至是主要原因。

2010 年则增长 1.3%；新兴和发展中经济体将在 2009 年下半年恢复增长势头，2009 年与 2010 年的 GDP 增长率分别为 1.7% 和 5.1%。

表 5－3　全球 GDP 年度（季度）同比增长率

单位：%

	真实值		预期值		估计值	预期值	
	2007	2008	2009	2010	2008Q4	2009Q4	2010Q4
全球	5.2	3.0	-1.1	3.1	-0.1	0.8	3.2
发达经济体	2.7	0.6	-3.4	1.3	-2.2	-1.3	1.7
新兴和发展中经济体	8.3	6.0	1.7	5.1	3.3	3.8	5.5

资料来源：IMF（2009c）表 1.1，经作者整理。

根据 OECD 2009 年 9 月的预测（见表 5－1），G3 中，美国与欧元区实体经济在 2009 年余下的两个季度将开始复苏，GDP 增长呈逐季上升趋势，而日本经济将在第四季度再次出现衰退。

2. 全球通胀预测：充满不确定性

进入 2009 年后，大宗商品价格开始恢复上涨，也就是说，商品价格在经济复苏之前已经回升（见图 5－9）。商品价格近期的恢复是强有力的、有广泛基础的，反映了市场情绪改善、美元贬值和与特定商品有关的因素（IMF，2009a）。同时，IMF（2009a）认为，尽管商品价格回升带来通胀上行压力，但鉴于存在大量过剩产能，预计全球通胀在 2010 年之前仍然处于较低水平。

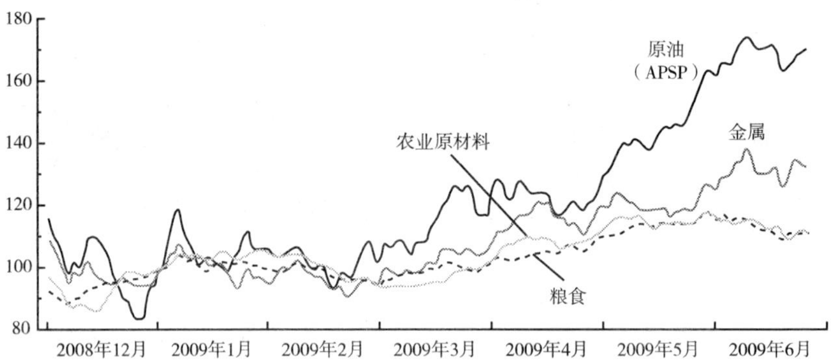

图 5－9　部分商品价格指数（2008 年 12 月 1 日＝100）

注：APSP 代表西得克萨斯中级原油、英国布伦特和迪拜原油的平均未加权石油现货价格。
资料来源：IMF（2009a）图 4。

未来时期的全球通胀走势仍然可能主要受全球实体经济需求与全球流动性影响。由于全球实体经济复苏很有可能将是缓慢与疲软的，全球总需求发生大幅变化的可能性较低，那么总需求将不会明显推动全球通胀。另一方面，由于各国为挽救金融系统与实体经济采取了定量宽松货币政策，对市场投入大量基础货币，从而很有可能为未来全球流动性重新宽裕打下基础。如果各国金融机构去杠杆化一旦结束，而刺激经济政策没有及时退出，那么机构投资者重新进入国际大宗商品市场将会给商品价格上涨带来压力。因此，全球流动性是否将再次推动全球通胀上涨，存在很大不确定性。实际上，当前各国监管部门更多关注的是通货紧缩而不是通胀。

3. 全球金融形势预测：金融系统缓慢恢复

未来，为了持续地支持金融系统恢复与经济增长复苏，主要发达经济体将继续维持政策利率在零附近，有下调空间的经济体甚至可能进一步下调政策利率。但是，如果全球通胀趋势重新抬头，随着全球实体经济回暖，各国央行可能会通过加息等货币政策手段以控制通胀上涨趋势。

由于发达经济体中央银行与政府将主要的政策重点定位于恢复金融部门健康，如果政策措施得当，可以预见全球金融市场形势将持续得到改善。但是，可能出现的全球流动性过剩应得到各国监管部门重视。各国协调一致的退出策略应将有效控制全球流动性过剩作为重要的政策目标，以防止大宗商品价格大幅上涨带动通胀出现，危及全球经济复苏步伐。

（二）2009～2010 年全球住房市场形势预测

虽然历史上每一次的房价衰退都由于当时的现实情况不同而存在差异，但是借鉴历史经验可以为评估当前全球房价衰退和对未来趋势判断提供参考。相关研究表明，第一，全球主要经济体房价衰退期大约平均持续 4 年，而跌幅要占之前涨幅的一半以上，[①] 第二，从统计数据上而言，无论是工业化经济体还是新兴经济体，发生在金融

① 1970～2005 年，OECD18 个经济体房价周期平均持续时间约为 10 年，扩张时期为 6 年，真实房价上涨幅度平均为 45%；收缩时期为 4 年，真实房价平均下跌约 25%（Girouard et al.，2006）。如果考察 OECD19 个成员国，1970～2007 年真实房价平均上涨期为 26 个季度，累计平均涨幅为 39.2%；真实房价平均衰退期为 17 个季度，累计平均跌幅为 20.4%（IMF，2008b）。Claessens et al.（2008）考察 21 个 OECD 经济体 1960～2007 年的季度房价，他们发现房价衰退（decline）期平均持续约 10 个季度，平均下跌约 11%；但是，在萧条（bust）期，房价会持续下跌超过 20 个季度并达到约 29% 的累计跌幅。

危机时期的房价衰退不存在显著差异；[①] 第三，名义房价黏性[②]与低通胀水平会使得真实条件下的房价下降呈现为一个缓慢过程。基于历史记录（见图 5 - 10、图 5 - 11），跨国观察的通胀水平与真实房价下行时期的反向关系表明，通胀水平越低，则真实房价下行时间越长，且下跌幅度越小（Girouard et al.，2006）。

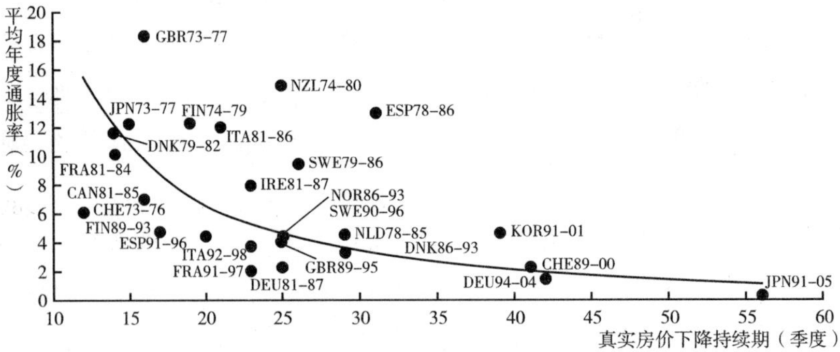

图 5 - 10　通胀率与真实房价下跌持续时间

资料来源：Girouard et al. （2006） 图 7。

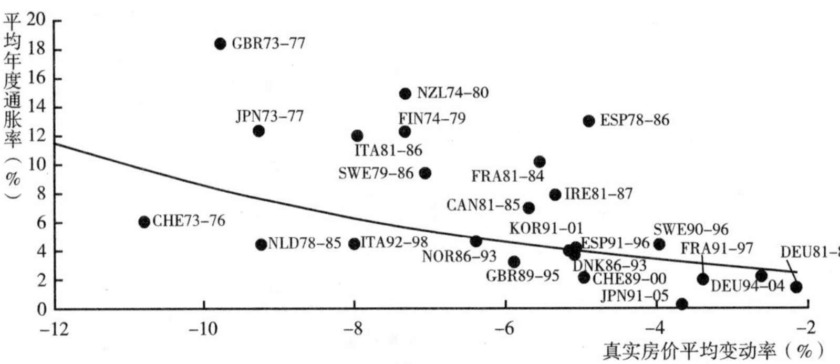

图 5 - 11　通胀率与真实房价下跌幅度

资料来源：Girouard et al. （2006） 图 7。

---

① 根据 Reinhart and Rogoff（2009）的研究，发生在工业化经济体与新兴经济体的金融危机都会产生令人惊讶的共同结果。统计数据显示，新兴经济体与工业化经济体在金融危机时期真实房价的下跌幅度没有显著差异，真实房价累计平均下降 35%；真实房价下跌期持续时间大概为 6 年。如果将特殊表现的日本排除在外（房价持续下跌 17 年），衰退期平均数仍然超过 5 年。

② Genesove and Mayer（2001）证明，当房价下降时，住房所有者的行为方式显示他们在出售住房时不愿接受名义损失。

那么，主要经济体房价本轮下行幅度可能还会有多大？持续时间可能还会有多久？根据 IMF（2009c）通过房价收入比、房价租金比、经济计量模型三种方法测算 18 个发达经济体当前房价的高估程度表明，某些经济体实际房价可能还需经历一定幅度的下行调整，并持续一段时间。如图 5 – 12、图 5 – 13 的 18 个发达经济体当前房价收入比减去历史平均值与当前房价租金比减去历史平均值表明，大多数经济体的两个指标仍然高于历史平均值，尤其是西班牙和澳大利亚。而根据经济计量模型估计的 18 个发达经济体房价未校准程度（即实际房价偏离均衡房价幅度）显示，大多数经济体房价仍需进一步下行调整，特别是爱尔兰、意大利和英国（见图 5 – 14）。

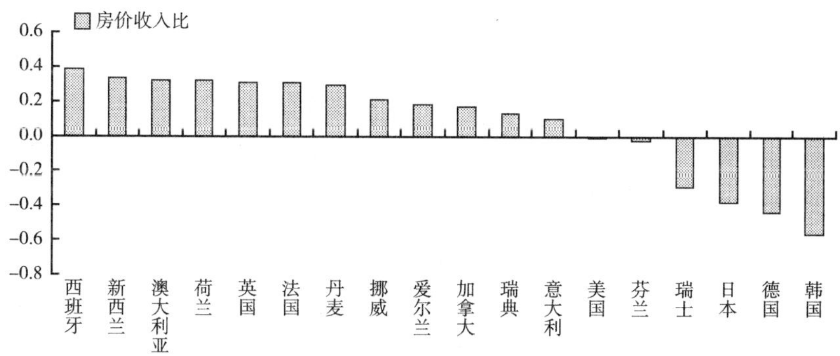

图 5 – 12　18 个发达经济体当前房价收入比减去历史平均值

资料来源：IMF（2009c），经作者制图。

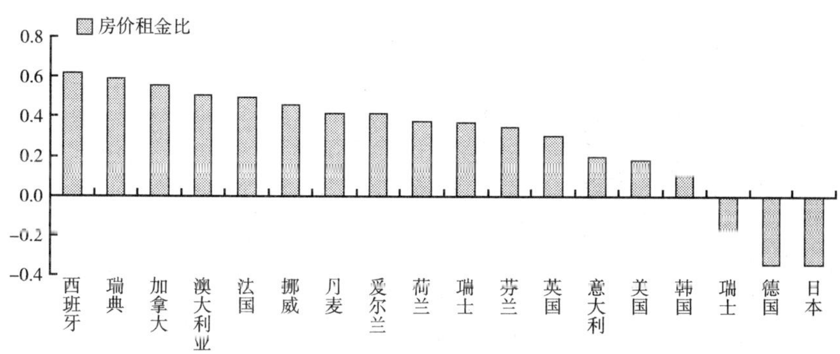

图 5 – 13　18 个发达经济体当前房价租金比减去历史平均值

资料来源：IMF（2009c），经作者制图。

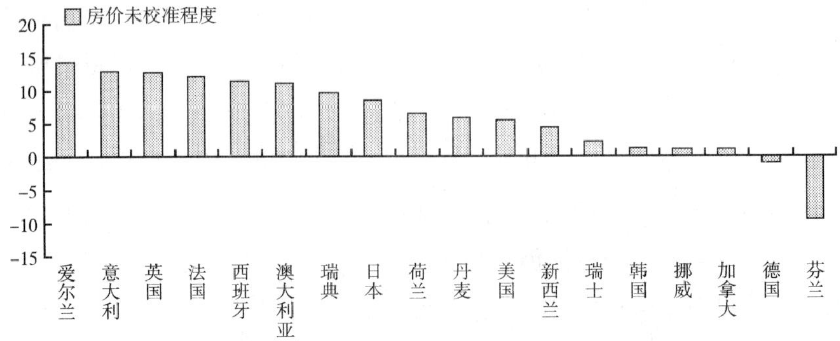

图 5-14　18 个发达经济体实际房价偏离均衡房价幅度

资料来源：IMF（2009c），经作者制图。

正如本章引言部分所论及，全球主要经济体房价同向波动主要受全球利率与流动性影响。因此，全球住房市场未来一年走势除了受各国住房市场自身的周期性调整影响之外，住房市场回稳乃至复苏将与全球金融市场状况的变化相联系。由于全球金融市场功能恢复尚需一段时间，发达经济体商业银行惜贷现象仍然严重，因此，未来一年全球主要经济体住房市场可能不会得到金融系统（特别是证券化市场）的有力支持，使得全球房价普遍处于增长放缓或衰退的局面很难得到明显改善。

（三）2009～2010 年全球视野下的中国住房市场

如果对中国房地产周期进行划分，当前有两种代表性的观点。“房地产周期波动研究”课题组（2002）认为，从 1981 年至今，房地产业可划分为四个周期：1981～1983 年为第一个周期、1984～1990 年为第二个周期、1991～1996 年为第三个周期、第四个周期从 1997 年开始。张晓晶和孙涛（2006）认为，从 1978 年至今房地产业经历了三个周期：1978～1991 年为第一个周期，第二个周期为1992～1997 年，1998 年至今为第三个周期。综合上述两种观点，中国经济体制改革明确以建立社会主义市场经济体制为目标后，房地产业大概经历了一个周期（1991～1997 年），而 1998 年住房制度改革后的新一轮周期正在形成中。我们认为，2008 年下半年至 2009 年初中国住房市场的下行调整可能只是 1998 年开始的上升周期中的短期波动。随着 2009 年上半年中国住房市场重新进入上行通道，未来可能影响中国住房市场的国际因素主要包括“热钱”与 FDI 流入、输入型通胀（大宗商品价格上涨）以及全球经济回暖对中国经济带来的影响等。

虽然尚缺乏足够经验证据来判断“热钱”与 FDI 是否是推动中国房价上涨的重要因素，但是，我们认为，即使这些因素不是影响中国房价的重要因素，但是应该关注这些因素的变化对中国住房市场可能带来的影响。由于发达经济体金融机构正处于去杠杆化进程中，全球金融系统恢复健康尚需时日，因此，短期内可能不会再现机构投资者配置其风险资产，全球范围内疯狂追逐资产价格升值带来回报的景象，但应该关注未来全球金融市场是否重现流动性过剩及其对中国住房市场的可能影响。

全球通胀波动主要受全球大宗商品价格影响，而大宗商品价格波动主要受全球流动性影响。如果再次出现全球流动性过剩导致大宗商品价格快速上涨，应关注中国进口大宗商品导致国内物价上涨，从而出现投资者为了资本保值进入住房市场，可能推高房价的情况。值得指出的是，关于中国住房投资收益能否抵御通胀（包括预期通胀与未预期通胀）影响，也依然缺乏经验证据来进行判断。

当前预计全球经济复苏可能是缓慢的，未来全球经济增长依赖于全球经济重新实现平衡与经济结构调整。应该关注这些调整过程中可能对中国住房市场带来的总体影响，例如中国监管部门为应对全球经济形势变化所采取的财政政策、货币政策与产业政策对住房市场的影响。

三　结论与政策建议

（一）主要结论

当前，全球住房市场仍然陷于低迷，发达经济体中仅有美国和英国住房市场出现回暖迹象。未来，全球住房市场回暖离不开实体经济走出衰退与金融系统恢复活力。本轮全球经济危机沉重打击了发达经济体实体经济，虽然近期全球经济出现回稳迹象，但未来经济复苏的基础依然薄弱而且将可能是疲软的。同时，全球金融系统恢复有效运作还需较长时间。因此，近期内全球主要经济体住房市场可能不会得到金融系统（特别是证券化市场）的有力支持，使得全球房价普遍处于增长放缓或衰退的局面且很难得到明显改善。

历史经验表明，住房市场自身的下行调整是一个缓慢而持久的过程。全球主要经济体房价衰退期大约平均持续4年，而跌幅要占之前涨幅的一半以上；本轮全球房价衰退发生在金融危机时期，这样无论是在工业化经济体还是在新兴经济体，房价衰退的跌幅与持续时间将可能十分相近。此外，名义房价黏性与低通胀水平会使得真实条件下的房价下降呈现为一个缓慢过程。如果历史会重复，本轮全球房价的下行调整将可能是深度和持久的。

随着中国经济与全球经济联动性增强，中国住房市场受到全球经济形势变化的影响也逐渐凸显。未来一年可能影响中国住房市场的国际因素主要包括“热钱”与FDI流入、输入型通胀（大宗商品价格上涨）以及全球经济回暖对中国经济带来的影响等。显然，监管部门应从开放条件下关注与调控中国住房市场发展。

（二）问题与挑战

（1）虽然全球经济增长恢复的前景令人乐观，但通胀趋势的不确定性仍是关注焦点。全球金融系统恢复有效运作的步伐将影响全球经济复苏。与此同时，全球流动性过剩的潜在风险如再次转变成全球通胀推动力，将可能影响各经济体央行货币政策工具的使用，并危及经济复苏进程。

（2）全球住房市场恢复步伐同样影响全球经济复苏。但是，目前而言，全球住房市场经历深度调整的可能性较大。因此，主要经济体在经济增长恢复过程中寻找新的增长点势在必行。

（3）中国住房市场受到全球经济形势的直接与间接影响。全球经济复苏快慢将影响中国监管部门对房地产业政策的制定与实施。同时，全球资本流动、输入型通胀等都可能影响中国住房市场健康发展。

（三）政策建议

（1）全球主要经济体应慎重选择刺激经济政策的退出时机，并协调一致。各经济体监管部门应关注流动性变动情况。

（2）主要经济体继续推行有效政策以挽回住房市场参与者信心，以期缩短本轮房价下行时间与减小下降幅度。

（3）虽然目前仍无法判断国际因素对中国住房市场影响的重要性，特别是对于国际资本流动是否加剧了中国房价上涨这个问题。但是，监管部门应关注国际因素对中国住房市场可能造成的影响。

第六章
住房开发企业

邹士年

一　文献概述与分析框架

（一）文献概述

改革开放以来，随着国家有关房地产政策的逐步放开和规范，特别是我国城市化的加速和居民可支配收入的增加，良好的政策环境和巨大的住房需求拉动了住房企业的快速发展。

作为市场主体，住房企业从事房地产开发、经营、管理和服务活动，包括房地产开发企业、房地产中介服务企业、物业管理企业等，是住房产品和服务的直接供应者，对房地产业的发展和市场的培育起着不可替代的作用。特别是住房开发企业，更是房地产行业的决定性力量。有关住房企业的发展与管理，不仅是舆论关注的焦点，更是学界研究的重要课题。特别是近十年来，相关的研究文献呈爆炸式增长之势。依据文献的性质，大致可以分为理论、资讯类。

1. 住房企业管理的理论视野

伴随房地产行业的成长和发展，有关住房企业管理的理论研究也呈纵深发展之势。从基础理论研究到热点问题争鸣，表现出生机勃勃的态势。

不少学者关注住房企业的战略管理与成长问题。一些学者从战略理念、发展模式、管理方法和管理技术创新等角度，来尝试建立住房企业战略管理的基础理论框架（吴伟良，2003；吴伟良、李岚、刘光东，2006）。鉴于住房企业受房地产价格周期波动以及国家对房地产价格实施政策调控的直接影响甚巨，史立辉（2006）认为住房企业成长的关键影响因素可以归结为房地产市场价格和住房企业竞争力两个方面，并据此提出聚焦核心能力的住房企业成长理论模型。刘志平（2005）则侧重住房企业对环境变革的应对策略，提出应从企业发展动力即核心能力、企业家精神、战略联盟和发展绩效评价等角度，来综合评价和分析住房企业的成长策略。此外，更多的学者则基于实际案例，侧重特定角度来就住房企业发展战略提出自己的见解，如一些学者探讨了住房企业战略联盟的意义、原则与机制问题（靳雷，2004；蒋涛，2004；苏永波；2008；孙开有，2008），彭加亮等（2003）从企业信息化的角度来探讨住房企业的发展战略。黄石松、陈红梅（2007）则通对万科、栖霞建设、金融街控股三个典型案例，尝试总结中国住房企业的战略创新、制度创新、管理创新、产品和技术创新的一般性规律和未来的发展趋势等。还有些学者则研究了我国房地产中介企业的发展战略问题，从不同角度提出了中介企业健康、持续发展的理论和对策（董文晖，2006；张咏梅2006 年；代永能，2007）。

住房企业的财务和融资问题，在文献中最为丰富和突出，可谓汗牛充栋。一方面，有关会计实务的专著和教材很多，随着企业会计准则和管理制度的变化而不断更新（李姝、梅丹，2007）。其中，如何强化成本管理成为一个研究热点。房地产开发企业管理者无不希望自己的产品具有高品质、低成本的优点，控制成本也是开发企业管理者的重要追求目标之一。此外，针对我国住房企业融资渠道较少的现实，学者们也积极探讨房地产融资多元化问题。其中，房地产投资信托基金（REITs）作为近几年来中国房地产金融创新的热点议题，也是中国住房企业和境内外投资者合作的重点，不仅能为房地产业的发展提供除银行外的融资渠道，而且为投资者提供了具有稳定收入、风险较低的股权类投资产品。因此，尽管经历了全球金融危机的冲击，REITs议题仍热度不减（刘李胜、高翔，2009）。

市场营销是企业管理的核心问题之一。我国房地产市场几经波折，房地产营销也经历了一个逐渐深化的过程。如何将市场营销的一般原理和方法运用到住房产品和住房市场，需要建立一个符合中国实际的房地产营销体系。叶剑平（2004），尹军、尹丽（2005）等学者对此作出了努力。随着房地产市场竞争加剧，以及政府一系列金融、土地等严控政策相继出台，住房企业有必要关注整个开发过程中的众多利益相关者，追求同各方关系利益最大化，应主要针对顾客、内部员工、竞争者、影响者、供应商等五大相关群体开展关系营销（吴淑莲、韩奇志，2005）。同时，客户需求的多样化和个性化加大了供应链管理的难度并最终影响到供应链上游、中游和下游三个环节的集成管理效果。要确保客户满意、重复购买和客户推荐的产生，企业就必须要强化对客户需求的把握和客户的关系管理（杨洪涛，2007）。具体到如何提升顾客满意度，文献关注点不断深入，比如针对消费者对高品质生活特别是对健康安全和清洁的生存环境的渴望逐渐增强，提出开发绿色产品、进行绿色生产、进行绿色营销的房地产营销观念（宋巧、梁凤英，2005）。此外，作为应对环境变迁和挑战的营销策略，体验营销、服务营销、网络营销和文化营销等房地产营销新趋势和新方法，在文献中也开始逐渐增多。

作为房地产市场营销的焦点问题和制高点，品牌战略和品牌管理始终是文献焦点之一。优秀的房地产品牌可以降低客户对产品价格的敏感程度，提高商品销售价格，同时可以弥补产品本身的缺陷，增加销售量，从而提高住房企业的盈利能力。同时，一个有着优秀品牌的住房企业，能够赢得金融机构的信任。在信用制度尚未完善的今天，可以通过优秀品牌来为融资减少阻力（金乐，2002；中国指数研究院，中国房地产TOP10研究组，2006）。

此外，国外优秀住房企业案例研究和经验介绍在文献中并不多见，却显得弥足珍贵。比如，王宏伟等（2007）通过剖析汉斯公司（Hines）的持续成长、霍纳扬公司（Hovnanian）远景规划，以及MCZ、绿石南住房社区开发公司（Greenbriar Homes Communities Inc.）等公司的快速发展案例，研究了美国房地产开发企业成长中的能力要素。指出资金的占有、低成本土地的取得、国家相关政策的适应力、企业家个人领导的特质、重要资源要素的整合能力以及项目的市场开发运作能力等至关重要。其中，企业家的卓越领导力及其运筹能力，组织的市场运作能力以及组织资源的整合与学习能力，构成了住房企业持续竞争优势的基础。

2. 关于住房企业管理与发展的资讯报告

近年来，有关住房企业管理与发展的资讯分析报告日渐增多，为企业分析宏观经济、政策环境、评估内部管理提供了大量有价值的观点和数据。其中有代表性的成果有中国社科院牛凤瑞及其合作者主编房地产发展报告，如房地产蓝皮书系列，对住房企业的年度发展态势进行分析和评价；《中国住房企业发展报告(2007～2008)》推出中国住房企业200强排行榜等。中国社科院金碚主编的企业蓝皮书（《中国企业竞争力报告》）系列，从规模因素、成长因素和效率因素三方面的指标对国内上市企业进行监测和竞争力评估，每年也涉及房地产上市企业的竞争力排名。

更多的资讯则来自商业机构的研究。包括以中国指数研究院为代表的搜房研究体系、以克而瑞（中国）研究中心为代表的易居中国研究体系，以及中原地产研究中心、中投顾问产业研究中心等，上述机构构成地产研究资讯的主流阵营；中经网、国家信息中心等依托权威部门的统计数据，也定期发布相关的数据和研究成果；此外，还有申银万国、中信等金融机构，世联地产、世邦魏理仕、高伟、华高莱斯等中介机构以及戴德梁行、仲量联行等国外研究机构，也纷纷推出不同时间周期的资讯研究报告，为企业决策提供了宝贵了支持。事实上，大量商业研究报告和资讯产品的问世，也正反映出房地产整体行业管理环境和管理水平在稳步提升。

（二）分析框架

本章通过对涉及住房企业的六个大的方面，即基本素质、生产要素、生产经营、住房产品、管理制度、社会责任的情况及其变化做出分析，以期能够对住房企业的基本现状做出描述，并对住房企业的发展潜力做出挖掘。

1. 基本素质及其变化

这部分通过对住房企业的数量、市场绩效、经营绩效及其变化做出描述来反映住房企业的基本素质及其变化。企业数量及其变化包括住房企业的股份形式，即企业的控股股东属于国有、民营还是外资，业务的类型是属于主营房地产还是兼营房地产业务，市场绩效的变化包括市值的变动，市盈率及股价的变动。经营绩效的变化主要包括住房企业的销售收入、销售面积等的变动情况。

2. 生产要素及其变化

住房企业的资本获取能力反映住房企业的成长能力；而土地是房地产赖以生存的基础，作为住房企业融资后的第一步就是拿地，很多企业仍然奉行“得土地者得天下”，拿地成为竞争的关键一环；而住房企业的快速增长和房地产行业的波动使得人才成为很多企业发展的瓶颈，同时白热化的行业竞争更加剧人才的流动，影响企业的稳定发展。所以融资、拿地、人才这些要素及其变化是理解住房企业必不可少的。

3. 生产经营及其变化

住房企业的经营及其变化反映了住房企业的基本状况，房地产业由于具有投资额巨大，投资周期长，不确定因素多的特征，开发经营决策是否正确是成功的先导，开发经营状况是住房企业成功的关键。除了良好的开发，还需要成功的销售，只有通过销售才能实现住房企业市场的利润和市场占有。重组并购对所有行业都是很正常的优胜劣汰行为，但是对于竞争激烈的房地产行业重组并购也许是一种发展方向，因为优势品牌住房企业具有更强的抵御风险能力。

4. 住房产品及其变化

对住房产品及其变化可以为住房企业的发展提供有益的指导。工程质量问题是关系住房企业生存的基础，住房工程质量直接关系居民的生命财产安全，没有良好的工程质量，住房企业无从立信，无从发展。而产品的设计和品种关系到住房企业的竞争能力强弱，随着人们经济、文化水平的提升，对住房产品的设计和品种的多元化需求对住房企业提出挑战，也成为分析住房企业发展的重要因素。深度挖掘房地产品牌，提炼出品牌价值和意义，并将品牌价值植入品牌中，是住房企业发展的艰巨使命。

5. 管理制度及其变化

管理制度建设是任何现代企业都十分重视的，管理制度包括制度建设、文化建设、公司管理和公司战略。良好的制度和文化建设可以促进企业内部人与人的关系向良性发展，减少企业管理层个人决策的不确定性，良好的制度构建还可以为企业带来追加的利益。公司管理有一整套体系，是一项综合工程，好的管理团队，规则至上的管理文化，完善的管理运作体系都是企业应对激烈竞争的生存之道。各个住房企业的公司战略是不尽相同的，战略没有高下之分，只要是有利于公司发展并为投资者带来利益就是正确的。

6. 社会责任及其变化

作为一个成熟的有长远发展眼光的住房企业必须具有一定的社会责任感。因此，有必要从资信、税收、公益慈善、保障性住房建设、环境保护等方面对住房企业进行分析。资信对于房地产这样一个资金密集、风险性高的行业来说是非常重要的。税收是一个企业社会责任的最现实体现，而公益慈善是一个企业社会责任的有效延伸。保障性住房建设作为针对弱势群体的建筑，与商品房消费者重合较小，应该成为住房企业义不容辞的社会责任。企业的成功必须将环境保护和社会责任结合在一起，才能获得长期的增长，并为利益相关者创造价值。

二　2008～2009 年中国住房企业发展分析

（一）基本素质及其变化：由恶化趋势走向好转

1. 企业数量及变化：由大幅减少到缓慢上升

中国房住房企业的数量随着住房市场的发展而壮大，从 2004 年的 3 万多家增加到 2008 年的 6 万多家，但是随着金融危机的影响，住房企业的数量大幅减少，仅北京市从 2007 年底到 2008 年底就有 1/4 左右的开发商退市。但是进入 2009 年随着房地产市场升温，尤其是第二季度销售的大幅升温，房地产企业数量缓慢上升。

上市公司方面，2008 年受金融危机的影响，资本市场融资基本停顿，导致 2008 年沪深房地产上市公司仅增加合肥城建和滨江集团。进入 2009 年 6 月 IPO 重启再掀 A 股上市热潮，各地房企扎堆上市融资。有超过 20 家房地产企业计划在 A 股或 H 股上市。

2. 股份形式：国企控股数量逐渐减少

由于 2008 年是央企主辅分离人限之年，央企整合重组步伐加快，加上股份制改革的深化，国有股份制房地产企业数量逐渐减少。

多家央企在 2008 年挂牌转让房地产公司股权。其中 12 月成密集挂牌转让股权月，中国中信集团在北交所挂牌转让深圳市中信星光名庭房地产有限公司48%股权；中国房地产开发集团公司先以30万元的挂牌价格转让联合发展投资顾问有限公司90%股权，随后挂牌转让中房集团大地土地发展公司90%产权。除北京之外，天津、上海等地产权交易机构12月新挂牌项目数也不少。

3. 主营业务：由减少到快速增加

在业务类型上以房地产作为主营业务的改变与房地产市场繁荣密切相关，2008年一些以房地产为主营业务的企业由于业务的萧条有所减少，但是2009年随着房地产业的升温主营业务转向房地产业的企业快速增加。主营服装生产的雅戈尔集团也确立以房地产作为主营业务，并计划实行跨越式发展进入一线房企行列。

（二）生产要素及其变化：由全面困顿走向抢手

1. 资本：融资受阻到全面回升

资本作为房地产生存的命脉，2008年危机以来，由于银行和股市融资受阻，发行公司债成房地产企业唯一获取资金的渠道。2009年随着房地产市场销售情况的好转，房地产企业在资本市场再度受到认可，公开市场融资渠道再次开启，房地产企业融资活动日益频繁。

2008年虽然有30家住房企业提出过增发计划，但全年仅15家地产公司成功增发，总融资额为463.19亿元。但是进入2009年房地产业的估值伴随销售的回暖开始出现回升，上市住房企业的增发融资成为投资扩张的主流，深沪A股市场上房地产上市企业计划2009年融资额超过300亿元。

2. 土地：由“烫手山芋”成“香饽饽”

2008年对于捂地的开发商来说是种煎熬，宏观经济环境加上2007年10月国土资源部出台的39号令，使得土地市场上出现分化。土地购置面积增幅下降，出现土地流拍现象。除1~5月外，增幅逐月下降，全年购置面积36785万平方米，同比增幅为-8.6%。但是进入2009年由于市场的持续活跃，而各地政府迫于土地财政的压力，纷纷出台措施鼓励开发商购地。促使开发商在土地市场又开始积极行动，增加土地储备。土地购置面积猛增，上年还是“烫手山芋”的土地成了“香饽饽”。进入6月全国“地王”频出，保利38.1亿元拿下重庆2009年唯一成交的住房地块，也成为重庆地王，9月又成为南京地王，富力拿下广渠门地块，成为北京新的地王，中海地产 70 亿元拿长风地块，成上海乃至全国地王，绿城集团分别成为苏州、无锡地王。

3. 人才：由相对过剩到流动加剧

2008 年房地产市场受环境的影响，住房企业人才出现相对过剩现象，尤其是中低端人才淘汰较多。住房企业从开发至销售，每一个环节的知名企业都在纷纷“变相裁员”，最多裁员比例超过 30%。面对外部压力，住房企业总体放缓对高端人才的引进，但是有实力的大企业却利用抄底机会收罗高端人才。进入 2009 年房地产市场的升温导致人才的需求加大，尤其是营销和建筑类人才，销售人才也备受青睐，同时，高端人才流动加剧。具体有苏宁环球董事兼总裁徐刚的辞任、金科集团总裁谌俊宇的离任、合生创展执行董事及副主席赵海的辞任、中航地产董事长吴光权的辞职等。

（三）生产经营及其变化：由逐渐走向困境到回升

1. 开发经营：规模由下降到依旧低迷

2008 年全国房地产投资 3.06 万亿元，其中住房投资 2.2 万亿元。上半年住房企业投资高位运营，下半年基本逐月下降，1～12 月，住房投资增幅从 36.6% 下降到 26.%；全国住房新开工面积 7.99 亿平方米，同比增长 1.4%；竣工面积同比减少 3.5%。但是与此相反的是保障性住房建设明显加快，2008 年全国廉租住房建设共投入资金 354 亿元，是 2007 年的 3.7 倍。

进入 2009 年住房市场虽然回暖，但是住房企业投资仍然谨慎，1～8 月，全国完成房地产开发投资 21147 亿元，同比增长 14.7%，其中，商品住房完成投资 14848 亿元，同比增长 10.9%。1～8 月，全国房地产开发企业房屋施工面积 26.29 亿平方米，同比增长 13.5%；与投资继续回暖相对的却是全国房屋新开工面积、全国房地产开发企业完成土地购置面积的数据依旧处于低位。房屋新开工面积 6.31 亿平方米，同比下降 5.9%；完成土地购置面积 16309 万平方米，同比下降 25.8%。

2. 住房销售：增幅由显著下降到快速上升

2008 年住房企业销售业绩普遍下滑，住房销售出现从 2003 年以来的首次下降，空置面积大幅增加。2008 年商品房销售面积 6.2 亿平方米，同比增长 -19.7%。商品房空置面积 1.64 亿平方米，同比增长 21.8%。进入 2009 年上半年，中国房地产市场逐步回暖，1～8 月，全国商品房销售面积 49416 万平方米，同比增长 42.9%。1～8 月，商品房销售额 23464 亿元，同比增长 69.9%。

3. 重组并购：由基本停滞到显著加快

在资本市场上，房地产属于具有高贝塔值的资金密集型行业，一向是重组的高发板块，但是，2008 年，由于股市及楼市的低迷，很多原来准备将房地产业务注入上市公司的重组方案被迫搁浅。一直到 2009 年 2 月份，市场局势渐渐明朗，房地产重组的气氛才又活跃起来。目前沪深两市并购重组股中以转型后行业划分，房地产占比最高，超过 20%。其中，既有华侨城集团旅游地产整体上市等范本，也有金科借壳 ST 东源、*ST 九发化身地产股等大量“乌鸡变凤凰”的案例。

（四）住房产品及其变化：质量随价格一起下跌，品牌随时间经历考验

1. 住房质量：问题曝光不断

2008 年，随着房价的下跌，为了节约成本，房屋的质量也在同步下降。连一些大的上市住房企业也纷纷出现质量问题，上海的“隔音门”和“漏水门”；广州西子湾首个限价房的“拒收门”，广东质检总局 2008 年新房质量“黑名单”中一些知名企业也赫然在列。2009 年 2 月使用劣质建材的“建材门”；5 月夺命的“壁炉门”；6 月上海的“楼脆脆”；8 月北京的“墙脆脆”，都把住房产品质量问题一次次推向人们的视野。

2. 产品设计：需要更多考虑环保和节能

金融危机使得中国的房地产行业也陷入调整期，市场竞争日趋激烈，楼盘销售量萎缩，房价波动。项目的规划、户型的设计、景观的设计、如何提升住房产品附加值都是企业需要重新审视的问题。在人多地少的中国，我们的住房产品设计必须符合我们的国情，避免张扬和奢侈，在设计上要具有环保和节能的意识，小区和住房的设计和结构要本着节约土地资源和能源的理念进行开发。

3. 品牌塑造：需要继续强化

随着中国住房产业市场化程度不断提高，住房企业整体水平正在不断提高，业内竞争必将超越产品力层面。开发商品牌作为产品力、售后服务、居住文化、企业实力和管理优势的体现，越来越成为消费者进行购买选择的重要考虑因素。

在品牌的塑造方面，中国住房企业往往注重品牌的建设，但是缺乏对品牌的维护，有些企业只是过分注重“项目品牌”的开发。

上市住房企业在品牌的塑造上，行业老大万科长期领跑，万科建立以“建筑无限生活”为核心价值的品牌战略和品牌管理体系。而中海发展基本思路是：以建设精品项目累计品牌资产，并设立品牌管理小组管理制度。金地是一个典型的自上而下、由内而外形成的品牌。从“创造生活新空间”到“新产品主义”，再到“科学筑家”，不仅是寻找品牌核心的过程，更是贴近消费者的过程。

（五）管理制度及其变化：新的制度、文化建设涌现，但是管理水平仍需提升

1. 制度建设：落后于住房发展速度

房地产的制度建设方面总体上还落后于房地产的发展速度，住房企业的内部控制制度、外部监管制度建设都任重而道远。从 2004 年以来，所有对房地产的有关政策都是短期政策，都是为了应对当时的经济和房地产发展中出现的状况所出台的调控政策和短期政策，却没有房地产市场的长期政策。

2008 年“捐款门”事件的发生，说明上市公司在新媒体时代的危机管理意识还不够；从危机发生后的处置以及危机所造成的破坏力来看，暴露了上市公司危机管理能力还不强。因此，增强危机管理意识、提高危机管理能力是上市公司管理的一项重要课题。

2. 文化建设：新股东文化成靓丽风景

目前我国住房企业的文化建设还普遍不成熟，企业的文化建设滞后于企业的发展，企业缺乏核心的价值观和理念，对于品牌的建设程度重于维护，只有极少数企业非常重视企业文化建设，以至于形成国内外都有影响的品牌。

2008 年资本市场遭到重创，一些成熟的上市公司开始根据全流通时代的新特点，站在更高的高度上思考、认识和践行投资者关系管理。加强诸如业绩发布会、投资者见面会、网上交流会、分析师座谈会等传统的投资者关系管理活动，这方面的典型是万通地产。万通地产董事会讨论通过“万通地产新股东文化建设九条措施”，成为 2008 年中国上市公司投资者关系管理实践中一道靓丽的风景线。

3. 公司管理：还不够真正重视

长期以来住房企业的公司管理方面存在很多问题，尤其是一些中小企业缺乏中长期规划，绝大多数住房企业仅有的法人治理结构文件只有《公司章程》，而且几乎都是套用的。一些国有改制后的股份制房地产企业在改制后问题不断，不仅仅是员工的思想观念和行为方式跟不上机制的发展，更主要的是企业法人治理结构不完善。公司组织结构设计不合理，过于简单化，职权规定不合理不充分，预算管理不清晰。

2008 年最大的管理问题是财务风险的管理能力，不恰当的金融和财务管理都会给企业带来致命危机。而万科、中国海外、雅居乐、金地以及保利等大企业都是属于比较优秀的。很多住房企业在 2008 年下半年都提出要加强管理，以应对危机。但从 2009 年第 2 季度开始，随着行业景气度好转，管理的意识又开始淡漠了，因此管理对于大多数公司还不够真正重视。

4. 公司战略：缺乏系统性和可持续性

中国的绝大多数住房企业缺乏系统和可持续性的发展战略，全国注册房地产公司 6 万家，但是活跃的不到 10%，很多住房企业根本就没有什么公司战略规划，完全是靠关系，搞到一块地皮，赚一笔就走的项目公司，所以也就不可能有什么企业核心竞争力。

具体到上市公司，在战略上 A 股上市企业与港股上市企业还是有一定差别的，A 股上市的企业选择开发速度制胜策略，这也符合内地投资者的偏好，而港股上市企业更多选择土地的储备和经营的多元化战略。

（六）社会责任及其变化：仍然与其所处行业地位极不对称，但是已向好的方向转化

2008 年对于中国住房企业来说是社会责任值得考验的一年，因为这是很多企业非常困难的一年，但是越是困难越要坚持自己的诚信和自己的社会责任，很多企业已经意识到企业的社会责任不只是捐赠和慈善事业，还包括积极参加社会廉租房的建设，还有在开发经营过程中，坚持环保的方针，采用先进的技术推进再生能力，确保住房产品能够在设计使用年限里，质量上应该是没有问题的。保护环境也成为越来越多企业的共识。很多企业的社会责任已经由被动转为主动，当然企业在对待社会责任的态度和行为也还有很大差别，有的企业更重视企业整

体经营对国家的贡献。

1. 资信：更受重视

房地产作为联系投资和消费的中间环节，是与金融行业密切相关的产业，因此，房地产的资信建设意义重大。而关于住房企业资信的评比也很多。广东省从2002年起就开展房地产资信20强评比，2008年扩展到30强。保利、碧桂园、雅居乐、奥园等上市企业也都纷纷入选。

而北京从2005年开始地产资信20强评审，2008年远洋地产、合生创展、华远地产、华润置地、珠江、首开、泛海、保利、金隅等榜上有名。随着政府、金融机构、消费者、媒体等对资信的关注，住房企业也更重视资信建设。

2. 税收：仍然与行业地位不相称

纳税对于住房企业来说是个敏感又无法回避的问题，长期以来住房企业的纳税能力受到质疑。2008年由于房地产经营受到挑战，房地产的税收也因此大幅下滑，作为住房企业税收的老大万科，2008年仍然排在住房企业税收榜第一位，纳税总额46.4亿元，排在中国纳税100强企业排行榜的第67位，比2007年的第49位下降了18位，纳税总额比上年53.1亿元少了6.7亿元，也是2008年唯一一位进入税收100强的住房企业，而2007年税收百强企业中有万科、保利、碧桂园、上海绿地四家企业。

3. 慈善：总体有所觉醒，但是企业之间差距较大

2008年是考验中国企业慈善责任的一年，更是对住房企业的考问。令人欣慰的是根据福布斯2009年中国慈善排行榜，来自于房地产行业的比例最多，所占比例超过40%。世纪金源、碧桂园、雅居乐、世茂集团、大连万达等都榜上有名。大连万达的老总王健林和万达集团第三次获得中国慈善事业最高荣誉，成为全国近700万家企业中唯一三获中华慈善奖的企业。

4. 环保：品牌企业起带头作用

作为住房企业，维护环境质量，使用清洁能源，减少废弃物排放，循环利用资源是对整个社会环境负责的表现，也是企业的社会责任。一些知名品牌大企业所起的带头作用明显。

万科努力通过各种技术手段减少住房生产、使用过程中的能源消耗和资源浪费；保利地产提倡回归自然，创造“节能人居”；中粮地产关注社会环境的可持续发展，公司把绿色建筑的理念体现在环境延续上；金融街鼓励产品创新并推广应用，促进资源的节省；泛海建设通过宣传来提高所有员工的环境意识，倡导人人保护环境；广宇集团从源头开始抓环保工作，努力打造“绿色地产”和“节能住房”。

5. 保障性住房建设：得到更多有责任心企业重视

保障性住房建设作为体现企业社会责任的一种方式，随着政府对保障性住房建设力度的加大，更多的住房企业开始重视。但是也有房地产企业认为自己作为商人就应该只考虑利润，只给富人建房。万科作为行业老大多年来倡导并积极参与中低收入家庭住房行动，成为我国住房企业参与政策性住房建设的榜样。万科与都市实践建筑事务所主创的低收入住房实验万汇楼，也被称为“土楼公舍”，2008 年 10 月在纽约展出，引起较大反响。北辰、保利、富力等上市住房企业都积极参与北京的保障性住房建设。

三　2009～2010 年中国住房开发企业发展展望

（一）企业数量会增加，但绩效会分化

随着经济形势的好转，一些在危机下可能被淘汰的中小企业会有继续生存的空间，同时，其他行业由于产能的过剩会使得转向房地产行业的企业增多，尤其是一些原来涉及房地产行业，但是房地产是非主营业务的企业在经济形势好转后将会发生一定改变。上市的住房企业也会增加，同时，借壳上市摇身一变成房地产公司的数目也不在少数，仅 2009 年上半年就有 9 家上市公司，被改头换面置入房地产项目。其中包括有钢铁上市公司大连金牛、制药公司 ST 潜药、通讯设备商兆维科技、蘑菇大王*ST 九发等。

（二）信贷将出现结构性调整，土地供应力度会加大

当前全球经济回稳快于当初预期，很可能使得宽松货币政策退出的时间点比市场预计的有所提前。可以肯定的是，随着经济基本面的好转 2010 年加息和紧缩的货币政策是主旋律，信贷规模将会缩减，房地产信贷结构将会出现结构性调整，更趋于规范性。经营稳健，抗风险能力强的大中型房地产企业将有更多机会。资本市场直接融资将成为房地产企业的首选，而住房企业重组的步伐将会

加快。

土地供应方面，由于市场出现的回升，地王的频现，政府将会加大土地的供给力度，农村集体用地流转工作改革的继续将会大大加速市场土地供应，但是同时，对于囤地行为将会加大整治力度。

（三）住房开发速度会加快，住房销售稳步上升

随着经济基本面的好转，市场对于住房投资和投机性需求会上升，基于基本面的判断，开发商会加大开发投资力度，而前期大量拿地的企业在政府加大对囤地的整治力度背景下将会加大对住房的开发。

住房的销售将会随刚性需求和投资性需求而呈现稳步上升的特点。

（四）住房质量事件减少，品牌建设分化大

由于2008年和2009年前几个季度对于住房质量问题的屡屡曝光，让国家加大对住房质量的检查力度，同时，开发商自己也开始纷纷自查，因此，可以预见在未来一段时间，住房质量事件将会大大减少。但是在住房产品的设计上将不会有太多变化，还是更多关注于环保和节能，将会更多考虑人性化，虚浮的、不适用的唯美风格将会减少。

在品牌的塑造上，一些大中型的企业将会越来越重视品牌的建设和维护，而中小企业首先还是为了生存，对品牌建设还没有足够重视。

（五）管理制度建设力度加大，但管理会随经济好转而放松

2008年金融危机中企业和政府监管部门暴露出许多问题，作为政府部门自身也意识到房地产行业的制度建设落后于房地产市场发展，行业缺乏长期规划，因此，住房管理制度建设会加大力度。但是随着经济形势的好转，住房企业自身管理将会有所放松。

（六）社会责任继续向好，保障性住房建设和环保更受重视

随着房地产市场发展渐趋理性，一些颇有实力并肩负着推动行业发展责任感的房地产企业，在推进企业发展的同时，还要花大量的精力推进社会和谐的建设、慈善事业的发展。2008年房地产企业社会责任的觉醒将会带动更多企业关

注慈善事业，而税收将会随着房地产企业的景气上升而增加。

随着国家加大对保障性住房的投资，以及一些大的住房企业出于对自己社会形象和品牌的维护的考虑，将会有更多企业加入保障性住房建设之中，同时，由于整个社会对资源节约和环境的重视，住房建设中对于环保和节能的重视程度将会大大加强。

四 住房企业的长期分析

（一）住房企业的总体分析

我国住房产企业的发展，直接受国家宏观制度和政策的影响。其发展历程，与我国经济社会制度的变革特别是住房制度的改革步伐相一致。房地产业的形成和发展，成为我国经济改革和发展的重要契机与强大动力。回顾我国房地产业改革开放以来的发展历程，我们认为可以划分为以下四个阶段。

1. 住房企业起步，住房政策摸索（1978～1991 年）

从改革开放到 1991 年，中国基本上属于福利分房时期，没有所谓的房地产市场概念。这一时期属于“建房靠国家、土地靠划拨”的时代，国企承担了房屋建设的主要责任。这个时期仅有的一些房地产企业都是国有的，房地产政策完全处于摸索起步阶段。住房建设以及维修和管理成了国家的沉重包袱。

邓小平同志在 1978 年就提出：“解决住房问题能不能路子宽些？”同年，理论界提出了住房商品化、土地产权等观点。1980 年 4 月，邓小平就城镇住房体制改革的框架思路作了重要讲话，拉开了我国住房制度改革和房地产业发展的序幕。同年 9 月，北京市住房统建办公室率先挂牌，成立了北京市城市开发总公司，被认为是国内最早的国有房地产开发企业，我国住房制度改革进入综合开发和试点阶段。1981 年 3 月，深圳经济特区房地产公司成立了内地第一家物业管理企业——深圳市物业管理有限公司。

1987～1991 年是中国住房企业发展的起步阶段。1987 年 11 月 26 日，深圳市政府首次公开招标出让住房用地，揭开了土地供应市场化的序幕。1988 年 4 月 12 日，通过了《中华人民共和国宪法》（修正案），承认了土地使用权的商品属性。到 1989 年底，全国的房地产开发公司由 1986 年的 420 家迅速增加到 3000

多家，职工12万人，年完成开发工作量在200亿元以上，经营收入179.5亿元。

1990年，上海市房改方案出台，开始建立住房公积金制度。1991年开始，国务院先后批复了24个省市的房改总体方案。1991年11月23日，国务院办公厅转发国务院住房制度改革领导小组《关于全国推进城镇住房制度改革意见的通知》，我国房改从分批分期转向全国全面推进，住房企业获得了前所未有的发展机遇。

2. 住房企业初步发展并过热，住房政策调控开始显现（1991~1995年）

这一时期，我国的的民营和股份制住房企业崭露头角，我国的住房市场发展经历了第一次快速发展和泡沫时期，我国的住房政策开始发挥作用，宏观调控显现，"安居工程"开始启动。

1992年，邓小平"南巡"讲话之后，我国经济进入新一轮高涨期。这一阶段，民营住房企业也开始初露头角，如万科、万通、合生、顺驰和富力等企业异军突起。同期房地产开发投资增长高达117.6%，是经济增长速度的8.3倍；1993年房地产开发投资增长高达165%，是经济增长速度的12.2倍。房地产发展出现过热问题，特别是在深圳、海南、北海等地，出现了第一次房地产泡沫。1994年和1995年，国家对房地产业进行了首次调控，投资增长幅度大大减小，商品房销售额增长率从1993年的102.5%骤降至1994年的17.92%。

3. 住房企业发展相对协调，政策调控开始稳健（1995~2003年）

经过1995年的宏观调控，国民经济稳步着陆，房地产业也开始止跌回升。此后，国家开始严格控制高档房地产项目的开发，将房地产业的发展方向引向住房开发。我国住房企业由此开始步入一个理性、平稳的发展阶段。房地产企业数量大量减少，受金融危机影响，住房政策由紧到松。在这一阶段，房地产经纪也进一步规范和扩展，是我国住房企业相对稳定协调发展的阶段。

从1998年7月3日国务院颁发"国发［1998］23号"文件，规定从1998年下半年开始停止住房实物分配，逐步实行住房分配货币化，到2003年，国务院发布"18号文件"，首次确认房地产作为支柱产业的地位。在这一阶段，民营住房企业获得快速发展，开始与国有住房企业平分秋色并逐渐成为主导性力量。内资房地产开发企业中的国有住房企业所占比重由1998年的39.9%下降到2003年的12.3%，集体企业所占比重由22.7%下降到5.9%，而民营、股份制企业则由37.4%上升到81.8%。

4. 住房企业波动发展，政策调控双向强化（2003 年至今）

经过亚洲金融危机后住房宽松政策推动，各地房地产业快速发展并逐渐出现过热现象。密集的调控政策出台还是难以撼动房价高攀。2007 年的“9·27 新政”，要求提高第二套房首付比例，以及《物权法》的颁布，达到了宏观调控的新高点。2008 年，国际金融风暴的影响再一次让房地产行业遭受到重击，行业发展减速明显，整个行业伴随经济与政策的双重调整进入新一轮的全面调整期。然而，伴随国家保增长、扩内需的系列举措，房地产市场与 2009 年初开始回升，并意外出现价格过快上涨等过热现象。中国的住房企业，仍继续在调控和反调控双向强化的循环悖论中发展和调整。

从 2003 年起，中国就逐渐加大了对房地产业的宏观调控。从 2004 年的所谓“8·31 大限”，到 2005 ~ 2006 年的所谓“旧国八条”（《关于切实稳定住房价格的通知》）、“新国八条”（《加强房地产市场引导和调控的八条措施》）和“外资限炒令”（《关于规范房地产市场外资准入和管理的意见》）等，2004 ~ 2006 年被业界称为房地产行业的政策年。但这一系列措施仍未阻止 2007 年房价的飙升，2007 年第二套房首付比例的提高，《物权法》的颁布，不断紧缩的信贷，再次为楼市降温。2008 年，受国际金融风暴的影响，整个行业进入新一轮的全面调整期。

（二）住房上市企业分析

住房上市企业发展一方面与房地产市场发展情况和房地产政策密切相关，另一方面还与资本市场发展密切相关，中国的住房上市企业的发展可分为三个时期。

1. 房地产上市企业创设起步（1992 ~ 1997 年）

20 世纪 80 年代末我国推行住房市场化改革，住房企业开始发展，1992 年出现真正意义上的第一家房地产上市公司，到 1998 年我国停止实物分房，推行住房货币化制度，这一时期可以看做是我国住房上市公司创设起步阶段。这一阶段的房地产公司大多规模较小，运作的项目不多，因此更多的注意力集中在追求单个项目的最高利润率，而不过多考虑产品的定位，产品的系列化和标准化，更不深入考虑公司的商业模式，不深入考虑住房开发业务和持有型物业的平衡点。

（1）住房制度的改革为住房企业上市创造条件。80 年代末，有一部分沿海公司开始涉足房地产，如 1988 年万科将在股份制改造中获得的 2800 万元资本金中的2000万元购得一块使用权50年的住房地使用权，1991年上市融资1.3亿元开始在上海和东南沿海等地圈地，但是由于万科上市的主营业务并不是房地产，所以直到1992年1月上海兴业房产股份有限公司在上海的上市，才标志着中国第一家房地产公司的上市。

（2）邓小平“南巡”讲话掀起中国第一个住房企业上市高潮。1992年，邓小平“南巡”讲话后，房地产开发投资高速增长，也掀起中国房地产上市公司的第一次高潮，其中，海南上市的4只股票中就有3只（琼珠江、琼能源、港澳实业）是房地产。很多非房地产上市企业也纷纷转向房地产开发和经营，最典型的就是后来行业的老大万科。同年8月，中国海外发展在香港上市。

（3）住房企业面临第一次政策调控。在1992～1994年这轮房地产热中，住房企业盈利大增，但是，这种缺乏经验和超常规的发展导致房地产投资结构不合理、房地产投资商不重视投资分析、决策不科学、规模失控、收益分配失衡以及市场不规范等。中央为了解决超常发展问题，从1993年7月开始对房地产市场进行调控，1994年又出台法规禁止住房企业上市，这一时期住房上市企业融资受到严格限制。

2. 住房上市企业平稳发展（1998～2002年）

在经历第一次泡沫后大调整的住房企业，与起步阶段相比已经意识到专业化发展的重要性，比如万科A、金地集团和中远发展等。在经营理念上这一时期的房地产公司意识到以往那种“造概念、打广告、拼关系”卖房子的做法已经不适应消费者的需要，而“造品牌、打市场、拼服务”的营销理念开始主导销售市场。

（1）住房上市企业迎来再次发展机遇。住房上市企业在经历1994～1997年一段漫长的调整后，迎来了再次发展的机遇。1998年4月央行出台购房按揭政策，鼓励住房消费。1999年中央开始在全国范围内推行住房分配货币化制度。2001年，国家陆续取消47项不合理收费等政策，有效地扩大了住房需求，为住房企业的发展带来更大机遇。

（2）住房上市企业数量迅速增加，竞争加剧。2001年3月北京天鸿宝业房地产股份有限公司在上交所挂牌上市，标志着长达8年之久的房地产公司上市禁令解冻。一个月后，金地集团上市，从而拉开了新一轮房地产市场快速发展的序幕。房地产上市公司数量迅速由2000年的30家增加到2002年底的69家。这一时期，房地产上市企业之间竞争激烈程度明显增强，市场集中度进一步提高。

（3）上市企业总资产不断扩大，经营模式向专业化方向发展。按照2002年上市公司财务报表数据，沪深上市房地产公司总资产第一名的北京城建达到84.1588亿元，紧随其后的是万科82.1582亿元和陆家嘴77.0759亿元。总资产的增加多以主营业务为核心，通过资产置换整合资源和主营业务规模的不断扩大而增加总资产。

3. 住房上市企业快速发展（2003年至今）

随着2003年国务院18号令正式把房地产业确定为支柱产业，住房企业感受到前所未有的发展的机遇，不断加快投融资和上市步伐，由此也迎来我国房地产上市公司加速发展的阶段。

（1）上市住房企业综合实力增强。2003年，随着国家把房地产业确定为经济支柱，全国房地产行业出现了高速的增长，房地产上市公司总资产、主营业务收入、利润总额分别较2002年上涨13.3%、9.4%、14.8%。到2008年底我国房地产投资超过3万亿元。

（2）住房企业海外上市步伐加快。在上市方面，2003年后房地产上市公司在沪深上市的步伐减缓，而海外上市的步伐加快，2003～2008年在沪深IPO上市的房地产公司仅有6家，而同期选择到境外IPO上市的中国住房企业共有30家。

（3）上市住房企业经营规模快速扩大。沪深房地产上市公司总资产均值由2003年的23.2亿元上升到2005年的26.40亿元，2007年上升至58.21亿元，而2008年底更是攀升到70.45亿元，内地在港上市公司总资产均值到2008年底达到268.79亿元。在其他境外市场上市住房企业总体规模较小，2007年总资产均值为35.87亿元。营业收入稳定增长，新上市企业表现突出。在港上市公司比沪深上市公司利润总额增幅更明显。

五　住房上市公司指数：住房100指数分析

（一）指数构建

1. 指数含义

本分析中指标体系参考福布斯全球领先企业排行榜所用四项指标，即主营收入、利润、总资产和总市值。主营收入反映一个公司的主营业务的盈利能力，同时也是考察市场份额的标准。该指标越高越好，表明企业主营业务市场竞争力强，发展潜力大。利润总额是企业在营业收入中扣除成本消耗及营业税后的剩余，就是人们通常所说的盈利，是衡量企业经营业绩的十分重要的经济指标，也是衡量企业管理部门的经营管理效率的重要指标。总资产是指企业拥有或控制的、能够带来经济利益的全部资产。它是衡量一个企业实力的重要指标。总市值是指在某特定时间内总股本数乘以当时股价得出的股票总价值，一定程度上反映投资者对企业的认可以及公司实力的一项重要指标。当然，它与整个资本市场的股指变动有很大关系。

2. 数据来源和样本

本指标体系数据来源于同花顺软件，选取的是2009年之前上市总资产排名前100位的住房企业。

销售额、利润、总资产样本来源于2008年度上市企业年报。总市值都采用2009年首个交易日（即1月5日）收盘价，但是1月5日没有开盘的企业所采用数据时间分别是：合肥城建1月6日，新湖中宝1月7日，荣丰控股1月23日，万方地产、顺发恒业、ST中润为6月5日。顺发恒业由于停牌原因，所以营业收入为2009年上半年数据处理而成。

3. 综合指数的构建方法

对各上市住房企业的四项指数采用EXCEl2003软件中的PERCENTRANK函数，用来返回企业某项指标的数值在所有企业中的百分比排位值，由此，可得到各企业指标的数值。由于企业数相同，所以各指标百分位排名方法算出来的权重基本相同。故合成房地产上市企业竞争力综合指数时是采用等权处理的。

（二）结果比较

1. 总体比较：一线城市占据优势，国有强于民营

从总体排名看，排在前20位的上市住房企业中一线4个城市北京占据了6位，上海5位，深圳4位，广州1位（见图6－1），二线城市杭州、珠海、嘉兴、吉林市各占据1位。而后20名中一线城市上海4位，北京、广州、深圳各占1位，剩下的海口2位，厦门2位，哈尔滨、昆明、重庆、武汉、杭州、长春、温州、东莞、德阳各占1位。而排名前20位的国有控股企业占14位，民营只占6位，而排名后20位的国有只占5位，民营占15位。

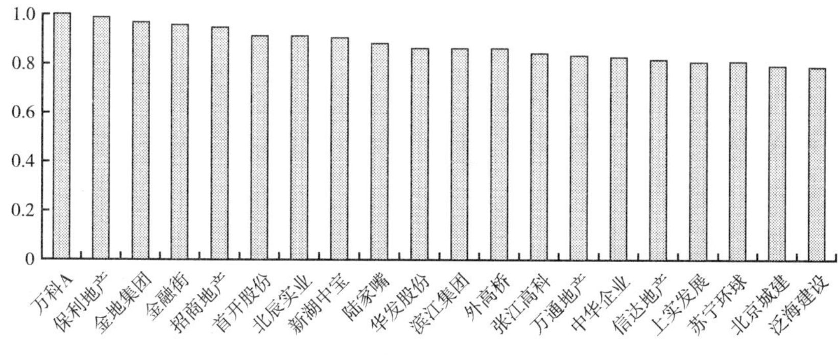

图6-1 综合指数排名前20的企业

2. 销售收入比较：两极差距较大，国有企业收入较强

排名前20位的上市企业的住房销售收入为13608505.47万元，占据100个排名企业份额的68%。国有企业有13位，民营企业有7位。排名后20位的销售收入为193304.53万元，只占据100个排名企业1%的份额。巧合的是后20位上市企业中国有企业有7位，民营企业有13位。

3. 利润总额比较：优秀企业占据利润份额较大

利润总额方面排名前20位的上市企业达到2629707.27万元，占据“住房100”企业份额的71%。国有企业有13位，民营企业有7位。排名后20位的利润总额为-74664.35万元，其中后8位利润总额都是负值，后20名中国有企业有8位，民营企业有12位。而利润总额为负值的后8位里面国有企业占3位。

4. 资产总额比较：资产集中明显，国企强于民营

资产总额方面排名前20位的上市企业资产总额共计53969177.1万元，占据100个排名企业份额的66%。国有企业有15位，民营企业只有5位。排名后20位的资产总额为1215815.95万元，只占据100个排名企业的资产总额的1.5%，在这后20名中国有企业仅有2位，民营企业有18位。

5. 总市值比较：一线城市优秀企业更容易获得资本市场认可

总市值排名前20位的上市企业市值总额共计38950443.256万元，占据100个排名企业市值总额的67.7%。国有企业有13位，民营企业只有7位。像万科、保利、陆家嘴、招商地产、金融街等这样一些一线地产企业更容易获得资本市场认可。排名后20位的资产总额为1604114.012万元，只占据100个排名企业的总市值的2.8%，在这后20名中国有企业仅有5位，民营企业有15位。

（三）结果聚类

如果将100个企业四项指标每20名作为一个层次，前20名界定为优秀，则各项指标结果有以下几种。

1. 四项皆优

销售收入、利润总额、资产总额和总市值排名都在前20位的企业有万科A、保利地产、金地集团、首开股份、金融街、北辰实业、招商地产、新湖中宝、华发股份，这9个企业各项指标显示出很强的实力和竞争性。其中万科A和新湖中宝属于民营，其他都是国有。

2. 四项中三项优秀

销售收入、利润总额、资产总额和总市值排名中有3项都在前20名的企业有外高桥、中华企业、信达地产、滨江集团、万通地产、张江高科、陆家嘴，这7个企业的第四项指标都排在第二层次，分别是外高桥的利润总额，万通地产的资产总额，中华企业和信达地产的总市值，滨江集团、张江高科和陆家嘴的销售收入。整体上还是反映出这些企业具有较强的竞争性。其中滨江集团和万通地产属于民营企业。

3. 四项中二项优秀

销售收入、利润总额、资产总额和总市值排名中有2项都在前20名的企业有北京城建、苏宁环球、上实发展、浙江广厦、冠城大通、苏州高新、顺发恒业。其中北京城建、苏宁环球、上实发展、浙江广厦、泛海建设的另2项指标也都排在第二层次，而冠城大通、苏州高新的另2项指标分别处于第二、三层次，顺发恒业的另2个指标都处在第三层次。显示这些企业在总体上仍然具有优良的表现。

4. 单项优秀

销售收入、利润总额、资产总额和总市值排名中仅有1项排在前20名的企业有中粮地产、云南城投、中国国贸的总市值，华远地产、香江控股的利润总额，荣丰控股和ST鲁置业的销售收入。

（四）结果分析

1. 住房上市企业地域集中度过高

从“住房100”的注册地可以看出，我国住房上市企业集中在四个一线城市（北京、上海、广州和深圳）的正好占据50%，其中上海18家，北京14家，深圳14家、广州4家。而剩下50%在二、三线城市注册企业又主要集中在东部沿海和省会城市。中、西部地区上市住房企业数量很少。

2. 住房上市企业行业集中度较高

综合指数排名前10位的住房企业总资产占据“住房100”总资产的49.4%，主营收入占据“住房100”的47%，利润额占据“住房100”的51.7%，总市值占据“住房100”的50.6%，这几项数据突出显示综合指数排名前10位的住房企业各项指标占据整个“住房100”的半壁江山。综合指数后10名总资产仅占“住房100”的0.2%，利润额只占0.5%，总市值只占1.2%。

3. 民营企业创造利润能力较强

在指标体系排名中，总资产前10位民营有2席，而后10名中民营企业占据9席，但是利润总额中民营企业前10位中有4席，后10名中占有6席，这在一定程度上反映出民营企业创造利润的能力较强。尤其民企的老大也是行业龙头万科，占据行业利润的17%。

4. 国有住房企业拥有资产优势

国有住房企业在资产上拥有一定优势，不到总体一半的企业数量却拥有“住房100”总资产的60%，而在营业收入、利润总额和总市值方面与民企平分秋色，分别占据51%、53%和52%的份额。资产前10名中只有2位是民营企业。

5. 民营住房企业万科独领风骚

万科为民营企业，在行业内独领风骚，主营收入占“住房100”的20.4%，利润总额占17.1%，资产总额占15.3%，总市值占21.3%，将沪深上市住房企业的行业第二也是国企老大保利远远抛在后面。保利各项指标所占比例是，主营收入占“住房100”的7.7%，利润总额占10.9%，资产总额占7.5%，总市值占7.2%。在整个民营企业之中万科主营收入占据41.6%，利润总额占据36.6%，总资产占据37.8%，总市值占据44%。

6. 国有住房上市企业综合实力较强

从上市数量上看，国有住房企业与民营基本相当，国企占据100位中的48席，但是从综合指数排名来看，国有住房上市企业的整体实力较强，综合指数前10位中国有企业占8席，而综合指数排名后10位的全是民营企业。

7. 民营住房上市企业分化较大

民营住房上市企业整体上虽然与国有住房企业基本旗鼓相当，但是剔除综合指数前2位的万科和新湖中宝，剩下的50个民营住房企业主营收入只占据整个"住房100"的27%，利润总额只占据27%，总资产只占据23%，总市值只占据24%。而其各项指标占整个"住房100"中民营企业的比例分别为营业收入占55%，利润占57%，总资产占57%，总市值占51%。

8. 整个行业两极分化严重

综合排名第一的万科在营业收入上占据整个民营企业的41.6%，利润总额占据整个民营企业的36.6%，总资产占据37.8%，总市值占据44%。占据整个"住房100"的各项指标分别是收入的20%，利润的17%，资产的15%，市值的21%。而排名最后的旭飞投资营业收入占据民营企业的0.005%，利润值为负，总资产只占据民营企业的0.06%，总市值占据民营企业的0.14%，而旭飞投资在整个"住房100"中所占比例都不到万分之一。

六　对策建议

（一）问题与挑战

改革开放以来，中国的住房企业从空白中起步，虽几经波折、起落，但总体而言发展迅猛，取得了令人称道的成就。同时，经过多年的发展，作为关系国计民生的重要产业，住房企业的发展仍需直面和超越诸多问题和挑战。

1. 总体实力显著增强，但基本素质亟待提升

经过十几年的发展，我国已经出现了一批规模较大、实力较强的企业。截至2009年1月，万科、中国海外发展、保利地产等13家企业2008年的销售额均在百亿元以上，其中万科以478.7亿元的销售额名列榜首，商品住房市场占有率达2.6%。

但是全国注册住房企业6万多家，比较活跃的实际只有6000家左右。大量中小型住房企业抗风险能力还很差。住房企业仍未脱离小、散、乱的阶段，大部分住房企业规模小、实力小、市场资源分散、资质等级不高、盈利能力差，行业集中度仍然偏低。《关于促进房地产市场健康发展的若干意见》提出，对有实力、有信誉的房地产开发企业兼并重组有关企业或项目，提供融资支持和相关金融服务，奠定了行业整合重组的政策基础。显然，向规模化、集团化和区域化扩张转型是住房企业面临的重大挑战。

2. 业务模式持续演进，但要素短板亟待优化

自1998年中国取消了福利房分配政策、开始了以商品房为主的全面市场化进程以来，特别是2004年的“8·31”以来，更透明、更具竞争力的土地获得机制，迫使住房企业逐步放弃了以往通过协议拿地及运作土地来盈利的模式，住房企业的业务模式出现了两个明显的转型趋势，一是业务模式从土地盈利向产品盈利转变。住房企业更加注重产品品质、产品创新和品牌塑造等面向顾客的发展战略。二是住房企业开始从土地开发盈利模式向房地产金融模式转变（易忠，2008）。住房企业开始更加注重融资能力的培养和发展，并积极寻求机会争取到海外上市融资。

然而，上述转型仅限于规模较大的企业。大多数中小住房企业的业务模式仍很传统、僵化，重项目运营，轻企业管理和技术创新，是在运作一个个项目而非企业。既无长期的发展战略，也不研究企业的经营模式、产业周期、宏观经济环境等重大问题，企业命运完全依赖于单个项目的运作情况，不确定性和风险很大。更为重要的是，影响住房企业发展的要素，如资金、人才等还存在短板。资金结构上还严重依赖银行贷款，如2009年1~7月，房地产开发企业本年资金来源28639亿元，同比增长28.7%。其中，国内贷款6524亿元，增长42.7%；利用外资273亿元，下降33.1%；企业自筹资金9557亿元，增长9.9%；其他资金12285亿元，增长43.2%。此外，大多数企业还存在人才严重短缺的问题。不少企业更重视土地和资金而忽视内部的专业技术人员，缺乏人才战略和人才储备，人才流动性也很大。

3. 生产经营能力不断提高，但是经营模式转变仍需努力

领先企业积累了较强的专业开发能力，通过提供高质量产品或富有特色的产品形成了良好的品牌，在多个区域市场获得消费者的认同。如万科通过开发高质量的住房项目树立了良好的品牌，北辰地产、沿海绿色家园等企业推出的生态、健康、环保等特色住房项目深受欢迎。这些企业多采取专业化聚焦模式或适度相关多元化模式，以提高专业能力、积累专业开发经验、树立细分行业的著名品牌，同时采取多区域标准化复制策略来拓展市场，将成熟的模式和市场欢迎的产品以较低的成本在不同城市和区域之间移植，并通过快速开发周转模式来提高企业开发规模并降低财务和资金风险。

但是大多数房地产企业在开发经营中仍然依靠土地的增值来获利。分析师对净资产价值（NAV）估值方法的过分依赖也助长了上市住房企业的囤地热情。而土地资源的积累占用大量的企业资金会加剧企业的资金链紧张。在房屋的销售方面，对房地产需求缺少专业咨询和实地调研，营销报告中对房地产消费者和竞争对手的调查分析不足，这在一定程度上制约了房地产营销水平的提高，定价策略单一陈旧，营销还处于产品推销阶段，忽略房地产的增值空间。

4. 住房产品成效初显，但质量提升和品牌历练尚需时日

我国的住房企业经历多年的发展在住房产品的提供上面已经初见成效，适合中国家庭特点的户型设计，人性化的小区设施，良好的小区环境建设都彰显我国住房企业的进步与发展。但是，由于监督、管理体制的不到位和眼光的短浅，很多住房企业提供的住房质量存在一定问题。

以品牌为核心的企业战略开始在房地产行业内占据主导地位，如万科、富力、中国海外发展、保利地产等一批优秀的品牌企业。但是，就整个行业而言，品牌建设才刚刚拉开了序幕。在品牌建设上投入还远远不够，不少企业错误地理解了房地产品牌的意义，将品牌作为一个宣传和促销的工具，而不是指导企业发展的价值理念。有的企业错误地把企业品牌等同于某个单个楼盘的知名度，希望通过塑造“明星楼盘”来建设企业品牌，可是如果不加以成功转化引导，很难形成品牌资产的积淀。此外，房地产经营中的投机心理，也大大影响甚至损害了住房企业的品牌化进程。

5. 管理制度建设还比较落后，管理方式还很粗放

近年来，我国住房企业在建立制度化、标准化内部管理制度方面迈出了可喜的步伐，但总体来说制度建设还落后于房地产市场的发展。我国住房企业已初步建立起产权清晰、权责明确、政企分开、管理科学的现代企业制度，但仍需进一步深化和发展，使企业真正成为自主经营、自负盈亏的法人实体和市场竞争主体。

项目管理、集团管理、企业文化管理等还处于粗放式状态。尽管我国住房企业在项目管理方面正在朝着规范和完整的方向发展，但项目管理混乱、制度不合理或不健全仍普遍存在，项目管理制度远远滞后于企业发展的实际要求。特别是当地产开发遭遇复合地产的时候，势必导致复合管控模式的挑战。当前，住房企业面临的种种问题和若干挑战，无不与企业文化息息相关。确立企业价值和使命，树立诚信形象，要扎实从文化建设开始。

6. 慈善意识有所觉醒，但社会责任仍然任重道远

近几年来，住房企业的公益慈善意识大大觉醒，贡献明显加大。但是在税收的缴纳上，连续被评为“十大暴利”行业的房地产业却成为纳税榜中的“侏儒”，偷税、漏税现象在房地产业比较严重。近几年来，上海、北京、广州等在全国各地公布的欠税“黑名单”中，住房企业都是大户。一方面是房地产业的暴利，一方面却是“纳税侏儒”，中国纳税500强企业中，住房企业的数量仅占0.6%，纳税额仅占0.3%，着实不能让国人满意。

除了税收，住房企业的社会责任还应该体现在优化项目开发、保证房屋质量、注重节能环保，在追求盈利的同时，对股东、债权人、员工和社会大众负责等方面。然而，房地产业更多的企业对商业、环境和社会责任漠不关心。不少企业存在“赚一把就走”的投机想法，提供给消费者的住房质量低下，对生态、环保和健康考虑不够。部分企业对住房相关者的利益考虑不够，明显处在诚信程度低、道德意识差的层次。一些企业只关心自己的业务，对产业发展方向甚少关注。还有些企业则看不上经济适用房或廉租房建设，只愿“赚富人的钱”。住房企业的社会责任建设，任重而道远。

（二）对策建议

1. 加强对企业绩效的监管，促使企业提高基本素质

针对房地产市场一哄而上的特点，必须采取相应的措施对其有所控制，加大对住房企业资质的管理和审批，加强对住房企业经营绩效的考核，促进住房企业进行重组和合并，鼓励企业做大做强。加强对企业的现金流考核，替代对房产的估值，发挥金融调控在住房企业重组过程中的作用。

在重组过程中要避免通过不公平竞争产生的行业垄断性，以及依靠垄断性的资金和资源抬高地价房价行为，前段时期“地王”频现的央企应该是值得关注的，对于高额拿地的冲动主要是来自于高额的利润，但是这种政府主导企业抬高地价进而抬高房价的行为确实让人们匪夷所思，如果说是民企的行为政府无法干涉，但是作为央企，政府有约束的权力和能力。

要引导企业提高自身基本素质，通过资源整合发挥企业优势，通过对优秀人才的培养和先进的管理去增加项目的附加值。

2. 加强金融支持和金融监管，促进生产要素合理分配和流动

房价虚高、房地产泡沫无限吹大，严重抑制了广大居民住房的需求，并已成为房地产健康发展的障碍。当前，房地产业已经积累了较高的风险，银行对住房企业的支持，要本着扶优限劣的原则来推进房价软着陆，逐步化解风险，实现理性回归。首先，银行要扩大对住房企业重组并购的融资支持力度，支持优势企业通过资本运作扩大经营规模。包括对住房企业战略联合、产业链整合等进行支持，推动市场集中度的推升，促进住房企业走向质量、品牌和资本的竞争。其次，要加大金融产品创新力度，丰富房地产信托产品，推进资产证券化。

此外，要加快房地产基金的建立步伐，充分发挥基金投资模式的融资功能。更重要的是，要加强房地产信贷风险控制。调整房地产信贷结构度，同时做好个人住房贷款风险管控，重点支持自住性住房需求，严格执行贷款审查程序，杜绝“假按揭”发生。

同时，引导房地产在技术、人才方面的合理竞争机制，制止恶性竞争，引导要素的合理分配和流动。不应该给予一些上市公司过高的融资额，而应该给予更多企业融资的机会。

3. 引导企业改变经营模式，提高经营绩效

针对住房企业落后的经营理念和方式，政府应该引导和管理好土地的供给。围绕房地产建设布局调整，抓好新开项目土地供应的分析论证，严格控制高档商品住房的土地供给，加大对中低价位普通商品住房的土地供给力度。要加大对房地产闲置土地的清理力度，探讨对超期闲置土地征收闲置费或收回使用权，建立土地闲置超规模、超期限房地产开发企业的退出机制等。从长远看，对商品房市场不宜过多进行直接干预，而应采取规划控制、土地供给、税收调节、构建住房保障体系等综合手段进行调控。

对于房地产市场营销中存在的问题，如虚假广告和捂盘惜售等，要给予严惩。当然在引导企业改变经营模式的过程中，政府对房地产市场监管的重点是规范房地产市场秩序，而不能越俎代庖。

4. 加强住房质量监管，强化企业品牌意识

对于与老百姓息息相关的住房质量问题，应该采取多管齐下的方式进行监管，改变监理公司在住房质量监督中的主导作用。同时，在质量验收上，改变我国目前的政府备案制度，发挥监管部门应当具有的独立性。仿效德国引入第三方质量监管机构，仿效法国引入民间的群众监管。同时，加强对建筑工人的技能培训，提高建材品质，杜绝劣质建材流入建筑市场。对于各种保障性住房，应该采取比商品房更严格的规章制度和惩罚措施。

对于刚刚起步阶段的住房企业品牌建设，需要从品牌理念入手，引导住房企业加强品牌推广工作，细化房地产品牌评比细则，营造全社会对住房企业品牌的关注。

5. 加快管理制度创新，规范管理行为

加快管理制度创新，建立和完善与市场经济相适应的房地产管理制度。要完善土地供给制度。强化政府对土地一级市场的统一控制，努力提高土地收储覆盖率，最大限度地实施“生地”开发、“熟地”出让。在目前政府财力有限、收储资金不足的情况下，可通过土地收益权抵押贷款、证券化等支持土地滚动收储、整理开发和挂牌出让，或采取由企业垫资完成土地整理，成功出让后与政府分享收益的土地盈利模式。

要积极推动资本市场的发育。鼓励开发企业通过股权合作、上市、房地产投资信托基金（REITs）等渠道筹集资金。加快出台产业基金管理办法，促使蓄势已久的房地产产业基金正式登台。推进房地产证券化。

加强中介和物业管理企业的立法管理，尽快制定《城市房地产中介业管理法》和《物业管理法》。将中介服务和物业管理企业纳入法治的轨道，是提高房地产业活力、推进房地产业健康发展的重要举措。

6. 强化税收监管，促进环保和保障住房建设

在税收监管上应该加大监管和惩罚力度，对于住房企业的税收征收，税收机关应该改变传统的按账面利润征收的方式，而应该以开发商的每个项目为单位进行征收，有效遏制税收的偷逃行为。改变传统的税务工作滞后特点，使税务管理前置化，住房企业必须持有项目的税务登记证件，相关部门才予立项和安排开工，银行和其他金融机构才为其开立账户或办理贷款拨款，房管部门才核发“商品房销售许可证”。加大对税务部门的人才培训和管理力度，加大对违反税收征管企业的处罚力度，打击偷逃税行为。

在住房的环保建设上，一方面制定鼓励节能环保材料生产的优惠政策，对仍然继续生产非节能环保材料的企业进行限制；另一方面，制定住房节能标准，强制采用节能环保材料，引导消费者选择节能环保型住房。采用先进的住房建造方式，大力推进工厂化生产各种建筑预制构件、房屋模块和施工现场组装装配件。

对于保障性住房建设，要鼓励住房企业对保障性住房的建设，把保障性住房建设纳入住房企业的品牌形象考核指标体系，同时，加强对保障性住房建设的质量监督。

第七章
住房需求主体

张清勇

一 2008～2009 年住房消费者分析

（一）2008～2009 年住房消费者分析

2008 年以来，受美国次贷危机效应的扩散影响，全球经济陷入了自 20 世纪 30 年代以来最严重的衰退。受此影响，中国国内的经济形势出现一定程度的波动，中国政府也采取了一系列保增长、扩内需、调结构的措施予以应对。2009 年上半年，中国国民经济运行中的积极因素不断增多，实现国内生产总值 14 万亿元，同比增长 7.1%。在这一系列背景下，2008 年至 2009 年上半年中国的住房消费出现了一次历史性波折——出现下跌之后又恢复上升。以下对住房销售和租赁市场进行讨论，并对销售市场中的投资和投机行为进行简单的探讨。

1. 购买者

2008 年，受国际金融危机的影响，中国宏观经济出现了放缓的迹象。金融危机的扩散和蔓延对全球实体经济造成了冲击和损失，对中国经济也造成了负面的影响，失业率上升、收入下降的预期趋多，居民消费意愿趋弱。在这样的宏观经济背景下，中国住房买卖市场上观望情绪浓烈。上海易居房地产研究院 2008 年 10 月组织的一次市场调研显示，23.52% 的受访者表示目前不愿意购房，仅有 9.72% 的受访者表示准备半年内购房，而准备 1 年内或 1～3 年内购房的则超过 50%。统计数字上，如图 7－1 所示，2008 年全国共销售住房 55886.47 万平方米，比 2007 年同期的 69103.79 万平方米下降了 13217.32 万平方米。这是自1991年来全国住房销售面积的首次下降，且下降幅度高达19.1%。

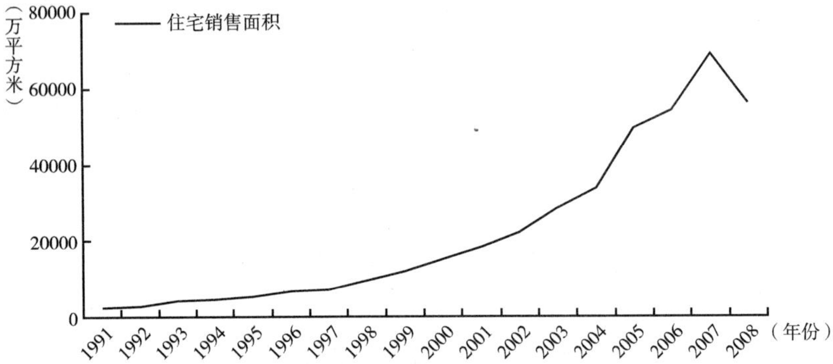

图7-1　1991~2008年全国住房销售面积

数据来源：中经网统计数据库。

随着房价的逐渐回调，消费者的信心在一定程度上得到了激发。南方城市房价下调较早，调整后的新房价格接近购房者的心理价位，成交量的回升幅度超过长三角及北方城市。到2009年3月，各城市住房成交继2月份初显“小阳春”后，3月份持续回升。北京、上海、广州、深圳、天津五大城市一手及二手住房成交量均大幅反弹，总成交面积达1301万平方米，环比增加69.9%，其中北京、深圳和天津三城市的成交量超过了历史最高水平，广州也已逼近历史最高水平。这背后可能的原因，除了政策和降价的影响、前期相持阶段累积的刚性需求集中释放外，还有对降价幅度的评估、恐涨心理、通货膨胀预期以及资本市场的推波助澜等。

对于近两三年里住房市场上购房者行为的变化，我们可以通过对2007~2009年的上半年住房销售面积的比较来理解。如表7-1所示，与2007年上半年的住房销售面积相比，2008年上半年全国和北京、天津、上海、重庆四大直辖市的购房状况都有所下降，全国下降了6.9%，北京、天津、上海和重庆分别下降了49.5%、16.1%、22.4%和2.1%。到2009年上半年，这一状况得到了全面的扭转，全国和四大直辖市的住房销售面积都全面上升，大幅超出2008年上半年的交易量，且全国、北京、上海、重庆的销售面积也超过了2007年上半年的成交量，仅天津略少于2007年上半年的销售面积。另据国家统计局10月15

日最新公布的数据，2009 年前三季度全国商品住房销售面积比 2008 年同期增长了 46.4% 。[①] 从中可以看出购房者行为从观望、相持到逐渐入市的阶段性转变。

表 7－1　全国和四直辖市 2007～2009 年半年住房销售面积的比较

单位：万平方米

时间段	全国	北京	天津	上海	重庆
2007 年上半年	25350.85	692.1	555.6	1378.53	1123.44
2008 年上半年	23610.44	349.25	466.03	1070.32	1100
2009 年上半年	31498.77	845.77	519.25	1443.12	1543.42

数据来源：中经网统计数据库。

这种变化也明显地从住户购房意愿调查中体现了出来。中国人民银行从 1999 年起在全国 50 个大、中、小城市进行城镇储户问卷调查，设计了“未来三个月是否打算买房”的问题。如图 7－2 所示，2008 年第二季度之后，未来 3 个月中准备购房的居民人数占比急速下降，2008 年第三季度仅为 13.3%；到 2008 年第四季度，未来 3 个月中准备购房的居民人数占比降到了历史最低点，仅为 12.7% 。进入 2009 年之后，居民的购房意愿又有较大幅度的回升，2009 年前三个季度分别为 16.7% 、15.8% 和 17.1% ，已基本恢复到 2007 年的水平，且似有继续往上走的态势。

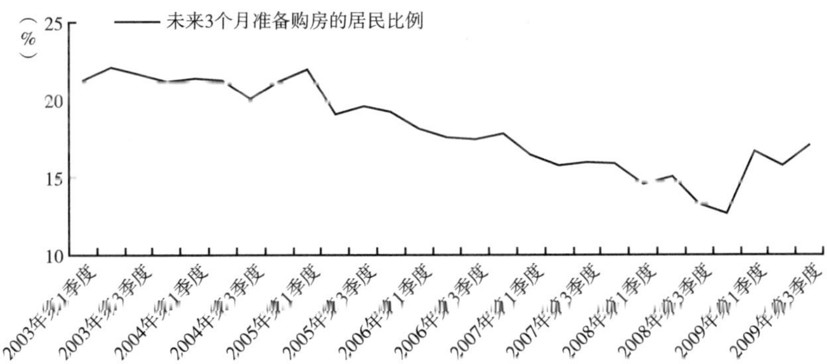

图 7－2　2003～2009 年未来 3 个月准备购房居民比例的调查结果

数据来源：根据中国人民银行季度《全国城镇储户问卷调查综述》中的数据整理。

---

① 国家统计局：《前三季度全国房地产市场运行情况》，2009 年 10 月 15 日，http：//www.stats.gov.cn/tjfx/jdfx/t20091015_ 402593418.htm。

2. 租房者

受整体经济及预期的影响，以及二手住房出售行情较差而较多地转入租赁市场的冲击，2008 年下半年中国住房租赁市场的供给有所增加，在需求变化不大甚至下调的情况下，住房租金水平一转多年来持续上升的态势，租金水平下挫，其中高档房的下降幅度更大。到 2009 年上半年，随着经济景气的好转、房地产市场转热，住房租赁市场也趋向升温，租金水平有所提高。

在上海，根据上海房屋租赁指数办公室发布的资料，2008 年 9 月，上海房屋租赁指数达到历史最高的 1242 点，之后呈现下降态势，到 2009 年 5 月，下降到了 1192 点。从 2008 年 9 月起，上海高档房市场整体出现下跌。由于整体经济的影响，不少外资企业和企业高管都缩减开支，高档房租赁需求减少。如图 7 - 3 所示，2008 年 10 月，上海房屋租赁指数下降为 1233 点，是该指数自 2007 年 2 月以来连续 20 个月上升后的首次下跌。高档房下跌幅度增大影响了整个指数走势，二手房售转租也对租赁市场造成了租金向下的压力。下降的态势一直持续到 2009 年上半年。2009 年 3 月，尽管高档房的租金继续下调，但中低端房屋的租金有所上扬，整体带动下，上海的房屋租赁指数为 1198 点，环比上涨 2 点。到 4 月，高档房租金跌幅趋缓，买卖市场的反弹使“租转售”增多，而中档房整体微跌，低档房租金涨幅放缓，指数下降到 1197 点。5 月，高档房市场跌幅继续收窄，但低位运行局面未改，中档房租金降幅最大，低档房涨少跌多，租赁指数为 1192 点，环比又下降 5 点。6 月以来，高端租赁市场企稳向上的特征越发明显，除跌幅连续数月收窄外，局部板块还出现租金反弹，低端租赁市场租金上涨加快，8 月的指数在 6、7 两月均略有提升后，又提高到了 1198 点。

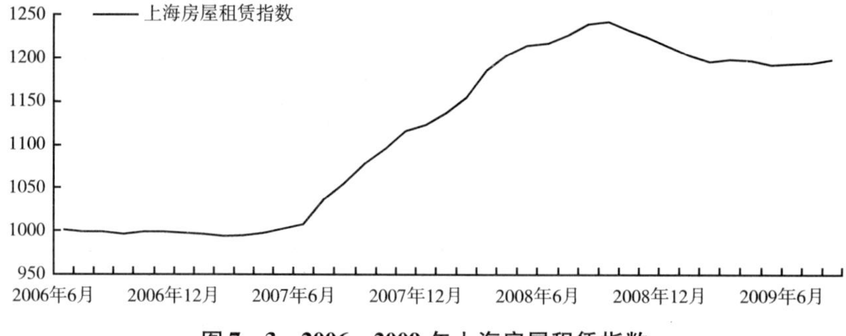

图 7 - 3　2006 ~ 2009 年上海房屋租赁指数

数据来源：《上海房屋租赁指数报告》（2006 年 6 月至 2009 年 8 月）。

在北京，根据我爱我家的报告，2009 年上半年北京住房租赁市场整体成交状况保持活跃，租金价格出现了一定回落，与 2008 年同期相比，2009 年上半年的交易量上涨了 8.23%；全市租金均价为 2322 元/月·套，比上年同期的 2478 元/月·套下降了 6.29%；城八区的租赁均价为 2387 元/月·套，与上年同期相比下降了 406 元/月·套，降幅为 14.54%。其中，普通民宅租金水平的相对跌幅不大，自 2008 年 10 月出现调整之后，2009 年以来呈现持续的小幅上升态势。2009 年上半年普租市场价格为 2026 元/月·套，同比下降 3.66%。高端市场租金水平的下降趋势继续得到保持，呈现反复之后的加速下滑。2009 年上半年高端租金均价为 4924 元/月·套，同比下降 3.79%。中国指数研究院二手房研究中心发布的报告也显示同样的趋势。如图 7－4 所示，在 2008 年 6～10 月份，北京住房租赁指数出现了一点滑坡，幅度很小。但到 2008 年 11 月份，下滑的幅度就显现出来，从 1344 点下滑到 1301 点，且各类型居室的租金均出现下降，下降范围在 50～150 元之间不等。到 12 月份，下滑的趋势依旧保持，加上市场进入了传统的淡季，房源相对充足，租金则相应下降，指数进一步下滑到 1261 点的低点。到 2009 年 2、3 月，随着节后返京务工人员高峰和新一轮就业高潮来临，以及一部分外地生源来京找工作的推动，在强劲需求的带动下，租赁价格指数在 3 月上升到 1427 点，且各类型居室租金都出现了明显的上涨，其中一居室、二居室、三居室户型房屋平均月租金价格指数分别上涨 7.1%、10.2% 和 14.5%。进入 4 月份，市场归于平静，租金价格开始下跌，指数调整到 1346 点。到 6、7 月

图 7－4　2005～2009 年北京普通住房租赁价格指数

数据来源：《北京普通住房租赁价格指数报告》（历年各期至 2009 年 7 月）。

份，随着高校毕业生离校，租房需求增加，租金水平又普遍上升，到2009年7月，租赁价格指数为1434点，为历史新高。

3. 投资者和投机者

投资者和投机者是购房者的组成部分，这里再加讨论。由于通货膨胀风险的存在，加上中国现有的投资渠道狭窄，且中国房地产市场景气较好，不少社会资金以购买住房的方式进行投资甚至投机。另外，在人民币升值、中国经济增长态势趋好和中国房地产业利润丰厚的背景下，境外资金通过多种渠道进入上海、北京等热点地区房地产市场，在政策调控下还向二线城市和中小城市渗透。2004年11～12月北京市的快速调查显示，投资性购房比重为17.0%（北京市统计局固定资产投资处和投资建筑业调查处，2005）；《楼市》与焦点房地产网2006年的一项调查显示，截至2006年3月，“两外”人士（外国人、外地人）在京购房比例由前些年的30%上升至61.5%，而豪宅市场上“两外”人士大约占到整个市场的59.2%（孟坚、杜瑞峰，2006）。据调查，上海2003年的投资性购房的比重为16.6%（肖永培、沈韶华，2007）。

2007年9月27日，中国人民银行、银监会共同发布了《关于加强商业性房地产信贷管理的通知》，规范住房消费贷款管理，对购买首套自住房且套型建筑面积在90平方米以下的，贷款首付款比例（包括本外币贷款，下同）不得低于20%；对购买首套自住房且套型建筑面积在90平方米以上的，贷款首付款比例不得低于30%；对已利用贷款购买住房，又申请购买第二套（含）以上住房的，贷款首付款比例不得低于40%，贷款利率不得低于中国人民银行公布的同期同档次基准利率的1.1倍，而且贷款首付款比例和利率水平应随套数增加而大幅度提高，具体提高幅度由商业银行根据贷款风险管理相关原则自主确定，但借款人偿还住房贷款的月支出不得高于其月收入的50%。2007年12月5日，央行和银监会又发布《关于加强商业性房地产信贷管理的补充通知》，明确了原先通知中的一些款项。在这一系列“二套房贷政策”的影响下，投资者、投机者的行为受到了一定的限制。

对于外资，建设部等六部委2006年7月出台了《关于规范房地产市场外资准入和管理的意见》，国家外汇管理局、建设部2006年9月发出《关于规范房地产市场外汇管理有关问题的通知》，国家发改委和商务部2007年11月联合发布了新版《外商投资产业指导目录》，限制外商进入土地连片开发、高档物业，如别墅、酒店、高尔夫等项目开发，以及房地产中介、经纪领域。这一系列政策对外资投资中国住房市场起了一定的限制作用，但外资仍有大量隐秘而难以监控的渠道可以流入。外资购房行为主要还是与中国住房市场的冷热程度有关。

到2008年下半年，随着经济前景不明朗状况的出现，国务院总理温家宝2008年12月17日主持召开国务院常务会议，研究部署促进房地产市场健康发展的政策措施，规定"进一步鼓励普通商品住房消费。……对已贷款购买一套住房但人均面积低于当地平均水平，再申请购买第二套普通自住房的居民，比照执行首次贷款购买普通自住房的优惠政策。……对住房转让环节营业税暂定一年实行减免政策。其中，将现行个人购买普通住房超过5年（含5年）改为超过2年（含2年）转让的，免征营业税；将个人购买普通住房不足2年转让的，由按其转让收入全额征收营业税，改为按其转让收入减去购买住房原价的差额征收营业税"。这些政策被认为是对原先二套房政策的放松。几乎与此同时，各地方出台了五花八门的"救市政策"，大幅减息，下调了契税，免征印花税和增值税，等等。但与整体经济状况相比，这些政策的作用不大，在楼市趋冷的背景下，投资者、投机者入市的脚步放缓或停滞了。

进入2009年，各地不少商业银行放松了对二套房贷政策的执行。例如，广州、武汉等地的一些商业银行对之前贷款已经结清的，无论是二套房贷，还是多套房贷，比照首套房贷执行。在预防通货膨胀的背景下，随着一线城市楼市回暖迹象的出现，不少投资者、投机者进入了楼市。随着按揭贷款业务中诸如"假按揭"、"假自付"、"假房价"、"二套房贷标准放宽"等问题的暴露，银监会2009年6月19日发布《关于进一步加强按揭贷款风险管理的通知》，严格限制房贷优惠，楼市投资、投机的行为可能会得到抑制。

（二）短期住房消费预测

总体上，中国处在快速城市化、工业化的进程中，住房消费需求相对旺盛，购房意愿总体上不会出现太大的波动；而现阶段的住房消费，不管是住房买卖还是住房租赁，以及住房买卖中的投资与投机行为，都受宏观经济与房地产市场的深刻影响。2009年上半年以来，在应对国际金融危机的一揽子经济刺激计划作用下，中国国民经济运行中的积极因素不断增多，增长趋势向好。同时，2009年上半年全国商品房销售迅速增长，商品房累计销售额同比增长了53%，房价也止跌回升，房地产市场景气指数明显提高。

在这一背景下，在下一阶段里，住房销售、住房租赁应会呈现供需两旺的态势，交易数量会得到增加，而房价、房租可能会出现一定程度的回升。同时，在市场趋热的情况下，如果没有相应的政策出台，有的买家会再次进场，新的买家也很有可能进入，住房市场上投资者乃至投机者的身影可能会比 2008 年及 2009 年上半年的状况更多。

二　长期分析

住房改革以前，我国城镇居民绝大多数都居住在租赁公房中，大多数职工家庭住房面积狭小，住房设备不健全，居住条件较差。随着经济发展、房改推进和住房市场的建立与发展，多数城镇居民拥有了自有住房，人均住房居住面积较快增长，住房条件有了较大幅度的改善。另外，随着置业、投资理念的普及，对不少城镇居民来说，住房的功能已从最初的满足居住需求，发展到作为投资生利、资产保值升值的工具。

（一）住房改革之前的租房社会

1949 年以后、住房体制改革以前，中国城市基本上是一个租房社会。这种住房制度是与计划经济相配套的。这种制度的鲜明特征是：“（1）国家垄断住房的投资、建设、分配和维养，几乎承担全部住房责任；（2）住房被视为职工的福利，由政府供应，职工主要通过租赁解决住房问题，缴纳名义上的租金；（3）住房被认为是基本消费，要尽量抑制，以保证生产资金的积累；（4）政府否定了住房的商品属性，住房市场完全不存在，公房私租、私售被严格禁止；（5）住房以单位为基础，按照行政等级进行分配”（朱亚鹏、肖飞飞，2008）。这一时期，城市居民的住房消费对象以“大杂院”和统一大通道的“筒子楼”为主（陈淮，2008）。

在住房体制改革以前，中国城镇住房消费的主要特征是实物分配和低租金（张仙桥、洪民文，1993），职工仅支付相当低的象征性房租就能享有福利性住房的消费，租金标准一降再降，同时福利房的分配标准受职工的工龄、职务以及所在单位的投资能力等因素的影响。根据全国城市职工家庭收支抽样调查资料，1957 年城市职工家庭人均房租支出为 5. 16 元，占生活费支出的 2. 3%；20 世纪 80 年代以后，房租占生活费支出的比例不断下降，到 1988 年仅为 0. 71%（见图 7 –5），之后稍稍有所回升，在 90 年代初徘徊在 1% 左右，其比例甚至远远低于用于烟酒茶消费的支出。在北京，1955 ~ 1965 年居民住房支出比在 3% 强的水平上徘徊；1978 年以后，住房支出比逐年递减，到 1988 年仅为 0. 8%（见图 7 –6）。在上海，根据《嘉定县志》的数据，1976、1983、1987 年居民年人均房租支出只有 7 元、18 元和 19 元，仅为全年人均实际支出的 2. 0% 、3. 0% 、和 1. 5% 。①

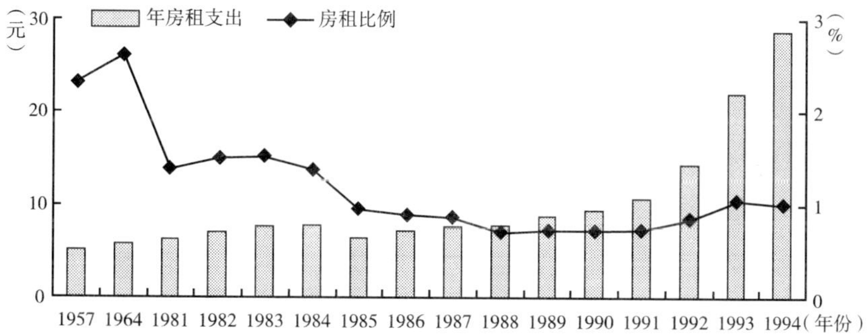

图 7 –5　1957 ~ 1994 年城市职工家庭房租支出情况

数据来源：《中国统计年鉴》（1984、1990、1992、1995）。

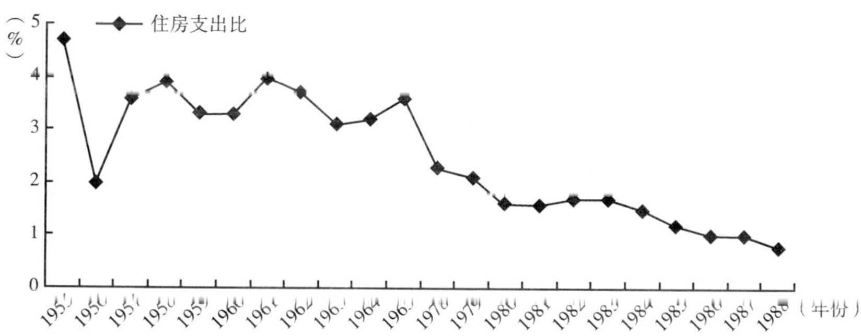

图 7 –6　1955 ~ 1988 年北京市居民住房支出比

数据来源：《北京市城市人民生活和物价史料》，转引自张彤、王晓东《生活·消费与思考》，海洋出版社，1991，第 107 页。

① http：//www. shtong. gov. cn/node2/node4/node2250/node4424/node13545/node14641/node18803/userobject1 ai40516. html.

在这种长期实行的低租金政策下，房租连抵交维修费用也不够。据统计，20世纪80年代初，全国273个城市每年收回的房租，仅为管理费和维修费之和的1/4；全国房管部门直接管理的住房，仅维修费一项，国家每年就要补贴12.16亿元（蔡德容，1987）。这导致大量住房失修失养。另外，国家长期奉行“先生产，后生活”的方针，将住房看做纯粹耗费资源的“非生产性”支出，所以住房投资规模在每年的计划安排中都很小，且每遇压缩投资规模时总是首当其冲（中国社会科学院财政与贸易经济研究所、美国纽约公共管理研究所，1996）。这种状况几十年下来，造成了人均户均住房使用和居住面积较低、居民缺房情况严重且住房设备不健全的后果。新中国成立前城镇居民人均居住面积为4.5平方米，到1978年下降到3.6平方米。1985年全国房屋普查汇总统计发现，缺房户占调查总户数的26.5%，为1054万户。调查总户数中无房户占3.2%，不便户占12.8%；城镇住房中，设备齐全的成套住房占住房总面积的24.1%，住房中有独用厨房的占62.6%，合用厨房的占6.5%，没有正式厨房的占30.9%，有独用厕所的占24.2%，合用厕所的占9.9%，无厕所的占65.9%，有独用自来水的占57.4，共用自来水的占15.9%，无自来水的占26.7%，有电灯的占96.7%，无电灯的占3.3%，有洗澡设备的占6.2%，有煤气设备的占8.3%，有暖气的占8.3%（张仙桥、洪民文，1993）。

（二）房改以后：走向买房住、买房投资的社会吗

邓小平1978年提出住房商品化和1980年发表关于建筑业和住房问题的谈话后，我国城镇住房制度改革逐步在各地展开。1984年国务院颁布了《关于改革建筑业和基本建设管理体制若干问题的暂行规定》，提出“推行住房商品化”；1985年9月23日《中共中央关于制定国民经济和社会发展第七个五年计划的建议》指出，“积极推行城镇住房商品化……必须尽快提出一套比较成熟的办法，使住房商品化这项重大政策逐步付诸实施”；1991年《国务院关于继续积极稳妥地进行城镇住房制度改革的通知》提出，住房制度改革的“根本目的是……正确引导消费，逐步实现住房商品化，发展房地产业”；1993年11月《中共中央关于建立社会主义市场经济体制若干问题的决定》指出，“促进住房商品化和住房建设的发展”；1994年《国务院关于深化城镇住房制度改革的决定》提出，城镇住房制度改革的根本目的是“建立与社会主义市场经济体制相适应的新的城

镇住房制度，实现住房商品化、社会化；加快住房建设，改善居住条件，满足城镇居民不断增长的住房需求”。

1996 年 7 月朱镕基提出发展住房建设、使之成为新的消费热点和新的经济增长点之后，在年底召开的中央经济工作会议上，李鹏进一步提出“加快普通居民住房建设，可以带动许多产业发展，发展住房建设是形成新的经济增长点的重要方面”（中国房地产及住房研究会，1997）。1998 年 7 月，《国务院关于进一步深化城镇住房制度改革加快住房建设的通知》确定“以稳步推进住房商品化、社会化，逐步建立适应社会主义市场经济体制和我国国情的城镇住房新制度”作为深化城镇住房制度改革的指导思想，提出了停止住房实物分配、逐步实行住房分配货币化的房改目标。这一系列政策，尤其是 1998 年通知的贯彻执行，有力地推动了中国住房体制的改革，住房商品化走上了快车道。

在住房改革的制度环境下，随着福利性住房分配的减少，广大居民通过市场进行住房消费的意识不断提升，住房消费模式发生了重大变化，住房消费潜力得到了释放，个人购买商品住房逐渐成了主流。如图 7－7 所示，1986 年，全国个人购买的商品住房面积仅为 256.11 万平方米，仅占同期住房销售面积的 14%。从 1986 年起，个人购买比例提升较快，到 1989 年达到了 32.3%。但是，这一比例在 1990 年下降到了 28.7%。1991～1994 年，个人购买的比例又逐年提高到 54.7%。在 1996 年再次下滑后，个人购买商品住房的比例开始逐年稳定攀升，到 2003 年，全国个人购买商品住房面积达到了 28714.61 万平方米，占同期住房销售面积的比例提高到了 96.4%。个人购买商品住房面积占同期住房销售面积

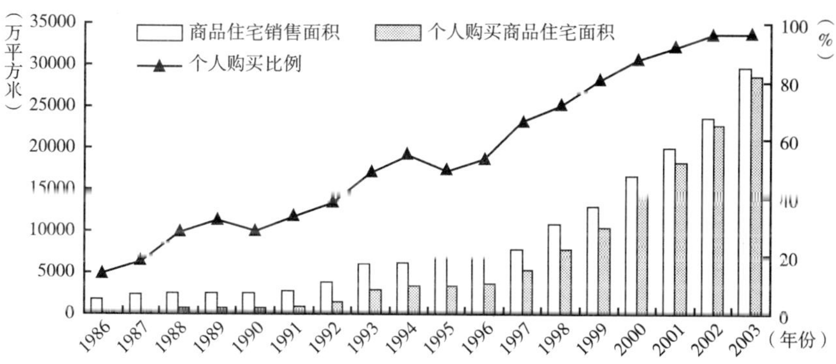

图 7－7　1986～2003 年中国个人购买商品住房情况

数据来源：《中国统计年鉴》（1997、2004）。

比例的波动，在反映中国城市住房制度改革逐步取得进展的同时，也在一定程度上反映了住房商品化的曲折过程。

与国家推动住房消费、“促使住房业成为新的经济增长点”的要求相配套，1998年4月7日，中国人民银行发出《关于加大住房信贷投入支持住房建设与消费的通知》，“决定进一步加大住房信贷投入，支持住房建设和消费”。1998年7月3日的《国务院关于进一步深化城镇住房制度改革加快住房建设的通知》要求“扩大个人住房贷款的发放范围，所有商业银行在所有城镇均可发放个人住房贷款。取消对个人住房贷款的规模限制，适当放宽个人住房贷款的贷款期限”。从这一时期起，我国个人住房贷款业务的发展走上了快车道。如图7－8所示，1997年底全国个人住房抵押贷款余额仅为0.019万亿元，到2008年底达到了2.98万亿元，约为1997年底的157倍，年均增长率为68.4%。个人住房抵押贷款可获得性的提高和发放规模的增加，极大地促进了城镇居民个人的住房消费。但是，这一时期，建立和完善住房租赁市场被自觉或者不自觉地忘却了（刘福泉，1999），政府将主要力量放在了调动百姓购房置业上，政策的制定重买轻租，住房供应体系中住房租赁、廉租住房都欠周到考虑（王晓瑜等，2006）。

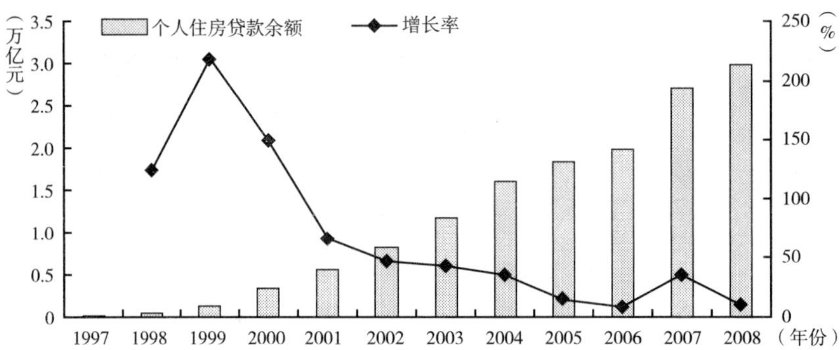

图7－8　1997～2008年全国个人住房抵押贷款情况

数据来源：1997年的数据来自《2002年一季度货币政策执行报告》，1998～2001年的数据来自《2002年二季度货币政策执行报告》，2002～2007年的数据来自《国民经济和社会发展统计公报》（2002～2007），2008年的数据来自《中国货币政策执行报告（二〇〇八年第四季度）》。

随着改革的推进，从总体上看，城镇居民住房的面积、质量和环境都得到了不少提升。据城乡建设环境保护部和国家统计局1986年12月12日发布的首次全国城镇房屋普查结果，当时纳入统计的28个省、自治区、直辖市城镇普查范围内共有房屋建筑面积 46.76 亿平方米，住户 3977 万户，住房使用面积 15.09 亿平方米，居住面积 9.56 亿平方米，户均 24.04 平方米，人均 6.36 平方米。① 据《中国统计摘要 2009》提供的数据，如图 7－9 所示，1978 年的城市人均住房建筑面积为 6.7 平方米，2006 年达到了 27.1 平方米，约为 1978 年的 4 倍，年均增长率为 6.24%。据《2005 年城镇房屋概况统计公报》，城镇家庭自有住房率从 1985 年的不足 17%（顾云昌，2000）提高到了 81.62%，住房成套率从 1985 年的 24% 提高到了 80.64%。国家统计局城市司“2007 年城镇住户大样本抽样调查”的数据显示，2007 年我国城市居民的住房自有化率达到了 82.3%，户均住房建筑面积接近 85 平方米，以市场化和半市场化住房（商品房、经济适用房、租赁私房）占所有住房存量的比例表示的住房领域市场化程度约为 44%，住房平均居住时间约为 9 年，单元房占所有住房的 80%（郑思齐等，2009）。

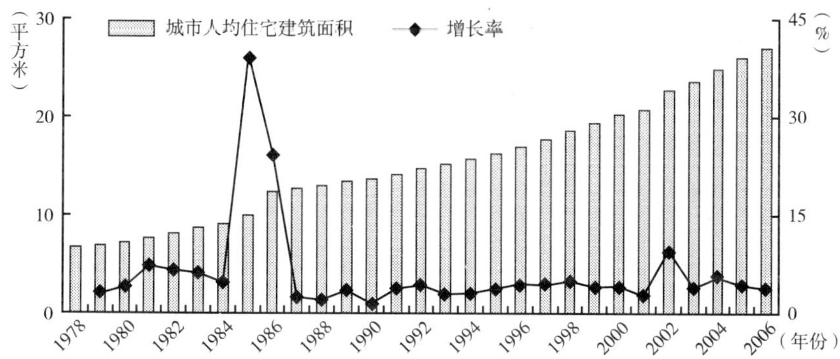

图 7－9　1978～2006 年城市人均住房建筑面积

数据来源：《中国统计摘要 2009》。

近年来，由于住房的特殊属性以及投资渠道不畅等原因，随着一些城镇居民居住条件的改善、收入水平的提高以及投资观念的形成，出于对中国经济发展的正向预期以及对住房保值、增值功能的追求，不少城镇居民开始把购买住房当作一种投资；另外，在人民币升值预期的背景下，不少国际资金也流入中国，进入了住房市场（详见下面的讨论）。

① 《第一次全国城镇房屋普查结果》，载中国社会科学院经济研究所《中国改革开放以来经济大事辑要（1978～1998）》，经济科学出版社，2000，第 410 页。

三 住房支付能力指数：1999～2008

衡量住房支付能力的指标有多种，常见的有房价收入比（PIR）、房租收入比等。以指数形式来反映住房支付能力的，都可以称为“住房支付能力指数”。目前，各国应用比较多的是由全美房地产经纪人协会（National Association of Realtors，NAR）开发的指数。

这种住房支付能力指数，以通俗的例子来说，就是若某先生家里想买一套价格为12.5万元的住房，如果首付20%（贷款80%，为10万）、抵押贷款利率是5.94%、还款期为30年，则某先生的月还款额应为596元。假设某先生家里每月拿出收入的25%缴还住房抵押贷款，则某先生要能买得起这套住房，其家庭至少每月要赚2382.8元（家庭年收入28593.5元）。如果某先生家庭年收入为25000元，则某先生是买不起这套住房的，他的住房支付能力指数为25000/28593.5＝0.8743。也就是说，如果住房支付能力指数等于1，表示一个中等收入的家庭刚好有足够的购买能力以贷款买标准价位的住房；指数大于1，表示有较强的支付能力，收入足以购买标准价位的住房；指数小于1，则表示居民的住房支付能力弱，收入不足以偿还房贷。

（一）研究的进展

在美国，住房支付能力指数主要由房地产协会和政府机构提供，三种最主要的指数分别由全美房地产经纪人协会、美国住房与城市发展局（U.S. Department of Housing and Urban Development，HUD）和全美住房建造商协会（National Association of Home Builders，NAHB）制作（Quigley and Raphael，2004；Gan and Hill，2009）。其中，NAR测算的住房支付能力指数应用最为广泛，是反映经济状况的重要经济指标（Frumkin，2005），甚至被列入“最有影响的美国经济指标”（鲍莫尔，2005）。该指数衡量一个有代表性的家庭能否符合申请有代表性的住房的按揭贷款条件。其中，有代表性的住房界定为NAR统计的全国中位价格水平的存量单家庭住房，有代表性的家庭为美国人口普查局统计的挣中位收入的家庭。它规定在首付房款20%后，在30年按揭期限下，每月房贷支出不超过家庭收入的25%，用中位数家庭收入比上中位数住房抵押贷款申请资格收入线，得出支付指数。支付指数等于100，表明中位数收入水平的家庭恰好能够支付中位数价格的住房；支付指数大于100，表示能够支付高于中位价格的住房，支付能力较强；支付指数小于100，表示只能支付低于中位价格的住房，支付能力较弱。近年来，麻省理工学院房地产研究中心（MIT/CRE）的住房支付能力研究小组（Housing Affordability Initiative）认为房价不只受其结构特征影响，也受与工作地点距离、学校质量和环境舒适度等因素的影响，由此构造了住房支付能力研究小组可支付住房指数（Housing Affordability Initiative Affordable Housing Index），并认为他们的指数比全美房地产经纪人协会的住房支付能力指数等原来存在的指数要好。[①] 类似地，在美国布鲁金斯协会的都市区政策项目（Brookings Institution Metropolitan Policy Program）下，Center for Transit-Oriented Development 和 Center for Neighborhood Technology 2006 年的研究成果认为住房支付能力的评价要考虑通勤成本，设计了住房和交通支付能力指数（The Housing and Transportation Affordability Index）。[②]

在澳大利亚，主要的住房支付能力指数有3个，包括澳大利亚房地产协会和AMP公司的房贷支付能力指数（Home Loan Affordability Index，REIA/AMP index）、BIS Shrapnel 公司的房贷支付能力指数（BIS Shrapnel Home Loan Affordability Index），以及澳大利亚联邦银行（Commonwealth Bank of Australia，CBA）和澳大利亚住房产业协会（Housing Industry Association，HIA）的住房支付能力指数（CBA/HIA Housing Affordability Index）。其中，用得最广泛的是CBA/HIA 指数。加拿大的指数中最典型的是由加拿大皇家银行（Royal Bank of Canada）制作的住房支付能力度量（Housing Affordability Measures）。韩国住房公社（Korea National Housing Corporation）的 Ji Kyu-Hyun 和京畿大学（Kyonggi University）的 Kim Jin-Yoo 一起制作了韩国的第一个住房支付能力指数。与其他国家测算住房支付能力指数时采用中位数据不同，他们认为中位数据和平均数据各有千秋，但相比而言，中位数据对于市场变化的反应相对不敏感，因此他们采

① http：//web. mit. edu/cre/research/hai/aff－index. html.

② Center for Transit-Oriented Development and Center for Neighborhood Technology，The Affordability Index：A New Tool for Measuring the True Affordability of a Housing Choice，January 2006，http：//www. brookings. edu/～/media/Files/rc/reports/2006/01 _ affordability _ index/20060127 _ affindex. pdf.

用平均数据来计算韩国的 HAI（Ji and Kim，2007）。马耳他中央银行的 Joseph Darmanin 也设计并计算了马耳他的住房支付能力指数（Darmanin，2008）。

在我国台湾地区，在“国立”政治大学信义不动产研究发展中心主任姜尧民的指导下，邓依萍2003年完成了题为《台湾地区房屋购买力指数分析与家户特征对购屋能力影响之研究》的硕士论文。同年，信义房屋与政治大学信义不动产研究发展中心合作建构出台湾第一个结合区域房价、房贷利率与家庭所得三项综合指标的“房屋购买力指数”模型，正式对外发表，从2004年起以“台湾地区房屋购买力指数分析”为名作为一章载于历年的《台湾地区房地产产业年鉴》。财团法人国土规划及不动产信息中心（2007）认为衡量台湾的住房支付能力的主要问题在于缺乏具有公信力的交易价格信息以建立中位数房价，建议政府尽快建立一适当的不动产交易价格数据库，并建立房价负担能力指标（Housing Affordability Index），以作为各界与政府政策之参考依据。在内地，据宏观经济研究院投资研究所课题组（2005）的说法，他们首次对大陆的住房支付能力指数（他们称之为住房可支付性指数）进行了测算。之后，王延龙等（2006），郑思齐（2007），向肃一、龙奋杰（2007），吴璟、刘洪玉（2007），李爱华、刘峻（2008）等也通过测算 HAI 来度量中国城市居民的住房支付能力。刘朝马（2007）也建议建立住房可支付能力指数来测定中国的住房支付能力。

（二）指数的测算

1. 计算方法

我们首先界定每月用于住房消费的收入额 $I\varphi$，I 表示城市家庭月收入的中位数，φ 表示收入中用于住房消费的上限比例。其次，界定抵押贷款的月还款额（Monthly Payment，PMT）。令 P 为中位数价位的存量住房市场价值，首付比例为 α，抵押贷款月利率为 i，贷款期限为 n 年（$12n$ 个月），则等额均还的月还款额为：

$$PMT = P(1-\alpha)\frac{i(1+i)^{12n}}{(1+i)^{12n}-1} \tag{1}$$

由此可以得出住房支付能力指数（Housing Affordability Index，HAI）：

$$HAI = \frac{I\phi}{PMT}\times 100\% = \frac{I\phi}{P(1-\alpha)}\frac{(1+i)^{12n}-1}{i(1+i)^{12n}}\times 100\% \tag{2}$$

2. 数据的处理和参数设计

由于缺乏微观数据，本研究根据新建住房市场价值均值来推导存量住房市场价值中位数，依靠的是郑思齐（2006）从国家统计局城调队城市调查样本数据中总结出的比例关系——存量住房市场价值的均值等于新建住房市场价值的均值的65%、存量住房市场价值的中位数等于存量住房市场价值的平均数的80%。在收入中位数和平均数的处理上，根据广东省2002年对1251户城镇住户的调查、中国人民大学社会学系与香港科技大学社会调查中心2003年下半年全国26个省6200个家庭的“全国综合社会调查”以及中国社会科学院人口与劳动经济研究所2005年对5个大城市（上海、福州、沈阳、西安和武汉）的“中国城市劳动力调查”，按收入中位数为平均数的75%换算（刘怡、聂海峰，2005；杨伟民，2005；世界银行东亚及太平洋地区扶贫与经济管理局，2009）。

商品住房平均价格数据来自《中国房地产统计年鉴》（2000、2001和2002～2003）、《中国统计年鉴》（2003～2008），2008年数据根据2007年数据及国家统计局公布的价格指数算得；《中国房地产统计年鉴（2002～2003）》和《中国统计年鉴》（2007、2008）提供了2001、2006、2007年全国及各城市的商品住房套均竣工面积，其余年的数据取这三个年份的平均数；城镇居民人均可支配收入数据来自《中国区域经济统计年鉴》（2000～2008）和《中国统计月报》；2000年以后城镇居民家庭平均每户家庭人口的数据来自历年《中国经济统计快报》，1999年的数据大多来自《南宁统计年鉴2000》中关于重点城市城市住户调查基本情况统计，缺失的数据来自各市统计年鉴；较早年份的住房抵押贷款利率来自历年《中国金融年鉴》，2005年3月17日以后的住房抵押贷款利率根据中国人民银行的金融机构人民币贷款基准利率及规定的利率下限倍数折算，其中，年内利率发生变动的，按规定利率实施的天数加权计算当年利率。

在相关参数的设定上，宏观经济研究院投资研究所课题组（2005）设定首付20%、30年贷款期限，收入中用于住房消费的上限比例为25%；吴璟、刘洪玉（2007）设定首付30%、15年贷款期限，收入中用于住房消费的上限比例为25%。根据中国的实际情况，我们设定首付比例 α 为30%，贷款期限 n 为30年（360个月），收入中用于住房消费的上限比例 φ 为25%。

3. 结果分析和讨论

参考吴璟、刘洪玉（2007），郑思齐（2007）的划定方法，我们根据HAI值将住房支付能力划分为5级：HAI < 0.70，支付能力很弱；0.70 ≤ HAI < 0.90，支付能力较弱；0.90 ≤ HAI < 1.10，支付能力一般；1.10 ≤ HAI < 1.30，支付能力较强；HAI ≥ 1.30，支付能力很强。

如图7－10所示，全国城镇居民的住房支付能力不足。在1999～2008年的10年里，HAI值都在0.90以下，支付能力较弱；且这10年中，有3年的HAI值在0.70以下，支付能力很弱。10个年份里，2003年的HAI值最高，为0.85。而且，HAI值1999～2002年有所上升之后，从2003年起大幅下降，之后几年持续下降，到2007年达到了一个低谷，为0.69。到2008年，由于住房价格上涨幅度较小（见图7－11），且住房抵押贷款利率下调，HAI值才有所回升，提高到了0.80。

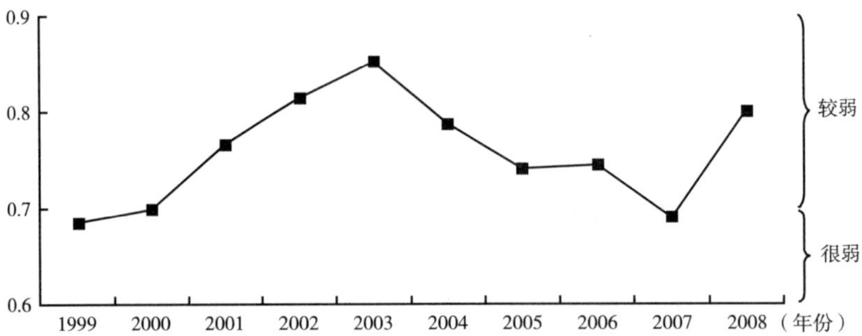

图7－10　1999～2008年全国平均住房支付能力指数的变动

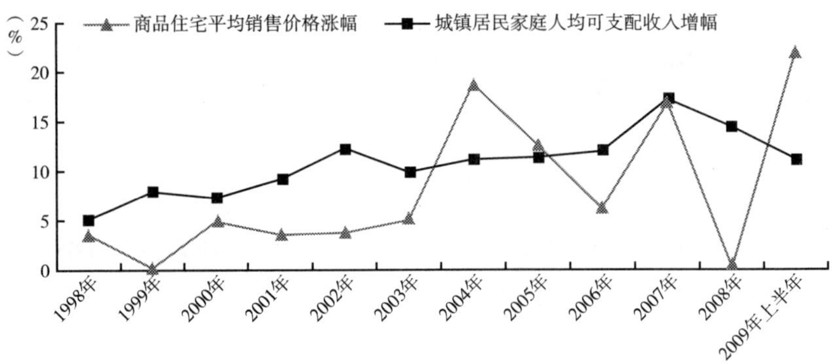

图7－11　1998～2009年全国城镇住房均价和居民收入的变动

进一步地，我们考察一下35个大中城市的情况。1999～2008年中国35个大中城市城镇居民住房支付能力指数的分组见表7－2。

表 7－2 1999～2008 年 35 个大中城市住房支付能力的分组

年 份	1999		2000		2001		2002		2003		2004		2005		2006		2007		2008	
项 目	个	%	个	%	个	%	个	%	个	%	个	%	个	%	个	%	个	%	个	%
很 弱	9	26	6	17	7	20	6	17	4	11	4	11	10	29	14	40	20	57	15	43
较 弱	15	43	16	46	9	26	13	37	11	31	14	40	15	43	10	29	10	29	11	31
一 般	8	23	10	29	10	29	8	23	15	43	10	29	5	14	8	23	4	11	8	23
较 强	3	9	2	6	7	20	7	20	3	9	5	14	4	11	3	9	1	3	0	0
很 强	0	0	1	3	2	6	1	3	2	6	2	6	1	3	0	0	0	0	1	3

如图 7－12 所示，1999～2008 年 35 个大中城市中住房支付能力很弱的城市数，呈现先略有下降后迅速增加的态势——1999 年有 9 个城市，到 2003、2004 年下降到 4 个；之后逐年攀升，到 2007 年达到了 20 个，占 57%；2008 年的城市数有所下降，但仍有 15 个城市。除了 2001 年，住房支付能力较弱的城市数长期维持在 10 来个的水平上，所占比例在 25% 到 50% 之间。2008 年 35 个大中城市住房支付能力的分布见表 7－3。

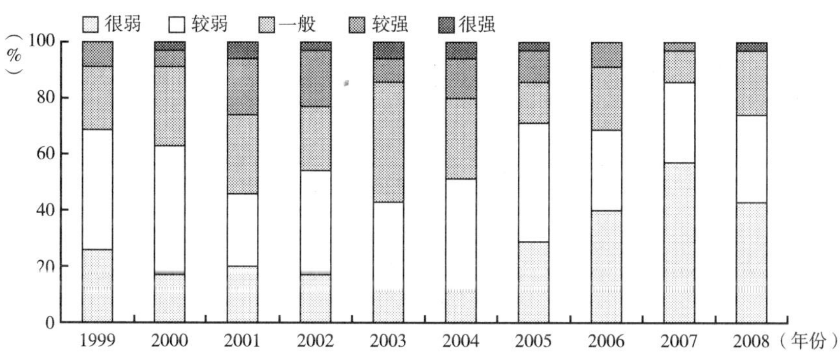

图 7－12 1999～2008 年 35 个大中城市住房支付能力指数的分布

表 7－3 2008 年 35 个大中城市住房支付能力的分布

支付能力状况	HAI 值	具体城市
支付能力很弱	HAI < 0.70	15 个：北京、杭州、厦门、深圳、宁波、上海、天津、武汉、广州、太原、兰州、海口、成都、福州、大连
支付能力较弱	0.70 ≤ HAI < 0.90	11 个：南昌、青岛、南宁、济南、郑州、南京、昆明、合肥、西安、长春、乌鲁木齐
支付能力一般	0.90 ≤ HAI < 1.10	8 个：西宁、哈尔滨、石家庄、沈阳、长沙、重庆、贵阳、银川
支付能力较强	1.10 ≤ HAI < 1.30	0 个
支付能力很强	HAI ≥ 1.30	1 个：呼和浩特

最后，我们可以考察一下东中西部大中城市的住房支付能力状况。[①] 如图7－13所示，1999～2008年，东中西部城市住房支付能力状况的总体走向大体一致——在2003年之前呈逐年提高的态势，从2004年起以比较快的速度下降，在2007年达到历史最低点，在2008年有所上升。

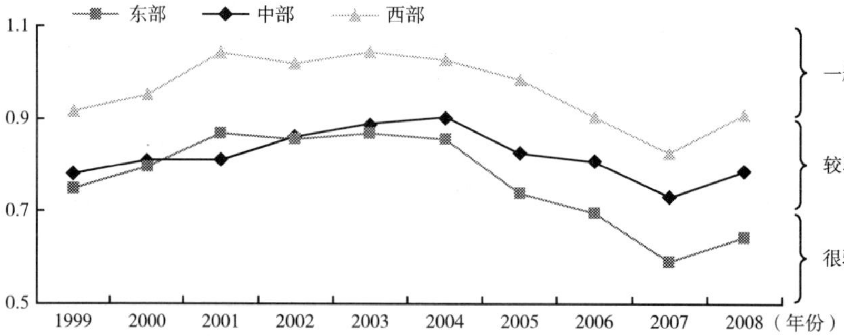

图7－13　1999～2008年东中西部大中城市平均住房支付能力指数的变动

西部城市的平均住房支付能力明显地高于东部。1999～2008年，西部城市HAI的平均值有9个年份超过0.90，处于支付能力一般的范围内；其中2001～2004年还略微超过了1；2007年的HAI值是0.83，处于支付能力较弱的范围。2008年HAI值上升到了0.91，迈入了支付能力一般的门槛。

中部城市的平均住房支付能力低于西部，却在大多数年份里高于东部。1999～2008年，中部城市的HAI平均值有9个年份介于0.70和0.90之间，处于支付能力较弱的范围；2004年是中部城市平均住房支付能力指数最高的年份，不过该年的HAI值也只有0.90。2007年的HAI平均值最低，为0.73。2008年HAI平均值提升到了0.79。

东部城市的平均住房支付能力最低。在2005年之前，东部城市的平均HAI值还处在0.70和0.90之间（支付能力较弱），从2006年起便滑落到0.70以下，处于支付能力很弱的范围。2007年的HAI值最低，仅为0.59；2008年略有上

① 根据国家统计局的划分，35个大中城市中，位于东部地区的有北京、天津、石家庄、沈阳、大连、上海、南京、杭州、宁波、福州、厦门、济南、青岛、广州、深圳、海口，位于中部地区的有太原、长春、哈尔滨、合肥、南昌、郑州、武汉、长沙，位于西部地区的是呼和浩特、南宁、重庆、成都、贵阳、昆明、西安、兰州、西宁、银川、乌鲁木齐。

升，为0.64，依旧处于支付能力很弱的范围内。其中，2006~2008年平均HAI值最低的3个城市是北京、杭州和厦门，都位于东部地区，平均HAI值分别只有0.38、0.43和0.48，都低于0.50。

以上对中国城镇居民住房支付能力指数的测算沿袭文献传统，计算的是城镇居民家庭购买存量住房的能力。需要指出的是，由于特殊的历史经历和发展阶段等原因，与欧美住房市场上新建住房数量极少、绝大多数交易都是存量住房的情况不同，中国住房市场无论从生产还是从交易的角度看，基本上以新建住房为主。而存量住房的套型面积较小，交易价格一般也稍低。即便如此，中国整体和大多数城市的居民住房支付能力仍很低，若考虑新建住房为主的情况，则住房支付能力会更低。另外，由于缺乏微观数据，我们只好利用各类数据和一些比例关系来间接推算住房支付能力指数。如果能够获取微观数据来构建和计算新建住房支付能力的指数，则可以进一步以及更全面地理解支付能力的状况。

四　问题与挑战

通过前面的回顾，可以看到城镇住房市场化改革的大方向是值得肯定的，城镇居民的住房条件总体上得到了稳步提高，但住房消费领域的一系列问题也已成为我国社会经济发展的重大挑战之一，住房政策也成为我国最重要的政策领域之一。目前住房消费领域的主要问题有消费结构失衡、歧视性市场化造成社会不公、中低收入者支付能力不足以及投资性住房消费日渐增多等。

（一）消费结构失衡，消费心态还不成熟

当前中国住房消费中存在重买轻租、重新房轻旧房的结构性失衡问题，居民住房消费心态还不成熟。

1. 住房租赁消费发展不充分

房改之前，我国绝大多数城市居民都租住公房。房改过程中一度以提租改革为重点，但困难重重，致使许多城市望而却步。到1996、1997年国家提出发展住房建设有可能形成新的消费热点和新的经济增长点并最终确定将住房建设作为带动国民经济发展的一个新的经济增长点后，房改走向了出售公房、停止福利分房、建立商品房市场、实行住房商品化和货币化的方向，建立和完善住房租赁市

场被自觉或者不自觉地忘却了（刘福泉，1999），政府将主要力量放在了调动百姓购房置业上，政策的制定重买轻租，住房供应体系中住房租赁、廉租住房都欠周到考虑（王晓瑜等，2006）。王战（2006）指出，受居民住房消费上“重买轻租”观念的影响，上海住房租赁市场严重滞后，2004 年房屋租赁面积只占房屋成交量的 10% 略强。这种状况与置产观念有关，也与政策环境（如住房公积金原来只能用于购房、土地出让金一次性缴付、出租住房税负高等）、市场秩序（租赁合同纠纷、社会治安、中介行为不规范）、政府管理和服务不到位等有关。与购房相比，许多房屋租赁的政策细节中存在着歧视性规定，房屋租赁户的社会福利（如小孩入学、社会保障等，乃至许多单位里买房取暖费可以报销而租房取暖费不能报销等规定）严重缺失。

2. 二手房消费份额较低

根据现有的统计数据，2003 ~ 2007 年北京、上海、广州和深圳四城市中，住房交易基本上都以新建住房为主，其中北京、上海、广州历年的二手住房交易面积都小于新建住房，只有深圳在 2006、2007 年超出了新建住房。全国工商联住房产业商会调查发现，北京购买新房和二手房的分别为 96.5% 和 3.5%，上海分别为 81.4% 和 18.6%，广州分别为 92% 和 8%，武汉分别为 99% 和 1%，重庆分别为 97% 和 3%，5 个城市总计分别为 92.62% 和 7.38%（建设部课题组，2007）。由于各种原因，中国二手住房交易长期低迷，近年才在一些大城市活跃起来。建设部 2006 年组织的住房调查还发现，北京市的计划购房者中，75.7% 的居民选择买新房，14.6% 的居民选择卖旧买新，1.5% 选择卖旧买旧，有购买旧住房意向的很少（建设部课题组，2007）；北京市城建研究中心的《住房需求调查》对参加北京 2007 年秋季房展的居民的调查也发现，打算购买新房和二手房的分别占 60.9% 和 15.4%，其余 23.7% 不确定购买哪种房屋（赖昌干，2008）。另外，中国住房市场区域差异大，北京、上海、广州、深圳这些市场发育较成熟的东部城市的住房交易仍以新建住房为主，其他地区、中小城市二手住房市场的发育状况更差，二手住房的市场份额更低。

3. 一次性到位消费、大户型消费居多

根据原建设部副部长刘志峰在第五届中国国际住房产业博览会高峰论坛上的讲话，由于住房供应、住房消费政策不完善等多种因素，部分居民住房消费行为不够理性，单纯追求住房面积，追求一次到位性消费，没有形成梯度消费观念。

据40个重点城市房地产市场信息系统数据显示，2006年1～6月份，40个重点城市登记成交商品住房中，套均建筑面积达113平方米。累计成交面积中，144平方米以上套型住房占总面积的72.8%，90平方米以下套型住房只占总面积的18.9%（刘志峰，2006）。

（二）中低收入者支付能力弱，住房消费困难

中国的住房商品化进程伴随着住房价格较快上升和政府保障力度不足的问题，由此引发了中低收入者的住房消费困难问题。在房地产市场形势一直较好的背景下，开发商多推出高价位、大户型的住房，而这种类型的住房是广大中低收入家庭难以支付的。据原建设部副部长刘志峰2005年7月21日在城市总体规划修编座谈会上的讲话，我国中低价位、中小户型的住房需求大，供应少，在各地是普遍存在的问题。房地产市场信息系统数据显示，2005年1～6月批准预（销）售的商品住房，上报数据的32个重点城市中，有16个城市120平方米以上大户型住房超过50%，有9个城市达到60%以上，某城市超过180平方米的商品住房接近50%。同时，有16个城市80平方米以下中小户型住房不到10%。沈阳市的调查发现，套型面积60平方米以下的住房需求为16%，市场供应为2.6%；60～100平方米的住房需求为61%，市场供应只有24%；150平方米以上的住房需求比例仅为2%，市场供应比例高达35%（刘志峰，2005）。

市场不管的，需要政府的住房政策予以帮助。根据1998年7月3日国务院颁布的《关于进一步深化城镇住房制度改革加快住房建设的通知》，我国的住房供应体系是“最低收入家庭租赁由政府或单位提供的廉租住房；中低收入家庭购买经济适用住房；其他收入高的家庭购买、租赁市场价商品住房”。但是，经济适用房的政策设计和执行存在诸多偏差，难以惠及普通居民，而廉租房建设力度过小，受惠群体依然很少。边燕杰、刘勇利（2005）利用“五普”数据进行分析，发现党政精英在拥有市场购买力的同时仍然享有再分配权力所赋予的优势、以优惠价购买经济适用房。除此之外，纳入房地产开发的经济适用房，也很难惠及中低收入居民。“从近年来经济适用住房的发展情况看，有能力建设或购买住房的，实际上大量地集中在有权有钱的党政机关、事业单位和条件好的国有企业和其他单位，获利的只是占据社会有利地位的有权和有钱阶层”（侯进祥，2003）。全国工商联住房产业商会课题组对北京、西安、太原三地的抽样调查发现，普通商

品房购买家庭月收入的众数区间为3000～4000元，而经济适用房的众数区间为4500～5000元，相当数量的经济适用房被中高收入阶层购置用于投资，而一部分中等收入家庭不得不购买普通商品房；高达44.55%的经济适用房业主购买时采取全额付款的支付形式；北京经济适用房被用于出租的比例达到48.65%，而普通商品房购买后用于出租的比例只有20.55%（建设部课题组，2007b）。

即便如此，有可能让老百姓受益的经济适用房的建设规模也在不断萎缩。2005年8月国家发改委固定资产投资司发布调研报告，指出经济适用住房在部分地区正逐步淡出，个别城市（如广州2004年）取消了经济适用房建设。根据历年《中国统计年鉴》的数据，从绝对量上看，2001年是一个重要的分水岭。2001年之前，经济适用房投资额、新开工面积、竣工套数和销售面积都逐年增加，在2001年达到一个高峰，之后各项指标开始呈现逐年下降的态势。逐渐下降的态势到2005年才得到扭转，之后各项指标才开始有了很低幅度的增长。从经济适用房占同期商品住房各项指标的比例来看，经济适用房投资额所占的比例在1999年达到最高，为16.6%；经济适用房新开工面积、竣工套数和销售面积所占的比例在2000年达到最高，分别为21.8%、28.2%和22.7%。但是，1999、2000年之后，经济适用房的各项比例都直线下滑，投资额、新开工面积、竣工套数和销售面积所占的比例在2007年分别只有4.6%、6.1%、8.1%和5.0%。

在廉租房方面，根据建设部的调查，全国城镇中住房困难的低收入家庭有1000万户左右；2005年城镇低保家庭中人均10平方米以下的住房困难户尚有400万户，但仅解决了26.8万户，占6.7%（秦虹，2007）。到2002年，全国35个大中型城市中过半仍未建立廉租房制度（李斌、孙玉波，2002）。根据建设部的通报，截至2005年底，我国还有13个省（区）没有将廉租住房制度建设纳入省级人民政府对市（区）、县人民政府工作的目标责任制管理，291个地级以上城市中，70个地级以上城市没有建立廉租住房制度。① 截至2006年底，全国657个城市中，尚未建立廉租住房制度的城市共145个，287个地级以上城市中仍有166个地级以上城市未明确土地出让净收益用于廉租住房制度建设的比例；绝大多数城市还没有开始将土地出让净收益实际用于廉租住房制度建设，廉租住房制

① 中华人民共和国建设部：《关于城镇廉租住房制度建设和实施情况的通报》，2006年3月29日，http：//www.cin.gov.cn/zcfg/jswj/fdcy/200611/t20061101_ 19605.htm。

度覆盖面还很低;[1] 截至2006年底，全国实际享受过廉租住房政策的家庭仅26.8万户，占低保住房困难家庭（400万户）的6.7%，占低收入住房困难家庭的2.7%，占全国城市家庭的0.15%。[2] 截至2007年6月底，全国656个城市中，还有70个城市未建立廉租住房制度（孙玉波，2007）。据统计，“截至2008年底全国还有747万户城市低收入住房困难家庭，亟须解决基本住房问题”[3]。

（三）住房消费市场化遇阻，造成社会不公

与大量中低收入者被抛入市场、无住房保障、住房消费困难形成鲜明对比的是，相当数量本应走入市场的群体却凭借权力优势，拒绝走入市场，甚至鸠占鹊巢，挤占了意在缓解中低收入者住房困难的保障性住房资源。[4]

在房改过程中，由于政策设计和执行等原因，有条件的党政机关、事业单位和企业等单位通过集团购买、集资建房、经济适用房政策等方式，逆住房商品化改革方向而行，通过非市场的方式取得了住房，原本计划经济体制下的住房不公非但没有得到纠正，反而增强了。据统计，1996年通过房地产开发公司开发建设的住房商品房为12118万平方米，占全国住房年竣工总量的40.3%，其余59.7%的住房建设和分配通过非市场途径完成；在房地产开发公司开发的住房商品房中，30%左右用于拆迁安置、统建代建和政府安排的各种专业用房，最后真正通过市场流通的仅占28%左右，这其中又有50%左右为集团购买（以集资建房的价格分配给职工），真正市场意义上的购买商品房行为只占其中的15%左右。[5]

另以经济适用房为例，据原建设部房地产业司副司长沈建忠透露，1998

① 中华人民共和国住房和城乡建设部：《建设部通报2006年城镇廉租住房制度建设情况》，2007年2月14日。http://www.cin.gov.cn/hydt/200804/t20080424_162808.htm.

② 中华人民共和国住房和城乡建设部：《坚持以人为本，加强住房保障，努力解决城市低收入家庭住房困难》，2007年8月30日。http://www.china.com.cn/ch-xinwen/content/news070830-2.htm.

③ 住房和城乡建设部、发展改革委、财政部：《2009～2011年廉租住房保障规划》，2009年5月22日。

④ 党政机关、事业单位和国有企业的职工中也会有一些是属于中低收入群体的。但这一事实并不能推论出党政机关、事业单位和国有企业的所有职工都应当享受优先和优惠的住房待遇，或这部分中低收入职工应当享受优先和优惠的住房待遇。如果法律和房改政策、住房保障政策面前人人平等的原则是全体认可的，那么，这些职工中不属于中低收入的，就应该到市场上去解决住房问题；属于中低收入的，可以和全社会其他中低收入居民一样，走保障性住房的渠道。需要指出的是，属于中低收入者的，不应只因工作单位的不同，而给予任何群体优先、优惠待遇。

⑤ 1998年10月2日《房地产报》第8版，转引自刘福泉《中国住房经济与国民经济整合》，中国经济出版社，2001，第161页。

2002年全国经济适用房实际完成投资近5000亿元（马慧芳，2004）。与之相比，同期房地产开发企业承建的经济适用房的完成投资额只有2438.9亿元，不到前者的一半。据全国工商联房地产商会REICO工作室2005年在16个城市的调查，合建、集资建房和特殊单位自用地自主建设的，只面对特定对象、用成本价或房改价售出的经济适用房，占1998~2003年经济适用房建设的80%以上（徐凯，2009）。在陕西，根据省建设厅厅长的报告，集资建房、解决本单位职工的住房问题的，占全省经济适用住房总量的70%左右，部分城市如榆林、商洛等地的经济适用住房建设就是集资建房（李子青，2004），而西安单位集资建设的经济适用住房占90%，开发商建设的经济适用住房仅占10%（袁永坤，2006）。在武汉，根据历年《武汉房地产年鉴》提供的数据计算，2003~2006年武汉由单位集资和军队建设竣工的经济适用房为184.5万平方米，由房地产开发企业建设、面向社会销售的经济适用房为208.21万平方米。在济南，被称为“富人区”的阳光舜城的8栋“省直机关经济适用房”，每套都在160平方米以上，最大的近300平方米，而约定给省直机关职工的均价是1900元/平方米（宗和，2006）；在郑州，档次不低、登记性质为经济适用房的龙鑫苑小区388套住房中，最小的93平方米，大的是150平方米以上的复式住房，其中126套被郑州市直某机关团购（周金海，2006）；在北京，2007年盖的一批档次很高、市价在15000元左右的住房以经济适用房的名义、以4000元/平方米的低价卖给了中直机关的高级干部（杨继绳，2008）。根据国家统计局数据分析，公务员家庭平均住房条件和收入均远高于城镇家庭平均水平，公务员家庭在获取非市场化住房方面具有较高的优越性，如2005年城市公务员家庭住房中有32.85%通过购买原公有住房获取、11.91%通过购买经济适用房获取，而这两个比例在城市全部家庭住房中分别为22.38%和5.93%（REICO工作室，2009）。

随着经济的发展、房价上升，拥有房产的人实现了财富增值，而低收入者却很少有这样的机会，住房不平等随着二手市场的开放而转化成为居民家庭财富的分配不公（朱亚鹏，2007），所以这种房改实际上扩大了城市居民的收入差距（Meng，2007）。赵人伟等（2005）以中国社科院2002年家庭调查数据为基础，发现城镇居民的各类财产中房产的分布是最不均等的——人均财产最少的10%人口的房产净值为负，即其房产总值抵偿不了尚未偿还的住房债务；人均财产最多的20%人口拥有52.36%的房产，而人均财产最少的20%人口仅有1.52%的房产，基尼系数为0.5442，集中率为0.4989，对总财产不均等程度的贡献率高达67.62%，而其余5种财产仅为32.38%。

（四）投资性住房消费增加，已占一定的比例

投资性购房指的是购房者不以满足自己或家人居住需要为目的，而是以获取投资回报为目的的购房行为。央行编写的《2004中国房地产金融报告》就指出，“投资性购房需求增长较快。尽管2000年以来房屋租赁价格年涨幅不到2%，但租金收益在多数地区仍高于银行存款利率以及个人住房贷款利率，在其他投资渠道不畅的情况下，特别是面对房价的快速上涨，大量社会资金为实现保值增值，转向购房投资……部分城市和项目存在一定的投机炒作现象”（中国人民银行研究局房地产金融分析小组，2006）。有关温州炒房团、山西炒房团的报道也时常出现在媒体上。

2004年11～12月北京市统计局和市建委开展商品住房投资性购房快速调查，发现已销售的7149套商品住房中，属于投资性购房的为1215套，投资性购房比重为17.0%；在1215套投资性商品住房中，已转售的346套，占28.5%；已出租的286套，占23.5%；空置的583套，占48%（北京市统计局固定资产投资处和投资建筑业调查处，2005）。中国人民银行营业管理部2005年第三季度联合北京市16家商业银行进行问卷调查，发现27.89%的购房者拥有非自住房产，将其出租的占69.66%，出售的占18.38%，闲置未用的占11.96%。对于房产出租的目的，46.94%的购房者回答“以房养房”，28.16%回答“租金比银行利息高”；对于出售房产的目的，42.69%回答“改善居住条件”，39.77%回答“回报大”（方悦平，2006）。

在上海，上海市统计局2003年在竣工且即将销售完毕的住房小区调查，发现25个住房小区已销售23465套商品住房中属于投资性购房的为3885套，比重为16.6%；3885套投资性商品住房中，已转售1115套，占28.7%；已出租1270套，占32.7%；空置1500套，占38.6%，可见投资者用以租养房来获取收益的较普遍，也有近三成用转让方式实现收益，近四成以空置方式等待获利空间（肖永培、沈韶华，2007）。上海中原房产调查显示，2004年下半年起到2004年年底，二手房投资购房比例开始回升，至年底时该比例达40%。① 据搜房网2008年在看房现场的统计，投资性购房占19%（王岳，2008）。到2009年，易居中

① http：//news.sh.soufun.com/2005－1－13/364792.htm.

国的杨红旭分析上海房地产交易中心的数据，指出上海最新成交的商品房中投资性需求占15%到20%（罗宇凡、叶锋，2009）。

在其他区域，原建设部副部长刘志峰在2005年中国房地产高峰论坛指出，长三角主要城市投机、投资性购房比例在20%左右（卢清建，2005），建设部政策研究中心课题组（2004）认为长沙市的住房投资比例为16%。根据从21世纪不动产等中介机构了解的情况，2009年5月成都二手房市场上，纯投资性需求占总需求的12%，自住兼投资的需求占总需求的45%，合计为57%（黄琳，2009）。2005年杭州调查问卷显示，欲购房者中7.21%选择房产作为投资对象，改善与投资相结合的8.54%（许静凯，2005）。2004年，“杭州市房交会”问卷调查显示，在杭州市购买房地产的人群中，以投资获利为主要目标的人数保持在10%左右，已拥有一套住房而再次购房、消费和投资目标兼而有之的人数在40%左右。宁波市城调队在购楼现场的抽样调查显示，投资性住房比例约为22.2%。远东零点市场咨询公司2004年6月发布的一项调查结果显示，约23.4%的宁波家庭拥有两套以上住房，出于投资目的购房比重达到31.4%（中国人民银行调查统计司，2005）。

投资性购房行为在一定程度上还可从城镇居民拥有两套以上住房的调查中显示出来。根据2005年国家统计局与民政部等部门联合抽选全国各省29万户城镇居民家庭之后发布的《城镇居民生活质量调查报告》，全国10.7%的城镇居民家庭拥有两套以上的住房（王人代，2006）。国家统计局主管的中国国情研究会与万事达卡国际组织近日发布《2006中国生活报告》，针对北京、上海和广州等10座大城市共5126名年收入超过11万元的高收入人士的调查，超过40%的人拥有两套以上住房，其中33%的人拥有两套住房，10%的人拥有3套及3套以上住房；拥有1套和2套住房的人计划再次购房的比例为21%，在拥有3套及3套以上住房的人当中，这个比例更高达34%（李若愚，2006）。据调查，全国各地居民拥有两套以上住房的情况比较普遍（见表7-4）。从表7-4可以看出，各地居民拥有两套以上住房的比例不低且呈现逐年攀升的趋势。第二套住房大多用于出租营利。例如，在浙江，2003年13.2%的家庭拥有两套及以上的住房，57%的家庭将第二套住房出租（黄程、丁晓琴，2004）；2005年顺德每百户有22套房屋出租，出租房屋收入人均达到780.65元（陈勇儒、李丽萍，2005）；2006年威海市11%的城市家庭拥有两套及两套以上的住房，多余的住房中60%用于对外出租（姜磊，2006）；2007年，泉州市拥有两套以上住房的人占近两成，其中80%以上的人将第二套住房出租；2008年常州5.7%的居民家庭有房屋出租收入，户均收入达3605元（常韵凤、涂贤平，2008）。

表7－4　近年各地城镇居民拥有两套以上住房调查结果

单位：%

地　　区	年份	比例	地　　区	年份	比例	地　　区	年份	比例
北　　京	2006	10	广东顺德	2005	41	山东威海	2006	11
上　　海	2005	22	广东珠海	2008	29	四川成都	2006	10
浙　　江	2001	9	浙江台州	2003	22	湖南长沙	2006	17
浙　　江	2003	13	浙江丽水	2003	20	辽宁沈阳	2007	11
浙　　江	2004	15	浙江绍兴	2003	18	辽宁大连	2006	5
广　　东	2004	18	浙江温州	2002	14	辽宁大连	2007	10
河　　北	2007	10	浙江温州	2003	16	福建福州	2002	10
安　　徽	2007	11	浙江宁波	2003	8	福建福州	2005	11
宁　　夏	2006	9	浙江宁波	2004	23	福建泉州	2007	近20
宁　　夏	2007	10	浙江杭州	2003	8	江苏宿迁	2005	12
河南洛阳	2000	30	浙江杭州	2005	12	江苏常州	2006	12

数据来源：笔者根据洛阳市老城区人民政府（2006）、苏靖（2003）、陈荣富等（2007）、卢雅等（2002）、林银来等（2005）、姜磊（2006）、许静凯（2005）、黄程等（2004）、中国人民银行调查统计司（2005）、殷丽娟（2006）、江苏省统计局（2005）、常韵凤等（2008）、郭俊敏（2006）、外资科（2006）、贾立文等（2007）、刘勇等（2007）、陈勇儒等（2005）、杨康等（2009）、王景等（2007）、原素芬等（2006）、刘国栋等（2008）、杨玉华（2008）、裴艳（2008）、吴海鹰等（2008）、叶卡斯等（2005）、陈晓平等（2005）整理。

投资性购房行为也通过居民家庭的出租房屋收入体现出来。如表7－5所示，根据全国城镇居民家庭收支调查，全国居民家庭平均每人全年的出租房屋收入，从2002年的45元快速上升到了2007年的156元，其中高收入户从49元上升到了265元，最高收入户从157元上升到了669元。

表7－5　2002～2007年全国居民家庭出租房屋收入

单位：元/平均每人全年

年份	平均	最低收入户	低收入户	中等偏下户	中等收入户	中等偏上户	高收入户	最高收入户
2002	45	20	22	28	38	38	49	157
2003	57	20	26	33	41	55	86	195
2004	86	27	29	49	59	79	117	366
2005	112	24	44	60	70	107	194	479
2006	126	28	38	59	68	129	222	571
2007	156	41	49	69	89	162	265	669

资料来源：历年《中国价格及城镇居民收支调查》、《中国城市（镇）生活与价格年鉴2007》。

另外，在人民币升值、中国经济增长态势趋好和中国房地产业利润丰厚的背景下，境外资金通过多种渠道进入上海、北京等热点地区房地产市场，在政策调控下还向二线城市和中小城市渗透。这些资金中，用于购买住房的，主要集中于别墅、公寓等高价位商品房。据统计，2007 年房地产业流入的外资达到了 170.9 亿美元，同比增长 107.7%，在 2007 年的基础上，2008 年再增长 8.8%，达到 185.9 亿美元；2009 年 1～5 月，房地产业 FDI 流入 59.8 亿美元（张一，2009）。不过，这可能只是冰山的一角。外资还通过外债等非 FDI 方式进入中国房地产市场，行踪隐蔽。

投资、投机性购房者进入住房销售市场，在一定程度上推高了住房需求，有可能对市场预期产生影响，引发“羊群效应”，推高房价。另外，这类资金的进入与撤出，也可能对市场波动产生较大的影响，加大市场的波动幅度。

五　政策建议

几十年来，中国城镇居民的住房消费水平总体上得到了稳步提高，但目前住房领域的一系列问题已经成为中国经济与社会发展的重大挑战，住房政策成为政府、学者、开发商及广大民众普遍关注的最重要的政策领域之一，住房问题和医疗、教育一起被称为“新三座大山”。2007 年“两会”期间，在代表委员的要求下，《政府工作报告》将居民住房问题列入了“一些涉及群众利益的突出问题解决得不够好”的范围。2007 年 10 月 15 日，中国共产党总书记胡锦涛在中国共产党第十七次全国代表大会上的报告中，将“住有所居”作为推动建设和谐社会的重要内容。针对目前住房消费领域存在的突出问题，我们提出以下几点建议。

（一）公开并提供有效、透明的数据

公开、有效、透明的统计信息对于住房市场分析和政策制定十分重要，但目前中国还比较缺乏有关住房的有效数据和公开透明的市场信息，尤其是微观数据。本文对中国住房支付能力指数的测算，就因为无法获取统计局城市调查队的微观数据而采用间接方法估算。建议统计部门公开经过辛苦调查采集到的数据，提供真实、准确、全面和及时的信息，以便监控市场动态和评估居民住房状况。

如果在短期内公布微观调查数据存在一定的难度，至少应该先经常性地公布诸如中位数、分位数、最大和最小值等统计信息摘要。

（二）调整住房消费结构，培育成熟的消费心态

租赁市场和买卖市场、一手房市场和二手房市场都是完整的住房消费市场不可或缺的重要组成部分。目前，需要扫除租赁和买卖二手房的障碍，培育完善的租赁和存量房市场，推进租售并举和二手房交易，引导梯度消费。建议规范住房租赁和二手房交易市场制度，实施房屋租赁备案制，调整有关供求双方的行为和关系，降低房屋租赁和二手房交易中的税费，增强租金和二手房市场的信息透明度，引导供求双方合理维护自身权益并为税费征缴提供依据，改善目前房屋租赁和二手房交易存在监管真空的问题，规范不动产经纪业，加强不动产经纪行业自律管理。

（三）消除住房市场化的障碍，促进社会公平

一段时间以来，不少党政机关、事业单位和企业等享受“超国民待遇”，通过集团购买、集资建房、经济适用房政策等方式，逆住房商品化改革方向而行，通过非市场的方式取得了住房，加大了社会不公。公务员、事业单位工作人员和国企员工是全体国民的组成部分，与其他国民只有工作单位的不同，必须纳入统一的市场化渠道。要杜绝逆市场化现象，取消“超国民待遇”和特权的干扰。公务员、事业单位工作人员和国企员工中收入水平低的，与其他国民一样，应同走住房保障的路子，该申请、排队、轮候、摇号的，必须一视同仁，无特殊或优先对待的必要。

（四）针对需要帮助的人群，加大住房保障投入

住房政策是社会政策的重要组成部分，《世界人权宣言》规定，“人人有权享受为维持他本人和家属的健康和福利所需的生活水准，包括食物、衣着、住房、医疗和必要的社会服务”。但是，由于信息不足、认识不足、利益集团的操纵以及片面追求经济发展速度等原因，一段时间以来，住房的商品属性及其对经济的拉动作用被过分强调，房地产业对国民经济的拉动能力和推动能力被严重夸大，1997、1998 年应对亚洲金融危机的短期政策被长期化，“住房建设”、“房地

产业”被定位为“国民经济的支柱产业”。相反，住房作为基本生活必需品的属性被严重忽略，在住房价格上升相对较快、居民收入上升相对平缓的背景下，出现了住房问题。不少研究认为，“中国缺乏真正意义上的住房政策”（胡雪军、龙海风，2006），“中国只有房地产政策，没有住房社会政策”（唐钧，2007），“片面强调通过房地产市场来调节需求、解决住房问题，用房地产政策代替住房政策”（吴立范、罗党论，2008）。中国住房问题的根源之一在于过分强调其经济层面，将具有社会政策属性的住房政策完全等同于经济产业的房地产政策，忽略其社会层面（朱亚鹏，2008）。正如2009年9月住房和城乡建设部部长姜伟新先生接受记者采访时指出的，“客观地讲，各级政府对住房保障的认识也有一个过程”①，原先政府对住房政策的认识很不足。要完善经济适用房、限价商品房、廉租房等住房保障制度，纳入预算，加大投资力度，加强制度建设、制度创新，消除“鸠占鹊巢”现象，多种形式并举帮助不同层次中低收入者“居者适其屋”、“住有所居”。短期内要抓好《2009～2011年廉租住房保障规划》的落实，认真解决好747万户城市低收入住房困难家庭的住房问题。

（五）对投资性购房行为进行跟踪和管理

要密切跟踪市场动态，及时披露投资性乃至投机性购房的状况和发展态势，加大对境内外炒房资金流动的监测。并考虑通过对住房保有环节和交易环节征收税费的方式，压缩投资、投机性购房的利润空间。对于已经发生的交易，出台相应对策，鼓励这部分住房进入市场，增加租赁市场和二手房市场的供应量。

① 王炜：《城乡和谐，住有所居——住房和城乡建设部部长姜伟新谈新中国60年住房变化和城乡建设》，2009年9月3日《人民日报》。

第八章
住房金融机构

高广春

一 国际经验

国际上主要国家的住房金融体系以及相应的金融机构体系大致分为三类，其一是市场主导的住房金融体系，典型国家是美国和英国。其二是金融中介机构主导的住房金融体系，典型国家是德国、法国和日本。其三是政府主导的住房金融体系，典型国家是新加坡。以下以美国、德国和新加坡为案例对国际住房金融体系及其住房金融机构体系的特点进行简要介绍。

（一）美国：市场主导下的住房金融机构体系

虽然本轮次贷危机的直接导火索是美国的次级抵押住房贷款，但比较而言，美国的住房金融体系可以说是各主要经济体中最为健全的。总体而言，美国的住房金融体系是一种市场主导下的住房金融体系，在该体系下，商业性金融、合作性金融和政策性金融相互匹配形成了结构、功能和机制较为完整、有效的运作模式。在这样的住房金融体系下，美国的住房金融机构体系表现为如下几个方面的特征。

1. 机构结构之多元化特征明显

在美国的住房金融机构体系中，既有商业化的住房金融机构，也有互助合作性的住房金融机构，还有政策性住房金融机构。图 8－1 是美国 2006 年主要的住房金融机构的数量及其占比情况。从中可以看出，美国信用合作社和独立住房贷款公司的占比超过了商业银行。政策性住房金融机构之典型机构则是所谓的“两房”，其一是联邦住房抵押贷款公司（Federal Home Loan Mortgage Corperation，FHLMC，或称为 Freddi Mac）。这是一家在纽约股票交易所上市的私人公司，受美国政府支持，享有准政府级信用。其二是联邦国家抵押贷款协会

(Federal National Mortgage Association, FNMA, 或称为 Fanni Mae), 该机构成立之初是一家协助联邦政府执行住房政策的政府机构, 后改为受政府支持的上市公司。这两家公司的主要任务是收购住房抵押贷款并将其证券化。产权为私人性质, 但受政府支持且执行政府住房政策的机构还有一家, 即联办住房贷款银行系统 (The Federal Home Loan Banks), 该系统成立于 1932 年, 由 12 家分部组成, 主要任务是向各类住房金融机构提供流动性贷款, 以改善这些贷款机构的流动性。

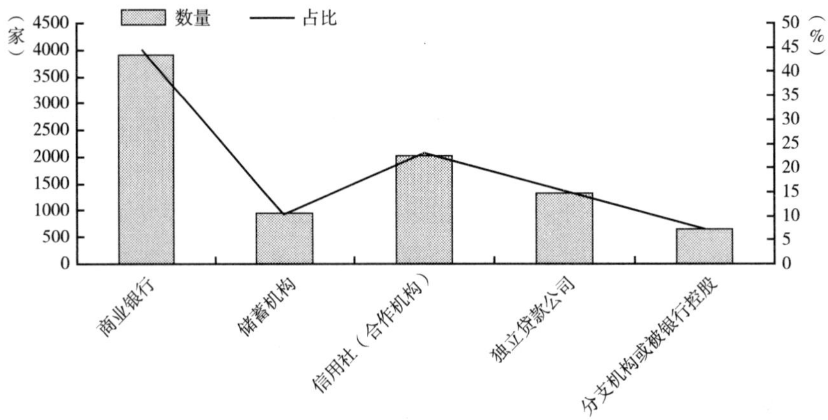

图 8-1 按照《家庭住房抵押贷款信息披露法》(HMDA) 报告房贷信息的机构结构 (2006)

资料来源: 参见雷曜《次贷危机》, 机械工业出版社, 2008, 第 6 页。

2. 政策性住房金融机构的作用巨大

美国有非常体系化的政策性住房金融机构, 除了上述三家政府住房政策的私人机构外, 还有三家纯政府机构。(1) 联邦住房局 (Federal Housing Administration FHA), 该机构成立于 1934 年, 其主要任务是为中低收入户的商业性住房抵押贷款提供低价保险。(2) 退伍军人局 (Veteran Administration, VA), 该机构成立于 1944 年, 主要职能是为退伍军人的商业性住房抵押贷款提供免费的保证。(3) 政府全国抵押贷款协会 (Government National Mortgage Association, GNMA), 该机构成立于 1968 年, 主要任务之一是对经由 FHA 和 VA 保险或保证的住房抵押贷款的证券化的及时偿付提供担保, 按照米什金的观点, 该机构的此一职能直接促动了一种新的金融工具——资产证券化的诞生。①

---

① 〔美国〕米什金:《货币金融学》, 李扬等译, 中国人民大学出版社, 1998, 第 211 页。

美国政策性住房金融机构的作用主要表现在：其一是对中低收入群体的住房消费的支持作用巨大。早在20世纪30年代，遭受大萧条沉重打击的美国政府就意识到，美国经济的持续稳定发展离不开穷人的积极参与和分享。此时的罗斯福政府就提出了“居者有其屋”的政策目标，此后的历届政府均依次仿效。在金融层面的主要落实措施就是先后成立诸如前述的政府机构。（1）对穷人的住房抵押贷款实施低价甚至免费保险或保证。前边提及的FHA和VA就是专司此类职能。（2）收购各商业性抵押贷款机构的住房贷款，为商业性住房金融机构补充流动性。前边提及的FNMA在1938年成立时的主要任务就是通过发行低利率公债，筹资收购经FHA保险的居民住房抵押贷款。其二是通过直接或间接参与住房抵押贷款证券化促进住房金融市场改善流动性和优化风险管理。前述的FHLMC在成立两年后就直接发起了一种被称为参与凭证（participation certificates）的住房抵押贷款转付证券（mortgage pass through，MPT）。FNMA则是于1981年始直接参与到住房抵押贷款证券化中。以间接形式参与的是GNMA，正如前述，由于其承诺对经由FHA和VA保险或保证的住房抵押贷款的证券化的及时偿付提供担保，直接催生了美国历史上第一单证券化的问世。三大带有政府背景的机构所参与发起的证券化统称为机构住房抵押贷款转付证券（agency pass through），[①] 而且成为美国证券化市场上的主流产品。住房抵押贷款证券化由于具有对于住房贷款之流动性、收益性和风险性的有效配置功能，逐渐为多个国家所效仿。

3. 有专门的住房金融监管机构

首先是针对联邦住房贷款银行系统及其会员银行的专门监管机构。该机构自1932～1939年，被称为联邦住房贷款银行委员会（Federal Home Loan Bank Board，FHLBB），以后几经换名，在1955年的住房法修订后，恢复原来的名称。联邦住房贷款银行委员会的重要职能是监管由12家联邦区域性住房贷款银行组成的联邦住房贷款银行系统。此外还有两项职能，其一是为从事住房抵押贷款业务的会员银行提供储备信用；其二是监管储蓄和贷款协会（Federal Savings and Loan Associations）的运营。1989年的储贷机构危机后，联邦住房贷款银行委员会被撤销，其为住房银行提供储备信用并实施监管的职能由一家新的政府机构即

① 其他类的住房抵押贷款证券化产品则叫做非机构（non-agency）证券化。参见陈文达、李阿乙、廖咸兴《资产证券化理论和实务》，中国人民大学出版社，2004，第83页。

联邦住房金融委员会（The Federal Housing Finance Board About，FHFB）行使。另外的监管储贷协会的职能则被划转给了财政部新设的储蓄机构监管办公室。

其次是针对前述以“两房”为主体的执行政府公共政策的私人公司（The government-sponsored enterprises，GSEs）而成立的监管机构。该机构的名称是联邦住房企业监管办公室（The Office of Federal Housing Enterprise Oversight，OFHEO），成立于1992年，隶属于住房和城市发展部，主要任务是确保“两房”资本充足、运作安全、经营良好。

再次是本轮次贷危机后，针对上述两大监管机构（联邦住房金融委员会、联邦住房企业监管办公室）所暴露出来的缺陷，将其合并为一家机构即联邦住房金融局（the Federal Housing Finance Agency，FHFA），上述分别监管的模式转变为统一监管，即联邦住房金融局同时监管联邦住房贷款银行系统、联邦住房抵押贷款公司和联邦住房抵押贷款协会。

（二）新加坡：政策性金融占绝对主导地位的住房金融机构体系

与美国多元化的住房金融体系和住房金融机构体系相比，新加坡的住房金融体系和住房金融机构体系要简单得多，但却非常有效率。总体而言，新加坡的住房金融机构体系的突出特点是政策性金融占绝对主导地位。中央公积金局和建屋发展局构成新加坡政府住房金融机构体系的主体性架构。

1. 机构结构单一化特点明显，政策性金融角色突出

新加坡的住房金融机构体系包括邮政储蓄银行、私人商业银行和政策性金融机构。政策性金融机构对住房建设和消费的支持占绝对主导优势，份额占比约85%。新加坡的政策性金融机构主要由两大机构体系组成，其一是中央公积金局。该机构成立于1955年，负责公积金的归集、管理和运营工作。近80%的公积金用于住房建设和消费，运作模式是，将其中大约20%的住房资金用于百姓提取储备，剩余的资金以购买政府债券的形式转移给中央政府，中央政府再将这些资金贷给建屋发展局。其二是建屋发展局。该机构成立于1960年，严格来讲该机构不是严格意义上的金融机构，因为其职能不仅仅是为购房人融通资金，还肩负着新加坡组屋的建设、分配和管理的重任。新加坡建屋发展局的资金来源主要是中央政府。中央政府的这些资金的主要来源是前述中央公积金局以债券形式转化的公积金归集款，这些款项以建房贷款、购房贷款和津贴的形式进入建屋发展局的

账户，其中的购房贷款以优惠组屋抵押贷款的形式发放给符合条件的购房者。

2. 公积金制度惠及范围广泛，公积金使用灵活

建屋发展局按照购房者的家庭月收入确定贷款资格和使用方向。一共分为四个等级，最低的一个等级是月收入在800新元以下的家庭，这部分购房者可以租赁组屋，一般是一居室、两居室和三居室的组屋。租金约为市场租金的一半，另一半由政府以补贴的形式给予资助，这个档次的购房者约为10%。另外三个等级的购房者家庭是月总收入在800～5000新元，5000～8000新元和8000新元以上的家庭。其中第二和第三等级的家庭不能租房，必须购房，收入为第三等级的家庭还可购买档次较高的公寓。购房家庭在首期大约20%的购房款后即可向建屋发展局申请实际上的公积金贷款，而收入处于第四个等级的家庭既不能购买建屋发展局提供的组屋，也无法享受优惠的公积金贷款。他们只能从房地产市场直接购买住房，通过商业管道获得贷款。处于前三个收入等级的家庭占比大约占85%，其中最低等级家庭不但享受政府的租金补贴，而且可以按规定直接提取公积金支付租金，所以受惠于中央公积金制度的家庭约占新加坡家庭总数的85%。新加坡的公积金制度不仅惠及范围大，而且使用形式灵活，购房者不仅可以通过优惠抵押贷款的形式使用公积金，还可通过提取方式用来支付购房的首付款。

3. 公积金立法明确、管理严格

新加坡推行公积金制度起始于1955年，同年国会就颁行《中央公积金法》。该法分为八章，对公积金的机构设置和职能，公积金的归集、提取、使用以及违法等事项予以明确立法。对政府、中央公积金局、雇主、雇员的行为规范予以了明确界定。其中，政府可以通过政府债务形式有偿使用并如期归还公积金存款，但无权直接调用公积金存款；雇主和雇员要依法按期如数缴纳公积金，无故不缴，公积金局有权强行划账。如果迟缴还要缴纳滞纳金。中央公积金局负责公积金的归集、运营和管理，公积金局设理事会，负责公积金归集和使用等重大事项的决策。日常管理工作则由总经理负责，总经理是公积金局的最高负责人，由国家总理直接任命。总经理下设六个部门，包括雇主服务、雇员服务、人事管理、计算机管理、行政管理和内部审计。公积金局的员工实行的是类似政府公务员的职级工资制度，其工资收入不和公积金运营的经济效益挂钩，也不能用公积金的增值收益发奖金。《中央公积金法》为新加坡公积金制度廉洁而有效运转奠定了基础，从而保证了新加坡公共住房政策的实施和目标的实现。

（三）德国的住房金融机构体系：合作金融独具特色

作为发达的经济体，德国住房金融体系的多元化特点也较为明显，但与美国和新加坡相比，德国的合作金融独具特色。

1. 住房金融机构体系的多元化特点明显

同美国类似，德国的住房金融体系包括商业性金融、合作性金融和政策性金融等多个层面。重要的住房金融机构分为三类，即政府性储蓄银行、抵押银行和合作性储蓄银行。政府性储蓄银行是由政府建的国有银行，主要业务是吸收个人存款，发放房地产贷款，并以其可靠的政府信用吸引国家一半左右的储蓄市场，对住房建设和消费的支持份额达到30%左右，抵押银行中的70%左右是私营机构，市场占比也达到近30%的份额，合作性储蓄银行的市场份额超过20%。三类住房金融机构的住房金融市场占比达80%左右。

2. 互助合作金融独具特色

德国的第一家住房合作金融机构——住房储蓄银行成立于1924年。历经近一个世纪的发展，在全球住房金融背景下呈现出一道独特的风景。德国互助合作金融的特点是：（1）契约性。居民事先与储蓄银行签订住房储蓄合同，并按月向银行存入相同的金额，譬如储蓄合同额的5‰。当存款额达到储蓄合同金额的50%后，住房储蓄银行可把合同额贷给储户，即贷给已有存款2倍的贷款，储户每月按固定金额还款，通常为合同金额的6‰。此种设计的初衷是使购房人不但获得稳定的购房资金来源，而且缩短其购房时间，一般的计算认为一个按十年计购房的人，因储蓄合同的设计将会缩短至5.5年。（2）专营性。德国的住房储蓄银行法明确规定，契约储蓄是住房储蓄银行的专有经营范围，其他全功能商业银行不能承办此类业务。（3）封闭性。住房储蓄银行的业务只针对那些事先签订住房储蓄合同、参加了住房储蓄的人，只有这部分人才能在满足合同规定条件下申请买房和建房的低息贷款。住房储蓄银行的存款的唯一用途是为建房、购房进行融资，而不用于其他任何消费目的。住房储蓄银行的封闭性还表现为其住房储蓄不受资本市场波动的影响，存贷款利率保持持续的稳定性。（4）低利率。存款利率为年息3%，贷款利率为年息5%，存贷款的利率差为2%。存贷款利率均为较低水平，该特点也可称为低存低贷。就贷款利率而言，比抵押贷款利率平均低3~5个百分点。（5）政府激励。住房储蓄银行的储蓄业务得到政府的极力支持，政府通过以下两种形式鼓励德国民众，特别是低收入群体参与住房储蓄。①针对中低收入群体的住房储蓄奖励。如对于年收入不超过5万马克的单身居民，在住房储蓄合同中存款达1万马克时，政府给予每年100马克的奖励。对于年总收入不超过10万马克的夫妇当其共同存款达到2万马克时，政府给予其每年200马克的奖金。②针对“雇员资金积累款”的储蓄奖励。在德国企业主除付给雇员工资外，每月另付给雇员用于积累的资金，并存入长期账户，每年最多可达936马克。对于这部分资金，雇员有权要求其雇主直接存入其住房储蓄账户上。如果雇员是收入不超过27000马克的单身职工或年收入不超过54000马克的双职工夫妇，政府对其由资金积累款形成的储蓄给予10%的奖励。

二　2008～2009年以来中国住房金融机构运行情况分析

（一）2008年以来的住房金融机构结构特点：商业性住房金融机构主导格局明显，合作性住房金融机构和政策性住房金融机构支持不足

2008年以来，住房金融机构支持体系具有明显的商业性住房金融机构主导的特征，合作性住房金融机构和政策性住房金融机构支持不足。正如表8－1所示，至2008年末，在商业性住房金融、合作性住房金融和政策性住房金融三大机构体系对住房开发和消费的支持中，商业性住房金融支持占尽绝对优势，在住房开发的信贷融资支持结构中，合作性住房金融和政策性住房金融机构的支持度近乎为零，而商业性住房金融机构则是包揽了所有的信贷业务。在个人住房消费贷款支持中，商业性住房金融对个人住房消费的贷款支持度占比仍然超过80%，苦心经营近20年的住房公积金贷款支持度占比仅为15.3%，合作性住房金融的支持度更是少得可怜。

表8－1　2008年中国住房金融机构融资支持结构

类　别	住房开发贷款（亿元）	占比（%）	个人住房消费贷款（亿元）	占比（%）
合作性住房金融机构	0	0	无统计资料	无统计资料
政策性住房金融机构	0	0	6094.16	15.3
商业性住房金融机构	19482	100	33751	84

数据来源：建设部网站；维赛特（www.vsatsh.cn）。

（二）2008年以来商业性住房金融机构特点：商业银行扮演主角，房贷业务先抑后扬，资产质量良好，但风险控制藏有隐患，房贷品种虽多但突破性创新产品较少

1. 商业银行扮演主角

2008年以来，中国商业性住房金融机构仍然是以银行金融机构①为主，非银行金融机构（主要包括信托机构、担保公司等）少之又少，对住房开发企业的贷款支持比重在2008年以前通常是忽略不计的，在2009年上半年，中国统计局首次将非银行金融机构列入商业性住房金融机构名单中，但其贷款支持在整个开发贷款中的占比仅为1.5%。在银行金融机构中，唱主角的则是国有商业银行、股份制商业银行和城市商业银行，这些机构共计近140家，其资产规模和质量情况见表8－2和表8－3。

表8－2 主要商业银行金融机构资产规模及其占比

单位：亿元，%

		2008年				2009年	
		第一季度	第二季度	第三季度	第四季度	第一季度	第二季度
国有商业银行	总资产	291928.6	301219.9	305202.7	318358	365138.9	384808.3
	占银行业金融机构比例	52.60	52.20	51.40	51.00	52.60	52.20
全国性股份制银行	总资产	76818	80775.7	83604.6	88130.6	98380.4	108492.4
	占银行业金融机构比例	13.80	14.00	14.10	14.10	14.20	14.70
城市商业银行	总资产	33953.7	35921.6	38868.8	41319.7	44888.6	49547
	占银行业金融机构比例	6.10	6.20	6.50	6.60	6.50	6.70

注：（1）国有商业银行包括中国工商银行、中国农业银行、中国银行、中国建设银行和交通银行。

（2）股份制商业银行包括中信银行、光大银行、华夏银行、广东发展银行、深圳发展银行、招商银行、上海浦东发展银行、兴业银行、民生银行、恒丰银行、浙商银行、渤海银行。

① 按照中国银监会的划分，银行金融机构包括政策性银行、国有商业银行、股份制商业银行、城市商业银行、农村商业银行、农村合作银行、城市信用社、农村信用社、邮政储蓄银行、外资银行。非银行金融机构则包括企业集团财务公司、信托投资公司、金融租赁公司、汽车金融公司、货币经纪公司等。

表 8－3　银行金融机构不良贷款率

单位：亿元，%

	2008 年				2009 年	
	第一季度末	第二季度末	第三季度末	第四季度末	第一季度末	第二季度末
主要商业银行	6.30	6.10	6.01	2.45	2.02	1.74
国有商业银行	7.55	7.43	7.35	2.81	2.30	1.99
股份制商业银行	2.01	1.65	1.59	1.35	1.17	1.03
城市商业银行	2.90	2.72	2.54	2.33	2.17	1.85

2. 房贷业务先抑后扬

本期报告使用两个指标来判断和分析 2008 年以来的房贷走势，其一是住房贷款同比走势，其二是住房贷款环比走势。图 8－2 给出了一个关于这两个指标的基本路线图。从中可以看出，2008 年以来的房贷走势有如下几个特点。

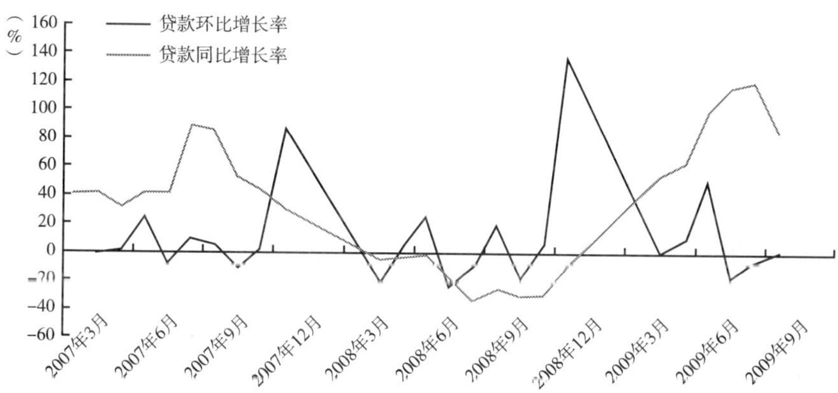

图 8－2　经调整房贷 2007 年以来的房贷同比增长率和环比增长率

（1）基本走向为先抑后扬。在 2008 年初至 2009 年 9 月之间的区间内，住房贷款规模变动剧烈，走向呈强波动态势。同比最高波幅为 119.1%，最低波幅是－33.80%，两者之间的幅差超过 150；环比最高波幅为 137.04%，最低波幅－24.41%，两者之间的幅差超过 160。本期报告认为，此种强波动走势主要归因于宏观政策的大起大落走势。2008 年以来，中国宏观经济政策的走势可以说是起伏跌宕，特别是 2008 年一年内，货币政策经历了一种冰火两重天的戏剧性变化，由年初明确的“从紧”转变为年底明确的“宽松”。在中国既定的以信贷主导的金融体系下，无论是从紧还是宽松，首当其冲的当然是信贷的“紧”或“松”，而房贷作为银行业、特别是大中型银行的主要资产，也必然或者说是必须紧随货币政策的引导，控放房贷“油门”。由此房贷在2008年底前呈现下行走势就是很自然的事情了。事实上，2008年初的从紧货币政策已由2007年底的中央经济工作会议定下基调和走势，在这一年里央行连续6次上调利率，第10次调高存款准备金率，且一次上调1个百分点，仅此一举即冻结银行资金达4000亿元之多。因此从图8-2中我们看到，2007年一路走高的房贷到2007年底已开始掉头向下，无论是同比还是环比均表现出了一致的下行走势，这也预示着2008年房贷的下行走势已成难免之势。这一走向于2008年底发生强势扭转，两指标几乎在同时急速掉头向上且一发而不可收，在此后不到半年的时间里不仅吞噬了此前一年多的下行幅度，而且继续上冲不止。主因则是此时的中国货币政策的强势转向即由从紧果断转为宽松。房贷的此种走势表明，政策因素依然是中国银行业房贷业务走势的决定性力量。

（2）上行意愿强于下行意愿。虽然自2007年底开始，银行业向住房领域的贷款趋于下行，一年后又扭头上行，但“上”“下”行走的速度和力度却有很大差异，上行的速度和力度远远强势于下行的速度和力度。这种特点在同比走势中表现尤为明显，从2007年底到2008年底大约一年内走出的下行落幅，在2009年不到半年的时间里就被上行走势吞噬殆尽。这反映出，相比于对住房领域收紧钱袋的“吝啬”行为，银行业更愿意扮演慷慨大度的角色。由此本报告认为，中国银行业在依然遵循传统的政策决定路径的前提下，也希望看一看另一种力量即股东们的眼色。这表明，中国银行业的公司化治理获得了些许进展，也反映银行更倾向于在住房领域寻求利润增长空间。

（3）房贷走势带动房市走势。同住房企业的走势比较中，我们看出银行房贷走势先行于住房企业走势，这一点在图8-3中表现得尤为直观，该图显示，银行房贷同比增长率出现拐点的时间比住房企业综合景气指数出现拐点的时间早大约2个月。由此，本期报告认为，银行房贷在住房产业的兴衰起伏过程中处于举足轻重的地位。而2009年住房企业之所以在资金链几近断裂的死亡边缘迅速变得活力四射，主因就是银行业大规模的雪中送炭。

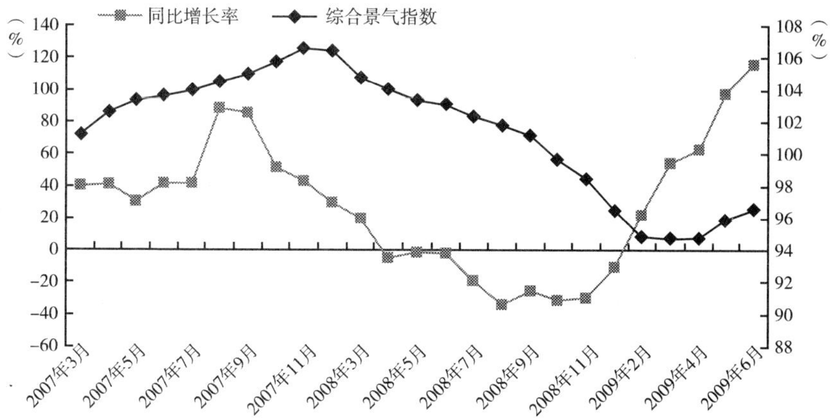

图 8-3　2007 年以来的房贷同比增长率和房地产开发综合景气指数

综上，2008 年以来，房贷走势因政策层面的大幅调整而呈现剧烈波动的态势，但银行业公司化治理的成果也有一定显现，银行业对自身的逐利需求促使其最大化利用宽松的货币政策环境，超常规增加对住房领域的贷款，导致在不到半年的时间里就消化了此前一年内减少的贷款量。也正是因为如此多的钱如此快地涌入住房企业，住房价格也在 3 个月左右的时间里消化掉了此前一年多的下降空间，迅速飙升至 2 年前的水平。

3. 房贷资产质量表现良好

依前述，我国商业银行的资产质量在这两年里保持着较低的水平，这显示这些银行的资产质量表现良好。具体到房贷资产而言，银行和监管当局没有公开予以披露，大多数上市银行也没有详细披露，只有部分上市银行对此作了不同程度的披露。由此，本期报告认为，可以从两个维度判断房贷资产的质量。一是依据所有贷款资产质量的表现做出判断，由此得出的结论是，房贷资产的不良率是较低的。二是依据披露银行的房贷资产的不良率来判断相应银行的房贷资产质量，表 8-4 是披露银行的不良资产情况，从中可以看出，建设银行的开发贷款率和建筑业贷款率相对较高，开发贷款的不良率接近 5%，建筑业贷款的不良率也超过了 2%，除此之外其他银行三类住房贷款的不良率均保持在了较低的水平。特别是兴业银行，2007 ~ 2008 年两年里的住房贷款的占比虽然是最高的，达到了近 50% 的水平，但不良率依然维持在很低的水平。

表 8-4 部分上市银行房贷不良率

单位：%

年 份	2007	2008	年 份	2007	2008
开发贷款不良率			建行	2.54	2.04
工行	2.82	2.21	招商银行	0.52	0.19
建行	4.84	4.67	浦发银行	0.49	0.18
招商银行	3.78	2.53	兴业银行	0.37	0.39
浦发银行	0.54	0.62	按揭不良率		
兴业银行	0.5	0.43	建行	0.8	0.82
建筑业贷款不良率			招商银行	0.26	0.27
工行	2.57	2.58	兴业银行	0.13	0.15

资料来源：各上市银行年报。

4. 房贷品种较多但突破性创新嫌少

正因为到目前为止，银行房贷，特别是个人按揭贷款的不良率很低，各商业性住房金融机构均将此类贷款看做优质且高效的贷款，据统计，银行房贷所得占据了近一半的银行贷款利润。2008 年以来，特别是 2009 年以来，出于房贷业务竞争，提升业绩水平的考虑，商业性住房金融机构的房贷品种的创新也趋于活跃，不少银行针对客户的不同特点和需求，围绕期限和成本两大要素推出了不少创新品种（如表 8-5 所示），这些产品或者旨在降低客户的利息成本，或者灵活安排客户的还款期限，或者通过给予循环性授信额度激励客户保持良好信用记录，或者通过帮助客户理财鼓励客户贷款。虽然诸如此类的创新性产品较多，但这些产品大都在监管当局规定的边界内施展创新技巧，关于针对成本和期限之突破性的房贷产品的创新还较为少见。

表 8-5 2008 年以来的银行房贷产品创新情况

2009 年	“按揭开放账户”+“贷生利”账户	民生银行
2009 年	“活利贷”	渣打银行
2009 年	“幸福+循环授信”	工行
2009 年	“直客式房贷”	中行
2009 年	“接力贷款”	农行
2009 年	“双周供”,“点按揭”	深发展
2009 年	“宽限期房贷”	上海银行
2008 年	“消费易”	招商银行
2008 年 2009 年	“买点换折扣”、“存活期、免房贷利息”、“超前按揭免担保”、“父贷子还”、“双周供”、“天天省”、“安居贷”、“本息分别还款计划”	不详

5. 风险管理不足且风控藏有隐患

尽管到目前为止，银行房贷的资产质量较高，但我们还是不能回避银行金融机构在住房贷款风险控制方面的问题。主要的问题：一是各银行普遍缺乏对于房贷客户的信用分级；二是各银行普遍存在重房产抵押、轻第一还款来源的问题，这也正是几乎所有经济体在住房产业持续繁荣时期所犯的错误，当然也是本次全球性金融危机背后的一大重要原因；三是不少银行事实上存在假按揭、低首付的问题；四是由于目前房贷不良率低、收益率高，各行普遍缺乏通过证券化的途径转移住房贷款风险的激励。

（三）2008 年以来的住房公积金：使用质量和效率不尽如人意

同银行房贷摧枯拉朽式的影响力相比，政策性住房金融的作用就显得黯然失色了。虽然住房公积金制度的问题自 2006 年已来被广泛热议，但问题的解决似乎没有多少进展。如图 8－4 所示，自 2006 年至今，几个主要衡量公积金使用质量和效率的指标都不尽如人意。除了使用个贷人率（%）（使用人数/实缴人数，每户 2 人计）有略微改善外，其他三项指标均有不同程度的恶化。个贷率（个贷余额/缴存余额）在 2008 年比 2007 年下降 2.53 个百分点，闲置资金率（银行专户存款沉淀资金/缴存余额）上升近 4 个百分点，贷存比（当年贷款额/当年缴存额）下降近 7 个百分点。3000 多亿元资金睡在银行里派不上用场。面对如此低的使用质量和使用效率，特别是庞大的闲置资金，决策层正考虑一些改进策略，如 2008 年底决策层酝酿将部分闲置资金用于廉租房的建设。2009 年上半年，不少城市也相继推出一系列改革公积金管理和使用方式的措施（见表 8－6）。

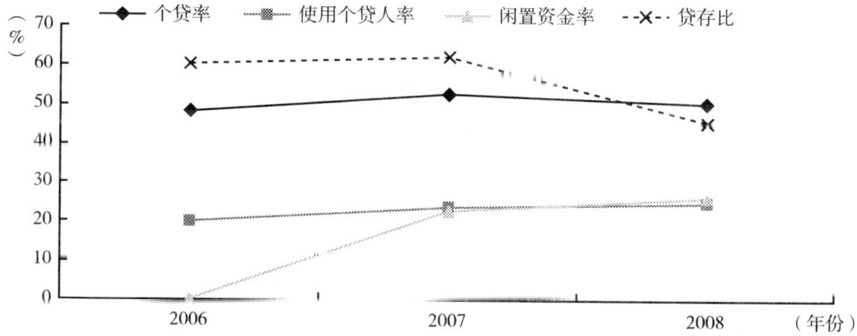

图 8－4　住房公积金使用质量和效率

表 8－6　2009 年部分城市推出的住房公积金改进措施

北京	买政策性住房首付款可用公积金支付。自 2009 年 3 月 24 日起，购买经济适用房、限价房等北京政策性住房的购房人，可凭购房合同和开发商账号提取住房公积金作为购房首付款
杭州	①还清贷款可以重复申请，并有条件地享受贴息。②借款人如果在 2011 年之前使用公积金贷款可享受 30% 的贴息。③未还清贷款只要使用额度低于最高额度就可以重复申请未使用差额部分公积金贷款。④提高贷款额度。个人贷款最高额度为 50 万元，家庭为 80 万元
汕头	①父母子女可互提公积金买房。自 2009 年 6 月 15 日起，汕头的父母与子女可以互相提取对方的住房公积金买房。②提高贷款额度。汕头一手房的个人住房公积金贷款最高额度从人民币 20 万元提高到 30 万元，最高贷款年限从 20 年提高到 30 年
珠三角八市（广州、中山、佛山、东莞、珠海、江门、惠州和肇庆）	自 2009 年 5 月 1 日起，珠三角八市的公积金管理部门开始实行公积金互存互贷，即只要符合条件，就可在任一城市申请公积金贷款购买住房。至于首付比例、贷款额度、年限等，都遵循现有规定，在哪个城市贷款，就按哪个城市的规定办，具体只需多加一份外地公积金的缴存证明即可
天津、上海	提高缴存上限。其中，天津公积金缴存比例调整为最高 15%；上海公积金缴存上限上调了 168 元

三　2009 年第四季度至 2010 年展望

（一）住房金融机构结构：商业性住房金融居优格局恐在短期内继续延续

2008 年以来中国住房金融机构支持住房产业所表现出来的大起大落和住房产业本身所表现的涨跌不定，暴露出中国住房金融机构支持体系过于倚重商业性住房金融机构的缺陷。但从决策层采取的应对本轮全球性经济危机的一系列安排中，似乎难以见到有改革这一缺陷的机制或措施。

在本轮金融危机面前，中国政府果断启用宽松的货币政策，动用 4 万亿的规模实施刺激策略，显示了中国特有的政府主导的经济模式在危机应对背景下的运作便利且决策效率高的优势。政策转向和 4 万亿刺激对住房产业的影响是，促成资金链趋于断裂的住房企业迅速得到银行业源源不断的资金注入，从而在不到半年的时间里成就了银行房贷和住房产业的迅速回暖甚至趋热的局面。

在本轮金融危机面前，中国决策层在金融机制方面的创新也有诸多表现，其中的一个重要创新就是对重构农村金融支持体系所做的安排：针对农村金融支持体系所暴露出来的问题，中国银监会已经做出五年规划，意欲在中国广大农村地区建立近1000多家村镇银行、100多家小额贷款公司和近200家资金互助社。对城市商业银行的跨区域经营问题，中国银监会也做出了一些策略上的调整。但对于中国的住房金融支持体系所暴露出来的问题却没有机制性的应对方案。实际呈现的应对策略依然是依靠商业性金融的“单边”支持：靠通过商业性金融机构向住房领域注入大量的流动性。由此推断，近期中国住房金融支持体系的走向特点是：商业性金融过度支持的局面可能会继续维持，政策性金融和合作性金融的支持依然低迷，中国住房金融机构体系的重构短期内恐难成现实。

（二）商业性住房金融（以贷款为例）：维稳大势下的房贷上行方向难改但势头趋弱

无论是大起大落的房贷走势还是涨跌不定的房价走势都不是一个经济体健康运行的征兆。特别是2009年以来房贷同比增长和房价同比增长所表现出的近乎疯狂的涨势，显然同决策层追求稳定增长的政策目标相悖。从经济增长的阶段性区间看，主流的观点是，中国目前尚未安全走出本轮全球性经济危机的阴影，经济稳定回升的根基还不牢固。在这样两种维度的影响下，决策层不太可能对过于疯狂的房贷走势有大的动作，事实上，面对来自各层面的疑虑，各级决策部门已经传递出“维稳”的政策信号。意即已经出台的宽松政策不太可能收回，同时也不太可能有剂量过大的收紧政策。但决策层又不太可能对过于疯狂的住房市场视而不见，可行的选择是：在维持住房产业稳定增长的同时对住房产业及其金融支持的结构做出调整。

由此，2009年第四季度至2010年，基本的政策环境要点将是：继续维持2009年5月初出台的住房开发企业自有资金比例为20%的政策，严格落实二套房首付40%的要求，住房借款人月度偿付率不得高于50%，二套房交易税减免政策到2009年期限届满时不予延长，物业税第一稿有望面世等。在这些政策要点中，住房开发企业的自有资金比例政策是宽松性的，二套房交易减免税政策在2009年底前具有宽松性影响，在2010年则形成一定的紧缩效应，二套房贷首付规定和月度偿付率规定都是带有一定的紧缩效应的政策，物业税也会产生一定的收缩预期。由此，这些政策要点传递的基本信号是：维稳大势下有限度收紧，鼓励首套房贷，限制二套房贷和多套房贷，鼓励自住性住房消费需求，限制住房投机性需求。在这样一种大的政策背景下，住房贷款在2008年底以来形成的近乎疯狂的增长势头将趋于减弱。同比增长率将呈现一种温和上升的走势，环比则是表现出一种震荡下行的态势。

从图8－2纯技术面看，同比增长指标在2009年上半年的升势已经超出2007年的最高点，而2007年的这个点则引起了决策层的高度警觉，并决议实施收紧货币的政策。同样，2009年的此种走势也已经引起了决策层的警惕，但由于经济大势的走向不同，决策层对此种过快的走势会采取相对温和的立场，不太可能采取2007年底所使用的收紧政策。

从2003年中国决策层应对经济下行的经验看（见图8－5），2009年下半年的住房贷款也可能还会继续维持上升势头。

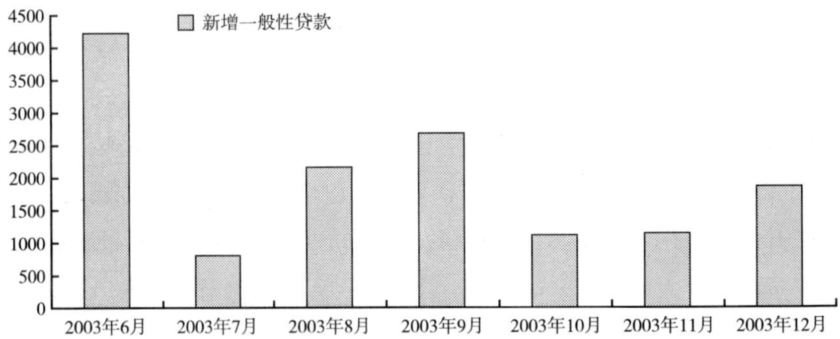

图8－5　2003年货币政策宽松后期的贷款增长惯性

资料来源：人民银行，太平洋证券研究院。
图表来源：维赛特资讯。

那么，未来一年多的时间里，住房贷款将走出一种什么样的形态呢？本期报告的基本思路是首先根据经验数据预测该期间内信贷的走势及其季度分布；其次根据经验数据测算过去几年里的房贷走势、房贷在信贷中占比及其季度分布；再次预测未来一年多的房贷走势及其季度分布。

截至2009年第三季度，信贷规模已达86293亿元，已接近9亿元关口，其中上半年投放量73663亿元，占比高达85.36%。由图8－9可以看出，这个数值比大多数年份里上半年的分布比重高出15～25个百分点，显然上半年信贷投放量的确是过高了。据称，2009年全年的信贷投放规模是10000亿元，由此第四季度还有大约14000元的释放空间，月均4000多亿元。依据2009年前三季度的信贷分布走势，以及以往多数年份的信贷季度分布规律和维稳政策大势，第四季度的这个信贷投放量还是可以说得过去的。

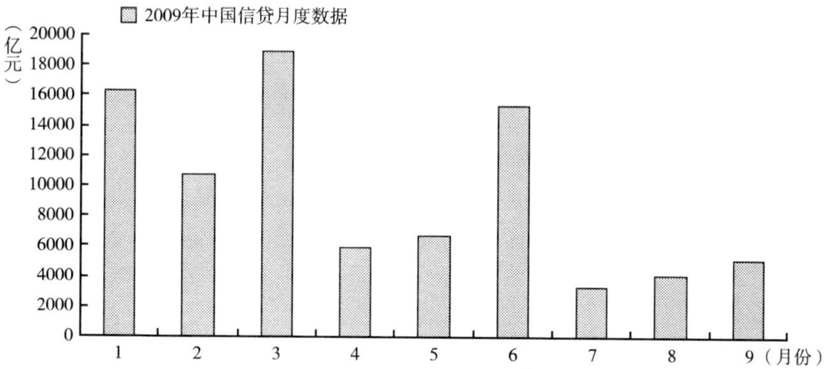

图8－6 2009年中国信贷月度投放量

数据来源：中国统计局网站。

依据2005～2009年信贷走势数据，我们测量出该期间内信贷增长率及其平均值（见图8－7），由此得出信贷增长率平均值为16.5%。对于2010年的信贷增长情况的预测，本期报告依据上述对于维稳政策大势的判断，取前几年的平均增长率即16.5%作为2010年的信贷增长率，由此推出的2010年的信贷规模将增加69321.2亿元即约7万亿元，该年的信贷总规模是489449.7亿元。

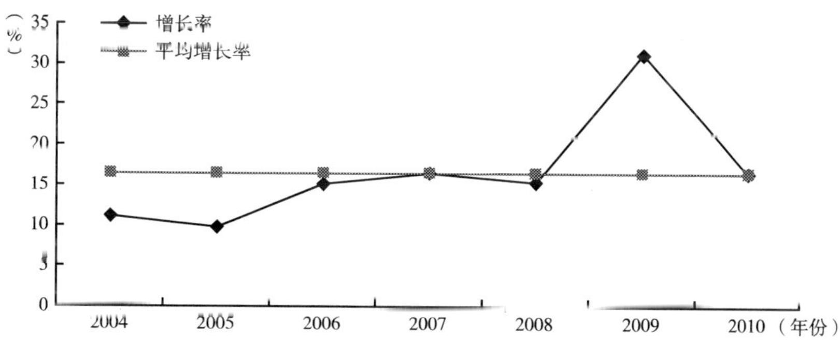

图8－7 近年来各项贷款增长情况

图8－8是关于银行房贷在各项贷款余额中的占比情况，该图告诉我们，2003～2008年银行房贷的平均占比是5.78%，就2009年而言，尽管上半年的

银行房贷随着银行信贷井喷式地爆发，其增长率达到创纪录的41.8%，房贷在各项贷款余额中的占比也高达19.28，但由于下半年的信贷会大幅收紧，加之这一增长率和房贷占比是在2008年大幅下探的条件下实现的，所以，我们认为2009年和2010年的房贷占比将保持在平均值5.78%附近。按此平均值估计，2009年全年的房贷规模将约为24283.427亿元，① 2010年的房贷规模将约为28290.19亿元。

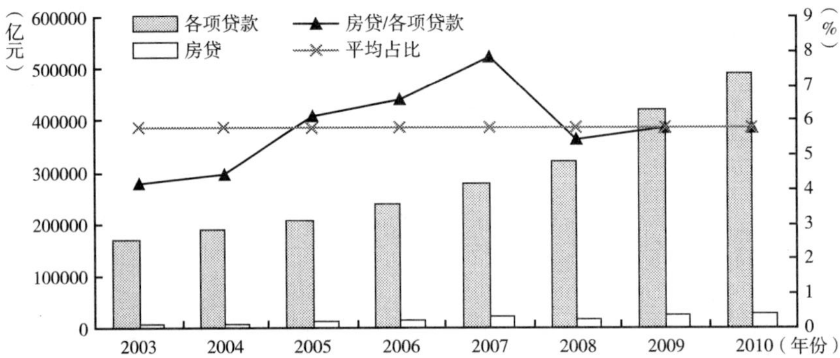

图8-8　近年来房贷在各项贷款余额中的比重情况及其预测

接下来看信贷分布情况。依据图8-9，在2005年、2006年、2007年和2008年几年里，除2008年外，其他3年里，上半年信贷投放占到全年的60%~70%。这表明，银行信贷投放在大多数年份里集中在上半年。但图8-10、图8-11和图8-12表明，无论是根据中国统计局提供的国内贷款数据还是依据经调整的住房贷款数据，银行房贷在一年里的分布结构与一般的银行信贷分布不太一样，即集中于上半年的特点并不明显。从均值看，两种方法所得的上半年的占比都不足60%，对两种方法的均值进行均值的结果也是如此。因此无论是采用哪种方法判断季度结构都不会有太大的差别。本期报告拟以表8-7和图8-10、图8-11、图8-12所得出的季度分布结构进行分析和预测。由此得出，未来一年左右时间里房贷在四个季度里的分布情况，如表8-8和图8-13所示。

① 该规模是调整后的数据，调整方法见本章第五部分。关于房贷如果没有特别说明，均指调整后的数据。

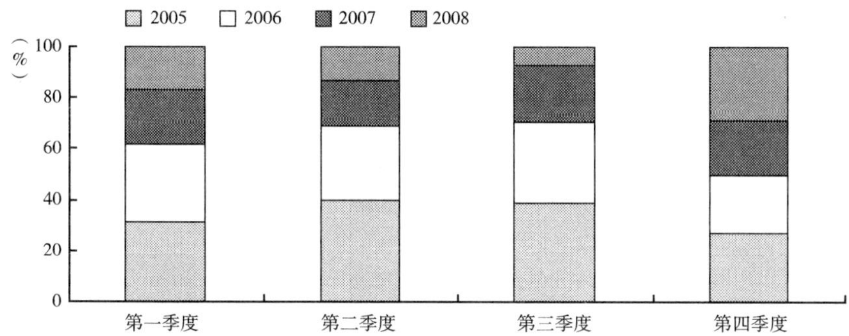

图 8－9　多数年份信贷投放上半年占 60%～70%

图表来源：维赛特资讯。

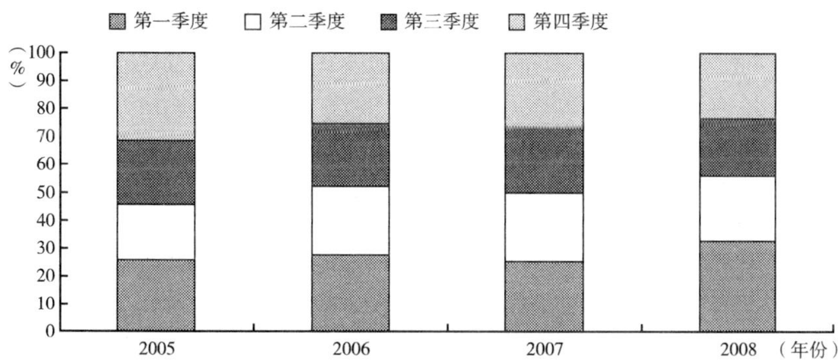

图 8－10　近年来国内贷款季度分布结构

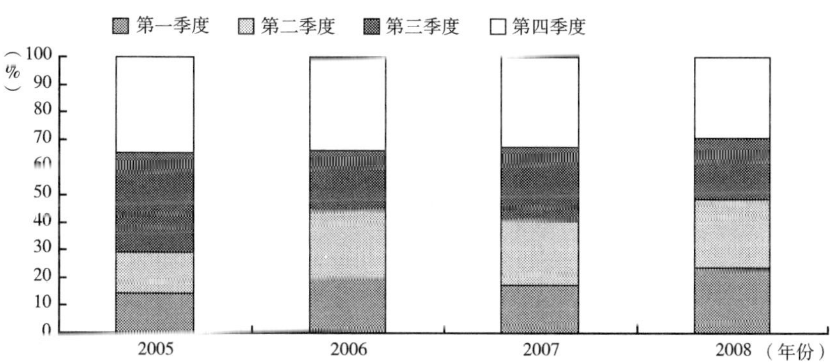

图 8－11　近年来经调整的住房贷款季度分布结构

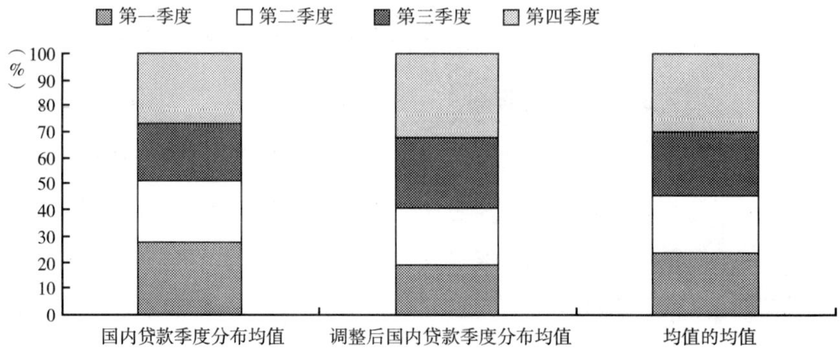

图 8－12　2005～2008 年房贷季度分布结构均值

表 8－7　2005～2008 年房贷季度分布结构均值

单位：%

季度占比	国内贷款季度分布均值	调整后国内贷款季度分布均值	均值的均值
第一季度	27.75	18.89	23.32
第二季度	23.11	21.77	22.44
第三季度	22.61	26.71	24.66
第四季度	26.53	32.62	29.58

表 8－8　按照三种方法所做的 2010 年房贷投放各季度规模预测

单位：亿元

	国内贷款季度分布	调整后国内贷款季度分布	均值的均值季度分布
第一季度	7850.70	5344.31	6597.51
第二季度	6537.57	6159.39	6348.48
第三季度	6396.67	7556.99	6976.83
第四季度	7505.25	9229.51	8367.38

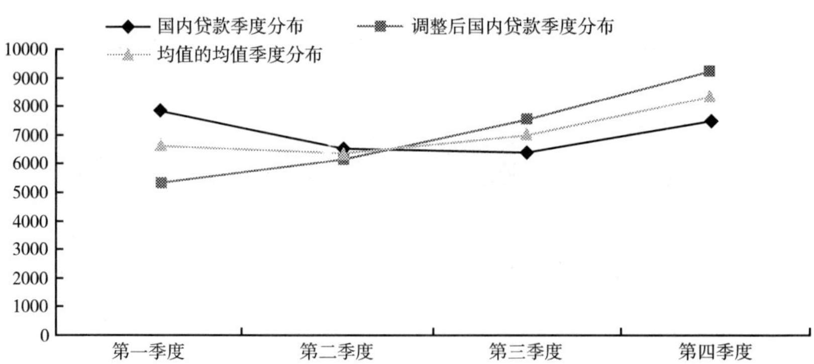

图 8－13　按照三种方法所做的 2010 年房贷投放各季度规模预测

（三）政策性住房金融：住房公积金的制度性缺陷恐难革除

从目前中央决策层以及各级政府对住房公积金所存问题已经采取和即将采取的政策动向看，2008年以来，公积金运行中所暴露出来的技术问题将被重点关注，2009年下半年至2010年期间，住房公积金将在诸如覆盖率、使用范围、使用效率等技术层面做些微调，甚至是频繁改动，但决策层不太可能考虑对公积金的制度架构进行重构，由此，本期报告认为，公积金之行政性的管理机制在近期内将会继续维持。

四　住房金融机构体系的长期分析

概而言之，中国住房金融体系起源于国家不堪重负的政府财政压力下的住房商品化改革。从已经走过的路程看，中国住房商品化改革诉诸金融支持的方式，曾经历多方面的路径探索，但目前所结出的果实却是“一元路径居优”，即商业性住房金融占据绝对优势地位。这显然不是众望所归的结局，中国的住房金融体系期待进一步合理有效的变革以达成多元化的住房金融机构体系的目标。

（一）起源：从住房商品化到住房金融化

1. 财政重压下的住房商品化

主流观点认为，中国的住房商品化起源于邓小平1978年关于住房问题的谈话，起因则是不堪重负的财政负担。过程则是从1979年起步试点到1997年在全国全面推开。支付模式则是先着眼于个人自担、一次性付清，国家财政和个人收入两方共同分担，国家或地方财政、单位资助和个人收入三方共同分担。这样的一些模式的推行所显现的弊端是：（1）个人可支付问题。就个人负担模式而言，因个人收入水平太低，住房虽按成本价出售，但依然超出个人的承受能力。（2）财政可补贴问题。财政补贴分担下的财政压力依然过大。如1988年的住房财政补贴达583.68亿元，为1978年的11倍之多，在当年的国家财政收入总额（2587.82亿元）中占比达到22.55%。

2. 从现金思路到金融思路

个人自担、一次性付清，国家财政和个人收入两方共同分担，国家或地方财政、单位资助和个人收入三方共同分担这样一些诉诸现金买卖的思路在实施过程中先后遇到可支付、可补贴难题，“个人收入＋财政补贴”支持住房商品化的路子历经近十年的艰难探索后走到了山穷水尽的地步，诉诸金融手段支持住房商品化的思路进入中国各级政府的视野。

（二）演变：从多元路径探索到一元路径居优

从中国住房金融的起点和演变路径看，可以说是走过了一个“从多元路径探索到一元路径居优”的过程。1987～1990 年，通过对过去中国自身住房商品化过程的反思和考察借鉴发达国家住房制度和实践的经验，中国的住房金融沿着合作性、商业性和政策性的多条路径开启了中国住房金融化的历程。

1. 多元路径探索

（1）合作性金融的探索。中国第一家带有合作性金融特征的住房金融机构是烟台住房储蓄银行，成立于 1987 年 12 月。从其成立后所颁行的《烟台住房储蓄银行住房储蓄与住房专项贷款暂行办法》和其他有关该行的资料看，该行不仅经营类似德国住房储蓄银行的契约式住房储蓄存贷款业务，也经营包括吸收住房基金存款、发放房地产企业贷款、单位购建房贷款等带有政策性和商业性的存贷款业务，同时还从事包括开办银行汇票、商业汇票、银行本票、支票、汇兑结算、委托收款等在内的结算业务和包括开办代发工资、代理股票、代理公共事业收费、代理存款、代理委托贷款、代理保险、租赁性业务、以房地产业务为主要对象的咨询和评估服务等中间业务。由此，该银行部分借鉴了德国的住房储蓄银行模式即合作金融模式，同时又兼有政策性和商业性金融的特点。另一家蚌埠住房储蓄银行的运营模式也大致与此类似。由此，合作性住房金融的探索虽比较早地进入中国住房金融建构的舞台，但并不像德国的住房储蓄银行那样具有专营（合作性住房金融）的特征。这样一种政策性、合作性、商业性业务兼而有之的模式设计不能不说是其一种“潜伏”性弊端，这一弊端可以说是为其接下来左右摇摆式的运作埋下了种子，也为其最终经不住商业性金融模式的诱惑并被后者取而代之埋下了伏笔。2003 年 8 月，烟台住房储蓄银行在一片喝彩声中走到了它的尽头，在它的废墟上，一家被认为是全新的银行——恒丰银行诞生了。差不多同一个时间出生的另一家住房储蓄银行——蚌埠住房储蓄银行，则是在三年前就先行谢幕退场——与蚌埠市城市信用社合并为蚌埠市城市商业银行。

（2）商业性住房金融的探索。中国商业性住房金融的探索起始于1991年，在这一年中国建设银行和中国工商银行相继成立了房地产信贷部，并办理个人住房抵押贷款业务。前者当年发放个人住房抵押贷款46亿元，后者则发放了1.89亿元。但由于种种原因，直到1998年前，中国商业性住房金融特别是商业性住房消费金融发展缓慢，1998年全国各银行的个人住房抵押贷款的总余额仅为190亿元，同年的房地产开发贷款余额为2028.92亿元。1998年以后，商业性住房金融却戏剧性地出现了井喷式增长。据中国人民银行的一份研究报告即《中国房地产业发展与金融支持》，1998～2003年的6年间，个人住房抵押贷款增长了26.64倍，个人住房贷款占个人消费贷款的比重高达75%～97%。住房开发贷款则在2003年达到6657.35亿元，是1998年的3.2倍，且其增长也明显高于同期全部金融机构贷款增长速度。

（3）政策性金融探索。相对于商业性金融探索，政策性金融被认为是走到了商业性住房金融探索的前面。自1988年始，各地根据国家连续发布的三个房改工作纲领性文件的要求，相继成立城市、单位及个人三级住房基金。最重要也是最有影响且持续至今的探索则是公积金的引入。开先河者是上海市政府，此后短短的几年里迅速在各地铺开，成为一种主要的政策性住房金融支持工具。截至2008年末，全国住房公积金缴存总额为20699.78亿元，同比增长27.54%；缴存余额为12116.24亿元，新增余额为2511.13亿元。根据2002年3月修订的《住房公积金管理条例》得知，住房公积金政策由国务院建设行政主管部门会同国务院财政部门、中国人民银行拟定并监督执行。住房公积金的存、贷利率由中国人民银行提出，经征求国务院建设行政主管部门的意见后，报国务院批准。住房公积金的管理实行住房公积金管理委员会决策、住房公积金管理中心运作、银行专户存储、财政监督的原则。住房公积金管理中心是直属城市人民政府的不以营利为目的的独立的事业单位。由此，住房公积金虽然是一种金融性住房支持工具，但住房公积金的管理机构不是金融机构，现实中的住房公积金管理中心给人的印象更像是一种政府行政机构。

2. 一元路径居优格局

中国住房金融机构体系的多元化的路径探索并没有达致一种多元化的住房金融机构体系的格局，而是形成了一种以商业性金融占绝对优势的近乎单一路径的住房金融支持态势。

(1) 合作性金融的探索渐行渐远。正如上述，在2000年和2003年，最早的带有合作性金融特点的两大机构——烟台住房储蓄银行和蚌埠住房储蓄银行因其先天性不足而相继消失于中国金融舞台。可幸的是，2004年，中国的天津成立了一家据称是真正意义上的德国式住房储蓄银行——中德住房储蓄银行，该银行由中国建设银行与德国施威比豪尔银行合资成立。但其实际运营却难有亮点，2006年与天津住房公积金管理中心联合推出的“住房公积金与中德住房储蓄组合贷款”算是少有的创新之一。合作性住房金融似乎很难在中国的土地上扎根。

(2) 政策性金融势单力薄。以公积金为主打品牌的政策性住房金融不但难以发挥令人称道的作用，反而不时传出种种腐败丑闻。从个人住房贷款结构看，公积金贷款一直在10%上下徘徊，近两年占比虽有所提升但仍不及20%，2008年的占比仅为17%，相比之下商业性个贷则达83%。其他形式的政策性住房金融工具似乎难以觅到踪迹，在中国这样一个正处在转型期间，群体收入差距不断扩大，中低收入群体庞大，居民住房亟须政策性金融扶持的时期，带有政府背景的政策性住房金融机构却是少之又少，且难以发挥有效作用。

(3) 商业性金融抢尽风头。在合作性住房金融逐渐式微，政策性金融严重缺失的同时，中国的商业性住房金融却是异常活跃，全国各主要商业银行大都将住房金融视为主营业务，不仅在个人住房消费贷款领域占据绝大部分地盘，在住房开发环节也是同样抢尽风头，将其他金融形式遮盖于自己的阴影下。据中国人民银行的研究报告和其他一些研究结果，住房开发和建设的资金中有55%来自商业银行贷款即商业性住房金融的支持。

(三) 主要问题

1. 机构结构过于单一，风险过度集中于银行体系，给金融体系的稳定埋下隐患

正如前述，中国目前的住房金融体系和住房金融机构体系源自于多元化的路径探索，却最终收窄于商业性住房金融机构近乎垄断的一元路径居优格局。结构过于单一，合作性金融机构的作用几乎可以忽略不计，政策性金融主要由公积金苦苦支撑且支持力度严重不足，中国的住房建设和消费过度依赖商业性金融机构支持成为现阶段中国住房金融机构体系的主要问题。表8－9虽然没有关于住房

金融机构体系建构之初的机构结构状况的统计数据，但当时合作性住房金融和政策性住房金融的发展走在了商业性住房金融的前面。① 但时至2008年末，曾经有的住房储蓄金融机构早已不见了踪影，仅有的一家中外合资的合作性住房金融的作用几乎可以忽略不计。政策性住房金融仅仅占有15.3%的个贷份额，而商业性住房金融则是一枝独秀，占据了绝对垄断的地位。个贷过于集中于商业性住房金融机构的同时，意味着个贷风险也集中于商业性住房金融机构。

表8－9　中国住房金融机构体系建构之初和目前的状况比较

	住房金融机构体系建构之初的机构结构状况	融资占比情况	目前住房金融机构体系建构之初的机构结构状况	融资占比情况（个贷,2008年）
合作性住房金融机构	烟台住房储蓄银行 蚌埠住房储蓄银行	无统计资料	中德住房储蓄银行	无统计资料
政策性住房金融机构	各级城市的公积金管理机构	无统计资料	各级城市公积金管理机构	15.3%
商业性住房金融机构	中国建设银行、中国工商银行等少数国有金融机构	无统计资料	全国各大中型银行为主的商业银行,大约近100家	84%

商业性住房金融机构的强势地位及其过高的贷款集中度不仅仅表现在个贷方面，在住房开发贷款方面也是如此，表8－10表明，在住房开发企业的资金来源中，银行贷款的比重高达50%以上，如此高的资金集中度隐含的风险是不言而喻的。

在房价高居不下、大多数国民可支付能力严重不足的条件下，中国的住房建设和消费竟然主要依靠商业性金融的支撑，这的确是一个匪夷所思的问题。如前所述，一个成熟的住房金融体系，不管是在弹丸之地的新加坡，还是在中型国家的德国、大型国家美国，也无论是在人均可支配收入较低时期，还是在人均可支配收入较高时期，政策性金融对住房建设和消费之强大的、体系化的支持作用不可或缺。我国目前的人均可支配收入尚处于较低的水平，且基尼系数大，财富集中度高，大多数家庭的住房消费需要政策性住房金融的支持，但现实中的中国住房金融支持体系却是以商业性住房金融为主导的结构，这样一种状况的确让人很难理解。

① 陈杰：《城市居民住房解决方案——理论与国际经验》，上海财经大学出版社，2009，第71页。

表 8-10　经调整的住房开发企业资金来源中银行贷款占比

单位：%

年　份	比　重	年　份	比　重
1997	47.44	2004	48.61
1998	52.32	2005	60
1999	54.33	2006	58.67
2000	55.9	2007	58.41
2001	53.58	2008	50.57
2002	53.71	2009(9)	48.33
2003	53.92		

2. 政策性住房金融机构不足，难以有效支撑中低收入群体的住房消费

到目前为止，中国还没有建构起成形的住房金融机构体系，叫得出名堂的政策性住房金融机构或发挥政策性住房金融职能的机构屈指可数。赫赫有名的当属公积金支持体系了。但即使这样赫赫有名的政策性住房金融支持体系也因难以发挥应有的作用而备受批评。最早对公积金的作用公开提出质疑的是中国人民银行，在2005年的《2004年中国房地产金融报告》中，中国人民银行明示，公积金对支持中低收入群体购房的效果不明显。但中国人民银行的观点几乎没有得到多少反响，直到世界银行在其《中国2006年第三季度经济季报》中对公积金的运作等方面提出批评后，国内对公积金的评论才趋于增加。对公积金所存问题的非议集中在如下几个方面：其一是利用率较低，主要表现在个贷率不高，近三年在50%左右徘徊；闲置资金比例高，近三年的沉淀资金均在20%以上，每年数额达上千亿元。其二是利用的公平性差。本来公积金的初衷是帮助中低收入者买房，但实际上能使用该项公积金的比例过低，仅有20%左右的缴纳者使用了公积金贷款，而这20%左右的人却使用了60%左右的公积金，表8-11表明，近三年的存贷比都在45%以上，2006年和2007年的存贷比甚至超过了60%，但每年使用个贷的人数占比却仅为20%～25%。这说明较少部分的人使用了较大部分的公积金。其三是存在滥用公积金的腐败问题。一个小小的住房管理中心的主任就可以肆无忌惮地挪用、贪污上亿元资金恣意挥霍。其实，中国公积金制度所集中表现的这三方面的问题还是表面的，深层的原因在于公积金的管理体制存在严重弊端，正如前述，所谓各市的住房公积金管理中心实际上是一家准行政官僚机构。所谓按照“三三制”原则建立起来的住房公积金管理决策委员会，事实上成了当地有头有脸的领导干部的俱乐部，甚至是其随意调用公积金的便利管道。在这样一种严重缺失专业化管理的架构下，公积金的管理就难免出现滥用、低效率使用、不公平使用等问题。

表 8-11 中国住房公积金缴存和使用情况（2006~2008 年）

年份	2006	2007	2008
个人贷款余额（亿元）	3804.71	5074.33	6094.16
缴存余额（亿元）	7870.96	9605.11	12116.24
个贷率（%）（个贷余额/缴存余额）	48.34	52.83	50.3
缴存率（%）（实缴人数/应缴人数）	62	—	69.25
应缴人数（万人）	11161	—	11184.05
实缴人数（万人）	6916.87	7187.91	7745.09
使用个贷户数（万户）	695.24	830.04	961.17
使用个贷人率（%）（使用人数/实缴人数）每户 2 人计	20.1	24	24.82
个贷余额/商业性住房抵押贷款余额	—	18.77	20.43
闲置资金率（%）（银行专户存款沉淀资金/缴存余额）	24.72	22.76	26.35
银行专户存款余额（亿元）	3520.02	4107.58	5616.27
备付金（亿元）	1574.19	1921.03	2423.25
沉淀资金（亿元）	1945.83	2186.55	3193.02
当年贷款额（亿元）	1765.24	2201.57	2035.93
当年缴存额（亿元）	2927.9	3542.92	4469.48
贷存比（%）（当年贷款额/当年缴存额）	60.29	62.14	45.55

数据来源：根据住房和城乡建设部网站整理。

3. 合作性金融步履维艰，暴露制度设计硬伤

像烟台住房储蓄银行、蚌埠住房储蓄银行这些最早的一批带有合作性住房金融的机构之所以无疾而终，中德住房储蓄银行之所以步履维艰，根本原因在于对合作性金融的制度设计有硬伤。硬伤之硬倒不在于这些机构的产权性质问题，德国的住房储蓄银行既有私有的也有国有的，运作效率同样不高。关键的问题有两个，其一是市场定位不专一、经营过程不执著。如烟台住房储蓄银行事实上不仅定位于合作金融，还定位于政策性金融和商业性金融，这样一种脚

踏好几只船的做法自然就会在经营中表现出得过且过、左右摇摆的特点，最后“攀高结贵”变身为纯粹的商业银行也就不难理解了。2004 年成立的中德住房储蓄银行曾自诩为真正意义上的德国式的住房储蓄银行，但却不能专一地进行经营，相反却致力于同当地公积金联合从事组合贷款业务，这实际上是背离了其专一化经营的本位，成了一个不伦不类的机构。其二是缺少政府明晰的激励。德国住房储蓄银行之所以有广阔的生存和发展空间，与政府的激励性支持是分不开的，正如前述，为促成居民将款项存入住房储蓄银行，推出了诸多奖励措施。而中国政府对于合作性金融的政策性支持却是难觅踪迹。政府这样一种近乎甩手掌柜的做法，事实上是为合作性住房金融铺上了一条走入死胡同的道路。

4. 商业性住房金融：良好业绩表现下难掩风险隐忧

虽然商业性住房金融集中了过大比例的住房建设和消费贷款，但到目前为止，住房贷款一直是各参与住房贷款业务的银行机构的优质资产，无论是住房开发贷款，还是个人住房按揭贷款的不良率一直居于很低的水平。不少银行机构把住房贷款作为重点开发的业务之一。这些银行均设有专门的房地产金融部门，正在实施事业部制改革的商业银行（如民生银行）甚至将房地产金融作为专门的一个事业条线，布精兵经营该项业务。

但繁荣难掩隐忧。且不说前面已经提及的过高的贷款集中度，难以应对房地产业的萧条，这些银行在风险管理的技术环节也存在不少问题。诸如普遍缺乏信用分级和相应的信用风险控制技术，不断被媒体曝光的假按揭、低首付反映出这些银行对于住房贷款的操作风险管理环节也同样存在漏洞。难怪，不少人士担心这些银行有可能爆发中国式的次贷危机。

五　住房贷款风险指数

对于住房建设和消费贷款的风险，不少文献给出了颇有价值的测量方法和指标，相关政策和监管机构也给出了一些测度指标。本报告根据指标的合理性和资料的可得性提出了关于住房建设和消费的两个指标。以下首先介绍部分研究机构、政策和监管机构所提出的住房贷款风险测度指标，然后对所选定的两个指标给出测算方法和结果。

（一）文献回顾

1. 风险监管指标

本期报告主要介绍 BAS Ⅱ、中国金融监管和政策调控机构所规定的一些指标。

（1）BAS Ⅱ规定的一些指标[①]。主要有以下两个。

其一是与房地产贷款有关的资本计算风险权重。对完全由借款人占有或将要占有或出租的住房抵押的贷款，可给予 35% 的优惠风险权重。但提出两个限定性条件：①在采用 35% 的风险权重时，监管当局应当确保，根据各国住房金融的有关规定，该项优惠风险权重严格限定于住房抵押贷款，并且符合严格的审慎标准。例如，经过严格的评估之后，住房的价值大大超过贷款的金额，贷款的超额保障充足。如果监管当局认为银行的贷款不符合审慎标准，就应当提高标准风险权重的档次。②监管当局应当定期评估优惠风险权重是否符合实际情况，必要时，监管当局应当要求银行将优惠的风险权重提高到合适的档次。由此对于合格的住房抵押贷款，在计算相应的资本风险权重时，如果低于 35%，银行机构的这类住房贷款就会存在风险。

其二是违约损失率。BAS Ⅱ第 235 段规定，房屋价格的周期非常长，不能通过短期资料反映出来。因此在个人住房抵押贷款的存续期内的违约损失率估计不能低于 10%，如果小于 10% 则反映相应的贷款存在风险。

（2）美国监管当局所规定的贷款资本比即银行房贷占银行资本的比例。[②] 2006 年 12 月初针对美国房地产业的持续繁荣和房地产业贷款的持续膨胀，美国联邦储备委员会（Federal Reserve）、联邦货币监理署（Comptroller of the Currency，COC）和联邦存款保险公司（Federal Deposit Insurance Corporation，FIDC）建议，设立商业银行房地产贷款临界值（thresholds，或称上限），其中商业房地产贷款的上限定为各银行资本金的 300%，而对房地产建设和土地开发的贷款上限定为资本金的 100%。一旦银行的这类贷款达到上限，放贷银行就要采取像提高自己资本金比例那样的防范措施。美国联邦金融监管机构共推此举的原因在于，商业银行持有的与房地产业相关的贷款数量，甚至已经超过 20 世纪 80 年代房地产

① BAS Ⅱ，第 45、46、235 段。

② 《联邦金管机构拟设房地产贷款上限》，2006 年 12 月 13 日《台湾时报》。

市场出现深度跌幅时银行所持有的房地产贷款数量。一旦房地产市场萧条，可能导致一些握有大量房地产贷款的银行遭遇过多不良贷款和坏账危机，甚至使银行最终破产结局。

（3）中国银行监管机构规定的一些指标。主要的指标有如下几个：①贷款价值比。其一是消费者住房贷款价值比。首度规定该比值的机构是中国人民银行，1998 年中国人民银行颁布《个人住房贷款管理办法》，其中明确规定，借款人应以不低于所购住房全部价款的 20% 作为首期付款。这一规定在几年后的中国银监会的文件中得到了重申和调整。中国银监会《商业银行房地产贷款风险管理指引》（2004）第三十五条规定，商业银行应根据各地市场情况的不同制定合理的贷款成数上限，但所有住房贷款的贷款成数不超过 80%。这一规定从 2006 年 6 月 1 日起，调整为 70%，[①] 但考虑到中低收入群众的住房需求，对购买自住住房且套型建筑面积 90 平方米以下的仍执行首付款比例 20% 的规定。2008 年 11 月，财政部在楼市不断趋于低迷的背景下，又做了一定程度的放宽性调整：从 2008 年 11 月 1 日起，金融机构对居民首次购买普通自住房和改善型普通自住房提供贷款，最低首付款比例调整为 20%。其二是土地储备贷款价值比。2007 年 9 月央行、银监会《关于加强商业性房地产信贷管理的通知》第二条规定，商业银行不得向房地产开发企业发放专门用于缴交土地出让金的贷款。对政府土地储备机构的贷款应以抵押贷款方式发放，且贷款额度不得超过所收购土地评估价值的 70%，贷款期限最长不得超过 2 年。其三是商业用房贷款价值比。2007 年 9 月央行、银监会《关于加强商业性房地产信贷管理的通知》第四条规定，商业用房购房贷款首付款比例不得低于 50%，期限不得超过 10 年，贷款利率不得低于中国人民银行公布的同期同档次利率的 1.1 倍，具体的首付款比例、贷款期限和利率水平由商业银行根据贷款风险管理相关原则自主确定；对以“商住两用房”名义申请贷款的，首付款比例不得低于 45%，贷款期限和利率水平按照商业性用房贷款管理规定执行。

②消费者月度房贷支付率。中国银监会《商业银行房地产贷款风险管理指引》（2004）第三十六条规定，商业银行应将借款人住房贷款的月房产支出与收

---

① 《国务院办公厅转发建设部等部门关于调整住房供应结构稳定住房价格意见的通知》，国办发〔2006〕37 号。

入比控制在50%以下（含50%），月所有债务支出与收入比控制在55%以下（含55%）。

③房地产商自有资金比例。中国银监会《商业银行房地产贷款风险管理指引》（2004）第十六条规定，商业银行对申请贷款的房地产开发企业，应要求其开发项目资本金比例不低于35%。为应对由美国次贷危机引发的全球性金融危机，2009年初，这一比例下降为20%。

2. 风险监测模型

研究文献所涉及的政府分析测量指标大致可分为直接测量指标和间接测量指标两种。

（1）直接指标。本报告介绍三种。其一是房地产企业资金中的贷款占比。陈红梅、黄石松在其《房产经济：中国房地产资金来源结构变化趋势预测》[①]一文中，参照国外房地产企业资金来源结构（40%的房地产基金，40%的私募基金包括私人投资或者企业之间的投资，剩下20%才是银行贷款），提出房地产企业资金中贷款占比的合理水平为20%，超过该水平将意味着住房贷款的风险会增加。其二是银行房贷占比即银行对房地产贷款占银行所有贷款的比例。熊智敏在其《我国房价与银行房地产信贷关系的研究》[②]一文中依据国际惯例即国际上房地产信贷总额不超过银行信贷总额8%以及某一项贷款占信贷总额比例不超过9%的比例，提出了中国住房银行贷款占比的安全水平为8%。其三是周京奎在其《房地产泡沫生成与演化——基于金融支持过度假说的一种解释》[③]一文中，提出了一个关于房地产业的金融支持模型，其中，g_1，g_2代表金融支持变量系数，两者之比$g=g_1/g_2$可以作为衡量金融支持过度的临界值。如果$1<g<2$，说明具有较高的房地产金融支持力度；如果$g>2$，说明出现了金融支持过度现象。

（2）间接指标。提出间接测量指标的文献也不少，本报告仅介绍一个指标即“房价泡沫”。施小蓉在其《我国房地产泡沫与金融风险问题分析》[④]一文中提出了一个用房价泡沫来判断住房贷款风险的方法。她首先通过对中国房地产价格波动与金融支持的实证研究，得出了一个结论：房地产价格与房地产信贷供给

① http://rent.soufun.com，搜房租房网，2007年1月13日。

② 《企业家天地》理论版，2008年5月。

③ 《财贸经济》2006年第5期。

④ 《金融与经济》2007年第3期。

短期内具有相互促进、互为因果的密切关系，信贷供应的增加和利率的降低，成为房地产价格上涨的金融条件；反过来，房地产价格的上涨，使房地产市场的投机性看好，又推动了金融资产的继续膨胀。由此通过观测住房价格是否出现了泡沫就可推断住房贷款的供给是否存在过度和风险问题。房价泡沫的测量指标是房价增长率/GDP 增长率。根据国际经验，以 1.5% 为满意值，以 2.5% 为容许值，即如果该比例在 1.5% ~2.5% 的区间内波动，则属于正常的可容许的波动。超出这个范围就表示房价出现了泡沫，同时反映住房贷款支持过度因而隐含了相应的风险。

（三）住房贷款风险指数测算方法和结果：近无忧远有虑

综合上述文献和数据可得性，本期报告暂采用两项指数，即房地产企业资金中的贷款占比和银行房贷占比。以下给出测算方法和结果。

1. 房地产企业资金中的贷款占比测算方法

中国统计局网站公布了包括房贷（国内贷款和个人按揭贷款）在内的住房开发企业各年各月的房地产资金来源及其占比，最简单的方法就是：

（1）国内贷款 + 个人按揭贷款

（2）国内贷款占比 + 个人按揭贷款占比

但其他渠道的调研表明，中国统计局网站所列房地产企业资金来源中，除了国内贷款和个人按揭贷款外，其他各项的资金中都包含一定比例的银行贷款。至于究竟有多少来自银行贷款，不同渠道的测算结果虽有差别，但大致的情况是，自筹资金中大约有 70% 来源于银行贷款，定金和预收款中来自银行体系的资金占比大约是 30%，应付款中来自银行贷款资金与房地产企业总资金来源之间的比值大约是 6%。由此测算出来的住房开发企业资金来源中银行贷款的比重将远远高于中国统计局网站公布的比例，如中国银监会和中国人民银行测算的比例均超过 55%，吴晓灵的结论是大大高于 60%。国务院发展研究中心“中国土地政策改革”课题组的调查结果是，浙江、陕西、广东等地，银行房贷在住房开发企业中的占比高达 80%。由此，依据中国统计局网站公布的数据计算住房开发企业资金中的房贷占比的方法虽然简单但所计算出来的数值离真实数值太远。

张中华等在《房地产与资本市场》中给出了一个测算方法：房地产企业的

资金来源 = 国内贷款 + 50% × 销售额。[①] 本报告认为，该方法所计算出来的数据和中国银监会、中国人民银行调查的结论比较接近，本期报告参考该方法计算房地产企业资金来源中的银行贷款占比，其中销售额指住房销售额。以下是本报告所使用的计算住房开发企业的资金来源中银行贷款占比的又一公式，称为调整公式。

住房开发企业的资金来源 = 国内贷款 + 50% × 住房销售额

2. 银行房贷占比测算方法

可以从两个角度观察和测算银行房贷占比情况，其一是根据各项贷款和房贷总额数据计算房贷占比，其二是根据各家上市银行所披露的各项贷款和房贷数据测算不同银行房贷占比。相应的测算方法也就分为两类。

根据各项贷款和房贷总额数据计算房贷占比，基本步骤是：

（1）根据每年各项贷款余额确定每年各项贷款新增额数据；

（2）确定每年房贷数据，此处使用经调整的房贷数据；

（3）银行房贷占比 = 经调整的银行房贷/各项贷款新增额。

根据各家上市银行所披露的各项贷款和房贷数据，测算不同银行房贷占比。从上市银行所披露的与住房建设和消费相关的贷款有三项，其一是房地产业贷款，其二是建筑业贷款，其三是个人按揭贷款。但由前面的分析可知，还有部分贷款以间接途径进入了住房开发企业。遗憾的是，本期报告尚未找到这部分贷款的测算方法，仅就已披露的数据进行简单加总和除法计算。基本步骤是：

（1）依据上市银行年报确定每年贷款数据；

（2）依据上市银行年报计算银行房贷：

银行房贷 = 房地产业贷款 + 建筑业贷款 + 个人按揭贷款

（3）将银行房贷除以贷款总额得到银行房贷占比。

银行房贷占比 = 银行房贷 / 贷款总额

由于即使上市银行也有部分机构没有完全披露相关数据，本期报告只就实际披露的银行的数据给出本项指标的相关数据。

① 张中华等：《房地产与资本市场》，中国金融出版社，2009，第 186 页。

3. 房地产企业资金中的贷款占比：高枕无忧下的隐忧

在前面的文献中，本期报告已经指出，房地产企业资金中的贷款占比国际上合适的水平是20%。本期报告认为，由于中国住房金融体系的建设正处于转型阶段，结构较为单一，主要商业银行体系事实上依然存在隐形的政府担保。住房建设和消费的资金主要来源于银行机构，临界值可适当高于国际发达经济体的水平。但正如前述，由于中国房地产企业资金来源中除国内贷款以及个人按揭贷款以外的其他各项来源资金事实上大部分也直接或间接来自银行贷款，银行贷款在房地产资金来源中的占比事实上远远高于中国统计局所统计出来的比例。

表8－12第二栏是依据简单方法所得的住房开发企业资金来源中的银行贷款占比。表8－12之第三栏则是依据调整方法计算的占比即所谓调整后占比。由此看出两种方法计算的结果还是有较大的差距的，正如前述，直接房贷数据远远不能反映房贷真实情况。由此，中国房地产企业资金来源的大部分均来自银行机构。

表8－12　住房开发企业资金来源中的银行贷款占比和占比差率（1997年至2009年9月）

年　份	比　重	调整后比重(%)	差率(%)
1997	23.87	47.44	98.74
1998	23.85	52.32	119.37
1999	23.18	54.33	134.38
2000	23.09	55.9	142.10
2001	21.98	53.58	143.77
2002	22.77	53.71	135.88
2003	23.78	53.92	126.75
2004	25.2	48.61	92.90
2005	28.9	60	107.61
2006	30	58.67	95.57
2007	31.8	58.41	83.68
2008	28.4	50.57	78.06
2009(9)	15.19	48.33	218.05

资料来源：依据中国统计年鉴资料和调整方法整理。

4. 银行房贷占比：集中度过高埋下风险隐患

银行房贷占比即银行对房地产贷款占银行所有贷款的比例。根据前面的文献，国际上发达经济体的这个比例是20%～30%。

（1）依据各项贷款和房贷总额数据计算房贷占比（%）。2003～2008年银行房贷占比的具体情况见表8-13。图8-14是2003~2008年的银行房贷占比图，其中房贷数据是使用调整后房贷，贷款增额是依据中国银监会年报数据计算出来的。由数据可以看出，银行房贷占比居于很高的水平，平均值是46.1%。这样高的水平显然意味着银行房贷集中度过高。尽管目前银行业平安无事，但长期隐患决不能小视。

表8-13 银行房贷占比（2003~2008年）

年 份	2003	2004	2005	2006	2007	2008
各项贷款增额(亿元)		18794.60	18272.90	31441.30	39466.70	42382.00
调整房贷(亿元)	7116.05	8346.25	12706.15	15769.85	21762.95	17468.6
调整房贷/信贷增额(%)		44.41	69.54	50.16	55.14	41.22

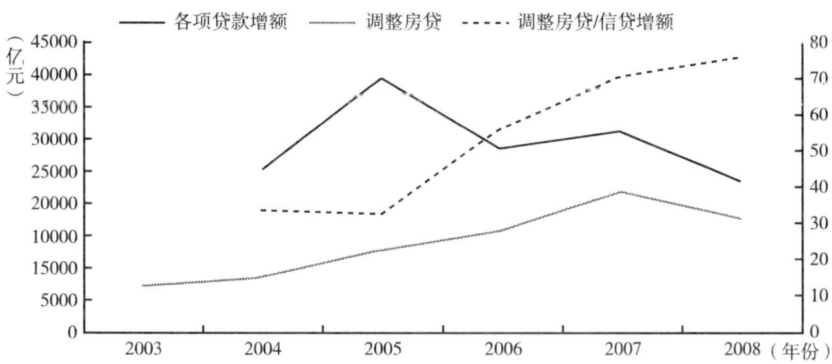

图8-14 银行房贷占比（2003~2008年）

（2）主要上市银行房贷占比。如同前述，考察中国银行业与住房有关的贷款，除了各银行直接披露的贷款外，还有一系列间接流向房地产企业的贷款。所以估测中国银行业的住房贷款占比，同时考虑我国主要商业银行这几年直接报告的资料和除此之外间接流入房地产企业的资料。由于我国主要商业银行所披露的住房贷款的数据是以直接的方式所表现的数据，而以前述住房贷款在房地产企业资金来源中的比例中，来自间接方式形成的住房贷款占比超过直接方式形成的贷款，所以这里所涉及的住房贷款占银行贷款的比重应该比直接报告的数据高出一个幅度。但正如在方法介绍中所指出的，因数据可得性约束，本期报告只给出由公开渠道获得的数据的计算结果（见表8-14、图8-15）。

表 8－14　根据上市银行年报计算的国内部分银行房贷占比

单位：%

年　份	2003	2004	2005	2006	2007	2008	备　注
工商银行	18.95	19.94	20.11	19.01	22.2	22.23	
广发银行					25.9	24.31	
华夏银行	16.46	13.85	18.3	21.69	20.23	20.23	2003，2004 年为建筑业贷款比例
交通银行			23.3	22.32	23.8	22	
民生银行	14	13	30.4	32.4	33.1	31.3	2003，2004 年无个人按揭贷款
浦发银行	15.09	15.48	13.34	15.18	31.08	28.22	2003～2006 年无个人按揭贷款
兴业银行	16.35	15.12	15.72	20.3	44.92	40.3	2003～2006 年无个人按揭贷款
招商银行	11.1	10.8	11.3	21.4	28.4	26.2	2003～2006 年无个人按揭贷款
浙商银行				7.76	21.7	20.79	2006 年无个人按揭贷款
中国银行	19.96	23.2	24.85	26.59	27.09	25.85	
建设银行		30.05	28.32	29.14	30.01	29.11	

注：住房贷款＝房地产业贷款＋建筑业贷款＋个人按揭贷款。

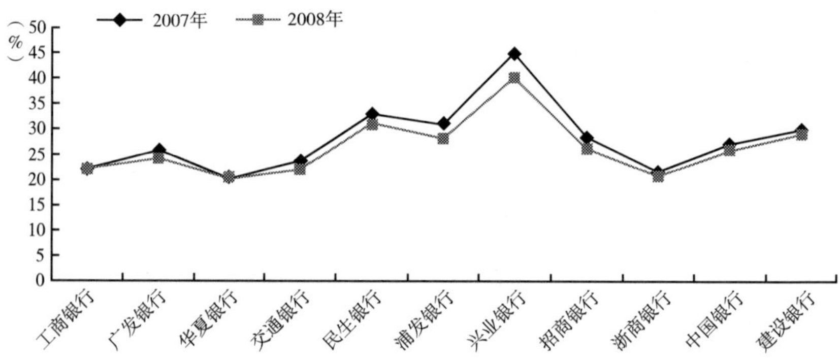

图 8－15　近两年国内主要银行房贷占比

从表 8－14 中可以看出，主要商业银行的房贷占比在大多数年份里处于上述国际上安全的经验值之内即 20%～30% 之间，但少数银行如民生银行和兴业银行在近两年的比重超过了 30%，特别是兴业银行 2007 年和 2008 年的这个数值超过了 40%。还有一点需要特别指出的是，正如上面已经提及的，还有一部分贷款以间接的形式从进入了住房领域，所以如果将这部分贷款考虑在内，这些银行的房贷占比均会提高几个百分点，表 8－14 中近两年来已经接近 30% 的银行就很可能跃上 30% 的安全经验值的上限，这些银行包括浦发银行、招商银行、建设银行和中国银行。由此表 8-14 中大约一半的银行的房贷占到了其全部贷款的近 30%，这样的房贷占比事实上进入了风险区域。

六 政策建议：重构住房金融机构支持体系

1. 近期政策建议

经济史表明，走出危机的根本途径是政策支持 + 创新。政策支持的作用在于避免经济长时间徘徊于萧条的泥潭，而创新的作用则是建构经济走向未来可持续之途。就中国住房金融机构体系而言，本轮危机应该说是为住房金融机构体系的重构提供了绝佳时机，针对商业性住房金融暴露出的现实问题和潜在问题，决策机构正好可以做出创新性安排以扩大和强化合作性住房金融和政策性住房金融的作用，特别是政策性住房金融的作用，以期形成均衡的住房金融机构支持体系。但就目前已有的住房金融之政策和制度性安排而言，尚未见到有这方面的决策出台。我们能够看到的均是一些技术层面的调整，诸如住房开发企业自有资金底线的从严和放宽、二套房贷政策的放松与收紧、住房公积金使用范围的扩大等。由此短期内可行的思路是着眼于技术和策略层面，且主要是商业性住房金融政策和住房公积金政策两个方面。在远期政策建议中，我们将着眼于住房金融机构结构的重构方面。

首先看自 2008 年以来的住房金融政策的特点。概而言之，随着宏观政策的戏剧性变化，商业性房贷政策也经历了一个从紧缩流动性到释放流动性的戏剧性的变化过程，住房公积金也实行了旨在释放流动性的技术性调整。这一政策变化对住房领域产生的客观影响是，住房开发和消费由迅速萎缩逆转为爆发性增长。由此暴露的问题主要有：一是同 2008 年的流动性收缩对房价下降的缓慢影响相比，2009 年过快释放的流动性推动了房价的过快上涨。二是 2009 年以来流入住房领域的贷款更多地支持了投机性的住房开发和消费，而不是真实性的住房开发和消费。三是风险防控手段有限。四是政策性住房金融没有发挥有效的支持作用。

由此推知，短期内在住房金融机构结构体系不可能进行有效重构的条件下，住房金融面临的挑战主要有：一是如何在收紧对投机性住房开发和消费的流动性的同时，有效释放对真实性住房开发和消费之贷款需求的流动性。二是如何在享受住房贷款高收益的同时有效防控住房贷款的风险隐患。

针对以上问题和挑战，本期报告短期内的政策建议如下。

一是严控投机性房贷。首先是严控二套及多套房贷款的越轨行为。中国银行业监管机构应诉诸有效的监管手段敦促各商业银行严格执行和落实二套房贷以及多套房贷政策。其次是由于目前绝大多数城市的所谓改善型住房需求者事实上依然留有首套房以出租牟利，这类住房贷款也应该进行有效监控。

二是积极鼓励和支持首套房贷。首先是支持商业银行通过下浮房贷利率降低购房者房贷成本。其次是对中低收入购房者实施贷款贴息政策。

三是有效防控房贷风险。首先是对房贷人进行信用分级，以建构不同层级的信用防控体系。其次是强调重视第一还款来源，以防住房价格下降风险。再次是严格监控假按揭和低首付贷款。

2. 远期政策建议

上述表明，中国住房金融机构体系的形成和演变具有很强的路径依赖特点，导致住房金融过于倚重商业性金融。在本轮全球性金融危机下，由商业性金融单边支持的住房金融体系又一次暴露了高波动性的问题。由此本报告认为，重构住房金融机构体系势在必行。

（1）推出远比德国住房储蓄银行优惠的政策支持措施，力推合作性住房金融机构之结构体系的形成和发展，特别是对合作性住房金融机构契约型储蓄之专营权的保护。针对不同类型收入群体，特别是中低收入群体的大比例储蓄奖励等方面，政府应设计并推出一系列强有力的政策措施。尽快针对合作性住房金融制定并颁行《住房储蓄法》，给予合作性住房储蓄机构以强有力的法律保护。

（2）借鉴美国20世纪30年代以来的经验，研究、设计和建构多元化的政策性住房金融支持体系，形成包括政策性住房担保机构、政策性住房保险机构、住房抵押贷款担保基金、专业化管理的住房公积金等在内的政策性住房金融支持结构。对于已有的公积金制度，应借鉴新加坡的公积金运作模式，进行脱胎换骨式改造，特别是要引入新加坡存贷分离的模式，形成具有强有力的法律保障力和行政执行力的公积金收缴体系和具有公司化治理架构的住房公积金管理架构。

（3）推出强有力的关于商业性住房金融风险管理、特别是信用风险管理的监管措施，促使商业性住房金融机构建构关于住房贷款之信用风险的多层次信用评价和控制体系，形成合理的关于住房建设和住房消费贷款的风险结构和期限结构。严格监控商业性住房金融机构内事实上已经存在的次级住房抵押贷款的规模，力避中国式次贷危机的发生。

第九章
住房市场

邹琳华

一　2008~2009年市场分析

2008~2009年是中国住房市场发展历程中较为特殊的时期。2008年，在全球金融危机的冲击下，住房市场资金紧张、观望气氛浓厚。一方面销售量严重萎缩、投资开发活跃度迅速降低，另一方面价格指数出现了自2002年以来首次同比下跌。为应对金融危机对宏观经济的潜在影响，2008年下半年开始政府改变了以抑制房价过快上涨为主的市场调控政策，出台了一系列鼓励住房消费与投资的政策。受经济超预期复苏、宽松的货币政策及较高的通货膨胀预期等因素的影响，2009年住房价格与销售量回升迅速，多数城市房价都已经创出新高。但尽管如此，投资开发增速总体仍处于较低水平。

（一）新建住房市场：销售快速回暖，投资缓慢复苏

1. 销售市场：房价跌而复涨，价量重现背离

在全球金融危机冲击、政策刺激及住房市场本身运行规律等因素的作用下，2008～2009 年新建住房市场价格与销售量都出现了较大幅度的波动（见图9－1、图9－2、图9－3、图9－4、图9－5、图9－6、图9－7）。具体而言，2008～2009 年商品住房销售市场大致经历了以下几个阶段的转折变化。

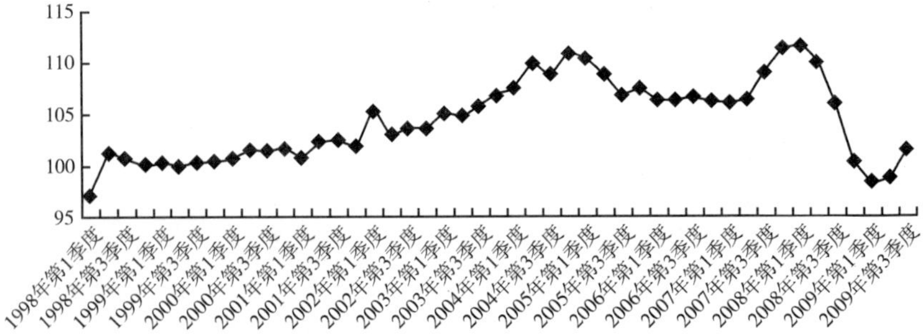

图 9－1　中国新建住房价格指数（季度）（以上年同期为 100）

数据来源：Wind 中国金融数据库、《中国统计月报》相关各期、国家统计局网站。

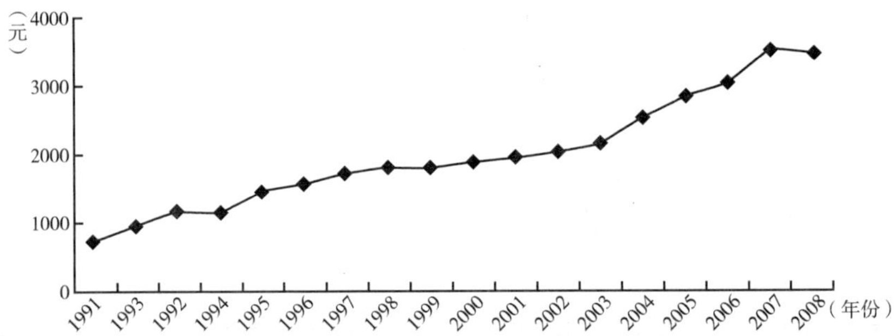

图 9－2　历年中国商品住房平均销售价格

数据来源：《中国统计年鉴》2005、2009 年卷。

（1）2008 年 1～7 月：价格惯性上涨，销量开始萎缩。2008 年 1～7 月延续了 2007 年的房价涨势，但是房价涨速持续下降，同时销售面积也开始出现负增长。1～7 月销售面积为 277433.5 千平方米，同比下降 10.8%（见图 9－6），价格指数的同比涨幅由 1 月份的 12.2% 下降为 7.9%，环比涨幅由 1 月份的 1% 下降为 7 月份的 0.1%（见图 9－4）。

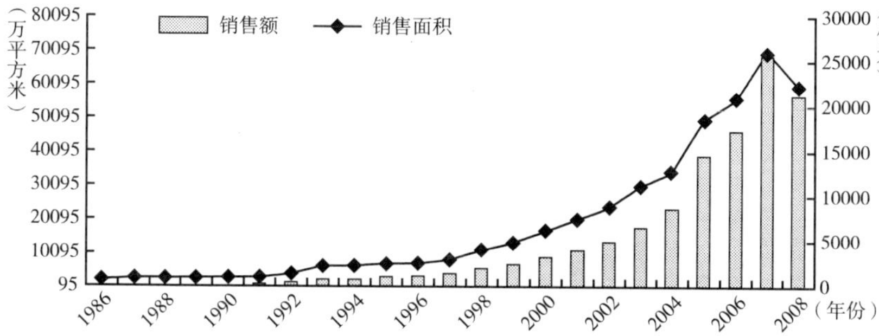

图9-3　历年中国商品住房销售状况

数据来源：《新中国55年统计资料汇编》、《中国统计年鉴(2009)》。

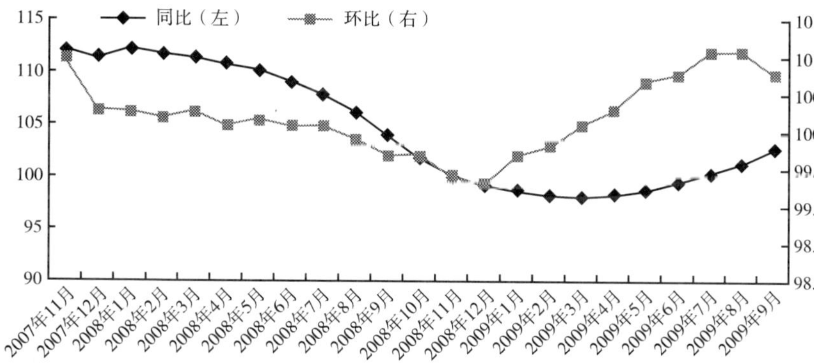

图9-4　中国新建住房价格指数(月度，以基期为100)

数据来源：《中国统计月报》相关各期，国家发展和改革委员会网站。

出现这种价涨量缩局面的背景是2007年商品住房量增价涨，[①] 开发企业内部资金充裕，对未来仍保持乐观。虽然美国次贷危机已浮出水面，销售量也开始出现萎缩，但是开发企业对它的严重后果并没有做充分估计，仍继续采取提价销售的方式。随着紧缩性货币政策作用显现，加上经济环境趋于收缩及股市下跌带来的财富缩减效应，住房投机者感受到风险和资金的压力逐步从市场撤出，销售量不断下滑。

(2) 2008年8~12月：价格连续下跌，销量严重萎缩。2008年8月，价格指数环比下跌了0.1%。此后房价连续下降，到12月份价格指数出现了自2002

① 2007年销售面积同比增长26.55%，2007年12月价格指数同比上涨11.4%。

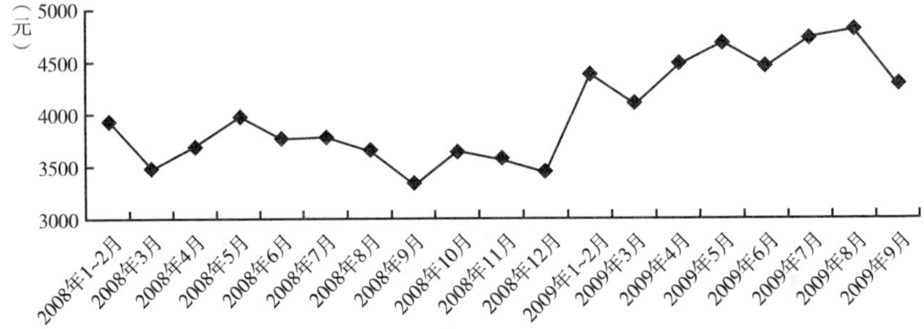

图 9-5　2008～2009 年中国商品住房平均销售价格（月度）

数据来源：根据《中国统计月报》相关各期及国家统计局网站数据计算。

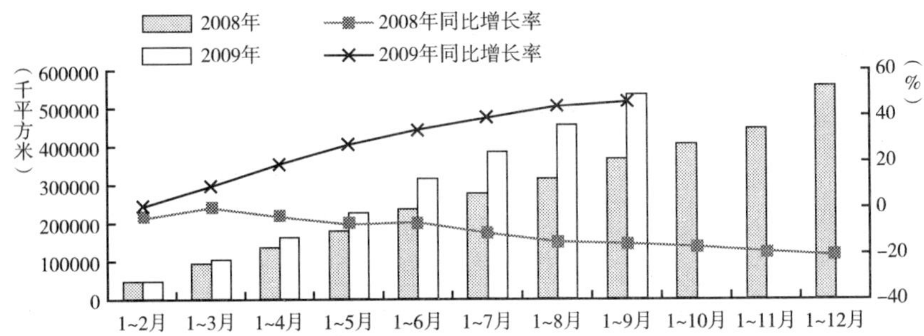

图 9-6　2008～2009 年中国商品住房销售面积及其同比增长率

数据来源：《中国统计月报》相关各期、国家统计局网站。

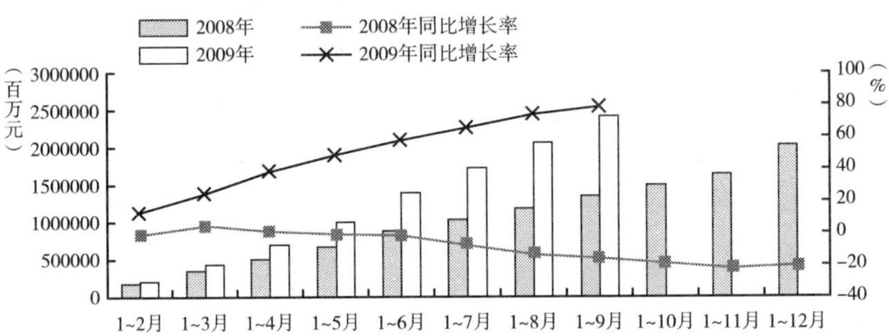

图 9-7　2008～2009 年中国商品住房销售额及其同比增长率

数据来源：《中国统计月报》相关各期、国家统计局网站。

年以来的首次环比与同比同时下跌，其中环比下跌 0.7%，同比下跌 0.8%（见图 9-4）。销售量严重萎缩，1～12 月商品住房销售面积为 558864.7 千平方米，同比下降20.3%（见图9－6）。

该阶段价量齐跌的背景是：美国次贷危机演变成为全球金融风暴，引发了一定范围的恐慌；股市大幅下跌、国际著名金融机构纷纷倒闭及投机者大量被套牢，使得房地产企业融资环境恶化；经济下滑造成有效需求下降、观望气氛增加；二手房抛售压力显著增大，对商品房市场造成一定负面冲击。

从房地产企业内部看，2007年至2008年上半年是房地产企业大量储备土地、迅速跨区域扩张的时期，这期间房地产企业摊子普遍铺得过大。这意味着一旦房地产企业筹资渠道不畅，资金链就可能会断裂。随着融资环境的恶化及销售的大幅度萎缩，房地产企业资金面由松转紧，一些前期扩张较快的公司接近于资金链断裂的边缘。为加速回笼资金，房地产企业加大了促销力度，采取降价、打折等多种优惠措施以期扩大销售。

（3）2009年1～2月：销量开始回升，价格跌速放缓。1～2月并非住房销售的传统旺季，但销量已经止跌回升，较上年同期增长1.1%（见图9－6）。价格虽然没有上涨，但跌幅已经放缓。1月份价格指数环比下降0.3%，2月份环比下降0.2%，环比跌幅比12月份的0.7%分别降低0.4个和0.5个百分点（见图9－4）。政府刺激政策已经初步产生作用。

（4）2009年3～6月：销量大幅度增长，价格快速上涨。从2009年3月份开始，月度环比指数又呈现出连续上涨的态势。虽然月度同比指数还没有由负转正，但是跌幅不断缩小（见图9－4）。同时销售量出现了较大幅度的增长，2009年1～6月商品住房销售面积为314987.7千平方米，同比增长33.4%（见图9－6）。

该阶段销售市场量增价涨的主要原因有以下几个方面。

经济超预期复苏，市场信心有所恢复。

过于宽松的货币政策造成金融机构信贷规模猛增。2009年6月金融机构信贷余额为377446.12亿元，比2008年12月增长73978.35亿元。考虑到实体经济复苏较慢、投资渠道有待拓宽，新增信贷量中可能有较大部分流入了资产市场。

世界各国政府均采取宽松的货币政策来应对金融危机，使公众产生较强的通胀预期。有一种流行的观点认为不动产投资比一般渠道更能抵御通胀，尽管这种观点是否正确还有待验证，但为避免财富缩水，仍会有大量资金进入房地产市场以求保值增值。

政府对开发企业金融扶持力度加大、住房销售回升等因素使开发企业资金由紧张转变宽裕。开发企业不再急于回笼资金，而开始提高价格以集聚人气。

2008 年第 4 季度中央和地方政府集中出台的一系列降低住房交易税费、鼓励住房消费的措施，其刺激效果开始显现，促使了刚性需求的一次集中释放，也使得住房投机活动重新活跃起来。

政府为刺激经济实施的低利率政策降低了权益资本的资本化率，从而助长了资产价格上涨。对于住房按揭贷款还实施在基准利率的基础上进一步七折优惠的政策，更使住房市场成为资本流入的洼地。

抑制住房投机的二套房贷限制政策在实施过程中被放宽，住房投机者卷土重来。

政府四万亿的投资计划客观上带来了较大的拆迁量，从而也为住房市场创造了较大的住房刚性需求。

一些处于观望期的潜在消费者担心房价进一步上涨再无力购买，抓紧机会加入了购房者的行列。

实体经济萎缩导致部分过剩的产业资本游离出来进入房地产市场。

2009 年上半年我国股市上涨带来的财富效应与信心提振效应。

（5）2009 年 7 ~ 9 月：销量回落调整，价格继续上涨。到 2009 年 7 月份，新建住房价格指数同比也出现了上涨，表明经过 2009 年 3 月以来的上涨，房价已经超过了 2008 年下跌前的价格。房价继续上涨，但环比涨速开始下降，8 月环比上涨 1.1%，与 7 月相同，9 月环比上涨 0.8%，比上月降低 0.3 个百分点（见图 9 -4）。

同时销售量出现了回落调整的态势。2009 年 7 月商品住房销售面积为 70006.7 千平方米，较上年同期增长 69.39%，但较上月环比下降了 20.4%。8 月销售面积为 69866.2 千平方米，同比增长 86.54%，环比下降了 0.2%。9 月份销售面积 81717.36 千平方米，同比增长 58.28%，环比增长 16.96%，但考虑到 9 月份为住房市场传统旺季及统计中的季末翘尾因素，对比 2008 年 9 月 37.85% 的环比增长率，销量仍处于回落阶段（见图 9 -6）。

之所以出现这种缩量上涨的情形，一是由于 2009 年上半年销售量增速过快，透支了下半年的市场购买力，因而出现短期的回落调整也在情理之中；二是上半年价格上涨过快，消费者有效需求下降，观望气氛转浓；三是 2009 年上半年开发企业已经较好地完成或接近完成全年的销售任务，内部资金充裕，并不急于推盘或降价促销；四是二套房贷政策收紧，住房投机受到限制。此外，住房消费刺激政策作用的逐渐减退也是销售量出现萎缩的原因之一。

2. 开发市场：回落迅速，复苏缓慢

与普通商品生产不同，住房生产具有一个较长的建筑滞后期，因而开发商对未来市场行情的判断对投资开发的增长有决定性作用。此外，由于房地产业属资金密集型产业，开发企业的融资难易程度或筹资成本大小也对投资开发的增长有重要影响。

金融危机及此后的扩张性政策使房地产开发企业的预期及资金面发生了两次较大的转变，进而带来了开发投资、开工面积与竣工面积的波动（见图 9－8、图9－9、图 9－10、图 9－11、图 9－12、图 9－13）。根据上述指标的相对变化，2008～2009 年开发市场投资开发活动可以分为以下几个阶段。

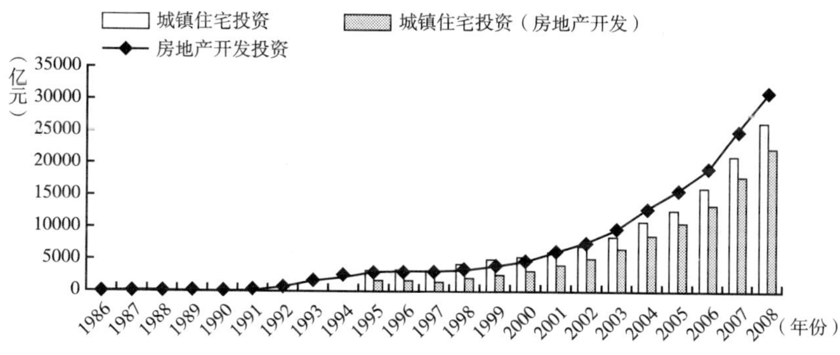

图 9－8　中国城镇住房投资

数据来源：《中国统计年鉴》2009、2004 年卷。

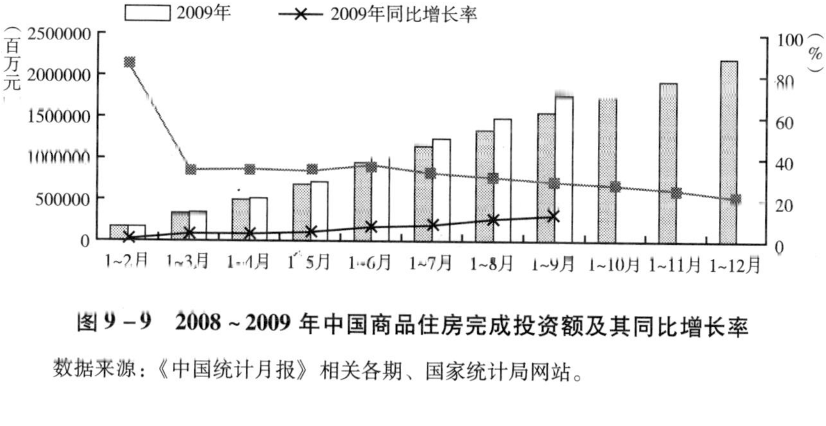

图 9－9　2008～2009 年中国商品住房完成投资额及其同比增长率

数据来源：《中国统计月报》相关各期、国家统计局网站。

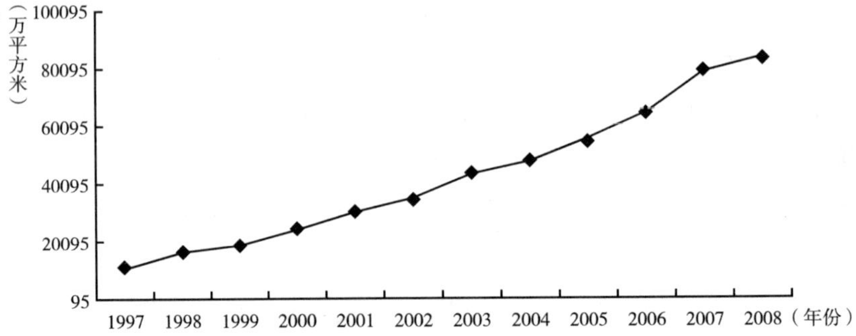

图 9-10 历年房地产开发企业(单位)新开工住房面积

数据来源:《中国统计年鉴(2009)》。

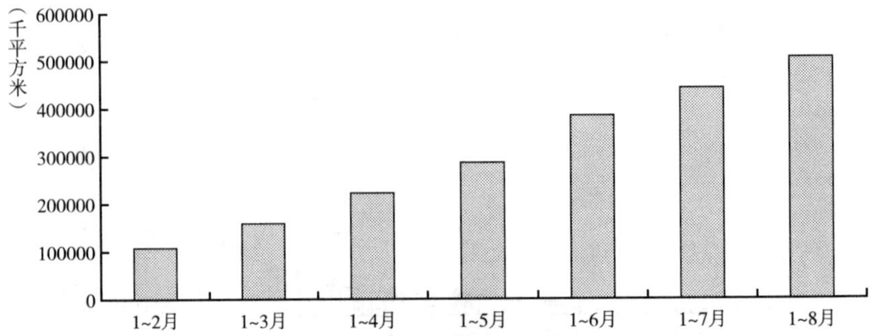

图 9-11 2009 年中国商品住房新开工面积

数据来源:《中国统计月报》相关各期。

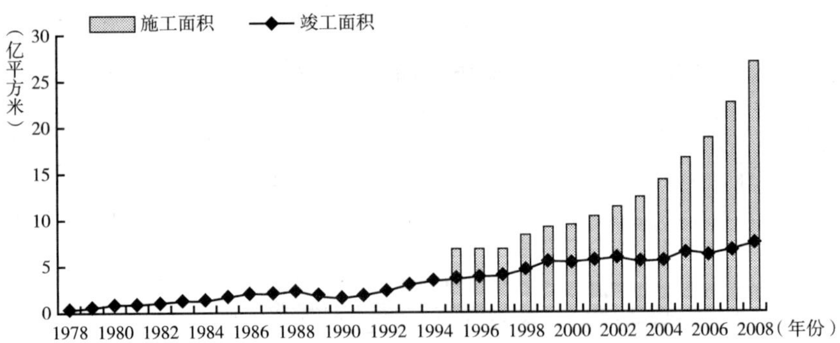

图 9-12 历年中国城镇住房施工与竣工面积

数据来源:《中国统计年鉴》2009、1992 年卷。

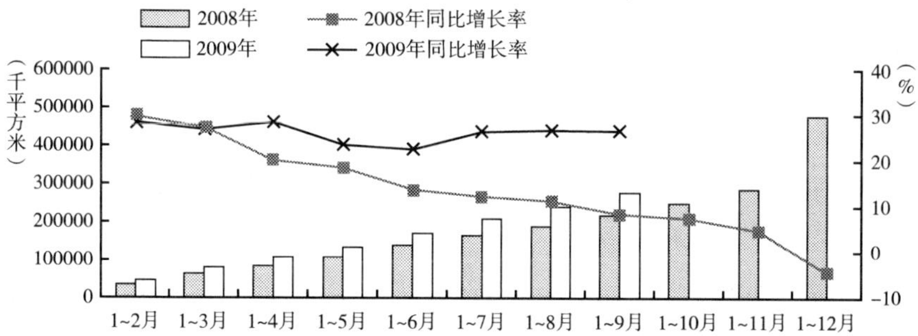

图9－13 2008～2009年中国商品住房竣工面积及其同比增长率

数据来源：《中国统计月报》相关各期、国家统计局网站。

（1）2008年1～6月：惯性扩张阶段。一方面2008年上半年开发企业仍延续其乐观预期，另一方面开发企业资金面也较宽松，住房开发投资增长较快。1～6月房地产开发企业完成住房投资949709百万元，同比增长36.6%（见图9－9），实现竣工面积165327.5千平方米，同比增长13.9%（见图9－13）。

（2）2008年7～12月：开发收缩、库存增长阶段。在金融危机的冲击下，2008年下半年开发企业资金紧张，预期由乐观转为悲观。开发投资增速下降，2008年1～12月完成投资2208126百万元，增长22.6%，较上半年的36.6%增速下降14个百分点（见图9－9）；2008年新开工面积为83642.12万平方米，仅增长6.15%（见图9－10）；由于销售不景气、资金困难，竣工速度放缓，2008年1～12月完成竣工面积477497.3千平方米，同比下降4.37%（见图9－13）。

（3）2009年1～9月：去库存化阶段。随着2009年销售量、价格的回升和开发企业资金面的好转，开发企业加快了竣工速度，1～9月竣工面积为2.77亿平方米，同比增长26.7%（见图9－13）。但开发投资与新开工面积都复苏缓慢，1～8月新开工住房面积为506164.1千平方米，仅为2008年全年的60.5%（见图9－11）；1～9月开发企业完成住房投资1758227百万元，同比增长13.4%（见图9－9）。竣工和销售面积的加速及投资的缓慢复苏意味着开发企业处于去库存化阶段。在该阶段后期，投资开发速度开始有所加快。

（二）二手住房市场："V"形走势明显

新建住房市场的供给方为开发企业，而二手住房市场的供给方为居民个人，从而二手住房市场信息成本要高于新建住房市场，造成二手住房市场非理性因素更强、价格波幅更大。但由于替代效应的存在，二手住房与新建住房市场走势具有较大的相似性。与新建住房市场一样，2008～2009年二手住房市场也经历了以下涨跌起伏的变化（见图9－14、图9－15）。

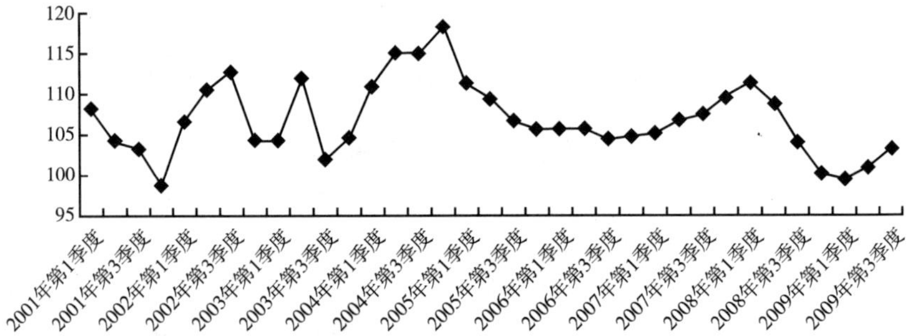

图9－14　中国二手住房价格指数（以上年同期为100）

数据来源：Wind中国金融数据库、《中国统计月报》相关各期、国家统计局网站。

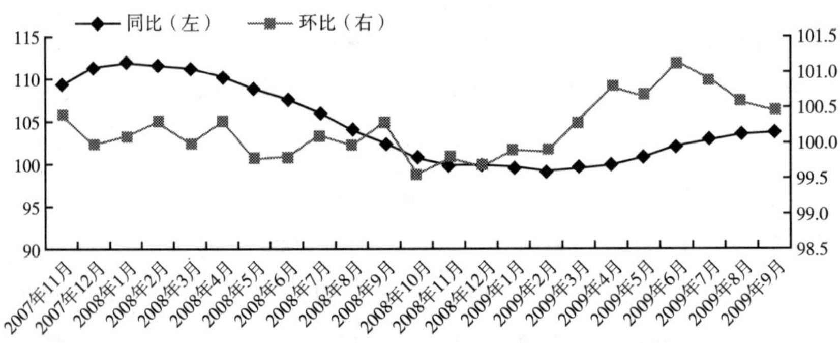

图9－15　中国二手住房价格指数（月度，以基期为100）

数据来源：《中国统计月报》相关各期、国家发展和改革委员会网站。

1. 2008年1～9月：相持阶段

2008年1～9月价格指数环比涨跌互现，除5月和6月出现环比下跌外，其他月份均有不同程度的环比上涨。但同比涨幅由2008年1月的11.9%下降到9月的2.6%。

2. 2008 年 10 月～2009 年 2 月：持续下跌阶段

从 2008 年 10 月开始，二手住房价格指数环比出现连续下跌。到 2008 年 12 月，价格指数同比也出现下跌。与新建住房市场相比，二手房市场价格连续下跌开始时间要滞后 2 个月。这是因为作为新建住房市场供给方的开发企业首先感受到了资金压力不得不率先降价求生存，而二手房市场上卖方的资金压力相对较小，对新信息的感知也较慢。

3. 2009 年 3～6 月：快速上涨阶段

从 2009 年 3 月开始，二手住房价格指数环比连续上涨，并且涨速不断上升。3 月份价格指数环比上涨 0.3%，到 6 月环比上涨 1.1%，涨速提高 0.8 个百分点。从 4 月开始同比价格指数也开始上涨。

4. 2009 年 7～9 月：涨速回落阶段

从 2009 年 7 月开始二手住房价格指数环比涨幅出现回落。7 月环比上涨 0.9%，8 月环比上涨 0.6%，9 月环比上涨 0.5%，分别比 6 月低 0.2 个、0.5 个和 0.6 个百分点。

（三）住房租赁市场：收入增速下降、就业难度加大、人口回流等因素造成租金下跌

中国城镇居民的住房自有率较高，租赁市场在住房消费市场中所占的份额相对较小，这一是由于大量福利房、房改房的存在；二是自有产权住房观念上受到更人的偏爱，往往自有产权住房才被作为“家”或财富的重要象征，“居者有其屋”是大多数人的梦想；三是租赁市场发育不完善，租房制度不健全，在子女入学等公共服务领域租房者尚难以享有与自有产权住户同等的权利。现阶段租赁市场的主要消费人群为参加工作时间相对较短的人员、外来务工人员及学生等暂无力或暂不便购房的群体。

从供给方面看，租金的主要影响因素有住房存量及其增长速度和折旧速度。从需求方面看，租金主要取决于人口流动、收入增长、就业等因素。

由于住房供给相对于租金的短期弹性较小，因而短期内住房租金更多地取决于需求方面的因素。相对于产权住房市场，租赁市场更少地受资本市场、投机行为等的影响，从而更多地反映了住房真实供求的松紧状况，这也使得租金与房价的走势存在出现背离的可能性。

相对于新建住房市场与二手住房市场，2002 年以前租赁市场租金的涨幅较大，但自 2002 年以来，我国住房租赁市场较为平稳，租金涨幅远低于房价涨幅。受金融危机及经济下滑影响，收入增速下降、就业难度增大，一些城市外来人口回流，对租金增长形成了负面冲击。2008 年租金虽有一定上涨，但涨幅呈下降趋势，租金指数同比涨幅由第 1 季度的 2.9% 降至第 4 季度的 0.8%，涨幅下降 2.1 个百分点。2009 年 1～3 季度，租赁价格指数同比出现下跌（见图 9－16）。不过从 2009 年第 3 季度租赁价格指数同比跌幅收窄看，租金已经出现了环比回升。

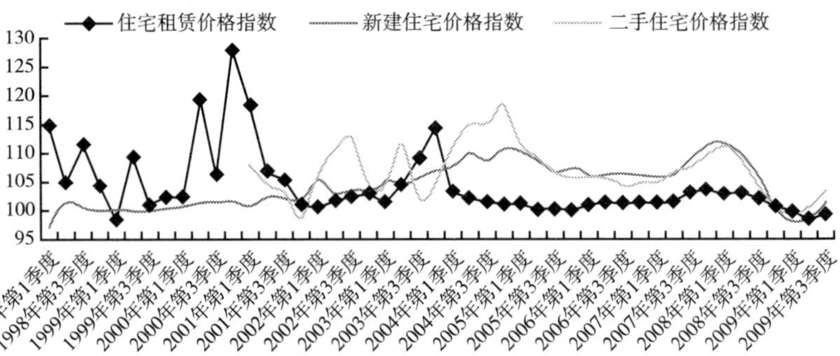

图 9－16　中国住房租赁价格指数（季度，以上年同期为 100）

数据来源：Wind 中国金融数据库、《中国统计月报》相关各期。

（四）区域市场：东部地区波动性要大于中西部地区

1. 2008 年：金融危机对东部地区的影响要远大于中西部地区

金融危机对东部地区的冲击要远大于中西部地区，表现为 2008 年 1～12 月东部地区商品住房投资增速要低于中西部地区，销售面积与销售额的降幅要高于中西部地区。特别是销售额的降幅，东部地区是中西部地区的 2 倍多。从销售额与销售面积降幅的比较看，只有东部地区销售额的降幅要大于销售面积的降幅，表明东部地区销售均价出现下降，而中西部地区则还有所上升。①

2008 年 1～12 月，东部地区商品住房销售面积为 273495.0 千平方米，比上年同期下降 21.5%，销售额为 1322354 百万元，比上年同期下降 23.2%。完成

① 数据来源于《中国统计月报》相关各期及国家统计局网站。

商品住房投资 1298330 百万元，比上年同期增长 18.4%。

2008 年 1～12 月，中部地区商品住房销售面积为 139094.2 千平方米，比上年同期下降 15.9%，销售额为 340138 百万元，比上年同期下降 10.8%。完成商品住房投资 480278 百万元，比上年同期增长 33.2%。

2008 年 1～12 月，西部地区商品住房销售面积为 146275.5 千平方米，比上年同期下降 17.5%，销售额为 379914 百万元，比上年同期下降 11.3%。完成商品住房投资 429519 百万元，比上年同期增长 25.1%。

2. 2009 年：东部地区量价急升，中西部地区投资开发快速增长

2009 年东部地区销售面积、销售均价及销售额增幅都要远大于中西部地区，但开发投资额的增幅要远低于中西部地区。

2009 年 1～8 月，东部地区商品住房销售面积为 241328.8 千平方米，比上年同期增长 55.15%，销售额为 1442397 百万元，比上年同期增长 86.44%；中部地区商品住房销售面积为 97635.8 千平方米，比上年同期增长 24.92%，销售额为 282119 百万元，比上年同期增长 42.27%；西部地区商品住房销售面积为 115896.1 千平方米，比上年同期增长 42.76%，销售额为 350648 百万元，比上年同期增长 62.05%。

2009 年 1～9 月，东部地区完成商品住房投资 9900.87 百万元，比上年同期增长 9.6%；中部地区完成商品住房投资 4050.99 百万元，比上年同期增长 18.8%；西部地区完成商品住房投资 3630.40 百万元，比上年同期增长 18.6%。

（五）城市分析：销售市场一线城市领先，投资开发二、三线城市占优

1. 一线城市价格与销售量平均增速要高于二、三线城市

（1）一线城市价格涨速总体高于二、三线城市。从图 9－17 中 2009 年 9 月 35 个大中城市新建住房价格指数看，一线城市的价格指数同比上涨幅度相对较高，而二、三线城市价格指数同比上涨幅度相对较低。

在一线城市中，广州、深圳的涨幅又要高于北京、上海的涨幅。

在二、三线城市中，宁波、银川、昆明、天津的价格指数同比涨幅都在 5% 以上，而西安、南宁、武汉、石家庄 4 个城市价格指数同比仍出现下跌。从环比看，除福州保持不变外，其他各城市均有不同程度的环比上涨，其中杭州的环比

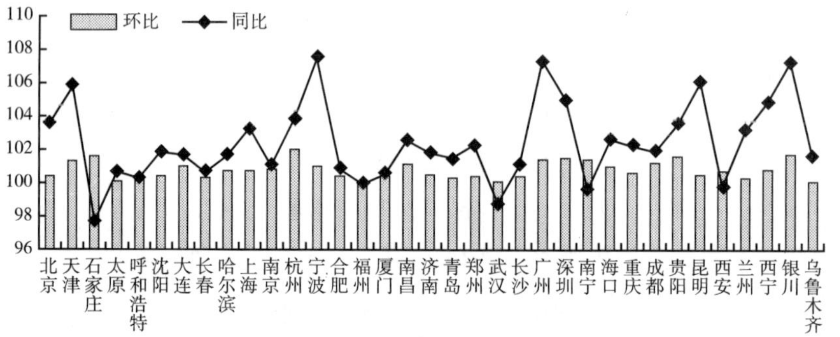

图 9-17　2009 年 9 月份 35 个大中城市新建住房价格指数

数据来源：国家发展和改革委员会网站。

涨幅高达 2%。

从图 9-18 中 2009 年 9 月 35 个大中城市二手住房价格指数看，在一线城市中，深圳的同比涨幅高达 16.6%，但广州、北京同比仍出现下跌。在二、三线城市中，杭州、重庆、南京、兰州、银川、南宁、郑州的同比涨幅都在 5% 以上，而合肥、青岛、长沙、昆明、武汉、沈阳、太原、呼和浩特、石家庄 9 个城市同比下跌，其中石家庄同比跌幅为 7.2%。从环比看，有 30 个城市环比上涨，宁波、成都、长春、昆明 4 个城市保持不变，石家庄环比下跌。

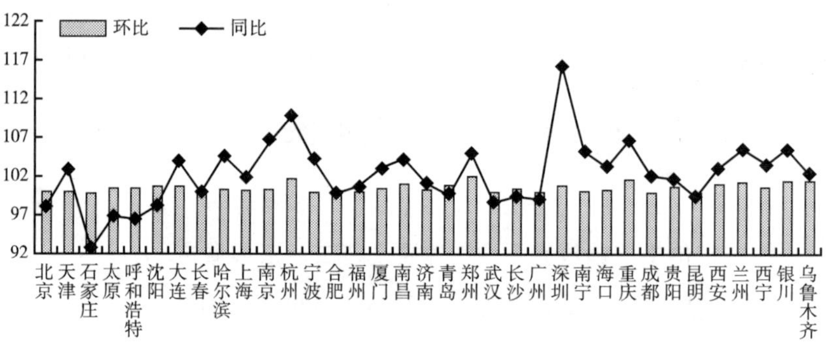

图 9-18　2009 年 9 月份 35 个大中城市二手住房价格指数

数据来源：国家发展和改革委员会网站。

（2）销售量一线城市呈爆发性增长，二、三线城市存在严重分化。2009 年 1～9月，在 40 个重点城市中，一线城市销售面积都有较大幅度的同比增长，其中北京、深圳的同比增幅在 140% 以上。在二、三线城市中，大多数城市同比增长较快，其中厦门、福州、南昌、杭州、宁波5个城市同比增幅在100%以上，但昆明、沈阳、三亚、呼和浩特4个城市同比增幅仅在10%以内，海口、兰州、合肥3个城市同比下降（见图9－19、图9－20）。

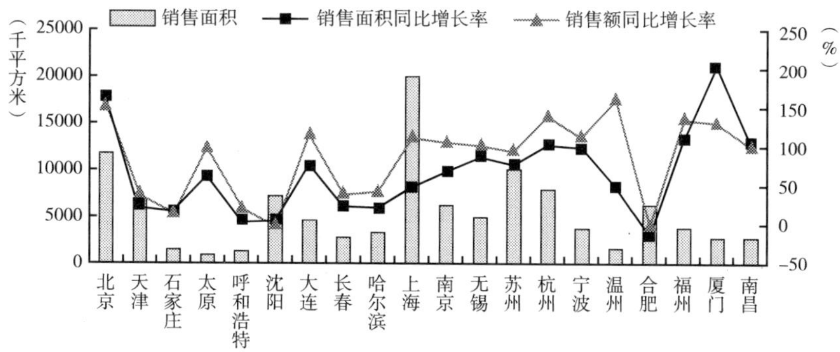

图9－19　2009年40个重点城市商品住房销售状况（1～8月）（一）

数据来源：《中国统计月报》。

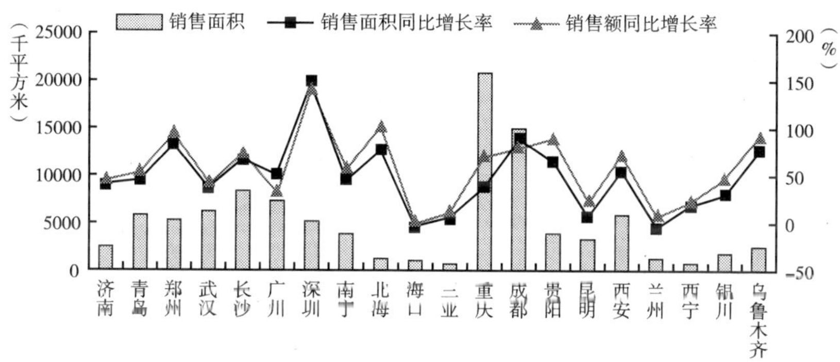

图9－20　2009年40个重点城市商品住房销售状况（1～8月）（二）

数据来源：《中国统计月报》。

40个城市中销售额增速大于销售面积增速的城市有32个，表明这些城市商品住房销售均价都高于上年同期水平。其中温州销售额与销售面积增速之差最大，为113.5%，其次为上海的65%。在销售均价同比下降的8个城市中，厦门两个增速的差距最大，为70%。

2. 开发投资一线城市冷，二、三线城市热

从2009年1～8月40个重点城市开发投资数据看（见图9－21、图9－22），一线城市开发投资增速普遍较低，4 个一线城市中有 3 个城市开发投资额负增长。在其他 36 个二、三线城市中，有 26 个城市开发投资额同比增速为正值，其中太原、石家庄、贵阳、哈尔滨、昆明 5 个城市同比增长率在 40% 以上。有 10 个城市同比增速为负值，其中厦门的同比增长率为 -43.8%。

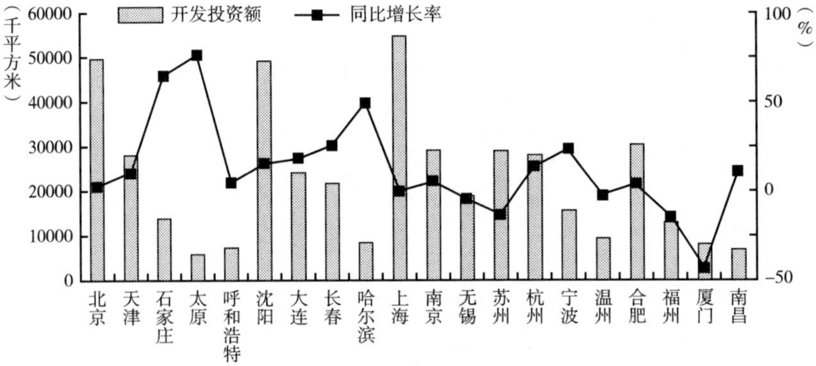

图 9-21　2009 年 40 个重点城市商品住房开发投资状况（1~8 月）（一）

数据来源：《中国统计月报》。

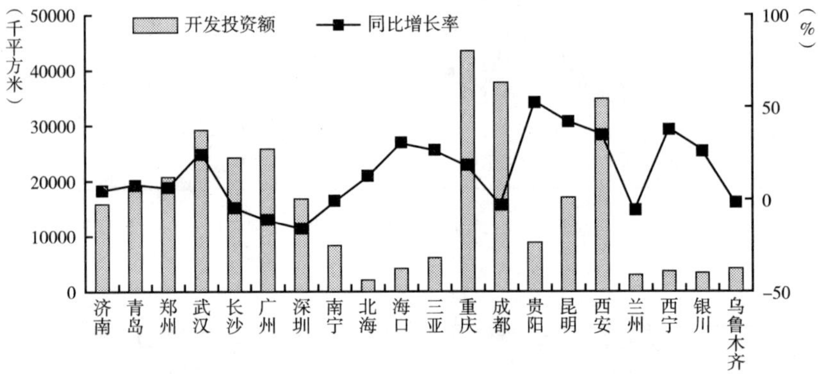

图 9-22　2009 年 40 个重点城市商品住房开发状况（1~8 月）（二）

数据来源：《中国统计月报》。

专题分析 9-1　房价波动性的区域差异比较

——基于 β 系数的分析

各城市房价的活跃程度往往存在较大差异。房价波动性越大，意味着住房投资的风险（收益）也越大。此处运用 β 系数来度量各区域市场房价相对于总体市场的波动性。当某城市β系数等于1时，表明当全国房价平均上涨（下跌）1%时，该城市也可能上涨（下跌）1%；当某城市β系数为1.5时，表明当全国房价平均上涨（下跌）1%时，该城市则可能上涨（下跌）1.5%；当某城市β系数为0.5时，表明当全国房价平均上涨（下跌）1%时，该城市可能只上涨（下跌）0.5%。总之，β系数越高，表明该城市住房投资的风险（收益）相对于全国市场平均值而言越大。

图9-23为根据1998年第1季度~2009年第2季度全国及35个大中城市房屋销售价格指数计算的各城市房价的β系数。

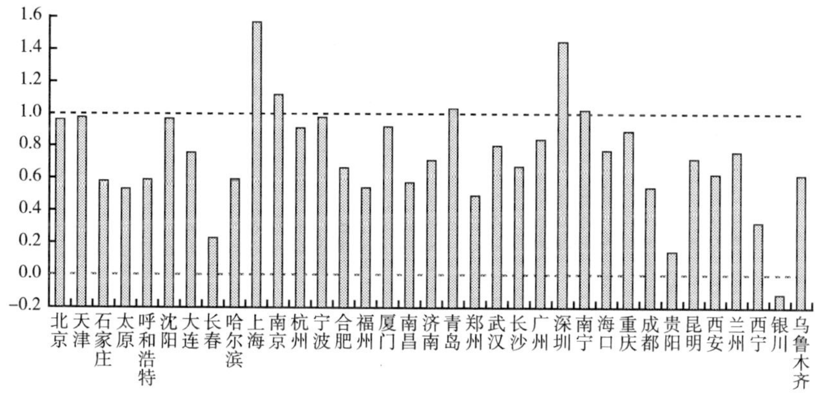

图9-23 35个大中城市房地产市场的β系数

数据来源：国家发展和改革委员会网站。

β系数较大的城市有上海（1.569）、深圳（1.450）、南京（1.120），表明这3个城市住房投资的收益（风险）可能要比其他城市大得多，特别是上海与深圳，分别比全国平均值高56.9%与45%。如果仅为获得更高的投资收益，上海与深圳将是投资首选目标城市。

β系数接近于1的城市有青岛（1.036）、南宁（1.026）、宁波（0.979）、天津（0.979）、沈阳（0.971）、北京（0.964）、厦门（0.922）、杭州（0.914）。在这些城市住房投资的收益（风险）接近于全国平均值。

β系数低于0.5的城市有郑州（0.497）、西宁（0.330）、长春（0.233）、贵阳（0.149）、银川（-0.115）。在这些城市的住房投资的收益（风险）低于全国平均值的50%以上。换而言之，如果要获得高的投资收益率，在这些城市的住房投资可能不会是最好的选择。但如果是为了规避住房市场系统性风险，则可以对这些城市加以考虑。值得注意的是，银川的β系数为负值，表明它有与全国市场反向变动的可能性。

此外的其他城市β系数都介于0.5～0.9之间，这些城市住房投资的收益（风险）要在一定程度上低于全国平均值。

分区域看，东部地区城市的β系数几乎要普遍大于中西部地区城市，亦即东部地区城市住房投资的收益（风险）一般要大于中西部地区城市。

通过对β系数的分析，可以计算投资组合的期望风险与收益，从而为构建科学的跨区域投资组合提供参考。

二　未来预测

（一）对主要影响因素的分析与判断：投机引发市场波动，政策影响市场走势

1. 影响供给方面因素的分析与判断：开发企业资金面决定短期供给变动

虽然住房在短期内的供给弹性较小，但是开发企业仍然可以通过加快或放慢推盘（竣工）速度的方法来调节供给：当开发企业资金充裕并预期未来房价将上涨时，它可能采取捂盘的策略来缩减供给提高房价；当开发企业资金紧张或对未来房价预期悲观时，它可能采取加快推盘速度及打折促销的方式尽快回笼资金。

尽管年末信贷一般会有一定程度的季节性收缩，但当前的货币政策总体仍较为宽松，加上2009年前三季度住房销售业绩超出预期，开发企业不仅不缺资金，而且库存也有较多消耗。因而短期内开发企业大幅度扩大供给、降价促销的概率很小。

2. 影响需求方面因素的分析判断：通货膨胀与经济复苏状况决定未来需求变动

住房需求包括实际住房需求与投机（资）性需求两大部分。

实际需求主要受经济（收入）增长速度、就业率、城市化速度、人口净流入等因素的影响。投机性需求又包含国内投机性需求和国际投机性需求。由于住房能在通胀中保值增值的说法被广泛接受，因而国内投机需求对于通胀率较为敏感。此外，住房投机需要资金杠杆的支持，二套房贷政策的松紧状况将对住房投

机需求产生直接的影响。国际投机性需求主要受人民币升值预期、国内外利息差等所形成的期望套利空间的影响。

从目前情况来看，经济下滑、收入降低在一定程度上削弱了住房实际需求，但政府采取的一些降低城市化门槛的举措如买住房办户口等又使得住房实际需求有所增加。总体而言，除非经济出现大起大落，住房的实际需求变化一般缓慢而相对稳定，它不会是造成住房市场短期波动的主要原因。

国内投机性需求是造成我国住房市场短期波动的主要原因。政府有能力通过歧视性信贷政策对投机性需求进行有效控制，但是一旦房价下跌开发投资下降，就会波及房地产业及上下游关联产业的就业。未来政府是否会对住房投机实施从严控制政策，取决于国内经济复苏状况。如果经济复苏缓慢或虽然复苏较快但基础并不牢固，扩张性的政策就不容易淡出。如果经济稳健复苏，政府将重新获得抑制住房投机的政策空间。

由于经济复苏基础短期内难以稳固、经济增长对住房投资的依赖仍较大，因而政府短期内并没有大力抑制住房投机的政策空间。甚至在经济增长低于预期时，政府还可能进一步加大住房需求刺激力度，通过住房投资增长来拉动经济增长。

由于政府对游资的警惕性较高，资本流入流出都受到一定限制，因而国际投机性需求可能对北京、上海、广州、深圳等一线城市住房市场有一些影响力，但难以产生较大的冲击。

目前各国为刺激经济普遍实施的宽松的货币政策，使公众产生了较强的通胀预期。但由于产能过剩消费品需求不振，目前还未发现有剧烈通胀的迹象，通胀预期能否转化为现实的通胀压力还有待于进一步观察。如果2010年出现了温和的通胀，对房价会有一定提振作用。如果通胀较为激烈，对房价会有正反两方面的影响：一方面会使住房名义价格上升；另一面会使居民实际收入下降从而有效需求较低，如果政府采取紧缩性货币政策来抑制通胀，对房价也能产生较大的负面冲击。

（二）2009年第4季度～2010年第4季度住房市场预测：春暖秋凉、价稳量增

根据以上分析与判断，在没有出现重大的预期之外冲击因素的条件下，可初

步推测：

2009 年第 4 季度住房市场在有效需求下降、观望气氛增强、开发企业促销积极性低、年底季节性信贷紧缩、二套房贷政策从紧等因素的综合作用下，可能有一个销售量回落和价格小幅调整的过程，投资开发则将继续保持上升。

2010 年可能呈现春暖秋凉、价稳量增的整体态势。具体而言，2010 年第 1 季度销售量可能出现缓降，而价格基本保持平稳；第 2 季度在通胀压力增大、政府为促进经济增长出台新的刺激政策等可能因素的作用下，销售量回升、价格上涨及开发投资上升的概率较大；第 3、4 季度价格与销售量可能稳定或出现下降，开发投资上升或保持稳定。

2009 ~ 2010 年各项指标的预测值（参考）如表 9 – 1 所示。

表 9 – 1　2009 年第 4 季度 ~ 2010 年第 4 季度住房市场预测（参考）

	2009 年第 4 季度	2010 年第 1 季度	2010 年第 2 季度	2010 年第 3 季度	2010 年第 4 季度	2010 年总体形势
住房投资	上升	上升	上升	上升	上升	较快上升
开工面积	上升	稳定	上升	上升	稳定	上升
竣工面积	稳定或下降	稳定或下降	上升	下降	下降	上升
销售面积	下降	缓降	上升	稳定或下降	稳定或下降	上升
销售价格	缓降	平稳	上涨	稳定或下降	下降	相对平稳
租金价格	下降	下降	稳定	上涨	下降	稳定

专题分析 9 – 2　2009 年 35 个城市房价相对泡沫测度

由于住房的不可移动性、高昂的消费者流动成本和信息成本，不同城市间房价泡沫大小会存在较大的差别。此处通过非参数估计方法对 35 个大中城市商品住房价格的基准价格及相对泡沫指数作了估计，结果如表 9 – 2 所示。

相对泡沫估计采用的房价指标为 2009 年 1 ~ 8 月商品住房销售均价，采用的反映城市经济基本面和公共基础设施水平的指标包括 2008 年家庭可支配收入、客运量、货运量、地方财政预算内支出、固定资产投资总额、城乡居民储蓄年末余额、社会商品零售总额、货物进出口总额、年末实有公共（汽）电车营运车

表9-2 35个大中城市商品住房价格相对泡沫指数

城市	实际价格	基准价格	泡沫指数	城市	实际价格	基准价格	泡沫指数
北京	12205	9640	1.266	青岛	5303	5303	1.000
天津	6769	5817	1.164	郑州	4096	3678	1.114
石家庄	3145	2938	1.071	武汉	5101	4419	1.155
太原	4388	4388	1.000	长沙	3402	3402	1.000
呼和浩特	3432	3432	1.000	广州	7892	7518	1.049
沈阳	4027	4027	1.000	深圳	13286	13286	1.000
大连	6509	6483	1.004	南宁	4172	2744	1.520
长春	4288	3005	1.427	海口	4931	4931	1.000
哈尔滨	4344	2730	1.592	重庆	3220	3152	1.021
上海	12004	10819	1.110	成都	4779	3585	1.333
南京	6395	6288	1.017	贵阳	3397	3397	1.000
杭州	9973	6753	1.477	昆明	3970	3000	1.323
宁波	8501	7649	1.111	西安	4332	3407	1.272
合肥	3965	3965	1.000	兰州	3480	2806	1.241
福州	6358	4005	1.587	西宁	2686	2510	1.070
厦门	8208	8208	1.000	银川	3228	3228	1.000
南昌	3572	3572	1.000	乌鲁木齐	3321	3321	1.000
济南	4579	4508	1.016	平均	5522	4912	1.141

辆数、普通高等学校在校学生数、执业（助理）医师人数等11项指标，① 除家庭可支配收入外，其他各项指标都以常住人口数为权重做了消除规模影响处理。

表9-2中相对泡沫指数等于实际价格除以基准价格，其值域为[1, +∞)。泡沫指数越大，说明该城市房价的泡沫相对于其他城市越大。

需要注意的是此处泡沫指数为相对泡沫指数，它仅反映各城市间房价的相对泡沫。泡沫指数等于1或实际价格等于基准价格，并不表明该城市房价无泡沫，而仅表明在同等经济基本面与公共基础设施水平条件下，该城市的房价相对于其他城市是最低的，从而该城市的房价被作为计算相对泡沫的基准价格。

此外，还需要注意的是，在大多数条件下，也不能仅依据房价泡沫大小，去进一步推断房价的走向。

从表9-2看，相对泡沫很高，实际价格高出基准价格在30%以上的城市有哈尔滨、福州、南宁、杭州、长春、成都、昆明。

① 数据来源于《中国统计年鉴（2009）》及《中国统计月报》相关各期。

相对泡沫较高，实际价格高出基准价格在20%～30%之间的城市有西安、北京、兰州。

存在一定的相对泡沫，实际价格高出基准价格在5%以上20%以下的城市有天津、武汉、郑州、宁波、上海、石家庄、西宁。

相对泡沫较低，实际价格与基准价格之差在5%及以内的城市有广州、重庆、南京、济南、大连、太原、呼和浩特、沈阳、合肥、厦门、南昌、青岛、长沙、深圳、海口、贵阳、银川、乌鲁木齐。

三　长期分析

在1998年以前，中国城镇实施的是以福利分房为主体的住房分配制度，住房市场的发育受到较大限制。1998年7月3日，国务院发布了《关于进一步深化城镇住房制度改革加快住房建设的通知》（国发［1998］23号），要求“停止住房实物分配，逐步实行住房分配货币化”，确立了住房市场化开发在城镇新增住房供给中的主导地位。此外，通知还提出要“扩大个人住房贷款的发放范围，所有商业银行在所有城镇均可发放个人住房贷款。取消对个人住房贷款的规模限制，适当放宽个人住房贷款的贷款期限”，从而为住房金融的发展扫除了政策性障碍。

随着住房分配制度市场化改革的推进和住房金融的发展，中国住房市场规模得以迅速扩大。1998～2008年，中国城镇商品住房投资额由2081.6亿元扩大到22081.3亿元，增长了9.6倍；商品住房销售面积由10827.1万平方米扩大到55886.5万平方米，增长了4.2倍；商品住房销售额由2006.9亿元扩大到20424.1亿元，增长了9.2倍。在中国住房市场规模迅速扩大的同时，住房价格出现了较大幅度的上涨。特别是2002年以来，房价涨速很快，对居民住房条件的改善和住房产业的健康发展形成了一定挑战。

中国住房市场的发展并不是一个简单的线性路径，它有一个曲折反复的过程。如果从增长型周期的角度看，中国住房市场也出现了显著的周期性特征。①经测度发现，中国房价存在3年左右的短周期，根据谷—谷的划分方法，1998

① 此后的周期分析都是基于增长型周期的分析。

年以来存在5个短周期。开始于2006年第4季度的第4轮短周期，于2007年第4季度到达波峰，此后进入下降阶段，2009年第1季度到达波谷。此外，从长周期看，目前住房市场处于长周期的下降阶段。

对北京、上海、广州、深圳4个一线城市房价周期的分析还发现，住房价格周期存在一定的区域差异。从短周期看，上海、广州、深圳均存在6年左右的短周期，其中广州与深圳的周期阶段较接近，但与上海的周期阶段存在较大的差异，其波峰几乎与上海的波谷时间上相接近。北京存在3年左右的短周期，周期长度与全国房价短周期相同，但只是上海、广州、深圳周期长度的一半，从阶段看北京房价短周期与全国房价短周期接近。

1. 全国住房价格周期分析

全国住房价格存在3年左右的短周期，目前正处于短周期的上升阶段和长周期的下降阶段。

对新建住房价格指数作HP滤波以消除其长期趋势（长周期），在此基础上，对经HP滤波处理的新建住房价格指数作谱密度分析来辨别其周期性，得其谱密度估计，如图9－24所示。

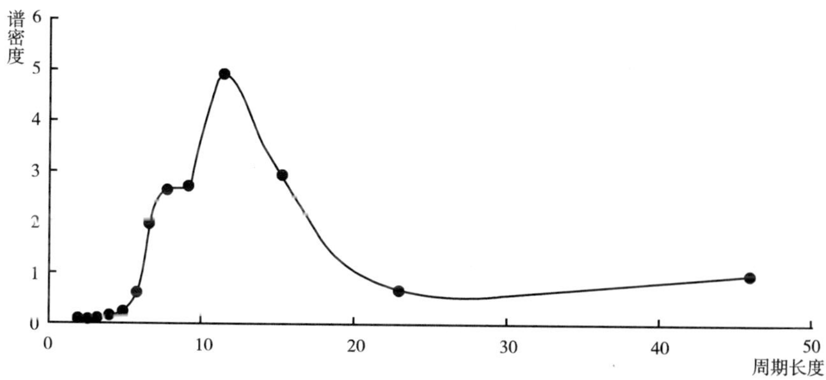

图9－24　新建住房价格指数波动的谱密度估计

从图9－24可见，经HP滤波处理的新建住房价格指数含有明显的谱峰，表明具有显著的周期性，其周期长度为11.5季左右（约3年）。

根据谱分析所获得的先验周期长度，通过BP滤波及HP滤波获得新建住房价格的长周期及3年左右的短周期曲线，如图9－25、图9－26所示。

从图9－25长周期看，房价长周期的波峰时间为2005年第3季度，2005年

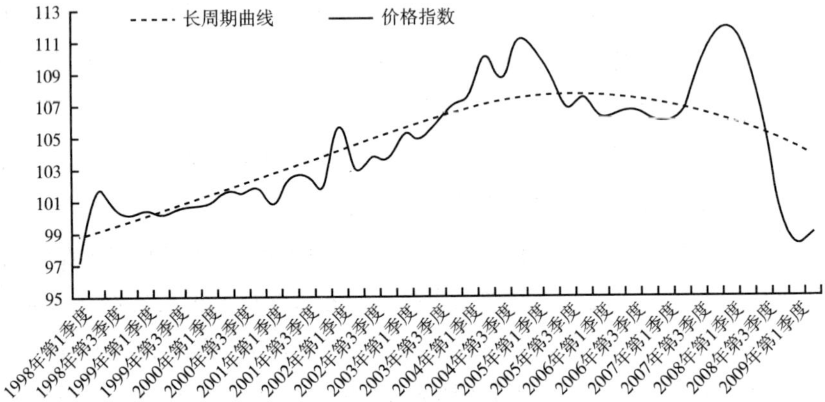

图 9－25　新建住房价格的长周期

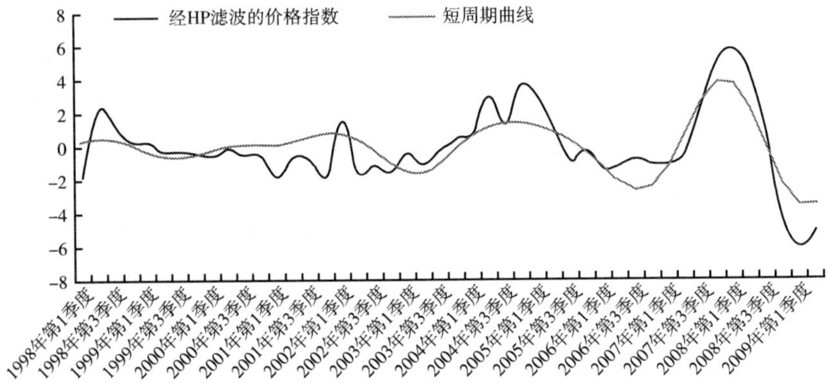

图 9－26　新建住房价格的短周期

第 4 季度到现在正处于长周期的下降阶段。

从图 9－26 中 3 年左右的房价短周期看，根据谷—谷的划分方法，分析期内存在 5 个周期，具体划分如表 9－3 所示。

表 9－3　3 年左右新建住房价格周期的划分

周　期	上升期间	波峰	下降期间	波谷
周期 1			？ －1999Q2	1999Q3
周期 2	1999Q4 －2001Q3	2001Q4	2002Q1 －2003Q1	2003Q2
周期 3	2003Q3 －2004Q2	2004Q3	2004Q4 －2006Q2	2006Q3
周期 4	2006Q4 －2007Q3	2007Q4	2008Q1 －2008Q4	2009Q1
周期 5	2009Q2 －？			

表9－3中第4轮周期开始于2006年第4季度，于2007年第4季度到达波峰，此后进入下降阶段，2009年第1季度到达波谷。

2. 一线城市住房价格周期及其差异性分析

一线城市广州、深圳较为接近，其他城市各有差异。

房地产周期波动往往具有很强的区域差异性，不同城市可能存在不同的房地产周期波动特征。对于房地产投资者而言，利用房地产周期的区域差异进行跨区域投资决策，不仅可以延长房地产景气持续时间从而获得更大的收益，而且可以规避非系统性的房地产市场波动风险。对于政策制定者而言，房地产周期的区域差异性也是制定相关房地产业发展政策特别是房地产“反周期”政策所必须考虑的。此处仅以北京、上海、广州、深圳4个一线城市为例，对房价周期作一个简单的比较分析。

（1）北京：3年左右的短周期，与全国短周期的波长与阶段都较接近。对经HP滤波处理的北京房屋价格指数作谱密度分析，结果如图9－27所示。

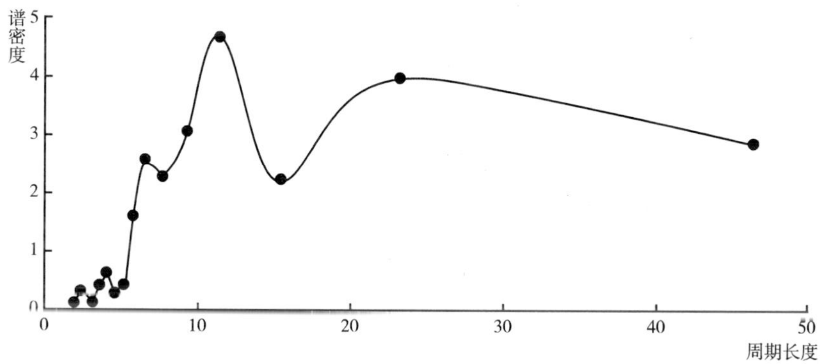

图9－27 北京房屋价格指数波动的谱密度

谱密度分析结果显示，北京房价存在11.5季左右（约3年）的短周期。进而通过HP滤波和BP滤波方法获得北京房价长周期与短周期曲线，如图9－28、图9－29所示。

北京房价短周期与全国房价短周期波长相同，周期阶段也接近。但从与全国长周期波峰对比看，北京房价长周期的波峰为2007年第3季度，而全国房价长周期的波峰为2005年第3季度，前者滞后后者2年。

（2）上海：6年左右的短周期，长度为北京和全国短周期的2倍。对经HP滤波处理的上海房屋价格指数作谱密度分析，结果如图9－30所示。

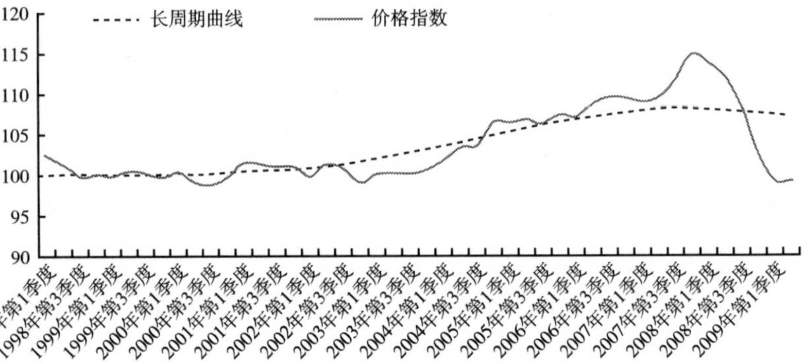

图 9－28　北京房屋价格的长周期曲线

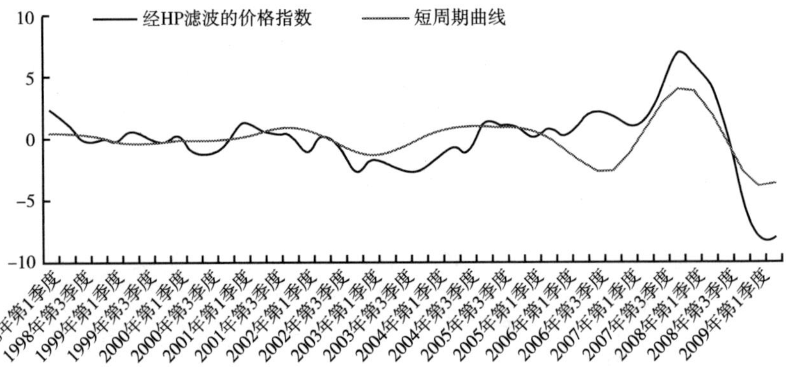

图 9－29　北京房屋价格的短周期曲线

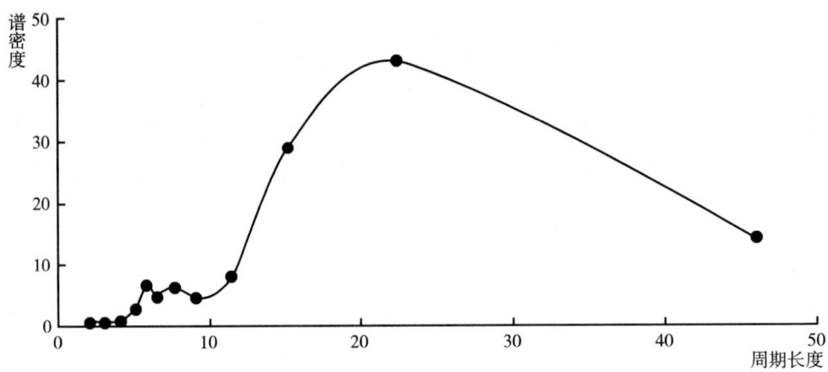

图 9－30　上海房屋价格指数波动的谱密度

谱密度分析结果显示，上海房价存在23季左右（约6年）的短周期。进而通过HP滤波和BP滤波方法获得上海房价长周期与短周期曲线，如图9－31、图9－32所示。

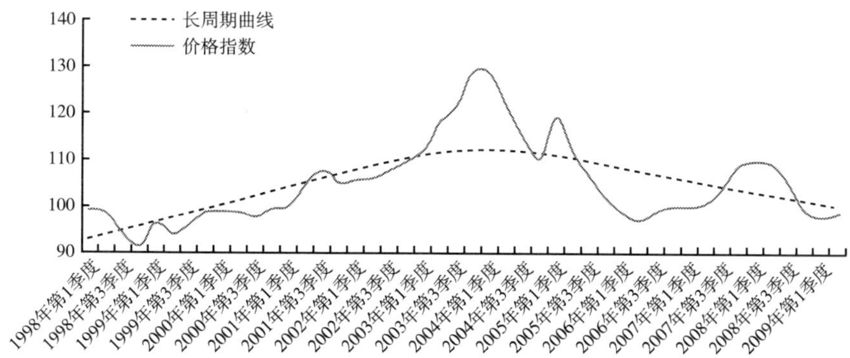

图9－31 上海房屋价格的长周期曲线

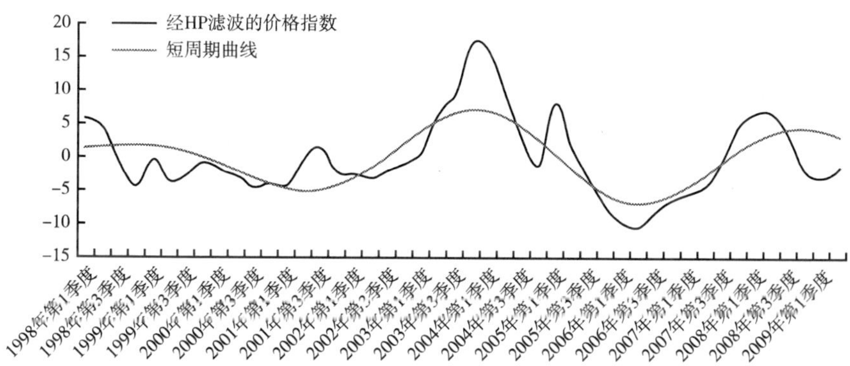

图9－32 上海房屋价格的短周期曲线

上海房价短周期的长度约为北京和全国的2倍。长周期的波峰为2004年第1季度，要比全国房价长周期领先6个季度，比北京领先3年半。

（3）广州：6年左右的短周期，但波峰几乎与上海的波谷在时间上相接近。对经HP滤波处理的广州房屋价格指数作谱密度分析，结果如图9－33所示。

谱密度分析结果显示，广州房价存在23季左右（约6年）的短周期。进而通过HP滤波和BP滤波方法获得广州房价长周期与短周期曲线，如图9－34、图9－35所示。

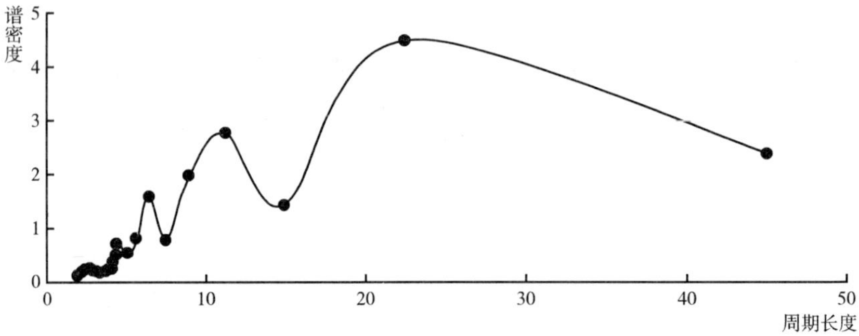

图 9－33　广州房屋价格指数波动的谱密度

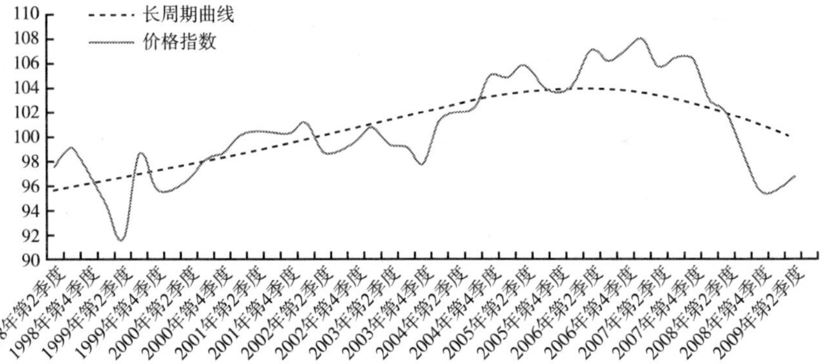

图 9－34　广州房屋价格的长周期曲线

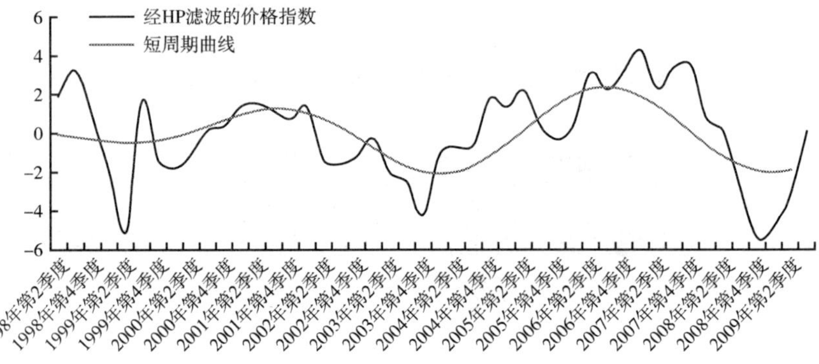

图 9－35　广州房屋价格的短周期曲线

广州房价短周期的波长与上海相同，但是周期的阶段有较大的差异，其波峰几乎与上海的波谷时间上相接近。其长周期的波峰为 2006 年第 2 季度，要滞后于全国房价长周期3个季度。

（4）深圳：6年左右的短周期，长度和周期阶段都与广州接近。对经HP滤波处理的深圳房屋价格指数作谱密度分析，结果如图9－36所示。

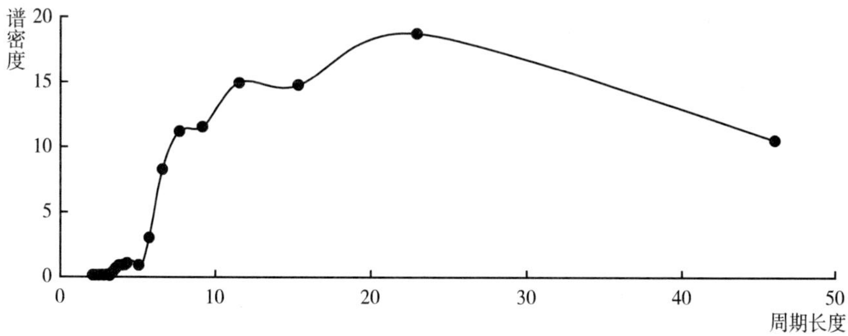

图9－36　深圳房屋价格指数波动的谱密度

谱密度分析结果显示，深圳房价存在23季左右（约6年）的短周期。进而通过HP滤波和BP滤波方法获得深圳房价长周期与短周期曲线，如图9－37、图9－38所示。

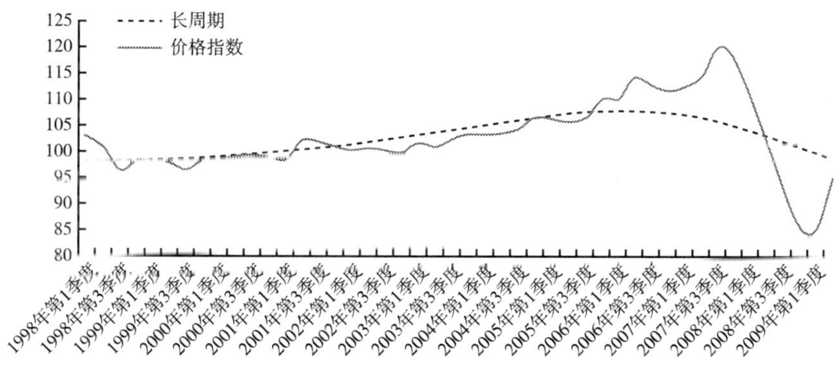

图9－37　深圳房屋价格的长周期曲线

深圳房价短周期的波长与广州、上海相同，其阶段与广州也大体接近。其房价长周期的波峰为2006年第1季度，滞后于全国房价长周期2个季度，领先于广州房价长周期1个季度。

4个一线城市房价周期的一些典型特征经整理如表9－4所示。

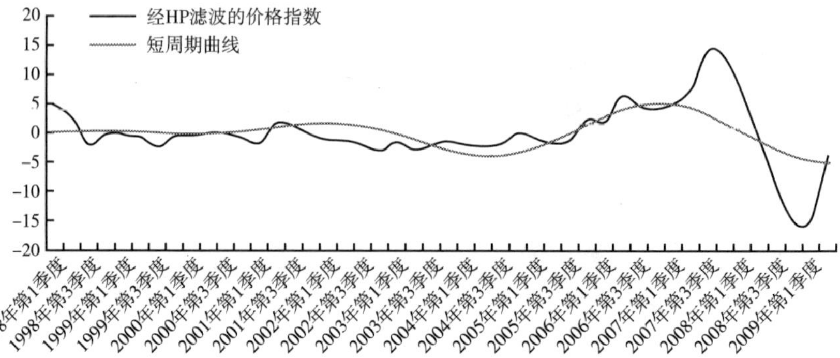

图9-38　深圳房屋价格的短周期曲线

表9-4　一线城市房价周期的简单比较

城　市	短周期长度	长周期的最近波峰时间	短周期的最近波峰时间
北　京	11.5季	2007Q3	2007Q4
上　海	23季	2004Q1	2008Q4
广　州	23季	2006Q2	2006Q3
深　圳	23季	2006Q1	2006Q4

3. 新建住房真实供求缺口指数

与通常口径不同，新建住房真实供求缺口指数中，需求采取的是真实口径。此处所谓的真实需求，指的是因生产生活需要而产生的对新建住房真实空间的使用需求，它不包括纯投机性的需求，在概念上它与通常所说的“刚性需求”的内涵较接近。

由于市场需求中可能存在较多的投机性需求，因而我国新建住房真实需求到底有多大，实际供给能在多大程度上满足真实需求，还没有人对此作出科学回答。人们通常在讨论真实需求或“刚性需求”时，往往存在一种错误倾向，即把真实需求等同于“需要”，通过对城市化、收入增长前景的憧憬，把真实需求无限夸大。

本报告在尝试测度新建住房真实供求潜在均衡值的基础上，以实际供给减去潜在均衡值并转换为相对数（百分比）的形式，构建了新建住房真实供求缺口指数，用以反映监测住房市场真实供求的松紧状况。①

① 缺口面积=实际供给值-真实供求的潜在均衡值，缺口指数=缺口面积/真实供求的潜在均衡值×100%。

当缺口指数值大于零时，表明实际供给大于真实供求的潜在均衡值，市场存在过剩缺口；当缺口指数值小于零时，表明实际供给小于真实供求潜在均衡值，市场存在短缺缺口；当缺口指数等于零时，表明市场实际供给等于潜在均衡值。指数绝对值的大小反映短缺或过剩的百分比。

对真实供求的测度建立在以下两个基本假定基础上：一是在长期平均意义上，住房真实供给应等于其真实需求；二是住房真实需求为基础性需求，主要受收入增长、人口流动、就业等基本面因素的影响，具有一定的刚性。

估算的中国新建住房真实供求缺口指数如图 9－39 及表 9－5 所示。①

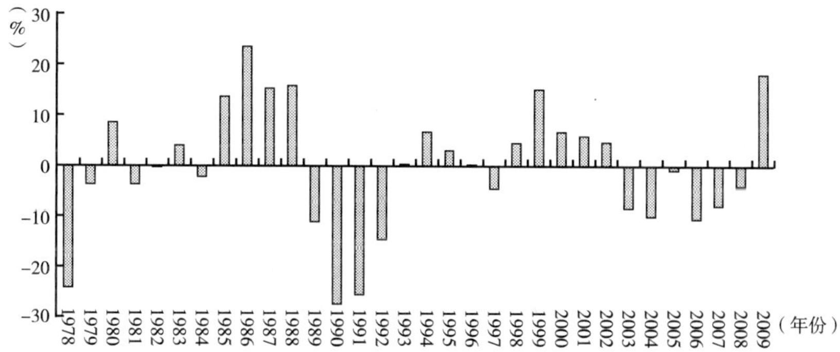

图 9－39 历年中国住房真实供求缺口指数

表 9－5 历年住房真实供求缺口指数

单位：%

年份	缺口指数	年份	缺口指数	年份	缺口指数
1978	-24.11	1989	-11.11	2000	6.78
1979	-3.63	1990	-27.39	2001	6.01
1980	8.62	1991	-25.55	2002	4.78
1981	-3.63	1992	-14.53	2003	-8.35
1982	-0.29	1993	0.45	2004	-9.94
1983	4.06	1994	6.7	2005	0.04
1984	-2.12	1995	3.05	2006	-10.6
1985	13.8	1996	0.24	2007	-7.77
1986	23.66	1997	-4.39	2008	-3.89
1987	15.38	1998	4.57	2009	18.28
1988	15.93	1999	15.22		

① 估算中，实际供给指标采取城镇住房竣工面积，2009 年数据为根据 1～8 月同比增长率简单外推计算的近似值，数据来源于《中国统计年鉴》相关年卷及《中国统计月报》相关各期。

从图9－39及表9－5可知，短缺缺口主要集中于1989～1992年及2003～2008年，而过剩缺口主要集中于1985～1988年及1998～2002年。1985～1992年为缺口指数变动最剧烈的时期，各年缺口指数绝对值均在10%以上，其中1986年（23.66%）、1990年（－27.39%）、1991年（－25.55%）缺口指数绝对值在20%以上。1988～1989年缺口指数由15.93%到－11.11%，正负落差也达27.04%。1993年以后由于宏观调控作用缺口指数相对较小，1999年以后缺口指数有所增大，其中缺口指数较大的年份有1999年（15.22%）、2003年（－8.35%）、2004年（－9.94%）、2006年（－10.6%）、2007年（－7.77%）和2009年（18.28%）。值得注意的是，2009年改变了2003年以来持续的短缺缺口态势，第一次出现了较大比例的真实供求过剩缺口。

专题分析9－3　中国住房市场会重蹈20世纪日本的覆辙吗？

在20世纪80年代，基于日本人多地少及经济起飞的事实，很少有人认为日本的房价会大幅下跌。随着房价的不断上扬，1991年日本住房地价格指数达到1980年的2.08倍，1970年的5.87倍，其中6大都市的住房地价格指数1991年为1985年的2.69倍，1980年的3.53倍（见图9－40）。在3大都市圈中，东京区部住房地价格指数1988年为1985年的2.93倍（见图9－41）。有一个描述当时地价之高的形象说法是，1989年作为东京地标之一的东京帝国广场下面1平方英里土地的价格高于整个加利福尼亚州的土地总值，而一个东京都的土地总值相当于美国全国的土地总值。

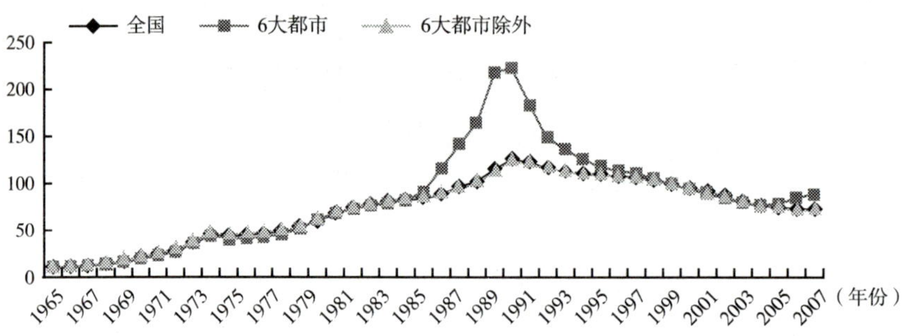

图9－40　日本城市住房地价格指数（2000年3月末＝100）

注：6大都市为东京区部、横滨、名古屋、京都、大阪和神户。

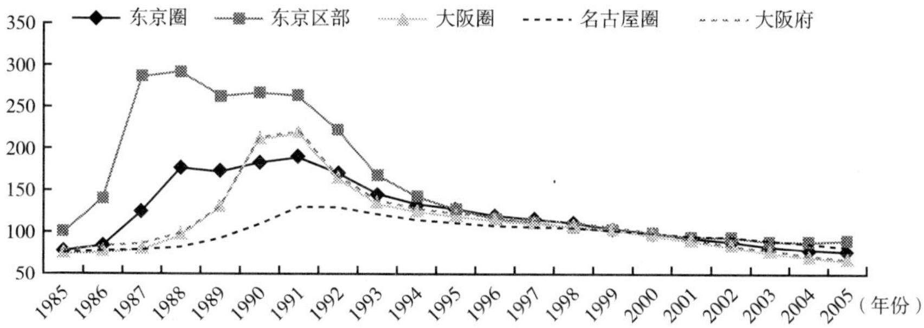

图9-41 日本3大都市圈城市住房地价格指数（2000年3月末=100）

资料来源：日本政府总务省统计局

但进入90年代以后，日本房地产泡沫开始破灭。日本住房地价格指数从1991年的126.1点一路跌至2008年的72.7点，跌去了42.35%。其中6大都市住房地价格指数的波动要远大于日本全国平均值，从1991年223.4点的高点到2005年77.6点的低点，共跌去了65.26%。在3大都市圈中，东京区部住房地价格指数从1988年294.4点的高点到2004年90.1点的低点，跌去了69.4%。伴随着房地产市场和股票市场泡沫的破灭，日本经济陷入衰退，整个90年代被称为“失去的十年”。

日本的经验表明：房价并非只涨不跌，而是具有非常强的波动性；并不是城市经济越发达、人口越多房价就越抗跌，东京区部房价的跌幅就居于三大都市圈之首，而6大都市房价的跌幅又要远高于日本全国跌幅。

对于我国未来房价是否会出现日本式的泡沫破灭过程，还存在一些争议。

有学者认为我国住房市场累积泡沫过大，正在重走日本的旧路。也有学者认为中国与日本市场不能进行简单的对比，而需要作进一步的分析。尽管在人多地少这一点上，中国与日本国情具有一定的相似性。但所不同的是，日本的房地产泡沫出现在城市化进程基本结束以后，城市人口相对稳定，房价累积泡沫过大而没有相应真实的需求作为支撑。此外，日本政府的挤泡沫政策也应为房价的大跌负较大责任。而中国的情况有所不同，一方面房价大涨出现于快速城市化的进程中，城市的人口规模具有不断膨胀的趋势，不断涌入的外来人口形成的刚性住房需求使得房价即使存在泡沫也不容易破灭；另一方面有日本经验为鉴，中国政府的政策手段也更为理性，一般不会去主动刺破泡沫。

但无论如何，泡沫越大，泡沫破灭的风险也越大。城市化进程会出现反复与波折，经济增长也存在周期性波动。保持房价的增长速度与收入增长的速度相适应，避免住房被过度投机炒作，是维持住房市场健康发展的关键。

四 政策建议

（一）近期市场调控政策回顾：由抑制房价过快上涨到促进住房投资、鼓励住房消费

金融危机对我国出口与就业都构成了较大的影响，为保障经济增长，2008年下半年，政府转变了原有的以抑制房价过快上涨为主的政策，先后出台了一系列扩大住房投资、促进住房交易及鼓励住房消费的政策。

在住房消费金融支持方面，将居民首次购买普通自住房和改善型普通自住房贷款利率的下限扩大为基准利率的0.7倍，最低首付款比例由30%下调为20%等。

在促进住房交易方面，将个人首次购买90平方米及以下普通住房的契税税率下调到1%，对个人销售或购买住房暂免征收印花税，对个人销售住房暂免征收土地增值税，将个人购买普通住房免征营业税的年限由5年下调为2年等。

在扩大住房投资方面，将保障性住房和普通商品住房项目的最低资本金比例调节为20%，其他房地产开发项目的最低资本金比例调整为30%。

但随着2009年上半年房价的突然大幅上涨，2009年6月，银监会重申要严格执行二套房贷的政策与标准，可看做是对2008年下半年以来政策的微调。①

2008～2009年出台的主要调控政策具体如表9－6所示。

① 按照目前二套房贷政策，按揭贷款首付不低于40%，利率在基准利率的基础上上浮10%，以家庭为二套房计算单位。

表 9－6　近期主要住房市场调控政策一览

颁布机构/规章名称	政策概要/颁布(实施)日期
中国银行业监督管理委员会《关于进一步加强按揭贷款风险管理的通知》(银监发[2009]59号)	坚持重点支持借款人购买首套自住住房的贷款需求,严格遵守第二套房贷的有关政策不动摇。要坚持贷款标准,严格借款人资格审查,审慎评估借款人风险,确定合理的贷款利率。不得以征信系统未联网、异地购房难调查等为由放弃“二套房贷”政策约束,不得自行解释“二套房贷”认定标准,不得以任何手段变相降低首付款的比例成数。 颁布(实施)日期:2009年6月19日
国务院《关于调整固定资产投资项目资本金比例的通知》(国发[2009]27号)	保障性住房和普通商品住房项目的最低资本金比例为20%,其他房地产开发项目的最低资本金比例为30%。 颁布(实施)日期:2009年5月25日
财政部、国家税务总局《关于个人住房转让营业税政策的通知》	自2009年1月1日至12月31日,个人将购买不足2年的非普通住房对外销售的,全额征收营业税;个人将购买超过2年(含2年)的非普通住房或者不足2年的普通住房对外销售的,按照其销售收入减去购买房屋的价款后的差额征收营业税;个人将购买超过2年(含2年)的普通住房对外销售的,免征营业税。 颁布(实施)日期:2008年12月29日(2009年1月1日)
国务院办公厅《关于促进房地产市场健康发展的若干意见》(国办发[2008]131号)	1. 在落实居民首次贷款购买普通自住房,享受贷款利率和首付款比例优惠政策的同时,对已贷款购买一套住房,但人均住房面积低于当地平均水平,再申请贷款购买第二套用于改善居住条件的普通自住房的居民,可比照执行首次贷款购买普通自住房的优惠政策。 2. 对其他贷款购买第二套及以上住房的,贷款利率等由商业银行在基准利率基础上按风险合理确定。 3. 将现行个人购买普通住房超过5年(含5年)转让免征营业税,改为超过2年(含2年)转让免征营业税;将个人购买普通住房不足2年转让的,由按其转让收入全额征收营业税,改为按其转让收入减去购买住房原价的差额征收营业税。 4. 将现行个人购买非普通住房超过5年(含5年)转让按其转让收入减去购买住房原价的差额征收营业税,改为超过2年(含2年)转让按其转让收入减去购买住房原价的差额征收营业税;个人购买非普通住房不足2年转让的,仍按其转让收入全额征收营业税。 5. 房地产开发企业要根据市场变化和需求,主动采取措施,以合理的价格促进商品住房销售。 6. 商业银行要根据信贷原则和监管要求,加大对中低价位、中小套型普通商品住房建设特别是在建项目的信贷支持力度;支持资信条件较好的企业经批准发行企业债券,开展房地产投资信托基金试点,拓宽直接融资渠道。 7. 取消城市房地产税。 颁布(实施)日期:2008年12月20日
财政部、国家税务总局《关于调整房地产交易环节税收政策的通知》(财税[2008]137号)	1. 对个人首次购买90平方米及以下普通住房的,契税税率暂统一下调到1%。 2. 对个人销售或购买住房暂免征收印花税。 3. 对个人销售住房暂免征收土地增值税。 颁布(实施)日期:2008年10月22日(2008年11月1日)
中国人民银行	自2008年10月27日起,商业性个人住房贷款利率的下限扩大为贷款基准利率的0.7倍;最低首付款比例调整为20%。 颁布(实施)日期:2008年10月22日(2008年10月27日)

（二）问题与挑战：单一模式助长供给垄断，投机需求挤压真实需求

1. 开发模式过于单一、供给存在空间垄断

从表面上看我国大小开发企业众多，单个企业的市场份额很小，但实际上在当前的单一开发模式下，开发企业的垄断势力很强。除了开发企业外，消费者缺乏其他有效的商品房供给渠道。而在消费者可选择的特定区域内，往往只有很少的开发企业开盘销售，价格共谋很容易达成。

2. 住房供给环节管制过多造成供给成本偏高

除了附加于供给环节的各种税费外，农地用途转换的限制、容积率管制以及将工业用地成本转嫁到住房用地上等都间接推高了住房供给的成本。

3. 投机需求旺盛造成市场供不应求和房价上涨过快，真实需求受到挤压

住房用地投机造成土地被大量囤积，抬高地价的同时造成住房供给不充分。商品住房投机使得商品住房供不应求，房价上涨过快，泡沫不断堆积。在供求紧张、价格高企的条件下，自住型购房者面临沉重的还款负担，改善型购房者也往往望价却步。

4. 租赁市场未能充分发挥住房存量优化配置作用

目前住房租赁市场存在的主要问题是租房者与自有住房者在子女入学等诸多权利上尚存在现实差异，住房租赁市场的相关法规与管理滞后，从而使住房消费者更偏爱于自购房，降低了住房存量的配置效率。

5. 调控政策一松就涨、一紧就死

目前调控政策粗糙，缺乏针对性，没有将真实需求、投机性需求等不同性质的需求很好地区别开来。对真实需求支持力度不够，对投机需求抑制不到位，没能逃脱一松就涨、一紧就死的循环。政策的制定与实施反而产生了房价波动的政策预期。

6. 经济增长对住房市场存在过度依赖

住房市场的繁荣虽可以带来大量就业机会，对政府财政收入也有很大贡献，但历史经验证明住房市场具有强的周期波动性，将国民经济与住房市场绑定存在潜在风险。

（三）政策建议：支持住房消费、抑制住房投机、提高住房供给效率

住房市场调控的基本政策目标包括促进经济增长和保障住房市场的平稳发展两方面。实现该目标的中间目标为“价稳量升”，即实现价格基本稳定、投资开发与销售量稳步增长。

根据存在的主要问题与政策目标，政策手段的着力点应为支持住房消费、抑制住房投机、提高住房供给效率。

1. 加大对住房消费的政策支持力度

2008 年下半年以来出台的住房税收减免优惠政策大多是临时性政策，对于自住型与改善型住房需求，可继续实施税收减免的优惠措施；对初次购房及中低收入者，可试行住房抵押贷款利息抵扣个人所得税政策；各地方政府可因地制宜地对自住型与改善型购房者给予户籍、教育、社会保障等方面的支持。

2. 增加住房投机成本，抑制住房投机行为

目前对期房交易中的虚假交易行为、投机炒作行为尚缺乏有效监管，炒作期房成本较低，应加强对期房转让的监管，通过征税方式提高期房炒作成本；囤地、炒卖地皮是推高房价的重要因素，应加大对住房建设用地二级市场的征税力度，对于以合作开发、转让公司股权等名义实现变相转让土地所有权行为应同样课以重税，以堵塞土地投机漏洞；适当延长二手房出售免征营业税年限，增加投机难度。

3. 增加住房供给，降低住房供给成本

顺应城市化潮流，采取更为灵活的住房土地供给政策，适度放宽重点城市的农地用途转换限制；与产业升级及经济转型相结合，压缩工业用地供给，增加住房用地供给，降低住房用地平均成本；放松容积率管制，更多地让市场决定住房用地的开发强度，通过资本与土地相互替代的方式实现土地利用效率的提高。

4. 完善开发体系，打破市场垄断

打破单一开发模式，借鉴美国等其他国家和地区的开发模式，培育代建、合作建房等多种形式的住房开发模式；适度划小地块出让，增加同一区域开发企业个数，降低住房市场空间垄断程度；限制大型国有企业进入住房开发市场，房地产业并非关系国民经济命脉的产业，大型国有企业进入后更易凭借其特殊地位与

优势强化垄断，排挤其他资本的进入。

5. 从长期看，还应着力完善住房租赁市场以提高住房存量的配置效率，并逐步降低国民经济对住房市场的依赖性

为培育和完善住房租赁市场，应加强对住房中介机构的管理，加大住房租赁市场法规制度建设，尽可能地保障租房者与自有住房者在公共事务或服务上享有同等的权利。在降低国民经济对住房市场的依赖性方面，中央政府应加大住房保障的投入与制度建设，地方政府也应积极培育土地财政之外的新的财政支柱。

第十章
土地市场

张清勇

一　2008~2009年土地市场分析

2008年，受国际金融危机的影响，中国宏观经济出现了放缓的迹象，造成失业率上升、收入下降的预期，居民消费意愿趋弱。在这样的宏观经济背景下，各种类型物业的销售面积出现了较大滑坡，加上房地产开发商资金紧缺等因素，不少地方土地市场热度下降，开发商购地热情大减，土地流拍、底价成交和开发商退地的现象频现，全国土地市场明显地进入了调整期。总体上看，2009年第1、2季度土地市场的热络程度不及2008年同期，但市场已呈现出回暖态势，北京、上海、广州、深圳等重点城市的土地交易活跃，甚至出现了“抢地”现象，总价“地王”和单价“地王”的纪录不断被刷新。监测显示，到2009年9月，全国土地市场交易活跃，住房用地成交量连续8个月呈增长态势，2009年前三个季度的累计成交量首次超过了上年同期水平，且成交总价普遍较高。

（一）土地市场的总体状况：由冷转热

我们可以通过对房地产开发企业本年购置土地面积、土地价格的变动、土地招实的状况、房地产开发企业的土地储备以及房地产开发企业本年完成开发土地面积等多项指标的考察来探讨土地市场的变化情况。为了捕捉2009年以来土地市场的新动态，发现其中可能已经出现的转折点，我们需要考察季度和月度数据。

1. 土地购置

2007年全国房地产开发企业共购置土地40245.8万平方米，2008年下降到了36785.4万平方米，下降了8.6%。如表10－1所示，总体上看，2009年第1～3季度土地市场的热络程度不及2008年同期。2009年第1季度全国房地产企业购置土地面积为2008年同期的60%；2009年第2季度全国房地产企业购置土地面积为2008年同期的84%；2009年前3个季度全国房地产企业购置土地面积为2008年同期的77.9%。不过，对照两个年份里的季度数据变化，会发现已经有了一些新的迹象。2009年第2季度全国房地产企业购置土地面积8902万平方米，比同年第1季度多了4160万平方米，增幅达88%；2009年第3季度全国房地产企业购置土地面积7807万平方米，比上一季度略少，但占上年同期的比例也已达到了87%。总计2009年前三个季度的数据，全国房地产企业共购置土地21451万平方米，为2008年同期的77.9%。

表10－1　2008年、2009年第1～3季度土地购置情况对比

单位：万平方米

时　间	全　国	北　京	天　津	上　海	重　庆
2008年第1季度	7922	111	41	48	211
2009年第1季度	4742	19	28	62	138
2009/2008	60%	17%	68%	130%	65%
2008年第2季度	10639	153	210	59	197
2009年第2季度	8902	67	146	31	186
2009/2008	84%	44%	70%	53%	94%
2008年前3季度	27537	—	—	—	—
2009年前3季度	21451	—	—	—	—
2009/2008	77.9%	—	—	—	—

资料来源：（1）根据中国经济统计数据查询与辅助决策系统提供的数据计算而得。（2）国家统计局：《前三季度全国房地产市场运行情况》，http：//www.stats.gov.cn/tjfx/jdfx/t20091015_402593418.htm。

2. 土地价格

在市场交易趋冷的情况下，2008年的土地价格虽仍有上涨，但涨幅已低于2007年。如图10－1所示，2008年全国土地交易价格指数为109.4，低于2007年的112.3。北京、重庆2008年的土地交易价格指数分别为111.6和102.6，稍稍高于2007年。天津2008年的土地交易价格指数为111.1，比2007年的122.1下降不少。上海2007年和2008年的土地交易价格指数持平，同为107.9。

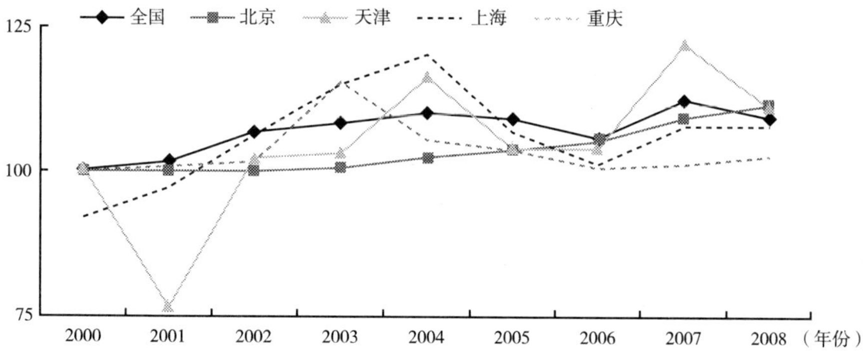

图 10－1　2000～2008 年全国及直辖市土地交易价格指数情况（上年＝100）

数据来源：中国经济统计数据查询与辅助决策系统。

另据国土资源部土地利用管理司、中国土地勘测规划院主持的城市地价动态监测系统发布的《2008 年全国主要城市地价状况分析报告》，2008 年全国总体地价水平虽然有所上升，但涨幅趋于平缓。如图 10－2 所示，全年全国主要城市总体综合地价为 2474 元/平方米，增长 0.47%；商业用地平均 4148 元/平方米，增长 0.96%；居住用地平均 3479 元/平方米，增长 0.22%；工业用地平均 607 元/平方米，增长 0.54%。35 个重点城市综合地价为 3273 元/平方米，增长 0.18%，与 2007 年 13.37% 的增长率相比，下降了 13.19 个百分点；商业用地平均 5118 元/平方米，增长 0.92%，增幅下降了 9.61 个百分点；居住用地 4625 元/平方米，增长 0.43%，增幅下降了 15.01 个百分点；工业用地平均 732 元/平

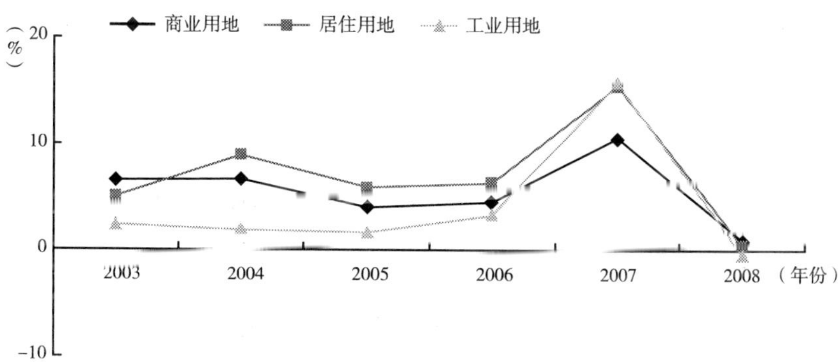

图 10－2　2003～2008 年全国商业、居住、工业用地价格增长率

资料来源：《2008 年全国主要城市地价状况分析报告》，http：//www.landvalue.com.cn。

方米，下降0.47%，增幅下降了16.24个百分点。商业、居住、工业用地平均地价的增长幅度为历年最低。全国105个监测城市中，九成城市的地价增长率低于上年；四成城市的地价增长率为负值，其中东南区的城市地价增长率下降幅度较大。

进入2009年以后，在土地交易较为热络的情况下，土地交易价格也有所上升，土地交易价格指数有些上扬。如表10－2所示，全国土地交易价格指数从2009年第1季度的101.5略提升到了101.6。四直辖市中，除北京的指数有所下降外，天津、上海扭转了2009年第1季度低于100的状况，土地交易价格指数分别为101.1和100.2，重庆则从100.3提升到了101.5。国家统计局2009年10月15日发布的数据显示，2009年第3季度全国70个大中城市土地交易价格同比上涨了4.7%。

表10－2　2009年第1～2季度全国及直辖市土地交易价格状况（上年＝100）

时　间	全　国	北　京	天　津	上　海	重　庆
2009年第1季度	101.5	108.2	96.5	99.4	100.3
2009年第2季度	101.6	103.8	101.1	100.2	101.5

数据来源：中国经济统计数据查询与辅助决策系统。

根据中国指数研究院《2009年上半年中国房地产市场形势分析和下半年预测》专题报告提供的数据，主要城市土地成交溢价水平（以当期所有成交地块的最终价格超出底价的倍数计算）明显高于2008年。如图10－3所示，从2008年至2009年上半年，北京、上海、广州、深圳、天津、武汉、重庆、南京、杭

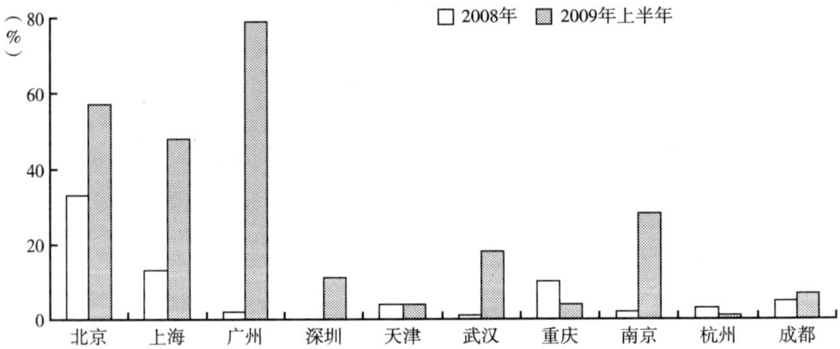

图10－3　2008年和2009年上半年主要城市土地成交溢价情况

资料来源：根据中国指数研究院《2009年上半年中国房地产市场形势分析和下半年预测》的数据整理。

州、成都等10个大城市中，北京土地成交溢价水平从33%提高到了57%，上海从13%提高到了48%，广州从2%提高到了79%，深圳从0提高到了11%，武汉从1%提高到了18%，南京从2%提高到了28%，增幅都较大；成都土地成交溢价水平从5%提高到了7%，略有上升；天津土地成交溢价水平保持不变，仍为4%；重庆和杭州的土地成交溢价水平略有下降，分别从10%和3%下降到了4%和1%。

3. 土地拍卖

能够反映土地市场冷热状况的一个重要指标是底价成交率和流拍率。根据中原地产的研究，2008年中国土地交易市场的重要特征之一就是底价成交和流拍，重点城市的土地流拍率普遍达到三成以上，底价成交率接近八成。如表10－3所示，北京、上海、广州、深圳、南京、杭州6个大城市中，2008年的土地流拍率远远高于2007年的状况；居住用地底价成交的情况也显著增多，广州成交的居住用地中，60%属于底价成交，而深圳底价成交的情况更达到了100%。一线城市中北京的流拍率最低，2008年流拍率为10%，主要原因是北京的土地供给一直处于紧缺状态，加上首都效应，土地交易表现坚挺，但也比2007年3%的流拍率高出了7个百分点。广州的流拍率最高，2008年前3个季度广州推出的居住用地有“70/90”的限制，土地出让有较多限制，造成大量土地流拍，流拍率高达48%，比2007年的2%高出了46个百分点。二、三线城市中位于长三角的杭州、南京的土地流拍率较低，中西部及东北地区城市的流拍率普遍较高。底价成交率上，南京超过九成，重庆达八成，沈阳过半。

表10－3　2007～2008年主要城市土地流拍和底价成交情况

单位：%

项目	土地流拍率		居住用地底价成交率	
	2007年	2008年	2007年	2008年
北京	3	10	12	29
上海	3	11	21	42
广州	2	48	—	60
深圳	20	31	—	100
南京	3	17	—	—
杭州	6	15	—	—

资料来源：根据中原地产研究中心2009年上半年度报告整理。

从单价和总价看，2009 年 6 月，全国居住用地成交总价 8 次被刷新，楼面地价 6 次被刷新，6 月份成为所谓的"地王月"。据报道，地块成交总价和楼面地价的不断刷新（见表 10－4），一方面和推出地块面积大、地段好等客观因素有关，另一方面和开发商资金实力增强、银行信贷放松、通胀预期加大、未来前景看好等因素有关。

表 10－4　近期全国主要城市的"地王"小汇

城市	交易日期	拿地企业	地块	总价(亿元)	楼面地价(元/m^2)
温州	4 月 7 日	温州城建等	温州长运集团地块	9	19607
沈阳	4 月 16 日	李光波	102 国道北地块	19.2	7007
大连	4 月 28 日	大连金赛置地	庙岭村红凌路两侧 7 宗地	37.5	2749
深圳	4 月 29 日	深圳尚模	平西路和爱心路交会处地块	8	2586
杭州	4 月 30 日	杭州上城区投控	杭州上城区南山路地块	7	4.6 万
佛山	5 月 21 日	万科	佛南挂 2009－015 地块	13.9	2412
北京	5 月 21 日	富力	广渠门外 10 号地	10.22	14000
宁波	6 月 1 日	雅戈尔置业	鄞州新城区联心－3C 地块	10.28	8707
深圳	6 月 2 日	深圳中洲宝城	宝城 26 区	26.1	6429
厦门	6 月 8 日	万科	湖边水库片区	18.3	9163
厦门	6 月 8 日	福州世茂新城	湖边水库观日西路地块	30.2	6670
广州	6 月 10 日	广州城建	珠江新城的 D8－C3 住房地块	3.45	15324
上海	6 月 11 日	上海朗华置业	长宁区周家桥街道 91 街坊	4.2	2.2 万
北京	6 月 25 日	北京祈连	通州九棵树大街居住项目用地	17.4	6264
重庆	6 月 25 日	江北嘴置业等	江北城组团 A 分区	20.2	2263
重庆	6 月 25 日	保利	大石坝组团 K 分区 5 地块	38.1	3040
常州	6 月 25 日	常州交通产业	常金大桥南侧 9 地块	32	1469
北京	6 月 26 日	成都中泽	北京奥运村乡地块	19.6	13171
北京	6 月 26 日	旭辉集团	大兴区黄村新城北区 23 号地	2.51	6353
北京	6 月 30 日	中化方兴	广渠路 15 号地	40.6	14494
重庆	7 月 1 日	保利	鸿恩寺地块	38.1	3040
北京	7 月 3 日	金地	大兴区黄村新城北区 16 号地	15.62	5665
北京	7 月 6 日	上海绿地	大兴区黄村 19 号、20 号地	30.25	6605
北京	7 月 6 日	保利	大兴区黄村新城北区 2 号地	16.3	7248
佛山	7 月 16 日	万科	佛陈公路潭洲村登州捆绑地块	21.5	3028
成都	7 月 24 日	保利	二环内美领事馆地块	12.2	3788
上海	7 月 23 日	金地	青浦区赵巷镇 10 号	30.48	14500
杭州	7 月 28 日	杭州滨江房产	江干区笕桥镇 23 号用地	13.95	9770
杭州	7 月 28 日	杭州滨江房产	江干区笕桥镇 24 号用地	13.95	9966

资料来源：根据网络公开资料整理。

专栏　对“地王”现象的一个评论

在2008年的短暂沉寂之后，2009年以来，各地土地市场风起云涌，开发商你争我夺，新的单价“地王”或总价“地王”频繁闪现。在北京，2009年5月21日，经过89轮激烈竞价，北京富力城以10.22亿元拿到了广渠门外10号地；6月25日，北京祈连经过125轮竞价，以17.4亿元拍得通州九棵树地块；6月26日，成都中泽以19.6亿元摘得奥运村乡地块；6月30日，经过97轮的叫价，中化方兴以40.6亿元竞得广渠路15号地；7月初，金地、绿地、保利又分别以15.62亿元、30.25亿元和16.3亿元拿下了大兴区黄村的地块，将地王争霸战的战火引向了郊区。在北京以外，绿地以9.6亿元和12亿元拿下上海松江区辰花路15号B地块和徐汇斜土街道107街坊，中洲宝城以26.1亿元夺得深圳宝安捆绑出让的3宗地，雅戈尔以10.28亿元拍得宁波鄞州新城区联心—3C地块，保利以38.1亿元取得了重庆鸿恩寺地块，广州、大连、苏州、杭州、温州、佛山等地也纷纷“城头变换大王旗”。仿赵瓯北《论诗》绝句，真可谓“楼市月有地王出，各领噱头数十天”。

对于此番你方唱罢我登场的“地王现象”，一些媒体以“地王，又是地王!”、“地王狂飙”、“地王频现”等颇具火药味的标题予以热烈报道，不少评论家、学者对此则忧心忡忡，多持批评态度。有的称不断涌现的“地王”是“一个邪恶的魔咒”，担心“面粉比面包贵”会营造出浓浓的涨价氛围，提高人们对房价的预期，直接带来房价上涨的后果；有的说“地王现象”的背后是开发商拉上股市和银行在豪赌，严重加大了股市和金融系统的风险；有的批评地方政府急功近利、不负责任，为了财政收入而在其中推波助澜，砸碎了无数人的买房梦；有的认为“地王”的不断出现预示着楼市蕴藏着巨大的泡沫风险，大量保增长的信贷资金流向楼市而没有进入实体经济，可能会毁掉中国经济复苏的步伐……

不过，要是能够从不同的角度来看“地王”现象，或许会得出一些不一样的见解。

其实，“地王”现象并不新鲜，只要有土地市场，伴随着经济发展，“地王”总会不断涌现。1992年10月28日，深圳市政府将位于深南中路、宝安南路与解放中路交会的“黄金三角”、被地产界誉为投资的“地中之王”向国内外企业公开拍卖，熊谷组（香港）有限公司、深业（集团）有限公司以1.4亿美元中标，创下了当时深圳的地价之王，“地王”由此得名。“地王”之名足够耸动，给人的印象足够深刻，乃至人们将该地块上建成的摩天大楼直呼作“地王大厦”，而忘却了它的全称是“信兴广场深圳地王商业中心”。就像当初人们在热议地王大厦的同时便把80年代深圳以“三天一层”的建设速度和54层、160米建筑高度雄踞当时全国高层建筑之冠的国贸大厦轻易淡忘一样，1.4亿美元与之后深圳屡屡爆出的“新地王”简直就是小巫见大巫，不再引起人们的惊奇。所以，“新地王”不断涌现是正常现象，长时间不出现才是反常，而何时出现最多只是个时间问题，不必大惊小怪。

再说土地拍出了个好价钱，应该也不是什么坏事情。按照中华人民共和国宪法，社会主义制度是中华人民共和国的根本制度，城市的土地属于国家所有，而中华人民共和国的一切权力属于人民；按照中华人民共和国土地管理法，国家所有土地的所有权由国务院代表国家行使，国务院土地行政主管部门统一负责全国土地的管理和监督工作。所以，如果没有理解错的话，城市土地属于人民，其所有权由国务院代表国家行使，土地行政主管部门负责土地的管理和监督。因此，在土地市场上，土地行政主管部门必须为全体人民做好土地的保值、增值工作，努力把土地拍出个好价钱。各位看官，难道你忘了你是当家做主的人了？不要担心土地管理局把土地价钱拍上去了，要担心的是有些家伙拿公家财物来私相授受、暗地里把土地打折出让给了关系户、行贿者。所以，我以为土地价钱拍上去了是好事，拍低了才有问题，才是真正需要担心的。当然，人们对于“地王”现象的种种担心，或许有一定的道理，只是笔者认为——

一方面，在天价地块上面建成的高档住房、商铺，是面向高收入者而不是面向普通购房者的，如果政府在获取大量土地出让收入之后能够拿出其中的一大部分用于保障性住房的建设，那么，“地王”屡现对市场的影响不一定会有想象的那么大，甚至还可能对普通购房者有好处。也就是说，政府在取得大量土地收入的同时，要营造与高档住房相区隔的中低价位住房市场，为广大群众提供更多购买中低价位住房的可能性，让广大群众有不参与赌局、购买或承租非高档住房的众多选择——政府手里攥着大把土地和银子，连这一点都做不到说不过去吧？

另一方面，作为市场主体，开发商、股票投资者、银行都要为自己的行为担风险、负责任，如果自己的投资失利了，就要为之付出代价，受到惩罚。积极投身本轮“地王”争霸战的众多央企、国企也必须为自己的投资行为负责，而专门负责监督股市、银行、国企的各家委员会也要担负起各自的职责，仔细评估和监督旗下企业的用钱行为。

那么，我们最应该担心的是什么？既然拍卖“地王”得到的那些钱都是人民的，就应当管好并用之于民。土地管理部门、财政部门必须将土地出让的收支详详细细公之于众。包括媒体、评论家、参政议政的代表委员、学者、各部门公职人员在内的广大人民群众，要盯紧土地和财政部门，要求他们不仅要把招标、拍卖所得的钱弄得一清二楚，而且要把土地从征收到出让过程中的每一分收支都弄明白，管好、用好那些钱——

比如，有些家伙常常在土地出让之前把土地的一级开发交给关系户做，虚报成本，这要反对；有些家伙有时候还会把招标、拍卖的底细泄露给有关系的开发商，玩串标之类的把戏，这些招投标、拍卖过程中的猫腻也要反对；很多时候土地出让收入没有纳入预算管理，甚至成了体制外收入，收支都是糊涂账，这更要反对。

再如，原本土地出让收入没有明确规定要用于保障性住房的建设，后来规定要将土地出让净收益的一定比例用于廉租住房建设，具体按照当年实际收取的土地出让总价款扣除实际支付的征地补偿费、拆迁补助费、土地开发费、计提用于农业土地开发的资金以及土地出让业务费后余额的5%左右核定。那么，就要监督这项政策是否实实在在落实了，要去追究5%以外的收入又是怎样支配的，追问它是否用之于民、是否可以大多数用于保障性住房的建设。

如果土地真的是人民的土地，不妨让“地王现象”来得更猛烈些吧！

4. 土地开发

如图10－4所示，2007年全国房地产开发企业共完成土地开发27566.2万平方米，2008年下降到了26033.3万平方米，下降了5.56%。可见，2008年全国土地市场的状况与2007年相比，平静了不少。

如图10－5所示，国房景气指数中的全国房地产土地开发面积指数，在2008年全年都低于100，且逐月下降，从1月份的99.78下降到了12月份的93.47，接近于1999年1月以来的历史最低点。

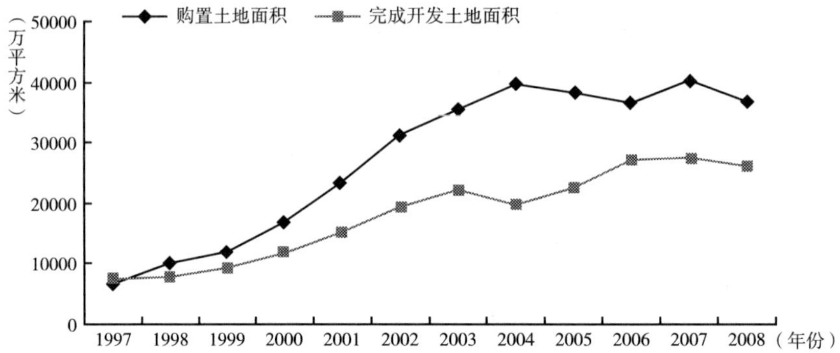

图 10－4　1997～2008 年全国房地产开发企业土地购置及开发情况

数据来源：中国经济统计数据查询与辅助决策系统。

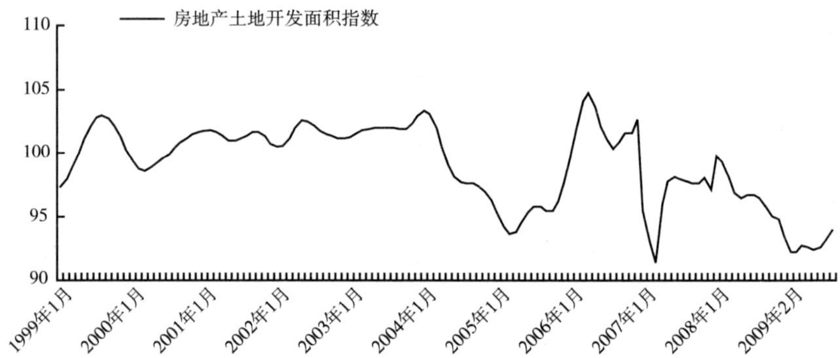

图 10－5　1999 年 1 月～2008 年 12 月全国房地产土地开发面积指数

数据来源：中国经济统计数据查询与辅助决策系统。

如表 10－5 所示，2009 年全国房地产企业完成开发土地面积少于 2008 年。2009 年第 1 季度全国房地产企业完成土地开发面积为 2008 年同期的 89%；2009 年第 2 季度全国房地产企业完成土地开发面积为 2008 年同期的 82%。合计 2009 年前 3 个季度全国房地产企业共完成土地开发面积 16706 万平方米，提高到了 2008 年同期的 93.4%。从中我们可以看出 2009 年前 3 个季度的变化态势，即土地开发的速度逐渐有所回升。这一态势也从全国房地产土地开发面积指数上显示了出来。如图 10－5 所示，全国房地产土地开发面积指数在 2009 年 3 月达到近年最低点 92.2 点以后，在后来的几个月份里出现了一定程度的回升，到 2009 年 9 月回升到了 93.93 点。

表 10-5　2008 年和 2009 年前 3 季度全国完成土地开发面积对比

单位：万平方米

时　间	全　国	北　京	天　津	上　海	重　庆
2008 年第 1 季度	5890	19	228	45	196
2009 年第 1 季度	5223	8	150	52	371
2009/2008	89%	42%	66%	116%	190%
2008 年第 2 季度	7088	49	118	45	128
2009 年第 2 季度	5787	52	73	3	231
2009/2008	82%	106%	62%	7%	180%
2008 年前 3 季度	17887	—	—	—	—
2009 年前 3 季度	16706	—	—	—	—
2009/2008	93.4%	—	—	—	—

资料来源：（1）根据中国经济统计数据查询与辅助决策系统提供的数据计算而得。（2）国家统计局：《前三季度全国房地产市场运行情况》，http://www.stats.gov.cn/tjfx/jdfx/t20091015_402593418.htm。

5. 土地储备

如图 10-6 所示，与全国房地产开发企业购置土地力度下降的态势相一致，与前些年份相比，2008 年中国房地产百强企业的土地储备量也减少了不少。2008 年中国房地产百强企业的土地储备量仅为 36785.4 万平方米，比 2007 年下降了 3460.4 万平方米。

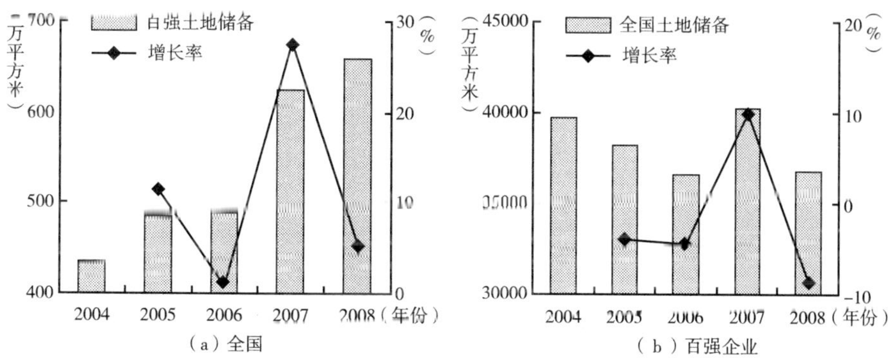

图 10-6　2004～2008 年全国和百强企业土地储备状况

资料来源：中国经济统计数据查询与辅助决策系统、《2009 中国房地产百强企业研究报告》。

进入2009年以后，部分实力强大的房地产企业加大了土地储备的步伐。2009年8月5日，搜房网发布《2009上半年中国房企土地储备排行榜》指出，截至2009年6月底，包括恒大、世贸、保利、富力、万科等在内的10家房地产企业的土地储备总量已经超过3亿平方米，几乎相当于全国全年房地产开发规模的一半；榜单前10强企业的储地规模都在2000万平方米以上。如表10－6所示，据不完全统计，2009年上半年万科等知名房地产开发企业新增的土地储备面积超过了1400万平方米，其中万科、保利、上海绿地、碧桂园新增的土地储备面积都超过100万平方米，分别为414.6万、254万、233万、103.8万平方米。

表10－6　部分房地产企业土地储备调查数据

房企名称	最新土地储备数据	2009年新增土地储备	公司性质	总部所在地
碧桂园	4610万平方米	103.8万平方米	上市公司/民企	佛山
恒大地产	4600万平方米	0.36万平方米	未上市/民企	广州
上海绿地	4233万平方米	233万平方米	未上市/国资背景	上海
雅居乐	2970万平方米	0万平方米	上市公司/民企	广东
世茂	2640万平方米	45.27万平方米	上市公司/港资	香港
广州富力	2620万平方米	59.25万平方米	上市公司/民企	广东
保利	2600万平方米	254万平方米	上市公司/国资背景	广州
绿城	2544万平方米	超过80万平方米	上市公司/民企	杭州
中海	2400万平方米	—	上市公司/国资背景	香港、深圳
合生创展	2362万平方米	—	上市公司/民企	北京
华润置地	2240万平方米	—	上市公司/国资背景	北京
万科	2079万平方米	414.6万平方米	上市公司/民企	深圳
瑞安房地产	1380万平方米	—	上市公司/民企	上海
远洋地产	1260万平方米	—	上市公司/国资背景	北京
金地	1120万平方米	72.9万平方米	上市公司/国资背景	广东
招商局地产	1100万平方米	5.7万平方米	上市公司/国资背景	香港
首创置地	870万平方米	3.14万平方米	上市公司/国资背景	北京
北京万通	348.3万平方米	53.3万平方米	上市公司/民企	北京
北京金隅	233万平方米	超过50万平方米	上市公司/国资背景	北京
SOHO中国	120万平方米	—	上市公司/民企	北京
龙湖集团	—	22.5万平方米	未上市/民企	北京

资料来源：《中国房企土地储备调查（2009年上半年）》，http://xz.soufun.com/zt/200908/tdcb20091.html。

6. 四大直辖市的土地市场概况

北京、天津、上海、重庆4个直辖市的土地市场状况也大致与全国的总体趋势一致。如图10－7所示，北京土地市场显得比较活跃，2008年房地产企业购置土地面积和完成开发土地面积都超过了2007年，其中购置土地面积比2007年多431.9万平方米，增长了110.32%，本年完成开发土地面积比2007年多102.8万平方米，只增长了41.33%。天津2008年房地产企业购置土地面积和完成开发土地面积都少于2007年，其中购置土地面积比2007年少407.5万平方米，减少了44.28%，完成开发土地面积比2007年少261万平方米，减少了21.53%。上海2008年房地产企业购置土地面积比2007年多130.1万平方米，增加92.01%，但完成开发土地面积比2007年少13.7万平方米，减少了9.99%。重庆2008年房地产企业购置土地面积和完成开发土地面积也都少于2007年，其中购置土地面积比2007年少573.3万平方米，减少了32.99%，完成开发土地面积比2007年少217.4万平方米，减少了18.24%。

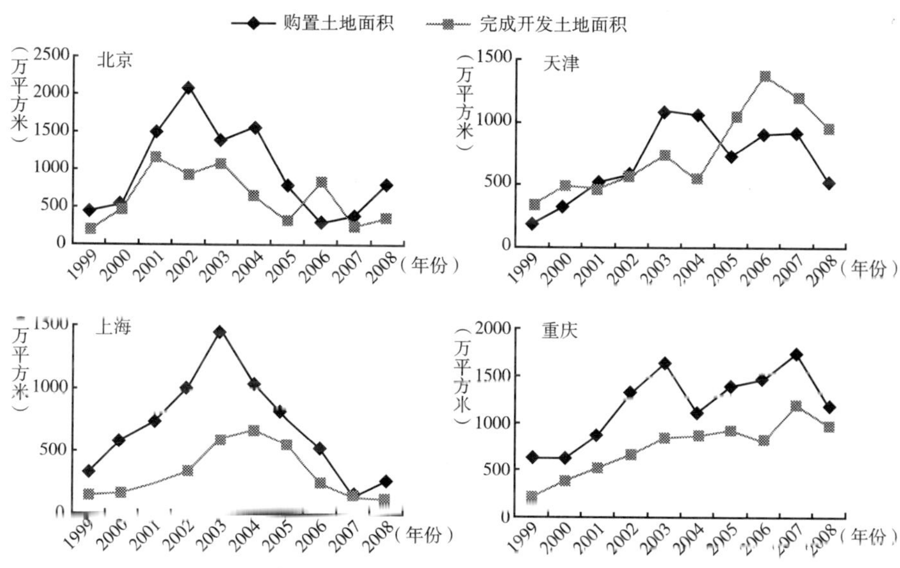

图10－7　1999～2008年直辖市房地产开发企业土地购置及开发情况

数据来源：中国经济统计数据查询与辅助决策系统。

进入2009年以后，与全国土地市场的发展态势相一致，四个直辖市的土地市场状况也有了一些新的迹象。对照2009年第1、2季度的数据变化，会发现土地的交易已经有了回暖的新迹象。这一态势在北京、天津、重庆三个直辖市比较明显。从第1到第2季度，北京购置的土地面积从19万平方米上升到了67万平方米，增幅达253%；天津的购置土地面积从28万平方米上升到了146万平方米，增幅达421%；重庆也从138万平方米上升到了186万平方米，增加了35%。四个直辖市中，只有上海的购置土地面积有所下降，降幅为50%。

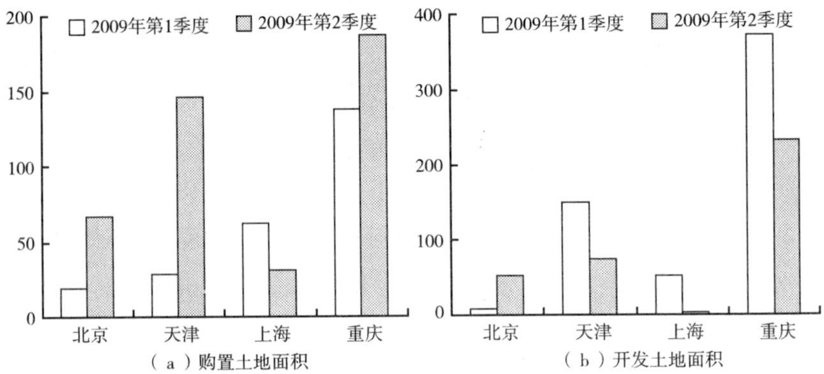

图10－8　2009年第1、2季度四直辖市土地购置和开发情况

资料来源：中国经济统计数据查询与辅助决策系统。

（二）居住用地的市场状况：交易呈活跃态势

全国居住用地市场在2008、2009年前后也出现了一次波折。如图10－9所

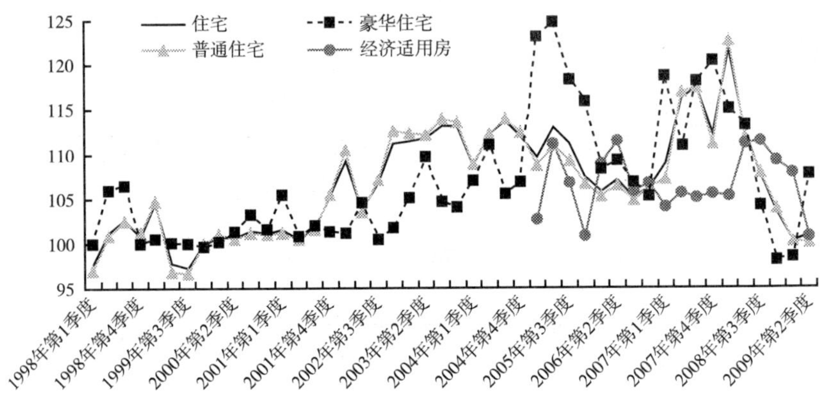

图10－9　各类住房用地价格指数的变动

数据来源：中国经济统计数据查询与辅助决策系统。

示，以上年价格为100的各类住房用地价格指数，在2008年都出现了一定程度的下探趋势：住房用地价格指数从2008年第1季度起开始下降，到2009年第2季度才有所回升；居民豪华住房用地交易价格指数从2007年第4季度起持续下降，在2008年第4季度和2009年第1季度还都降到100点以下，到2009年第2季度才又恢复至107.7点；居民普通住房用地交易价格指数也从2008年第1季度起持续下降，到2009年第2季度为100点；经济适用房用地价格指数有一定的波动，呈现先升后降的态势。总体上，在经历波折后，居住用地市场交易已经回暖，价格有所回升。

为考察土地市场可能对住房市场造成的影响，我们可以应用中原地产对北京、上海、广州、深圳、天津、重庆、成都、武汉、沈阳、长春、南京和杭州等12个城市的月度监测数据，来讨论居住用地市场的最新变化状况。如图10－10所示，2009年1～8月，12个监测城市的公告地块数量、地块面积、成交地块数量、成交地块面积都呈现出显著上升的态势。

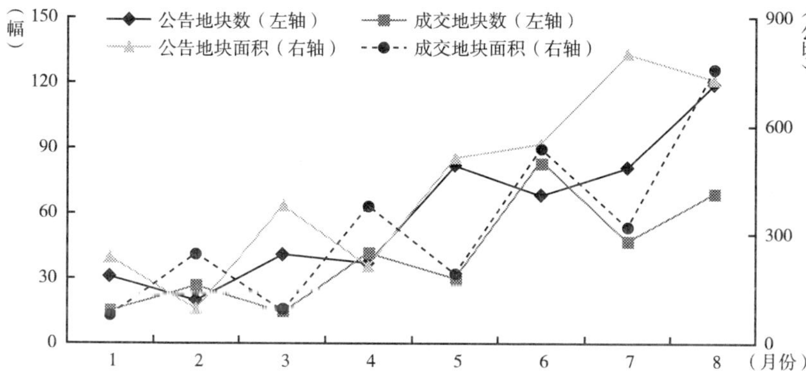

图10－10　2009年1～8月份12个监测城市居住用地公告及交易状况

资料来源：根据中原地产研究中心2009年1～8期《土地月报》整理。

如图10－11所示，2009年1～8月，12个监测城市的成交地块金额和成交楼面地价也都呈现上升态势，其中楼面地价一路走高，从2009年1月份的平均2092元/平方米拉高到了7月份的4125元/平方米，增幅达到了97.2%；到8月份，平均楼面地价下调到2157元/平方米。

另据中国指数研究院的测算，尽管北京、上海、广州、深圳、天津、武汉、重庆、南京、杭州、成都等10个主要城市中，有6个城市2009年上半年的土地

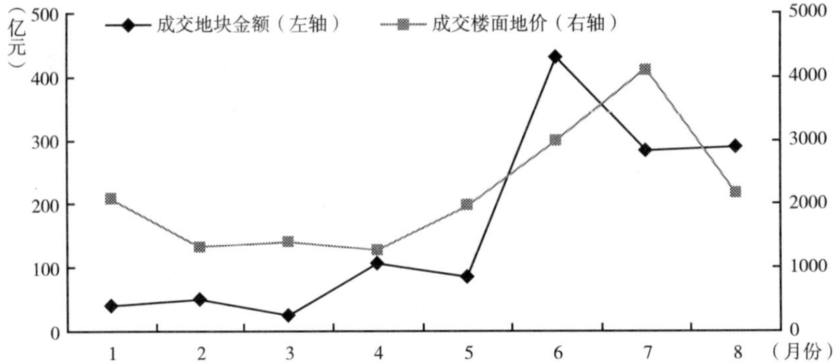

图 10-11　2009 年 1~8 月份 12 个监测城市居住用地成交状况

资料来源：根据中原地产研究中心 2009 年 1~8 期《土地月报》整理。

成交面积（指规划用途为住房或含住房的综合类用地的规划建筑面积）低于上年同期，如北京、广州较上年同期分别下降 36.3% 和 33.1%，深圳、南京分别下降 57.4% 和 70.5%。但从 6 月份的成交面积来看，最近的发展态势令人吃惊。2009 年 6 月份，北京的土地成交面积高达 238 万平方米，超出 1~5 月份的累计值；南京 1~5 月份的成交面积仅为 32.5 万平方米，6 月份却达到了 33 万平方米，与前 5 个月的总成交面积基本持平；重庆 6 月份的土地成交面积高达 671 万平方米，是 1~5 月份土地成交量的 4.6 倍；广州、深圳 6 月份的土地成交面积也超过了 1~5 月份的总成交面积。在厦门，2009 年 6 月 8 日土地拍卖会上成交土地的总价达到了 97.9867 亿元，是该市 2008 年全年成交额的 2.3 倍。另外，2009 年上半年，前述 10 个主要城市的土地成交溢价水平也明显上升，除天津外均高于 2008 年水平。其中，北京、广州的溢价比例超过 50%，分别为 57% 和 79%，上海为 48%，而三城市上年全年的溢价比例分别为 33%、2%、13%。

最新的数据显示，2009 年前 3 个季度，全国住房用地成交量连续 8 个月呈增长态势，前 3 个季度累计成交量首次超过上年同期水平。前述 10 个重点城市中，除广州、重庆、深圳之外，其余 7 个城市的住房用地累计供给量都超过上年同期水平。从供给情况来看，9 月份的土地供给量止跌反弹。全国 60 个重点城市共推出 913 宗土地，环比增加 10%，同比增加 74%；推出的土地达到了 4314 万平方米，环比增加 6%，同比增加 97%。其中，推出住房类用地（含住房用地及包含住房用地的综合性用地）355 宗，环比增加 17%，同比增加 94%；推出土地面积238万平方米，环比增加30%，同比增加146%。从成交情况看，9月份土地市场交易活跃。全国60个重点城市共成交土地650宗，环比增加3%，同比增加169%；成交土地面积2854万平方米，环比减少20%，同比增加97%。其中，住房用地成交298宗，环比增加11%，同比增加247%；成交土地面积1784万平方米，环比减少6%，同比猛增269%。从成交价格看，9月住房用地楼面价格大幅上涨。据统计，9月住房用地平均楼面地价为2691元/平方米，环比上涨37%（王晔彪，2009）。

1. 北京

北京市居住用地的推出和交易比较活跃。如表10－7所示，北京市2009年1～8月份共公告居住用地59幅，面积为449公顷，成交地块54幅，成交面积为350公顷，成交金额达到了305.67亿元，楼面地价呈现提升态势，7月份的成交楼面地价为5555元/平方米，8月份下调为3298元/平方米。[①]

表10－7　2009年1～8月北京市居住用地数据概览

项　目	1月	2月	3月	4月	5月	6月	7月	8月
公告地块数量(幅)	2	5	4	10	21	2	9	6
公告地块面积(公顷)	1	22	19	82	151	47	54	73
成交地块数量(幅)	0	2	3	3	11	18	7	8
成交地块面积(公顷)	0	1	16	17	82	107	61	66
成交地块金额(亿元)	0	3	2.66	6.11	42.5	127	81.3	43.1
成交楼面地价(元/平方米)	—	9777	2854	1711	2511	3335	5555	3298

资料来源：根据中原地产研究中心2009年1～8期《土地月报》整理。

从土地流标和成交状况来看，如表10－8所示，2008年北京市居住用地流标率为12%，2009年上半年下降到了5%，2009年7月份进一步下降为0，2009年7月份，北京市成交的7块居住用地没有以底价成交的，且溢价超过100%的占到了57%。如图10－12所示，与2008年相比，2009年上半年北京市居住用

① 2月份成交楼面地价达到了9777元/平方米，是因为成交的两幅地都位于三环以内，其中西城区德外居住项目楼面地价约为13300元/平方米，附近楼盘大多在2万元/平方米以上，且周边不乏均价为4.8万元/平方米的楼盘；另一幅位于丰台区的地块楼面地价约为6200元/平方米，周边二手房都在1.1万元/平方米以上。

地成交的溢价水平显著提高，平均溢价水平达到了60%。合计2009年1~8月的数据，2009年1~8月北京市居住用地的流标率为7%，比2008年的12%有所下降。

表10-8　2007~2009年北京市居住用地成交情况

单位：%

类　别	流标率	成　交			
		底价成交	溢价0~50%	溢价50%~100%	溢价>100%
2007年	0	12	50	12	26
2008年	12	29	45	5	21
2009年上半年	5	35	30	16	19
2009年7月	0	0	—	—	57
2009年1~8月	7	—	—	—	—

注：流标率=1-（成交土地幅数/推出土地幅数）；流标包括无人应标、摘牌及叫价、政府撤回及成交情况不明。下同。

资料来源：根据中原地产研究中心2009年上半年度报告和第7、8期《土地月报》整理。

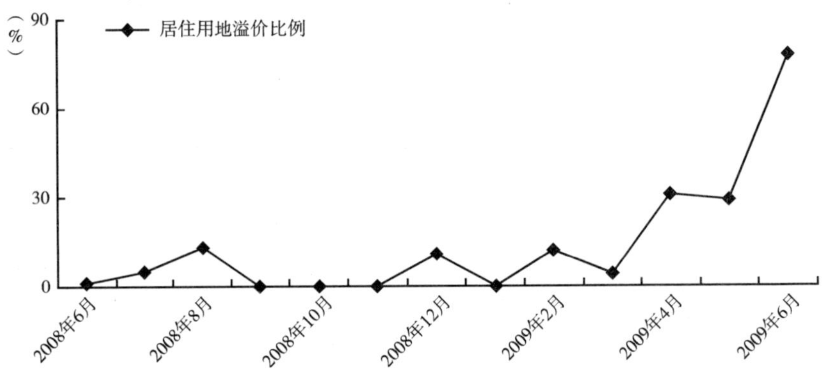

图10-12　2008年6月~2009年6月北京居住用地成交溢价状况

资料来源：根据中国指数研究院2009年上半年中国60个城市土地市场交易情报整理。

2. 上海

如表10-9所示，上海市2009年1~8月份共公告居住用地52幅，面积为390.6公顷，成交地块30幅，成交面积为228.9公顷，成交金额达到了163.82亿元，楼面地价呈现提升态势，7月份的成交楼面地价为12191元/平方米，8月份下调为5349元/平方米。

表 10－9　2009 年 1～8 月上海市居住用地数据概览

项　目	1 月	2 月	3 月	4 月	5 月	6 月	7 月	8 月
公告地块数量(幅)	3	0	11	3	4	3	7	21
公告地块面积(公顷)	26.6	0	76	13	20	25	71	159
成交地块数量(幅)	1	2	1	8	6	5	3	4
成交地块面积(公顷)	7.9	12	15	50	38	29	25	52
成交地块金额(亿元)	21.7	0.89	2.13	22.7	16.9	19.4	34.1	46
成交楼面地价(元/平方米)	11501	548	1425	3539	2477	3991	12191	5349

资料来源：根据中原地产研究中心 2009 年 1～8 期《土地月报》整理。

从土地流标和成交状况来看，如表 10－10 所示，2008 年上海市居住用地流标率高达 20%，2009 年上半年和 2009 年 7 月份均为 0；2008 年上海市以底价成交的地块占到了 42%，2009 年上半年下降到了 35%，2009 年 7 月份进一步下降到了 0；2009 年 7 月份成交的 3 块居住用地没有以底价成交的，且溢价都超过 100%。合计 2009 年 1～8 月的数据，2009 年 1～8 月上海市居住用地的流标率为 0，比 2008 年的 20% 下降了许多，甚至低于 2007 年 2% 的水平。

表 10－10　2007～2009 年上海市居住用地成交情况

单位：%

类　别	流标率	成　交			
		底价成交	溢价 0～50%	溢价 50%～100%	溢价 >100%
2007 年	2	21	20	20	39
2008 年	20	42	42	17	0
2009 年上半年	0	35	26	22	17
2009 年 7 月	0	0	0	0	100
2009 年 1～8 月	0	—	—	—	—

资料来源：根据中原地产研究中心 2009 年上半年度报告和第 7、8 期《土地月报》整理。

3. 广州

在广州，如表 10－11 所示，2009 年 1～8 月份共公告居住用地 14 幅，面积为 54 公顷，成交地块 12 幅，成交面积为 52 公顷，成交金额达到了 37.82 亿元，楼面地价呈现提升态势，7 月份的成交楼面地价为 5955 元/平方米，8 月份调整为 2599 元/平方米。

表 10-11　2009 年 1~8 月广州市居住用地数据概览

项　目	1月	2月	3月	4月	5月	6月	7月	8月
公告地块数量(幅)	0	0	0	1	2	4	5	2
公告地块面积(公顷)	0	0	0	1	5	10	36	2
成交地块数量(幅)	0	0	0	0	1	2	4	5
成交地块面积(公顷)	0	0	0	0	1	5	10	36
成交地块金额(亿元)	0	0	0	0	3.18	4.39	16.15	14.1
成交楼面地价(元/平方米)	—	—	—	—	5910	3749	5955	2599

资料来源：根据中原地产研究中心 2009 年 1~8 期《土地月报》整理。

从土地流标和成交状况来看，如表 10-12 所示，2008 年广州市居住用地流标率为 20%，2009 年上半年和 2009 年 7 月份均为 0；2008 年广州市以底价成交的地块占到了 60%，2009 年上半年下降到了 33%，33% 的地块溢价幅度在50% ~100% 之间，另有 33% 的地块溢价超过了 100%；2009 年 7 月份成交的 4 块居住用地也没有以底价成交的。合计 2009 年 1~8 月的数据，2009 年 1~8 月广州市居住用地的流标率为 0，比 2008 年的 20% 有了明显的变化。

表 10-12　2008~2009 年广州市居住用地成交情况

单位：%

类　别	流标率	成　交			
		底价成交	溢价 0~50%	溢价 50% ~100%	溢价 >100%
2008 年	20	60	35	0	5
2009 年上半年	0	33	0	33	33
2009 年 7 月	0	0	—	—	—
2009 年 1~8 月	0	—	—	—	—

资料来源：根据中原地产研究中心 2009 年上半年度报告和第 7、8 期《土地月报》整理。

4. 深圳

如表 10-13 所示，2009 年 1~8 月份深圳市共公告居住用地 12 幅，面积为 53 公顷，成交地块 8 幅，成交面积为 33 公顷，成交金额达到了 45.1 亿元，楼面地价呈现提升态势，6 月份的成交楼面地价为 4736 元/平方米，8 月份进一步提高到 6613 元/平方米。

表 10－13　2009 年 1～8 月深圳市居住用地数据概览

项　目	1 月	2 月	3 月	4 月	5 月	6 月	7 月	8 月
公告地块数量（幅）	0	0	2	3	2	0	3	2
公告地块面积（公顷）	0	0	8	9	9	0	11	16
成交地块数量（幅）	0	0	0	2	0	4	0	2
成交地块面积（公顷）	0	0	0	8	0	16	0	9
成交地块金额（亿元）	—	0	0	8	0	25.1	0	12
成交楼面地价（元/平方米）	—	—	—	2586	—	4736	—	6613

资料来源：根据中原地产研究中心 2009 年 1～8 期《土地月报》整理。

从土地流标和成交状况来看，如表 10－14 所示，2008 年深圳市居住用地流标率高达 53%，2009 年上半年下降到 0；2008 年深圳市成交的居住用地均以底价成交，2009 年上半年以底价成交的地块只占 17%，33% 的地块溢价幅度在 0%～50% 之间，33% 的地块溢价幅度在 50%～100% 之间，另有 17% 的地块溢价超过了 100%。合计 2009 年 1～8 月的数据，2009 年 1～8 月深圳市居住用地的流标率为 0，与 2008 年的 53% 形成了鲜明的对比。

表 10－14　2008～2009 年深圳市居住用地成交情况

单位：%

年　份	流标率	成　交			
		底价成交	溢价 0～50%	溢价 50%～100%	溢价 >100%
2008 年	53	100	0	0	0
2009 年上半年	0	17	33	33	17
2009 年 1～8 月	0	—	—	—	—

资料来源：根据中原地产研究中心 2009 年上半年度报告和第 7、8 期《土地月报》整理。

5. 天津

在天津，如表 10－15 所示，2009 年 1～8 月份共公告居住用地 94 幅，面积为 1306 公顷，成交地块 76 幅，成交面积为 1189 公顷，成交金额达到了 246.82 亿元，楼面地价呈现提升态势，7 月份的成交楼面地价为 2383 元/平方米，8 月份调整为 1578 元/平方米。

6. 重庆

如表 10－16 所示，重庆 2009 年 1～8 月份共公告居住用地 57 幅，面积为 279

表 10-15 2009 年 1~8 月天津市居住用地数据概览

项 目	1月	2月	3月	4月	5月	6月	7月	8月
公告地块数量(幅)	11	7	13	7	15	9	20	12
公告地块面积(公顷)	157	48	241	64	159	108	479	50
成交地块数量(幅)	2	14	3	18	2	11	9	17
成交地块面积(公顷)	12	178	28	271	27	107	105	461
成交地块金额(亿元)	3.63	21.7	15.1	33.2	3.01	18.4	43.78	108
成交楼面地价(元/平方米)	1607	997	1891	821	1109	1020	2383	1578

资料来源：根据中原地产研究中心 2009 年 1~8 期《土地月报》整理。

公顷，成交地块 38 幅，成交面积为 237 公顷，成交金额达到了 133.03 亿元，楼面地价呈现提升态势，6 月份的成交楼面地价为 1868 元/平方米，8 月份调整为 985 元/平方米。

表 10-16 2009 年 1~8 月重庆市居住用地数据概览

项 目	1月	2月	3月	4月	5月	6月	7月	8月
公告地块数量(幅)	6	2	1	6	3	22	7	10
公告地块面积(公顷)	18	3	2	17	10	169	31	29
成交地块数量(幅)	0	5	0	1	3	21	0	8
成交地块面积(公顷)	0	20	0	1	15	171	0	30
成交地块金额(亿元)	0	6.8	0	0.49	5.49	114	0	6.25
成交楼面地价(元/平方米)	—	1179	—	1350	888	1868	—	985

资料来源：根据中原地产研究中心 2009 年 1~8 期《土地月报》整理。

二 2009~2010 年土地市场预测

(一) 基本结论

土地需求是一种引致需求，在宏观经济趋好、房地产业政策和信贷政策放宽、发展规划大量推出、地方政府出台大量优惠条件积极推地、房地产市场总体回暖的背景下，伴随着房地产开发商的乐观市场预期及其资金压力的缓解、购地能力和购地意愿的提升，下一阶段土地市场需求回升的态势应会得到延续。供给方面，由于地方政府追求土地收入，寄希望于通过房地产业拉动本地经济增长，以及完成土地供给计划的压力，下一阶段各地土地供给的力度应会进一步加大。在上述土地市场供给与需求两方面都趋升的力量作用下，土地市场的交易面积会有所增加，土地价格可能会出现一定程度的上升。

（二）主要理由

1. 宏观经济企稳向好势头日趋明显

根据中国人民银行发布的《中国货币政策执行报告（2009 年第二季度）》，2009 年上半年，在应对国际金融危机的一揽子经济刺激计划作用下，国民经济运行中的积极因素不断增多，企稳向好势头日趋明显，通缩预期明显缓解，通缩与衰退相互强化的风险及时得到遏制，上半年实现国内生产总值（GDP）14 万亿元，同比增长 7.1%，且下一阶段投资有望继续保持快速增长，消费有望继续保持平稳较快增长，有利于内需扩大和经济企稳向好的因素仍比较多。

2. 重大建设规划频繁出台

2008 年下半年以来，国家先后通过了一系列具有重大影响力的发展规划。2008 年 12 月，国务院审议并原则通过了《珠江三角洲地区改革发展规划纲要（2008 ~ 2020 年）》。2009 年 1 月，国务院批准《长株潭城市群“两型社会”建设改革试验总体方案》，5 月又批复了《成都市统筹城乡综合配套改革试验总体方案》和《重庆市统筹城乡综合配套改革试验总体方案》。2009 年 5 月以来，国务院又先后批复或通过《关于支持福建省加快建设海峡西岸经济区的若干意见》、《江苏沿海地区发展规划》、《横琴总体发展规划》、《关中—天水经济区发展规划》、《辽宁沿海经济带发展规划》、《促进中部地区崛起规划》。2009 年 5 月 18 日，北京、天津、河北规划部门在廊坊签订《关于建立京津冀两市一省城乡规划协调机制框架协议》，6 月 17 日《广佛肇经济圈建设合作框架协议》签署。另外，国务院发展研究中心 2008 年底披露在建、报批以及筹建城轨的各大城市名单，全国拥有轨道交通的城市将达 40 余座；截至 2009 年 6 月，28 个城市陆续上报了城市轨道交通建设规划，23 个城市的轨道交通建设规划得到了国家批准，计划至 2020 年前投资规模将超过 1 万亿元。这些新的规划、方案、意见、协议的通过和实施，会为区域房地产的发展提供不少机会。而规划的实施需要大量的资金配套，出让土地很可能成为各级政府筹资的重要途径。

3. 房地产市场趋向活跃

根据中国人民银行货币政策分析小组的《中国货币政策执行报告（2009 年第二季度）》，2009 年上半年全国商品房销售迅速增长，全国商品房累计销售额为 1.6 万亿元，同比增长 53%，比第 1 季度加快 29.9 个百分点；房地产开发投资增速逐步提高，上半年全国完成 1.5 万亿元，同比增长 9.9%，比第 1 季度加快 5.8 个百分点；房价止跌回升，6 月份全国 70 个大中城市房屋销售价格同比上涨 0.2%，是自 2008 年 12 月以来的首次正增长，环比上涨 0.8%，涨幅比上月扩大 0.2 个百分点，连续 4 个月正增长；商业性房地产贷款余额新增较多，截至 6 月末，全国商业性房地产贷款余额为 6.21 万亿元，同比增长 18.8%，比上年同期低 3.7 个百分点，但比第 1 季度末高 6.1 个百分点。其中，房地产开发贷款余额为 2.35 万亿元，同比增长 20.5%，增速比第 1 季度末高 4.2 个百分点；购房贷款余额为 3.86 万亿元，同比增长 17.8%，增速比第 1 季度末高 7.2 个百分点。上半年商业性房地产贷款余额新增 8826 亿元，同比多增 4860 亿元。各主要城市新上市楼盘面积较上年同期下降或基本持平，但销售量明显增长，市场存量快速消化，可售量较 2008 年底大大减少。根据国家统计局综合司 2009 年 7 月 9 日发布的全国企业景气调查结果，第 2 季度全国企业景气指数为 115.9，比第 1 季度回升 10.3 点，其中房地产业企业景气回升明显。2008 年房地产业企业景气指数连续四个季度回落，2009 年第 1 季度继续回落并接近临界值，但到第 2 季度，房地产业企业景气指数明显提高，提高幅度达 18.7 点。房产市场的回暖势必会进一步提高开发商的购地热情。

4. 房地产金融支持力度加大

房地产企业的资金压力已经得到了缓解。2009 年以来，房地产开发资金中，国内贷款的增速加快，个人按揭贷款和定金及预收款止跌反弹，企业资金的两大来源（银行贷款和预售款）均保持增长，开发企业的资金压力已有所缓解。上半年，房地产业中长期贷款新增 3501 亿元，是上年全年房地产业中长期贷款增量的 1.5 倍。另外，一些品牌知名度较高的行业龙头企业通过获得银行大额授信、借壳上市、增发股票、发行债券等形式打通了融资渠道，增强了资金实力。房地产企业投资信心也有所恢复。根据国家统计局综合司 2009 年 7 月 9 日发布的全国企业景气调查结果，2009 年第 2 季度，企业家信心指数回升至 110.2，比第 1 季度提高 9.1 点，其中房地产业企业家信心指数回升至 116.7，比第 1 季度提升了26.7点，涨幅明显且高于其他行业。

5. 房地产业政策宽松有利

2009年4月29日，国务院常务会议决定降低商品住房等固定资产投资项目的资本金比例。2009年5月25日，国务院《关于调整固定资产投资项目资本金比例的通知》（国发〔2009〕27号）规定，保障性住房和普通商品住房项目的最低资本金比例为20%，其他房地产开发项目的最低资本金比例为30%。这是2004年4月国务院《关于调整部分行业固定资产投资项目资本金比例的通知》将房地产开发项目（不含经济适用房项目）的资本金比例由20%及以上提高到35%及以上之后的一次重大调整。资本金比例的降低有助于减少房地产企业的资金压力，会促使企业扩大土地储备。2009年8月5日，中国人民银行货币政策分析小组发布《中国货币政策执行报告（2009年第二季度）》提出将继续落实适度宽松的货币政策，突出强调要"落实好房地产信贷政策"。

6. 土地供给政策相当优惠

2008年，面对土地成交锐减的状况，许多地方的政府开始放宽土地出让限制，出台了分期支付土地款、降低首付比例，调整土地出让方式、降低底价，取消"70/90"限制、允许限价房配建普通商品房等"救市"政策措施。例如，2008年10月《杭州市人民政府关于促进杭州市房地产市场健康稳定发展的若干意见》规定，"放宽新出让地块地价款支付期限和比例。对新出让的经营性房地产用地，允许受让人在12个月内付清出让价款，对起价总额在5亿元以上或规模较大的地块，其出让价款支付期限最高可达18个月；允许自《出让合同》签订之日起10日内应缴的首付出让价款（定金）调整至出让价款总额的10%"。广州国土局从2008年10月开始逐步降低居住用地的出让条件，对部分地块取消了"70/90"的限制，并于11月宣布暂停限价房土地供给。10月25日沈阳市政府公布了所谓优化土地出让的8条新政策，包括改变供地方式、降低首付比例、适当提高容积率、降低滞纳金收取比例等。11月30日，长春市出台了《关于改善群众住房条件，促进房地产市场健康发展的实施意见》，要求适当缩小或分割出让地块规模，改主推拍卖方式为招标、拍卖、挂牌三种方式并用，并降低土地出让金首付款比例，规定可不超过50%，实行土地出让金分期付款办法，时限可放宽1年。

2009年以来，各地又继续出台了各类措施，刺激土地市场。例如，北京市

2009 年正式启用土地预出让制，适当延长部分地块企业缴纳土地出让金的期限，由原来的两个月延长至半年，允许外资使用外汇缴纳土地交易保证金，解决外商投资时碰到的保证金问题。广东省人民政府办公厅 2009 年 3 月《关于促进我省房地产市场平稳健康发展的若干意见》明确提出“支持房地产开发企业积极应对市场变化”，规定“对在 2008 年签订土地出让合同，确实无法按时缴纳土地出让价款的项目用地，由土地使用者申请并经当地市、县人民政府批准，可适当延长缴纳土地出让价款期限，延长时间原则上不超过 2 年”。2009 年 5 月《福建省人民政府关于进一步鼓励和扩大民间投资的若干意见（试行）》规定，“对新出让的土地，各地可将土地出让金全部付清的规定期限延长至 12 个月；对总价较高或规模较大的地块，其出让价款支付期限也可适当延长，最高限定 18 个月”。

另外，2009 年上半年各地的居住用地供给计划的完成情况并不是很好。如表 10－17 所示，除天津、武汉完成全年供给计划的 80% 和 55% 以外，其余几大城市的完成量都达不到 50%，北京只完成 31%，上海、重庆、深圳的完成量都达不到 25%，南京只完成 10%，广州只完成 4% ~6%，而长春只完成 3%。为完成全年供给计划，估计各城市将会在下一阶段更加积极地推出地块。

表 10－17　2009 年各地居住用地供给计划完成情况

城市	全年计划面积(公顷)	上半年完成面积(公顷)	完成百分比(%)
北京	1100	337	31
上海	750 ~900	169	19 ~23
广州	250 ~400	16	4 ~6
深圳	220	24	11
天津	970	778	80
重庆	1220	218	18
武汉	322	177	55
长春	958	30	3
南京	850	89	10

资料来源：根据中原地产研究中心 2009 年上半年度报告整理。

三　政策建议

在国际金融危机的效应仍在发挥、全球经济形势仍不太明朗的大背景下，

2009～2010年土地市场的监管政策要助力国民经济2009年“保八”和2010年经济平稳发展，要促进房地产市场健康发展，保障民生。针对前一段时间及目前土地市场监管中存在的突出问题，我们提出以下几项建议。

（一）建立和完善长期的土地供给制度

如前所述，2009年上半年许多城市土地供给计划的落实情况不尽如人意，9大城市中共有7个城市的供地完成量都达不到50%，6个城市的供地完成量达不到25%。许多城市在下一阶段将会集中、大量地推出地块。其中的错位可能会给市场造成极大的压力，也可能引发不当的预期。这里面可能既有供给计划的科学性、合理性问题，也可能有计划执行的问题。建议从土地供给总量、区位、时间安排和容积率等方面入手，制定合理、可行的土地供给制度，有规划、有步骤、有节奏地推出土地，让土地供给计划的执行能够平稳地满足市场和保障性住房建设的需要。在部署下一个年度土地供给计划的任务时，应要求各地合理安排，在报送、审核过程中进行监督。

（二）公开市场信息，加强舆情管理

公开、透明的市场信息对于传递价格信息、形成正常预期、防止信息误读和投机炒作等具有重要作用，也是做出正常的市场形势分析的必要条件。相对于部分媒体喜欢报道“天价”地块等极端的交易个案的情况，土地管理部门应该全面、真实、细致、公开地向各界发布土地市场的相关信息，披露市场的总体状况。对于个别城市、个别敏感地块的交易状况，应做详细的披露与实事求是的分析，避免市场盲目猜测而引发波动。短期内可以通过土地管理部门的官方网站或专门的交易网站发布所有的地块交易信息，呈现完整的市场状况；在出现异常的交易状况时，更要做好舆情管理，防止个别交易引发市场整体恐慌并引发预期的改变。

（三）公事公办，坚持长期、稳定的土地政策

在2007年及之前的年份里，不少房地产开发商高价拿地、屯地，在进入2008年之后遇到资金等方面的问题，而各地政府出台了大量救市措施，将原定的土地开发、土地出让金缴纳等方面的规定束之高阁，对开发商违反原定承诺的行为大开绿灯，将原本开发商应该承担的风险和代价转嫁给全社会。这对执行稳

定且长期的土地政策，维持正常、有信用的土地市场秩序，以及按正常程序实现企业优胜劣汰等，都造成了负面的影响。土地政策的制定要稳定、长期、可行，土地政策的执行要公开公正，不可朝令夕改。短期内可以对2008年以来出台的众多救市政策进行核查，对妨碍土地市场正常运作、可能加大市场风险的措施进行清理。

（四）加强土地供给的事后监督

要督促用地单位严格按照挂牌、拍卖、招标中确定的规划用途和建设指标进行开发建设，确保土地供给后项目及时开工，督促用地单位按照项目进度进行土地开发，防止供而未用、土地闲置以及囤积土地等行为。对于违反规定的，要及时予以清理，按照规定收取土地闲置费、收回土地使用权或督促照规使用、限期开发，通过对土地供给的事后严格监督来实现所供土地及时、有效地得到使用的目标。短期内要摸清已供土地的开发利用情况，形成土地开发进度动态监测的初步框架，对违反规定的地块进行严厉查处。

（五）做好土地收入的监督和管理

2009年以来，随着房地产市场的回暖，土地市场日渐活跃，不少城市的土地拍出了高价。土地是国有资产，土地收入归全体国民所有，理应用于广大人民群众。建议做好土地收入的监督和管理工作，公开土地从征用到出让过程中的各项开发成本及交易价格，以及土地价款所用何处，将土地收入的来龙去脉公之于众。政府通过出让土地获得了大量收入，要考虑将这部分收入的更大比例用于保障性住房的建设，或以房租补贴等其他形式资助有住房困难的低收入群体。短期内，要配合国家的《2009～2011年廉租住房保障规划》，采取有效措施，保证土地出让净收益用于廉租住房保障的比例不低于10%。

（六）确保落实保障性住房用地

长期以来，中央和各部委的通知、意见等都要求加大保障性住房用地的供给力度。如2005年建设部、国土资源部的《关于做好稳定住房价格工作的意见》要求“着重增加中低价位普通商品住房和经济适用住房建设用地供应量”，2007年国务院《关于解决城市低收入家庭住房困难的若干意见》详细规定了“落实解决城市低收入家庭住房困难的经济政策和建房用地”的条款，2008 年国务院办公厅《关于促进房地产市场健康发展的若干意见》也提出“地方各级人民政府要确保保障性住房建设用地供应”。但是，实际的效果几乎是“只闻楼梯响，不见人下楼”。建议土地管理部门把所说的“土地政策向民生领域倾斜”的承诺真正落实下来，在土地供给计划中对保障性住房用地予以优先安排，在用地指标中单独列出，通过合理规划有序配置保障性住房土地，以确保保障性住房用地的供给数量。短期内，要配合《2009～2011 年廉租住房保障规划》，有序、有步骤地落实土地供给。

第十一章
金融市场

高广春

对中国住房金融市场最基本的判断应该是中国的住房金融市场仍然是一个以信贷市场为绝对主导的市场。如同住房金融机构体系一样，中国住房金融市场之信贷市场主导的特点是与中国商业银行主导的住房金融体系紧密相关的。对于中国住房金融市场的未来走向，尽管有不少人乐观于市场融资主导的前景，但本期报告对此持审慎态度。本期报告认为，在短期内，中国住房金融市场将继续保持信贷市场主导的结构。

一 2008 年至 2009 年前三季度中国住房金融市场分析

2008 年至 2009 年 9 月间的中国住房金融市场在全球性金融危机的冲击下可以说是经历了一个起伏跌宕的过程，从 2008 年初的迅速萧条到 2009 年初的快速勃发，短短一年时间里，地狱般的折磨和天堂般的恩典恍惚就在一夜之间经历，一刹那间转换。此种颇富戏剧性的变化，促使我们不能不去关注住房金融市场的特点。

（一）总体市场结构：信贷市场主导地位明显，资本市场的作用略有弱化

表 11 -1 所示为中国统计局关于中国住房开发企业的资金来源结构，从直接金融和间接金融的角度看，该表所列中国住房开发企业资金来源结构大致可分为如下两种渠道，其一是来自以商业银行为主的间接金融渠道即信贷渠道，包括国内贷款和个人按揭贷款两项，这一渠道的比重在 2008 年是 28.4%，在 2009 年是

34.6%。其二是来自包括资本金、股票市场融资、债券融资、外商直接投资等在内的直接金融渠道。包括利用外资、自有资金等。这部分来源的比重在2008年是24.5%，在2009年是19.8%。剩余的几项中部分来自间接金融渠道，部分来自同消费者和建筑商等之间直接的债权债务关系。按照中国银监会、中国人民银行等权威机构的调查，在自筹资金、定金及预收款、各项应付款等项中，有大部分来自信贷渠道，这部分来自信贷渠道的资金在住房开发企业资金来源中的比重在30%左右。这部分以间接形式来自信贷渠道的资金和以直接方式（国内贷款和个人按揭贷款）来自信贷渠道的资金总计在住房开发企业资金来源中的占比大约在50%以上。从直接金融市场和间接金融市场市场的角度言之，住房开发企业所需资金中有50%以上来自间接金融市场，即信贷市场。而来自直接金融市场的资金则在这两年里维持在20%左右，其中2009年比2008年有所下降，下降幅度接近5个百分点。由此我们可以得出关于中国住房金融市场的总体结论：信贷市场的主导地位明显，资本市场的作用有所弱化。

表11－1　2008年以来中国住房开发企业资金来源结构

单位：%

2008年			2009年		
项　目	比　重		项　目	比　重	
	自年初累　计	上年同期		自年初累　计	上年同期
一　本年资金来源小计	100	100	一　本年资金来源小计	100	100
1. 国内贷款	19	18.7	1. 国内贷款	22.7	21.2
			其中：银行贷款	21.2	19.7
			非银行金融机构贷款	1.5	1.5
2. 利用外资	1.9	1.7	2. 利用外资	1	1.8
其中：外商直接投资	1.7	1.3	其中：外商直接投资	0.8	1.5
3. 自筹资金	39.5	31.4	3. 自筹资金	34.8	38.9
其中：自有资金	22.8	18.6	其中：自有资金	19	21.7
4. 其他资金来源	39.5	48.2	4. 其他资金来源	41.5	38.1
其中：定金及预收款	24.3	28.5	其中：定金及预收款	24.3	23.5
个人按揭贷款	9.4	13.6	个人按揭贷款	11.9	9
二　各项应付款合计			二　各项应付款合计		
其中：工程款			其中：工程款		

（二）间接住房金融市场：房贷利率先扬后抑，反映货币政策由紧到松的转换；房贷规模先紧后松，带动住房价格涨跌不定

1. 房贷利率视角：先扬后抑，反映货币政策由紧到松的转换

我国住房企业开发贷款参照金融机构一般商业性贷款利率标准，个人住房抵押贷款一般则在商业贷款利率基础上实行下浮或上浮，其中首套房贷下浮幅度最大，一般的情况是，2006 年 9 月份前的最大下浮空间是 10%，2006 年 9 月至 2008 年底是 15%，2008 年底至今是 30%（见表 11－2）。而二套房贷或多套房贷的利率则是商业贷款利率基础上实行上浮。而金融机构一般商业性贷款利率则是在人民银行基准贷款利率的基础上适当上浮。所以可以依据人民银行基准贷款利率、金融机构实际贷款利率走势判断住房开发和消费贷款利率走势。

表 11－2 近年来金融机构基准贷款利率和个人按揭首套贷款利率

单位：%

年－月	5 年以上金融机构口径实际贷款利率	5 年以上个人按揭首套贷款利率	年－月	5 年以上金融机构口径实际贷款利率	5 年以上个人按揭首套贷款利率
2007－03	6.65	5.65	2008－10	7.51	6.38
2007－06	6.88	5.85	2008－11	6.96	5.92
2007－09	7.16	6.09	2008－12	6.11	5.19
2007－12	7.35	6.25	2009－01	6.11	4.28
2008－01	7.66	6.51	2009－02	6.11	4.28
2008－02	7.63	6.49	2009－03	6.11	4.28
2008－03	7.72	6.56	2009－04	6.11	4.28
2008－04	7.74	6.58	2009－05	6.11	4.28
2008－05	7.70	6.55	2009－06	6.11	4.28
2008－06	7.78	6.61	2009－07	6.11	4.28
2008－07	7.73	6.57	2009－08	6.11	4.28
2008－08	7.78	6.61	2009－09	6.11	4.28
2008－09	7.84	6.66			

数据来源：维赛特资讯。

从图 11－1 看，自 2008 年以来，住房贷款利率走出的是一条先扬后抑的路径，2008 年的中期左右达到顶部，然后基本维持了一种一路下行的态势，特别是 2008 年 8 月以后，利率一直呈现一种下降走势。利率峰值和谷值之间的差幅

也不断扩大，如5年以上金融机构实际贷款利率的峰值和谷值之间的差幅高达173个基点。同期个人按揭贷款首套贷款利率降幅达239个基点。

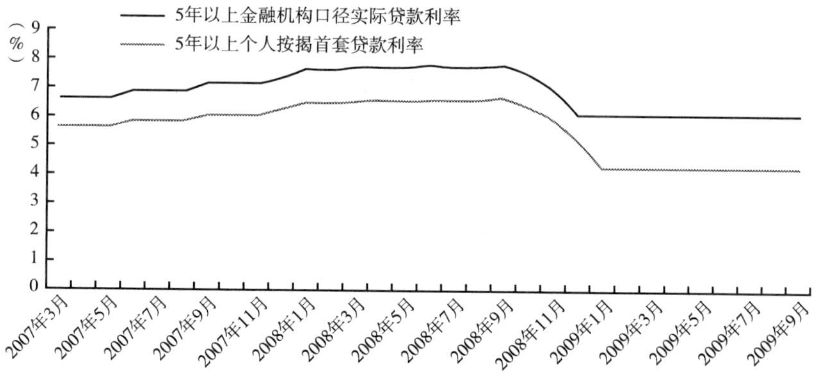

图11-1　近年来5年以上金融机构基准贷款利率和个人按揭首套贷款利率

数据来源：维赛特资讯。

利率的上述走势反映了金融机构从紧缩流动性到释放流动性的转变。也正是因为此种转变，住房贷款在经历了2008年半年多的下降后迅速掉头上扬，2009年以来连续三个季度一路近乎直线攀升。在接近三个季度时间里升幅接近100个百分点（见图11-2）。房贷利率在2008年下半年急速转向背后的宏观因素是中国为应对全球性金融危机的冲击而对政策调控打“掉头灯”，但不能否认，中国住房市场的调整事实上并没有结束，政策调整事实上是中断了这一调整过程，但

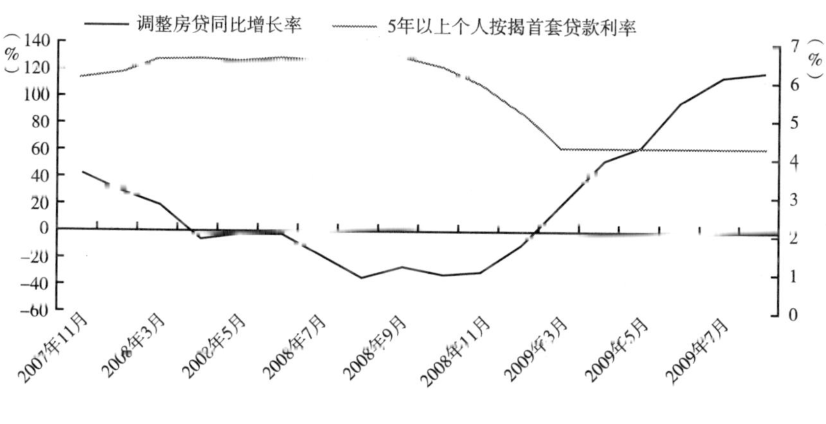

图11-2　贷款增长率和利率走势组合

政策转向却很难消弭住房市场的调整过程，由此我们可以认为，目前决策层解决住房问题的方式为住房市场的未来可能会埋下更大的隐患。

2. 房贷规模视角：地位强势，走势波动带动房价涨跌不定

2008年以来的住房金融市场，依然是信贷市场维持着难以撼动的垄断地位，经调整的国内贷款在住房开发企业中的资金来源中平均占比达49.54%，绝大多数月份更是延续着50%以上的水平，2009年4月、5月、6月、7月、8月和9月的比重分别为59.1%、55.7%、54.9%、56.8%、50.49%和48.33%（见图11-3）。而与此形成明显对比的是，2008年来自股票市场的资金占比不足5%，不及银行贷款的10%。

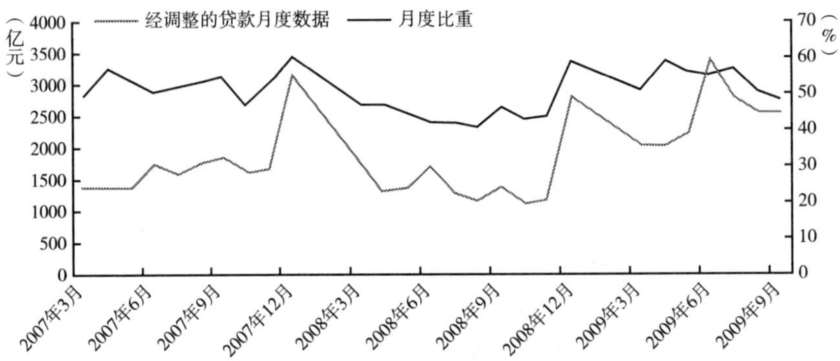

图11-3 经调整的银行房贷月度数据和月度比重

绝对垄断的地位在本轮全球性金融危机的冲击下却显得不堪一击。图11-4表明，信贷市场的走势极不稳定，甚至有些歇斯底里。此种歇斯底里式的走势显示住房信贷市场的供给丧失了控制能力。

图11-5显示，住房贷款走势明显先行于房价走势。相对于房价波峰和波谷，房贷的波峰和波谷先行时间大约为3个月。显然，房价走势和房贷走势之间如此明显的影从关系是由住房信贷在住房金融市场上近乎垄断的地位决定的。中国住房商品化改革以来，房价一直牵动着老百姓最敏感的神经，特别是2005~2007年间，房价的一路向上狂奔，2009年初在经过2008年下半年短暂的调整后报复性的狂涨，令庙堂和坊间的大多数人士雾里看花、穷于应对，五花八门的解释频出，诸如“丈母娘‘鞭促’房价”，“未婚女青年推高房价”，“刚性需求”推高房价，“低价房推高房价”等。本期报告认为，房价疯涨之最合理的解释恐

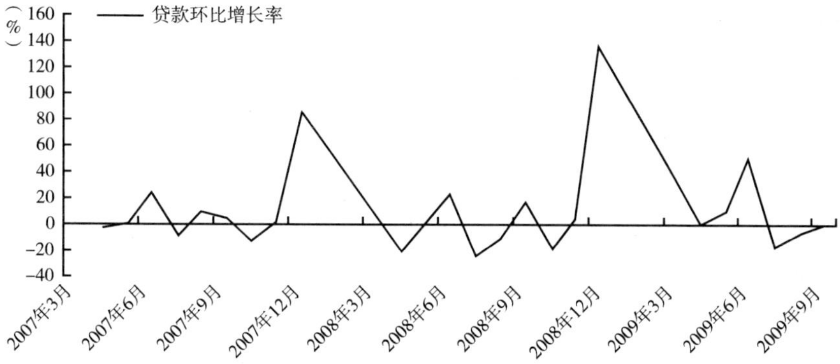

图 11-4 住房信贷市场环比增长率

怕是"钱多"推高房价，这里的钱多当然不是老百姓的钱多，也不是房地产商的钱多，而是银行将过多的钱注入住房开发企业即房地产商手里，导致银行在房地产商手里的钱多。而房价走出下跌走势的关键因素则是银行放在房地产商手里的钱少。如2008年房价毅然向下拐行，主因就是银行收紧了对于房地产商的流动性，即银行放在房地产商手里的钱少了。由此合理控制银行对于住房企业的流动性，应该是房价企稳的最有效手段。

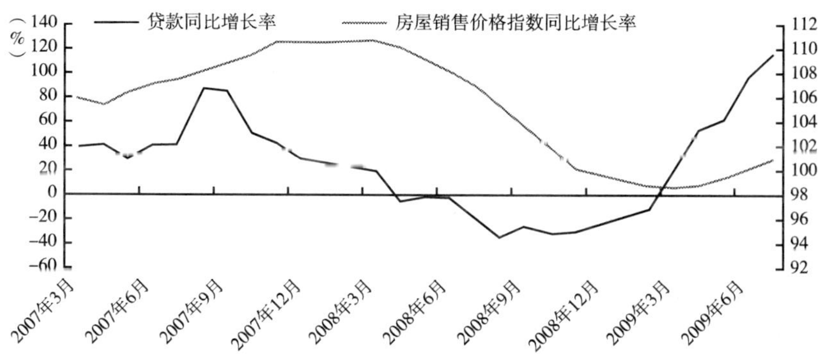

图 11-5 住房信贷市场同比增长率和房屋销售价格指数同比增长率比较

（三）直接住房金融市场：房地产股票价格的大起大落和房地产股票市场融资的升降沉浮

2008年以来的住房资本市场给人印象深刻的是住房金融二级市场房地产股

票价格的大起大落和房地产股票市场融资的升降沉浮。

1. 房地产股票市场价格视角：板块指数呈现巨幅震荡

图 11－6 是一个关于2008 年初至2009 年8 月19 日的房地产板块走势图，从中看出，在这段时间里，房地产板块的波动与住房信贷市场的波动同样剧烈，最高指数值与最低指数值之间的差高达 83，反映房地产板块在全球性金融危机冲击下的脆弱程度和在政策刺激下的高度敏感性，即房地产板块市场的极不稳定性。从其与上证指数间的关系看，房地产板块指数比上证指数有更大的不稳定性。这种更大的不稳定性在2009 年以来的表现尤其明显，两种指数之间的最大差幅约为20。此种过山车式的轨迹表明，2008 年以来的住房产业的二级直接融资市场依然延续着非常不稳定的走向。

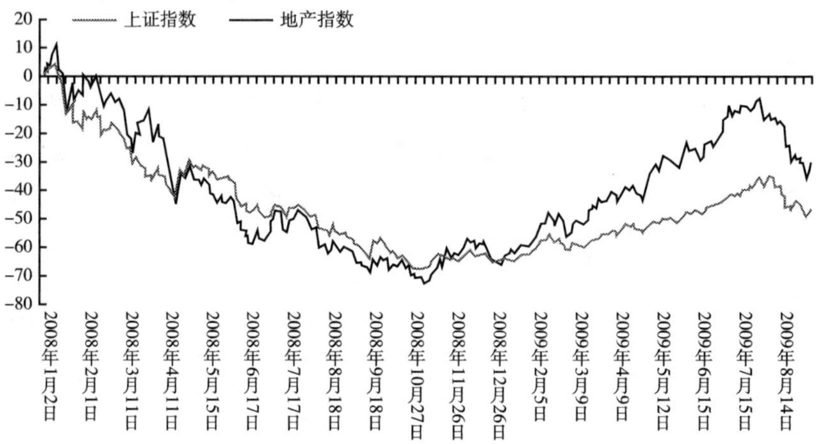

图 11－6 房地产板块指数走势

数据来源：Wind 资讯。

2. 房地产股票市场融资视角：由沉闷走向爆发

表 11－3、表 11－4 和表 11－5 则显示危机期间住房开发企业通过直接住房金融市场和二级住房金融市场寻找破解住房信贷市场收紧的办法所做的努力。2008 年底决策层的货币政策的转向则使住房开发企业的上市冲动进一步被激发，上市潮也掀起了更高的浪头，至 2009 年 6 月底已有近 30 家房地产企业计划在 A 股和 H 股上市，募集资金规模将超过 1000 亿元。其中仅在 A 股“排队”等待 IPO 审批的房地产企业就有 14 家。从上市融资的有效途径看，增发或配股再融资、借壳上市两种途径似乎更为实用。从 2008 年初至 2009 年 9 月初，已由 30

余家上市房地产公司实现了增发或配股，从2008年初到2009年7月借壳上市的房地产企业近30家，而通过IPO上市的房地产企业仅有几家。

表11－3 2008年以来股票市场房地产板块增发或配股情况

单位：亿元

名 称	增发类型	日 期	募集资金合计	实际募集资金
荣盛发展	原有A股增发A股	2009－9－7	12.00	11.67
金地集团	原有A股增发A股	2009－8－17	42.36	40.97
首开股份	原有A股增发A股	2009－7－17	47.46	46.15
保利地产	原有A股增发A股	2009－7－14	80.00	78.15
美都控股	原有A股增发A股	2009－6－17	9.08	8.80
世茂股份	原有A股增发A股	2009－5－13	83.41	
ST成功	原有A股增发A股	2009－4－10	24.18	
顺发恒业	原有A股增发A股	2009－3－16	15.98	
云南城投	原有A股增发A股	2009－4－10	20.00	19.75
天保基建	原有A股增发A股	2009－1－16	10.21	
ST鲁置业	原有A股增发A股	2009－1－6	26.86	
ST中润	原有A股增发A股	2008－12－29	16.70	
外高桥	原有A股和B股增发A股	2008－12－15	44.83	
ST重实	原有A股增发A股	2008－12－5	12.73	
招商地产	原有A股和B股增发A股	2008－12－8	59.40	57.77
福星股份	原有A股增发A股	2008－8－12	12.51	12.13
栖霞建设	原有A股增发A股	2008－7－29	10.34	9.97
中茵股份	原有A股增发A股	2008－4－29	5.49	
上实发展	原有A股增发A股	2008－3－27	32.69	
香江控股	原有A股增发A股	2008－3－12	14.79	
世荣兆业	原有A股增发A股	2008－2－27	17.58	
泛海建设	原有A股增发A股	2008－2－14	72.65	
名流置业	原有A股增发A股	2008－1－28	30.00	29.71
首开股份	原有A股增发A股	2008－1－9	59.40	
金融街	原有A股增发A股	2008－1－25	82.83	82.19
中南建设	原有A股增发A股	2009－7－15	37.28	
龙元建设	原有A股增发A股	2009－5－26	6.12	5.90
新疆城建	原有A股增发A股	2009－4－16	4.27	4.12
浦东建设	原有A股增发A股	2008－7－8	12.77	12.27
宏润建设	原有A股增发A股	2008－6－17	5.92	
腾达建设	原有A股增发A股	2008－1－25	4.68	4.56
再融资总额				424.11

数据来源：Wind资讯。

表 11－4 2008 年以来股票市场房地产板块借壳情况

股票名称	代码	公告日期	简要说明
ST 万杰	600223	Jan－08	鲁商集团等五家公司拟置入房地产资产 59 亿元
ST 成功	000517	Jan－08	荣安集团拟置入房地产资产 24.43 亿元
ST 科苑	000979	Jan－08	中弘卓业和建银国际拟置入房地产资产 27.54 亿元
ST 大通	000038	Jan－08	青岛亚星实业拟注入房地产资产
大连金牛	000961	Feb－08	中南控股集团拟将旗下中南房地产资产注入
ST 科健	000035	Mar－08	同方集团拟置入房地产资产 22.68 亿元
*ST 方向	000757	Jun－08	注入公司:上海高远置业有限公司(正在进行)
ST 大江	600695	Jun－08	注入公司:绿庭置业(正在进行)
ST 高新	000628	Jun－08	注入公司:成都高新置业有限公司(正在进行)
S*ST 东泰	000506	Jun－08	注入公司:山东惠邦投资和中润集团
ST 筑信	600515	Jun－08	天津大通
ST 天桥	600657	Jul－08	注入公司:信达投资有限公司
*ST 兰宝	000631	Sep－08	注入公司:万向资源之顺发恒业有限公司
ST 中辽	000638	Oct－08	北京万方源房地产开发有限公司
ST 潜药	600568	Dec－08	中珠股份
ST 耀华	600716	Dec－08	江苏凤凰传媒集团有限公司
ST 中润	000506	Dec－08	中润置业
S*ST 亚华	000918	Feb－09	国大集团、中信和创
*ST 雅砻	600773	Feb－09	北方城投
ST 得亨	600669	Apr－09	重庆隆鑫地产
*ST 星美	000892	Apr－09	新丰福
*ST 联油	000691	Apr－09	亚太工贸
*ST 九发	600180	May－09	山东南山建设
*ST 国药	600421	May－09	上海凯迪
ST 东源	000656	Jun－09	金科集团
S*ST 三农	000732	Jun－09	福州泰禾房地产开发有限公司

数据来源：Wind 资讯。

表 11－5 2008 年以来股票市场房地产板块 IPO 情况

类别				募集资金(亿元)				
代码	名称	招股日期	上市日期	预计募资	实际募资	发行费用	募资净额	省份
002285.SZ	世联地产	2009－8－7	2009－8－28	3.1924	6.2976	0.2935	6.0041	广东省
002244.SZ	滨江集团	2008－5－8	2008－5－29	15.0000	12.1860	0.4959	11.6901	浙江省
002208.SZ	合肥城建	2008－1－9	2008－1－28	6.5748	4.1652	0.2420	3.9232	安徽省

数据来源：Wind 资讯。

图 11-7 是关于住房开发企业在股票或债券市场的融资情况。从中可看出，2008 年以来，住房开发企业通过两种市场融资的规模近 900 亿元，其中债券融资占比超过 50%，增发或配发占比达 45%，IPO 比重仅为 3%。由此看来，2009 年以来住房开发企业的 IPO 申请数量虽然呈爆发之势，但从路径走势看，获批前景还是不太乐观，IPO 前景暗淡。另一方面的因素则是 2009 年以来房市的歇斯底里式的暴涨，引发决策层和监管层的戒心。由此，靠谱的路径应该是增发、配股或债券发行。

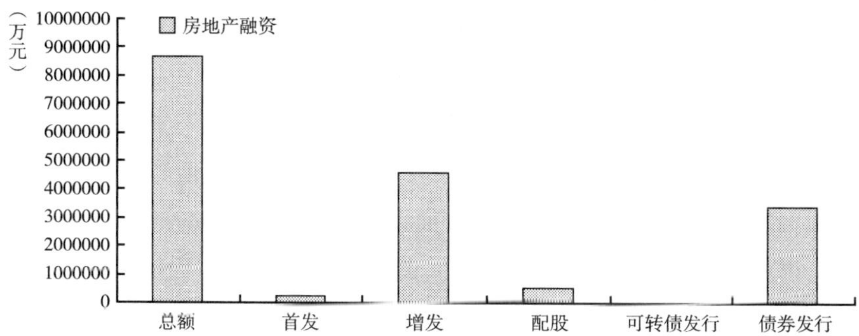

图 11-7 2008 年以来住房开发企业上市融资结构

数据来源：Wind 资讯。

二 2009 第 4 季度至 2010 年走势预测

（ ）市场结构近期（2009 年第 4 季度至 2010 年）走势预测：维稳大势下的住房金融市场将呈现温和上行走势，住房金融市场结构或将有改善之机

尽管 2008 年以来的中国住房金融市场走出了一种过山车的路径，特别是宽松货币政策实施不足半年的时间里，无论是住房信贷市场还是住房股票市场都表现出了一种歇斯底里式的爆发，但鉴于中国正处于克服全球性金融危机的影响的努力中，2008 年底确立的宽松性货币政策的基调，预计将在 2009 年下半年至 2010 年这段时间里继续维持。事实上，时间刚刚进入 2009 年第 3 季度，中国决策高层和世界主要国家的最高决策首脑陆续发表继续维持宽松货币政策的立场。9 月 1 日，中国总理温家宝明示："中国经济正处在企稳回升的关键时期，我们

不会改变政策方向。我们将继续实行积极的财政政策和适度宽松的货币政策，全面落实并丰富完善应对国际金融危机的一揽子计划，努力实现经济社会发展的预期目标。”[①] 几天后的G20财长和央行行长会议达成共识：宽松政策不变，继续实行刺激计划。这一共识在同月底的G20领导人金融峰会上得到了认可。本轮峰会声明认为：全球经济复苏的进程尚未完成，许多国家的失业率仍然高企，私人消费仍未完全恢复。因此，各方承诺将继续刺激计划，以确保经济增长和就业增加，以实现“持久的复苏”。本轮峰会领导人还特别明确表示，“短期内要避免退出机制，但应着手准备退出策略”。由此，2009年下半年至2010年期间，中国乃至全球的经济将走出一条持续稳定上行的路径。

在这样一种可能的背景下，本期报告认为，中国的住房产业和住房金融市场虽然对中国政府2008年底的政策转向表现出了一种近乎歇斯底里式的反应，决策层对此可能会加点力量踩一下刹车，但绝不会像2007年底那样，一脚将刹车踩到底。由此2009年下半年至2010年间的住房金融市场将不会延续上半年疯狂的上行走势，更可能展现一种温和上行的走势。从住房金融市场的结构看，住房间接金融市场即信贷市场相对于直接住房金融市场强势地位将会依然延续，但结构占比可能会有所下降。相应的，直接住房金融市场特别是二级直接住房金融市场的地位或有一定提升，但提升比重不会太高。

（二）信贷市场利率：总体保持低位运行，结构或将进行微调

可以预期，2009年第4季度至2010年这段时间里，中国经济继续在回稳的路径上行走，尽管2009年上半年过快、过多释放的流动性引发了通货膨胀预期，但是从目前全球和中国经济态势和未来走势看，经济的回稳能力还需要继续提高，所以决策层不太可能公开做出紧缩流动性的决策，更可能的态势是“内紧外松”，即在继续实施宽松的货币政策的前提下，包括银行机构在内的金融体系内部“悄悄”紧缩流动性；但总的利率水平很可能不会轻易上调，而是继续在较低的水平上运行。对于住房开发和消费贷款利率的总体水平也会大致如此。但是由于流向住房领域的流动性可能大量进入了投机渠道，引发了房地产价格的迅速攀升甚至泡沫，为此针对住房领域的信贷利率很可能进行结构性微调。一是对

① 新华网。

住房开发贷款利率，在金融机构一般性商业贷款利率的基础上进行不同程度的上调，特别是对于豪华住房开发将会提升上调比例；二是对住房消费贷款利率则是强调严格执行银行业监管机构所确立的二套房贷利率、多套房贷利率上调比例的要求，同时对首套房贷继续实行 7 折优惠利率。

（三）直接住房金融市场：二级市场地位或将有机会提升

就直接住房金融市场和二级住房金融市场而言，决策层可能的策略是，借住房金融市场过快回暖的机会，做出一些结构性调整的安排。如通过放行部分住房企业上市融资、支持较多上市住房开发企业再融资、鼓励住房开发企业发行债券，扩大直接住房金融市场和二级住房金融市场的比重，改善住房金融市场过度依赖住房信贷市场的局面。

（四）住房金融创新：可能会继续封冻

鉴于对次贷危机的惊魂未定，旨在推进直接住房金融市场和间接住房金融市场一体化的住房抵押贷款证券化创新不太可能受到决策层和监管机构的激励和支持，最大的可能是住房抵押贷款证券化市场可能会继续被封冻。

三　中国住房金融市场长期分析

本报告在第六章指出，中国的住房金融的历史起点约为 1987 年，中国住房金融的演变选择的是一条多元化的路径，但结果却是逐渐形成了一种一元路径居优的轨迹。从住房金融市场的角度言，早在 1991 年，政府就向房地产企业的 IPO 敞开了大门，住房信贷的探索也大致起自这个时间，这表明在中国住房金融市场的建构中，决策层也是试图进行多元化的探索，但时至今日，房地产的金融渠道依然主要集中在间接市场领域尤其是信贷市场，从一级市场和二级市场的角度看，中国的住房金融市场则是一级市场占绝对优势的市场。这就是中国住房金融市场的基本现状。以下基于三个视角对住房金融市场的特点和问题进行长期分析。

（一）直接金融和间接金融视角：间接金融比重过大，问题堪忧

从表 11－6、表 11－7、图 11－8 可以看出，在房地产企业的资金来源中，自

筹资金的绝对量和比重在2008年超过了银行贷款（包括开发贷款和按揭贷款）。由此我们似乎应该可以得出这样的结论：直接融资超过了间接融资。如果这样，那就错了。我们知道，所谓房地产自筹资金包括两部分，一部分是自有资金，主要是股权资金以及包括社会集资、个人资金、其他单位拨入资金等社会资金，按照中国银监会的权威调查报告，[①] 股权资金所占比重大致是15%左右，其他社会资金的占比大约为6%。自筹资金中的另一部分则实际上间接来自银行贷款，这部分在房地产资金总来源中的比重在10%左右。由此，自筹资金中有大约10%的比例应该划到银行贷款的一项中。这样算来，就比重而言，2004～2008年的中国房地产资金来源中，银行贷款所占比重大致在35%～40%之间。此外，在中国房地产企业的资金来源中还有应付款一项，中国银监会的权威调查报告指出，这部分款项中的60%也来自银行贷款，这份权威调查报告最终给出的银行贷款占比大约是60%。这个比例远远超过图表反映的情况。无独有偶，中国人民银行在其《2004房地产金融报告》中指出，房地产企业自筹资金中的70%来源于银行贷款，房屋定金和预收款中来自银行贷款的占比则是30%。这份报告得出的房地产开发环节所用银行贷款的比例是55%。这个数值与中国银监会的结论较为接近。国务院发展研究中心的"中国土地政策改革"课题组，几乎在同时写出的一个调查报告披露，浙江、广东、山西等地的房地产企业资金来源中的贷款比重甚至高达80%。[②]

表11－6　2004～2008年房地产企业到位资金来源情况比较

单位：亿元

年　份	2004	2005	2006	2007	2008
国内贷款(开发贷款和按揭贷款)	4325.66	6125.67	8062.81	11838.05	10829.06
利用外资	228.2	251.96	394.44	649.99	726.33
自筹资金	5207.56	7038.95	8587.08	11772	15081.27
定金及预收款	7395.34	7749.15	8135.58	10628.47	9286.09

数据来源：中国房地产信息网。

由此，我们可以认为，中国住房金融市场的结构具有一定的复杂性，单凭表面的统计数据不能断定中国住房金融市场结构的状况及其组成要素的占比情况。

① 中国银监会统计部专题分析组：《中国房地产资金来源状况分析报告》，中国经济网。

② 张中华等：《房地产与资本市场》，中国金融出版社，2009，第186页。

表11－7　2004年至2009年6月房地产企业到位资金来源所占比重情况比较

单位：%

年　份	2004	2005	2006	2007	2008	2009年6月
国内贷款（开发贷款和按揭贷款）	25.2	28.9	30	31.8	28.4	47.20
利用外资	1.3	1.2	1.5	1.7	1.9	26.20
自筹资金	16.7	33.2	31.9	31.6	39.5	14.50
定金及预收款	43.1	36.6	30.3	28.5	24.3	52.00
调整房贷	48.61	60	58.67	58.41	50.57	54.90

数据来源：中国房地产信息网。

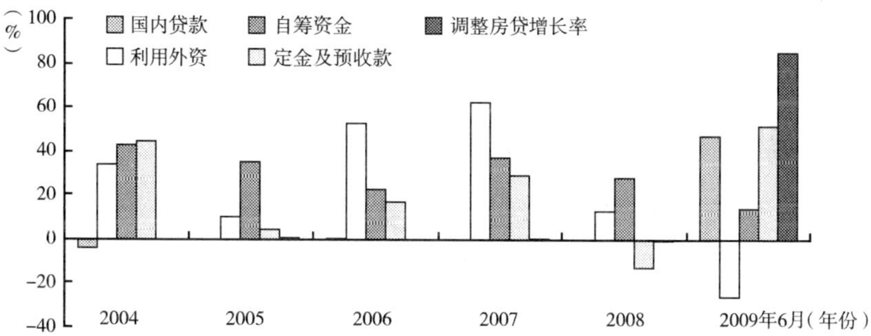

图11－8　2004年至2009年6月房地产企业到位资金来源增长率情况比较

数据来源：中国房地产信息网。

我们认为，中国银监会、中国人民银行以及国务院发展研究中心的调查报告不是停留在已统计出的数字或表格，而是试图搞清楚这些数字或表格究竟有多少水分，把水分挤掉以后的真实情况是什么？（事实上，鉴于中国目前的国情，也只有像中国银监会、中国人民银行和国务院发展研究中心这样的机构，才能搞到一些真相）。当然，这些报告写于2005年，似乎离现在远了点，但由于自那以后的中国房地产企业的融资环境并没有发生多少变化，所以我们认为，这两份报告所反映的中国房地产企业资金来源的真实状况也同样不会有多少出入。事实上国内大量有关中国房地产企业资金来源的论文或著述均将这两份报告所揭示的中国房地产企业融资来源真实情况及其结论作为依据。

从中国房地产信息网提供的关于中国住房企业资金来源的增长率情况看，2004年和2008年正是中国政府加大对住房贷款的调整力度的两个年份，这两个年份的住房贷款增速出现显著下滑，反映住房贷款对政策调整非常敏感，但住房贷款对政策调整的高度敏感性又好像是转瞬即逝的，在出现仅仅一年的快速下滑以后从第二年开始就出现“报复”性反弹，说明银行贷款在住房建设和消费中的地位已经形成一种难以撼动的态势。而自筹资金的增长仅在上述中国政府对住房贷款进行强力调整的年份与银行贷款有一比，在其他的绝大部分年份面对银行贷款的快速增长只有望洋兴叹的份。从增长趋势上看，与自筹资金相比，银行住房贷款的增长依然保持了较大的领先优势。这种比较结果一方面反映了银行贷款依然持续着其主导优势，另一方面也反映了住房建设和消费的融资结构依然保持着较强的稳定性。也就是说，4 年前的中国银监会和中国人民银行关于中国住房资金来源结构的调查结论依然有效。

综上，从直接金融和间接金融的视角观察中国住房金融市场的特点，我们的结论是，中国的金融市场依然是一种以银行信贷即间接金融为主导的市场。

（二）一级市场和二级市场视角：持续失衡中运行

中国住房金融在拉开多元化的战线，探索一级住房金融市场的可行之路不久，就启动了二级住房金融市场的探索历程。1991 年万科等一批房地产企业捷足先登，成为中国股票市场上首批受益的房地产企业。但房地产企业上市融资历经近 20 年的发展却没成什么气候。直到 2008 年，上市融资在房地产企业资金来源中的比例不足 5%。下面是关于中国房地产企业上市融资过程的一个轮廓性描述和结构性简析。

1. 中国房地产企业上市融资历程概述：在成败萧何中尴尬前行

中国的房地产企业上市融资的过程与中国的宏观经济周期正好形成一种反衬关系。在中国宏观经济低迷时期，房地产企业常常就像一只中国经济之车重新启动的车轮，加大转动的速度，而每当中国的经济之车跑得太快需要减速的时候，房地产企业这支车轮则往往需要首先制动。换言之，中国房地产业往往是在经济低迷时期被视作重新启动的先锋队，而在经济出现过热苗头时又成为政策首先打压的对象。这一特点从图 11－8 可以看出来，在大多数年份里房地产业的增长或下降先于 GDP 的增长或下降。表现尤其明显的年份当属 20 世纪 90 年代初和 1999 年以来的走势。

（1）1991～1993 年：中国房地产企业 IPO 的第一个春天。1990～1991 年，

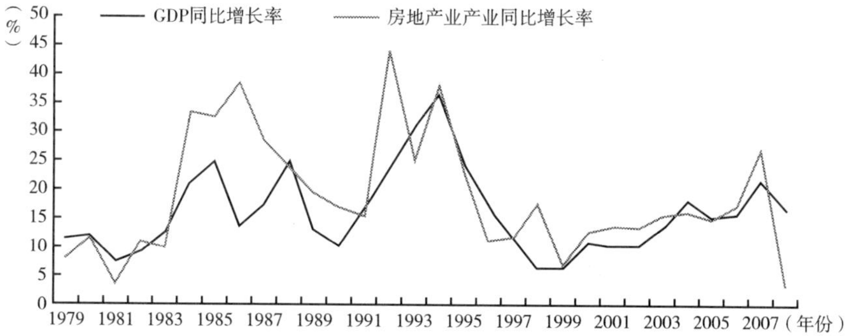

图 11－9　中国房地产业产值和 GDP 增长率（1979～2008 年）

数据来源：国家统计局网站。

中国始自20世纪70年代末的改革大潮迎来了空前的严冬。1992年，中国改革开放的总设计师邓小平的“南巡”讲话重燃中国改革开放之火，中国房地产业则是首先启动的一个车轮。大量的房地产企业因此通过发行上市进入资本市场，至1993年底，房地产企业上市融资的数目达到近30家。① 这些上市公司的业绩也达到最高峰。当年房地产上市公司的平均每股收益为0.79元，受到投资者的大力追捧，这一年，大多数房地产上市公司股价达到了30元以上，深金田甚至创下每股86.19元的天价。伴随着房地产的迅速升温，中国经济很快出现了过热的问题。1994年，决策层针对中国经济过快升温的状况开始采取降温措施，房地产企业的开发投资增幅大幅回落至31.8%，但资本市场上房地产企业的上市热潮仍然在延续，当年上市的房地产企业达到8家，占当年度新上市公司总量的8%。

（2）1996～1998年：中国房地产企业的上市遭遇第一场严冬。房地产企业“野驴”般的狂热在推动中国GDP快速走出低迷状态的同时，也成为GDP快速趋热的重要“火源”。决策层从1994年起就开始尝试为这头“野驴”加把缰绳，对房地产企业的上市问题则明确表态“不鼓励”。1995年又明令，对将募集资金用于别墅性质的高档住房、度假村、高档公寓、写字楼和建筑标准在四星级以上的宾馆饭店的配股申请不予审批；超大剂量的“制冷剂”则是于1996年和1997

① 首家上市的企业是世纪新园（1990年），万科和金田实业于1991年上市，1992年上市大闸打开，在不到两年时间里为20余家房地产企业开闸放行。

年给出的。1996年和1997年中国证监会连续发布通知明示，暂不受理房地产企业的上市申请。[①] 1997年中国政府推出适度从紧的货币政策，房地产业作为重点调控对象。在一系列政策和规定的打压下，房地产企业的开发投资几乎处于停滞状态，1997年出现了自90年代初以来的第一次负增长，整个房地产市场处于低潮期。上市房地产企业的业绩也随之不断下滑。1998年年报显示，整个房地产板块的加权平均每股收益为-0.09元，净资产收益率为-4.08%，跌落为股市中的绩差板块，同期深沪两市上市公司每股收益的加权平均值为0.20元，净资产收益率为7.97%。这期间GDP也跟着下滑，从1994年始连续出现同比负增长，到1998年已累计下滑约6个百分点。

（3）1999年：房地产业企业上市峰回路转。1998年在国内持续性通货紧缩和东南亚经济危机的双重压力下，房地产业的重要性重新获得认可，这一年中国政府第一次明确提出，房地产业是国民经济重要的新的增长点。房地产企业的上市"封冰"则是于1999年开始融化。这一年中国政府同意骨干房地产企业可以进行试点上市。房地产企业IPO的实际落地则又推迟了近两年，2001年初北京天鸿成为中国房地产企业重返IPO的第一个幸运儿。

（4）2003年至今：房地产企业的上市逐渐步入规范化之路，但依然难掩"野驴"本性。经历了世纪之交那段持续通货紧缩的痛苦之后，中国政府在掌控经济增长的速度和节奏上试图寻找一条有分寸的路径。对房地产企业上市，虽然保持警惕，但再也没有将1996~1998年那段严冬季节降临至房地产企业的头上。中国政府试图希望找到"控"、"放"房地产企业的分寸，2003年首次明确房地产业作为支柱产业，第二年又对房地产业的过度反应施以重拳以图将房地产企业这头"野驴"驾驭至合适的活动区间。对于房地产企业的IPO同样试图做到张弛有度。一方面向房地产企业的上市申请开闸放行，另一方面又试图找到一个合适的开闸力度和边界，如对首发过程中凡募集资金用于囤积土地、房源，或用于购买开发用地等房地产企业的上市申请，不予核准。所以即使经历2007年那样的疯狂增长，决策层依然没有像1996年和1997年那样使出杀手锏，而是更多地在技术层面勒紧缰绳，有限放行部分房地产企业的IPO申请。决策层此种调控技

① 中国证监会1996年颁布《关于股票发行工作若干规定的通知》，1997年颁布《关于做好股票发行工作的通知》。

术的改进事实上是减少了2008年戏剧性的调控政策所引发的尴尬。决策层在2008年对房地产业过快增长的有限度反应也使得其在2009年重借房地产企业的力道应对2008年急转直下的经济形势的决策留下了可以说得过去的空间。但中国房地产企业这头“野驴”的本性却没有改多少，众房地产商们几乎可以说是在一夜之间集体发力，开始了疯狂舞蹈，短短的三个月内中国的房地产价格重回2007年那令举世惊叹的水平。不断涌现的新地王也成为世人目不暇给的景观。房地产企业的上市潮也掀起了高高的浪头，到2009年6月底，已有近30家房地产企业计划在A股和H股上市，募集资金规模将超过1000亿元。其中仅在A股“排队”等待IPO审批的房地产企业就有14家。房地产业如此歇斯底里式的表现一方面反映了该产业依然停留在非理性的层面，另一方面必然引发决策层的打压。还有，房地产业虽历经20多年的风雨依然表现出来的肆无忌惮的行为，也加剧了房地产业的未来走向的不确定性。

2. 中国房地产企业上市融资的结构性分析：上市路径和选择模式

前述表明，从1994年开始中国政府就勒紧了房地产企业上市的缰绳，1996~1998年间则是暂停了房地产企业的上市申请。但1994~1998年间的上市房地产企业依然处于较高水平。事实上，这些企业不是借助申请上市的渠道，而是采取了借壳上市的方法。综合而言，房地产企业上市的途径有四种：①A股市场IPO；②A股市场借壳上市；③海外市场上市；④上市后转入房地产企业。1994~1998年间的部分房地产上市企业就是通过借壳上市的渠道登陆了A股市场，包括中关村（北京住总集团有限责任公司）、光彩建设（光彩事业投资集团有限公司）、阳光股份（北京阳光房地产综合开发公司）、珠江控股（北京万发房地产开发公司）等近10家房地产企业，到目前为止，借壳上市的房地产企业共13家。另一部分则是转行为房地产企业的企业。

截止到2009年7月底，房地产上市企业共140家。其中97家借助IPO上市或上市后转行为房地产企业，13家企业走的是借壳上市的通道，30家企业赴海外上市，其中26家公司在香港上市，另有4家公司在美国上市。

从企业所有制性质看，140家上市房地产企业中，民营企业71家，国有企业66家，外资控股公司3家。在国内上市的110家房地产企业中，民营企业50家，占比为45.5%，国有企业57家，占比达51.8%。另外三家为外资控股企业。选择在外上市的30家企业中，21家是民营企业，9家为国有企业，由此，民营企业选择在海外上市的数量远远大于国有企业的数量。选择借壳上市的民营企业也多于国有企业，比例是8∶5. 相对于IPO，海外上市和借壳上市在制度、流程方面要简单得多，民营企业借走这类路子上市，反映民营企业更希望绕开较为复杂的IPO程序，特别是避开中国特殊背景下民营企业在关系协调方面的一些短板，更倾向于借助市场化的渠道进入二级金融市场。

（三）传统与创新视角：路径依赖明显，市场创新不足

1. 概述：过于依赖传统市场，住房金融市场创新不足

成熟市场国家住房金融的实践表明，住房建设和消费的金融渠道有很多种，而且还处于不断创新的过程中。相比而言，中国住房金融的渠道还较为狭窄。表11－8是2004～2009年中国统计局网站所列的房地产企业资金来源的类别，从中可以看出，2004年所列的债券一项到了2005年消失了，在2006年国家预算内资金一项也没有了。其他各项除了内部结构有所变化外，基本保持稳定。由此中国统计局所列的房地产企业的资金来源在2004年有6项，到了2009年就减少到了4项。由于各项应付款事实上也是住房企业的资金来源，房地产企业的资金来源

表11－8 中国房地产企业资金来源结构

2004年	2005年	2006、2007、2008年	2009年
一、本年资金来源小计	一、本年资金来源小计	一、本年资金来源小计	一、本年资金来源小计
1. 国家预算内资金	1. 国家预算内资金	1. 国内贷款	1. 国内贷款
2. 国内贷款	2. 国内贷款	2. 利用外资	其中：银行贷款
3. 债券	3. 利用外资	其中：外商直接投资	非银行金融机构贷款
4. 利用外资	其中：外商直接投资	3. 自筹资金	2. 利用外资
其中：外商直接投资	4. 自筹资金	其中：自有资金	其中：外商直接投资
5. 自筹资金	其中：自有资金	4. 其他资金来源	3. 自筹资金
其中：自有资金	5. 其他资金来源	其中：定金及预收款	其中：自有资金
6. 其他资金来源	其中：定金及预收款	个人按揭贷款	4. 其他资金来源
其中：定金及预收款	二、各项应付款合计	二、各项应付款合计	其中：定金及预收款
二、各项应付款合计	其中：工程款	其中：工程款	个人按揭贷款
其中：工程款	设备、器材款		二、各项应付款合计
设备、器材款			其中：工程款

事实上由7项减少到5项。显然住房企业的资金来源渠道比较窄。更重要的是，正如前面所分析的，该表中所列资金来源中的50%以上是来自银行贷款。这反映出，中国住房建设和消费的资金来源主要是通过传统的渠道，住房金融市场的创新不足。

近年来，中国住房金融市场所推出的新产品、新工具屈指可数。间接金融市场上无论是相对于住房建设机构的贷款还是针对住房消费领域的贷款几乎是沿用住房金融形成初期的金融产品和工具。少有的一些创新主要集中于直接金融市场，诸如房地产信托投资基金、住房抵押贷款证券化、房地产企业借壳上市等。以下对住房抵押贷款证券化做一简述。

2. 住房抵押贷款证券化创新：雷声大，雨点小

2005年，中国在经历了近10年的学术酝酿后终于引进了在发达国家已有30多年历史的资产证券化，在这一年的年初，多达10家国家部委级机构共同决定，开始资产证券化的试点工作。中国建设银行获得首家“住房抵押贷款资产证券化”试点机会。从住房金融市场体系化建设的角度来看，这表明中国的住房金融市场试图摆脱过于依赖传统银行贷款，探索新的趋于多元化的住房金融工具。从参与中国住房抵押贷款证券化试点启动仪式的机构阵容看，中国政府对住房抵押贷款证券化这一新的金融工具的推出给予了高度重视，但事实却是“雷声大，雨点小”。四年过去了，中国建设银行才仅仅发了两期住房抵押贷款证券。其他银行似乎也没有什么动静。

首单个人住房抵押贷款资产证券化产品（RMBS）——“建元2005-1个人住房抵押贷款支持证券”发行于2005年12月。该期资产证券化面向银行间债券市场上的机构投资者。该证券的发起人是中国建设银行股份有限公司，本次RMBS的资产池由建行持有的个人住房抵押贷款构成。贷款笔数为15162笔，信用水平全部是正常级，本金余额为人民币30.17亿元，贷款加权平均利率为5.31%，贷款加权平均合同期限为205个月，其中加权平均已偿还期限为32个月，加权平均剩余期限为172个月。本期RMBS的发行总额为30.17亿元，采用了优先/次级结构的内部信用增级方法，优先级组别又分为A组、B组、C组三个档次，信用水平分别为AAA、A、BBB。次级组别指未评级部分。A、B、C三组采用公开招标的方式发行，次级组采用私募方式发行，由中国建设银行自己持有。其中A组和B组证券已经于2006年2月21日在银行间债券市场上交易流通，C 组证券可以按照中国人民银行的规定进行协议转让。A 组证券金额为 26.7 亿元，占比是 88.5%；B 组证券金额为 2.03 亿元，占比为 6.75%；C 组证券金额为 0.53 亿元，占比是 1.75%；次级组证券金额为 0.9 亿元，占比是 3%。A、B、C 三组证券均采用浮动利率计价（见表11－9）。信用评级机构是中诚信国际信用评级有限责任公司。

表 11－9　建元 2005－1 个人住房抵押贷款支持证券信用增级结构

	优先级组别			次级组别
	A 组	B 组	C 组	次级组
发行规模	26.7 亿元	2.03 亿元	0.53 亿元	0.9 亿元
法定到期日	2037 年 11 月 26 日	2037 年 11 月 26 日	2037 年 11 月 26 日	2037 年 11 月 26 日
发行利率	浮动利率	浮动利率	浮动利率	
信用评级	AAA	A	BBB	未评级

资料来源：参见高广春《资产证券化的结构——形成机理和演变逻辑》，中国经济出版社，2008，第 169 页。

从图 11－10 中可以看出，中国建设银行在资产证券化过程中扮演了发起人、服务商和资金保管机构三重角色。整个交易的资金循环如下：在进行资产证券化

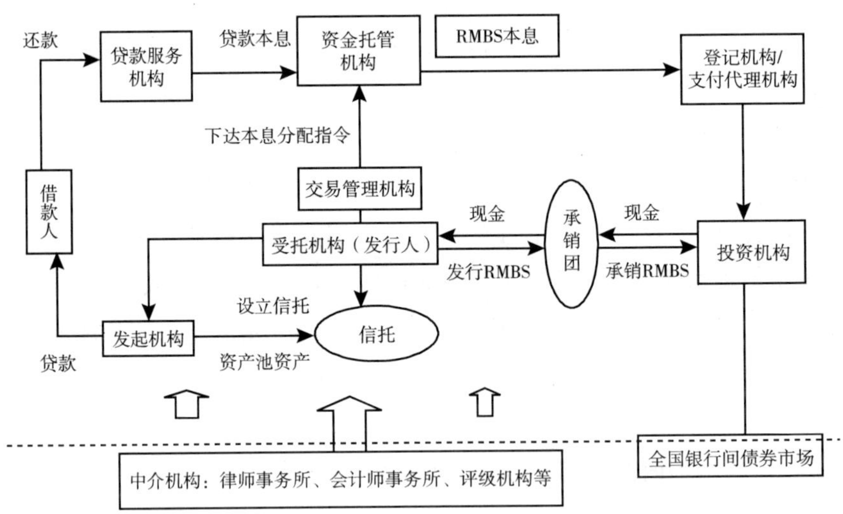

图 11－10　建元 2005－1RMBS 的交易结构图示

资料来源：中国建设银行。

之前，由建行对借款人提供住房抵押贷款；在进行资产证券化之时，由投资机构从承销商处购买 RMBS，承销商扣除相关费用后，将销售所得转交发起人；在进行资产证券化之后，由借款人向服务商定期还本付息，服务商把现金流存入资金保管机构后，由资金保管机构再通过服务商发放给投资机构。

连同国开行的资产证券化试点，中国建设银行的住房抵押贷款证券化在 10 大部委的簇拥下隆重登场，得到的却是市场的冷淡反应。2006 年在银行间市场仅有六次交易，交易额只有发行额的 2%。虽拔得头筹但并不一定热衷的中国建设银行于 2006 年甚至被坊间传出暂停资产证券化运作的传闻。关于中国试水资产证券化的诸种争议也甚嚣尘上。监管机构则是于 2007 年戏剧化地宣布中国资产证券化的试点工作取得成功，并打算进一步扩大试点范围。但实际上，好像没有哪一家银行进入扩大试点的名单。市场上再次传出住房抵押贷款证券化信息的依然是中国建设银行，2007 年 12 月 14 日，中国建设银行宣布成功发行 41.6 亿元人民币“建元 2007－1 个人住房抵押贷款支持证券”。该期发行总额为 41.6 亿元人民币，分为优先级和次级两类。优先级证券采用浮动利率，基准利率为一年期定期存款利率，利差根据簿记建档结果确定，基准利率每半年调整一次，每月付本息一次。次级证券本金和收益的支付都在优先级证券的本息支付之后。优先级证券中又分为 A、B、C 三个档次，分别获得联合资信的“AAA”、“A”和“BBB”评级，A 档的利息和本金支付优先级最高，其次是 B 档证券，然后是 C 档。经严格筛选进入本期资产池的 12000 余笔个人住房抵押贷款均为建设银行的优质资产，来自建设银行深圳和福建分行。截至 2007 年 6 月底，建设银行的个人住房抵押贷款不良率仅为 1.33%，是建设银行各种贷款中最低的，而深圳、福建两家分行在个人住房贷款规模、管理规范程度方面在建设银行内部均位于前列，相应的个人住房抵押贷款不良率仅为 0.2% 和 0.25%。

到目前为止，中国建设银行共发行 71.77 亿元住房抵押贷款证券，这也是中国住房抵押贷款证券化的所有成果。这样一种成果意味着什么呢？即使仅仅按照中国统计局网站提供的数据而不是中国银监会、中国人民银行等机构调研或测算的数据，中国住房抵押贷款证券在中国住房抵押贷款中的分量可以说是微乎其微。而正如前述，美国有 60% 的住房抵押贷款实现了证券化。

中国住房抵押贷款证券化的创新所展现的蜗牛速度反映出中国住房金融市场的演变对传统路径的高度依赖性。事实上，其他诸如房地产投资信托基金

(REITs)、合作住房金融等一些住房金融市场工具的创新过程也反映了同样的问题。次贷危机以后，监管当局将刹车踩得更紧，中国住房金融市场可以说是停止了几乎所有的创新性尝试。监管当局对中国住房金融的创新表现出的过分审慎的态度，事实上不利于消化住房金融已积累的问题，特别是将住房建设和消费过程中所施加给金融体系的压力和风险过度集中于传统的住房金融市场即住房信贷市场。

四　政策建议：建构多元、透明且不断创新的住房金融市场体系

（一）问题与挑战

综上，中国住房金融市场的近期运行分析和长期透视，本期报告认为中国住房金融市场面临如下问题和挑战。

1. 问题

（1）间接住房金融即信贷市场占比过大，风险过度集中于信贷市场。与住房金融机构体系大致相似，住房金融市场所暴露的问题在结构层面也表现为金融资源集中度过高，即信贷市场占据着绝大部分住房金融资源，使得住房金融市场的风险过度集中于信贷市场。

（2）信贷并没有投入该去的地方。2009 年以来住房市场的突然爆发，在短短几个月里房价就回到曾经令人恐惧的 2007 年水平。主要原因就是住房开发企业仿佛是一夜之间从资金链即将断裂的泥潭中走出来，几乎是手里有花不完的钱，而这么多的钱主要的来源就是信贷市场。显然，信贷市场的资金并没有流向该去的地方，而是流入投机盛行的住房开发和消费领域。

（3）住房金融市场的信息披露不足。自 2003 年开始，住房产业就被中国政府定位为支柱产业，相应的住房金融市场也已经成为金融市场上“地位显赫的家族”。但住房金融市场的信息披露问题至今还没有一个专门的激励和约束规范。对涉足该市场的相关主题而言，这个市场依然罩着一层神秘的面纱。

（4）创新约束与住房金融市场的可持续发展的两难选择。本轮全球性金融

危机使得住房金融市场相关决策和监管机构更加审慎于住房金融创新。国际经验表明，以住房抵押贷款证券化、房地产信托基金等金融工具为主题的住房金融创新，使得住房金融市场的风险、流动性和收益等要素的结构配置效率不断提升。尽管本轮全球性金融危机暴露出了住房抵押贷款证券化中的一些致命伤，但发达经济体并没有停下脚步，原因就在于次贷危机不是住房抵押贷款证券化技术本身的问题，而是对该项创新技术的过度滥用问题。

2. 挑战

（1）维稳＋通货膨胀预期下的信贷市场之利率政策的两难选择。升或降？由于在 2009 年上半年中国经济被注入了过快过多的流动性，在中国经济回稳的关键阶段，通货膨胀预期的阴影从天而降，滞胀加入了中国经济未来走势的选项之列，中国政府似乎已经站在了政策选择的十字路口：一条路是收紧流动性以防控通货膨胀，一条路是继续宽松流动性以促动经济增长。

（2）信贷投向结构如何甄别？大量的钱进入了住房的投机区域，这已经是毋庸置疑的。但如何将“撒旦”从“天使”中分别出来，以在有效防控住房投机的同时依然可以满足有效的住房金融需求？这在一个信息并不充分的领域是很难做到的。

（3）扩大直融规模的同时如何抑制板块泡沫？本轮中国经济的下行与回升或许是扩大住房直接融资比重的机会，但从历史上看，为住房开发企业的上市或扩容放宽“门缝”往往会被理解为一种政策“放纵”信号，特别是投机者更有激励和渠道透支此种利好政策，由此促成房地产板块在短期内的疯狂炒作和泡沫。

（4）创新与风控如何协调？本轮全球性经济危机下中国住房金融市场之“过山车”式的遭遇折射出的一个重要弊端是，住房的开发、建设和消费过于依赖信贷市场，也把相应的巨大风险集中在了信贷市场。以美国为代表的发达经济体在 20 世纪 70 年代初创新出了一种分散、转移住房信贷市场风险的技术——证券化，证券化在 20 世纪 80 年代后被全球主要经济体广为运用，2005 年，中国也引进了该项技术。但恰恰就是这样一种广受推崇的证券化技术在本轮全球性经济危机中背上了“始作俑者”的黑锅。也正因为如此，中国金融的决策层对证券化技术保持着分外的警惕，如何在防控风险的同时勇于进行创新成为未来政策选择的一大挑战。

（二）近期政策建议

1. 利率：如何调

或许，在利率政策的选择上，中国在未来一年多的时间里所处的方位是一个三岔路口，而不是十字路口。这第三条路就是既不单纯升息也不一味降息，而是在总体保持低位的基础上，进行结构性微调。首先是央行的基准利率继续保持低位运行，以贯彻经济回稳期所采用的适度宽松的货币政策。其次对资金过于集中、投机性较强的领域的贷款利率应扩大上浮空间，这些领域在住房产业主要表现为高档住房、度假村、高档公寓、写字楼和建筑标准在四星级以上的宾馆饭店的开发和建设，二套房贷和多套房贷，超过140平方米的改善性房贷。再次是对那些有助于解决就业和存在真实需求的领域的贷款利率实施下浮和财政贴息。这些领域主要表现为保障房的开发贷款、首套房贷等。

2. 股市放行：如何放

正如前述，决策层可能借住房金融市场过快回暖的机会，对住房金融市场做出一些结构性调整的安排。如通过放行部分住房企业上市融资、支持较多上市住房开发企业增资扩股、鼓励住房开发企业发行债券，以此扩大直接住房金融市场和二级住房金融市场的比重，改善住房金融市场过度依赖住房信贷市场的局面。但此举又很可能被投机套利，从而酿成住房市场更大的泡沫。为此，相应的对策一是决策层释放明确的关于房价的政策信号：房价已经过高，不利于经济稳定复苏，政府不希望看到房价继续上涨。鉴于住房市场事实上依然具有很强的垄断性，必要时政府可推出价格管制措施。二是使用类似的政策和行政手段控制地价。三是有效控制股票市场价格。

3. 创新：如何创

尽管近期内中国决策层不太可能在住房金融市场的创新方面有实质性动作，但本期报告还是坚持认为，创新是走出危机阴影的最有效路径。住房抵押贷款证券化虽然因次级房贷导致的次贷危机背上了不太好的名声，但证券化作为有效链接住房一级市场和二级市场、间接市场和直接市场的技术和工具，对于住房金融市场流动性、风险性和收益性的有效配置发挥了“奇效”，也正因为如此，美国“两房”在诸多非议中依然承担着美国处理和应对次贷危机的重任，对于恢复住房金融市场的流动性和信心起了“名义锚”的作用。就中国住房金融市场而言，本轮金融危机下，信贷市场集中度过高的问题暴露无遗，虽暂无风险之忧但却藏风险之患，有效出路就是坚定不移地推进2005年开启的住房抵押贷款证券化试点工作，尽快建构体系化的住房金融市场。

（三）中长期政策建议

基本要义是建议中国决策高层考虑进行住房金融市场体系的创新，制定着眼于中长期的住房金融市场改进方案，建构多元、透明且不断创新的住房金融市场体系。基本要点有以下几个方面。

1. 中长期走势判断：中国住房金融市场可能走出多元化路径

本期报告认为，尽管中国住房金融市场之银行主导的结构在短期内难以撼动，但这样一种结构潜伏着过大的风险，因而难以持续。而走出此种结构过于单一陷阱的根本出路在于创新。因此未来中国住房金融市场的走势特点是：

（1）住房金融市场结构趋于多元化，直接住房金融、二级住房金融市场在整个住房金融市场中的占比将提升。

（2）住房金融市场创新步伐趋于加速，更多的住房金融市场工具将出现于住房金融市场。

（3）住房金融市场的法律法规约束和行政监管将逐步趋于理性，以推动住房金融市场的日益体系化、透明化和稳定演变。

2. 中长期政策建议

（1）借鉴国际经验，建构多元化的住房金融市场体系。尽管本轮由美国的次贷危机引发的全球性金融危机暴露了美国以及其他发达经济体在住房金融市场体系建构中的诸多问题，但总体来讲，发达经济体的住房金融市场依然有一系列值得中国借鉴之处。其中之一就是，发达经济体的住房金融市场均具有比较明显的多元化特点，直接金融和间接金融、一级市场和二级市场发育良好且相互组合形成一种较为稳定的住房金融市场体系。

在前文中，本期报告已引用这样一组数据，发达经济体房地产企业的融资结构一般是约40%的房地产基金，40%左右的私募基金和20%左右的银行贷款（如图11－11所示）。由此房地产企业的融资来源渠道不仅呈现一种多元化的结构，而且银行贷款仅占20%，房地产企业的资金来源更多的是依靠非银行金融机构的渠道提供。

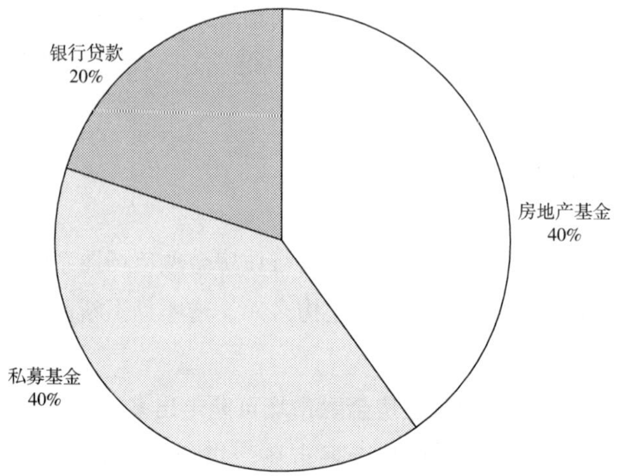

图 11－11　发达经济体房地产企业一般融资结构

表 11－10 和表 11－11 则反映了住房消费环节的融资来源。由此，发达经济体的住房金融市场的融资来源、相关机构、金融工具以多元化的方式分布于直接金融和间接金融、一级市场和二级市场中。如表 11－10 所示，尽管商业银行在住房消费金融中几乎可以说是维持着一种不可或缺的地位，但其他住房金融参与渠道近 10 种，丹麦、德国、法国、希腊、瑞典、美国等国家的非银行融资甚至远远超过商业银行贷款，比利时、法国、美国等国家的直接金融和二级市场渠道保持着较高的比重，美国的二级市场融资甚至超过了 50%。

借鉴上述发达经济体的经验，中国住房金融市场多元化的基本要点是，放宽住房企业债券发行的限制，促使住房企业通过债券市场寻求融资来源；放行更多的住房开发企业上市融资和再融资；鼓励建构合作性住房金融机构甚至专业化住房贷款公司；建立政策性住房金融流动性提供体系和住房贷款担保体系。

（2）加强市场纪律，建构有效的住房金融市场信息披露制度。住房金融市场同其他金融市场一样存在市场失灵的问题，发达经济体在应对住房金融市场失灵问题的过程中形成了较为有效的机制，集中表现在完善的信息披露制度上。如美国在 1975 年制定了《家庭住房贷款披露法》（HMDA），着力于以法律的形式解决家庭住房贷款市场的信息不对称问题。该法规定，每年的 3 月 31 日，家庭住房贷款机构必须根据《家庭住房贷款披露法》向联邦金融机构检查委员会报送上一年度的信息，相应的统计数据则应于当年 9 月份公布。该法公布后，美国

表 11－10 部分发达国家住房贷款市场结构

单位：%

国家(年份)	商业银行	专业住房信贷机构	按揭银行	互助合作银行与储蓄协会	住房储蓄银行	公共银行/其他公共部门	保险公司	SPV/其他金融机构
奥地利	15	20	19	10	26	—	—	10
比利时	70	—	—	—	—	—	10	20
丹麦	4	—	91	—	—	—	1	4
芬兰	88	—	—	—	—	10	1	2
法国	36	—	11	32	—	—	—	21
德国(2003)	13	—	22	16	42	—	7	—
希腊	—	—	46	—	54	—	—	—
爱尔兰	33	59	—	—	—	—	—	8
意大利	100	—	—	—	—	—	—	—
卢森堡	50	—	—	—	50	—	—	—
荷兰(2003)	74	—	8	—	—	—	18	—
挪威	31	—	—	—	—	21	14	—
葡萄牙	100	—	—	—	—	—	—	—
西班牙	41	—	1	—	58	—	10	—
瑞典(2006)	10	—	80	—	—	—	—	—
英国(2007)	53	17	—		—	—	—	4
美国(2007)	25	—	—	7.50	—	4.40	—	50
加拿大(1998)	85	—	—	—	—	—	—	—
日本(2000)	60	—	—	—	—	40	—	—

注：(1) 表格来源于陈杰著《城市居民住房解决方案——理论与国际经验》，上海财经大学出版社，2009，第 219 页。

(2) 没有注明年份的为 2000 年左右。

表 11－11 发达经济体住房金融市场结构

<table>
<tr><td></td><td>一级融资市场</td><td colspan="3">二级融资市场</td></tr>
<tr><td rowspan="2">贷款融资模式</td><td rowspan="2">存贷机构融资——居民定/活存款与储蓄存款（Retail Deposit Institution System）</td><td colspan="2">按揭银行——贷款债务（Mortgage Bond）融资</td><td rowspan="2">SPV——按揭贷款支持债务（MBS）融资</td></tr>
<tr><td>不可赎回保证抵押贷款债券（Non Callable Covered Mortgage Bond）</td><td>可赎回保证抵押贷款债券（Callable Covered Mortgage Bond）</td></tr>
<tr><td>典型代表</td><td>英国、意大利、大多数发展中国家</td><td>德国、法国、西班牙、瑞典、众多欧中亚转型国家</td><td>丹麦、智利、墨西哥</td><td>美国、加拿大、澳大利亚、日本、韩国、中国香港地区</td></tr>
<tr><td>贷款资金来源</td><td>居民储蓄或者活/定期存款</td><td>（资本市场）债券投资者</td><td>（资本市场）债券投资者</td><td>资本市场投资者</td></tr>
<tr><td>评价</td><td>融资规模小，贷款流动性差，发贷机构风险高</td><td>融资规模大，贷款流动性较好，发贷机构风险较高</td><td>融资规模大，贷款流动性较好，发贷机构风险较高</td><td>融资规模巨大，贷款流动性好，发贷机构非中介化，风险低</td></tr>
</table>

资料来源：参见陈杰《城市居民住房解决方案——理论与国际经验》，上海财经大学出版社，2009，第 216 页。

国会又根据住房贷款市场环境的变化多次进行修订。如为促进住房贷款满足《公平信贷报告法案》[1]的规定，1989年的修订要求根据不同收入、性别、人种等要素统计并披露贷款申请人的分布。为应对20世纪90年代以来快速增加的次级住房贷款，修订后的《家庭住房贷款披露法》规定，从2004年起，住房贷款机构必须披露"高价贷款"[2]的年费率[3]。《家庭住房贷款披露法》推出并实施后，披露机构逐年增加，截止到2005年底，向联邦金融机构检查委员会报送并披露住房贷款信息的住房贷款机构已占全部住房贷款机构的80%左右。

相比之下，中国的住房金融市场的信息披露存在许多亟待改进之处。如上市银行披露的有关住房建设和消费贷款的信息太少，股票市场上投资于房地产板块的机构投资者也存在同样的问题，住房企业所披露的资金来源信息更是少有参考之处。为此本期报告认为，应参照发达经济体的做法，颁行住房金融信息披露法，以规制住房金融市场的信息披露。

（3）鼓励金融创新，搭建可持续发展平台。自20世纪30年代初以来，饱受金融危机之苦的西方国家就开始走上一条依靠金融创新防范和控制金融危机之路，创新事实上成了一条通向可持续之路的根本之策。住房金融市场同样需要通过创新开辟可持续发展之源。如美国在1934年就形成了一种有效防控住房贷款机构流动性短缺的方法，即通过成立政府性的住房贷款银行体系——联邦住房贷款银行系统为住房贷款机构提供流动性，同年成立的联邦住房管理局（FHA）则是确立了一种通过为低收入群体提供低费保险来防控这部分借款人的违约风险的途径。从根本上建立多元化的住房金融市场平台，打通直接住房金融和间接住房金融、一级住房金融市场和二级住房金融市场之间的通道的创新则是1970年的住房抵押贷款证券化。简而言之，住房抵押贷款证券化就是将住房抵押贷款作为基础资产，组成所谓的资产池，并以该资产池为抵押发行有固定收益的债券。此种创新的明显特点在于将住房贷款机构流动性很差的住房抵押贷款推向高流动性的债券市场，实现了直接住房金融资产和间接住房金融资产、一级住房金融市场资产和二级住房金融市场资产的有效转换，从而大大提升了住房金融市场的流

---

① 《公平信贷报告法案》于1970年通过。

② 高价贷款是指年费率高过规定利差（年费率与可比国债利率之差）的贷款。

③ 年费率（annual percentage rates）等于住房贷款利率+费用率。

动性，优化了住房金融市场的期限结构和风险结构。奠定了住房金融市场体系化的根本基础。从此大量曾经是长期睡在住房贷款机构资产负债表中的住房贷款进入具有高度流动性的二级住房金融市场，而且逐渐成为美国固定收益债券市场上的主要资产，自 2001 年起住房抵押贷款证券的规模就已经超过美国国债、公司债和市政债等其他类型的债券。

美国住房抵押贷款证券化这一新型的住房金融市场工具或技术也引发了包括部分欠发达国家在内的住房金融市场的结构性转变。自 1987 年起，资产证券化跨出美国国门并先后进入欧洲、澳大利亚、日本、韩国、台湾地区等，中国自 2005 年始，也正式加入资产证券化的行列。美国人创新的资产证券化工具已经成为一种全球共享的金融工具。①

美国通过创新走出危机，并走上长达几十年可持续发展之路的经验表明，美国首先通过建构完善的政策性住房金融体系，一方面达到为濒临破产的住房金融机构和趋于枯竭的住房金融市场注入流动性和信心的目的，另一方面也建立了一个强有力的关于住房金融机构体系和住房金融市场体系的危机保护体系。在美国经济和美国住房业彻底走出危机的阴影后，及时推动住房抵押贷款证券化创新，释放一级住房金融市场，特别是住房信贷市场的流动性压力，同时加强二级住房金融市场的作用，以建构一二级金融市场、直间接金融市场有效组合的体系。

借鉴美国住房金融市场的创新经验，结合本轮金融危机下中国住房金融市场的特点，本期报告的政策建议要点是：抓住本轮金融危机下我国住房金融体系所凸显的过度依赖商业性金融的弊端，尽快达成建构完善的政策性住房金融体系的共识和具体思路，以在尽可能短的时间里建立起有效运行的政策性住房金融体系；放松住房金融市场创新限制，释放包括房地产基金、住房抵押贷款证券化等新型金融工具或技术的发展空间。

① 高广春：《资产证券化的结构——形成机理和演变逻辑》，中国经济出版社，2008，第 36 ~ 37 页。

中国住房价值潜力：分析与评价

第十二章 住房价值潜力

吕风勇

引　　言

住房价值潜力是指一个城市或地区的住房在未来某段时间内市场价值可以较为大幅提升的能力。这里所谓的住房不仅包括新建住房，也包括存量住房，同时，这里所谓的住房市场价值也不尽同于住房市场价格，而是属于基本内在价值的范畴。

随着中国城市化进程的加速和房地产市场的发展，住房问题成为人们普遍关注的重要民生问题，因此，深入开展对住房价值潜力的研究，有利于发现住房价格未来走势与其价值轨迹的可能偏差，从而对决策部门提前布局谋划，通过政策调控使住房价格维持在较健康的水平，具有重要的指导意义。同时，目前房地产开发企业也越来越多地开始跨区域经营，而投资机构甚至个人也将投资资金越来越多地配置在房地产上，因此，研究各城市住房价值潜力还有利于为房地产开发企业和其他投资者在做出投资决策时提供基本的价值投资指导。

一 文献回顾与理论框架

（一）文献回顾

国内外研究住房价值潜力和相关问题的机构和文献众多。大部分侧重对住房需求影响因素的研究，也有一部分文献是从住房供给角度来进行研究的，还有的文献则将住房供给和住房需求影响因素纳入一个均衡模型中来研究。有的研究者或研究机构也通过构建综合性评价指标来对住房价值潜力及相关问题展开研究，都取得了一定进展。

国内有的研究者对城市住房开发潜力进行了研究，并构建了比较完整的城市住房开发潜力指标体系，但并没有进行相应的实证分析（王双和王园园，2006），也有的研究机构通过构建指标体系并对全国35个大城市实证测算而发布了“中国城市房地产开发投资潜力10强研究”报告（国务院发展研究中心企业研究所、清华大学房地产研究所、搜房研究院，2004），中国社会科学院财贸所在2007年也发布过“中国城市房地产投资价值报告”。这些研究从不同的角度研究了住房投资开发潜力指标体系的构建，有的据此进行实证测算，得出了一系列有意义的结论。

国内也有许多研究者基于中国的资料数据对住房影响因素进行了研究。盛松成和刘斌（2009）就经济发展对住房价格的影响进行了研究，得到的结论是经济发展带来的住房需求的增长是住房价格变化的决定性因素，中国经济的持续快速增长决定了中国的住房价格长期变化趋势必然是向上的。马莉莉和张洪（2008）、任木荣和刘波（2009）则分别从城市规模和城市化的角度研究住房价格的变化情况，得出的结论是城市人口规模和住房价格相关性不显著，但是城市建设规模和经济规模对住房价格影响较为显著，而城市化进程较快的地区住房价格上涨速度也较快。

国外文献也对住房价格的影响因素展开了大量研究，这些文献通过建立各种理论模型和使用多种计量方法探讨了居民收入、住房租金、利率、股市、建筑成本、土地成本、税收、住房管制和市场结构等诸多因素对住房价格的影响，但得出的结论却并不是唯一的，差异和矛盾之处较多，这主要是由于研究角度和研究方法等不同，也由于不同的经济环境各种因素对住房价格的影响形式和力度也不尽相同。在诸多研究住房价格文献中，很多文献声称住房价格和基本因素如居民收入等有一种长期稳定的内在的关系，并利用特定的误差修正模型去估计验证（Abraham 和 Hendershott，1996；Malpezzi，1999；Capozza et al.，2002；Meen，2002）。不过 Poterba（1992）在研究中隐含地表明了住房价格和居民收入并不存在这样一种关系。Gallin（2004）利用 1970～2003 年的季度集合数据研究发现住房价格和租金的走势相符合，价格—租金比率可以被用作对住房价格未来走势的长期预测指标。但是，Himmelberg，Mayer and Sinai（2005）利用高频度的截面数据研究发现价格和租金以及价格—租金比率本质上没有直接的关系，所以不能被用来判断住房市场是否高估。

上述所涉文献有很大一部分文献研究房价的影响因素，这包括基本因素、货币因素和其他因素等，但没有采用系统指标体系来研究和测算住房的基本价值潜力，有的文献虽然采用了比较系统的指标体系，但只侧重于研究城市住房开发投资潜力，而忽略存量住房升值潜力研究。虽然各种文献研究结论不尽相同，基本因素对住房价格的影响或显著或不显著，但基本因素对住房价值的影响无疑是最为根本的，如果排除一些外在冲击的话（例如假定制度和政策等不变），基本因素也将成为住房价格的决定性影响因素，住房价值和住房价格也将趋于一致。本章就试图通过研究找出影响城市住房价值的基本因素，并在分析这些基本因素关系的基础上编制系统的指标体系，对城市住房价值潜力展开研究。

（二）理论框架

本章试图从住房现实需求、住房潜在需求、住房潜在供给、住房生活环境和城市经济发展等五个方面来研究住房价值潜力。住房现实需求是指城市居民当前的需求情况，特别是指有购买能力的需求，通常由人们的收入水平和财产存量来描述；住房潜在需求则指城市居民未来对住房的需求状况，通常由人们当前居住条件、未来城市化速度、人口总量和人口结构等指标来描述；住房潜在供给则指城市未来向人们提供住房的能力，主要由城市空间状况、土地供应状况、人口密度等指标来描述，住房潜在供给与住房潜在需求、住房现实需求一起直接决定了城市住房市场价值状况及未来潜力；住房生活环境则指住户或居民生活、学习、医疗、娱乐、购物等方面的环境，它对住房市场价值长期提升具有重要的作用；城市经济发展则指城市经济发展结构、经济发展水平和经济发展速度，表示一个城市的价值创造能力，会从根本上影响城市住房市场价值。

二　住房价值潜力分析与预测

（一）住房价值潜力分析：1998～2007年中国住房市场价值由于经济增长、城市化、人均收入和成本提高及预期因素带动住房市场价值大幅上升

中国城市住房市场价格在1998～2007年间上升较快，虽然住房市场价格不等同于住房市场价值，但是毕竟能够在一定程度上反映住房市场价值的上升趋势。图12－1描述了1998～2007年中国住房价格变化情况。从图12－1中可以看出，中国住房价格总体来说保持了较高的同比增速，特别是从2003年开始，增速迅速上升，2009年达到9.4%，由于普通住房占据着住房市场的主导地位，因此其增速与住房价格总体增速较为一致，而经济适用房同比增速相对要低，走势也较为平稳，高档住房价格同比增速则波动较为剧烈，而且在2003年后开始迅速升高。图12－1还显示，住房价格和城市居民消费价格的变化趋势较为一致，但是住房价格变化率水平却远高于城市居民消费价格指数的变化率水平。不

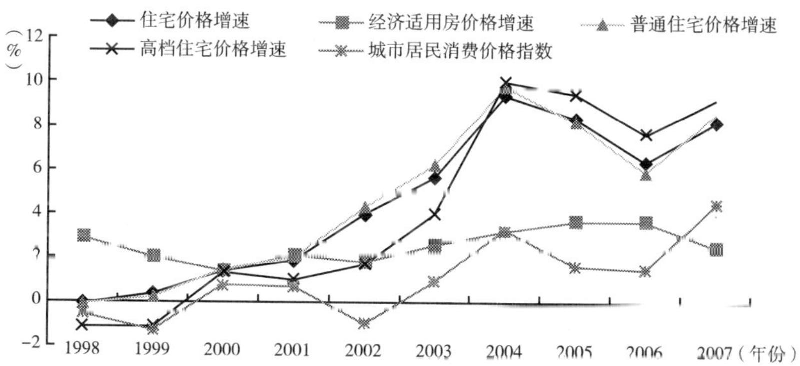

图12－1　1998～2007年中国住房价格变化情况

资料来源：根据《中国统计年鉴》（1999～2008年卷）相关数据计算而得。

过，由于住房住市场具有一定的区域垄断性，即特定区域的土地供给是既定的，随着城市空间的向外围扩展，新建住房越来越远离市中心而向郊区延伸，因此，就特定区域而言，在其他条件不变的情况下，住房市场价格实际上升幅更大。住房市场价格的上升具有一定的价值内涵，而住房市场价值上升的具体推动因素有许多种基本因素。

1. 住房需求：人们住房可负担能力显著提高，住房需求人口迅速增加

人们住房购买能力提高迅速。中国 2007 年商品住房销售价格为每平方米 3645 元，城镇人均可支配收入为 13786 元，分别是 1998 年的 1.97 倍和 2.54 倍，城镇居民住房负担相对能力有所提高。如果考虑户均规模的变化，并以建筑面积 90 平方米的住房为基准，则可以计算出各年的房价收入比（如图 12 －2）。在 1998 年，中国房价收入比为 9.7，2008 年为 8.2，房价收入比总体上有所下降。从这一指标我们可以初步得出这样的结论，在不考虑一些结构性因素的情况下，虽然中国住房市场房价收入比明显比国际上许多国家高许多，但就变化趋势而言住房市场价格基本上反映了住房市场价值。但是，这一结论是值得商榷的：首先，因为中国收入分配差距从 1998 年以来迅速扩大，基尼系数由 1998 年的 0.386 上升到 0.48，这使得对于部分家庭而言，住房负担能力反而有所恶化；其次，2007 年全国地区建成区面积是 1998 年的 1.66 倍，2007 年征用土地是 1998 年的 2.36 倍，城市空间的外延拓展使新增住房更多地分布在距离市中心较远的地方，住房价格相对较低，而市中心的住房价格则上升较多；再次，商品住房竣工面积占城镇住房竣工面积的比重也提高很快，1998 年这一比重为 29.68%，而

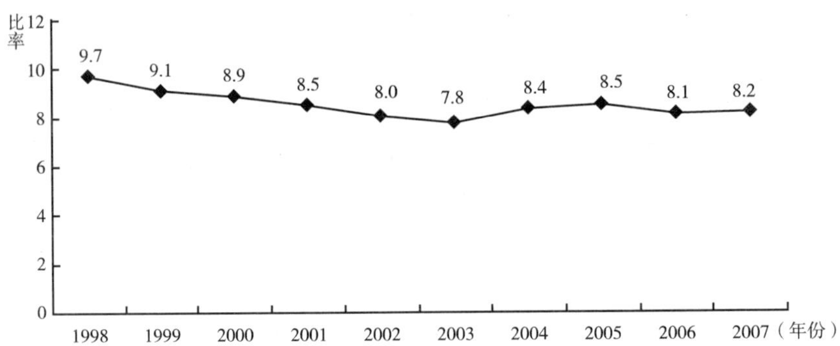

图 12 －2　1998 ~2007 年中国平均城镇房价收入比

资料来源：根据《中国统计年鉴》（1999 ~2008 年卷）相关数据计算而得。

2007 年达到 72.43%，这表明绝大多数人再享受不到购买非商品住房的优惠，不得不购买价格昂贵得多的商品住房；最后，中国大城市房价收入比普遍高于全国平均水平，也使得这些城市居民特别是较低收入居民不堪重负。这些因素的存在使中国虽然房价收入比名义上比 1998 年有所降低，但是居民特别是中低收入阶层的实际负担却增加较多。不过，尽管如此，中国房价收入比的略为降低表明住房市场价格变化在一定程度上还是能够反映住房市场价值变化的，但是就住房价格水平而言，由于房价收入比较高，从居民负担程度角度讲，住房价格水平依然偏高，依然对住房市场价值有所偏离。

中国对住房有需求的人口也增加很快。中国城市人口所占总人口比重由 1998 年的 33.35% 提高到 2007 年的 44.94%，人口结构和家庭结构也发生了深刻的变化，1998 ~ 2007 年中国城镇居民平均每户规模由 3.16 人下降到 2.91 人。而人们收入水平的提高也带动了居住条件进一步改善，人均建筑面积从 1998 年的 17.8 平方米增加到 2007 年的 28.0 平方米。城市化的推进、家庭规模的趋小和人们收入提高带来的改善居住条件需求等因素使中国住房需求迅速增加，也在一定程度上提升了住房市场价值。

2. 住房供给：土地供给趋于紧张，新建住房供给成本上升较快

中国住房供给成本的上升也推动了住房价值的上升。1998 ~ 2007 年中国房地产开发企业单位土地购置费用增加了 226%，单位城镇竣工住房造价则上升了 98%，成本的上升直接推动了新建住房价值的上升，而存量住房的价值也会相应上升。假定一套住房为 1998 年所建，住房产权期限共为 70 年，那么 1998 ~ 2007 年 10 年间按直线平均折旧法计算的住房折旧成本只占整套住房成本的 14.3%，那么在其他条件都不变的情况下，折余成本应该比复制型新建住房成本低 14.3%，而新建住房造价已比 1998 年上升 98%，则相应该存量住房 2007 年的折旧后的重置成本价应该比 1998 年上升 69.7%。其实，如果再考虑其他条件的变化，比如随着城市化进程的加速，土地供给日益紧张，土地成本上升等，该存量住房价值应该上升更多。当然，也有一些因素会抵消住房价值的上升，如存量住房户型或许已经过时，不再受欢迎。

3. 住房生活环境：居住环境和配套设施渐趋完善

随着中国经济发展和人民生活水平的富裕，人们对居住的购物环境、出行条件、卫生状况以及教育文化和公共娱乐场所等设施要求越来越高，存量住房由于建成较早，区域位置和基础条件较好，人们的居住环境较好，配套基础设施也较为完全，从而使存量住房市场价值得到大幅提升。比如，质量较好的中小学校旁边、公园河流等风景优美地带，住房市场价值普遍高于其他区域。新建住房也由于越来越需要满足人们对居住环境、文化环境和购物环境的高要求，开发成本也有上升趋势，抬高了住房市场价值。

4. 城市经济发展：区域经济价值创造效率大幅提高

经济水平发展较高的城市，甚至是城市某一经济发展水平较高的区域，由于能够创造较高的经济价值，当地住房市场价值也会上升。比如，市中心区域的住房市场价值如果不能随着区域经济价值创造效率的提高而提高，则通过改造或拆迁开发商业地产的效益可能会更高，从而只有住房市场价值得到相应提升才可能达到一种均衡。而且，区域经济价值效率高的地方，从业者的收入水平也会较高，这些高从业者在此地购置住房而节省下来的交通成本和时间成本也就更多，从而也具有更强烈的在此区域购房的意愿，而且也具有更强的负担能力，竞争的结果是该区域的住房价值得到提升，从而达到一种新的均衡。因此，无论是新建住房还是存量住房，区域经济价值创造效率提高较快的地区，住房市场价值也提升较快。

总之，中国经济效率的提高、人们收入水平的增加、城市化的推进以及高速发展带来的成本迅速上升，都会推动中国住房市场价值的快速提升。

（二）中国住房价值潜力预测：高速经济增长、城市化加速、供给成本上升将推动住房市场价值持续增加

1998～2007 年中国住房市场价值升幅较大，中国在未来几年依然具有较大的住房价值潜力，这是因为影响中国住房市场价值的基本因素的变化趋势没有发生较大的改变，经济增长迅速，人们可支配收入增加，城市化水平持续提高，供给成本会继续上升，居住环境将日益改善，改善性需求稳定增加等。不过，政府住房供给能力在将来有望提高，会在一定程度上削弱人们对商品住房的需求，从而将对住房市场价值上升产生抑制作用。而且，政府住房市场管制政策对于住房实际价值也会产生影响，比如持有环节税收和流通环节税收高低，对于住房市场真实价值也有深刻影响。我们通过比较一下中国与美国、英国、日本和韩国住房市场的一些关键指标数据来说明中国住房价值潜力情况。

1. 住房现实需求：人均收入水平偏低决定了较低的住房现实需求能力，但也使住房市场价值具有提升的空间

人均可支配收入水平是影响消费需求结构和住房购买能力的重要因素，中国与美国、英国、日本和韩国相比，人均可支配收入水平仍然偏低，这也决定了住房现实需求能力相对较弱。2007 年中国人均可支配收入为 1315 美元，而美国、日本和韩国则分别为 32290 美元、21030 美元和 13600 美元，这些数据表明尽管中国改革开放已经取得了伟大的成就，人们收入水平迅速增长，但是就绝对水平而言，中国收入水平仍然偏低。中国住房现实需求能力偏弱表明中国住房市场价值相比之下也较低，但是这也使住房市场价值有进一步提升的空间。

2. 住房潜在需求：城市化加速、人均收入提高和消费结构转变将持续推高住房市场需求

中国未来城市住房市场需求潜力依然将会快速增长。这主要体现在三个方面：一是城市化处于加速阶段，将有越来越多的农村剩余人口转移到城市中来；二是经济发展较快，人均可支配收入提高较快，住房潜在需求转化为实际需求的能力越来越强；三是中国城市人均居住面积仍然较低，依然有进一步提高的趋势；四是在未来 10 年中国人口依然能够保持一定的增长速度。

表 12－1 描述了中国和美国、英国、日本及韩国住房市场需求潜力的对比情况。表 12－1 显示，2005 年中国城市化水平只有 40.5%，还不到其他四国城市化水平的一半，这表明中国城市化水平有很大的提升空间。事实上经验表明，当一个国家城市化水达到 30%时，就会进入快速城市化阶段，这就会使大批农村人口转变为城市人口，从而增加对城市住房的需求。就 GDP 增长率而言，中国 2002～2007 年年平均增长率达到 10.59%，远远高于其他四个国家，是增长率最低的日本的近 5 倍，是增长率较高的韩国的 2.4 倍。GDP 增长率较高的国家往往人们可支配收入增长率也较高，人们住房需求增长也会较快。就住房面积而言，中国人均使用面积在 2007 年约为每人 20.7 平方米，而美国和英国在 2000 年分别达到 60.1 平方米和 38.1 平方米，日本和韩国在 2000 年分别为 31.4 平方米和 24.1 平方米，与这些国家相比中国人均住房面积还有较大的提升空间。不过中国住房面积究竟要达到什么水平，还要视中国资源承载能力而定，然后加之政府政策的正确引导。美国人均 60 平方米的住房面积肯定不能作为中国的住房目标，日本和韩国的住房水平从长期来说对于中国偏低，或许英国等欧洲国家的约 40

平方米的住房水平可以作为中国住房面积追求的理想目标。但不论怎样，中国人均住房面积还将随着经济发展和人们富裕程度的提高而进一步提高则是确定的。就人口而言，中国2007年人口增长率为0.56%，低于美国，与英国相当，但高于日本和韩国。人口总量的增长也是中国住房需求进一步增加的不竭源泉之一，而人口结构也是未来一段时期中国住房需求增加的重要因素。1962～1971年这10年是中国出生率较高的时期，年出生人口都在3%以上，是新中国成立后人口出生的第一个高峰期，它直接导致了1981～1990年第二个10年人口出生高峰期，年人口出生率都在20%以上。第二个高峰期出生人口从2005年后陆续进入婚育期，对住房需求较为强烈，在今后几年依然是拉动住房需求的重要力量。

表12－1 中国与世界国家住房市场需求潜力比较

	城市化水平(%)(2005年)	GDP平均增长率(%)(2002～2007年)	人均居住面积(平方米)(2000年)	人口增长率(%)(2006年)
中　国	40.50	10.59	20.7①	0.56
美　国	80.80	2.85	60.1	0.97
英　国	90.00	2.78	38.1	0.54
日　本	83.00	2.12	31.4	0.01②
韩　国	80.80	4.43	24.1	0.26

注：①为2007年估计数据；②为2005年数据。
资料来源：Google网络搜索，《中国统计年鉴》(2008年卷)。

总体而言，城市化水平、经济增长、住房面积需求和人口因素等方面共同决定了中国未来还将有较大的住房需求，住房市场需求潜力也明显比美国、英国、日本和韩国等国家大。但是，也应该看到，这些国家由于住房市场较为成熟，城市住房存量较大，更新性住房需求自然也较大，而且，如美国等国家木质住房较多，使用年限较短，更新较快，也在一定程度增加了其未来住房需求潜力。

3. 住房潜在供给：住房市场供给面临较大压力，迫切需要合理规划破解供给难题

随着中国住房制度的改革，住房供给能力已经有了很大提高，房地产开企业迅速发展壮大，设计开发和建造能力大幅增强。但是，同时也要看到，随着中国城市化进程的加快，城市资源承载压力越来越大，城市住房开发面临着土地资源制约和空间规模延伸带来的交通制约等，住房市场供给潜力也受到一定的影响。

表12－2描述了中国与美国、英国、日本和韩国等四国住房市场供给潜力的对比情况。就人口密度而言，2006年中国为每平方公里141人，远高于美国的每平方公里33人，尽管如此，中国人口密度仍然低于英国、日本和韩国许多。就人均耕地面积而言，2003年中国为每人1.59亩，而美国为10.51亩，不过仍然高于日本和韩国，与英国相当。再看新建商品住房，2007年中国为4401200套，高于其余四国，而中国人均新建商品住房套数为0.00334，低于美国的0.00497和韩国的0.00391，但高于英国和日本（2003年）。中国新建商品住房人均套数较低是因为农村人口依然较多，较大的基数降低了新建商品住房人均套数，如果只按照城镇人口作为基数计算，则将会大幅增加，将高于其余四国。总体而言，美国在所比较的国家中住房供给潜力较强，中国与之相比略低，但还是要高于英国、日本和韩国，这也是说明中国在将来城市化过程中不必单纯借口人均资源贫乏而过分限制住房发展，只是要注意住房结构调整和城市土地的合理规划使用。

表12－2　中国与世界国家住房市场供给潜力比较

	人口密度（人/平方公里）(2006年)	人均耕地面积（亩/人）(2003年)	新建商品住房(2007年)	
			数量(千套)	人均套数(套)
中国	141	1.59	4401.2	0.00334
美国	33	10.51	1502.8	0.00497
英国	250	1.60	191.7	0.00315
日本	350	0.53	1103.0①	0.00285③
韩国	490	0.60	190.0②	0.00391

注：①、②为2003年数据。③为估计数字。

资料来源：Google网络搜索，《中国统计年鉴》（2008年卷）。

4. 城市生活环境：改善速度加快，提升住房市场价值

中国属于发展中国家，在住房生活环境方面与发达国家或新兴工业化国家相比还有相当大的差距，即使在气候环境方面也存在不足之处。例如，中国的森林覆盖率只有16.5%，而日本则达到67.0%，韩国达到64.0%，美国也达到33.0%，都远远高于中国。就二氧化碳排放量而言，中国也已经超过美国成为世界排放量最多的国家。表12－3描述了中国与美国、日本和韩国二氧化碳排放量情况。中国在2007年二氧化碳排放量达到了60.28亿吨，而且，人均排放量只有4.57吨，随着中国城市化和消费水平的提高，排放量仍然会持续增加。

表12－3　中国与世界国家2007年二氧化碳排放情况

	排放总量(亿吨)	人均排放量(吨)		排放总量(亿吨)	人均排放量(吨)
中国	60.28	4.57	日本	12.33	9.68
美国	57.698	19.1	韩国	4.889	10.09

资料来源：国际能源机构（IEA）编著的《2009世界能源主要统计》。

不过，中国也正采取措施减少废气污染物的排放，并且也已经取得了显著的成效。表12－4显示了中国废气中主要污染物的减排情况。中国二氧化碳排放量2007年开始下降，烟尘排放量和工业粉尘排放量则从2006年就已经开始下降。

表12－4　中国废气中主要污染物排放情况

年份	二氧化硫排放量(万吨)	烟尘排放量(万吨)	工业粉尘排放量(万吨)
2005	2549.3	1182.5	233.6
2006	2588.8	1088.8	224.3
2007	2468.1	986.3	215.5

资料来源：国家环境保护总局发布的《2007年中国环境状况公报》。

因此，虽然中国气候环境相对不足，某些污染物依然呈上升趋势，但也有很多污染指标开始下降，环境也将日益改善，城市也会越来越适宜人们居住。

5. 城市经济发展：较快的经济发展速度推动中国住房市场价值持续上升

表12－5描述了中国与美国、英国、日本和韩国与住房市场有关的一些关键指标，其中住房价格和租金为代表城市数据。从住房价格5年增长率来看，中国代表性城市上海达到78.69%，远远高于其他四个国家代表性城市的住房价格增长率，这在一定程度上反映了住房价值的提升。但是，仅根据这一点并不能确定未来住房价值如何，因为住房价值是内在的，其变化趋势是相对稳定的，而住房价格是外在的，容易受到外在冲击而过度波动，即使住房价格攀升较快，也不能据此认为住房价值就会增加相应的幅度。我们来观察比较一下租金年收益率、住房价格/年租金比率，以及住房价格/人均GDP比率。中国代表性城市租金年收益率为3.55%，低于美国和日本，高于英国和韩国，而住房价格/年租金比为

表 12-5 中国与世界国家住房市场关键指标比较

	住房价格（美元/平方米）	住房价格 5 年增长率（%）	年租金（美元/平方米）	租金年收益率（%）	住房价格/年租金比（比率）	住房价格/人均 GDP（比率）
中国	2834	78.69	1006	3.55	28	85.48
美国	14898	-11.82	6516	4.37	23	31.79
英国	17305	6.76	6028	3.48	29	45.95
日本	13814	-15.05	7854	5.69	18	35.83
韩国	11538	20.98	2365	2.05	49	70.98
	流通成本比重（%）	**租金有效税收（%）**	**资本利得有效税收（%）**	**人均 GDP（美元）**	**人均 GDP 5 年增长率（%）**	**产权保护程度（指数）**
中国	5.26	5.00	4.66	3315	10.24	20
美国	9.07	30.00	12.50	46859	1.55	90
英国	5.03	0.00	31.24	43785	1.76	90
日本	8.51	3.40	3.98	38559	1.68	70
韩国	22.08	3.38	9.12	19505	3.92	70

注：①住房价格和租金是所比较的国家的重要城市中心区域 120 平方米住房的价格和租金，这五个城市分别是上海、纽约、伦敦、东京和首尔。中国、美国和日本的住房价格及租金为 2009 年第 1 季度数据，日本和韩国为 2008 年数据，相应住房价格 5 年增长率也分别是截至 2009 年第 1 季度和 2008 年的增长率。

②租金年收益率是指租金占住房价格的比重。

③流通成本比重指购买和售出住房成本占住房价值的比重。

④人均 GDP 为 2006 年数据，人均 GDP 5 年增长率是 2001～2006 年的年均增长率。这两个指标为国家数据。

⑤产权保护指数是指私有产权的保护程度，数值为 0～100，越高代表产权保护程度也高。该指标为国家数据。

资料来源：Global Property Guide（http：//www.globalpropertyguide.com）。

28，也相应高于美国和日本，低于英国和韩国，表明就住房价格和租金水平来说，中国住房价格处于中等水平，而且 3.55% 的租金收益率加之一定程度的住房升值预期，相比于储蓄存款收益来说投资住房依然有利可图，从而会持续吸引资金进入。不过，当我们来观察住房价格和人均 GDP 比率时，可以发现该比率高达 85.48，远远高于美国、英国和日本，也高于韩国。这表明尽管从住房价格和租金收益来说，住房价格并不存在严重的泡沫，可是从住房价格和人均 GDP 比率来看，则住房价格比起其国家而言已经远远高估，这也表明中国居民承担了相对于经济发展水平和收入水平而言过重的居住支出负担，无论是购买住房还是租赁住房都是如此。如果考虑到其他国家住房价格也因为经济周期和流动性原因处于较高的水平，中国住房价格更是显得过高，偏离住房价值过多。不过中国住房价格偏离住房价值较多除了周期性原因、制度性原因和市场结构外，这种偏离也具有一定的基础，这就是中国较快的人均 GDP 增长率。从表 12－5 可以看出，中国人均 GDP 5 年增长率达到 10.24%，而美国、英国和日本都不到 2%，也高于韩国许多。如果各国住房价格保持现有水平不变，那么按照各国不同的人均 GDP 增长率来算，10 年后中国住房价格和人均 GDP 比率将降为 32.25，而美国、英国、日本和韩国将分别降为 27.26、38.59、30.33 和 48.32，虽然仍然高于美国和日本，但将明显低于英国和韩国。因此，经济快速增长带来的住房价值提升预期是中国现阶段住房价格居高不下的重要原因之一。尽管这种高水平的住房价格有部分合理的解释因素，但这是以牺牲购房者当前利益为代价的，虽然若干年后可以通过住房价格上涨获得一定的补偿，却不得不承受目前的沉重购房负担。而且，如果在将来经济增长率有所下降的话，甚至不能在未来获得补偿，则当前的购房者更是承担了永久的购房负担。从这个角度讲，通过制度安排和政策引导适当降低住房价格对住房价值的偏离程度，则有利于人们总体福利水平的提高。

表 12－5 还表明，中国流通成本比重相对较低，与英国相当，美国和韩国流通成本比重较高。中国租金有效税收高于英国、日本和韩国，但低于美国。中国资本利得税较低，略高于日本，远低于英国和美国。美国流通成本、租金有效税收和资本利得税收都远比中国高，较高的成本和税收在一定程度上会抑制住房价格的上涨，但也对住房市场价值有不利影响。不过，针对中国目前住房价格偏离住房价值过多的现实情况，可以适当通过流通成本和住房税收的调整抑制住房价格上涨，虽然这样也会降低住房市场价值，但流失的住房市场价值更多地将转移到政府手中，而且这种住房价值的下降也将小于住房价格的下降，从而有利于缩小住房价格和住房市场价值的偏离程度。还有，中国住房保护程度较低，产权保护指数只有 20，这对于中国住房市场价值的提高有不利影响。一个例子是小产权房，这种住房产权和交易法律不予保护，而各地针对小产权房的政策又不统一，而且变化频繁，对这类住房的市场价值的提高起到了很严重的抑制作用，也容易造成许多社会问题。

总之，中国经济快速发展和城市化进程的加速，将是中国未来住房市场价值提升的最基本推动因素，同时生活环境改善也较快，这些都使得中国未来住房市场价值高于其他国家。但是，在目前阶段，中国住房市场价格已经高于住房价值较多，存在一定程度的泡沫，从而导致长期住房价值提升并不一定带来住房价格的同等幅度的上升，因为住房价格已经在很大程度上提前反映了这种变化。当然，就近期而言，也不排除价格偏离价值的程度有所加大，但总体来说，随着中国经济的成熟和城市化水平的提高，这种预期导致的偏离势必会越来越小，从这个角度来讲，如果不考虑宏观经济周期因素和其他不确定的因素，从长期来看，中国住房价格在未来的涨幅已经很难再如过去几年内那样巨大。

三　住房价值潜力指数：重点城市比较与分析

（一）指数的构建

1. 指标筛选与体系构建：5 项一级指标和 7 项二级指标构成完整指标体系

我们通过构建相对完整的指标体系来研究城市住房价值潜力，这种研究方法有利于比较全面地考察和研究影响一个城市住房价值潜力的因素，同时有利于进行城市住房价值潜力的比较和分析。

住房价值潜力指标体系的构建需要一定的理论基础。我们所选取的住房价值潜力指标的理论依据是国内外各类相关的研究文献和研究报告，涉及的理论包括住房供求理论、住房价格决定理论和城市开发理论等，我们根据各类文献的理论研究成果进行指标筛选，并据此初步确定指标体系的层级结构。我们最初选择了27 个指标作为备选指标，这些指标包括人均可支配收入、人均可支配收入增长率、人均储蓄额、人均储蓄增长率、城市就业人口、城市就业人口增长率、人均住房面积、商品住房吸纳率、商品住房开发量增长、土地可开发程度、城市人口密度、城市生活环境、城市经济规模、城市经济增长和城市化水平等 15 个指标，我们通过相关性分析，发现人均可支配收入增长率、人均储蓄额增长率、城市就业人口增长率和城市经济增长率与反映住房市场价值的主要指标住房价格相关性较低，最大者仅为 0. 321，但是由于变量增长变化指标可以长期动态地反映住房变化的根本性影响因素，并且各增长性变量间存在一定的相关关系，所以只保留城市经济增长这一最为综合最为根本、与住房价格相关性也相对较强的增长性指标。人均住房面积、商品住房吸纳率、商品住房开发量增长、土地可开发程度等指标与住房价格相关性较弱，最终也不予选取。城市化与住房价格相关性较大，但却是一种正相关关系，而理论通常认为城市化水平低者住房价值潜力较大，所以不适用于作为衡量城市住房价值潜力的指标。这样，我们的最后指标体系只包含人均可支配收入、人均储蓄额、城市就业人口、城市人口密度、城市生活环境、城市经济规模和城市经济增长率7项指标。根据前面介绍的理论框架，以及我们最终选取的7项指标，最终的指标体系层级结构见表12－6。

表12－6　城市住房价值潜力指标体系

一级指标	二级指标	备注
Z1　住房现实需求	Z1.1　人均可支配收入	城镇人均年可支配收入
	Z1.2　人均储蓄额	市辖区人均年末银行储蓄额
Z2　住房潜在需求	Z2.1　城市就业人口数量	市辖区各行业所有就业人员
Z3　住房潜在供给	Z3.1　城市人口密度	每平方公里常住人口数量
Z4　住房生活环境	Z4.1　城市生活环境	气候、风景、交通、购物、美食和娱乐的主观评分
Z5　城市经济发展	Z5.1　城市经济规模	城市GDP总量
	Z5.2　城市经济增长率	城市GDP 2002～2007年年均增长率

我们构建的指标体系包括5项一级指标和7项二级指标。一级指标分别是城市经济发展、住房现实需求、住房潜在需求、住房潜在供给和住房生活环境。城市经济发展包含城市经济规模和城市经济增长率两项指标，分别反映城市静态的价值创造能力和动态的价值创造能力；住房现实需求包含人均可支配收入和人均储蓄额两项指标，分别反映居民的已有负担能力和长期负担能力；住房潜在需求包括城市就业人口和城市人口密度两项指标，城市就业人口反映了城市经济活动人口对住房的需求能力，人口密度则反映了城市单位面积承载状况，从侧面反映了人口对城市既定面积土地和住房的相对需求量；住房生活环境包含城市生活环境，主要从城市的气候、风景、交通、购物、美食和娱乐等方面描述住房所在城市的综合生活环境。城市经济效率水平、居民住房负担能力、居民对住房的需求和城市生活环境是一个城市住房价值提升的主要决定因素。

不过，需要指出的是，一般文献通常认为城市化水平、土地可供应程度和人均住房面积也是影响城市住房市场价值的重要因素，但是正如前面指出的，我们的研究发现，土地可供应程度和住房人均住房面积与城市住房价格并没有十分相关的关系，城市化水平与城市住房价格的相关关系比较显著，但是和理论认为的城市化水平较低的城市住房价值潜力较大从而二者呈现负相关的观点并不相符，我们的检验结果证明二者呈现出较明显的正相关关系。我们认为，土地可供应程度与住房市场价值应该呈现出较强的负相关关系，但是按照我们的计算公式，即土地可供应程度 =1 - 市辖区建成区面积/市辖区行政区面积，负相关关系并不明显，这种情况可能的解是，尽管按照该公式计算的各城市土地可供应程度差别较大，但即使土地可供应程度较低的城市在过去和目前，甚至是未来的一段时期，土地供应并没有对住房供给形成紧约束，不过随着城市空间规模的扩大，土地供应对住房供给形成的约束或许会逐步显现，从而也会和住房市场价值呈现出比较明显的负相关关系，基于此，我们目前对住房价值潜力的衡量指标不拟包含该指标。人均住房面积与住房市场价值的负相关关系不明显的原因是，比较富裕的大城市住房面积提升较快，人均住房面积较多，而这些城市也是住房价格水平较高的城市，中国这样一个阶段还远没有结束，从而我们也不认为人均住房面积较低的城市住房价值潜力就大，因此也不拟纳入我们的指标体系。还有城市化水平也是类似的原因，即中国城市化水平较快的城市都是一些经济发达、规模较大的城市，住房市场价值提升也较快，并且这样一个阶段也不会很快结束，即城市化水平低的城市在未来也不代表城市住房市场价值较高，因此也不拟纳入我们的指标体系。

2. 样本数据来源：35 个大中城市作为样本采集数据

我们选取全国 35 个大中城市为样本城市来研究住房价值潜力，这 35 个大中城市分别为北京、天津、石家庄、太原、呼和浩特、沈阳、大连、长春、哈尔滨、上海、南京、杭州、宁波、合肥、福州、厦门、南昌、济南、青岛、郑州、武汉、长沙、广州、深圳、南宁、海口、重庆、成都、贵阳、昆明、西安、兰州、西宁、银川和乌鲁木齐，这些城市都是全国各省、自治区和直辖市（西藏除外）的省会城市和计划单列市。入选的样本城市都是中国重要的政治经济文化中心，房地产市场发展相对成熟，而且也是房地产市场存在问题较多的地区，深入分析这些城市的住房市场价值现状和潜力状况，有利于探讨和发现城市住房需求、住房供给和住房价格方面的问题，以相应做出政策引导，合理规范未来房地产市场的健康发展。

样本城市数据具体是，城市经济规模和城市经济增长率来源于中华人民共和国国家统计局城市社会经济调查总队编《中国城市统计年鉴》（2003 ~ 2008 年卷），人均可支配收入、人均储蓄率、城市就业人口和人口密度来源于中国房地产信息网（http：//www. crei. cn/），而城市生活环境来源于携程网（http：//www. ctrip. com/）。

3. 指标权重确定：住房潜在需求与住房潜在供给最大，城市生活环境最小

我们根据模糊曲线分析法的原理，通过程序分析影响城市住房价格的各指标变量的相对重要性，根据程序产生的二级指标变量的方差贡献率确定其权重，据此合成一级指标，再根据一级指标变量的方差贡献率确定其权重，最终合成得到住房价值潜力指标值。正规化后的各级指标的具体权重见表 12－7。

表 12－7　城市住房价值潜力指标权重

一级指标		二级指标	
指标名称	指标权重	指标名称	指标权重
住房现实需求	0. 1907338	人均可支配收入	0. 534238
		人均储蓄额	0. 465762
住房潜在需求	0. 273164	城市就业人口数量	1
住房潜在供给	0. 231177	城市人口密度	1
住房生活环境	0. 111199	城市生活环境	1
城市经济发展	0. 193728	城市经济规模	0. 535477
		城市经济增长率	0. 464523

（二）指数实证分析

1. 城市住房价值潜力比较：上海、深圳、北京和广州名列前茅，贵阳、海口和南宁暂居后三

根据上述指标体系和各级指标的权重，我们测算出 35 个大中城市住房价值潜力指标数值和排名，以及二级指标数值和排名。表 12－8 列出了城市住房价值潜力各项合成指标的排名和综合排名。表 12－9 则列出了城市住房价值潜力的单项指标数据和排名。

住房价值潜力的综合排名结果依次是深圳、上海、北京、广州、天津、南京、杭州、武汉、厦门、成都、大连、青岛、重庆、沈阳、宁波、济南、西安、郑州、长沙、哈尔滨、福州、太原、南昌、合肥、石家庄、昆明、长春、兰州、西宁、乌鲁木齐、银川、呼和浩特、贵阳、海口和南宁。

表 12-8 城市住房价值潜力综合及合成指标排名

城市	综合排名及数值		住房现实需求		住房潜在需求		住房潜在供给		住房生活环境		城市经济发展	
	排名	数值	排名	数值	排名	数值	排名	数值	排名	数值	排名	数值
深圳	1	1	1	1	3	0.756	1	1	7	0.867	3	0.900
上海	2	0.986	4	0.680	1	1	2	0.849	14	0.844	1	1
北京	3	0.879	3	0.685	2	0.964	7	0.545	14	0.844	2	0.908
广州	4	0.803	2	0.692	5	0.669	4	0.619	7	0.867	4	0.862
天津	5	0.691	14	0.495	6	0.647	10	0.534	34	0.689	6	0.775
南京	6	0.683	8	0.542	10	0.533	5	0.574	7	0.867	15	0.700
杭州	7	0.683	6	0.612	13	0.508	15	0.479	3	0.956	11	0.726
武汉	8	0.680	20	0.448	7	0.622	6	0.557	7	0.867	19	0.671
厦门	9	0.654	7	0.586	23	0.366	3	0.654	1	1	25	0.581
成都	10	0.650	19	0.458	12	0.518	9	0.543	6	0.889	18	0.673
大连	11	0.647	13	0.503	9	0.536	24	0.405	2	0.978	14	0.701
青岛	12	0.644	9	0.526	16	0.421	14	0.484	3	0.956	10	0.744
重庆	13	0.637	33	0.367	4	0.691	27	0.371	14	0.844	17	0.689
沈阳	14	0.624	18	0.460	11	0.525	19	0.435	21	0.822	12	0.707
宁波	15	0.601	5	0.618	28	0.309	23	0.409	3	0.956	13	0.701
济南	16	0.598	15	0.493	15	0.437	12	0.499	32	0.733	20	0.656
西安	17	0.593	23	0.419	14	0.494	11	0.504	14	0.844	30	0.552
郑州	18	0.583	16	0.474	22	0.372	8	0.544	33	0.711	21	0.654
长沙	19	0.567	12	0.504	21	0.373	21	0.424	14	0.844	23	0.615
哈尔滨	20	0.564	28	0.399	8	0.552	32	0.272	7	0.867	22	0.617
福州	21	0.558	10	0.518	25	0.355	20	0.429	7	0.867	29	0.567
太原	22	0.546	17	0.460	18	0.408	22	0.414	24	0.800	31	0.546
南昌	23	0.541	27	0.402	20	0.373	17	0.448	21	0.822	26	0.575
合肥	24	0.538	24	0.413	26	0.352	16	0.471	24	0.800	28	0.569
石家庄	25	0.523	21	0.440	30	0.297	18	0.440	30	0.756	24	0.613
昆明	26	0.52	22	0.433	17	0.418	29	0.330	7	0.867	32	0.500
长春	27	0.516	26	0.404	19	0.374	26	0.383	30	0.756	27	0.574
兰州	28	0.514	34	0.365	31	0.292	31	0.309	14	0.844	9	0.755
西宁	29	0.512	35	0.357	34	0.272	30	0.322	21	0.822	5	0.779
乌鲁木齐	30	0.505	31	0.388	24	0.360	33	0.261	35	0.667	8	0.758
银川	31	0.504	25	0.406	32	0.287	34	0.254	24	0.800	7	0.766
呼和浩特	32	0.501	11	0.506	35	0.262	35	0.252	24	0.800	16	0.695
贵阳	33	0.490	29	0.396	27	0.336	25	0.391	14	0.844	34	0.456
海口	34	0.485	30	0.395	33	0.286	13	0.493	24	0.800	35	0.404
南宁	35	0.464	32	0.382	29	0.307	28	0.337	29	0.778	33	0.492

表 12-9　城市住房价值潜力单项指标数据和排名

城市名	人均可支配收入		人均储蓄额		城市就业人口		城市人口密度	
	元	排名	元	排名	万人	排名	人/平方公里	排名
深　圳	33592.78	1	178895.75	1	494.25	3	4334.02	1
上　海	23622.73	2	71248.66	4	872.00	1	2909.80	2
北　京	23029.35	3	78558.68	3	809.96	2	995.04	7
广　州	22469.22	4	86567.16	2	386.19	5	1351.89	4
天　津	16357.35	13	40269.34	16	360.69	6	948.13	10
南　京	20317.17	8	35119.40	20	243.81	10	1126.10	5
杭　州	21689.36	6	53783.10	5	221.30	13	726.90	15
武　汉	14357.64	18	34595.91	21	332.99	7	1048.97	6
厦　门	21502.76	7	44311.26	11	113.54	23	1547.04	3
成　都	14849.23	16	35463.73	19	229.71	12	985.47	9
大　连	15108.63	15	51074.07	7	246.54	9	483.53	24
青　岛	17855.83	10	42991.79	12	151.11	16	747.14	14
重　庆	13715.25	21	14877.47	35	411.86	4	390.19	27
沈　阳	14606.54	17	37642.54	18	236.45	11	573.94	19
宁　波	22306.66	5	52251.71	6	80.84	28	494.40	23
济　南	18005.10	9	30745.84	24	162.52	15	803.46	12
西　安	12662.03	29	33984.86	22	209.02	14	821.13	11
郑　州	14084.2	19	45925.99	9	117.30	22	987.92	8
长　沙	16153.19	14	44873.37	10	118.15	21	539.22	21
哈尔滨	12772.02	28	26936.57	30	261.73	8	183.71	32
福　州	16764.98	12	46522.56	8	106.67	25	554.91	20
太　原	13745.47	20	42642.76	14	141.67	18	510.71	22
南　昌	13253.35	23	25615.81	32	118.20	20	618.83	17
合　肥	13426.47	22	28207.95	28	105.22	26	698.39	16
石家庄	13204.92	24	38301.82	17	74.61	30	592.85	18
昆　明	12020.85	32	42674.53	13	148.48	17	294.76	29
长　春	12810.91	26	28532.93	27	119.11	19	422.27	26
兰　州	10271.18	35	28852.92	26	71.94	31	251.76	31
西　宁	10636.30	34	24758.07	33	62.21	34	277.54	30
乌鲁木齐	11372.86	33	30448.79	25	109.87	24	166.01	35
银　川	12185.47	31	32023.47	23	69.49	32	155.72	33
呼和浩特	17024.25	11	40292.29	15	57.61	35	153.07	34
贵　阳	12780.51	27	26152.24	31	95.49	27	444.07	25
海　口	12288.96	30	28166.86	29	69.17	33	778.52	13
南　宁	12955.19	25	21387.44	34	79.53	29	308.64	28

续表 12－9

城市名	城市生活环境		城市经济规模		城市经济增长	
	分值	排名	亿元	排名	百分比(%)	排名
深圳	3.9	7	6801.57	4	17.07	6
上海	3.8	14	12188.85	1	12.84	32
北京	3.8	14	9353.32	2	12.74	33
广州	3.9	7	7109.18	3	14.54	20
天津	3.1	34	5050.4	5	14.58	19
南京	3.9	7	3283.73	11	15.42	15
杭州	4.3	3	4100.17	7	14.48	21
武汉	3.9	7	3141.9	13	14.41	22
厦门	4.5	1	1387.85	25	16.24	7
成都	4	6	3324.17	10	13.94	24
大连	4.4	2	3130.68	14	15.95	10
青岛	4.3	3	3786.52	8	16.24	7
重庆	3.8	14	4122.51	6	12.53	34
沈阳	3.7	21	3221.15	12	15.96	9
宁波	4.3	3	3435	9	15.06	17
济南	3.3	32	2562.81	15	15.48	14
西安	3.8	14	1763.73	22	13.14	29
郑州	3.2	33	2486.75	16	15.61	13
长沙	3.8	14	2190.25	19	14.72	18
哈尔滨	3.9	7	2436.8	17	13.94	24
福州	3.9	7	1974.58	21	13.10	30
太原	3.6	24	1254.94	27	15.08	16
南昌	3.7	21	1389.89	24	15.94	11
合肥	3.6	24	1334.61	26	15.87	12
石家庄	3.4	30	2360.72	18	14.01	23
昆明	3.9	7	1405.05	23	12.07	35
长春	3.4	30	2089.09	20	13.00	31
兰州	3.8	14	732.76	31	28.57	3
西宁	3.7	21	342.46	35	32.75	1
乌鲁木齐	3	35	820.28	30	28.14	4
银川	3.6	24	408.6	33	31.50	2
呼和浩特	3.6	24	1101.13	28	23.40	5
贵阳	3.8	14	693.72	32	13.66	26
海口	3.6	24	393.69	34	13.31	27
南宁	3.5	29	1069.01	29	13.31	27

在合成指标中，住房现实需求排在前5位的依次是深圳、广州、北京、上海和宁波，排在后5位的依次是乌鲁木齐、南宁、重庆、兰州和西宁。住房潜在需求排在前5位的依次是上海、北京、深圳、重庆和广州，排在后5位的依次是兰州、银川、海口、西宁和呼和浩特。住房供给潜力排在前5位的依次是深圳、上海、厦门、广州和南京，排在后5位的依次是兰州、哈尔滨、乌鲁木齐、银川和呼和浩特。住房生活环境排在前5位的依次是厦门、大连、青岛、杭州和宁波，排在后5位的依次是长春、济南、郑州、天津和乌鲁木齐。城市经济发展排在前5位的依次是上海、北京、深圳、广州和西宁，排在后5位的依次是太原、昆明、南宁、贵阳和海口。

在住房现实需求组成指标中，人均可支配收入排在前5位的依次是深圳、上海、北京、广州和宁波，排在后5位的依次是银川、昆明、乌鲁木齐、西宁和兰州。人均储蓄额排在前5位的依次是深圳、广州、北京、上海和杭州，排在后5位的依次是贵阳、南昌、西宁、南宁和重庆。

在城市经济发展组成指标中，城市经济规模排在前5位的依次是上海、北京、广州、深圳和天津，排在后5位的依次是兰州、贵阳、银川、海口和西宁。城市经济增长排在前5位的依次是西宁、银川、兰州、乌鲁木齐和呼和浩特，排在后5位的依次是长春、上海、北京、重庆和昆明。

住房潜在需求、住房潜在供给和住房生活环境都只有一项组成指标，分别是城市就业人口、城市人口密度和城市生活环境，因此其组成指标排名分别与住房潜在需求、住房潜在供给和住房生活环境排名一致。

2. 城市住房价值潜力分析：城市区位异常重要，一线城市潜力较大，住房潜在需求作用显著，经济规模影响巨大

（1）沿海和沿江城市住房价值潜力较大，深圳傲居榜首。在住房价值潜力排名前15位城市中，绝大部分城市属于沿海和沿江城市，只有北京和沈阳距离海岸稍远。沿海城市中只有福州排名较为靠后，为第21位。西部地区城市住房价值潜力相对较小，排名后10位的城市中有8个在西部地区，分别是昆明、兰州、西宁、乌鲁木齐、银川、呼和浩特、贵阳和南宁，只有成都、重庆和西安排名较靠前。

（2）城市住房价值潜力差距较大，一线城市深圳、上海、北京和广州城市潜力优势明显。在35个大中城市中，城市间的住房价值潜力的差距较大，特别是排名靠前的4位城市明显大于后面的城市。一线城市深圳、上海、北京和广州的住房现实需求、住房潜在需求和城市经济发展都排在前5位。从指标数值差来看，深圳和排名第5位的天津指标数值差达到0.309，而天津和排在第35位的南宁的指标数值差也只有0.227。从指标平均数值来看，上海、北京、深圳和广州的平均数值为0.917，而其余31个城市平均数值为0.575，相差较多。

（3）住房潜在需求对城市住房价值潜力影响较大，住房生活环境影响相对较小。在住房价值潜力排名前15位的城市中，有12个城市的住房潜在需求排名也居于前15位，而青岛的住房潜在需求虽然没有排在前15位，但也紧接其后，排在第16位，只有厦门和宁波住房潜在需求排名较靠后，分别为第23位和第28位。而排在住房价值潜力排名后10位的城市中，有7个城市的住房潜在需求也都排在后10位，只有昆明、长春和乌鲁木齐住房潜在需求稍靠前。相对而言，住房生活环境对住房价值潜力的影响较弱，住房价值潜力排名较靠前的天津的城市生活环境排名甚至排在了第34位。但尽管如此，住房生活环境对住房市场价值的影响也不可小视，这从住房潜在需求具有一级指标中最大的权重（0.273164）这一点也可推知。

（4）就单项指标而言，城市经济规模与城市住房价值潜力相关性最强，而城市经济增长与城市住房价值潜力相关性最弱。就住房价值潜力指数与各项指标做相关性分析后，城市经济规模与住房价值潜力的相关性达到0.969，在所有指标中相关性最大，而城市经济增长与城市住房价值潜力的相关性只有0.323，在所有指标中相关性最小。事实上，在住房价值潜力排名前15位的城市中，14个城市的经济规模排名也都居于前15位，只有厦门的城市经济规模较小，排在第25位。而住房价值潜力排名后10位的城市中，有7个城市的城市经济规模也都排在后10位，只有昆明和长春城市经济规模排名稍靠前。尽管如此，能够动态地影响城市经济规模的城市经济增长对城市住房价值潜力的影响在所有的指标中却最小。在住房价值潜力排名前15位的城市中，竟有9个城市的城市经济增长没有排在前15名，综合排名分列第2位和第3位的上海和北京的经济增长排名竟分别排在第32位和第33位。而住房价值潜力排名后7位的城市中，西宁、银川和兰州的经济增长排名竟分别是第1位、第2位和第3位。城市经济增长和城市经济规模这两项分别动态和静态地反映城市经济发展的指标对城市住房价值潜力的影响竟然如此不同，应该有更深层次的原因，我们将在后面部分展开分析。

（三）进一步的讨论

1. 关于住房价值潜力排名结果和指标体系的应用

各城市住房价值潜力排名是建立在相关变量长期变化趋势没有改变的基础上的，而当变量趋势发生了较大的变化后，这种预测应该得到某种形式的修正。虽然在使用模糊曲线法确定指标权重的过程中，为了操作的方便，以住房市场价格作为住房市场价值的替代因变量，但住房价值潜力指标体系只考虑了基本层面的因素，目的是要阐明住房的市场价值而非简单的住房市场价格的影响因素和变化趋势。由于指标体系的这些特点，该指标体系不能简单地预测未来住房市场价格的变化，因为住房市场价格的变化还受到宏观经济因素、政策因素和货币因素多方面的影响，但当一个城市住房价值潜力指标发生了积极的变化后，我们却可以确定地说该城市住房市场价值得到了提升，而不管这种市场价值是否充分地反映在住房市场价格上。

2. 关于城市经济规模、城市经济增长和住房价值潜力的关系

我们的研究表明，城市经济规模对住房价值潜力的影响较大，而城市经济增长对住房价值潜力的影响却没有那样明显。如何解释这一现象？有一种利用资产定价方法研究住房市场价值变化的理论，即认为目前的住房市场价值应该等于未来各期租金的贴现值，如果测算出的住房市场价值高于目前的市场价格，就说明具有较大的住房价值潜力。不过由于未来租金和贴现率很难预测，加之人们购买住房不仅仅考虑经济方面的因素，这一方法很难得到有效的运用。另有一种测算住房价值潜力的方法，即比较城市住房的房价收入比，房价收入比较低的住房价值潜力就大，这种方法过于静态，当然也有比较动态房价收入比的，这个时候家庭收入的增长变化情况会成为测算动态房价收入比的一个非常重要的因素。也有据此通过测算住房价格和人均 GDP 的比率来衡量比较各城市住房价值潜力的，这和房价收入比的方法和思想一致，只不过一个是从效率角度来衡量比较，一个是从负担能力来衡量比较。当通过动态测量住房价格和人均 GDP 的比率进行城市住房价值潜力比较时，GDP 的增长率就成为至关重要的因素。在两个城市住房价格因素假定不变的情况下，未来 GDP 增长率特别是人均 GDP 增长率较大的城市，住房价格与人均 GDP 的比率将下降，从而认为经济增长率较快的城市住房价值潜力较大。

但是我们得出的研究结论却表明，城市经济规模比城市经济增长率对住房价值潜力的影响更大。我们可以尝试对此做出如下解释：第一，城市经济规模大的城市通常是人均可支配收入较高的城市，在中国现阶段这些城市对住房的消费需求正进入高增长期，从而会提升住房市场价值。第二，城市经济规模大的城市空间拓展通常较快，特别是超大城市，空间拓展导致的交通边际成本上升会更快，从而会提升原有区域的住房市场价值。第三，对大城市住房价值潜力的预期导致了大量投资性住房购买，进一步增加了总需求，从而进一步提升了城市住房市场价值。第四，经济增长较快的一些城市经济发展水平仍然偏低，而且多数城市公共设施、地理位置和气候环境不佳，因此单纯的经济增长固然可以提升其住房市场价值，但是在现阶段与经济规模大的城市住房市场价值提升相比对城市住房价值贡献较小。这些因素使得城市经济增长在住房价值潜力指标体系中的影响作用有所下降。

第十三章
土地价值潜力

章 武　倪鹏飞

一　引言

土地价值潜力是指一个城市或地区土地价值的上涨空间大小。城市的土地用途分为居住用途、商业用途和工业用途。根据本报告的研究目的，这里的土地指居住用途的土地。土地价格是土地市场价值的货币化表现，也是住房价格的重要组成部分。地价和房价的关系一直是社会普遍关注的热点，在房价节节攀升的过程中，地价也一再创出新高，各地不断涌现新的“地王”。虽然地价和房价孰为因孰为果还备受争议，但不管怎样，地价对房价有着重要的意义，研究土地价值是研究住房的基础。了解一个城市的土地价值潜力，对辨别当前城市的土地价格是否合理、未来土地价格的走势以及未来住房市场价值的变化具有重要的指导作用。

二　文献回顾与理论框架

（一）文献回顾

早期的地租理论可分为地租的剩余理论和地租的边际生产力理论（贺卫、王浣尘，2000）。地租的剩余理论起源于斯密时代，这一时期地租理论的基本观点是，地租是土地收益减去成本之后的剩余。这一剩余的大小，取决于对农产品的需求和农产品的供给成本，而后者又取决于土地的丰度和位置。地租剩余理论的核心产生于李嘉图时期。李嘉图认为地租是由于不断增长的农业生产成本造成的，而造成成本增长的是生产扩张时生产率的下降。地租（和收入分配）的边际生产力理论建立于1871～1936年间的边际主义或新古典主义时期。最重要的代表人物是马歇尔，他将地租看做是一种剩余和更一般的生产者剩余的一个特例。马歇尔还对区分地租和准地租以及稀缺地租和级差地租作出了显著的贡献。为了区分地租与准地租，他强调了时间因素。至于稀缺地租和级差地租，马歇尔的结论是，所有地租都包括这两个因素。

马克思主义政治经济学中提到，土地是自然存在的东西，不是劳动生产出来的产品，因此，它是没有价值的。但是，凭借土地所有权能够取得地租收入，因此土地可以当作商品来买卖，从而有了价格，或者说市场价值。土地价格并不是土地本身的购买价格，而是资本化的地租，也就是说，为了要取得相当于地租量的利息所需要的资本量便是土地价格。土地价格与地租成正比，与利息率成反比。

在马克思的理论中，资本主义地租是资本主义土地所有制在经济上的实现形式，是农业资本家（租佃农业家）交给大土地所有者超过平均利润以上的那部分剩余价值。由于形成的条件和原因不同，资本主义地租有绝对地租和级差地租两种基本形式。

绝对地租是由于土地所有者对土地所有权的垄断而产生的地租，它来源于农产品的价值高于农产品生产价格的余额。级差地租是和土地的优劣程度不同相联系的地租。级差地租实质上是耕种较优土地使农产品的个别生产价格低于社会生产价格而形成的超额利润。级差地租形成的条件是土地的优劣程度不同，产生的原因是土地的资本主义经营垄断。由于形成的条件不同，级差地租又分成级差地租Ⅰ和级差地租Ⅱ两种形式。级差地租Ⅰ是由土地肥沃程度和距离市场远近不同而形成的级差地租。级差地租Ⅱ是由同一块土地上连续追加投资，提高劳动生产率而形成的地租。

传统地租理论都侧重于从土地的直接产出中探讨土地的收益，而现代城市的土地地租有了新的内涵。城市的绝对地租和级差地租的表现形式产生了变化，土地价格的影响因素复杂多变，土地增值收益也不仅仅取决于土地的直接产出，学者关于土地价值理论的文献也主要从以上三方面展开。

（1）城市地租以及土地价值的存在问题。胡兆量（1986）认为影响城市土地使用价值的要素很多，主要有城市土地的地基条件，城市土地的位置，人类对城市土地的附加劳动三个方面。而城市土地中的附加劳动是有价值的。有了使用价值和价值，城市土地也就有了价格。陈征（1993、1995）讨论了城市绝对地租和城市级差地租问题，在分析了社会主义城市级差地租产生的物质条件、社会经济条件及其实质后，作者指出，城市级差地租同样存在两种形式，与农业级差地租相比较，土地位置和土地资本对城市级差地租的形成起决定作用。黄贤金（1993）分析了西方经济学的各种价值论及其土地价值观，认为唯有马克思的劳动价值论是科学的价值论，也是科学的土地价值论形成的理论基础。李建建（2000）结合中国城市土地经济运行的实际，探讨了城市绝对地租的特点、来源和发展趋势。段正梁、张维然、叶振飞（2004）指出土地价值主要源于下面几部分：为取得土地权益而投入的劳动，为开发利用土地而投入的前期劳动，在土地开发过程中投入的劳动，为保障土地合理开发利用所投入的劳动。

（2）土地价格影响因素。王克忠（1994）认为影响土地价格的因素为土地纯收益、土地资产、利息率、土地使用权出让期、土地供求状况、政府的土地利用规划、计划、法规和政策、合理预期等。饶会林（1994）认为城市地价的决定因素为经济增长，城市规模，与经济高位区的距离，城市基础设施条件，产业的性质，供求关系。辛欣（1995）认为影响土地价格的因素包括社会、经济、行政、区域、土地个别因素。潘永强（1998）认为影响土地价格的因素复杂多样，将它们分为一般因素、区域因素和个别因素三类，一般因素主要包括行政因素、人口因素、社会因素和经济因素等四大项。唐焱（2006）将影响城市土地价格的因素分为核心因素和外部因素，并对江苏省 13 个地级市进行了实证研究。

（3）土地价值的增长。杨继瑞（1994）认为地价上涨原因包括由利息率下滑和地租量递增所导致的上涨，追加土地资本所引起的上涨和土地供求等因素拉动的上涨。周诚（1994）认为土地增值的形态有投资性、供求性和用途性增值。李燕茹、胡兆量（2000）也认为土地增值形成的动力机制主要来源于供求拉动、投资驱动、转换增值、外部辐射等四个方面。本质上它们也是城市绝对地租和级差地租的转化。丁成日博士（2002）介绍了城市经济动态模型，推导出城市土地价值由四部分构成：农业土地价值，土地发展成本，可达性的经济价值，可预见的未来土地地租增值所带来的价值。相对应，城市边缘非城市土地价值有两部分组成：一是与农业土地地租有关的土地价值，另一个是可预见的土地转变成城市用地后未来土地地租增值所带来的价值。田莉（2004）总结了土地增值的 5 个因素：城镇的拓展引起土地区位的变化；人口的增加引起土地价值的增加；土地使用条件的变化，如容积率的增加等；公共基础设施的建设；土地拥有/使用者的投资。段红梅（2006）认为导致城市地价取得实质性增长的原因归纳起来包括自然性增长、投资性增长和效用提高性增长 3 个方面。

（4）Morris A. Davis，Michael G. Palumbo（2008）建立了美国 46 个大都市从 1984 年到 2004 年的房屋价格、房屋成本结构和住房土地价格的数据库。并分析得出从 1998 年开始，美国所有大都市的住房土地价格都有显著上涨。土地价格占房屋价格的比例从 1984 年的 32% 上升到 2004 年的 50%。因此，房屋价格越来越呈现出土地密集型的特征，房屋价格也更加的由需求因素决定。Morris A. Davis，Jonathan Heathcote（2007）将房屋价格分解为建筑成本和土地价格，根据三者的关系建立了土地价格的价格和数量指数，并发现，个人平均收入和利率是通过影响土地价格才影响到房屋价格的。SE – IL Mun，Komei Sasaki（1992）分析了交通对土地开发和个人拥有的住房土地价格的影响。Keith R. Ihlanfeldt（2007）分析了土地利用管制对房屋和空地价格的影响。根据 100 多个佛罗里达城市的数据发现土地利用管制会导致房价上涨和土地价格的下降。Dennis R. Capozza，Robert W. Helsley（1989）分析了城市土地价值的 4 个组成部分，农业地租，转换价值，交通便利价值，未来地租上升预期。并认为在快速发展的城市中，升值预期将占到土地价值的一半左右。

综上，关于土地价值理论的文献主要是从马克思的地租理论出发，讨论城市土地使用价值和价值问题，并分析城市绝对地租、级差地租和垄断地租的来源和表现形式。关于土地价格影响因素的文献众多，概括来看主要是从三个层面来描述土地价格的影响因素，即宏观因素、区域因素和个别因素。而第三部分认为土地价值增长主要源于投资、供求变化和用途转变等。国外土地文献有关于土地价格和房屋价格关系的，也有土地价格影响因素的，而且大都建立了模型进行了计量分析。

国内城市地租、土地价值的存在已达成共识，虽然讨论土地价格影响因素、土地价值增长因素的文献众多，但大都侧重于理论的探讨，而缺少对土地价值增长潜力的定量分析。相比国外，国内土地市场价值方面的研究还有不少差距。诚然，影响土地价格、土地价值增长的因素复杂多变，但从这些因素中挑选出对土地市场价值增长具有决定性的因素进行实证分析，无疑更具实践指导意义。

（二）理论框架

1. 一个新假设：地价和地均 GDP 高度相关

已有的城市土地价值理论都是传统地租理论在城市中的进一步引申。城市土地价值的增值来源于城市绝对地租和级差地租的增长。这些文献主要停留在理论层面，缺少对地价影响因素的实证分析。通过对城市土地市场价值的深入考察，本报告认为：地价和地均 GDP 高度相关。

城市地均 GDP 是城市每单位平面空间上经济活动创造的 GDP 数量，严格地讲是单位绿色 GDP，是扣除资源环境污染破坏后的 GDP。地均 GDP 来源于农业生产率的概念，即土地生产率。但它不仅仅是反映土地生产率的概念，更主要反映在一定空间内经济活动创造财富的数量。

城市地均 GDP 显示了竞争主体的经济租金和经济收益。地均 GDP 中的 GDP 反映了包含要素报酬和经济利润的经济收益，当然这个 GDP 严格地讲应该是绿色 GDP。经济收益是所有经济主体所追求的，这体现了竞争力的一般规律。

城市地均 GDP 显示的是城市单位空间上的经济收益。城市竞争是不可移动的地域空间的竞争，不可移动的地点是城市真正的所在，地点上经济收益比较最能反映地点的竞争能力，也是地点（城市、区域）间的空间竞争与企业之间、人之间竞争的差别所在。

城市地均 GDP 比较的是城市创造和聚集财富的密集度，它是一个单位概念，既包含规模又包含效率，它不是绝对的规模，是一种单位规模。它实质上是将所有不同城市浓缩成标准化的、同一的可比较的样本进行比较。

城市地均 GDP 反映了不涉及生产率的要素禀赋（通过价格优势带来经济收益），和涉及生产率的生产技术带来的经济收益的综合。因为，

$$\frac{gdp}{a} = \frac{gdp}{e \cdot r} \times r \times \frac{e}{a}$$

其中，gdp 是总规模，a 是城市空间面积，$\frac{gdp}{a}$是地均 GDP；e 是生产要素总量，r 表示要素使用率，$e \cdot r$ 表示被使用的生产要素数量，$\frac{gdp}{e \cdot r}$便是使用要素生产率；$\frac{e}{a}$表示城市空间内生产要素的总量，即要素禀赋。这个公式第一部分显示由综合生产率导致的经济租金，后一部分显示由要素禀赋获得要素报酬，r 是对后一项要素报酬的折扣，因为要素没有得到充分利用。

可见，一方面一个城市地均 GDP 的大小能反映该城市土地获得经济租金的多少，与土地市场价值高度相关。财富创造越多，居民的收入也就越多，越有能

力支付更高的房价。另一方面，一个城市的建设用地分为商业用途、工业用途和居住用途。一个城市的土地供给是有限的，城市的地均 GDP 越高，商业和工业用途的土地使用者对土地的需求越大，不同用途对土地的竞争必然导致居住用途土地使用者需要付出更高的代价才能获得土地。

报告中土地价格或者地价指居住用途的地价平均值，来自于国土资源部土地利用管理司和中国土地勘测规划院共同编写的《中国城市地价状况》；地均 GDP 在这里指城市建成区面积的第二、三产增加值，剔除了城市行政区划中的山地、耕地、林地、湖泊等土地类型，而集中于已成片开发建设、市政公用设施和公共设施基本完备、具备了城市居住条件的区域。因此，这个地均 GDP 能更好地反映一个城市单位用地的经济产出。报告认为，地价和地均 GDP 高度相关，判读一个城市的土地价值潜力主要考虑：地均 GDP 增长的速度；地均 GDP 和土地现有价格的差异。

在地均 GDP 和地价高度相关的情况下，可以推断，地均 GDP 增长越快，土地价格上升的越快；地均 GDP 和土地价格差异越大，则土地市场价值上升的潜力越大。长期来看，地价将向地均 GDP 逼近，二者的差值将稳定在某个范围之内。因此，本报告把土地价值潜力定义为地均 GDP 和土地价格之差。由于地均 GDP 是当年的土地产出，而住房土地价格则是 70 年使用年限内租金的资本化，因此这里土地价值潜力衍生为：

$$\text{土地价值潜力} = \text{地均 GDP} - \text{土地价格}/70$$

2. 理论框架：供求六大要素决定土地市场价值

影响土地市场价值的因素复杂多样，但是如果把一个城市的土地市场作为一个整体来研究，可以不考虑影响单幅土地市场价值的个别因素，也可以抛开所有城市面临的宏观经济要素，如国家层面的法律法规、税收制度、土地制度、利率等。因此，影响城市土地市场价值的因素主要包括以下六大方面。

（1）经济发展。一个城市的经济发展因素无疑是最具有决定性的因素，包括城市经济发展状况、产业层次、居民收入和消费水平、人口数量等。随着经济发展单位土地创造的价值在增加，经济的发展也必然增加对土地投资的增加，土地价格随之上涨。产业层次状况是经济发展的结果，不仅对经济的长远发展影响重大，而且对土地价值的变化也有着重要影响，总的趋势是产业层次越高、第三产业所占比重越高的城市其土地投资价值越大。居民收入增加不仅增加了对住房的需求，也使得土地价格上涨成为可能。而经济越发达的城市，越能吸引外地人口的流入，因此带来住房需求的增加，从而推高土地市场价值。

（2）土地供给。虽然从长期来看，土地价值的上升过程中需求因素占据主导地位，但土地供给在短期中也有着重要影响，与需求因素一起决定着土地价格的大小。一个城市的住房用地来源无非来自两大方面，一方面是通过土地征用获得新的建设用地，另一方面就是在现有城市用地基础上的重新开发再利用。目前中国各个城市实行土地储备制度，政府依照法律规定，运用市场机制，按照土地利用总体规划和城市规划，对通过收回、收购、置换和征用等方式取得的土地进行前期开发、整理后予以储存，以供应和调控城市各类建设用地需求。因此，作为土地供给的一级垄断商，短期内政府可通过调节土地推出时间、推出面积来影响土地价格。

（3）综合区位。包括自然区位、经济区位、政治文化区位等。自然区位主要指一个城市的地理位置是否便利；经济区位指该城市所在地的经济腹地发展水平；政治文化区位包括该城市的政治地位，文化教育发展状况等。城市自然区位越好，物流成本越低，投资价值越高；城市所在区域的经济越发达，市场越广阔；而政治文化区位的优势使得一个城市不仅具有更多的行政资源，更因人才优势能吸引企业的投资。因此综合区位影响一个城市的投资价值和经济发展，进而影响到一个城市的土地投资价值。

（4）国际化程度。在全球一体化的背景下，国家或者城市的经济与国际市场息息相关。国际化程度越高的城市越能通过自身的政治、经济、科技、文化等方面的辐射力和控制力来影响世界。在国际化的过程中，一个城市通过对外贸易、资本流动、技术转移等与全球范围内的经济体相互依存，相互促进，成为有机的整体。因此，一个城市的国际化有利于其充分利用国内和国外两种资源，优化配置；有利于其资本和产品在全球范围内流动，增强市场竞争力；有利于吸引高端人才，促进科技创新。国际化程度越高的城市越能吸引资源，其土地投资价值越高，土地价格上涨的空间也就越大。

（5）基础和公用设施条件。既包括交通条件，也包括城市的配套公用设施。交通条件主要包括区域的交通类型、对外联系方式及方便程度、整体性交通结构、道路状况及等级、公共交通状况及路网密度等。交通包括对内和对外交通，交通越便利的地区土地投资价值越高。而一个城市的公用基础设施如给排水、电力、电讯、煤气、暖气以及幼儿园、学校、公园、医院等的完善程度也会影响到地价水平。

（6）居住环境。居住环境又可以分为两大部分，即居住地的生态环境和社会环境。生态环境主要指一个城市的气候、空气和噪音污染程度等自然环境，环境优美的城市对人们的吸引力正越来越大。而社会环境包括当地的人员素质、社会治安、社会保障水平等，这些都是影响居民住房需求的重要因素。随着居民生活水平的提高，对居住环境的要求也将越来越高，因此也会影响到当地的土地价值增长潜力。

三　全国土地价值潜力分析

（一）全国土地市场价值近期分析：土地投资价值急速提升

城市土地是一个城市经济社会活动赖以运行的基础，随着中国城市化进程的快速推进，城市的人口在不断增加，城市的空间规模也在迅速扩张。为了满足城市对土地的需求，国家依法将农村集体所有土地转变为国家所有后再进行出让。虽然中国幅员辽阔，但人口众多，人均耕地贫乏。随着城市的扩张，城市的土地需求和土地稀缺的矛盾必然将不断加剧。从另一个角度来看，随着单位城市土地产出的增加，土地的市场价值也将不断攀升。土地价格的上涨反过来将促进对土地的集约化利用，加大对土地的投入。以下就是对城市土地状况的简要分析。

1. 土地征用逐步放缓

如图 13－1 所示，虽然 2002 年全国土地征用面积突然增长达到 2879.9 平方公里，但之后迅速回落。总体来看，2001～2007 年土地征用面积有逐步放缓的趋势。2001 年征用土地面积 1812.19 平方公里，而 2007 年下降到 1216.03 平方公里，减少了近 1/3。在总的征用土地中，征用耕地面积占据较大比重，7 年平均下来相当于 43.7%。因此，征用耕地面积与全国征用土地面积有着相同的下降趋势，从 2002 年的峰值 1863.44 平方公里下降到 447.56 平方公里。随着全国耕地面积离 18 亿亩的红线越来越接近，可征用的耕地面积越来越少，这也势必影响到全国的土地征用面积。因此，未来城市空间规模扩张有限，土地的需求将只能依靠现有的土地开发再利用来满足。

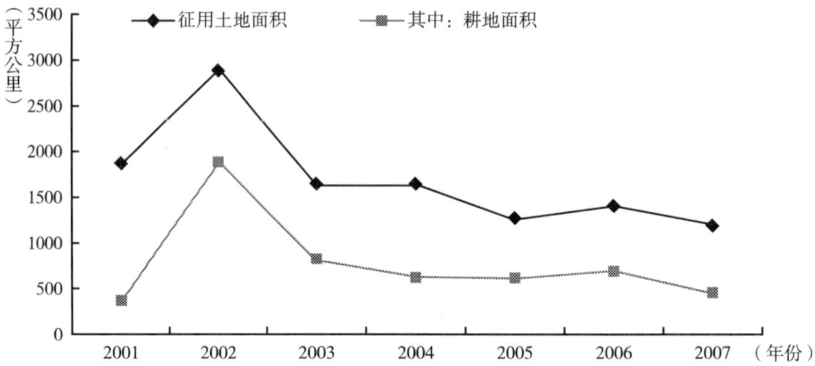

图 13－1　全国历年征用土地面积

数据来源，历年《中国城市建设统计年鉴》。

2. 耕地面积逼近红线

中国的耕地资源形势不容乐观。由于承载着 13 亿人的粮食需求，所以耕地资源变化直接关系到全国人民的生存问题。国务院总理温家宝多次强调要坚持最严格的耕地保护制度，在 2020 年前“一定要守住 18 亿亩耕地红线”。而随着近几年对耕地资源的占用，耕地面积已逼近红线。2008 年末全国耕地面积为 18. 2574 亿亩，相比 2000 年 19. 2350 亿亩减少了近一亿亩耕地。从图 13－2 上可以看出来，耕地面积在 2000～2003 年下降较快，2003 年耕地面积为 18. 3666 亿亩，比 2000 年下降了 0. 8684 亿亩。此后，耕地面积下降速度迅速放缓，2008 年只比 2003 年下降了 0. 1092 亿亩。随着耕地面积日益逼近红线，耕地资源的操作空间已经不大。

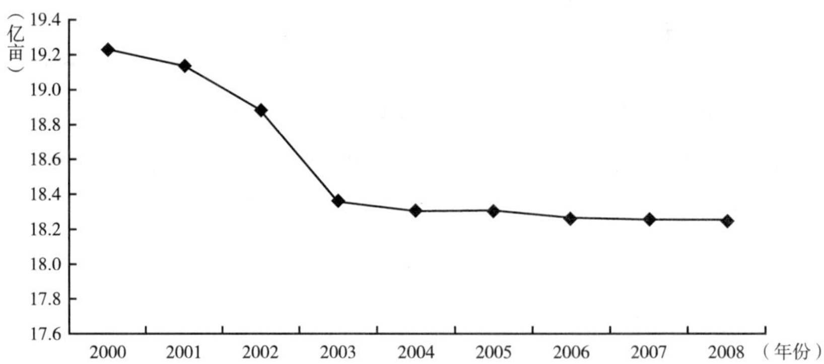

图 13－2　中国年末耕地面积

数据来源：历年中国国土资源公报。

3. 城市面积快速增长

城市建设用地面积是指城市用地面积中的各项建设用地面积。包括居住用地、公共设施用地、工业用地、仓储用地、对外交通用地、道路广场用地、市政公用设施用地、绿地和特殊用地，它与一个城市的建成区面积非常相近。从图13－3可以看出，近几年中国的城市建设用地面积快速增长，2007年末达到36351.65平方公里，比2001年的24192.73平方公里多出了50.3%，平均每年增长7%。相比之下，居住用地增长较慢，6年平均每年增长5%。但从绝对值看，增长不小。2001年居住用地为7957.64平方公里，2007年为10496.66平方公里，增加了2539.02平方公里，相当于增加了1/3。

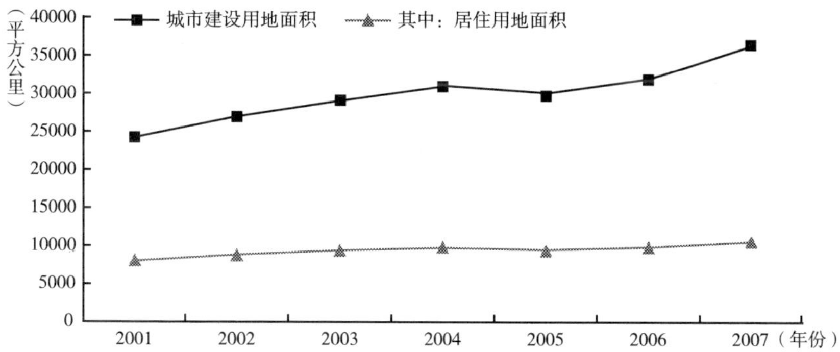

图13－3　中国城市建设用地面积

数据来源：历年《中国城市建设统计年鉴》。

4. 土地市场价值不断增长

城市的土地平均价格一直在稳步上升。2008年居住用地的平均价格为3479元/平方米，高于全国主要城市总体综合地价水平值的2474元/平方米。从图13－4可以看出，2000～2004年间，居住用地的平均价格略低于综合地价水平值，相差不多。从2004年开始，居住用地价格开始超过综合地价水平值，并迅速拉开差距，2008年居住用地价格比综合地价多出了41%。

从图13－5可以看出，居住用地平均价格增长迅速。2002～2007年，仅2003年居住用地增速要低于商业用地，除此之外，居住用地增速要高于综合用地、商业用地和工业用地。2007年居住用地增速更是达到了惊人的15.44%，而2002～2006年间其平均增长率仅为6.24%。2007年的居住用地的增速显然是脱离了正常轨道，2008 年很快回落到 0.22%。值得注意的是，根据中国城市地价动态监测系统的《关于城市地价动态监测数据的解读说明》，地价监测技术、方法、工作机制等在 2005 年、2008 年先后进行了两次大的调整。因此综合、商业、居住和工业地价水平值在水平值层面与以往不具可比性。而地价增长率能够反映各区域、城市的实际地价变动情况。

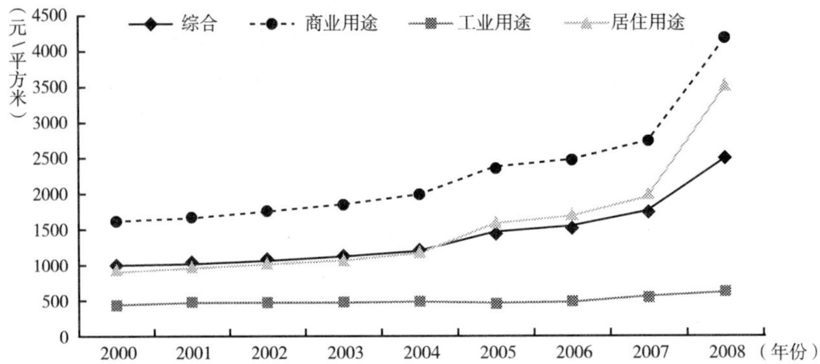

图 13-4　全国主要城市地价平均值历年情况

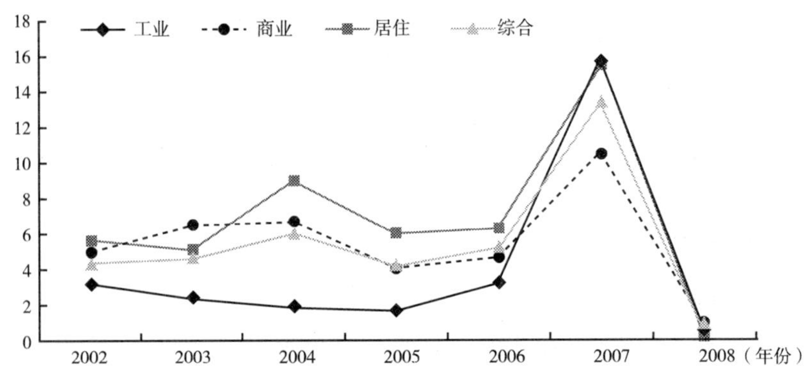

图 13-5　全国城市地价平均增长率历年比较

数据来源：《中国城市地价状况》。

（二）全国土地市场价值未来展望：近期将继续提升

前面已经对全国的土地市场价值潜力做了简要的分析。随着城市规模不断扩大，城市建设面积和居住面积都在快速增长。但是城市土地规模的扩张不是无限的，2008 年末全国耕地面积为 18.2574 亿亩，离 2020 年的 18 亿亩红线已经非常接近。按照目前的土地征用或者城市扩张速度，预计在 5 年后，耕地将达到 18 亿亩底线，全国的征用面积将降低到 500 平方公里以下。因此，土地总的供给将保持不变，土地需求的满足只能来自于现有城市用地的再开发，土地的价值也将由需求决定。中国经济已经多年持续高速增长，地均 GDP 不断提高，对土地的投资也在不断累积。在既有的城市土地规模基本不变的情况下，居住用地的需求必须和工业、商业用地需求竞争，价高者得，因此居住用地的土地市场价值也将水涨船高。过去 7 年全国综合用地的土地市场价值平均增长率为 5.42%，居住用地的平均增长率为 6.7%，照这个增长速度看，五年后全国综合用地的平均价格将达到 3200 元/平方米左右，而居住用地将达到 4800 元/平方米上下。

从区域来看，东部地区因其得天独厚的地理位置和良好的经济基础，其土地市场价值依然将保持快速增长。东部地区的土地经过多年开发，用地最为紧张，经济效率的提高将转化为土地市场价值的进一步增长。而随着沿海产业向内地转移，以及自身工业化进程的加速，经济起飞的中西部城市规模将不断增加。城市面积将有一定增长，但更明显的是人口向城市的聚集。这将首先体现在中西部的那些交通便利、地理环境优越的区域中心城市。随着经济发展和城市化进程的加快，这些城市的土地价值潜力将有较大增长。

从不同的城市等级来看，将出现两极分化的过程，好的更好。二、三级城市的土地市场价值虽然也会有一定增长。但是一级城市的土地价值增长更快，并将迅速拉开与二、三级城市的差距。一级城市中涌现出的国际大都市土地价值将和全球其他的国际都市看齐，其次增长较快的是区域性的大都市。这些城市进入后工业化发展阶段后，第三产业在国民经济中的占比大幅提升并占据绝对比例，而单位土地上第三产业能比第二产业创造更多的财富。

（三）土地市场价值长期分析：从逐步显现到快速增长

中国土地市场价值潜力得以实现的发展历程就是一部土地制度的改革史。从划拨供地到协议出让，再到经营性用地“招拍挂”出让，中国的土地使用制度完成了从“三无”（无偿取得、无限期使用、无流动）到“三有”（有偿、有限期、有流动）的蜕变。随着市场化程度的提高和经济社会发展，土地市场价值从完全没有显现逐步发展到完全显现，土地市场价值也在快速增长。

1. 完全没有显现价值阶段

改革开放前，中国城镇国有土地实行的是单一行政划拨制度，当时土地使用制度的主要特征：一是土地无偿使用，二是无限期使用，三是不准转让。在这种体制下，土地使用权不能在土地使用者之间流转，多占少用、好地劣用、占而不用等现象十分突出，造成土地资源的极大浪费。1985 年以前，我国耕地每年净减少最高达 1500 多万亩。国家在土地开发上要投入大量资金，但其土地所有者产权却没有在经济上得到实现，城市建设资金缺乏，导致经济发展越快，城市建设欠账越多，财政越困难。

2. 局部显现价值阶段

打破计划经济的土地使用制度首先从土地的无偿使用入手。1979 年我国出台了《中外合资经营企业法》，规定对外资企业征收土地使用费。1980 年国务院又制定了《关于中外合营企业建设用地的暂行规定》，明确指出不论是新征用土地，还是利用原有企业的场地，中外合资企业用地都应计收场地使用费。1982 年深圳特区开始征收土地使用费，1984 年抚顺市在经营企业中开征土地使用费试验。1988 年，国务院发布了《城镇土地使用税条例》，土地使用由费改税得到了规范。土地无偿使用制度被打破，由此拉开了城镇土地使用制度改革的序幕。

3. 没有完全显现价值阶段

土地使用费的征收只是针对已经划拨的土地，而土地真正成为一种商品，市场价值得以体现，则是从土地进入拍卖开始。1987 年 12 月 1 日，深圳市首次公开拍卖一幅面积 8588 平方米的地块，50 年的使用权，一家房地产公司以 525 万元的价格竞得使用权。这“惊天第一拍”敲响了土地拍卖的“第一槌”，是土地有偿出让的历史性突破，具有里程碑式的重大意义。从此，中国的土地使用制度改革进入了新的阶段，有偿有期限用地的制度在全国范围内得到推行。然而此时土地市场化还只是刚刚起步，土地出让市场存在两个“双轨制”，一是政府划拨和有偿出让两种方式并存，划拨用地仍占较大比重；二是协议出让制度与“招拍挂”出让制度并行。为了招商引资，工业用地中以协议出让占很大比重，土地价格被人为扭曲。1999 年之前，深圳 90% 的土地实行的是非市场价格的协议出让。因此，这一阶段的土地出让处于没有完全显现价值阶段。

4. 完全显现价值阶段

1999 年，浙江开始在全省范围内实行经营性用地一律招标拍卖制度。2000

年，全国土地招标拍卖收益为350亿元，而浙江一个省就达195亿元。伴随着基层首创精神的是法律法规的迅速跟进。2001年国务院《关于加强国有土地资产管理的通知》和2002年国土资源部的《招标拍卖挂牌出让国有土地使用权规定》提出，严格实行国有土地有偿使用制度，对经营性土地协议出让“叫停”，明确商业、旅游、娱乐和商品住房用地等经营性用地使用权出让必须采用“招拍挂”方式。而2006年出台的《国务院关于加强土地调控有关问题的通知》，则进一步完全把工业用地纳入了市场竞争的范围，要求“工业用地必须采用招标拍卖挂牌方式出让，其出让价格不得低于公布的最低价标准”。而2007年起施行的《物权法》对国有土地实行“招拍挂”出让进行了明确规定。经营性用地实行“招拍挂”从此有了国家法律作保障。

5. 价值快速增长，个别地块价值超前显现阶段

2008年，“招拍挂”出让面积占出让面积的比例显著提高。全国“招拍挂”出让土地13.36万公顷，占出让总面积的81.9%，比上年提高32%。土地出让真正步入了市场化发展的轨道。与此同时，土地市场价值快速增长，各地“地王”不断涌现。前面已经提到，根据《中国城市地价状况》资料，2002～2007年间，居住用地平均价格保持了年均6.78%的增速，仅在2003年低于商业用地，除此之外都要高于综合用地、商业用地和工业用地。2007年是土地价值快速增长的一年，居住用地平均价格增速达到了惊人的15.44%，但这一增速在2008年放缓，仅为0.22%，有些城市的居住用地价格在2008年开始回调。35个大中城市中，2008年地价平均值增长率为负的城市有9个，其中深圳、厦门、成都、福州、南京、南昌6个城市的降幅都在10%以上。经历了2007年和2008年增速的大起大落后，2009年居住用地平均价格增速探底回升，第1季度增速为-1.33%，第2季度回升到1.41%。长期来看，在中国经济发展和城市化进程的强有力推动下，未来土地市场价值总的趋势依然是快速增长。

四　城市土地市场价值分析

（一）指数构建

1. 指标含义

根据理论框架中居住用地市场价值潜力的影响因素，结合现有统计数据的可得性，报告初步选取了26个指标，样本城市为《中国城市地价状况》中的35个大中城市。对这26个指标2002年的数据和2007年的土地价值潜力进行相关性分析，筛选得到最终使用的10个指标，这10个指标都通过了显著性检验。根据分析的需要，将这10个指标进行了分类。其中：

经济发展凸显了对土地的需求，它由经济规模、居民收入和人口规模组成。经济规模越大，土地的利用价值越高，对土地的需求也越大；而居民收入、人口规模能反映对土地的有效需求，人口规模越大、居民收入越高的城市对住房需求越大，其地价也会水涨船高。

土地供给考虑到未来城市土地面积扩张有限，未来居住用地主要是依靠现有城市土地的开发再利用，因此这里使用了人均土地面积，其倒数也就是人口密度。人均土地面积与土地市场价值潜力为负相关。人均土地面积越小，或者说人口密度越大，则城市土地市场价值潜力越大，上涨的空间越大。

综合区位反映了影响一个城市的土地价格的区域因素。它是一个综合的概念，来源于《中国城市竞争力报告 NO.7》中的综合区位竞争力指数，包括自然区位便利度指数、经济区位优势指数、资源优势度指数、政治文化区位优势指数。

国际化程度反映一个城市的对外联系和参与全球市场的程度，其中对外联系来自《全球城市竞争力报告（2007～2008）》，它反映了跨国公司在某个城市的分布；而进出口总额则直观地表明了城市参与全球市场竞争的程度；机场等级是一个城市对外联系重要的基础设施，由于铁路、港口等对外联系的基础设施在综合区位中已有反映，这里不再重复。

居住环境在这里包括社会保障和环境舒适度，这2个指标都来源于《中国城市竞争力报告 NO.7》，社会保障代表一个城市是否适宜居住的人为因素，而环境舒适度则是自然因素的代表，二者的结合能综合体现某个城市的居住吸引力。

2. 指标体系

根据理论框架和前面的指标筛选，整理后的指标体系见表13－1。

3. 数据来源

除了最后采用的10个指标以及土地价值潜力外，报告在前期筛选中涉及的指标数据都来自权威年鉴或官方网站中的数据，因研究需要本期报告主要用的是各个城市市辖区数据。数据来源为《中国城市竞争力报告》、《全球城市竞争力报告》、

表 13-1　土地价值潜力指标体系

指标	指标含义	相关系数	t统计量
1. 经济发展			
1.1 经济规模	GDP(万元)	0.828	8.488
1.2 居民收入	居民人均可支配收入(元)	0.587	4.165
1.3 人口规模	年末总人口(人)	0.596	4.266
2. 土地供给			
2.1 人均土地面积	人均市辖区面积(平方米/人)	-0.334	-2.037
3. 综合区位			
3.1 区位竞争力	区位竞争力指数	0.787	7.338
4. 国际化程度			
4.1 对外联系	跨国公司分布指数	0.776	7.079
4.2 进出口额	进出口总额(亿美元)	0.704	5.689
4.3 机场等级	机场起降架次(次)	0.730	6.128
5. 居住环境			
5.1 社会保障	社会保障指数	0.544	3.727
5.2 环境舒适度	环境舒适度指数	0.426	2.703

《中国城市统计年鉴》、《中国城市地价状况》、《中国城市建设统计年鉴》、《中国城市（镇）生活与价格年鉴》、中国民用航空局网站、各城市国民经济和社会发展统计公报等。

4. 计算方法

在通过相关性检验得到10个指标后，将2007年的土地价值潜力和这10个指标2002年的数据进行了多元线性回归。其中1.1经济规模、1.2居民收入、1.3人口规模、2.1人均土地面积、4.2进出口额5个变量的数据为2002年数据，而3.1综合区位、4.1对外联系、4.3机场等级、5.1社会保障、5.2环境舒适度5个变量为控制变量，其值恒定不变。根据回归得到的方程，代入1.1经济规模等5个指标2007年的指标数据，控制变量数据不变，以此进行简单地外推来预测5年后即2012年的土地价值潜力。

在实际的分项指标分析中，本部分根据指标的经济学含义对10个指标进行了分组，将指标标准化后等权相加得到经济发展、土地供给、综合区位、国际化程度、居住环境5个一级指标，以便于研究分析土地价值潜力变化的原因。

（二）当前增值空间

随着土地制度改革的深入，土地交易市场步入了市场化的轨道，土地市场价值得到了显现。由于各个城市的发展状况不同，城市间的土地市场价值不同，其土地价值潜力也存在差异。根据前文的观点，地均 GDP 和地价高度相关，土地价值潜力是由地均 GDP 和地价的差来决定的，而地均 GDP 和地价各自的增长率也影响着土地价值潜力的大小。表 13 - 2 中列出了 35 个城市的土地价值潜力状况，其中地价和地价 GDP 是 2007 年的数据，各自的增长率都是 2002 ~ 2007 年 5 年的平均增长率，增长率差则表明了 GDP 平均增长率和地价平均增长率的差。

1. 大多数城市土地市场价值潜力巨大，地价还有上涨空间

35 个城市的土地潜力都为正值，理论上表明不存在土地市场价值和地均 GDP 的倒挂，所有城市都还有上涨空间。其中土地价值潜力大于 1000 的只有上海和北京，800 ~ 1000 之间一共有 4 个城市，500 ~ 800 之间是 11 个城市，500 以下的一共是 18 个城市。

而从过去 5 年地均 GDP 和地价的平均增长率差来看，35 个城市的中只有 6 个城市的 GDP 增长率低于地价的增长率，另外 29 个城市都为正。其中有 10 个城市的增长率差大于 10%，增长率差在 6% ~ 10% 之间的城市有 12 个，另外 7 个城市的增长率差在 3% ~ 6% 之间。

2. 土地价值潜力上海最大，银川最小

上海以 1295（元/平方米）的土地价值潜力高居榜首，北京比上海稍低，不相上下。北京领先第三名杭州 261，第三名杭州和第四名深圳差别很小。另外 6 个土地价值潜力排名前 10 的城市是：大连、青岛、天津、沈阳、宁波、广州。排名前 10 的城市大都是在东部沿海地区。

土地价值潜力以银川最小，后 10 名大都是西南和西北的城市，分别是：郑州、海口、昆明、乌鲁木齐、重庆、南宁、贵阳、西宁、兰州、银川。其中西北是 4 个城市，西南是 5 个城市，另有一个中部的郑州，排名第 26。

从区域来看，东南城市土地价值潜力最大的是上海，最后的南京位于第 24 位。东南地区的 8 个城市有 5 个城市位于前 10 名，只有厦门、福州和南京在 10 名开外；环渤海 5 个城市中，土地价值潜力最大的是北京，排名第二。青岛和天津分居第 6 和第 7，济南和石家庄分别是第 12 和第 19；东北的 4 个城市大连和沈阳在前 10，

表 13 – 2　35 个城市土地价值当前增值空间

单位：元/平方米，%

城　市	地价平均值	地价平均增值率	地均 GDP	GDP 平均增长率	增长率差	排名	土地价值潜力	排名
上　海	4022	2.94	1352	12.60	9.66	11	1295	1
北　京	5438	8.37	1204	12.40	4.03	28	1126	2
杭　州	3997	3.78	922	14.49	10.71	6	865	3
深　圳	1936	7.90	889	16.59	8.69	15	862	4
大　连	1695	9.44	847	15.80	6.36	25	822	5
青　岛	1723	7.80	844	18.63	10.82	4	819	6
天　津	1589	8.81	808	15.34	6.53	23	785	7
沈　阳	2002	6.26	812	16.99	10.73	5	784	8
宁　波	5328	15.10	855	14.81	–0.28	30	779	9
广　州	5007	6.82	766	14.67	7.85	18	695	10
长　沙	1478	7.56	710	14.92	7.36	21	689	11
济　南	1571	3.21	604	14.66	11.44	2	582	12
厦　门	12900	25.05	761	16.48	–8.57	35	576	13
武　汉	1444	6.84	595	14.39	7.55	20	574	14
西　安	1637	6.48	552	13.48	7.00	22	529	15
福　州	2742	16.10	557	12.62	–3.48	34	518	16
长　春	1868	10.21	532	13.86	3.64	29	506	17
呼和浩特	727	4.34	501	20.60	16.26	1	491	18
石家庄	1163	4.22	503	13.80	9.58	12	487	19
成　都	2232	5.30	499	14.66	9.36	13	467	20
哈尔滨	1687	4.25	485	14.93	10.68	7	460	21
太　原	1253	4.13	466	15.46	11.32	3	448	22
南　昌	1471	9.36	457	17.23	7.86	17	436	23
南　京	5377	4.97	512	15.36	10.38	8	436	24
合　肥	1196	10.30	452	18.04	7.74	19	435	25
郑　州	1395	7.72	417	13.46	5.75	27	397	26
海　口	531	6.71	403	12.74	6.03	26	396	27
昆　明	1271	11.80	408	11.50	–0.30	31	389	28
乌鲁木齐	594	4.63	395	13.61	8.98	14	386	29
重　庆	1613	14.31	408	13.86	–0.45	32	385	30
南　宁	1281	4.77	399	15.10	10.33	9	381	31
贵　阳	1947	16.31	400	14.35	–1.96	33	372	32
西　宁	565	5.52	351	13.76	8.24	16	343	33
兰　州	1678	1.83	355	11.94	10.12	10	331	34
银　川	682	6.18	258	12.69	6.51	24	249	35

数据来源：根据《中国城市统计年鉴》、《中国城市地价状况》整理。

长春和哈尔滨分别为第17和第21，两极分化严重。中部6个城市在全国处于中游，最好的长沙第11，最靠后的郑州第26；西南城市总体靠后，最好的成都排名第20位，其他都在后10名；西北城市只有西安和呼和浩特分列第15和第18，其他都在后10名。

3. 增长率差呼和浩特第一，厦门最后

呼和浩特2002～2007年5年的GDP平均增长率高达20.6%，但其地价平均增长率只有4.34%，增长率差为16.26%，在35个城市中位列第一。排名前3的另外2个城市济南和太原增长率差也都在11%以上。增长率差排名前10的其他7个城市分别是：青岛、沈阳、杭州、哈尔滨、南京、南宁、兰州。排名前10的城市在六个区域都有分布，其中东南有杭州和南京2个城市，环渤海有济南和青岛，东北有沈阳和哈尔滨，中部有太原，西南有南宁，西北则是呼和浩特和兰州。

增长率差后10名的城市分别是：厦门、福州、贵阳、重庆、昆明、宁波、长春、北京、郑州、海口。厦门的增长率差最低，为-8.57%，福州和贵阳的增长率差也比较低，分别为-3.48%和-1.96%。除此之外还有重庆、昆明和宁波3个城市的增长率差也为负。后10名城市西南最多，有4个城市；东南有厦门、福州和宁波，东北、环渤海和中部各有一个城市；西北没有城市在后10名，最低的银川增长率差也有6.51%，排名第24位。

35个城市土地价值潜力和增长率差表现各异，判断一个城市未来的土地价值不仅要考虑当前地均GDP和地价的差异大小，同时也要考虑到GDP增长率和地价增长率的差异程度。虽然35个城市的土地潜力目前都为正，但有些城市地价上涨幅度远远大于GDP增长幅度，这些城市的土地市场价值必然会进行一个调整，使得土地市场价值回归到某一个均衡位置。尽管从长期看，城市的土地市场价值变化与这两个差异有着密切的关系，但是中短期内影响一个城市土地价值的因素是多方面的，因此衡量一个城市的土地价值潜力也必须从更全面的范围进行深入分析。

（三）未来增值潜力

理论框架与指标体系中通过土地价值潜力及其影响因素进行回归分析，得到了各因素对土地价值潜力的贡献弹性，在保持六个控制变量值不变的情况下，代入另外六个变量的2007年数据，由此得到五年后即2012年的土地价值潜力（见表13－3）。以下是对35个城市未来5年土地增值潜力及其影响因素的分析。

表13－3　35个城市土地价值潜力排名及变化

城　　市	区　域	当前土地增值空间	排名	五年后土地价值潜力	排名	排名变化
上　　海	东　南	1295	1	1566	1	0
北　　京	环渤海	1126	2	1224	2	0
杭　　州	东　南	865	3	1129	3	0
深　　圳	东　南	862	4	1129	4	0
广　　州	东　南	695	10	1129	5	5
天　　津	环渤海	785	7	927	6	1
宁　　波	东　南	779	9	922	7	2
青　　岛	环渤海	819	6	909	8	－2
大　　连	东　北	822	5	898	9	－4
厦　　门	东　南	576	13	887	10	3
沈　　阳	东　北	784	8	837	11	－3
武　　汉	中　部	574	14	796	12	2
合　　肥	中　部	435	25	791	13	12
南　　京	东　南	436	24	788	14	10
长　　沙	中　部	689	11	744	15	－4
成　　都	西　南	467	20	736	16	4
石家庄	环渤海	487	19	690	17	2
长　　春	东　北	506	17	684	18	－1
福　　州	东　南	518	16	669	19	－3
哈尔滨	东　北	460	21	661	20	1
济　　南	环渤海	582	12	659	21	－9
呼和浩特	西　北	491	18	653	22	－4
南　　昌	中　部	436	23	652	23	0
重　　庆	西　南	385	30	606	24	6
郑　　州	中　部	397	26	564	25	1
西　　安	西　北	529	15	561	26	－11
太　　原	中　部	448	22	532	27	－5
昆　　明	西　南	389	28	528	28	0
南　　宁	西　南	381	31	522	29	2
贵　　阳	西　南	372	32	469	30	2
兰　　州	西　北	331	34	464	31	3
海　　口	西　南	396	27	446	32	－5
西　　宁	西　北	343	33	444	33	0
乌鲁木齐	西　北	386	29	435	34	－5
银　　川	西　北	249	35	405	35	0

1. 未来土地价值潜力：上海最具潜力

根据表 13－3 中 5 年后土地价值潜力和当前土地增值空间的对比，我们可以得到以下重要发现。

（1）上海潜力最大，北京第 2。5 年后上海依然高居 35 个大中城市的第 1 位，北京市紧随其后，前 4 名城市的排名都没有变化，而广州则从第 10 名上升 5 位到了第 5 名，在前 10 名城市中进步最大。

前 10 名的城市基本没有变化，只有厦门从目前的第 13 名上升到了第 10，而沈阳则从当前的第 8 位下降 3 名到了第 11。其他前 10 名的城市变化中，除上升最快的广州和首度进入前 10 的厦门外，另有天津和宁波潜力增长，分别上升了 1 位和 2 位。青岛和大连的排名有所下滑，分别下降了 2 位和 4 位。

未来 5 年土地价值潜力前 10 名城市中东南城市占据优势共有 6 个城市，环渤海城市占了 3 个，另外 1 个是东北的大连，中部、西南、西北城市没有进入前 10 名。

从土地价值潜力的后 10 名来看，银川依旧排名最后。后 10 名城市总体上也没有变化，但重庆和郑州分别上升 6 位和 1 位，不再属于后 10 名；而西安下降 11 名到了第 26，太原下降 5 名到了第 27 名。除此之外，后 10 名中海口、乌鲁木齐都下降了 5 位，南宁、贵阳和兰州的土地价值潜力则均有小幅上升，昆明、西宁和银川排名没有变化。

从后 10 名的区域分布考察，这些城市主要集中在西北和西南地区，其中西北地区占了 5 个城市，西南地区有 4 个。另外 1 个城市是下降 5 位的中部城市太原。东南、环渤海以及东北没有城市在后 10 名。

（2）合肥进步最快，西安降幅最大。35 个城市中，有 15 个城市土地价值潜力上升，12 个城市下降，8 个城市排名保持不变。在进步的 15 个城市中，合肥进步最大，从第 25 位上升到第 13 位，前进了 12 位。另一个上升较快的是南京，从第 24 位上升到了第 14 位，前进了 10 名。其他土地价值潜力上升 5 名及以上的有重庆上升 6 位，广州上升 5 位。

从排名下降的 12 个城市来看，西安降幅最大，从第 15 位下降到第 26 位，下降了 11 位。此外也有 4 个城市的跌幅在 5 名以上，其中济南下降了 9 位，太原、海口和乌鲁木齐都下降了 5 位。

（3）东南土地价值潜力最大，西北最小。从区域的土地价值潜力来考察发现，6大区域中，东南土地价值潜力从当前的第2名上升到第1名，而环渤海则让出了第1的位置，退让到第2，其他4个区域的排名没有发生变化（见表13－4）。究其原因，东南8个城市中，5年后有4个城市土地潜力排名上升，其中南京排名前进了10位，而排名下降的只有福州下降3位。而环渤海5个城市，虽然天津和石家庄分别小幅上升1位和2位，但济南下降了9位，青岛下降了2位。西北地区始终处于最后，与第1名的差距也进一步拉大，当前与东南地区土地价值潜力相差365元/平方米，5年后与东南地区相差533元/平方米。总体来看，东南、环渤海、东北处于第一阵营，它们的土地价值潜力都高于全国平均水平，而中部、西南、西北则处于第二阵营，其土地价值潜力低于全国平均水平。

表13－4　区域土地价值潜力变化

单位：元/平方米

区　域	当前土地增值空间	排名	5年后土地价值潜力	排名
东　南	753	2	1027	1
环渤海	760	1	882	2
东　北	643	3	770	3
中　部	497	4	680	4
西　南	398	5	551	5
西　北	388	6	494	6
全　国	574	—	744	—

2. 经济发展：上海独占鳌头

35个城市经济发展比较见表13－5。经济发展前10名城市依次是：上海、北京、广州、重庆、深圳、天津、南京、杭州、宁波、沈阳。

前10名城市中有6个城市来自东南地区，其中上海经济发展高居第一。另有2个是环渤海的北京和天津分居第2、第6位。西南有重庆第4，东北有沈阳第10。经济发展排名第一的上海1.1经济规模、1.2居民收入、1.3人口规模分别排名第1、2、2位，表现抢眼。经济发展第二名的北京三项指标都进入了前5，其中经济规模仅次于上海，人口规模第3，居民收入第5。第3名的广州三项指标也都在前5。

经济发展后10名城市主要来自西北和西南，两地各4个城市，中部有合肥和南昌分居第26和第27位。西北排名最靠前的为西安第16位，西南则是重庆高居第4。

表 13－5　35 个城市经济发展比较

城　　市	1.1 经济规模（万元）	排名	1.2 居民收入（元）	排名	1.3 人口规模（万人）	排名	1. 经济发展指数	排名
上　　海	120660571	1	23623	2	1309.15	2	1.000	1
北　　京	92076012	2	22032	5	1142.48	3	0.854	2
广　　州	65704920	4	22469	3	636.76	5	0.664	3
重　　庆	29409900	8	13715	21	1526.02	1	0.639	4
深　　圳	68015706	3	24870	1	212.38	27	0.606	5
天　　津	46931800	5	16357	13	786.35	4	0.556	6
南　　京	30157200	7	20317	8	534.39	7	0.505	7
杭　　州	32578837	6	21689	6	419.5	12	0.505	8
宁　　波	19265032	15	22307	4	218.19	25	0.427	9
沈　　阳	28752888	9	14607	17	504.86	9	0.412	10
武　　汉	27090300	10	14358	18	510.34	8	0.405	11
济　　南	19539373	14	18005	9	352.71	14	0.398	12
成　　都	20919436	13	14849	16	502.71	10	0.392	13
厦　　门	13878520	19	21503	7	167.24	31	0.388	14
青　　岛	21385149	12	17856	10	275.55	17	0.383	15
西　　安	15211316	18	12662	28	549.19	6	0.354	16
大　　连	22587858	11	15109	15	293.43	15	0.352	17
哈 尔 滨	17566537	16	12772	27	475.48	11	0.346	18
长　　沙	12990284	20	16153	14	218.75	24	0.321	19
长　　春	15436785	17	12811	25	358.13	13	0.313	20
福　　州	9571330	26	16765	12	185.92	30	0.312	21
郑　　州	10254831	23	14084	19	269.59	18	0.295	22
太　　原	11146379	21	13745	20	276.79	16	0.294	23
呼和浩特	7667315	30	17022	11	114.42	32	0.293	24
石 家 庄	9473325	27	13205	23	237.73	20	0.273	25
合　　肥	10244046	24	13427	22	198.39	29	0.269	26
南　　昌	9693371	25	13076	24	224.25	22	0.268	27
南　　宁	7685058	29	12597	29	259.77	19	0.264	28
昆　　明	10487260	22	12021	32	233.43	21	0.258	29
贵　　阳	5457794	32	12781	26	214.08	26	0.249	30
乌鲁木齐	8096503	28	11373	33	222.31	23	0.239	31
海　　口	3936858	33	12289	30	152.94	35	0.223	32
兰　　州	6342844	31	10271	35	208.03	28	0.214	33
银　　川	2841303	34	12185	31	86.08	34	0.203	34
西　　宁	2303222	35	10636	34	107.17	33	0.184	35

经济规模排名前10的城市分别是：上海、北京、深圳、广州、天津、杭州、南京、重庆、沈阳、武汉。

居民收入排名前10的城市分别是：深圳、上海、广州、宁波、北京、杭州、厦门、南京、济南、青岛。

人口规模排名前10的城市分别是：重庆、上海、北京、天津、广州、西安、南京、武汉、沈阳、成都。

3. 土地供给：中部城市人口密度大，西北西南土地供给宽松

35个城市土地供给比较见表13－6。土地供给前10名城市依次是：乌鲁木齐、银川、南宁、呼和浩特、昆明、重庆、海口、哈尔滨、长春、宁波。

表13－6　35个城市土地供给比较

单位：平方米/人

城　　市	2. 土地供给	排名	城　　市	2. 土地供给	排名
乌鲁木齐	4478.08	1	兰　　州	791.7155	19
银　　川	2684.708	2	杭　　州	731.347	20
南　　宁	2494.139	3	沈　　阳	692.2715	21
呼和浩特	1795.139	4	西　　安	652.2349	22
昆　　明	1758.118	5	广　　州	603.5258	23
重　　庆	1706.456	6	福　　州	560.9941	24
海　　口	1507.136	7	武　　汉	532.5863	25
哈 尔 滨	1490.291	8	太　　原	527.4762	26
长　　春	1337.22	9	青　　岛	509.1624	27
宁　　波	1128.375	10	成　　都	432.8536	28
贵　　阳	1122.939	11	合　　肥	422.9045	29
北　　京	1066.712	12	上　　海	393.7674	30
天　　津	940.9285	13	郑　　州	374.6427	31
厦　　门	940.5657	14	西　　宁	354.5772	32
济　　南	923.4207	15	南　　昌	275.1395	33
深　　圳	919.5741	16	长　　沙	254.1716	34
南　　京	883.8138	17	石 家 庄	191.8141	35
大　　连	823.0249	18			

前面已经提到土地供给与土地价值潜力成负相关。在城市土地面积扩张有限的情况下，某个城市的土地供给越大，表示人口密度越小，人均城市面积越大，其土地价值潜力增长越慢。

前10的城市以西南、西北城市居多，其中西南有4个城市，西北有3个城市，这些区域相对别的区域地广人稀，可供开发的土地面积较多，因此土地价值潜力上升较慢 。此外东北的哈尔滨和长春人均土地面积也较大，第10名则是东南的宁波，人口密度也比较小。

后10名的城市，市辖区人口密度最大或者说人均土地面积最小的10个城市中有5个是中部的城市，中部的另一个城市武汉排名第25。也就是说，中部的6个城市排名都在后11名，人口密度较大，人均土地面积较小。因此，从土地供给方面看，中部的这几个城市土地价值有较大的上升潜力。人口密度最大的城市为石家庄，此外西北的西宁、东南的上海、西南的成都和环渤海的青岛土地供给都在后10名，也即人口密度的前10名。

4. 综合区位：东南地区区位最好，上海最佳

35个城市综合区位比较见表13－7。综合区位前10名城市依次是：上海、北京、广州、天津、重庆、杭州、哈尔滨、长春、沈阳、南京。

表13－7 35个城市综合区位比较

城市	3. 综合区位	排名	城市	3. 综合区位	排名
上海	0.992	1	厦门	0.597	19
北京	0.93	2	济南	0.595	20
广州	0.766	3	大连	0.594	21
天津	0.765	4	福州	0.59	22
重庆	0.703	5	西安	0.583	23
杭州	0.702	6	石家庄	0.577	24
哈尔滨	0.693	7	长沙	0.56	25
长春	0.692	8	南宁	0.546	26
沈阳	0.684	9	南昌	0.545	27
南京	0.668	10	贵阳	0.543	28
宁波	0.652	11	郑州	0.523	29
武汉	0.649	12	银川	0.521	30
深圳	0.644	13	兰州	0.515	31
呼和浩特	0.639	14	西宁	0.513	32
成都	0.623	15	昆明	0.496	33
青岛	0.622	16	太原	0.49	34
乌鲁木齐	0.612	17	海口	0.485	35
合肥	0.597	18			

东南城市综合区位最好，前 10 名城市中有 8 个来自东南地区，其中上海综合区位高居第一。接下来是北京和广州，这 3 个城市也是各自区域的中心城市。东北城市区位优势也很明显，4 个城市有 3 个进入了前 10 名。此外前 10 名的城市还有环渤海的天津位列第 4，西南的重庆位列第 5。

总体上看东部区位较好，中西部的区位较差。由于综合区位包括自然区位便利度指数、经济区位优势指数、资源优势度指数、政治文化区位优势指数，因此中西部区位较差有地理的因素，也有后天经济发展等因素。后 10 名中有 4 个西南城市、3 个中部城市和 3 个西北城市，而东南、环渤海和东北都没有后 10 名的城市。尽管如此，中西部也有区位排名靠前的城市，其中，西南重庆排名第 5；中部区位最好的为武汉，排名第 12；西北排名最靠前的为呼和浩特，排名第 14。

5. 国际化程度：东南、环渤海领衔，上海第一

35 个城市国际化比较见表 13－8。国际化程度前 10 名城市依次是：上海、北京、深圳、广州、杭州、天津、成都、昆明、青岛、厦门。

国际化程度前 10 名东南城市占据了半壁江山，另有 3 个是环渤海城市、2 个是西南城市。上海稳居第 1 位，从分项指标来看，上海机场等级排名第 1，对外联系仅次于北京，进出口额稍落后于深圳。国际化程度排名第 2 的北京 3 项分指标都在前 3，其中对外联系位居第 1；而深圳在进出口额上位列榜首，其余 2 个分项指标都是第 4，国际联系程度为第 3。前 10 中的亮点是西南的成都和昆明，以及环渤海的青岛。成都对外联系和机场等级都位列第 5，而昆明机场等级排名第 6，表现优异；青岛在进出口额上排名第 7，另 2 项排名也很靠前。

除以上 3 个区域外，另外 3 个区域也有国际化程度靠前的城市。比如东北大连居第 12，西北有西安第 13，中部则有武汉第 16。但是，各个区域内的两极分化也都比较严重。后 10 名中只有东南的城市不在此列，最后 4 位都是西北的城市，环渤海的石家庄仅排第 31，中部有南昌、合肥，东北有长春，西南则是贵阳。

对外联系排名前 10 的城市分别是：北京、上海、广州、深圳、成都、厦门、天津、杭州、南京、大连。

进出口额排名前 10 的城市分别是：深圳、上海、北京、广州、天津、宁波、青岛、杭州、厦门、大连。

机场等级排名前 10 的城市分别是：上海、北京、广州、深圳、成都、昆明、西安、杭州、重庆、武汉。

表 13－8　35 个城市国际化程度比较

城　　市	4.1 对外联系	排名	4.2 进出口额（亿美元）	排名	4.3 机场等级	排名	4. 国际化程度	排名
上　　海	0.319	2	2829.73	2	451039	1	1.000	1
北　　京	0.331	1	1929.46	3	429646	2	0.879	2
深　　圳	0.091	4	2875	1	187942	4	0.810	3
广　　州	0.116	3	734.94	4	280392	3	0.629	4
杭　　州	0.040	8	434.26	8	118560	8	0.474	5
天　　津	0.048	7	715.5	5	70279	16	0.471	6
成　　都	0.063	5	95.2	14	158615	5	0.464	7
昆　　明	0.017	21	66.83	18	150353	6	0.455	8
青　　岛	0.029	13	457.25	7	87828	13	0.454	9
厦　　门	0.057	6	397.83	9	92785	11	0.450	10
南　　京	0.038	9	362	11	91242	12	0.445	11
大　　连	0.031	10	387.45	10	73082	15	0.435	12
西　　安	0.017	20	53.61	21	121992	7	0.432	13
重　　庆	0.031	11	74.45	16	112565	9	0.427	14
宁　　波	0.025	16	564.99	6	34002	28	0.426	15
武　　汉	0.030	12	99.62	13	98372	10	0.420	16
长　　沙	0.019	19	40.72	24	85339	14	0.403	17
沈　　阳	0.028	14	60.69	20	62531	18	0.389	18
海　　口	0.004	30	19.34	29	66411	17	0.387	19
郑　　州	0.013	25	31.56	28	62288	19	0.385	20
乌鲁木齐	0.003	31	37.75	25	59462	20	0.384	21
福　　州	0.024	17	123.18	12	45336	25	0.383	22
济　　南	0.015	22	62.18	19	52557	21	0.381	23
太　　原	0.027	15	81.07	15	47909	22	0.380	24
哈 尔 滨	0.015	23	32.89	26	46364	23	0.373	25
贵　　阳	0.005	29	16.92	30	46259	24	0.371	26
长　　春	0.010	27	69.4	17	29366	30	0.365	27
南　　昌	0.013	26	31.95	27	34292	27	0.364	28
合　　肥	0.013	24	43.01	23	32141	29	0.364	29
南　　宁	0.005	28	12.9	31	35718	26	0.363	30
石 家 庄	0.022	18	51.3	22	28953	31	0.363	31
呼和浩特	0.002	34	8.7	33	26529	32	0.356	32
兰　　州	0.003	32	7.2	34	23897	33	0.354	33
银　　川	0.002	35	10.9	32	17111	34	0.349	34
西　　宁	0.002	33	5.67	35	9455	35	0.343	35

6. 居住环境：深圳居住环境最好

35 个城市居住环境比较见表 13－9。居住环境前 10 名城市依次是：深圳、厦门、大连、杭州、上海、宁波、青岛、昆明、北京、南宁。

表 13－9　35 个城市居住环境比较

城　　市	5.1 社会保障	排名	5.2 环境舒适度	排名	5. 居住环境	排名
深　　圳	1.000	1	0.764	10	1.000	1
厦　　门	0.390	2	0.932	4	0.750	2
大　　连	0.289	7	0.997	1	0.730	3
杭　　州	0.291	6	0.95	2	0.704	4
上　　海	0.328	4	0.847	6	0.667	5
宁　　波	0.286	8	0.835	7	0.636	6
青　　岛	0.295	5	0.813	9	0.629	7
昆　　明	0.186	14	0.898	5	0.615	8
北　　京	0.364	3	0.688	11	0.597	9
南　　宁	0.077	34	0.941	3	0.578	10
合　　肥	0.166	19	0.823	8	0.561	11
广　　州	0.252	9	0.641	17	0.507	12
成　　都	0.155	23	0.662	14	0.464	13
天　　津	0.143	28	0.669	13	0.461	14
武　　汉	0.197	11	0.607	20	0.456	15
长　　沙	0.155	21	0.643	16	0.453	16
银　　川	0.194	12	0.602	22	0.452	17
南　　京	0.189	13	0.598	23	0.447	18
福　　州	0.181	15	0.603	21	0.445	19
沈　　阳	0.209	10	0.573	26	0.444	20
贵　　阳	0.127	30	0.654	15	0.443	21
呼和浩特	0.177	16	0.586	24	0.433	22
南　　昌	0.150	25	0.608	19	0.430	23
太　　原	0.175	17	0.562	28	0.418	24
西　　安	0.155	22	0.58	25	0.417	25
海　　口	0.057	35	0.672	12	0.414	26
哈 尔 滨	0.141	29	0.569	27	0.403	27
长　　春	0.147	27	0.558	29	0.400	28
石 家 庄	0.172	18	0.532	31	0.399	29
重　　庆	0.078	33	0.616	18	0.394	30
郑　　州	0.161	20	0.531	32	0.393	31
兰　　州	0.148	26	0.542	30	0.392	32
济　　南	0.151	24	0.529	34	0.386	33
乌鲁木齐	0.114	31	0.521	35	0.360	34
西　　宁	0.083	32	0.531	33	0.349	35

居住环境前 10 名依然是东南城市占据优势，有 5 个东南城市。其他区域也有城市表现不俗，如东北的大连，环渤海的青岛和北京，西南的昆明和南宁，都在前 10 行列。中部居住环境最好的是合肥，排名第 11，其环境舒适度在中部是最好的；西北最好的为银川，排名第 17，其他都在 20 名开外了。

深圳虽然环境舒适度仅排名第 10，但其社会保障最好，且大幅领先于其他城市，因此综合起来其居住环境最好。厦门社会保障排名第 2，环境舒适度排名第 4，因此厦门不仅能提供居民较好的社会保障，其环境也非常适宜居住。居住环境第 3 的为大连，其环境舒适度高居第 1，社会保障也在前 10 名以内。

社会保障排名前 10 的城市分别是：深圳、厦门、北京、上海、青岛、杭州、大连、宁波、广州、沈阳。

环境舒适度排名前 10 的城市分别是：大连、杭州、南宁、厦门、昆明、上海、宁波、合肥、青岛、深圳。

中国住房公共政策：评价与建议

第十四章 住房社会保障

姜雪梅

一 国际经验与分析框架

（一）国际经验

1. 总体情况

随着社会的发展和人权意识的提高，弱势群体的住房问题由原来的济贫层次上升为社会保障层面，住房权已是城市居民的基本权利。公民的住房权利是国际社会关注的人权问题，1981 年 4 月在伦敦召开的国际住房和城市问题研讨会上，通过了《住房人权宣言》，确定“公民享有良好的环境、适宜人类的住所是所有居民的基本人权”。

从住房政策发展的历史轨迹看，欧美住房政策从“大众化福利”向“残余化保障”转变。随着各国福利国家体制的演变和再造，解决住房问题的方法也发生了巨大变化。在20世纪70年代以前，大多数国家一方面采用“公共”住房的大量建设来满足低收入群体的住房需求，另一方面积极建设适合高、中等收入群体的商品住房市场，在一定时期内有效地解决了住房问题。但是进入70年代后期，随着经济成长的减速和国家财政状况的恶化，福利国家的住房政策面临了新的挑战。随后进行住房政策改革，利用民间力量推进市场化建设，减轻财政压力，着重解决被住房市场排除在外的弱势群体的住房保障问题。70年代以后，德国和法国的社会住房同英国和美国的公共住房的命运一样，相当一部分出售到民间市场，住房保障也趋向了残余化。

根据福利性质，欧美住房保障政策大致可分为三大类型：第一，残余化的“自由福利”政策。以美国、英国、日本的公共住房供应政策为代表，这种住房保障对象限定为被市场遗弃的部分群体。第二，短期性的“协调福利”政策。以德国、法国的社会住房政策为例的这种住房保障是短期性的社会问题的解决方式，以保持现有各阶层利益为前提。第三，较为彻底的“社会福利”政策。以瑞典的公共住房供应为代表，国家对土地市场和住房市场的干预程度非常高。

国际上发达国家的住房保障制度体系中，无论低收入居民住房保障还是一般收入居民住房保障，都采取多种渠道，提供多方位保障。例如，英国的公共住房的供给、租金管制和租金补贴，新加坡的公积金和组屋制度，德国的住房储蓄制度、购房财政税收政策和指导租金政策。在住房保障方面，以市场配置为主导的美国政府也在立法、金融、税收等方面进行大力干预以解决住房问题。其主要措施有：增加投资，多建廉价房；控制房价，制定出低收入居民可以接受的住房价格；继续推行提供直接补贴、税收优惠等计划，促进居民购房；联邦住房管理局（FHA）提倡采用“住房过滤制”来鼓励居民，主要是低收入家庭购房。

2. 一般收入

国际上，针对一般收入阶层的具有惠普性的住房保障制度有公积金制度、税收优惠政策和抵押贷款担保制度等。这些政策通过提高居民的可支付能力，使居民改善居住环境。此外，还有住房更新改造政策，它直接改善居住环境。

新加坡的公积金制度，是通过1955年国会《中央公积金法》的立法而推行的一种强制储蓄制度。规定每个雇员每月将月薪的一定比例强制存入中央公积金局，作购房、医疗、保险、养老之用，不能随意不缴或迟缴。住户购房时，首付售价的20%，其余的由住房发展局以低息贷款方式垫付，住户可用公积金在5年、10年，甚至25年内还清。高收入群体申请被批准后，可以提取公积金建造高级私人住房，若存款不够，可向中央公积金局借款。新加坡住房公积金制度使政府积累了巨额资金，成为支持住房消费信贷的主要资金来源。

德国的住房储蓄制度，是在自愿参加、互利互助、国家鼓励基础上的封闭式住房储蓄融资体系。该制度有两大支柱，第一是固定利率、低息互助，第二是政府的储蓄奖励。政府的储蓄奖励有储蓄奖励和购房奖励，对通过住房储蓄进行的建房活动政府还给予贷款总额14%的贷款补助。对低收入居民来说，参加住房储蓄可以得到政府的奖励，是促使他们参加住房储蓄的一个重要原因。该制度的核心是“住房储蓄银行”，这是一种定向为储户购建房服务的“互助式契约储蓄系统”。任何居民按照合同规定，连续几年（一般需要4~6年）存入一定数额的定期储蓄存款，存足一定金额时，即可成为住房储蓄银行的“社员”，取得住房贷款的权利，贷款利率由法律规定，低于市场利率，贷款期一般为10~15年。购房时，一般首付比例为40%，其中约一半可从住房储蓄中支付，其余部分可通过银行贷款解决。由此，在房地产市场上基本形成了合作银行、储蓄银行、个人出资各占1/3的资金比例。而且住房储蓄银行的贷款利率一般要低于其他银行，且基本保持利率的稳定。

购房财政税收政策：德国为鼓励私人建房，政府通过减免税和其他奖励措施予以鼓励。联邦所得税法规定：免征私人建房者10年地产税，并在购买建房地产时免征地产转移税。联邦所得税法还规定多方面优惠。此外，财政还给予收入较低的购房人不同程度的购房补贴，86%的德国人都可以享有不同额度的补贴。

抵押贷款担保。美国金融机构对第一次购房者提供低息贷款或抵押贷款担保。联邦住房管理局对住房贷款进行担保，最高担保额为9.7万美元（美国中等水平的住房售价为7万~10万美元）。购房者向联邦住房管理局支付相当于担保额3.8%的手续费。购房者经过担保后，首期可以只付5%的售款，贷款额可达房价的80%~96%，还款期长达20~30年，利率一般只有6%~8%，低于其他长期贷款利率。抵押贷款担保不仅减轻了银行的风险，也大大提高了居民的住房可支付能力。

住房更新改造政策：瑞典政府于1973年通过了《住房更新法》，强迫房产主改善不符合最低标准的住房，国家给予贷款和补助，支持促进旧住房现代化。

由于瑞典在住房政策上坚持以福利思想为基础，不主张区别对待，而实行普遍受益原则。因此不为低收入者修建由政府补助的低房租劣质住房，也不让低收入阶层的国民住进这种低质住房，从而消除国民在住房中的差别，即使是最低水平的住房，条件也比较好，与一般住房相比，其房租差别也不大。新加坡政府，从20世纪80年代开始住房区及其公共设施每隔2~3年翻新一次，或外观刷新，或扩大空间，或完善功能。新加坡人民行动党拟于2014年实现所有住房“电梯化”。住房翻新由建屋发展局负责，经费政府承担80%，住户承担20%，经65%以上的住户同意就可以实施。

3. 低收入住房保障

在国际上具有代表性的解决低收入阶层住房困难的保障政策，有公共住房的供给、租金管制、租金补贴、税收优惠、廉价房建设和房价控制等政策。

（1）公共住房的供给。二战后英国面临着严重的住房短缺问题，两个家庭共同居住的约有400万户。1946年住房法成立，法律规定国库连续60年提供每户16英镑10先令的补助，其中5英镑10先令由地方负担。在政策和法律的全面支持下，英国的公营住房建设得到飞速发展。新加坡的“政府组屋”是由国家建屋局自行组织实施。20世纪60年代新加坡面临严重的住房问题。1960年2月1日新加坡政府成立建屋局初步计划大力推动租赁组屋的建设，1964年新加坡推行“居者有其屋”计划，大规模兴建自住组屋。“政府组屋”按成本价卖给居民，而且根据不同情况还有各种不同优惠。新加坡人住房拥有率从1965年的8%上升到了2005年的93%，而且85%是组屋（其中，93%的居民拥有其房屋的产权）。尽管近年来，德国住房数量基本得到满足，但政府一直没有停止建设高质量福利房。目前，德国共有住房3400万套，其中有230万套是通过政府长期、低利率贷款等手段建设的公共住房。瑞典的中低收入家庭，获得住房的主要方式是靠政府投资建房和合作社建房，占市场总量的2/5。目前瑞典房地产市场中共有420万套房产，其中41.8%是合作社建房，22%是租住公屋单位。

（2）租金管制制度。英国住房政策的另一大支柱就是租金管制制度。由于公营住房面向低收入群体，因此政府认为租赁租金应尽可能保持一个较低的租金水平。1957年租金法实施后，引发了承租人被非法要求搬迁的社会问题。因此，1964年从保护承租人的角度出发，创设了公正租金制度，开始了与传统管制并存的局面。1977年新租金法出台后，开始对以往法律进行全面调整，提出部分公正租赁的延续，并设定一定期限（1～5年）的公正租金。1986年社会保障法创设住房援助资金，减少入住公营住房的特低收入群体的租金负担。德国各地政府按照不同区位、不同房屋结构和房屋质量，提出相应的指导租金水平，作为住房出租人和承租人确定住房租金的参考标准。如在法律上作出规定，严格禁止"二房东"行为，每2年公布一次租房市场的平均价格，将承租人视为弱势一方加以保护。

（3）补助金制度。美国是一个市场经济高度发达的国家，国家对于经济的直接干预通常很少，但在低收入家庭住房问题上却是个例外。政府采取公共住房补贴（1937年以来的住房法），房租补贴（1965年城市住房发展法等），利息补贴，妇女、婴儿和儿童住房补贴，消除贫民窟和新镇运动等方式，来解决低收入家庭住房问题。房租补贴制度是目前德国对低收入居民住房保障的主要方式。新住房补贴法规定，由政府根据家庭人口、收入及房租支出情况给予居民以适当补贴，保证每个家庭有足够的住房支付能力。居民可以承受的租金一般按照家庭收入的25%确定，居民实际缴纳租金与可以承受租金的差额，由政府负担，房租补贴的资金由联邦政府和州政府各承担50%。

（4）税收优惠政策。美国国会1986年通过了低收入者购房和租房税收抵扣的法案，并在1993年成为永久性的法令。需要购房的低收入者可向州和地方政府申请抵押信贷证书，以获得税收抵扣，从而提高归还贷款的能力。合格的低收入住房的投资者，可在10年内每年享受联邦所得税的抵扣。

（5）廉价房的建设。美国1987～1996年，大约建造了60万套低收入住房，这些住房的租价大致低于当地收入中位数的40%～60%，使得更多的低收入者能够租得起房。二战后，德国面临非常严重的房屋短缺，为此，政府在支持建设相当规模的福利性公共住房的同时，也大力推动了低价住房的建设。约150年前，德国就出现"住房合作社"式的组织。这种合作社在运作上采取集资与贷款相结合的方式，参与集资的员工用抽签方式取得租房权。在目前的德国住房市场中，合作社方式仍占22%，各类基金和保险公司占8%，专门从事建房、出租的只占3%。

（6）房价的控制。美国控制房价，制定出低收入居民可以接受的住房价格。在德国，国家和教会控制部分土地甚至住房，优惠地提供给低收入群体，同时通过社会福利与救助体系，让低收入者也可以买得起房。

从上述几个国家住房政策可知，住房保障制度随着社会的不断变化而动态发展、演变，具有由面到点的发展特征，都已形成多层次的保障体系。政策的着重点逐渐走向提高中低收入可支付能力的制度体系建设和完善，将国家建房、低价出租转变为居民分期付款购买，采取租金补贴和金融、税收等优惠政策。在此过程中，政府始终扮演着参与者和监管者的两种角色，随着保障制度体系的完善，政府更侧重于监管者的角色。

（二）理论框架

通过住房改革和住房保障制度体系的建设，我国已经形成多元化住房供给体系，即面向高、中等收入阶层的商品房供给，改善中低收入家庭居住环境的经济适用房和限价房供给，解决低收入群体住房困难的廉租房供给，从三个层面确保不同收入群体的住房需求的满足。从目前的住房政策设计来看，住房保障有三个制度。第一是惠普性的住房公积金制度，第二是面对中低收入家庭的经济适用房和限价房政策，第三是面对低收入家庭的廉租房政策。

依据目前我国所实施的住房保障政策分析住房保障的较为理想的方法是，从总体住房保障程度、一般收入居民住房保障程度、中低收入居民住房保障程度、低收入居民住房保障程度等四个层面，从保障性住房财政补贴比例、保障性住房用地比例、第一套房的税收优惠比例、公积金覆盖率指数、经济适用房覆盖率、经济适用房价中等以下可支配收入比、廉租房覆盖率、租金补贴后的实际租金支出占低收入居民可支配收入比等8个层次分析住房保障情况。

保障性住房财政补贴比例是指保障性住房财政支出占总财政支出的比例，保障性住房用地比例是指累计的保障性住房用地面积占总住房用地面积的比例。这两项指标衡量政府对保障性住房的总体保障力度。公积金覆盖率指数是缴存公积金职工数占在职人数的百分比，衡量公积金制度的推行力度和覆盖范围。第一套房的税收优惠比例和公积金覆盖率指数衡量一般收入居民住房保障程度。经济适用房覆盖率是指累计的经济适用房竣工面积占累计的总住房竣工面积的百分比，经济适用房价中等以下可支配收入比是指经济适用房价和中低收入居民的可支配收入的比。这两项指标衡量中低收入居民的住房保障程度。廉租房覆盖率是指廉租房货币补贴户数和实物配租户数占低收入家庭户数的比例，租金补贴后的实际租金支出占低收入居民可支配收入比是指总租金扣除补贴后的实际支付租金占低收入居民可支配收入的比重。这两项指标反映低收入居民的住房保障。

二　住房社会保障分析与预测

（一）2008～2009年保障性住房现状分析

1. 总体情况

2008、2009年保障性住房建设力度加大。2009年上半年全国保障性住房用地供应5.6万亩，同比增加36.3%。截至2009年6月底，中央已下达补助资金548亿元，地方已到位资金415亿元，中央投资补助项目已经开工5434个、占计划的80%，开工面积6360万平方米、占计划的60%，完成投资388亿元、占计划的30%。2009年上半年，各地新开工经济适用住房3388万平方米、48万套，完成投资468亿元。2009年廉租住房制度建设共投入354亿元，是2007年投入资金的3.7倍。2008年中央财政共安排廉租住房补助资金143亿元包括第4季度追加的资金。2009年中央财政用于各地廉租住房建设的总资金投入将达到330亿元。截至2009年上半年，全国已开工建设廉租房105万套，占全年建设计划的59%，计划完成投资1048亿元，已完成投资310亿元，占30%。全国新增租赁住房补贴150万户。

2. 一般收入

住房公积金覆盖率不断提高，已成为居民购房的主要融资渠道。把有覆盖率数据的城市按覆盖率大小排序，北京的公积金覆盖率最高，为98.35，海口最低，为52.3（见图14－1）。北京事业性单位较多，公积金制度的推广力度也大，执行程度高。上海市1991年开始实行公积金制度，2005年、2006年和2007年的公积金覆盖率分别为94.83、77和69。虽然公积金覆盖率有所下降，但公积金的归集额年年增长，这与上海市人口增长和公积金缴纳对象范围的扩大有密切关系。住房公积金制度是政府为解决职工家庭住房问题的政策性融资渠道，是一般收入居民的住房货币保障制度。2008年末，全国应缴职工人数为11184.05万人，实际缴存职工人数为7745.09万人，同比增加557.18万人，增幅为7.75%。截至2008年末，全国住房公积金缴存总额为20699.78亿元，同比增长27.54%。2008年，全国住房公积金提取额为1958.34亿元，占同期缴存额的43.82%，同比增加149.56亿元，增幅为8.27%，全国共发放住房公积金个人贷款131.13万笔、2035.93亿元，占当年缴存额的45.55%。截至2008年末，累计为961.17万户职工家庭发放个人住房贷款 10601.83 亿元，同比增长 23.77%。2008 年末，住房公积金使用率为 72.81%，同比降低 1.78 个百分点，住房公积金运用率为 53.54%，同比降低 3.51 个百分点。

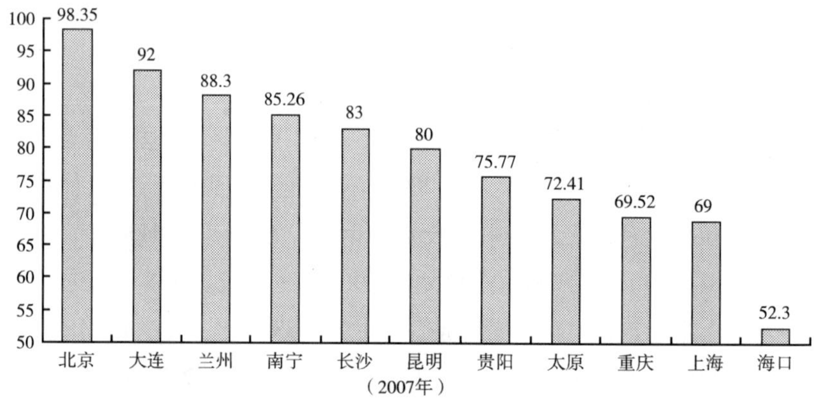

图 14－1　2008 年公积金覆盖率

公积金的利用规划不断完善。国务院《住房公积金管理条例》关于职工可以提取公积金的六种情形为：购买、建造、翻建、大修自住住房的；离休、退休的；完全丧失劳动能力，且与单位终止劳动关系的；出境定居的；偿还购房贷款本息的；房租超出家庭工资收入的规定比例的。各地方政府别出心裁不断扩大公积金的使用范围，提高公积金的使用效率。比如，在上海市，房租超过收入的 20% 时职工可提取公积金支付房租；在天津市，职工购房时可提取父母住房公积金购房；在长沙市，失业满 2 年可提取住房公积金；在青岛市，九种重病或大病可以提取住房公积金；在武汉市，与单位终止劳动关系且户口迁出本市或者户口不在本市与单位终止劳动关系且男性满 50 周岁、女性满 45 周岁，住房公积金账户封存满两年仍未重新就业，享受城镇居民最低生活保障，本人、配偶及子女因重大疾病造成家庭生活特别困难，遇到其他突发事件造成家庭生活特别困难等情形时均可提取公积金。

3. 中低收入

原建设部在 2007 年底召开的全国建设工作会议上对地方部门提出要求，2008 年 1 月底前各地要向社会公布 2008 年度住房建设计划。表 14－1 是 14 个主要城市的 2008 年保障性住房建设计划，2008 年计划新建住房面积共 17765.6 万平方米，其中保障性住房面积共4920.31万平方米，占新建住房面积比例为27.7%。全国大部分城市保障性住房面积占新建住房面积的比例都在10%以上。

表14－1 全国主要城市2008年计划新建保障性住房情况

单位：万平方米，%

城　市	新建住房面积	保障性住房面积	比　例
武　汉	1028.26	727.96	70.8
昆　明	680	414.8	61
北　京	2750	1150	41.8
天　津	1800	605	33.6
杭　州	550～650	171.5	26.4～31.2
南　京	1120	291.4	26
西　安	900	207	23
上　海	2000	400	20
深　圳	1215.9	228.4	18.8
西　宁	158.25	26.25	16.6
广　州	850～1180	100～180	11.8～15.3
济　南	733.18	80.5	11
成　都	1051	100	9.5
重　庆	2499.01	235.92	9.4

2009年上半年，各地新开工经济适用房3388万平方米、48万套，完成投资468亿元。2009年深圳市将投资46.27亿元，新建保障性住房2.57万套，总建筑面积将达到134.8万平方米；其中，经济适用住房0.89万套，建筑面积52.5万平方米。2009年上海将安排400万平方米的经济适用房建设。2008年400万平方米的开工任务已经完成，至2008年11月份，已完成投资近50%，其中5万平方米已建成。北京2009年计划新开工建设和收购政策性住房850万平方米，其中包括经济适用房160万平方米和限价商品房650万平方米。2008年北京市住房用地供应总量1700公顷，其中廉租房、经济适用房和限价商品住房用地500公顷。2008年北京新开工建设经济适用房301.5万平方米、限价房451.5万平方米。2009年天津市将建设保障性住房770万平方米，向5万户低收入家庭发放租房补贴，全年可为16万户中低收入家庭提供住房保障，比2008年增加26%。2009年杭州将开工建设经济适用房50万平方米，竣工50万平方米，其中，先租后售并举经济适用房的保障总量将达到5万平方米左右。

4. 低收入

住房和城乡建设部、国家发改委、财政部联合发布《2008 年廉租住房工作计划》，明确 2008 年新增廉租房保障户数达 250 万户，其中实物配租户数为 40 万户，在 2008 年底前所有县城及以上城市都要遵从国务院规定，对低保家庭中的住房困难户做到应保尽保，有条件的地区要逐步扩大保障范围。《2009～2011 年廉租住房保障规划》中提出，我国今后 3 年将新增廉租房 518 万套，发放货币补贴 191 万户。加上棚户区改造，3 年共将解决 747 万户低收入家庭的住房困难。2009 年（260 万户），新增廉租房房源 177 万套，新增发放租赁补贴 83 万户；2010 年（245 万户），新增廉租房房源 180 万套，新增发放租赁补贴 65 万户；2011 年（204 万户），新增廉租房房源 161 万套，新增发放租赁补贴 43 万户。

2009 年廉租房制度建设共投入 354 亿元，是 2007 年投入资金的 3.7 倍。2008 年中央财政共安排廉租房补助资金 68 亿元。第 4 季度为扩大内需、促进经济增长，追加了中央廉租房建设补助资金 75 亿元。截至 2009 年上半年，全国已开工建设廉租房 105 万套，占全年建设计划的 59%，计划完成投资 1048 亿元，已完成投资 310 亿元，占 30%。全国新增租赁住房补贴 150 万户。上半年，林区棚户区改造项目已开工 15 万套、750 万平方米，均占计划的 96%，计划投资 92.7 亿元，已完成投资 12 亿元，占 13%。垦区危旧房改造已开工 12 万户、859 万平方米，分别占计划的 47% 和 55%，计划投资 152.6 亿元，已完成投资 43.9 亿元，占 29%。煤矿棚户区改造项目计划总投资 35.8 亿元，已完成投资 17.3 亿元，占 48%。北京市，2009 年计划新开工建设和收购政策性住房 850 万平方米，其中包括 20 万平方米廉租房和 20 万平方米政策性租赁房。2008 年北京已建设和收购廉租房 50.3 万平方米。杭州市，2009 年将开工建设 25 万平方米的经济租赁房以及总计 20 万平方米的创业人才（大学毕业生）公寓和外来务工人员公寓，并且打破了住房保障户籍限制，首次将非杭州户籍的创业人才（大学毕业生）和外来务工人员也纳入杭州市住房保障体系中来。海口市，2009 年廉租住房新建计划 3400 余套，廉租房造价在 2800 元/平方米左右，与市场上普通商品房住房的差价不大（2008 年海口普通商品住房均价 4127 元/平方米）。深圳市，2009 年将新建公共租赁住房（含廉租房）1.68 万套，建筑面积 82.3 万平方米，将对 2717 户住房困难家庭进行住房租赁补贴，补贴总金额达 2857 万元。

（二）2009～2010 年住房社会保障预测

保障性住房建设成为扩大内需的经济增长刺激点。随着城市化的加速，越来越多的人口流入城市，而且在社会经济、人口结构的变化和全球金融危机的不利影响下弱势群体也与日俱增，社会保障压力巨大。虽然 2009 年保障性住房建设力度加大，截至上半年，全国已开工建设廉租房 105 万套，各地新开工经济适用住房 3388 万平方米、48 万套，全国新增租赁住房补贴 150 万户，但是“应保尽保”的目标与实际保障到位差距较大，社会保障压力巨大。加之外部经济环境的不确定性，我国要通过扩大内需刺激经济增长，保障性住房建设就是一个亮点。

保障性住房建设和供给适度放缓。根据中央的保障性住房建设计划要求，各地都做了相应的规划，近两年已经大规模地建设了保障性住房。因此，原本资金来源不足的地方的保障性住房建设资金也将面临财政紧缺。加之，缺乏低收入群体的收入及其分布信息，很难正确地把握保障性住房供给尺度。

继续实行税收优惠，刺激居民的住房消费。目前，国际的经济形势虽有所好转，但不够明朗。因此，2010 年的国民经济增长目标仍然要依靠房地产市场的带动，住房市场也起举足轻重的作用。各地方政府 2009 年实行了减免契税等优惠政策以促进房地产消费，但这些政策大部分都是短期性的。在目前的经济形势与不乐观的未来预测的背景下，地方政府 2010 年也将延续这些税收优惠政策。

实现低收入群体的应保尽保目标的压力大。为满足发展的需求与扩大内需的需要，各地方大力建设基础设施，财政支出比较大。与之相反，财政收入在减少。因此，能投入到保障性住房建设的资金十分有限。除此之外，实际操作的漏洞、监管不到位等问题带来的社会舆论压力也不小。

加紧住房保障制度体系的建设，并不断规范和完善。目前，我国的保障性住房制度体系不健全，与经济发展水平不匹配。保障性住房供给形式单一，涵盖面有限。保障低收入群体住房的经济适用房、限价房和廉租房均有消费门槛收入值，各门槛收入值之差较大，滋生不少得不到住房保障的低收入夹心层。因住房保障制度不规范，也出现不少问题。如，限价房墙脆脆、经济适用房弃购、经济适用房摇连号、保障性住房的出租等问题。加大保障性住房供给的同时，各地将不断探索和完善住房保障制度。已有部分城市试行公共经济租赁房、经济适用房先租后售等经营模式。

（三）长期分析：住房保障任重道远

在住房福利分配阶段，城镇居民的居住环境差，居住拥挤现象突出，1978年人均住房面积只有3.9平方米。在住房福利分配阶段无力保障低收入群体的住房问题。在住房制度改革（1980～1997年）阶段住房保障才起步，零星保障低收入群体的住房问题，如安居工程等。随着1998年开始的住房货币化分配制度的实施，我国住房保障制度体系进入了建设阶段，开始全面实施公积金制度、经济适用房制度和廉租房制度。但是，这些制度体系尚未完善，存在制度执行不到位等问题。由此可见，我国的住房保障任重道远。

1. 总体情况

我国城镇居民的住房条件，通过住房市场化改革得到了明显的改善。1978年我国城镇居民人均住房面积只有3.9平方米，到2007年底城镇居民人均住房建筑面积已达到28平方米。但是，全国城市低收入家庭中至少有988万户人均居住面积还不足10平方米。由此可见，虽然我国城镇居民的居住环境得到了极大地改善，但弱势群体的住房问题依然严峻。

我国住房市场体系发展迅速，住房供应结构已呈多层次化。通过住房货币化分配制度的实施和住房改革的不断深化，我国已形成多元化住房供给体系：高、中等收入家庭通过商品住房市场改善居住条件，无力通过市场机制解决住房问题的中低收入和最低收入居民家庭可以消费政府资助的经济适用房、限价房和廉租房。

完全福利制的住房供应体系，自20世纪80年代开始随着社会经济体制的改革而不断地变化。由公房提租开始，逐渐地采取公房出售、合资建房、商品住房、经济适用房和廉租房的供给等政策措施，近30年内建立了由住房市场和政府直接或间接供给住房的多元化住房供给体系，弱势群体的住房保障直接走向残余化保障之路。

我国城市住房制度从新中国成立后到现在大体经历了以下三个阶段。

第一阶段，住房实物分配制度（1949～1979年）：实行高福利、低租金的住房实物分配制度。

中国改革以前是一个高度计划经济型社会，住房是以福利形式分配的。房屋建设、分配、维修等均由政府或企业负责。但是在“先生产，后消费”的观念下，住房的生产和供给严重不足，分配不公的现象突出，住房运营面临恶性循环。1950～1975年的25年间住房竣工面积为4.45亿平方米，1978年的人均居住面积为3.9平方米。公房占全部住房的比例为80%，而公房租金支出只占工资收入的1%。这些直接导致了房屋维修基金的严重不足和公房供给远远不能满足住房需求的矛盾。当时的土地制度也是导致住房问题的重要原因之一，根据旧宪法规定一切土地交易行为被禁止。

第二阶段，制度改革（1980～1997年）：初步建立由市场向居民提供住房的供应体系，改变了过去主要由政府向居民提供住房的供应模式。

在从计划经济向市场经济转型过程中，中国的住房建设必然要受市场规律的支配。1980年，邓小平同志提出了城市居民购买公房，以民间房地产开发投资为中心的住房制度改革的框架。1982年在常州、郑州等四个中小城市，1984年在北京、上海和天津，实行向居民出售新建公房的试点工作。80年代后期进入住房制度改革整体方案设计和全面推进阶段，这一时期政策性福利房所占比重较大，商品房逐步增多。1991年，政府把住房改革的重点放在已有公房的出售上。

1988年4月12日宪法修正案第二条规定“土地的使用权可以依照法律的规定转让”。同年12月，根据宪法修正案修改了土地法，开始实行国有土地有偿使用制度。1990年5月19日，国务院颁布了《城镇国有土地使用权出让和转让暂行条例》。1994年7月25日，全国人大常委会颁布了《城市房地产管理法》，同年国务院发布了《关于深化城镇住房制度的改革决定》，明确了房改的目的——建立与社会主义市场经济相适应的新的城镇住房制度，实现住房商品化、社会化，加快住房建设，改善居住条件，满足城镇居民不断增长的住房需求。

经过80年代初的试点工作、90年代的住房制度改革的不断深化，住房从过去政府分配的福利品成了个人在市场上自由购买的商品。

第三阶段，住房货币化分配制度（1998年至今）：全国城镇停止住房实物分配，实行住房货币化分配制度。

1998年7月，国务院发布《进一步深化城镇住房制度改革加快住房建设的通知》，确定了以住房货币化为中心的改革方向，提出“停止住房实物分配、逐步实行住房的分配货币化，建立与完善以经济适用房为主的多层次住房保障体系，发展金融市场，培育和规范住房交易市场”。

从目前的住房政策设计来看，住房保障有三个制度。第一是住房公积金制度，第二是面对低收入家庭的经济适用房和限价房政策，第三是面对最低收入家庭的廉租房政策。

2. 一般收入

住房公积金制度，是我国政府为解决职工家庭住房问题的政策性融资渠道，是一种个人的自我保障制度，具有强制性。1994 年 7 月 18 日国务院在《国务院关于深化城镇住房制度改革的决定》中提出要在全国全面推行住房公积金制度。2002 年国务院修订《住房公积金管理条例》，印发《关于进一步加强住房公积金管理的通知》，以及《关于住房公积金管理若干具体问题的指导意见》、《关于住房公积金管理几个具体问题的通知》等业务指导性文件，建设部、财政部、人民银行、银监会等部门先后印发《住房公积金行政监督办法》、《住房公积金管理中心业务管理工作考核办法（试行）》等文件，依法规范住房公积金管理工作，推动住房公积金事业持续健康发展。

公积金制度建设迅速发展。截至 2006 年 5 月底，全国住房公积金累计缴存人数已超过 1 亿人，实际缴存人数 6245 万人；公积金缴存总额、缴存余额分别达到 10831 亿元、6864 亿元，分别是 2001 年底的 3.26 倍和 2.85 倍；公积金提取总额、贷款总额分别为 3967 亿元、5194 亿元，分别是 2001 年底的 4.5 倍和 5.35 倍；个人住房贷款余额为 3125 亿元，是 2001 年底的 3.77 倍。

住房公积金覆盖率不断提高，公积金缴存额和缴存余额持续增长。2006 年末全国实际缴存职工达 6916.87 万人，增长 9.28%，2007 年末实际缴存职工人数为 7187.91 万人，增幅为 3.92%。2006 年末，缴存总额为 12687.37 亿元，比上年末增长 30%；缴存余额为 7870.96 亿元，比上年末增长 25.74%。2007 年缴存额为 3542.92 亿元，增幅为 21.01%；缴存余额为 9605.11 亿元，比上年末增长 22.03%。截至 2006 年末，累计为 695.24 万户职工发放个人住房贷款 6364.33 亿元，比上年末增长 38.38%；当年发放个人住房贷款 171 万笔，相当于累计个人住房贷款的 1/4。截止 2007 年末，累计为 830.04 万户职工家庭发放个人住房贷款 8565.90 亿元，比上年末增长 34.59%。2006 年末，住房公积金使用率（个人提取总额、个人贷款余额与购买国债余额之和占缴存总额的比例）为 72.05%。2007 年末，住房公积金使用率为 74.58%，住房公积金运用率（个人贷款余额与购买国债余额之和占缴存余额的比例）为57.24%，比上年末提高了1.96个百分点。

3. 中低收入

经济适用房和限价房是具有保障性质的政策性商品住房，是面对中低收入家庭的住房保障渠道。

经济适用房的保障主要体现在政府的优惠政策上，如土地的划拨、税收的减免，限定建设标准、供应对象和销售价格。1991年6月国务院在《关于继续积极稳妥地进行城镇住房制度改革的通知》中提出："大力发展经济适用的商品住房，优先解决无房户和住房困难户的住房问题"，从国家政策上对经济适用房的建设作了初步定位。1994年国务院《关于深化城镇住房制度改革的决定》中明确提出要加快经济适用房的开发建设，1998年7月《国务院关于进一步深化城镇住房制度改革加快住房建设的通知》提出在全国范围内建立新的住房供应体系，建立和完善以经济适用房为主的住房供应体系。2004年建设部、国家发展改革委员会、国土资源部和人民银行联合颁布的《经济适用住房管理办法》，将经济适用房的定性变为"具有保障性质的政策性商品住房"，并主要面向中低收入人群。2007年8月国务院公布的《关于解决城市低收入家庭住房困难的若干意见》规定了经济适用房的"有限产权"和上市条件。2007年12月，建设部、发改委、监察部、财政部、国土资源部、中国人民银行、国家税务总局等七部门联合发布《经济适用住房管理办法》，确立了严格的建设标准、准入和退出机制，还首次将单位集资合作建房纳入经济适用房管理范畴。

限价房概念是在《关于调整住房供应结构稳定住房价格的意见》（2006年5月）中明确的稳定房价、"两限两竞"政策背景下形成的。即在限房型、限房价基础上实行竞地价、竞房价的办法，以招投标方式来确定企业开发行为的限价房规制政策，以稳定房价。

经济适用房政策改善了城市居民的居住环境。1999~2007年，35个城市经济适用房竣工面积总计为9462.19万平方米，占住房竣工总面积的9.83%。如图14-2所示，1999~2004年间新建的经济适用房竣工套数占住房竣工套数的10%以上，2005~2007年间均低于10%。

4. 低收入

1998年以来，我国积极推进廉租房制度建设，不断完善廉租房保障政策。

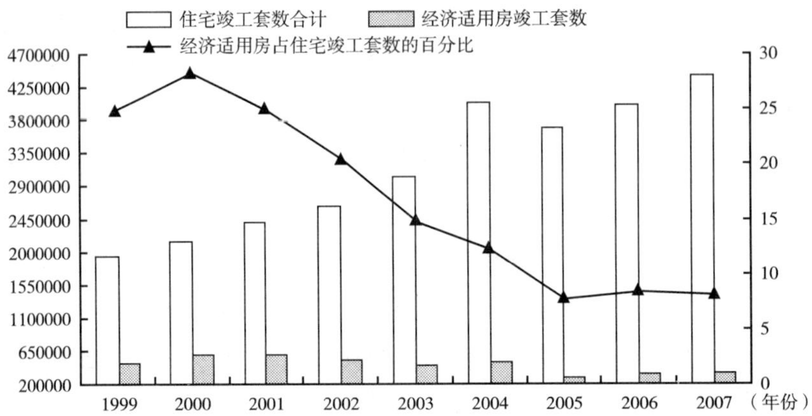

图 14－2　全国经济适用房竣工套数及其占比

数据来源：《中国统计年鉴 2008》。

廉租房是政府为保障困难家庭的住房，以财政预算安排为主，多渠道筹措资金，实行以住房租赁补贴为主，实物配租、租金核减为辅的多种保障方式。

建设部分别于 1999 年 4 月、2003 年 11 月颁布了《城镇廉租住房管理办法》和《城镇最低收入家庭住房管理办法》，确定向最低收入群体提供租金低廉的廉租房。2007 年 8 月的《国务院关于解决城市低收入家庭住房困难的若干意见》强调加快解决城市低收入人群的住房问题，并将廉租房列为住房保障的重点。分别于 2007 年 9 月、11 月公布的《廉租住房保障办法》和《廉租住房保障资金管理办法》，明确规定了廉租住房的保障对象、保障标准、保障方式，以及保障资金的来源、使用和管理等方面内容，进一步充实了廉租房的配套政策。

廉租房制度建设缓慢。我国的廉租房制度建设最早始于 1998 年，到 2002 年 35 个大中型城市中备有实施方案的还不到一半。截至 2006 年底，全国 657 个城市中，512 个城市建立了廉租住房制度，占城市总数的 77.9%，尚未建立廉租房制度的城市有 4 个地级城市以及 141 个县级城市。到 2007 年 6 月底，586 个城市建立了廉租住房制度，占 89.3%。

廉租房覆盖率低，大多数低收入家庭仍面临住房困难。据建设部公布的数据，截至 2006 年底，全国人均住房面积在 10 平方米以下的低保家庭有 400 万户，如果扩大到低收入家庭，总共有近 988 万户。而截止到 2005 年底，全国只有26.8万户家庭通过租金补贴和实物配租等方式解决了住房困难，全国廉租房制度保障的覆盖率仅达到国务院常务会议中提出的2008年底目标的2.7%。截至2006年底，通过廉租房制度改善居住环境的低收入家庭有54.7万户，占2008年底目标的5.5%。其中，租金核减的家庭27.9万户，实物配租的家庭7.7万户，领取租赁住房补贴的家庭16.7万户，享受其他方式的家庭2.4万户。

廉租房资金缺口大，地方政府对廉租房资金的保障程度低。要解决目前988万户低收入家庭住房问题，“十一五”期间每年需要资金近500亿元。但是，1998年至2006年底全国累计用于廉租房建设的资金仅为70.8亿元，2007年1～11月全国投入资金仅为83.2亿元，资金缺口很大。根据《廉租住房保障办法》规定，廉租房的资金来源有财政年度预算，住房公积金增值收益余额，不低于10%的土地出让净收益，政府的廉租住房租金收入，社会捐赠及其他方式筹集的资金。但是，有些资金来源的信息透明度低，比较难监管，尤其住房公积金的使用情况和土地出让金收益。截至2006年底，全国累计用于廉租房制度的资金为70.8亿元。其中，财政预算安排资金32.1亿元，住房公积金增值收益19.8亿元，土地出让净收益3.1亿元，社会捐赠0.2亿元，其他资金15.6亿元。2006年，全国已有37个地级以上城市将土地出让净收益实际用于廉租房制度建设，全国121个地级以上城市明确了土地出让净收益用于廉租房制度建设的比例。其中青岛、宝鸡定为15%，深圳、银川定为10%。但是，仍有166个地级以上城市未明确土地出让净收益用于廉租房制度建设的比例，绝大多数城市还没有开始将土地出让净收益实际用于廉租房制度建设。

廉租房保障范围小。关于廉租房的适用对象，目前大部分城市只限于具有“非农业长住户口的最低收入家庭和其他需保障的特殊家庭”。进城务工的农民工，单亲家庭和日益增多的老龄群体中的空巢家庭均未纳入廉租房政策的适用对象中。

虽然在全国范围内廉租房制度推进比较缓慢，但部分城市的廉租房制度成效显现，并具有特色。广州廉租房建设经历了三个阶段，第一阶段是1998～2003年，这期间解决5平方米以下双特困户住房问题，至2003年底共推出7期廉租房，解决了1041户家庭的住房困难；第二阶段是2004～2005年，到2005年实现了对人均居住面积不足7平方米的城市最低收入家庭的“应保尽保”；第三阶段是2006年至今，2006年将廉租房保障范围提高到人均居住面积10平方米（建筑面积约15平方米）以下的最低收入家庭，廉租房租赁补贴标准从每人每月230元提高到322元，廉租房实物安置的租金标准为每月每平方米1元。2007年制定《广州市城市廉租住房保障制度实施办法（试行）》大幅提高廉租房保障范围，收入保障线从以往的年人均可支配收入4680元提高到7680元。新纳入廉租房保障范围的5643个家庭的住房问题，在2007年11月得到全部解决。成都市，从1999年至2007年上半年通过廉租房制度共保障了4.8万户低收入和最低收入家庭，属于全国领先水平。成都温江区，在全国首创政府按揭采购廉租房。按照15年按揭协议，温江区政府首付20%（1440万元），每年缴纳600余万元本息，采购400套20000平方米廉租房。该方式不仅缩短了廉租房建设周期，而且还减轻了政府的一次性巨额财政投入，也让低保和低收入家庭提前几年改善居住环境。北京市，实施廉租房制度6年来解决了2.5万户家庭的住房困难，其中租赁住房补贴4992户，实物配租349户，租金核减19600户，其他方式89户。北京市累计用于廉租房制度的资金为28601万元，其中财政预算资金122万元，公积金增值收益25340万元，其他资金3139万元，土地出让净收益和社会捐赠均为零。青岛市，住房公积金支持低收入家庭实现“住有所居”作用显现。2008年，青岛市公积金增值收益中全年提取廉租房建设补充资金2.74亿元，是2007年的3.22倍（2007年8513万元），占2009年市政府用于廉租房建设预算资金（4.5亿元）的60.89%。按2007年廉租房建设平均成本3000元/平方米、户均50平方米计算，大约可解决1830户城市低收入家庭的住房问题。2008年青岛通过实物配租解决了约9500户低收入家庭住房困难。厦门市，创新住房保障机制，为夹心层解决住房困难。厦门市万景公寓小区是全国第一个交付使用的“保障性租赁房”小区，住户既有廉租房保障对象，也有刚工作的大学生和公务员等。他们都按照统一的市场价支付租金，根据承租户的家庭收入情况，政府分别按租金的70%、80%和90%给予补贴。

四　住房社会保障指数

（一）指数构建

1. 指标体系

根据目前我国所实施的住房保障政策，从总体住房保障程度、一般收入居民住房保障程度、中低收入居民住房保障程度、最低收入居民住房保障程度等四个层面，从保障性住房财政补贴比例和保障性住房用地比例（总体住房保障程度）、第一套房的税收优惠比例和公积金覆盖率指数（一般收入居民住房保障程度）、经济适用房覆盖率和经济适用房价中等以下可支配收入比（中低收入居民住房保障程度）、廉租房覆盖率和租金补贴后的实际租金支出占最低收入可支配收入比（低收入居民住房保障程度）等8个层次分析住房保障情况的做法比较客观合理，且能准确地评价住房保障程度。

但是，因数据的可获取性、连续性等问题，本章只做一般收入居民住房保障程度、中低收入居民住房保障程度和低收入居民住房保障程度三个层面分析。一般收入居民住房保障程度利用住房货币保障指数进行说明，以经济适用房覆盖率指数和中低收入家庭保障性住房负担指数描述中低收入居民住房保障程度，以廉租房货币补贴保障指数来说明低收入居民住房保障程度。

2. 样本与数据来源

因数据原因，本章只选35个大中城市作为样本。

本章均用基础数据作分析。这些数据来源于各城市统计年鉴、《中国房地产统计年鉴》（2000～2008）和《中国区域经济统计年鉴2008》。同时，引用了各个城市公积金网站、房产局网站上公布的数据。

3. 指数计算方法

住房社会保障指数由住房货币保障指数、经济适用房覆盖率指数、中低收入家庭保障性住房负担指数和廉租房货币补贴保障指数构成。各指数的计算方法如下。

住房货币保障指数：根据公积金的缴存比例、最高上限额、住房补贴和应付工资推算35个城市的住房货币保障程度和全国平均水平，以全国平均水平为基准（分母）的百分比为住房货币保障指数。

经济适用房覆盖率指数：1999～2007年的累计经济适用房竣工总面积占累计住房竣工总面积的百分比。

中低收入家庭保障性住房负担指数：是指经济适用房价与中低收入阶层人均可支配收入比。房价收入比是衡量住房可支付能力的标准，以经济适用房价与收入比可以衡量中低收入居民住房保障程度。可支配收入采用了各城市2007年的中低收入阶层的年人均可支配收入，经济适用房价＝2007年各城市经济适用房销售均价×20（建筑面积为20平方米）。

廉租房货币补贴保障指数：以低收入与实际租金的百分比推算廉租房货币补贴保障指数。低收入直接采用各城市的廉租房申请资格的门槛收入。实际租金是市场租金减去廉租房货币补贴后的低收入家庭实际所承担的租金支出。因缺乏市场租金的统计数据，所以利用2007年经济适用房平均销售价格、住房平均销售价格和合理的租售比来推算拟市场租金单价。总租金是人均建筑面积为17平方米的拟市场租金总额。廉租房货币补贴额根据各城市的租金补贴标准和住房保障面积推算。

（二）指数分析

1. 一般收入居民住房保障

住房货币保障指数说明一般收入居民住房保障程度。如图14－3所示，青岛、天津、宁波、杭州、广州、乌鲁木齐、济南、北京、大连、哈尔滨、银川、厦门、武汉等14个城市的住房货币保障指数超出了全国平均水平。住房货币保障指数最高的前五位城市的公积金缴存比例、公积金缴存最高上限额或公积金缴存最高基数都比较高，住房的货币保障领先于其他城市。重庆、兰州、呼和浩特、石家庄、西宁等5个城市的住房货币保障指数比较低。

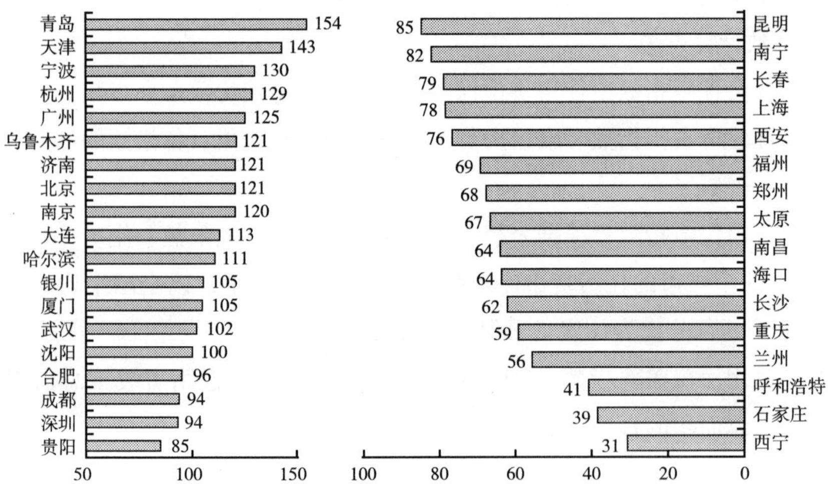

图14－3　2007年35个城市住房货币保障指数

2. 中低收入居民住房保障

（1）经济适用房覆盖率指数。经济适用房是补贴开发商的新建住房保障政策，宗旨在于解决中低收入家庭的住房问题。经济适用房是政策性商品住房，政府以土地的划拨、税收的减免，限定建设标准、供应对象和销售价格等优惠政策提供保障。经济适用房覆盖率指数一定程度上能反映政府对中低收入居民住房保障的推行力度。

经济适用房用地是以划拨方式取得的，过多的经济适用房供给会导致财政收入的减少与公共服务的减少，因此降低城市居民乃至整个社会的效益。根据研究表明，以目前的我国各阶层的收入和人口分布情况，适中的经济适用房覆盖率指数为 10 ~ 15。经济适用房覆盖率指数在 20 ~ 25 区间时供给量多，地方政府将面临财政压力，超过 25 时供给量过多，会影响整个社会效益。因我国的住房存量较少而又处于城市化的加速期，住房的供需矛盾激烈，因此低于 5% 的经济适用房覆盖率指数不利于住房保障和住房市场的健康发展。

如图 14 – 4 所示，经济适用房覆盖率适中的城市有昆明、济南、成都、郑州、沈阳、石家庄、武汉、长沙、青岛、大连、兰州等 11 个城市。经济适用房覆盖率过少的城市有广州、上海、宁波、北京等 4 个城市。这些城市（包括深圳）的房价高企，城市居民住房可支付能力低，这反面地反映了经济适用房的供给具有抑制房价和缓解住房供求矛盾作用的效果。然而，哈尔滨、太原、呼和浩特、西安、乌鲁木齐等 5 个城市的经济适用房覆盖率指数过大。

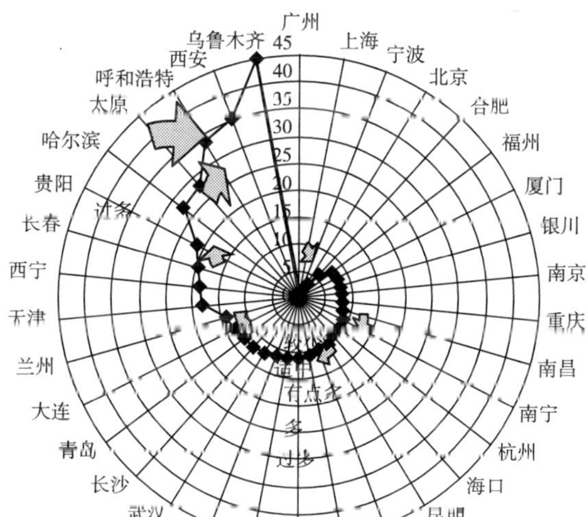

图 14 – 4　经济适用房覆盖率指数

（2）中低收入家庭保障性住房负担指数。中低收入家庭保障性住房负担指数是指经济适用房价与中低收入阶层人均可支配收入比。如图 14－5 所示，全国各城市的经济适用房价与中低收入阶层人均可支配收入比的相差较大，但都在合理的范围内。中低收入家庭保障性住房负担指数超过 6 的城市只有海口和济南，但均在 7 以下，中低收入阶层对经济适用房的可支付能力较强。重庆、南昌、南京、石家庄、成都、合肥、郑州、长沙、北京等 9 个城市的中低收入家庭保障性住房负担指数均低于 4。

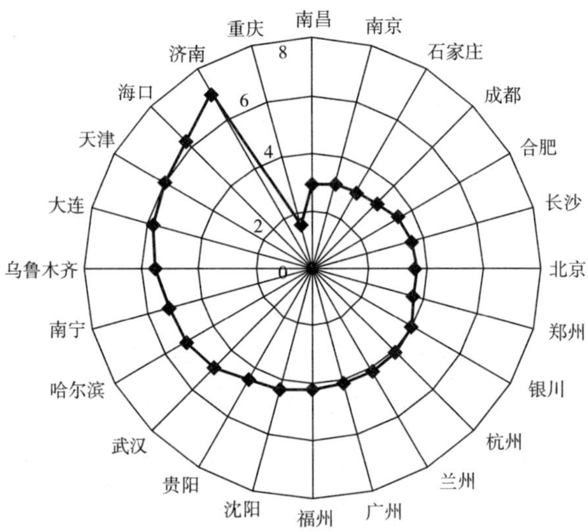

图 14－5　中低收入家庭的保障性住房负担指数

换句话说，建筑面积控制在 60 平方米以下（三口之家为准，即人均 20 平方米以下）的经济适用房政策是改善中低收入家庭居住环境的有效途径。

3. 低收入居民住房保障

根据我国的住房保障政策，低收入家庭、最低生活保障收入家庭通过廉租房制度改善居住条件。廉租房政策以货币补贴为主，实物配租和租金核减为辅助手段。廉租房覆盖率和实际租金支出占低收入家庭可支配收入比将有效地反映低收入居民的住房保障程度。但是，因数据不可获取的原因，利用廉租房货币补贴保障指数来衡量它。廉租房货币补贴保障指数是实际租金支出占低收入家庭可支配收入比的逆向指数。如图 14－6 所示，我国各城市廉租房货币补贴保障指数相差较大，最大的城市为重庆23.4，最小的城市为深圳0.5。这与廉租房保障范围密切相关，指数值较大的城市，如长沙、哈尔滨、长春、杭州、大连、济南等城市廉租房保障范围广，收入门槛低。在长沙，人均可支配收入低于长沙市平均人均可支配收入的75%家庭符合申请廉租房的收入标准。深圳，虽然廉租房租金补贴标准高但该市的廉租房保障范围只纳入低保家庭，所以指数值很低。宁波、天津、沈阳等城市，因租金补贴标准高或住房保障面积大，所以廉租房货币补贴保障指数值也很大。指数值低的西安、成都等城市，可以通过提高租金货币补贴标准，提升低收入居民的住房可承受能力。指数值低的南昌、乌鲁木齐等城市，可以通过调高住房保障面积标准，提升低收入居民的住房可承受能力。

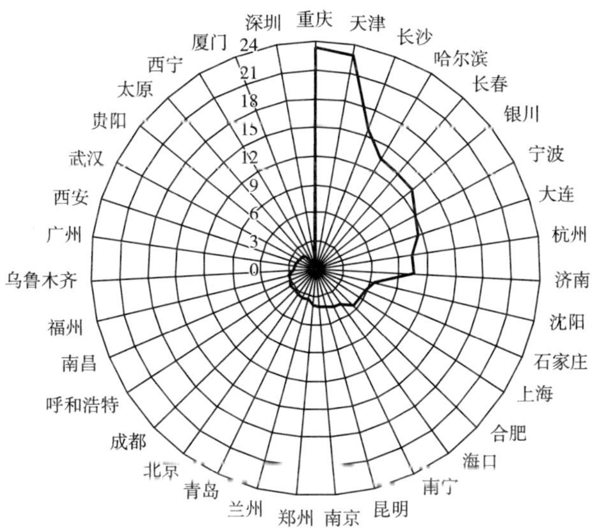

图14－6　廉租房货币补贴保障指数

五　政策建议

（一）问题与挑战

我国住房市场体系发展迅速，住房供应结构已呈多元化，已经构建了多层次的住房保障体系。但是，面对一般收入家庭、中低收入家庭、低收入家庭的各项住房保障制度不够细致，配套政策与措施不到位，可操作性差，可控制性差，很难保证住房保障政策的有效实现，易出现政策的预期目标和实施效果的错位问题。

公积金制度建设尚未完善，保障范围小，保障偏离度大。与新加坡的公积金制度相比，我国的公积金覆盖率非常低，公积金缴存对象范围窄，公积金运用效率低。职工提交的公积金根据缴存比例、应付工资、公积金最高上限额来确定，且不计入所得税收入范围。因此，工资越高公积金越高，避税额度越大，所享受的住房货币保障程度越高。而在低收入群体中，没有纳入公积金缴存范围的家庭也不少，即使享受公积金制度，所受到的住房货币保障很有限、远低于高收入者。目前的公积金制度，倾向于高收入者，实际上拉大了贫富之差。

经济适用房制度监管和退出机制不完善。经济适用房供给政策在缓解住房供需矛盾、抑制房价方面做了一定贡献，但是因监管不到位、退出机制不完善也遗留了很多问题。比如，经济适用房面积过大、分配不均、一人拥有多套经济适用房、通过经济适用房操作获取暴利等问题，政策的实际效果与预期目标相差甚远。

廉租房制度建设缓慢，保障范围小，资金缺口大。到2007年6月底，586个城市建立了廉租房制度，占89.3%。截至2006年底，通过廉租房制度改善居住环境的低收入家庭有54.7万户，占2008年底目标的5.5%。大部分城市，没有把进城务工的农民工，单亲家庭和日益增多的老龄群体中的空巢家庭纳入廉租房政策的保障范围内。1998~2006年全国累计用于廉租房建设的资金仅为70.8亿元，2007年1~11月全国投入资金仅为83.2亿元，远远没有满足“十一五”期间每年近500亿元的廉租房资金需求。

住房保障形式单一，与人均收入分布不匹配。惠普性的公积金覆盖率低且倾向于高收入者，限价房、经济适用房和廉价房均有门槛收入，而各种保障性住房之间的门槛值不连续、差值较大，并且保障形式单一，导致夹心层的住房困难。比如，超过消费廉租房的收入标准且无力购买经济适用房的低收入夹心层，因得不到相应的保障政策支持，仍然无法改善居住环境。

缺乏住房普查统计数据，住房保障缺乏长期规划。目前，我国不仅缺乏城市居民收入分布的统计数据，而且还缺乏住房普查数据。因此，很难准确地把握住房困难的实际情况而做相应的举措，也很难做长期规划。某市全体廉租房保障户只有5689户，却申请中央预算内廉租房补贴1.41亿元，建设9866套廉租房，造成资源分配不均和资源浪费。

（二）总体政策建议

在住房改革30年中，虽然城市居民的居住环境得到了巨大改善，但很多弱势群体仍然面临住房问题。目前，大部分城市主要着力解决本城市户籍人口的住房保障，但住房保障供应体系、监管机制尚未完善，我国的住房保障之路任重道远。我国正处于城市化的加速期，城市居住人口急剧上升，人口的流动性也非常大，人口结构也在变化。住房保障也将面临新一轮的挑战。因此，应加强住房保障措施，不断地完善保障住房的经营与管理机制，同时为新一轮的住房问题做准备，尽力保民生，促进社会的稳定。

目前，我国住房保障制度有惠普性的公积金制度、经济适用房制度、限价房制度和廉租房制度。但是这些制度体系尚未完善，保障范围和保障力度小。公积金制度的覆盖面小，偏向高收入群体，加大贫富差距。经济适用房和限价房制度，因监管不到位，发生不少问题。廉租房制度的建设进展缓慢，缺乏实施廉租房制度的资金保证。对此，提出以下政策建议。

第一，加大中低、低收入居民的住房货币保障，提高可支付能力。加强公积金制度的推广力度，扩大缴存公积金的对象范围。目前的住房公积金缴存对象是指国家机关、国有企业、城镇集体企业、外商投资企业、城镇私营企业及其他城镇企业、事业单位、民办非企业单位、社会团体及其在职职工。应扩大其范围，涵盖弱势群体，加大中低、低收入居民的住房货币保障，建立多元保障渠道。

第二，促进公积金联名卡的推广，提高公积金的使用效率。通过公积金联名卡业务，简化公积金提取程序，促进公积金的异地互贷，提高使用效率。目前北京、青岛、武汉、南宁、成都等地已在办理公积金联名卡。2009年5月1日起，珠三角8市实施公积金异地互贷，在广州缴存公积金的市民到佛山、珠海、惠州、江门、中山、东莞、肇庆等7个城市买楼，都可以用利率比商业贷款优惠的公积金申请房贷，即可在异地享受公积金贷款购房。

第三，增加公积金收益及其分配，提高居民的住房可支付能力。2008年央行几次降低公积金存款利率和贷款利率，公积金存款利率低于银行活期存款利息。这种举措也许在短时间内能促进住房消费，但从长远的角度看反而降低居民的可支付能力，降低住房需求。因此，在保持公积金贷款利率低于商业贷款利率的前提下，应提高公积金存款利率。同时，增加公积金的收益及其分配，对中低、低收入居民另实行公积金存款补贴利率，以此提高居民的住房可支付能力。

第四，完善经济适用房的经营与管理模式。一是建立强制性的经济适用房回购制度。政府应控制经济适用房在二级市场上的流动，尤其是建筑面积 120 平方米以下的房源。政府应以当时的出售价和装修费用补贴回购进入二级市场的经济适用房和拥有多套住房居民的经济适用房，重新分配给新的经济适用房消费对象或当廉租房的房源使用，以避免资源浪费和公共财产的分配不均。二是加强经济适用房的监管。严格控制经济适用房的面积，严审消费资格，定期进行经济适用房使用情况的监督，以避免经济适用房分配不到位的现象。

第五，确保廉租房制度建设的资金。在扩大廉租房制度建设资金来源的同时，地方政府应严格按照相关规定将公积金增值收益和一定比例的土地出让金收入投入到廉租房制度建设，中央应定期审查并考核执行情况。

第六，加大廉租房房源的同时，应完善周围的配套设施并注重收入阶层、民族的配比。吸取美国的公共住房区宗族隔离严重并成为贫民区、高犯罪率区域、低就学率区域的教训，借鉴新加坡的种族多元化比例制度，我国的廉租房建设和供给应充分考虑周围环境，避免发生次级社会问题。

第七，采取多渠道、多方位住房保障形式，不断丰富和完善住房保障制度。如采取长期的税收优惠、住房贷款担保等形式，提高居民的住房可支付能力；采取公共经济租赁房、经济适用房先租后售，同时扩大保障性住房的消费范围等形式，加大住房保障的保障范围和保障力度。

第八，应长期规划住房保障。1998 年开始的住房货币化分配制度实行了 10 余年，虽然商品住房一级供给体系在不断地完善，但二、三级市场监管机制漏洞较多，住房保障制度体系尚未建全。德国虽然具有较完善的多层次住房保障，但因缺乏长期规划而不能很有效地解决问题。吸取德国的教训，我国在建立多元住房保障体系的同时，应做可实施的有效的长期规划。正在探讨中的《住房保障法》的实施，可能会成为长远规划的引擎器。

第九，以物业税的实施促进住房保障制度的有效监管和保障性住房的良性经营。物业税的实施会促进产权产籍明确化、统计数据的完善化和信息的对称化。因此，可以规避一人拥有多套经济适用房或含经济适用房的多套住房等监管不到位的问题。以物业税的部分财政收入补贴保障性住房的经营，确保保障性住房的良性循环。同时，物业税可以实现收入的再分配，促进社会的稳定、健康发展。

（三）大中城市的住房保障分析、评价与政策建议

根据上述一般收入居民住房保障、中低收入居民住房保障和低收入居民住房保障分析，重新综合分析各城市的住房保障并提出相关建议，见表14－2。

表14－2　大中城市的住房保障分析与建议*

城　市	住房保障分析	评价与建议
北　京	住房货币保障指数为121，高于全国平均水平(100)，经济适用房覆盖率指数过小，廉租房货币补贴保障指数为3.3、有点低	提高中低收入居民的可支付能力；加大经济适用房的供给；扩大廉租房保障范围
天　津	经济适用房覆盖率指数有点大，住房货币保障指数高，廉租房货币补贴保障指数为22.9、非常高	整体住房保障力度大；廉租房的保障范围过宽，应着重解决低收入者的住房困难
石家庄	经济适用房覆盖率适中，住房货币保障指数低，中低收入家庭保障性住房负担指数低，可支付能力强，廉租房货币补贴保障指数为5.9	中低收入阶层的住房保障政策控制到位；提高居民的住房货币保障程度；提高低收入群体的货币补贴标准
沈　阳	经济适用房覆盖率适中，住房货币保障指数为全国平均水平，廉租房货币补贴保障指数为6.5	提高中等收入阶层的住房货币保障，提升可支付能力
大　连	经济适用房覆盖率适中，住房货币保障指数为113，高于全国平均水平(100)，廉租房货币补贴保障指数为11.6	中低收入阶层的住房保障政策控制到位；提高中低收入居民的可支付能力；加大廉租房的保障面积
哈尔滨	住房货币保障指数为111，经济适用房覆盖率指数为27.2、过大，经济适用房政策有点失衡，廉租房货币补贴保障指数为13.5	部分经济适用房转换为廉租房的房源；加大廉租房的保障面积
南　京	经济适用房覆盖率指数为8，住房货币保障指数为120，中低收入家庭保障性住房负担指数为3，中低收入阶层可支付能力强，领先于国内的其他城市，廉租房货币补贴保障指数为4.1	中低收入者的住房保障政策控制比较到位；适当增加经济适用房的供给；提高低收入群体的货币补贴标准
杭　州	经济适用房覆盖率指数为9.2，较适中，住房货币保障指数为129，中低收入家庭的保障性住房负担指数为3，廉租房货币补贴保障指数为10.5	整体住房保障制度控制比较到位；适当增加经济适用房的供给；先租后售的经济适用房政策非常吻合当地情况
合　肥	经济适用房覆盖率指数为5.3，较少，住房货币保障指数为96，中低收入家庭的保障性住房负担指数为3.5，中低收入阶层可支付能力相对国内的其他城市强，廉租房货币补贴保障指数为5.6	增加经济适用房的供给；提高低收入群体的货币补贴标准

续表 14-2

城　市	住房保障分析	评价与建议
福　州	经济适用房覆盖率指数为7.5,较少,住房货币保障指数为69、很低,廉租房货币补贴保障指数为2.9、很低	整体住房保障力度小;提高住房货币保障;适当增加经济适用房供给;提高低收入群体的货币补贴标准
南　昌	经济适用房覆盖率指数为8.4,较少,住房货币保障指数为64,中低收入家庭的保障性住房负担指数为2.9,中低收入阶层可支付能力强,廉租房货币补贴保障指数为3	中低收入者的住房保障政策控制比较到位;提高住房货币保障;适当增加经济适用房供给;加大廉租房的保障面积
济　南	经济适用房覆盖率适中,住房货币保障指数为121,中低收入家庭的保障性住房负担指数为7,廉租房货币补贴保障指数为10.4	中低收入者的住房保障政策控制到位;提高低收入群体的货币补贴标准
郑　州	经济适用房覆盖率适中,住房货币保障指数为68,很低,中低收入家庭的保障性住房负担指数为3.7,廉租房货币补贴保障指数为3.8	中低收入者的住房保障政策控制比较到位;提高住房货币保障;提高低收入群体的货币补贴标准
武　汉	经济适用房覆盖率适中,住房货币保障指数为102,中低收入家庭的保障性住房负担指数为4.9,廉租房货币补贴保障指数为2.1、很低	中低收入者的住房保障政策控制比较到位;提高住房货币保障;加大廉租房的推广;提高低收入群体的货币补贴标准
长　沙	经济适用房覆盖率适中,住房货币保障指数为62,很低,中低收入家庭的保障性住房负担指数为3.6,中低收入阶层可支付能力相对国内的其他城市强,廉租房货币补贴保障指数为15.8	中低收入者的住房保障政策控制比较到位;提高住房货币保障;廉租房的保障范围过宽,应着重解决低收入者的住房困难;提高低收入群体的货币补贴标准
广　州	住房货币保障指数为125,高于全国平均水平(100),中低收入家庭的保障性住房负担指数为4.2,经济适用房覆盖率过低,廉租房货币补贴保障指数为2.3、有点小	加大经济适用房供给;适当扩大廉租房保障范围
南　宁	经济适用房覆盖率指数为9.2,较适中,住房货币保障指数为82,较低,中低收入家庭的保障性住房负担指数为5.2,廉租房货币补贴保障指数为4.4	中低收入者的住房保障政策控制比较到位;提高住房货币保障;提高低收入群体的货币补贴标准
海　口	经济适用房覆盖率指数为9.4,较适中,住房货币保障指数为64,较低,廉租房货币补贴保障指数为4.5	中低收入者的住房保障政策控制比较到位;提高住房货币保障;提高低收入群体的货币补贴标准
重　庆	经济适用房覆盖率指数为8.2,住房货币保障指数为59,较低,中低收入家庭的保障性住房负担指数为1.6,中低收入阶层可支付能力非常强,廉租房货币补贴保障指数为23.4	提高住房货币保障;适当增加经济适用房供给

续表 14－2

城　市	住房保障分析	评价与建议
成　都	经济适用房覆盖率适中，住房货币保障指数为94，中低收入家庭的保障性住房负担指数为3.2，中低收入阶层可支付能力领先于国内的其他城市，廉租房货币补贴保障指数为3.2	中低收入的住房保障政策控制到位；提高住房货币保障；提高低收入群体的货币补贴标准
贵　阳	经济适用房覆盖率指数为21.3，住房货币保障指数为85，中低收入家庭的保障性住房负担指数为4.5，廉租房货币补贴保障指数为2.0、较小	提高住房货币保障；部分经济适用房转换为廉租房的房源；加大廉租房的推广；提高低收入群体的货币补贴标准
兰　州	经济适用房覆盖率适中，住房货币保障指数为56，很低，廉租房货币补贴保障指数为3.4	中低收入的住房保障政策控制到位；提高住房货币保障；提高低收入群体的货币补贴标准
银　川	经济适用房覆盖率指数为7.7、较少，住房货币保障指数为105，廉租房货币补贴保障指数为13.1	适当增加经济适用房供给；提高低收入群体的货币补贴标准
乌鲁木齐	住房货币保障指数为121，经济适用房覆盖率指数为44.2、过大，廉租房货币补贴保障指数为2.4	部分经济适用房转换为廉租房的房源；适当扩大廉租房保障范围

* 本章的指数分析，以目前我国实施的住房保障制度体系为基础，在假设各项住房保障制度均有效的前提下进行的。加之，部分数据的缺乏和统计数据本身的误差，可能不能全面地反映城市的住房保障程度。因此，住房保障分析与政策建议仅供参考。如有不妥之处，请指点。

第十五章
住房市场监管

谢海生　倪鹏飞

引　　言

自20世纪80年代开始，因积极推进房地产市场化取向的改革，中国城市房地产业快速发展，城镇居民的居住条件空前改善，城市住房产业发展也有力地支撑了宏观经济的持续增长。但近年来，由于政府监管的越位、缺位和错位，住房市场发展中出现了一系列问题：效率低下、行政垄断、官商勾结、严重腐败、秩序混乱、结构失衡、价格高涨、腐败蔓延等，这些问题威胁着宏观经济的健康发展，影响着城市居民生活质量的提高。研究住房市场监管的理论和制度框架，制定住房市场监管的最优标准，监测住房市场监管的改进进程，分析住房市场监管存在的问题，建议改善监管的有针对性措施，对于促进中国住房市场健康发展具有重要意义。

在本章中，笔者在文献分析的基础上，建立了住房市场监管的分析框架。理想的住房市场监管模式应该是有限的政府监管，即政府对住房市场各环节具有恰当合理的审批，及时有效的监督并且能够为市场主体提供高效优质的服务。接着，本章回顾了中国住房市场监管的发展历程、当前进展和存在的问题。为了测度中国34个大中城市的住房市场监管水平，本章设计了一套住房市场监管指标体系，从审批、监督和服务三个方面来考察住房市场的六大环节[①]，结果显示：全国中心城市的住房市场监管水平领先于其他城市，监管较好的环节各城市的住房市场监管水平差异较大。最后，本章就目前中国住房市场监管存在的问题提出了相应的政策建议。

---

① 是指企业开办、住房土地、住房开发、住房销售、住房租赁和物业管理六大环节。

一　文献回顾与理论框架

（一）文献回顾

对于市场监管问题，经济学家从监管这一角度进行了长期的理论探索。以庇古（Pigou，1934）为代表的“福利目标理论”或“公共利益目标理论”认为市场失灵是常有的状态，而且政府有通过监管来纠正市场失灵的能力。而芝加哥大学的法与经济学学派则坚持市场和私人秩序可以在没有任何政府干预的情况下解决绝大多数市场失灵问题；以科斯（Coase，1960）为代表的“契约理论”提出在竞争和私人秩序不能成功解决市场失灵的少数情况下，可由法院制止侵权行为，因此不需要政府监管；以施蒂格勒（Stigler，1971）为代表的“俘获理论”提出即使在最低的限度内，也难保证政府干预的结果会是无效或有害的。但是大量的事实证明完全否定政府的作用显然是不正确的。综合以上观点，安德烈·施莱弗、詹克夫等提出有关监管的“公共强制理论”，指出经济生活的社会控制策略主要包括四种类型：市场竞争秩序、私人诉讼、监管式的公共强制和政府所有制。其中，政府对私人的控制权力依次递增。当然，这四种类型每个都不完美，现实中最优的制度设计不可能只采用一种控制策略，而是根据实际情况对四种策略进行合理选择，这种选择的结果被称为“制度的可能性边界”（Djankov 等，2003）。

世界银行集团以及下属国际金融公司从 2003 年开始发表的年度报告《全球商业环境报告》采用十项指标①，对 170 多个国家和地区的商业环境进行评价。《全球商业环境报告》调查的是激励或阻碍商业活动的政府规制的范畴以及形式，虽然目标是评价商业环境，但是实际上是评价各国政府监管的状况。《全球商业环境报告》主要测度的是企业从生到死的过程中与政府打交道的状况。在次国家级层面上，世界银行在《2008 中国营商环境报告》中建立了涵盖中国 26 个省会城市和自治区首府所在地及四个直辖市的营商政策及其执行情况的量化指

① 十项指标是创办新企业、政府审批、税收制度、雇佣和解雇工人、进出口贸易、合同执行、企业监管、信贷市场、财产登记和企业关闭。

标数据库，对地方商业政策环境进行评估，并追踪地方政府的改革业绩。世界银行着重分析从开办到破产的各环节中，企业与政府打交道的过程。在《2008中国营商环境报告》中，世界银行选取了四项与营商环境有着密切关系的环节：开办企业；登记物权；获取信贷（担保物权的设立和登记）；强制执行合同。世界银行从这四个环节比较分析了中国内地30个样本城市的营商便利程度。最后得出结论：恰当、高效的政府政策和服务对于提升地区营商环境至关重要（世界银行集团，2008）。

专栏：中国香港——积极不干预政策

香港是自由市场经济的典范，在世界其他地方已经不太容易找到类似的版本。香港的成功在于其有利于市场交易的制度：明晰的产权制度和契约执行架构、法治观念、受到限制的政府权力和廉洁高效的公务员队伍，以及政府坚持对经济的积极不干预政策。

所谓积极不干预经济政策，是由香港前财政司夏鼎基于1980年提出的术语，用以概括香港政府当时“小政府、大市场”的经济政策。其并不是说政府无所作为、完全放任不管，而是说香港政府在整个市场中担当裁判性的中间人角色，致力于制定游戏规则、建立并维护公平的交易平台，致力于解决纠纷、维持公平，政府不逐利、不办大量的政府企业与民争利。

在房地产市场监管方面，香港政府也做了不少规范措施，务使市场主体在一个公平、公开、公正的环境中竞争。政府实施所谓“同意方案”，规定房地产开发商从政府取得土地发展的楼盘，必须在取得政府的同意后才可发售。要取得政府同意，发展商必须投入一定资金，遵守一系列的条件去开发土地，并在开放过程中接受持续监管。同时，政府还规范住房物业发售和买卖过程中的一些行为，细微如售楼书的内容准确性、建筑面积的表示方式和交易双方律师的雇佣等各方面，都有着政府监管的影子。

（二）理论框架

政府监管是政府行政机构依据法律授权，通过制定规章、行政许可、监督检查等行政处理行为，对市场参与主体的行为实施的直接或间接监督和管理。政府监管主要针对微观经济层面上外部性、自然垄断、信息不对称、不公平等，是政府对企业、产业或单个市场的监管，主要目的在于规范市场秩序，增进社会福利，减少个体经济决策对社会带来的损失。

借鉴世界银行的研究思路和方法，结合住房市场的状况和中国的特点，笔者建立了中国住房市场监管的分析框架。从住房企业的设立到住房的形成以及管理，可将中国住房市场划分为六大标准环节：企业开办，住房土地，住房开发，住房销售，住房租赁和物业管理。其分别从住房企业的设立，住房开发土地的获取，住房土地的开发过程，住房销售过程，以及住房售出以后的住房租赁和物业管理过程来考察住房市场监管。

同时，按照政府在住房市场中的不同监管措施，又可从审批、监督与服务三方面来考察。审批是事前监管，涉及住房监管部门针对市场主体的行政审批，准入许可，登记备案等。其主要考察审批程序、审批时间和审批成本，分别是指完成审批所需要的步骤、时间和成本。监督是对市场主体的违法违规、嘉奖和信用状况的公示；服务则是指对服务信息的披露，这有利于消除信息不对称带来的影响，因此也是市场监管的一部分。监督与服务主要从力度、时效和意识三个角度考察，分别指监督与服务的有力程度、时效性和最早开始的程度。

综上，可以构建表 15－1 的住房市场监管分析框架。可知，高水平的住房市场监管应该是有限的政府监管，即在住房市场各环节中，政府对企业的审批高效便捷，让企业在市场经济中充分竞争；同时，监管机构不仅能够对违反市场规则的行为予以及时有效的制止和更正，而且能够为市场参与主体提供高效优质的服务。

表 15－1　住房市场监管分析框架

	审　批			监　督			服　务		
	审批程序	审批时间	审批成本	监督力度	监督时效	监督意识	服务力度	服务时效	服务意识
企业开办环节		X_{11}			X_{12}			X_{13}	
住房土地环节		X_{21}			X_{22}			X_{23}	
住房开发环节		X_{31}			X_{32}			X_{33}	
住房销售环节		X_{41}			X_{42}			X_{43}	
住房租赁环节		X_{51}			X_{52}			X_{53}	
物业管理环节		X_{61}			X_{62}			X_{63}	

令住房市场的监管水平 $=\sum_i [a_i\sum_j (a_jX_{ij})]$。其中 $i=1, 2, \cdots, 6$ 分别对应相应的环节，$j=1, 2, 3$ 分别对应审批、监督与服务三个方面，X_{ij} 对应住房市场在第 i 环节第 j 方面的表现。a_i 和 a_j 为相应的权重，且有 $\sum_i a_i=1$ 和 $\sum_j a_j=1$。

二　中国住房市场监管分析

（一）历史回顾：曲折中前进

中国住房市场监管的发展趋势是在曲折中探索前进。改革开放（1978 年）以后，中国的住房市场萌芽、形成，针对住房市场的监管才逐步形成。1992 年以后，中国住房市场主要有过两次过热时期。一是邓小平“南巡”讲话以后，住房开发投资存在过热，中央先后出台了一系列法规、政策，用于规范住房市场。二是 2003 年以来，住房市场发展过快，秩序比较混乱。投资快速增长，住房价格大幅上涨；住房市场供求结构矛盾突出，大量中低收入阶层人群没有合适的住房。国家在土地供应、信贷管理、投资门槛、项目审批等方面加强了监管。

中国的住房市场监管也存在着一定的短视性，住房监管缺乏长远规划，常常根据当时的宏观经济形势制定政策。如在应对 1992 年以后的住房开发过热中，监管部门用行政命令的方式抑制了住房产业的过快增长。亚洲金融危机后，为了使经济尽快复苏，相关部门又出台了一系列措施，[1] 着力于将住房产业培育成为新的经济增长点。2003 年以后，为了抑制住房价格过快增长，国家先后出台了多项政策、措施，如遏制投机性炒房，控制投资性购房，鼓励普通商品住房和经济适用住房建设。希望通过供需双向调节的方式，促进住房价格的基本稳定。另外，从住房市场监管各方面来看，监管部门往往在审批中投入较大精力，而住房市场的监督和服务两方面却存在监管不到位现象。[2]

---

① 如 1998 年 4 月，中国人民银行下发《关于加大住房信贷投入，支持住房建设与消费的通知》，指出：“为促进城镇住房制度改革，把住房业培育为新的经济增长点，中国人民银行决定进一步加大住房信贷投入，支持住房建设和消费。”

② 因利益原因，监管部门关注可用于设租、寻租的审批较多，而“吃力不讨好”的监督与服务受到较少关注。

（二）住房市场监管进展

2007年，对于住房市场，各地为了抑制住房产业过热问题，出台了不少监管政策。包括土地按时开发、土地全款缴纳、小盘供地、大盘销房和开征土地增值税等。但随着世界性的金融危机波及中国，各地的住房市场监管政策在执行上多有所放松。当然，2008年以来，监管部门在规范住房市场方面也做了不少努力。

由于国务院力促简化行政审批程序，提升行政审批效率，自2002年先后四次颁布行政命令取消和调整行政审批项目；在此背景下，相关部门也出台了对应的政策措施简化房地产企业开办的程序，提高企业开办的审批效率。在规范住房土地市场方面，国土资源部先后颁布施行了《土地登记办法》、《农用地转用和土地征收审批事项督察办法》和《土地利用总体规划编制审查办法》等，用于规范土地登记行为，加强对土地的使用规划及监管，保护土地权利人的合法权益。在住房开发环节，住房与城乡建设部于2009年4月13日发布了《关于进一步加强建筑工程质量监督管理的通知》，意在加强住房开发质量监督管理，落实质量责任，提高住房建筑工程质量水平。在房屋登记方面，原建设部发布的《房屋登记办法》和《房屋登记簿管理试行办法》，用于规范房屋登记，保障房屋交易安全，保护房屋权利人及相关当事人的合法权益。在住房租赁环节，《最高人民法院关于审理城镇房屋租赁合同纠纷案件具体应用法律若干问题的解释》在规范住房租赁市场，保护当事人的合法权益方面做出了努力。在物业管理环节，监管部门正着力加强业主话语权。

与此同时，地方政府也有配套的监管措施。2009年6月份以来，各地“捂盘惜售”[①] 现象严重。为稳定住房市场秩序，2009年7月，北京市相关政府部门表示将加大土地供应量，同时北京市住建委严厉打击开发商“捂盘惜售”行为，对15家开发商进行约谈告诫，并要求在七日内完成整改。2009年10月1日实行的《大连市城市住房物业管理办法》规定，业主有权利选择物业公司，并在入住前可不交物业管理费。

① 通俗地说，就是开发商捂住楼盘不卖，或者分批卖、少量卖，延长销售时间，制造热销景象，为的是短期内频繁涨价。

（三）当前监管存在的问题

近年来，住房产业发展势头异常迅猛，供需两旺，房价一路走高。住房产业的快速发展拉动了建筑业、住房中介业、住房物业等上下游几十个行业的发展，住房产业已发展成为国民经济的支柱产业。因此，住房产业与整个国民经济的进一步发展呼唤合理、有效的政府监管。然而，中国住房市场监管仍存在一些问题，以下主要从审批、监督与服务三个方面来论述。

1. 行政审批制度不完善

住房市场的行政审批涉及的部门多，步骤繁，时间长。行政审批不透明、不规范和不简洁容易导致关系审批、金钱审批和准入歧视。监管部门自由裁量的空间很大，这为部门设租寻租创造了条件。

2. 住房市场秩序不规范

住房市场政府监督缺失，住房质量差，价格不合理，“捂盘惜售”现象时有发生。住房市场秩序不规范，法制不完善、不具体，诸多环节监管无法可依；监管部门监督不力，责任追究机制不健全，执法不严，违法不究，以罚代管。

3. 信息披露机制不健全

监管部门服务意识淡薄，曾经有极端例子，某市建委曾有“房产交易数据网”，向企业收费使用，提供详细的月报、季报、年报以及分区县各类住房的数据，却不对公众开放，并一度以弹出窗口的形式通知用户，提醒用户不要让数据外漏，以防新闻媒体用了其网上的数据、影响社会稳定和造成不好的影响。① 住房市场信息披露制度不健全，对住房市场信息披露的内容、范围、形式、程序、时间、责任单位及其追究没有做出细致明确的规定。

三　中国城市住房市场监管分析

（一）中国城市住房市场监管指数

1. 指数含义

按照上述的理论框架，本部分构建一个中国城市住房市场监管指数，用来反

① 张清勇：《改革开放三十年中国房地产业的回顾》，《中国建筑》2008 年第 12 期。

映不同城市在住房市场以及住房市场各环节监管中的优劣势。这为中国城市确定住房市场监管的努力方向提供了参考。

2. 指标体系

考虑到各环节的特点，以及住房市场中各部分的关系，本章设计了一套测度中国城市住房市场监管水平的指标（见表 15－2），包括一级指标 6 个，二级指标 18 个，三级指标 29 个。

表 15－2　中国城市住房市场监管水平指标体系及数据来源

指　　标	指标说明	数据来源
Z1 企业开办		
Z1.1 审批		
Z1.1.1 房地产开发企业设立登记	住房开发企业的设立审批	《2008 中国营商环境报告》
Z1.1.2 房地产开发企业资质审批	住房开发企业的资质审批	城市房地产管理部门网站
Z1.2 监督		
Z1.2.1 房地产开发企业信用档案	房地产企业信用状况	城市房地产管理部门网站
Z1.2.2 房地产企业监督	房地产企业的违法、违规以及嘉奖公示	城市房地产管理部门网站
Z1.3 服务		
Z1.3.1 房地产开发企业资质查询	住房开发企业资质信息	城市房地产管理部门网站
Z2 住房土地		
Z2.1 审批		
Z2.1.1 国有土地使用许可	国有土地使用权证审批	城市国土资源部门网站
Z2.1.2 建设用地规划许可	建设用地规划许可证审批	城市规划部门网站
Z2.2 监督		
Z2.2.1 国土资源部门监督	国土资源部门违法、违规以及嘉奖公示	城市国土资源部门网站
Z2.3 服务		
Z2.3.1 国土资源部门服务	国土资源部门公示信息	城市国土资源部门网站
Z2.3.2 建设用地规划许可查询	建设用地规划许可证信息	城市建设部门网站
Z3 住房开发		
Z3.1 审批		
Z3.1.1 建设工程规划许可	建设工程规划许可证审批	城市规划部门网站
Z3.1.2 建筑工程施工许可	建筑工程施工许可证审批	城市建设部门网站
Z3.1.3 建设工程竣工验收	建设工程竣工备案证审批	城市建设部门网站
Z3.2 监督		
Z3.2.1 规划部门监督	规划部门违法、违规以及嘉奖公示	城市规划部门网站
Z3.2.2 建设部门监督	建设部门违法、违规以及嘉奖公示	城市建设部门网站
Z3.3 服务		
Z3.3.1 建设工程规划许可查询	建设工程规划许可证信息	城市规划部门网站

续表 15－2

指　　标	指标说明	数据来源
Z3.3.2 建筑工程施工许可查询	建筑工程施工许可证信息	城市建设部门网站
Z3.3.3 建设工程竣工验收查询	建设工程竣工备案证信息	城市建设部门网站
Z4 住房销售		
Z4.1 审批		
Z4.1.1 商品房预售许可	商品房预售许可证审批	城市房地产管理部门网站
Z4.1.2 房屋权属登记	房屋所有权证登记	城市房地产管理部门网站
Z4.2 监督		
Z4.2.1 违规销售行为公示	住房销售中的违法、违规公示	城市房地产管理部门网站
Z4.3 服务		
Z4.3.1 预售许可查询	商品房预售许可证信息	城市房地产管理部门网站
Z4.3.2 房屋权属查询	房屋所有权证信息	城市房地产管理部门网站
Z5 住房租赁		
Z5.1 审批		
Z5.1.1 房屋租赁登记	房屋租赁登记备案证审批	城市房地产管理部门网站
Z5.2 监督		
Z5.2.1 中介信用查询	房屋中介企业信用状况	城市房地产管理部门网站
Z5.3 服务		
Z5.3.1 中介信息服务	房屋中介企业信息	城市房地产管理部门网站
Z6 物业管理		
Z6.1 审批		
Z6.1.1 前期物业管理备案	前期物业管理招标备案	城市房地产管理部门网站
Z6.2 监督		
Z6.2.1 物业企业监督	物业企业违法、违规以及嘉奖公示	城市房地产管理部门网站
Z6.3 服务		
Z6.3.1 物业企业信息查询	物业企业信息	城市房地产管理部门网站

指标体系将住房市场抽象化为六个标准的环节，并以六个环节为 6 个一级指标；每个一级指标下设 3 个二级指标，分别为审批、监督与服务；三级指标则分属这三类二级指标。其中，审批类的三级指标的得分从审批程序、审批时间和审批成本三个角度考虑，分别对应完成某项审批所需要的步骤数、时间数和成本数；监督类与服务类的三级指标得分从指标数据数量的多少、时效性如何和最早开始的程度来考察。对于审批类三级指标，办理某项审批所需要的时间越短和成本越少，那么在该指标中表现越好；而对于监督与服务类三级指标，力度大、时效性好则是好的政府监管。

指标体系的构建是对住房市场相关环节的抽象、概括。根据中国城市住房市场监管的实际特点，审批类的三级指标着重考察具有代表性的审批项目，而与之相对应的监督与服务类的三级指标则参考审批的指标而来。如在一级指标 Z3 住房开发中，本部分从规划、施工、竣工三个方面设定审批指标，这些审批主要由建设部门和规划部门管理，因此监督指标为规划部门监督和建设部门监督两个指标，同时，服务指标为与审批指标对应的建设工程规划许可查询、建筑工程施工许可查询和建设工程竣工验收查询。

在企业开办环节中，本部分选取最具代表性的房地产开发企业为考察对象，包括房地产开发企业的设立登记和房地产开发企业的资质审批两个审批指标；在住房土地环节，本部分把土地获取与土地利用抽象成对国有土地使用许可和建设用地规划许可的考察；在住房开发环节中，规划、施工、竣工方面的审批对应建设工程规划许可、建筑工程施工许可和建设工程竣工验收三个审批指标；在住房销售环节中，“房地产五证”之一[①]的商品房预售许可和房屋权属登记作为指标考察该环节的审批；在住房租赁和物业管理环节中，分别选取房屋租赁登记备案和前期物业管理备案作为审批指标。

3. 城市样本

鉴于大中城市的地位和样本数据的可得性，本章选择中国内地 34[②] 个大中城市作为中国城市基本面的代表。

4. 数据来源

Z1. 1. 1 房地产开发企业设立登记数据来源于世界银行集团的《2008 中国营商环境报告》；[③] 其余数据均来自该城市政府相关职能部门的网站，[④] 一般为相应城市的国土资源部门、城市规划部门、建设部门、房地产管理部门和市政府的行政审批中心，如 Z2. 1. 1 国有土地使用许可来源于城市国土资源部门的网站。网

① 房地产五证是指《建设用地规划许可证》,《建设工程规划许可证》,《建筑工程施工许可证》,《国有土地使用权证》和《商品房预售许可证》，由不同政府部门颁发，房地产五证的颁发的过程体现了政府监管部门对住房市场的监管。

② 是除西藏拉萨以外，中国内地直辖市和省、自治区的首府城市，以及 5 个计划单列市，共 35 个城市；因新疆乌鲁木齐的数据无法获得，因此只取了 34 个大中城市。

③ 社会科学文献出版社，2008，各城市开办企业的数据。

④ 城市数据查询时间为 2009 年 7 月 26 日左右，不同城市的数据可能在查询时间上相隔几天；但经比较，时间上细微的差别对结果影响极小，详细的数据处理方法可联系作者。

站中有关于国有土地使用权证办理的程序、时间以及费用，分别对应该指标的审批程序、审批时间和审批成本。

在数据查询与处理中，本部分也有一系列的假定。假定以城市相关职能部门的网上公布的数据为准，并以此计算指标得分。互联网上没有公布信息的，视为该城市没有该类信息。如监管方面、服务方面的数据可能监管部门确实拥有，但在政府相关职能网站中未能查到相关数据的，该项指标得分即为0。在计算成本时，只记录正式成本，并以公布的数据为准，假定没有贿赂等非正规费用，并且假定住房市场主体都愿意以最高的效率完成相应的规制。另外，假定官方网站数据优于民间网站数据；城市相关职能部门网站的数据优于该市下辖区县的相关政府部门网站数据；对于数据在多处出现不一致的，本部分采用数据较全的数据，没有查到的审批类数据采用同一区域①城市相应数据的平均值。

因所有城市的审批程序基本上都可总结为申请，受理，审查（初审、复审，包括现场勘查过程），决定，告知（包括制证、公告和送达等步骤），因此，除Z1.1.1房地产开发企业设立登记外，其余均去掉了审批这个角度的考虑；另外，因各城市经济社会发展程度不一，为统一口径便于比较，所有审批成本均采用比例值，即将该项规制所需的成本除以该城市的相应经济指标。② 具体如下：Z1.1.1房地产开发企业设立登记的审批成本除以相应的人均GDP，Z2.1.1国有土地使用许可的审批成本除以相应的人均GDP，Z3.1.1建设工程规划许可的审批成本除以相应的住房平均价格，Z4.1.2房屋权属登记的审批成本除以相应的住房平均价格，Z5.1.1房屋租赁登记的审批成本除以相应的住房平均价格③。

5. 测度方法

数据处理主要可分为两类。一是对相关网站上查到的原始数据的处理；二是对各级指标数值的合成，最终求得该城市的住房市场监管指数。

① 本章中，区域的划分按照世界银行《2008中国营商环境报告》里的标准，其中东南地区包括上海、南京、杭州、宁波、福州、厦门、广州、深圳；环渤海地区包括北京、天津、石家庄、济南、青岛；东北地区包括沈阳、大连、长春、哈尔滨；中部地区包括合肥、南昌、郑州、武汉、长沙；西南地区包括南宁、海口、重庆、成都、贵阳、昆明；西北地区包括太原、呼和浩特、西安、兰州、西宁、银川、乌鲁木齐（因无数据，本章中未考察）。

② 与住房直接相关的除以住房平均价格，不直接相关的除以人均GDP。

③ 人均GDP数据来源于《中国城市竞争力报告No.7》，住房平均价格数据来源于《中国房地产统计年鉴2008》。

（1）对原始数据的处理。指标体系中所有三级指标的指标数值均来自原始数据，采用 EXCEl2003 软件中的 PERCENTRANK 函数，此函数可用于查看特定数据在数据集中所处的位置。例如，可以使用函数 PERCENTRANK 返回城市该指标的数值在所有城市中的百分比排位值，由此，可得到各城市三级指标的数值。

（2）各级指标数值的合成。对于各级指标数值的合成，本部分主要采用层次分析法（AHP）的思想：由三级指标合成二级指标，二级指标合成一级指标，一级指标最终合成中国城市住房市场监管指数。同时，假定相同二级指标的三级指标应有同样的重要程度，采用等权合成；因审批的数据相对监督和服务客观、且可信度高，因此，在二级指标合成一级指标时，审批、监督、服务所占权重分别为 0.5、0.25 和 0.25；在一级指标合成中国住房市场监管指数时，权重采用主客观相结合的方法。

其中，客观权重采用以下方法计算。对于指标 A，假设其有 N 个下级指标，那么先求出 N 个指标的标准差值的和，再分别求出各指标标准差值占标准差值和的比例，这个比例即为该指标在指标 A 中的客观权重。最终使用的合成权重是按主观权重和客观权重各占 50% 的比例计算而来。经计算，各一级指标的权重值如表 15－3 所示。

表 15－3　一级指标权重

	主观权重	客观权重	合成权重		主观权重	客观权重	合成权重
Z1 企业开办	0.200	0.163	0.181	Z4 住房销售	0.200	0.151	0.175
Z2 住房土地	0.200	0.130	0.165	Z5 住房租赁	0.100	0.153	0.126
Z3 住房开发	0.200	0.115	0.157	Z6 物业管理	0.100	0.236	0.168

（二）中国城市住房市场监管分析

利用以上理论框架和指标体系，本部分对全国 34 个大中城市的全部 29 个三级指标、18 个二级指标和 6 个一级指标的住房市场监管进行计量，获取相应的住房市场监管指数（见表 15－4），由于篇幅有限，此处仅列举其中的部分数据，并进行比较分析。

表 15－4　34 个大中城市住房市场监管指数及排名

城　　市	省、区、市	区　域	住房市场监管指数	排名	Z1 企业开　办	排名	Z2 住房土　地	排名	Z3 住房开　发
北　　京	北　京	环渤海	0.671	1	0.634	3	0.465	13	0.647
天　　津	天　津	环渤海	0.603	2	0.820	1	0.535	4	0.478
成　　都	四　川	西　南	0.595	3	0.576	8	0.493	11	0.633
广　　州	广　东	东　南	0.551	4	0.598	7	0.378	24	0.542
上　　海	上　海	东　南	0.538	5	0.609	6	0.212	32	0.343
沈　　阳	辽　宁	东　北	0.519	6	0.538	12	0.421	22	0.550
南　　京	江　苏	东　南	0.513	7	0.541	11	0.346	27	0.308
深　　圳	广　东	东　南	0.506	8	0.528	13	0.534	6	0.466
郑　　州	河　南	中　部	0.499	9	0.609	5	0.331	28	0.513
福　　州	福　建	东　南	0.488	10	0.379	26	0.520	7	0.573
青　　岛	山　东	环渤海	0.488	11	0.557	9	0.507	8	0.593
石 家 庄	河　北	环渤海	0.487	12	0.661	2	0.355	26	0.369
南　　昌	江　西	中　部	0.484	13	0.376	27	0.481	12	0.339
长　　沙	湖　南	中　部	0.479	14	0.553	10	0.324	29	0.357
合　　肥	安　徽	中　部	0.478	15	0.500	15	0.463	14	0.458
重　　庆	重　庆	西　南	0.456	16	0.619	4	0.433	20	0.330
厦　　门	福　建	东　南	0.451	17	0.393	22	0.316	30	0.518
杭　　州	浙　江	东　南	0.444	18	0.419	20	0.419	23	0.383
济　　南	山　东	环渤海	0.438	19	0.509	14	0.445	17	0.432
长　　春	吉　林	东　北	0.429	20	0.452	17	0.451	15	0.580
昆　　明	云　南	西　南	0.421	21	0.390	23	0.617	2	0.544
大　　连	辽　宁	东　北	0.415	22	0.430	18	0.446	16	0.406
宁　　波	浙　江	东　南	0.410	23	0.371	28	0.538	3	0.416
贵　　阳	贵　州	西　南	0.404	24	0.394	21	0.369	25	0.349
武　　汉	湖　北	中　部	0.402	25	0.457	16	0.438	19	0.513
哈 尔 滨	黑龙江	东　北	0.396	26	0.384	25	0.441	18	0.449
太　　原	山　西	西　北	0.390	27	0.272	32	0.535	5	0.406
银　　川	宁　夏	西　北	0.353	28	0.422	19	0.506	9	0.402
南　　宁	广　西	西　南	0.342	29	0.316	30	0.116	34	0.249
海　　口	海　南	西　南	0.331	30	0.328	29	0.629	1	0.455
西　　安	西　安	西　北	0.323	31	0.384	24	0.184	33	0.461
西　　宁	青　海	西　北	0.308	32	0.089	34	0.501	10	0.422
兰　　州	甘　肃	西　北	0.293	33	0.281	31	0.259	31	0.417
呼和浩特	内蒙古	西　北	0.293	34	0.223	33	0.421	21	0.250

续表 15－4

城　　市	省、区、市	区　域	排名	Z4 住房销　售	排名	Z5 住房租　赁	排名	Z6 物业管　理	排名
北　　京	北　京	环渤海	1	0.586	5	0.755	1	0.949	1
天　　津	天　津	环渤海	12	0.317	26	0.674	4	0.786	2
成　　都	四　川	西　南	2	0.477	11	0.742	2	0.672	6
广　　州	广　东	东　南	8	0.558	7	0.690	3	0.545	14
上　　海	上　海	东　南	29	0.696	2	0.639	8	0.707	4
沈　　阳	辽　宁	东　北	6	0.639	3	0.672	5	0.303	25
南　　京	江　苏	东　南	32	0.716	1	0.480	15	0.657	7
深　　圳	广　东	东　南	13	0.424	17	0.662	6	0.437	20
郑　　州	河　南	中　部	10	0.580	6	0.349	23	0.584	13
福　　州	福　建	东　南	5	0.371	23	0.634	9	0.482	19
青　　岛	山　东	环渤海	3	0.216	33	0.591	10	0.485	18
石 家 庄	河　北	环渤海	26	0.258	32	0.647	7	0.634	10
南　　昌	江　西	中　部	30	0.485	10	0.472	16	0.750	3
长　　沙	湖　南	中　部	27	0.460	13	0.485	14	0.680	5
合　　肥	安　徽	中　部	15	0.462	12	0.334	25	0.634	9
重　　庆	重　庆	西　南	31	0.352	25	0.349	22	0.627	11
厦　　门	福　建	东　南	9	0.438	14	0.573	12	0.487	17
杭　　州	浙　江	东　南	25	0.376	22	0.584	11	0.498	16
济　　南	山　东	环渤海	18	0.549	8	0.326	26	0.349	22
长　　春	吉　林	东　北	4	0.378	21	0.422	20	0.301	27
昆　　明	云　南	西　南	7	0.431	16	0.099	34	0.427	21
大　　连	辽　宁	东　北	22	0.596	4	0.437	18	0.167	32
宁　　波	浙　江	东　南	21	0.409	19	0.510	13	0.228	31
贵　　阳	贵　州	西　南	28	0.419	18	0.341	24	0.543	15
武　　汉	湖　北	中　部	11	0.168	34	0.182	32	0.647	8
哈 尔 滨	黑龙江	东　北	17	0.540	9	0.250	29	0.296	28
太　　原	山　西	西　北	23	0.379	20	0.450	17	0.318	23
银　　川	宁　夏	西　北	24	0.277	30	0.197	31	0.306	24
南　　宁	广　西	西　南	34	0.354	24	0.427	19	0.589	12
海　　口	海　南	西　南	16	0.435	15	0.129	33	0.000	34
西　　安	西　安	西　北	14	0.314	27	0.306	27	0.288	29
西　　宁	青　海	西　北	19	0.306	29	0.250	30	0.303	25
兰　　州	甘　肃	西　北	20	0.265	31	0.276	28	0.268	30
呼和浩特	内蒙古	西　北	33	0.310	28	0.399	21	0.167	32

1. 中国城市住房市场监管指数分析

（1）总体分析：北京第一，各城市监管指数差异明显。中国住房市场监管指数前10名的城市依次是北京、天津、成都、广州、上海、沈阳、南京、深圳、郑州和福州。其中环渤海地区城市有2位，且排在前2名，东南地区有5个城市入围，东北的沈阳和中部的郑州也有幸入围。排名第一的北京住房市场监管指数为0.671，排名最末的呼和浩特为0.293，监管指数相差悬殊，排名靠后的城市的住房市场监管水平亟待提升。

按照世界银行的区域划分来看，环渤海地区住房市场监管指数最高，不光前2名城市来自环渤海地区，青岛、石家庄分别排在了第11、12名，该地区监管指数最低的城市济南也排在了第19名；其次是东南地区，前10名中有5个城市来自东南地区，其余城市排名也较为靠前，监管指数最低的宁波也排在了第23位；东北地区实力最强的城市沈阳排在了第6名，但其余城市住房监管指数不高，分别排在第20、第22、第26名；西南地区总体分布较为均匀，监管水平最高的成都排在了第3位，最低的海口排在了第30位，其余城市均匀分布在两者之间；中部地区总体来说表现不错，排名较为集中，除武汉排在了第25名，其余均排在了前15位；西北地区总体落后，表现最好的太原仅排在全部城市的第27位，且最末4个城市均来自西北地区。

（2）比较发现：全国中心城市住房市场监管水平领先于其他城市。四个直辖市中除重庆排在第16以外，其余均进入了前10名。环渤海中心的北京和天津，西南中心之一的成都，长三角中心的上海、南京，珠三角中心的深圳、广州也均排在了前10名，同时前10名城市中也有一半以上靠海或者近海。再考察非全国中心城市，中部地区仅郑州表现较好，其余城市表现平平；西南地区和西北地区的城市均表现较差，最末8个城市均来自西南或西北地区。

2. 均值与标准差分析

马科维茨（1952）认为通过把收益和风险定义为均值和方差，可以将强有力的数理统计方法引入资产组合选择的研究中，便于定量分析研究。同样的，在住房市场监管指数研究中，指标得分平均值可用于反映所有城市整体的住房市场监管水平，而指标得分标准差①可用来反映各城市住房市场监管水平的差异程度。

---

① 标准差为方差的开平方，因标准差值差异更小、易于比较，故选用标准差度量差异程度。

（1）一级指标分析：监管好的环节各城市发展却不均衡。如表 15－5 所示，34 个城市的住房市场监管指数的均值和标准差分别为 0.447 和 0.090。相对而言，中国城市在物业管理（0.474）、企业开办（0.459）和住房租赁（0.451）三个环节表现较好，指标得分均值优于住房市场监管指数的均值（0.447），而在住房开发（0.446）、住房销售（0.428）和住房土地（0.424）三个环节则有待加强，特别是住房开发与住房土地两个一级指标占的权重较大（在住房市场监管指数构成中分别占 15.7% 和 16.5%），却落后较多，因此，提升这两个环节的监管水平应最为紧迫。

表 15－5 34 个城市住房市场监管指数一、二级指标得分均值与标准差

	住房市场监管指数	Z1 企业开办	Z1.1 审批	Z1.2 监督	Z1.3 服务	Z2 住房土地	Z2.1 审批	Z2.2 监督	Z2.3 服务
均值	0.447	0.459	0.568	0.274	0.426	0.424	0.531	0.248	0.387
排名		2	1	3	2	6	1	3	2
标准差	0.090	0.145	0.161	0.259	0.257	0.116	0.207	0.286	0.156
排名[①]		4	1	3	2	2	2	3	1

	住房市场监管指数	Z3 住房开发	Z3.1 审批	Z3.2 监督	Z3.3 服务	Z4 住房销售	Z4.1 审批	Z4.2 监督	Z4.3 服务
均值	0.447	0.446	0.598	0.220	0.368	0.428	0.556	0.279	0.320
排名		4	1	3	2	5	1	3	2
标准差	0.090	0.102	0.171	0.208	0.219	0.134	0.202	0.343	0.229
排名		1	1	2	3	3	1	3	2

	住房市场监管指数	Z5 住房租赁	Z5.1 审批	Z5.2 监督	Z5.3 服务	Z6 物业管理	Z6.1 审批	Z6.2 监督	Z6.3 服务
均值	0.447	0.451	0.538	0.323	0.403	0.474	0.581	0.308	0.426
排名		3	1	3	2	1	1	3	2
标准差	0.090	0.183	0.225	0.330	0.230	0.210	0.262	0.339	0.277
排名		5	1	3	2	6	1	3	2

注：①标准差的排名是按从小到大顺序的，标准差值越小，排名越靠前，下同。

同时，监督较好的环节又存在各城市发展不平衡的情况。以指标得分的标准差度量各城市的发展均衡状况，标准差越小，城市住房市场监管指数差距越小，发展越为均衡；反之亦然。住房市场监管表现较好的物业管理、企业开办、住房租赁三个环节同时又是标准差排名最后的三个环节，特别是，监督最好的物业管理环节却是各城市监管发展最为不平衡的环节（标准差为0.210，为所有环节中最大）。

（2）二级指标分析：监管、服务两方面有待提升，城市间协调发展尤为重要。与较为透明规范的审批相比，监督与服务方面信息的公开、公示需要加强。考察所有二级指标的均值与标准差，可以发现，所有一级指标下的二级指标得分均值按照审批、服务、监督从高到低排列。在企业开办、住房土地、住房开发、住房销售、住房租赁和物业管理六个一级指标中，所有34个城市中分别有11、18、13、19、16和17个城市在监督指标上得分为0。

同时，各城市监督指标得分参差不齐。考察各一级指标的监督的标准差，与其余二级指标相比，除在住房市场环节排名第二外，其余均是标准差排名最末的二级指标。且不论城市行政级别、所处地理位置均有该指标得分为0的情况。

3. 区域分析

（1）区域均值分析：环渤海、东南地区表现最佳，西北地区监管水平较弱。区域城市住房市场监管指数均值反映一个地区城市住房市场监管的整体水平。如图15－1所示，六大区域中，环渤海地区、东南地区和中部地区排名靠前，高于34个城市的住房监管指数均值（0.447）。其中，环渤海地区的住房监管指数均值最高（0.537），大幅领先于第二名的东南地区（0.488）。相比之下，东北地区、西南地区和西北地区的住房监管水平较低，而且西北地区（0.327）落后前一位的西南地区（0.425）较多。

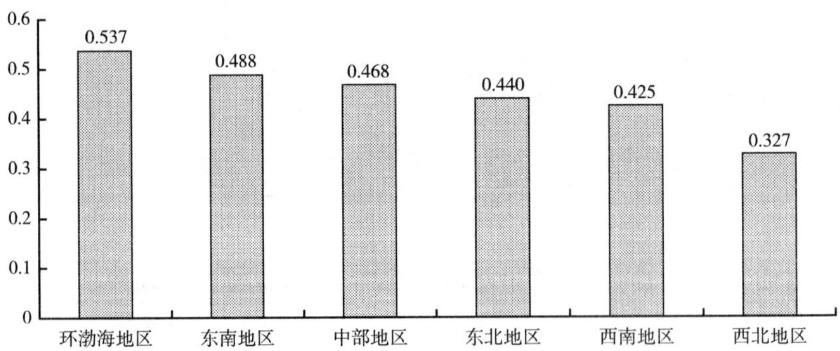

图15－1　区域城市住房市场监管指数均值

（2）区域标准差分析：监管水平高的区域内城市实力相差较大。区域城市住房市场监管指数标准差从前到后的排名顺序依次是中部地区、西北地区、东南地区、东北地区、环渤海地区和西南地区（见图 15－2）。其中，环渤海地区和西南地区内城市住房监管实力不均衡现象最为严重。

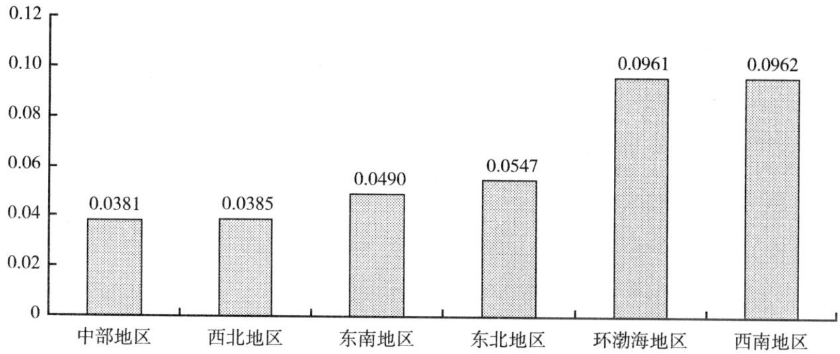

图 15－2 区域城市住房市场监管指数标准差*

＊此处用标准差衡量区域城市住房监管竞争力指数的离散程度，标准差越小，区域内城市住房监管竞争力越均衡。因计算方差时已考虑样本个数问题，故虽不同区域城市个数不一，却可以直接比较。

住房市场监管指数较强的区域存在着内部城市实力相差较大的现象。与住房市场监管指数均值相比，在区域均值中排名第 1 的环渤海地区排在区域标准差的第 5，而在区域住房市场监管指数均值中排名最末的西北地区城市却有着相对均衡的住房市场监管指数，排在区域住房监管指数标准差的第 2 位。

四 政策建议

1. 完善行政审批制度，提高审批效率

住房市场监管是一个多方面、全局性的问题，需要各个职能部门通力协作，建立一套完善且长期有效的住房市场行政审批制度。规范、简明企业开办、住房开发、住房土地、住房销售、住房租赁和物业管理等各环节的各种审批，简化审批程序，缩短审批时间，提高审批效率。在企业开办环节，强化准入制度，杜绝不具备资质的小企业或建筑队进入开发市场。在住房土地环节，坚持正确的土地征用、转让、利用制度，坚持土地招拍挂制度，务使土地按期、按用途开发。在住房租赁环节，提高从业企业和人员的资质认证；完善房地产中介服务行业的监管体系，政府监管、行业自律和社会监督三者缺一不可。在物业管理环节，规范、简化、公开和明确物业管理市场的各种审批制度。

2. 健全市场监督制度，规范市场秩序

健全市场监督制度，对违反市场规则的行为予以及时有效的制止和更正；规范市场秩序，为市场主体充分竞争创造良好条件。制定房地产规划、设计、开发、销售等内容的标准，使房地产开发、销售、售后等整个过程，在一个科学有序的管理和统一标准的监督之中进行。在企业开办环节，鼓励通过正当竞争实现企业集约化、规模化和品牌化，加强对住房开发企业的监督，提高开发企业资质和素质，积极推进住房生产的专业化、标准化和规模化，在住房土地环节，建立征地监管体系，完善土地用途管制制度，建立行业用地监控体系及制度，完善土地规划制度，加大土地管理执法力度，维护良好的土地市场秩序。在住房租赁环节，规范市场经营，完善对中介企业的资质审批和备案管理，建立行业和从业人员的信用档案，杜绝行政管制和行业垄断。在物业管理环节，加强对物业管理公司和物业管理市场监管执法，保证物业管理公司规范服务和物业管理市场健康运行。

3. 建立信息披露制度，改善信息服务

住房市场之所以需要政府进行监管，最主要的原因是信息不对称，信息的缺乏与不对称必然导致市场运行效率的低下和交易成本的提高。而政府作为市场有序运作的管理者，有责任和义务向公众披露必要的交易信息，也只有这样才能解决市场的不作为以及监管者设租寻租问题。在本章的实证研究中，我们发现各地方政府关于监管信息的披露极其匮乏，信息服务在时效性和意识上相当落后。因此各地政府应该建立、完善住房市场的信息披露制度，改善信息服务。加强住房各市场的信息披露制度的构建：建立、规范住房市场术语和统计指标，统一信息披露的内容和程序，统一信息披露的主体和时间；完善市场主体的信用档案的建设，加强各行政职能部门的信息共享和沟通；坚持公告、公示制度，保证公告、公示内容的完全性、时效性。

附录

中国住房指数系统

1. 住房上市公司指数

住房上市公司指数

企　业	主营收入	排名	利润总额	排名	资产合计	排名	总市值	排名	住房上市公司指数	排名
万 科 A	1	1	1	1	1	1	1	1	1	1
保利地产	0.989	2	0.989	2	0.989	2	0.989	2	0.989	2
金地集团	0.979	3	0.979	3	0.969	4	0.949	6	0.969	3
金 融 街	0.949	6	0.969	4	0.959	5	0.959	5	0.959	4
招商地产	0.888	12	0.959	5	0.979	3	0.969	4	0.9487	5
首开股份	0.959	5	0.919	9	0.949	6	0.828	18	0.9137	6
北辰实业	0.909	10	0.898	11	0.939	7	0.898	11	0.911	7
新湖中宝	0.878	13	0.929	8	0.898	11	0.929	8	0.9085	8
陆 家 嘴	0.696	31	0.939	7	0.919	9	0.979	3	0.8832	9
华发股份	0.868	14	0.868	14	0.878	13	0.848	16	0.8655	10
滨江集团	0.797	21	0.909	10	0.888	12	0.868	14	0.8655	11
外 高 桥	0.969	4	0.747	26	0.909	10	0.818	19	0.8607	12
张江高科	0.717	29	0.878	13	0.838	17	0.939	7	0.843	13
万通地产	0.929	8	0.949	6	0.767	24	0.696	31	0.8353	14
中华企业	0.898	11	0.848	16	0.808	20	0.767	24	0.8303	15
信达地产	0.828	18	0.858	15	0.818	19	0.757	25	0.8153	16
上实发展	0.747	26	0.838	17	0.858	15	0.707	21	0.81	17
苏宁环球	0.787	22	0.888	12	0.686	32	0.878	13	0.8098	18
北京城建	0.808	20	0.767	24	0.848	16	0.747	26	0.7925	19
泛海建设	0.636	37	0.676	33	0.929	8	0.919	9	0.79	20
浙江广厦	0.858	15	0.818	19	0.737	26	0.606	40	0.7548	21
顺发恒业	0.939	7	0.585	42	0.555	45	0.909	10	0.747	22
荣盛发展	0.757	25	0.797	21	0.717	29	0.717	29	0.747	23
苏州高新	0.848	16	0.717	29	0.828	18	0.585	42	0.7445	24
冠城大通	0.919	9	0.707	30	0.737	26	0.545	46	0.727	25

续表

企　业	主营收入	排名	利润总额	排名	资产合计	排名	总市值	排名	住房上市公司指数	排名
华远地产	0.777	23	0.828	18	0.595	41	0.676	33	0.719	26
中国国贸	0.494	51	0.787	22	0.777	23	0.808	20	0.7165	27
中粮地产	0.555	45	0.595	41	0.797	21	0.888	12	0.7087	28
浦东金桥	0.575	43	0.737	27	0.656	35	0.787	22	0.6888	29
栖霞建设	0.676	33	0.696	31	0.757	25	0.626	38	0.6887	30
香江控股	0.737	27	0.808	20	0.616	39	0.565	44	0.6815	31
名流置业	0.535	47	0.757	25	0.676	33	0.707	30	0.6687	32
万业企业	0.626	38	0.777	23	0.545	46	0.686	32	0.6585	33
天房发展	0.646	36	0.535	47	0.787	22	0.656	35	0.656	34
世茂股份	0.313	69	0.444	56	0.868	14	0.858	15	0.6207	35
津滨发展	0.595	41	0.383	62	0.727	28	0.727	28	0.608	36
ST 中 润	0.484	52	0.666	34	0.484	52	0.777	23	0.6028	37
亿城股份	0.545	46	0.686	32	0.636	37	0.535	47	0.6005	38
华丽家族	0.464	54	0.727	28	0.434	57	0.636	37	0.5653	39
深振业A	0.525	48	0.484	52	0.696	31	0.555	45	0.565	40
新 黄 浦	0.292	71	0.616	39	0.565	44	0.737	27	0.5525	41
阳光股份	0.656	35	0.424	58	0.646	36	0.414	59	0.535	42
荣丰控股	0.838	17	0.646	36	0.191	81	0.424	58	0.5248	43
云南城投	0.282	72	0.262	74	0.707	30	0.838	17	0.5222	44
中 关 村	0.767	24	0.292	71	0.535	47	0.494	51	0.522	45
ST 鲁置业	0.818	19	0.01	99	0.585	42	0.666	34	0.5197	46
广宇集团	0.515	49	0.505	50	0.606	40	0.404	60	0.5075	47
中天城投	0.505	50	0.656	35	0.444	56	0.393	61	0.4995	48
中国武夷	0.686	32	0.434	57	0.575	43	0.262	74	0.4892	49
银基发展	0.404	60	0.525	48	0.333	67	0.616	39	0.4695	50
金丰投资	0.383	62	0.565	44	0.474	53	0.444	56	0.4665	51
渝 开 发	0.252	75	0.454	55	0.494	51	0.646	36	0.4615	52
美都控股	0.666	34	0.303	70	0.505	50	0.363	64	0.4592	53
中航地产	0.727	28	0.242	76	0.626	38	0.242	76	0.4592	54
广宇发展	0.707	30	0.333	67	0.424	58	0.343	66	0.4518	55
东华实业	0.606	40	0.555	45	0.393	61	0.212	79	0.4415	56
华业地产	0.373	63	0.404	60	0.525	48	0.464	54	0.4415	57
绵世股份	0.414	59	0.636	37	0.181	82	0.515	49	0.4365	58
海泰发展	0.424	58	0.545	46	0.404	60	0.353	65	0.4315	59
深 长 城	0.585	42	0.141	86	0.666	34	0.292	71	0.421	60
京能置业	0.323	68	0.515	49	0.383	62	0.434	57	0.4138	61
莱茵置业	0.474	53	0.474	53	0.353	65	0.323	68	0.406	62
天保基建	0.191	81	0.414	59	0.515	49	0.484	52	0.401	63

续表

企 业	主营收入	排名	利润总额	排名	资产合计	排名	总市值	排名	住房上市公司指数	排名
鑫茂科技	0. 363	64	0. 626	38	0. 313	69	0. 282	72	0. 396	64
深深房A	0. 434	57	0. 222	78	0. 343	66	0. 575	43	0. 3935	65
中江地产	0. 222	78	0. 575	43	0. 414	59	0. 333	67	0. 386	66
中茵股份	0. 454	55	0. 606	40	0. 262	74	0. 202	80	0. 381	67
实达集团	0. 616	39	0. 494	51	0. 222	78	0. 101	90	0. 3583	68
SST 物 业	0. 393	61	0. 181	82	0. 373	63	0. 474	53	0. 3552	69
上海新梅	0. 353	65	0. 373	63	0. 292	71	0. 272	73	0. 3225	70
ST 重 实	0. 06	94	0. 464	54	0. 303	70	0. 454	55	0. 3203	71
万方地产	0. 242	76	0. 313	69	0. 121	88	0. 595	41	0. 3178	72
空港股份	0. 444	56	0. 323	68	0. 282	72	0. 161	84	0. 3025	73
高新发展	0. 565	44	0. 191	81	0. 323	68	0. 07	93	0. 2872	74
ST 华 控	0. 131	87	0	100	0. 464	54	0. 505	50	0. 275	75
合肥城建	0. 272	73	0. 363	64	0. 242	76	0. 222	78	0. 2748	76
绿景地产	0. 303	70	0. 353	65	0. 131	87	0. 303	70	0. 2725	77
宜华地产	0. 333	67	0. 393	61	0. 202	80	0. 141	86	0. 2673	78
大龙地产	0. 151	85	0. 09	91	0. 454	55	0. 373	63	0. 267	79
沙河股份	0. 212	79	0. 252	75	0. 252	75	0. 313	69	0. 2573	80
世博股份	0. 343	66	0. 282	72	0. 212	79	0. 191	81	0. 257	81
ST 珠 江	0. 111	89	0. 03	97	0. 272	73	0. 525	48	0. 2345	82
创兴置业	0. 202	80	0. 272	73	0. 161	84	0. 232	77	0. 2168	83
粤宏远A	0. 232	77	0. 02	98	0. 363	64	0. 252	75	0. 2167	84
万好万家	0. 262	74	0. 232	77	0. 171	83	0. 111	89	0. 194	85
珠江实业	0. 181	82	0. 212	79	0. 232	77	0. 151	85	0. 194	86
丰华股份	0. 121	88	0. 343	66	0. 151	85	0. 09	91	0. 1763	87
ST 中 房	0. 05	95	0. 05	95	0. 04	96	0. 383	62	0. 1308	88
浙江东日	0. 171	83	0. 171	83	0. 09	91	0. 06	94	0. 123	89
国兴地产	0. 141	86	0. 151	85	0. 101	90	0. 08	92	0. 1183	90
多伦股份	0. 08	92	0. 08	92	0. 141	86	0. 121	88	0. 1055	91
远东实业	0. 03	97	0. 131	87	0. 07	93	0. 171	83	0. 1005	92
海德股份	0. 09	91	0. 202	80	0. 02	98	0. 04	96	0. 088	93
ST 达 声	0. 161	84	0. 04	96	0. 08	92	0. 05	95	0. 0828	94
光华控股	0. 02	98	0. 06	94	0. 06	94	0. 181	82	0. 0803	95
天伦置业	0. 07	93	0. 111	89	0. 111	89	0. 02	98	0. 078	96
ST 东 源	0	100	0. 121	88	0. 05	95	0. 131	87	0. 0755	97
道博股份	0. 101	90	0. 161	84	0. 01	99	0	100	0. 068	98
海鸟发展	0. 04	96	0. 101	90	0. 03	97	0. 03	97	0. 0503	99
旭飞投资	0. 01	99	0. 07	93	0	100	0. 01	99	0. 0225	100

2. 住房支付能力指数

住房支付能力指数：1999～2008

年　份	1999	2000	2001	2002	2003	2004	2005	2006	2007	2008
北　京	0.37	0.43	0.48	0.55	0.61	0.64	0.53	0.47	0.34	0.34
天　津	0.74	0.74	0.99	0.83	0.92	0.81	0.63	0.54	0.49	0.59
石家庄	0.65	0.76	0.72	0.94	0.99	1.10	1.10	1.02	0.91	0.95
太　原	0.80	0.81	0.61	0.75	0.73	0.77	0.64	0.61	0.61	0.61
呼和浩特	0.94	1.00	1.15	1.23	1.35	1.49	1.57	1.27	1.16	1.50
沈　阳	0.53	0.56	0.59	0.69	0.72	0.77	0.75	0.78	0.84	0.96
大　连	0.75	0.75	0.66	0.81	0.90	0.91	0.81	0.79	0.64	0.68
长　春	0.63	0.71	0.59	0.77	0.92	0.95	0.95	0.97	0.88	0.84
哈尔滨	0.67	0.68	0.72	0.79	0.89	0.97	0.97	1.02	0.90	0.94
上　海	0.73	0.72	0.69	0.67	0.63	0.62	0.57	0.63	0.52	0.57
南　京	0.58	0.64	0.75	0.69	0.75	0.79	0.77	0.74	0.69	0.77
杭　州	0.60	0.62	0.80	0.65	0.63	0.66	0.50	0.48	0.39	0.43
宁　波	1.02	1.18	1.21	1.10	1.07	0.99	0.67	0.68	0.59	0.56
合　肥	0.72	0.91	1.05	0.94	0.88	0.80	0.69	0.71	0.75	0.83
福　州	0.80	0.91	0.98	0.96	0.97	0.96	0.84	0.71	0.58	0.68
厦　门	0.70	0.93	1.03	1.01	0.93	0.78	0.69	0.52	0.41	0.50
南　昌	0.97	1.00	0.83	0.94	0.81	0.74	0.75	0.77	0.63	0.75
济　南	0.74	0.81	1.01	0.85	0.62	0.73	0.74	0.67	0.71	0.75
青　岛	1.01	1.05	1.14	0.96	1.08	0.91	0.78	0.83	0.63	0.75
郑　州	0.79	0.64	0.71	0.73	0.80	0.89	0.80	0.76	0.70	0.76
武　汉	0.73	0.83	0.82	0.84	0.87	0.79	0.68	0.61	0.60	0.61
长　沙	0.94	0.90	1.16	1.12	1.18	1.32	1.13	1.03	0.77	0.96
广　州	0.69	0.75	0.96	0.77	0.85	0.88	0.79	0.62	0.49	0.61
深　圳	1.14	1.10	1.11	1.30	1.23	1.22	0.81	0.67	0.60	0.51
南　宁	0.87	0.81	0.72	0.84	0.87	0.67	0.76	0.80	0.65	0.75
海　口	0.94	0.80	0.79	0.88	0.96	0.92	0.82	1.02	0.64	0.67
重　庆	1.17	1.45	1.48	1.24	1.37	1.27	1.21	1.16	1.03	0.98
成　都	0.89	0.83	0.92	1.12	1.07	1.03	0.79	0.75	0.63	0.68
贵　阳	0.99	1.04	1.40	1.18	1.07	1.25	1.19	1.07	0.87	0.98
昆　明	0.71	0.72	0.61	0.66	0.71	0.71	0.69	0.61	0.69	0.78
西　安	1.12	0.93	0.90	0.84	0.91	0.79	0.75	0.66	0.73	0.84
兰　州	0.72	0.81	0.99	0.95	0.91	0.79	0.70	0.66	0.56	0.62
西　宁	0.84	0.92	1.26	1.16	1.06	1.12	1.05	0.94	0.85	0.91
银　川	0.84	0.90	0.91	0.80	0.93	0.90	0.92	0.91	1.00	1.08
乌鲁木齐	1.01	1.06	1.12	1.18	1.24	1.27	1.18	1.13	0.94	0.89
全　国	0.68	0.70	0.77	0.82	0.85	0.79	0.74	0.74	0.69	0.80

3. 住房真实供求缺口指数

住房真实供求缺口指数

单位：%

年份	缺口指数	年份	缺口指数	年份	缺口指数
1978	-24.11	1989	-11.11	2000	6.78
1979	-3.63	1990	-27.39	2001	6.01
1980	8.62	1991	-25.55	2002	4.78
1981	-3.63	1992	-14.53	2003	-8.35
1982	-0.29	1993	0.45	2004	-9.94
1983	4.06	1994	6.7	2005	-0.84
1984	-2.12	1995	3.05	2006	-10.6
1985	13.8	1996	0.24	2007	-7.77
1986	23.66	1997	-4.39	2008	-3.89
1987	15.38	1998	4.57	2009	18.28
1988	15.93	1999	15.22		

4. 土地价值潜力指数

土地价值潜力指数及排名

城市	1. 经济发展		2. 土地供给		3. 综合区位		4. 国际化程度		5. 居住环境		2012 年土地价值潜力	
	指数	排名	指数	排名	指数	排名	指数	排名	指数	排名	指数	排名
上海	1	1	393.77	30	0.992	1	1	1	0.667	5	1566.38	1
北京	0.854	2	1066.71	12	0.93	2	0.879	2	0.597	9	1224.29	2
杭州	0.505	8	731.35	20	0.702	6	0.474	5	0.704	4	1129.23	3
深圳	0.606	5	919.57	16	0.644	13	0.81	3	1	1	1128.80	4
广州	0.664	3	603.53	23	0.766	3	0.629	4	0.507	12	1128.63	5
天津	0.556	6	940.93	13	0.765	4	0.471	6	0.461	14	927.26	6
宁波	0.427	9	1128.38	10	0.652	11	0.426	15	0.636	6	922.05	7
青岛	0.383	15	509.16	27	0.622	16	0.454	9	0.629	7	909.41	8
大连	0.352	17	823.02	18	0.594	21	0.435	12	0.73	3	898.25	9
厦门	0.388	14	940.57	14	0.597	19	0.45	10	0.75	2	886.89	10
沈阳	0.412	10	692.27	21	0.684	9	0.389	18	0.444	20	836.55	11
武汉	0.405	11	532.59	25	0.649	12	0.42	16	0.456	15	795.69	12
合肥	0.269	26	422.90	29	0.597	18	0.364	29	0.561	11	790.83	13
南京	0.505	7	883.81	17	0.668	10	0.445	11	0.447	18	787.59	14

续表

城市	1. 经济发展		2. 土地供给		3. 综合区位		4. 国际化程度		5. 居住环境		2012 年土地价值潜力	
	指数	排名	指数	排名	指数	排名	指数	排名	指数	排名	指数	排名
长沙	0.321	19	254.17	34	0.56	25	0.403	17	0.453	16	743.57	15
成都	0.392	13	432.85	28	0.623	15	0.464	7	0.464	13	736.43	16
石家庄	0.273	25	191.81	35	0.577	24	0.363	31	0.399	29	689.89	17
长春	0.313	20	1337.22	9	0.692	8	0.365	27	0.4	28	684.01	18
福州	0.312	21	560.99	24	0.59	22	0.383	22	0.445	19	669.28	19
哈尔滨	0.346	18	1490.29	8	0.693	7	0.373	25	0.403	27	660.87	20
济南	0.398	12	923.42	15	0.595	20	0.381	23	0.386	33	658.68	21
呼和浩特	0.293	24	1795.14	4	0.639	14	0.356	32	0.433	22	653.04	22
南昌	0.268	27	275.14	33	0.545	27	0.364	28	0.43	23	652.42	23
重庆	0.639	4	1706.46	6	0.703	5	0.427	14	0.394	30	606.38	24
郑州	0.295	22	374.64	31	0.523	29	0.385	20	0.393	31	564.37	25
西安	0.354	16	652.23	22	0.583	23	0.432	13	0.417	25	560.91	26
太原	0.294	23	527.48	26	0.49	34	0.38	24	0.418	24	531.55	27
昆明	0.258	29	1758.12	5	0.496	33	0.455	8	0.615	8	527.91	28
南宁	0.264	28	2494.14	3	0.546	26	0.363	30	0.578	10	521.80	29
贵阳	0.249	30	1122.94	11	0.543	28	0.371	26	0.443	21	469.18	30
兰州	0.214	33	791.72	19	0.515	31	0.354	33	0.392	32	463.58	31
海口	0.223	32	1507.14	7	0.485	35	0.387	19	0.414	26	446.33	32
西宁	0.184	35	354.58	32	0.513	32	0.343	35	0.349	35	444.20	33
乌鲁木齐	0.239	31	4478.08	1	0.612	17	0.384	21	0.36	34	434.96	34
银川	0.203	34	2684.71	2	0.521	30	0.349	34	0.452	17	405.36	35

5. 住房价值潜力指数

住房价值潜力综合及合成指标排名

城市	总排名及数值		住房现实需求		住房潜在需求		住房潜在供给		住房生活环境		城市经济发展	
	排名	数值	排名	数值	排名	数值	排名	数值	排名	数值	排名	数值
深圳	1	1	1	1	3	0.756	1	1	7	0.867	3	0.900
上海	2	0.986	4	0.680	1	1	2	0.849	14	0.844	1	1
北京	3	0.879	3	0.685	2	0.964	7	0.545	14	0.844	2	0.908
广州	4	0.803	2	0.692	5	0.669	4	0.619	7	0.867	4	0.862
天津	5	0.691	14	0.495	6	0.647	10	0.534	34	0.689	6	0.775
南京	6	0.683	8	0.542	10	0.533	5	0.574	7	0.867	15	0.700

续表

城　　市	总排名及数值		住房现实需求		住房潜在需求		住房潜在供给		住房生活环境		城市经济发展	
	排名	数值	排名	数值	排名	数值	排名	数值	排名	数值	排名	数值
杭　　州	7	0.683	6	0.612	13	0.508	15	0.479	3	0.956	11	0.726
武　　汉	8	0.680	20	0.448	7	0.622	6	0.557	7	0.867	19	0.671
厦　　门	9	0.654	7	0.586	23	0.366	3	0.654	1	1	25	0.581
成　　都	10	0.650	19	0.458	12	0.518	9	0.543	6	0.889	18	0.673
大　　连	11	0.647	13	0.503	9	0.536	24	0.405	2	0.978	14	0.701
青　　岛	12	0.644	9	0.526	16	0.421	14	0.484	3	0.956	10	0.744
重　　庆	13	0.637	33	0.367	4	0.691	27	0.371	14	0.844	17	0.689
沈　　阳	14	0.624	18	0.460	11	0.525	19	0.435	21	0.822	12	0.707
宁　　波	15	0.601	5	0.618	28	0.309	23	0.409	3	0.956	13	0.701
济　　南	16	0.598	15	0.493	15	0.437	12	0.499	32	0.733	20	0.656
西　　安	17	0.593	23	0.419	14	0.494	11	0.504	14	0.844	30	0.552
郑　　州	18	0.583	16	0.474	22	0.372	8	0.544	33	0.711	21	0.654
长　　沙	19	0.567	12	0.504	21	0.373	21	0.424	14	0.844	23	0.615
哈 尔 滨	20	0.564	28	0.399	8	0.552	32	0.272	7	0.867	22	0.617
福　　州	21	0.558	10	0.518	25	0.355	20	0.429	7	0.867	29	0.567
太　　原	22	0.546	17	0.460	18	0.408	22	0.414	24	0.800	31	0.546
南　　昌	23	0.541	27	0.402	20	0.373	17	0.448	21	0.822	26	0.575
合　　肥	24	0.538	24	0.413	26	0.352	16	0.471	24	0.800	28	0.569
石 家 庄	25	0.523	21	0.440	30	0.297	18	0.440	30	0.756	24	0.613
昆　　明	26	0.52	22	0.433	17	0.418	29	0.330	7	0.867	32	0.500
长　　春	27	0.516	26	0.404	19	0.374	26	0.383	30	0.756	27	0.574
兰　　州	28	0.514	34	0.365	31	0.292	31	0.309	14	0.844	9	0.755
西　　宁	29	0.512	35	0.357	34	0.272	30	0.322	21	0.822	5	0.779
乌鲁木齐	30	0.505	31	0.388	24	0.360	33	0.261	35	0.667	8	0.758
银　　川	31	0.504	25	0.406	32	0.287	34	0.254	24	0.800	7	0.766
呼和浩特	32	0.501	11	0.506	35	0.262	35	0.252	24	0.800	16	0.695
贵　　阳	33	0.490	29	0.396	27	0.336	25	0.391	14	0.844	34	0.456
海　　口	34	0.485	30	0.395	33	0.286	13	0.493	24	0.800	35	0.404
南　　宁	35	0.464	32	0.382	29	0.307	28	0.337	29	0.778	33	0.492

6. 住房贷款风险指数

住房贷款风险指数包括两个指标：房地产企业资金来源中的贷款占比和银行房贷占比。以下分别介绍。

（1）房地产企业资金来源中的贷款占比。

住房开发企业资金来源中的银行贷款占比及占比差率（1997～2009年6月）

年份	比重	调整后比重（%）	差率（%）	年份	比重	调整后比重（%）	差率（%）
1997	23.87	47.44	98.74	2004	25.2	48.61	92.90
1998	23.85	52.32	119.37	2005	28.9	60	107.61
1999	23.18	54.33	134.38	2006	30	58.67	95.57
2000	23.09	55.9	142.10	2007	31.8	58.41	83.68
2001	21.98	53.58	143.77	2008	28.4	50.57	78.06
2002	22.77	53.71	135.88	2009(9)	15.19	48.33	218.05
2003	23.78	53.92	126.75				

资料来源：依据中国统计年鉴资料和调整方法整理。

（2）银行房贷占比。

①总体情况。

银行房贷占比（2003～2008年）

年　份	2003	2004	2005	2006	2007	2008
各项贷款增额（亿元）		18794.60	18272.90	31441.30	39466.70	42382.00
调整房贷（亿元）	7116.05	8346.25	12706.15	15769.85	21762.95	17468.6
调整房贷/信贷增额（%）		44.41	69.54	50.16	55.14	41.22

②部分上市银行房贷占比。

根据上市银行年报计算的国内部分银行房贷占比

年　份	2003	2004	2005	2006	2007	2008	备　注
工商银行	18.95	19.94	20.11	19.01	22.2	22.23	
广发银行					25.9	24.31	
华夏银行	16.46	13.85	18.3	21.69	20.23	20.23	2003，2004年为建筑业贷款比例
交通银行			23.3	22.32	23.8	22	
民生银行	14	13	30.4	32.4	33.1	31.3	2003，2004年无个人按揭贷款
浦发银行	15.09	15.48	13.34	15.18	31.08	28.22	2003～2006年无个人按揭贷款
兴业银行	16.35	15.12	15.72	20.3	44.92	40.3	2003～2006年无个人按揭贷款
招商银行	11.1	10.8	11.3	21.4	28.4	26.2	2003～2006年无个人按揭贷款
浙商银行				7.76	21.7	20.79	2006年无个人按揭贷款
中国银行	19.96	23.2	24.85	26.59	27.09	25.85	
建设银行		30.05	28.32	29.14	30.01	29.11	

注：住房贷款＝房地产业贷款＋建筑业贷款＋个人按揭贷款。

7. 住房市场监管指数

34* 个大中城市住房市场监管指数及排名

城市	省、区、市	区域	住房市场监管指数	排名	Z1 企业开办	排名	Z2 住房土地	排名	Z3 住房开发	排名	Z4 住房销售	排名	Z5 住房租赁	排名	Z6 物业管理	排名
北京	北京	环渤海	0.671	1	0.634	3	0.465	13	0.647	1	0.586	5	0.755	1	0.949	1
天津	天津	环渤海	0.603	2	0.820	1	0.535	4	0.478	12	0.317	26	0.674	4	0.786	2
成都	四川	西南	0.595	3	0.576	8	0.493	11	0.633	2	0.477	11	0.742	2	0.672	6
广州	广东	东南	0.551	4	0.598	7	0.378	24	0.542	8	0.558	7	0.690	3	0.545	14
上海	上海	东南	0.538	5	0.609	6	0.212	32	0.343	29	0.696	2	0.639	8	0.707	4
沈阳	辽宁	东北	0.519	6	0.538	12	0.421	22	0.550	6	0.639	3	0.672	5	0.303	25
南京	江苏	东南	0.513	7	0.541	11	0.346	27	0.308	32	0.716	1	0.480	15	0.657	7
深圳	广东	东南	0.506	8	0.528	13	0.534	6	0.466	13	0.424	17	0.662	6	0.437	20
郑州	河南	中部	0.499	9	0.609	5	0.331	28	0.513	10	0.580	6	0.349	23	0.584	13
福州	福建	东南	0.488	10	0.379	26	0.520	7	0.573	5	0.371	23	0.634	9	0.482	19
青岛	山东	环渤海	0.488	11	0.557	9	0.507	8	0.593	3	0.216	33	0.591	10	0.485	18
石家庄	河北	环渤海	0.487	12	0.661	2	0.355	26	0.369	26	0.258	32	0.647	7	0.634	10
南昌	江西	中部	0.484	13	0.376	27	0.481	12	0.339	30	0.485	10	0.472	16	0.750	3
长沙	湖南	中部	0.479	14	0.553	10	0.324	29	0.357	27	0.460	13	0.485	14	0.680	5
合肥	安徽	中部	0.478	15	0.500	15	0.463	14	0.458	15	0.462	12	0.334	25	0.634	9
重庆	重庆	西南	0.456	16	0.619	4	0.433	20	0.330	31	0.352	25	0.349	22	0.627	11
厦门	福建	东南	0.451	17	0.393	22	0.316	30	0.518	9	0.438	14	0.573	12	0.487	17

续表

城市	省、区、市	区域	住房市场监管指数	排名	Z1 企业开办	排名	Z2 住房土地	排名	Z3 住房开发	排名	Z4 住房销售	排名	Z5 住房租赁	排名	Z6 物业管理	排名
杭州	浙江	东南	0.444	18	0.419	20	0.419	23	0.383	25	0.376	22	0.584	11	0.498	16
济南	山东	环渤海	0.438	19	0.509	14	0.445	17	0.432	18	0.549	8	0.326	26	0.349	22
长春	吉林	东北	0.429	20	0.452	17	0.451	15	0.580	4	0.378	21	0.422	20	0.301	27
昆明	云南	西南	0.421	21	0.390	23	0.617	2	0.544	7	0.431	16	0.099	34	0.427	21
大连	辽宁	东北	0.415	22	0.430	18	0.446	16	0.406	22	0.596	4	0.437	18	0.167	32
宁波	浙江	东南	0.410	23	0.371	28	0.538	3	0.416	21	0.409	19	0.510	13	0.228	31
贵阳	贵州	西南	0.404	24	0.394	21	0.369	25	0.349	28	0.419	18	0.341	24	0.543	15
武汉	湖北	中部	0.402	25	0.457	16	0.438	19	0.513	11	0.168	34	0.182	32	0.647	8
哈尔滨	黑龙江	东北	0.396	26	0.384	25	0.441	18	0.449	17	0.540	9	0.250	29	0.296	28
太原	山西	西北	0.390	27	0.272	32	0.535	5	0.406	23	0.379	20	0.450	17	0.318	23
银川	宁夏	西北	0.353	28	0.422	19	0.506	9	0.402	24	0.277	30	0.197	31	0.306	24
南宁	广西	西南	0.342	29	0.316	30	0.116	34	0.249	34	0.354	24	0.427	19	0.589	12
海口	海南	西南	0.331	30	0.328	29	0.629	1	0.455	16	0.435	15	0.129	33	0.000	34
西安	西安	西北	0.323	31	0.384	24	0.184	33	0.461	14	0.314	27	0.306	27	0.288	29
西宁	青海	西北	0.308	32	0.089	34	0.501	10	0.422	19	0.306	29	0.250	30	0.303	25
兰州	甘肃	西北	0.293	33	0.281	31	0.259	31	0.417	20	0.265	31	0.276	28	0.268	30
呼和浩特	内蒙古	西北	0.293	34	0.223	33	0.421	21	0.250	33	0.310	28	0.399	21	0.167	32

*是指除西藏拉萨以外，中国内地直辖市和省、自治区的省会城市，以及5个计划单列市，共35个城市；因新疆乌鲁木齐的数据无法获得，因此只取了34个大中城市。

8. 住房社会保障指数

住房社会保障指数

城　市	住房货币保障指数	经济适用房覆盖率指数	中低收入家庭保障性住房负担指数	廉租房货币补贴保障指数
北　京	121	2.81	3.7	3.3
长　春	79	19.64	—	13.4
长　沙	62	12.70	3.6	15.8
成　都	94	11.00	3.2	3.2
大　连	113	13.50	5.7	11.6
福　州	69	7.54	4.2	2.9
广　州	125	0.68	4.2	2.3
贵　阳	85	21.31	4.5	2.0
哈尔滨	111	27.21	5.1	13.5
海　口	64	9.43	6.2	4.5
杭　州	129	9.25	4.2	10.5
合　肥	96	5.32	3.5	5.6
呼和浩特	41	33.41	—	3.2
济　南	121	10.38	7.0	10.4
昆　明	85	10.36	—	4.2
兰　州	56	14.16	4.2	3.4
南　昌	64	8.36	2.9	3.0
南　京	120	8.01	3.0	4.1
南　宁	82	9.19	5.2	4.4
宁　波	130	1.30	—	12.0
青　岛	154	12.85	—	3.4
上　海	78	0.74	—	5.7
深　圳	94	—	—	0.5
沈　阳	100	11.42	4.4	6.5
石家庄	39	11.75	3.0	5.9
太　原	67	27.67	—	1.8
天　津	143	18.07	6.0	22.9
乌鲁木齐	121	44.53	5.5	2.4
武　汉	102	12.23	4.9	2.1
西　安	76	35.07	—	2.2
西　宁	31	18.68	—	0.7
厦　门	105	7.84	—	0.7
银　川	105	7.98	4.0	13.2
郑　州	68	11.37	3.7	3.8
重　庆	59	8.29	1.6	23.4

参考文献

〔美〕戴维·西罗塔:《房地产金融纲要》,上海人民出版社,2005。

〔美〕丹尼斯·迪帕斯奎尔:《城市经济学与房地产市场》,经济科学出版社,2002。

〔美〕弗兰克·J. 法博兹、莫德·休亨瑞编《欧洲结构金融产品手册》,王松奇、高广春、史文圣译,中国金融出版社,2006。

〔美〕米什金:《货币金融学》,李扬等译,中国人民大学出版社,1998。

〔美〕特瑞斯·M. 克劳瑞特等:《房地产金融:原理和实践》,龙奋杰等译,经济科学出版社,2004。

REICO 工作室:《我国城镇住房保障范围和保障方式研究》,《2008~2009 年度中国房地产市场报告》之专题报告,2009 年 1 月。

安德烈·施莱弗:《理解监管》,《比较》2005 年第 16 期。

北京市统计局固定资产投资处和投资建筑业调查处:《北京市商品住房投资性购 房调查报告》,2005 年 1 月,http://www.bjstats.gov.cnldcxxttjfxtjbg200506t20050602_27652.htm.

边燕杰、刘勇利:《社会分层、住房产权与居住质量——对中国“五普”数据的分析》,《社会学研究》2005 年第 3 期。

伯纳德·鲍莫尔:《经济指标解读》,中国人民大学出版社,2005。

蔡德容:《中国城市住房体制改革研究》,中国财政经济出版社,1987。

曹建海:《试论有效竞争》,《北京师范大学学报》社会科学版 1999 年第 6 期。

曹振良、傅十和:《中国房地产市场化测度》,《中国房地产》1998 年第 7 期。

曹振良:《房地产经济学通论》,北京大学出版社,2003。

常韵凤、涂贤平:《盘点市民半年进账出账》,2008 年 7 月 22 日《常州日报》。

陈国强、赵峥、张天：《中国城市化与房地产业发展》，《中国城市化》2009年第7期。

陈淮：《地产·中国：引导我国房地产业健康发展研究》，企业管理出版社，2008。

陈建、陈英楠、刘仁和：《所有权成本、投资者预期与住房价格波动：关于国内四大城市住房市场的经验研究》，《世界经济》2009年第10期。

陈建、陈英楠：《近十年全球主要国家房价波动的特征及驱动因素探析——基于经济学文献的分析》，《经济理论与经济管理》2009年第10期。

陈杰：《城市居民住房解决方案——理论与国际经验》，上海财经大学出版社，2009。

陈龙乾、田红保、高飞、王雯雯：《当前我国房地产市场营销现状》，《商业时代》2009年第12期。

陈荣富、杜静、冯勇琦：《泉州地税局加强私房出租税收管理》，2007年8月22日《中国税务报》。

陈晓平、范海鸥：《八成市民对生活满意度较高》，东方网，2005年1月12日。

陈勇儒、李丽萍：《顺德四成家庭拥有两套住房》，2005年7月25日《南方日报》。

陈征：《社会主义城市级差地租》，《中国社会科学》1995年第1期。

陈征：《论社会主义城市绝对地租》，《中国社会科学》1993年第1期。

代永能：《我国房地产经纪业的规范化管理研究》，重庆大学硕士毕业论文，2007。

邓宏乾：《房地产金融》，复旦大学出版社，2007。

丁成日：《土地价值与城市增长》，《城市发展研究》2002年第6期。

丁建：《房地产金融》（绝版），上海译文出版社，2003。

董藩、王家庭：《房地产金融》（第三版），东北财经大学出版社，2009。

董文晖：《我国房地产中介企业发展战略研究》，武汉理工大学硕士毕业论文，2006。

段红梅：《城市土地价格的动态增长研究》，《资源与产业》2006年第6期。

段正梁、张维然、叶振飞：《论土地价值的内涵、来源及其特殊性》，《同济大学学报（社会科学版）》2004 年 2 月第 15 卷第 1 期。

樊纲等：《中国市场化指数——各地区市场化相对进程 2006 年报告》，经济科学出版社，2007。

“房地产周期波动研究”课题组：《中国房地产周期波动：解释转移与相机政策》，《财贸经济》2002 年第 7 期。

方悦平：《北京市房地产市场问卷调查情况报告》，载穆怀朋《信贷政策调研与金融市场分析 2005》，中国金融出版社，2006，第 244~253 页。

冯仑：《野蛮生长》，中信出版社，2007。

高广春：《次贷与金融危机》，《经济学家茶座》2009 年第 2 期。

高广春：《房地产依赖经济周期下的金融综合症》，《银行家》2008 年第 6 期。

高广春：《资产证券化的结构——形成机理和演变逻辑》，中国经济出版社，2008。

顾云昌：《中国住房和住房市场的现在与未来》，《中国房地产》2000 年第 2 期。

郭俊敏：《我市居民住房状况及需求调查报告出炉》，2006 年 10 月 24 日《成都晚报》。

郭同欣：《对当前几个宏观经济问题的初步分析》，载于国家统计局网站（http：//www. stats. gov. cn/）。

国际货币基金组织（IMF）：《全球金融稳定报告》（2009 年 4 月期），载于国际货币基金组织网站（http：//www. imf. org）。

国际货币基金组织（IMF）：《世界经济展望》（2009 年 4 月期），载于国际货币基金组织网站（http：//www. imf. org）。

国土资源部土地利用管理司、中国土地勘测规划院：《中国城市地价状况》（2004、2007、2008），地质出版社。

何帆：《世界主要发达经济体应对金融危机的措施及其效果评述》，《经济社会体制比较》2009 年第 4 期。

贺卫、王浣尘：《西方经济学说史中地租理论的演变》，《当代经济科学》2003 年第 2 期。

宏观经济研究院投资研究所课题组：《居民住房支付能力评价指标比较与分析》，《宏观经济研究》2005年第2期。

洪涛、西宝、高波：《房地产价格区域间联动与泡沫的空间扩散——基于2000~2005年中国35个大中城市面板数据的实证检验》，《统计研究》2007年第8期。

洪艳蓉：《房地产金融》，北京大学出版社，2007。

侯进祥：《住房社会化：中国房改的第二次革命》，广州出版社，2003。

胡雪军、龙海风：《中国缺乏真正意义上的住房政策》，2006年8月4日《民营经济报》。

胡兆量：《城市土地的使用价值、价值与价格》，《城市规划》1986年第2期。

华伟：《房地产金融学》，复旦大学出版社，2004。

黄程、丁晓琴：《13.2%的城镇家庭拥有两套住房》，2004年2月20日《今日早报》。

黄琳：《二手房市投资性买房超过五成》，2009年6月26日《华西都市报》。

黄石松、陈红梅：《住房企业创新：案例与启示》，中国建筑工业出版社，2007。

黄贤金：《价值论与土地价值原理》，《江苏社会科学》1993年第6期。

纪柳丽：《谈新形势下房地产的服务式营销》，《房地产动态》2009年第12期。

贾立文、段丽茜：《我省城镇家庭自有房比例8年增加22.2%》，2007年8月18日《河北日报》。

建设部课题组：《多层次住房保障体系研究》，中国建筑工业出版社，2007a。

建设部课题组：《住房、住房制度改革和房地产市场专题研究》，中国建筑工业出版社，2007b。

建设部政策研究中心课题组：《怎样认识当前房地产市场形势》，2004年10月，http://finance.sina.com.cnstockhyyj20041027105311125O6.shtml。

江苏省统计局：《常州：小康住房，梦想成真》，2007年3月9日，http://www.jssb.gov.cnjssbtjfxsxfxzl1200703120071.htm。

姜磊：《威海房市高调复苏》，2006年9月18日《威海日报》。

蒋涛:《构建我国住房企业战略联盟》,《城市开发》2004 年第 7 期。

金乐:《理念狂飙:房地产品牌运营论》,中国经济出版社,2002。

金人庆:《关于 2008 年中央和地方预算执行情况与 2009 年中央和地方预算草案的报告》,载于中国财政部网站(http://www.mof.gov.cn/mof)。

靳雷:《住房企业战略联盟分析》,《城市开发》2004 年第 1 期。

况伟大:《中国住房市场存在泡沫吗》,《世界经济》2008 年第 12 期。

赖昌干:《北京市住房供应体系研究》,中国人民大学博士学位论文,2008。

李爱华、刘峻:《房价收入比与住房可支付性指数比较研究及实证分析》,第三届(2008)中国管理学年会论文集,湖南长沙,2008。

李斌、孙玉波:《过半大中城市仍未建立廉租房制度》,2002 年 8 月 7 日《中国建设报》。

李建建:《城市绝对地租探析》,《当代经济研究》2000 年第 11 期。

李若愚:《2006 中国生活报告发布》,2006 年 7 月 5 日《中国改革报》。

李珊:《改进住房企业人力资源管理的具体措施》,《中国房地产》2008 年第 7 期。

李姝、梅丹:《房地产开发企业会计实务(第二版)》,立信会计出版社,2007。

李晓西等:《2005 中国市场经济发展报告》,中国商务出版社,2005。

李燕茹、胡兆量:《城市土地增值的动力机制与调控》,《城市问题》2000 年第 3 期。

李子青:《关于全省经济适用住房建设情况的综述》,《陕西建设》2004 年第 6 期。

梁云芳、高铁梅:《我国商品住房销售价格波动成因的实证分析》,《管理世界》2006 年第 8 期。

梁云芳、高铁梅:《中国房地产价格波动区域差异的实证分析》,《经济研究》2007 年第 8 期。

林银来、林毓心:《榕一成家庭有两套住房》,2005 年 8 月 4 日《海峡都市报》。

刘长滨、周霞:《房地产金融》,中国电力出版社,2008。

刘朝马:《国际住房支付能力现状启示与我国的政策选择》,《统计研究》2007 年第 10 期。

刘福泉：《中国住房市场》，中国经济出版社，1999。

刘国栋、卫素靖：《沈阳2007年一成人有两套以上住房》，2008年1月24日《沈阳日报》。

刘李胜、高翔：《REITS运作与管理：住房企业融资上市图景》，中国时代经济出版社，2009。

刘仁和、陈英楠、程昆：《货币幻觉与我国城市住房估值》，《财贸经济》2009年第2期。

刘香毅：《住房企业人力资源管理与开发策略》，《华东经济管理》2006年第8期。

刘怡、聂海峰：《中国工薪所得税有效税率研究》，《中国社会科学》2005年第6期。

刘勇、戴丹：《长沙市统计局：17%的长沙家庭拥有两套以上住房》，2007年3月21日《潇湘晨报》。

刘玉刚：《关于房地产维权的思考》，《中国房地信息》2009年第3期。

刘志峰：《建立符合我国国情的住房建设和消费模式——建设部副部长刘志峰在第五届中国国际住房产业博览会高峰论坛上的讲话摘要》，《中国住房设施》2006年第10期。

刘志峰：《提高认识，切实贯彻落实好房地产市场调控的各项部署——在城市总体规划修编座谈会上的讲话》，《中国房地信息》2005年第9期。

刘志平：《环境变革中的住房企业发展》，上海社会科学院出版社，2005。

龙胜平、方奕：《房地产金融与投资概论》，高等教育出版社，2006。

卢清建：《刘志峰：这次调控主要解决四个问题》，2005年5月25日《中国经济时报》。

卢雅、阮锡桂、修荣腾、林天送：《榕城二手房开始升温》，2002年9月13日《福建日报》。

栾世红：《房地产金融与保险》，大连理工大学出版社，2008。

洛阳市老城区人民政府：《洛阳市老城区志》，中州古籍出版社，2006。

马慧芳：《查漏补阙：2004年经济适用房维新》，2004年1月5日《中国房地产报》。

马莉莉、张洪，《我国城市规模与房价相关关系的实证研究》，2008年第6

期《云南财贸学院学报（社会科学版）》。

孟坚、杜瑞峰：《什么人在买北京豪宅》，《中国证券报》2006年4月15日。

慕凤丽：《万科的榜样——美国帕尔迪公司》，当代中国出版社，2008。

倪鹏飞、赵峥等：《中国城市房地产市场分析》，《中国城市经济》2005年第1期。

倪鹏飞、白雨石：《中国城市房地产市场化测度研究》，《财贸经济》2007年第6期。

倪鹏飞、晋海博、吴伯磊：《中国城市房地产市场健康标准及实证研究》，《城市发展研究》2008年第2期。

倪鹏飞：《金融危机冲击下的中国房地产——2008～2009年中国房地产市场分析与预测》，《现代城市研究》2009年第3期。

倪鹏飞：《中国城市竞争力报告 No. 2》，社会科学文献出版社，2006。

倪鹏飞等：《中国城市竞争力报告 No. 4》，社会科学文献出版社，2006。

倪鹏飞等：《中国城市竞争力报告 No. 7》，社会科学文献出版社，2009。

牛凤瑞：《中国房地产发展报告 No. 6》，社会科学文献出版社，2009。

牛凤瑞、陈国强、刘增田：《中国房地产企业发展报告（2007～2008）》，中华工商联合出版社，2009。

牛凤瑞等：《中国房地产发展报告 No. 1》，社会科学文献出版社，2004。

潘石屹：《我用一生去寻找——潘石屹的人生哲学》，江苏文艺出版社，2008。

裴艳：《统计显示宁夏逾一成城镇居民拥有两套住房》，2008年1月22日《经济参考报》。

彭加亮：《打造住房企业核心竞争力：住房企业信息化的理论与实践》，上海人民出版社，2003。

彭建文、张金鄂：《总体经济对房地产市场景气影响之研究》，《人文及社会科学》（台湾）2000年第3期。

秦虹：《完善廉租住房制度研究》，在中国经济体制改革研究会“廉租房与低收入群体住房保障”座谈会上的发言稿，2007年7月29日，http://www.cser.org.cnindex.php? option = com_ content&task = view&id = 247&Itemid = 66。

曲小康、姜振剑：《基于 Snell 模型的住房企业人力资源战略规划》，《山东建筑大学学报》2008年第5期。

饶海琴:《房地产金融》,汉语大词典出版社,2008。

饶会林:《关于城市地价若干问题的思考》,《财经研究》1994年第7期。

任木荣、刘波:《房价与城市化的关系——基于省际面板数据的实证分析》,《南方经济》2009年第2期。

任荣荣、郑思齐、龙奋杰:《预期对房价的作用机制:对35个大中城市的实证研究》,《经济问题探索》2008年第1期。

上海社会科学院房地产业研究中心,上海市房地产经纪学会:《改革开放三十年的中国房地产业》,上海社会科学出版社,2008。

盛松成、刘斌:《经济发展对房价长期走势的决定作用——基于中国及国际的比较分析》,《财贸经济》2007年第8期。

史立辉:《住房企业成长理论模型与实践研究》,上海财经大学出版社,2006。

史永东、陈日清:《不确定性条件下的房地产价格决定:随机模型和经验分析》,2008年第8卷第1期《经济学(季刊)》。

世界银行东亚及太平洋地区扶贫与经济管理局:《从贫困地区到贫困人群:中国扶贫议程的演进》,2009年3月,http://siteresources.worldbank.org/EXTEAPCHINAINCHINESE/Resources/3885741-1199439668180/China_PA_Report_March_2009_chn.pdf。

世界银行集团:《2008中国营商环境报告》,社会科学文献出版社,2008。

宋巧、梁凤英:《住房企业绿色营销中存在的问题及策略研究》,《经济与管理》2005年第7期。

苏请:《"温州人经济":托起一个新温州》,2003年10月23日《浙江日报》。

孙广云:《土地估价理论与方法》,中国农业科技出版社,2000。

孙海燕、宋学锋:《英国住房制度对我国城市住房产业发展的启示》,《徐州师范大学学报(哲学社会科学版)》第35卷2009年第3期。

孙开有:《战略联盟:住房企业发展的必然趋势》,《中央财经大学学报》2008年第8期。

孙玉波:《人民群众住房条件不断改善》,2007年10月10日《人民日报》。

唐钧:《区分两类不同的住房政策》,2007年4月12日《广州日报》。

唐焱:《区域经济一体化背景下城市土地价格影响因素的理论与实证研究》,《华中农业大学学报(社会科学版)》2006年第5期。

田莉:《从国际经验看城市土地增值收益管理》,《国外城市规划》2004年第6期。

屠佳华、张洁:《什么推动了房价的上涨:来自上海房地产市场的证据》,《世界经济》2005年第5期。

王宏伟、任荣伟、宋丽:《美国房地产开发企业成长中的能力要素辨析》,《现代管理科学》2007年第2期。

王景、云晓:《工资等收入做强力支撑投资回报率明显提高》,2007年10月20日《大连日报》。

王克忠:《城市地价与地价体系》,《财经研究》1994年第7期。

王人代:《城镇居民生活质量调查报告》,载国家统计局城市司《2005中国城市社会经济热点问题调查报告》,中国统计出版社,2006,第349~352页。

王仁涛:《中国房地产金融制度创新研究:基于REITS理论的探讨》,复旦大学出版社,2009。

王石、缪川:《道路与梦想——我与万科20年》,中信出版社,2006。

王双、王园园:《城市住房开发潜力理论方法探析》,《天津城市建设学院学报》2006年第1期。

王淑敏、石信谊:《房地产金融实务》,清华大学出版社,2009。

王伟:《浅谈住房企业人力资源管理现存问题及对策》,《人力资源管理》2009年第2期。

王晓瑜、郭松海、张宗坪:《住房社会保障理论与实务》,中国经济出版社,2006。

王延龙、宋永发、许传斌:《用可负担能力指数分析我国城镇居民购房负担能力》,《现代城市研究》2006年第2期。

王晔彪:《中国指数研究院监测显示:9月全国土地市场活跃》,新华网,2009年10月4日,http://news.xinhuanet.com/fortune/2009-10/04/content_12180432.htm。

王永加:《房地产:成本控制重在管理》,《城市开发》2009年第5期。

王岳:《调查显示:投资性购房占19%》,2008年4月28日《房地产时报》。

王战：《财富驱动 VS. 创新驱动：2005~2006 年上海发展报告》，上海财经大学出版社，2006。

吴海鹰、陶源、马学恕：《宁夏经济社会形势分析与预测 2007~2008 年》，宁夏人民出版社，2008。

吴璟、刘洪玉：《住房价格的合理范围测度：36 个城市数据》，《改革》2007 年第 4 期。

吴立范、罗党论：《住房政策的国际比较——美国和英国》，载吴立范《政府主导作用与房地产商社会责任》，广东经济出版社，2008。

吴淑莲、韩奇志：《住房企业关系营销策略分析》，《商业时代》2005 年第 12 期。

吴淑莲：《城市化与房地产产业互动发展关系研究》，企业管理出版社，2009。

吴伟良：《住房企业战略管理基础》，上海人民出版社，2003。

向肃一、龙奋杰：《中国城市居民住房支付能力研究》，《城市发展研究》2007 年第 2 期。

肖永培、沈韶华：《上海市投资性购房快速调查分析报告》，国家统计局固定资产投资司《宏观调控下的投资发展轨迹》，中国统计出版社，2007，第 507~514 页。

谢经荣、殷红、王玉玫：《房地产金融》（第二版），中国人民大学出版社，2008。

谢闻、黎志文、武晋晋：《房地产中介业困境的内在原因》，《中国房地产金融》2009 年第 1 期。

辛欣：《城市土地价格问题研究综述》，《价格理论与实践》1995 年第 1 期。

徐保满：《房地产金融》，科学出版社，2007。

徐凯：《经济适用房拉锯战》，2009 年 3 月 19 日《瞭望东方周刊》。

徐一千：《房地产金融》，化学工业出版社，2006。

徐勇谋：《房地产金融学——房地产投融资分析》（房地产管理丛书），中国建筑工业出版社，2008。

许静凯：《杭州市民住房现状调查全面解读》，2005 年 11 月 16 日《杭州日报》。

杨洪涛：《房地产开发企业客户关系管理》，上海财经大学出版社，2007。

杨继瑞：《地价上涨机制探析》，《经济研究》1994 年第 5 期。

杨继绳：《集体世袭与“权力场”》，《炎黄春秋》2008 年第 6 期。

杨康、王秀英：《2008 年珠海第三产业增幅最大，三成家庭有两套以上住房》，2009 年 1 月 22 日《珠海特区报》。

杨伟民：《目前中国的社会保险在社会分层中的作用》，《社会学研究》2005 年第 5 期。

杨玉华：《安徽：一成以上城镇居民家庭拥有两套以上住房》，2008 年 1 月 20 日，http：//news. xinhuanet. comnewscenter2008 －0118content_ 7447809. htm。

叶剑平、孙晓岚：《房地产营销》（修订第二版），首都经济贸易大学出版社，2006。

叶卡斯、陈远军：《广东 18% 城镇家庭有两套房》，2005 年 2 月 26 日《广州日报》。

易忠：《我国住房企业盈利模式的转变》，《经济导刊》2008 年第 1 期。

殷丽娟：《北京：十分之一家庭至少有两套住房》，《新华每日电讯》2006 年 10 月 19 日。

尹军、尹丽：《房地产市场营销》，化学工业出版社，2005。

余芳东：《当前世界主要国家房地产市场的前景》，《经济参考》2009 年第 56 期。

原素芬、赵晖：《大连 5. 2% 家庭拥有两套以上住房》，2006 年 9 月 9 日《半岛晨报》。

张红、殷红：《房地产金融学》，清华大学出版社，2007。

张健：《财富永续：房地产金融实务》，上海财经大学出版社，2007。

张明：《当前全球通货膨胀的现状、根源及趋势》，载王洛林、李向阳主编《世界经济形势分析与预测（2009）》，社会科学文献出版社，2008。

张仙桥、洪民文：《住房社会学概述》，社会科学文献出版社，1993。

张晓晶、孙涛：《中国房地产周期与金融稳定》，《经济研究》2006 年第 1 期。

张一：《下半年 FDI 下降趋势会减缓》，2009 年 8 月 18 日《中国证券报》。

张中华、朱新蓉、唐文进：《房地产与资本市场》，中国金融出版社，2009。

赵人伟、李实、丁赛:《中国居民财产分布研究》, 2005年4月25日《中国经济时报》。

赵峥:《我国劳动力市场化改革三十年: 理论回顾与述评》,《经济体制改革》2008年第5期。

赵峥:《我国农村集体建设用地流转的历程、问题与启示》,《调研世界》2008年第8期。

郑思齐:《住房需求的微观经济分析: 理论与实证》, 中国建筑工业出版社, 2007。

中国房地产TOP10研究组:《2009中国房地产百强企业研究报告》。

中国房地产及住房研究会:《住房建设将成为新的消费热点和经济增长点》, 载《中国房地产市场年鉴》编委会《中国房地产市场年鉴1997》, 中国计划出版社, 1997, 第459~473页。

中国人民银行:《货币政策执行报告(2009年1季度和2季度)》, 载于中国人民银行网站(http://www.pbc.gov.cn)。

中国人民银行调查统计司:《当前房地产市场发展中需要关注的几个问题》, 载中国金融学会《中国金融年鉴2005》, 中国金融年鉴编辑部, 2005, 第605~607页。

中国人民银行货币政策分析小组:《中国货币政策执行报告(2009年第二季度)》, 2009年8月5日。

中国人民银行研究局房地产金融分析小组:《2004中国房地产金融报告》, 中国金融出版社, 2006。

中国社会科学院财政贸易经济研究所、美国纽约公共管理研究所:《中国城镇住房制度改革》, 经济管理出版社, 1996。

中国社科院财贸所城市与房地产经济研究室课题组:《建立多层次的中国住房公共政策体系》,《财贸经济》2008年第1期。

中国指数研究院, 中国房地产TOP10研究组:《中国房地产品牌价值研究: 理论与实践》, 经济管理出版社, 2006。

中国指数研究院:《2009年上半年中国房地产市场形势分析和下半年预测》。

中国指数研究院:《中国房企土地储备调查(2009年上半年)》。

中国指数研究院:《中国主要城市土地市场交易情报: 2009年上半年》。

中原地产研究中心：《城市加大投资，建设大刀阔斧——2009年上半年城市建设回顾》，2009年7月17日。

中原地产研究中心：《土地市场回暖，未来供应放量——2009年上半年土地市场回顾》，2009年7月17日。

中原地产研究中心：《土地月报》、《行业月报》（2009年1~7月）。

中原地产研究中心：《中原地产研究年刊：2009，中国楼市企稳可期》，2008年12月24日。

周爱民等：《房地产金融》，中国建筑工业出版社，2005。

周诚：《论土地增值及其政策取向》，《经济研究》1994年第11期。

周金海：《经济适用房何以成为权力瓜分的盛宴》，2006年6月15日《中国改革报》。

周京奎：《货币政策、银行贷款与住房价格——对中国4个直辖市的实证研究》，《财贸经济》2005年第5期。

朱亚鹏、肖飞飞：《重审中国住房保障政策：问题、对策与趋势》，载白钢、史卫民《中国公共政策分析2008年卷》，中国社会科学出版社，2008，第125~152页。

朱亚鹏：《市场主导的中国住房政策：问题与挑战》，《二十一世纪》2007年12月号。

朱亚鹏：《市场转型背景下的中国住房政策》，《二十一世纪》2008年4月号。

宗和：《豪华经济适用房折射了什么》，2006年12月19日《中国改革报》。

邹东涛等：《发展和改革蓝皮书》，社会科学出版社，2008。

邹琳华：《中国房地产周期波动区域差异的实证分析》，南京大学博士学位论文，2009。

Abraham, J. M., Hendershott, P.., Bubbles in Metropolitan Housing Markets, *Journal of Housing, Research*, Vol. 7, Issue 2, 1996.

Baks, K., and Kramer, C., Global Liquidity and Asset Prices: Measurement, Implications, and Spillovers, IMF Working Paper No. 99/168, 1999.

Belke, A. H., Orth, W., and Setzer, R., Global Liquidity and House Prices: A VAR Analysis for OECD Countries, 21st Australasian Finance and Banking Conference 2008 Paper, 2008.

Canova, F. , Ciccarelli, M. , and Ortega, E. , Similarities and Convergence in G - 7 Cycles, *Journal of Monetary Economics*, 54 (3): 850 - 878, 2007.

Capozza, D. , Hendershott, P. , Mack, C. and Mayer, C. , Determinants of real house prices dynamics, NBER Working Paper Series, No. 9262, 2002.

Cho, Wu, and Boggess, Measuring Interactions among Urbanization, Land Use Regulations, and Public Finance, American Agricultural Economics Association, 2003.

Claessens, S. , Kose, M. A. , and Terrones, M. E. , What Happens During Recessions, Crunches, and Busts? IMF Working Paper No. 08/274, 2008.

Darmanin, Joseph, The Computation of a Housing Affordability Index for Malta, *Bank of Valletta Review*, 37: 25 - 34, 2008.

Dennis R. Capozza and Robert W. Helsley, The Fundamentals of Land Prices and Urban Growth, *Journal of Urban Economics*, 295 - 306, 1989.

Edward L. Glaeser, Joseph Gyourko and Raven E. Saks, Urban growth and housing supply, *Journal of Economic Geography* , 2006. 6 (1).

Frederic S. Mishkin, The Transmission Mechanism and the Role of Asset Prices in Monetary Policy (Working Paper 8617, http: //www. nber. org/papers/w8617), December 2001.

Frumkin, Norman, *Guide to Economic Indicators*, 4th Edition, M. E. Sharpe, 2005.

Gallin, J. , The Long Run Relationship between House Prices and Rents, Finance and Economics Discussion Series, 2004 - 50, September.

Gan, Quan and Hill, Robert J. , Measuring Housing Affordability: Looking Beyond the Median, *Journal of Housing Economics* 18, 115 - 125, 2009.

Genesove, D. , and Mayer, C. , Loss Aversion and Seller Behavior: Evidence from the Housing Market, *Quarterly Journal of Economics*, 116 (4): 1233 - 1260, 2001.

Giese, J. V. , and Tuxen, C. K. , Global Liquidity and Asset Prices in a Cointegrated VAR, Nuffield College, University of Oxford and Department of Economics, University of Copenhagen Working Paper, 2007.

Girouard, N. , Kennedy, M. , van den Noord, P. , and André, C. , Recent

House Price Developments: the Role of Fundamentals, OECD Economics Department Working Paper No. 475, 2006.

Himmelberg, C., Meyer, C. and Sinai, T., Assessing High House Prices: Bubbles, Fundamentals, and Misperceptions, Staff Report No. 218, Federal Reserve Bank of New York, September, 2005.

International Monetary Fund, *Global Financial Stability Report Market Update*. July 2009.

International Monetary Fund, *World Economic Outlook Update*, July 2009.

International Monetary Fund, *World Economic Outlook*, April 2003.

International Monetary Fund, *World Economic Outlook*, April 2008.

International Monetary Fund, *World Economic Outlook*, October 2007.

International Monetary Fund, *World Economic Outlook*, October 2008.

International Monetary Fund, *World Economic Outlook*, October 2009.

International Monetary Fund, *World Economic Outlook*, September 2004.

Ji, Kyu-Hyun, and Kim, Jin-Yoo, Housing Affordability Index in Korea, Paper presented at the 12th Asian Real Estate Society and American Real Estate and Urban Economics Association Joint Conference, July 9 - 12, 2007, Macau, China. http: www. asres2007. umac. mopapers063% 20 - % 20PAPER. pdf.

Keith R. Ihlanfeldt, The Effect of Land Use Regulation on Housing and Land Prices, *Journal of Urban Economics* 61, 420 - 435, 2007.

Kose, A., Otrok, C., and Whiteman, C., International Business Cycles: World, Region, and Country-Specific Factors, *American Economic Review*, 93 (4): 1216 - 1239, 2003.

Malpezzi, S. A Simple Error Correction Model of Housing Price, *Journal of Housing Economics*, 8 (1): 27 - 62, 1999.

Meen, G., The Time-series Behaviour of House Prices: A Transatlantic Divide, *Journal of Housing Economics*, No. 11, 2002.

Meng, Xin, Wealth Accumulation and Distribution in Urban China, *Economic Development and Cultural Change*, 55 (4), 761 - 791, 2007.

Morris A. Davis, Jonathan Heathcoteb, The Price and Quantity of Residential

Land in the United States, *Journal of Monetary Economics* 54, 2595 - 2620, 2007.

Morris A. Davis, Michael G. Palumbo, The Price of Residential Land in Large US Cities, *Journal of Urban Economics* 63, 352 - 384, 2008.

OECD, *OECD Economic Outlook*, April, No. 85, 2009.

OECD, *OECD Economic Outlook*, December, No. 84, 2008.

OECD, What is the Economic Outlook for OECD Countries? An Interim Assessment, September 2009.

Otrock, C., and Terrones, M., House Prices, Interest Rates and Macroeconomic Fluctuations, IMF and University of Virginia, mimeo, 2005.

Philipp Naubereit, Sonja Gier, An Institutional Economic Analysis of Securitization in Real Estate, Articles on Securitization, 2002.

Poterba, J., Taxation and Housing: Old Questions, New Answers, *American Economic Review*, Vol. 82, No. 2, 1992.

Quigley, J. M., and S. Raphael, Is Housing Unaffordable? Why Isn't It More Affordable, *Journal of Economic Perspectives* 18 (1), 191 -214, 2004.

Reinhart, C. M., and Rogoff, K. S., The Aftermath of Financial Crises, *American Economic Review*, forthcoming, 2009.

Roulac, S. E. Real Estate Market Cycles, Transformation Forces and Structural Change, *The Journal of Real Estate Portfolio Management*, 1: 1 -17, 1996

SE - IL MUN AND KOMEI SASAKI, Effects of Urban Transportation System Change on Land Prices in the Setting of Owner-Occupied Residence, *Journal of Urban Economics* 32, 351 -366, 1992.

Simonetta Andrioli & Lura Dezzani, Italy Synthetic Securitization: a Growing Funding Technique Securitization Yearbook 2002, a Special IFLR, *International Financial Law Review* Supplement, 2002.

Sousa, J., and Zaghini, A., Monetary Policy Shocks in the Euro Area and Global Liquidity Spillovers, ECB Working Paper No. 309, 2004.

Steven L. Schwarcz, Enron and the Use and Abuse of Special Purpose Entities in Corporate Structures, Articles on securitization, 2006.

Steven L. Schwarcz, Securitization Post-Enron, Articles on Securitization, 2003.

Steven L. Schwarcz, Securitization-Key Legal and Regulatory Issues, Articles on Securitization, 2006.

Steven L. Schwarcz, the Alchemy of Asset Securitization, Articles on Securitization, 1994.

Steven L. Schwarcz, the Limits of Lawyering : Legal Opinions in Structered Finance, Articles on Securitization, 2005.

Toru matsumura, How Real Estate Secutitization is Stimulating Investment Transactions - prospects for the Formation of a Real Estate Investment Market, NLI Research Institute, No. 152, 2001.

United Nations Human Settlements Programme, 2005 Annual Report: Responding to Challenges of an Urbanizing World, 2006.

United Nations Human Settlements Programme, The State of Theworlds'cities 2004/2005: Globalization and Urban Culture, 2004.

Vernon Henderson, Urbanization in Developing Countries, *World Bank Research Observer*, Oxford University Press, 2002, vol. 17 (1).

Vinod Kothari, Securitization: The Financial Instrument of the Future, Wiley Finance, 3rd edition, 2006.

Word bank, Doing Business in 2004——Understanding Regulation, 2003.

Word bank, Doing Business 2009, 2008.

Youqin Huang, A Room of One's Own: Housing Consumption and Residential Crowding in Transitional Urban China, Environment and Planning, volume 35, 2003.

后　记

经过城市与房地产经济研究室全体成员及博士后、博硕士生数年积累和将近一年的理论探索、实证分析和对策研究，中国社会科学院财贸所重点课题“中国城市住房发展研究”终于完成。这是一个课题的结束，但又是一个事业的开始。这项成果将作为社会科学文献出版社的住房绿皮书《中国住房发展报告》首次出版。

住房问题是关乎中国经济发展和社会民生的重大问题。因其性质特殊、问题复杂，固解决住房问题既需要发动全社会献计献策，也需要专业团队集中智慧，潜心研究，形成理论，提出对策。中国社会科学院财贸所有关土地和住房问题的研究有着十分辉煌的历史，早在20世纪80、90年代，张卓元、李扬、杨圣明等一批著名经济学家就对城市经济、城镇土地和住房制度改革进行了卓越的研究，对中国的城镇土地与住房制度改革作出了重要的理论贡献。

为对城镇住房问题开展长期跟踪研究，1999年财贸所成立城镇住房研究室；21世纪以来，住房问题在中国变得异乎寻常的重要和复杂，根据形势的新变化，2003年城镇住房研究室扩改为城市与房地产经济研究室，2009年被确定为院重点学科研究室。历经院领导和所领导“十年磨一剑”的经营与呵护，研究室从无到有、从小到大、从弱到强。

在新中国成立六十周年之际，恰逢研究室成立十周年，我们希望把《中国住房发展报告》的发布，作为向祖国六十周年诞辰的一个献礼，也作为向所有为培养这个集体付出努力的领导一个汇报，作为院重点学科研究室建设的一个标志，顺带也作为研究室成立十年的一个献礼。

作为中央的思想库和智囊团中国社科院的一分子，作为中国重要财经研究重镇财贸所的一部分，城市与房地产经济研究室致力研究和出版这份年度报告的定位，就是为国家有关城市与房地产的相关经济决策服务，同时希望为国内外研究机构、企业和社会公众提供知识信息和决策参考。

与其他的皮书或报告相比较，《中国住房发展报告》具有以下突出特点。（1）报告是一个完整的体系。这份报告不是一些相互独立的文章的简单组合。而是按照一个分析框架构成的完整体系，报告的研究和结论的提炼，也主要通过集体讨论、团队作战而实现。（2）报告构建一个指数系统。与其他皮书不同，报告对涉及住房的一些关键领域构建指数并组成系统，利用数据和适当方法对其进行评价，不仅可以在不同城市间而且可在不同时间段进行比较，以观测其对象的状况及其变化。目前已经形成了包括住房可支付能力指数、住房价值潜力指数和地价潜力指数、住房保障指数、住房监管指数等中国住房指数系统。本报告中国住房指数系统的推出不仅对促进住房的健康发展意义重大，而且可以扩大报告的影响力。（3）报告推出年度创新发现。与一般的预测和一般的学术报告不同，首先，本报告依据大量的数据和利用先进的分析方法并紧密结合对市场发展形势的把握，对中国住房市场发展历程进行跨年度的、全方位的、贴切的分析与科学的解释，其次对未来市场发展作出了跨年度的、全方位的、令人信服的预测与判断，最后提出了许多富有建设性的政策建议之外。各部分均有“自选动作”即重要问题的年度研究发现。报告是学术快餐，更是思想盛宴。

尽管开展了一定的研究，但是坦率地说这项研究还仅仅是个起步。其中一些研究，还较肤浅、粗糙、疏漏和不足。报告中的观点仅代表研究室集体的一家之言，仅供参考。《中国住房发展报告》未来将在本年度报告形成的理论框架基础上，不断改进、提升和完善。将进一步完善指数系统；将细化重点城市的研究；增加主观问卷调查；将建立基于可计算一般均衡模型的政策模拟系统。

作为住房问题的研究专家和团队，生逢民族复兴、城市崛起、房地产发展的时代，面对国家和人民的热诚期待，对中国的住房问题，潜心研究，积极建言，当仁不让，义不容辞。但是，我们必需清醒地认识到住房问题不仅就理论而言十分复杂，而且现实中涉及诸多利益纠葛。当前有关房地产领域内不少言论交锋甚为激烈。必需坚守独立的学术人格，坚持调查研究的学术作风，坚持“严谨、踏实、执着、创新”的学术操守，认认真真做学问。

最后要向支持这项课题研究及其成果发布的所有领导、专家和机构表示感谢。这份报告得以立项、完成和结项，并被评为所重点课题优秀成果奖，要感谢由裴长洪、高培勇、荆林波等领导的所学术委员会的指导、支持和奖掖，所科研处孔繁来、朱小慧老师的悉心关照和服务，以及财贸所所有同事的大力支持。这份报告能作为住房绿书首次报告发表，要特别感谢社会科学文献出版社谢曙光社长、范光伟社长助理、邓泳红主任、任文武编辑，以及皮书评审委的全体同志，是他们的鼎力支持，才使报告迈上了皮书的平台。

中国社科院财贸所城市与房地产经济研究室

2009 年 10 月 25 日

图书在版编目（CIP）数据

中国住房发展报告（2009～2010）/倪鹏飞主编．—北京：社会科学文献出版社，2009.12
（住房绿皮书）
ISBN 978－7－5097－1172－9

Ⅰ.①中… Ⅱ.①倪… Ⅲ.①住宅经济－经济发展－研究报告－中国－2009～2010 Ⅳ.①F299.233

中国版本图书馆CIP数据核字（2009）第199723号

住房绿皮书

中国住房发展报告（2009～2010）

主　　编／倪鹏飞

出 版 人／谢寿光
总 编 辑／邹东涛
出 版 者／社会科学文献出版社
地　　址／北京市西城区北三环中路甲29号院3号楼华龙大厦
邮政编码／100029
网　　址／http：//www.ssap.com.cn
网站支持／（010）59367077
责任部门／皮书出版中心（010）59367127
电子信箱／pishubu@ssap.cn
项目经理／邓泳红
责任编辑／任文武
责任校对／仪莉霞
责任印制／蔡　静　董　然　米　扬
品牌推广／蔡继辉

总 经 销／社会科学文献出版社发行部
（010）59367080　59367097
经　　销／各地书店
读者服务／读者服务中心（010）59367028
排　　版／北京中文天地文化艺术有限公司
印　　刷／北京季蜂印刷有限公司

开　　本／787mm×1092mm　1/16
印　　张／31.25　字数／534千字
版　　次／2009年12月第1版
印　　次／2009年12月第1次印刷

书　　号／ISBN 978－7－5097－1172－9
定　　价／69.00元（赠光盘）